U0517647

古今文字学通论

GUJIN WENZIXUE TONGLUN

王世贤◎著

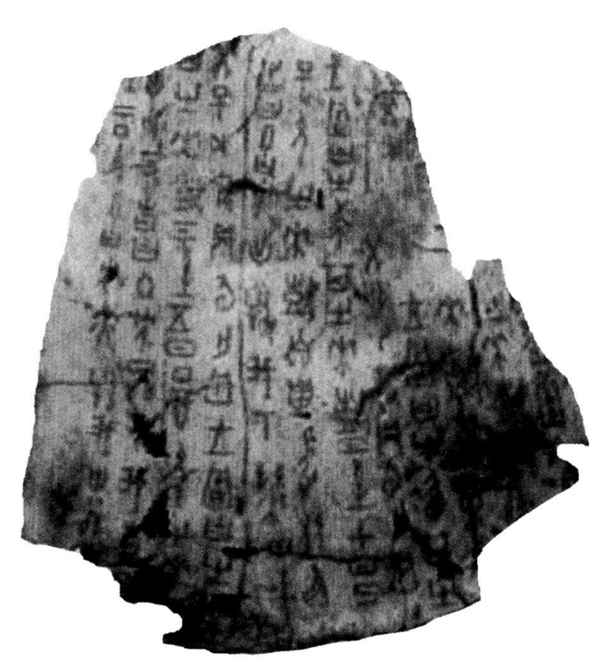

语言文字是一个民族的精神象征，也可以说是一个民族的面貌和灵魂。语言文字既是“社会之公器”，又是个人立世存身的有力工具。

——中国社会科学院 秦 晋

中国社会科学出版社

图书在版编目（CIP）数据

古今文字学通论／王世贤著．—北京：中国社会科学出版社，2016.7
ISBN 978－7－5161－8488－2

Ⅰ．①古…　Ⅱ．①王…　Ⅲ．①汉字—文字学—研究　Ⅳ．①H12

中国版本图书馆 CIP 数据核字（2016）第 146107 号

出 版 人　赵剑英
责任编辑　宋燕鹏
责任校对　董晓月
责任印制　李寡寡

出　　版　中国社会科学出版社
社　　址　北京鼓楼西大街甲 158 号
邮　　编　100720
网　　址　http://www.csspw.cn
发 行 部　010－84083685
门 市 部　010－84029450
经　　销　新华书店及其他书店

印刷装订　北京君升印刷有限公司
版　　次　2016 年 7 月第 1 版
印　　次　2016 年 7 月第 1 次印刷

开　　本　710×1000　1/16
印　　张　45.5
插　　页　2
字　　数　746 千字
定　　价　158.00 元

序　一

高　明[①]

考古发掘资料证明，中国汉字早在夏代即已开始使用，如山西襄汾陶寺文化遗址出土陶扁壶上的朱书文字，就是很好的例证。虽然陶寺文化遗址出土的文字资料数量不多，但从朱书文字的形体结构分析，则同商代甲骨文一脉相承，同为一个体系。从而说明汉字发展至今已有四千多年的历史。继陶寺文化陶扁壶上的朱书文字之后，从文字载体分析，有商周时代的甲骨文、铜器铭文，战国时代的载书、竹书、帛书、陶文、币文、印文等，直至秦朝李斯整理的小篆，均为古代篆文汉字经历的几个阶段。自秦代开始出现书写较为简易的隶书，随后沿着隶书形体演化的途径，直至今日的简化文字，四千年来连续发展，从未有过间断。回顾公元前30世纪两河流域苏美尔的楔形文字、尼罗河流域古埃及的圣书字，均已废弃，唯有中国汉字长盛不衰，与世长存。它不仅是最古老、寿命最长，而且是现今世界最为优秀的文字之一。即以当代使用电脑书写文字，用汉字与西方音素文字同打一篇文章，不言而喻，汉字不仅速度快，占用的篇幅也小。自古至今汉字不仅表述汉语最为准确，而且它是促使不同方言的民族和地区保持全国统一文化的重要纽带。

如果要问，汉字有四千多年历史，它是如何产生和发展的？历代研究如何？这个问题很大，并非仅用几句语言即能解答。自商周时代开始流传下来的文字资料很多，不仅有经传古籍，而且有书契简帛。通读这些资料，必须具备古文字学的知识。清代学者曾经强调，不懂小学不能读经史。所谓“小学”，即指文字学，其中包括字形、音韵、训诂，即古

---

① 高明（1926—　）北京大学教授、博士生导师，著名的历史学家、考古学家和古文字学家。

今汉字的形、音、义三个方面的发展和变化。研究古代经史需要文字学知识，研究唐宋以后乃至今之简化文字，仍然是文字学研究的重要课题。烟台大学人文学院王世贤教授撰写的《古今文字学通论》（增订本）是研究古今汉字发展演变的最新佳作，它是在其旧作的基础上，又将近些年的研究成果增补在书中，其内容更加充实。全书分作十二章，即文字的总体论、文字的起源论、文字的发展论、汉字的形体论、汉字的结构论、古书用字论、汉字的书法论、汉字的文化论、文字的改革论、汉字的前途论、汉字的信息论、汉字的成果论。从书中所立章节不难看出，从商代甲骨文开始直至现今的简化规范的汉字，涵盖了四千多年汉字发展演变的全过程。正如作者在《前言》中所讲："本书知识内容含量大，读者可以各取所需，如果用作教材，并非要课堂全部讲授，视学生专业需要或课时多少，灵活安排。"诚然，这是一部内容广、含量大、跨越时间长，由古至今简明扼要地讲述了汉字起源、发展和应用。该书特点通俗、易懂、实用，将为学习、研究"古今文字学"的学者提供很好的脚本，值得推荐。

王世贤教授书成后，将撰写的资料寄来征求我的意见，并为之索序。故遵嘱略陈所见，以为之序。

2011 年 7 月于北京大学燕园

序　二

李学勤[1]

地处山东海隅的烟台大学，是我近些年多有机会访问的一所高校。烟台大学是由清华、北大援建的新兴学府。20世纪末的1998年，应烟大校领导之约，我同该校江林昌博士后一起，在那里建立了中国学术研究所。每当我搭机前来，快于机场降落前，就能俯瞰烟大，总会惊异又有崭新的建设。等到踏进校园，更是觉得一派新的气象扑面而来。这不仅是由于学校面对海洋，眼界无限，风光绮丽，更因为大学发展迅速，很快地集聚了多学科的优秀人士，营造出浓厚的学术氛围，实在可喜。

在烟大我遇到了不少位文科学者，中文系的王世贤教授与我相知稍晚，是经过江林昌教授的介绍。2008年夏季，蒙王世贤教授寄示他在《光明日报》出版社印行的《文字学通论：关于汉字的概述》。这部560多页的大书，我翻读了好几遍，留下了深刻印象，认识到王世贤教授知见广博，而且多有独立见解，善于把古奥复杂的学问原原本本地讲述给读者大众。书中“内容概要”讲“具有直观性、简明性、创新性、灵活性和多用性等五大特色”，并没有过分夸大的地方。

王世贤教授治学有方，他出身东北师范大学中文系，曾师从著名学者孙晓野（常叙）先生。大家知道，孙先生专长于文字之学，由东北师范大学出版社出版的《孙常叙古文字学论集》一书，为有关学界所必读。王世贤教授秉承师学，而在研治范围方面更加广阔，其著作据我所知，已印行的有《说文解字导论》《汉语史述略》《古汉语词汇纲要》等，待出版的有《音韵学讲稿》及《训诂学教程》，可以说学科涉及的诸多分支

---

① 李学勤（1933— ）清华大学教授、博士生导师，著名历史学家、古文字学家，夏商周断代工程首席科学家，国际欧亚科学院院士，国务院学位委员会历史评议组组长。

都已包括在内。

孙晓野先生说过："文字是记录和传达语言的书写符号，是书面语言赖以存在的书写形式。语言是第一性的，文字是第二性的。这就决定了'字形'是依存于语言的。在所谓'字音''字义'不过是'词'的音和义。可知形、音、义三者实为两类：音和义这个形式与内容的对立统一是词，而词和字又是一个对立统一，词是字写的内容，而字是词的书写形式。"（《孙常叙古文字学论集》后记）这样的看法殊有独到之处。王世贤教授的《古今文字学通论》，虽将重点置于字形的源流演变，实际上也充分兼顾音和义，与他的其他论著彼此相通。

王世贤教授的著作还有一个明显特点，就是广泛引据甲骨金文等出土古文字材料。这一点我觉得也是由孙晓野先生的学风继承发展而来的。从学术史来看，汉魏以来传统的文字学，所谓《说文》之学，到清朝段、桂、朱、王时期已经臻于极致。及至清末，通过吴大澂、孙诒让，于是有了罗振玉、王国维，为现代的古文字学开其先路。孙晓野先生曾经问学罗门，对于古文字学研究多有贡献。王世贤教授则广采当世各家学说，尤其注意新的种种发现，使《古今文字学通论》的内容更为充实和丰富，这也是该书受到读者欢迎的一个重要原因。

现在王世贤教授又将《文字学通论》修订增补，改题为《古今文字学通论》出版，在这里邀我写一小序，然而我在反复读了书前辑录的"专家论文字"之后，觉得已将王世贤教授多年纂著这部书的根本志趣表露无遗。特别是"语言文字是一个民族的精神象征，也可以说是一个民族的面貌和灵魂"这一段，真是掷地有声，虽系征引，却足以概领全书。《文字学通论》原版将这段话印在封面上，我希望新订补的《古今文字学通论》仍能于卷首标举这一段话。

2011年6月13日

写于清华园

专家论文字

古人曰："读书首在识字，不识字何以读书?"然而，当今知识界多数人轻视文字，滥用文字。比如，一些高校不开"文字学"或只作"任选课"；再如某省台广告"一言九顶"的"顶"，《某大学报》"箸书立说"栏目的"箸"字等错别字，竟然无人指正；新闻媒体用字，尚且如此，可见一斑了，又山东齐鲁台播出："2014 年，一大学生在二百字的应聘书中，竟然写错了 24 个字，被拒聘。"故本书择录几位专家关于文字重要性的论述，以正视听，以示文字对社会和个人生活的重要作用。

语言文字是一个民族的精神象征，也可以说是一个民族的面孔和灵魂。语言文字既是"社会之公器"，又是个人立世存身的有力工具。

——中国社会科学院　秦　晋

现代世俗观已从"嫌贫爱富"过渡到"嫌无知爱有知"。这实际上亦将成为一种不可抗拒的世俗力量。因此，要想不被社会抛弃，就应努力地掌握好语言文字，进而掌握其他知识。

——著名记者　吴运锡

有的中国人说一口流利的外语，对外国的一切了如指掌，对汉字却不屑一顾。这些"黄皮白心"的人，实际上是无根的飘零人，无从成为世界公民。只有民族的，才是世界的。

——作家　张　俊

不能系统掌握语言文字知识的人，越来越不被当作人看待，这是时代的冷峻与严酷，是不以人的意志为转移的社会势力。在知识社会，文字被作为知识宝库的钥匙，地位越来越重要。

——语言学家　刘松梅

过去，汉字与龟（龟甲）结合，开创了一个辉煌灿烂的东方古代文明；今天汉字与硅（硅片）结合，使古老的汉字焕发出青春的活力。语言学已从纯人文科学变成文理结缘的学科，汉字的信息化使汉语文知识成为最基本的谋生手段和事业利器。

——信息工程专家　邱　弛

（人见马）此等记号，不独能唤起思想之影像，与音符字有同等之效力，且其唤起之影像，实在更实在、更生动。……唯在中文，此诗化之美质，乃臻于极，所以然者，其隐喻昭然可睹也。

——美国学者　分诺罗萨

可以毫不夸张地说，世界上任何一个国家的单个文字（或词），都没有中国汉字本身能容纳如此之多的信息量。

——著名甲骨学家　王宇信

汉字不仅具有各种文字的共同功能，而且具有不同于其他文字的特殊功能。文化功能，就是特殊功能的一种。

——北京大学著名教授　何九盈

中国文字，他日必遍布于宇内。

——日本著名学者山本宪《近京畿评论》(1910 年)

我相信将来这个世界将有两大语言，中文和英文。

——美国芝加哥市长　戴　利

汉字将来可能成为全世界通用文字。

——著名科学家　钱伟长

因此，有志于研习汉字者，请反复学习、领会上述各家箴言的哲理意义。从而重视汉字，学好汉字，掌握汉字，正确运用汉字服务于社会。

作者谨识

2013 年 6 月于烟台大学

目　　录

前　言

本书立足于“进一步提升素质教育的理念”，以适应21世纪“科技就是第一生产力”的科学发展观和高等教育发展的需要，培养新形势下“市场经济”的多技能人才。因此，本书有别于同类论著和教材，就其体例、范围和所涉及内容，可概括为五大特点。

（一）简明性。本书旨在以“简明、通俗、易懂、管用”为原则，不搞旁征博引、烦琐考证，以求内容简洁，语言明了。

（二）创新性。本书集古文字学、今文字学、甲骨学、金石学、战国文字学、说文学、汉字文化学、书法学、信息学和汉字研究新的三大成果的知识与趣味、理论与应用于一体，形成了完整的汉字理论与实践的框架体系，涵盖了直接跟汉字相关的基础知识、基本理论与基本技能，提出与注入了一些新的学术研究成果。诸如：

汉字是中国第一大发明的论断，首次提出“汉字是中国最伟大的国宝”的观点，关于甲骨学知识的介绍，《甲骨文选读》（23篇）和《金文选读》（13篇）的解读，甲骨文著录及金文载体的介绍；古汉字的研究与考释方法的写入；汉字合流与归并的论述，汉字甲、金、篆、隶、草、行、楷七种字体书法的介绍；汉字厚重的文化底蕴的揭示；《说文》“六书说”和“三书说”的评介，百年汉字改革的反思与汉字前途的论辩；陕西农民——徐捷发明的“汉字桥”速成识字法的介绍；2007年上海“新汉字芯片研制成功”的披露，汉字信息处理与汉字编码的评介，其中尤其是关于“惠邦五行码”“形同意合码”和“手写输入法”以及不用打字的“E人E本全手写电脑”“易点通”五种新的先进“简单、易学、快速”中文打字法的介绍和推荐；以及快速识字的《中华字经》、科学适用的《汉字部首表》和宽松灵活的《通用规范汉字表》三项汉字研究新成果的评介等内容，多为其他《文字学》（或《汉字学》）著作所无。其内容含量之宏富，不仅为中文、历史、考古、新闻、文秘、计算机、外语、图书、档案、哲学、法律和书法等专业所需，而且可供各业人等取其所需。

（三）直观性。本书采取文字阐述同图例展示相结合，插入跟内容相关的图例达480余幅，可谓图文并茂，以期相互印证、补充、说明，达到鲜明、具体，易于理解和掌握。

（四）灵活性。本书知识内容含量大，读者可以各取所需。如果用作教材，并非要课堂上全部讲授，可视学生专业需要或课时多少，灵活安排。有些章节要重点讲解，有些则可讲可不讲，由学生自行阅读，以扩大其知识视野，给教者和学生根据需要以机动灵活的广阔空间。如历史、考古专业就当讲授《甲骨文、金文选读》，而中文专业则可视教学时数而定。

（五）多用性。即一书多用，除了主要用于社会广大读者或汉字学课堂教学之外，用其“甲骨金文知识介绍”可开出“甲骨学知识”和“金文知识”专题课；用其《甲骨文、金文选读》开出其选读课；用其“各种字体的发展演变及其书法”的介绍，可开出《汉字书法》课；用其“汉字文化论”部分，可以开出“汉字文化”讲座等。

本书在撰写过程中参考了许多有关著述，深蒙启发和裨益，同时得到北京大学高明先生、清华大学李学勤先生、北京大学出版社编审胡双宝、南开大学博士生导师向光忠教授、中央电大中文系主任朱振家教授、东北师大博士生导师康学伟教授和山东大学博士生导师江林昌教授的鼓励和肯定。

最后，尤应提及的是，承蒙著名的北京大学高明先生不顾90岁高龄和清华大学国际汉学研究所所长李学勤教授两位先生在教学和著述百忙之中为本书赐“序”，令我至为感动。中国社会科学出版社副总编辑郭沂纹编审、责任编辑宋燕鹏博士，蒙二位雅意，审酌拙稿，安排出版，付出巨大辛劳，不胜感谢。已考取硕士研究生的齐乐园同学，家远在千里之外，本该休息，却欣然承担了本书的校对、拼字、造字，还有目录、前言、专家论文字、注释、练习、再版后记等，都是重新打字并校对，承担了烦琐而枯燥的劳动，还有崔连雷、李成森、黄圆圆、谢志宾、李秀强等同学多次反复地承担了后续打字、校正、改字、编排页码等大量工作，付出莫大辛劳。谨此一并致意鸣谢！

对拙著的阙漏、谬误，敬请专家、读者指正。

王世贤

2014 年 8 月于烟台大学寓所醉墨斋

第一章　宏观谓华文　隽秀夺天工

——文字的总体论

中国汉字具有三美：意美以感心，一也；音美以感耳，二也；形美以感目，三也。

——鲁迅

语言文字是一个民族的精神象征，也可以说是一个民族的面孔和灵魂。语言文字既是一个『社会公之公器』，又是个人立世存身的有力工具。

——中国社会科学院　秦晋

注：左下插画取自吉林出版集团编委会《图说天下·唐诗三百首》，第 264 页。

第一节 文字和文字学

一 “文字”之称的由来

文字是社会发展到一定历史阶段中的产物，“文字”之称也是这样。先秦时代的人们，尚无“词”的观念和“文字”的名称，把“文字”称作“名”，或“书”，或“文”，或“字”。但这四者之称并不是各自孤立的，而是彼此相因有着先后演进的逻辑联系。首先把书面语言单位（字，即词）叫作“名（即事物的名称）”，《周礼·春官·外史》云：“掌达书名于四方”，郑玄注：“古曰名，今曰字。”《仪礼·聘礼第八》云：“百名以上书于策，不及百名书于方。”（策与方皆指不同形状的竹、木简——引者注）郑玄注：“名，书文也，今谓之字。”贾公彦疏：“名者，即今之文字也。”写“名”的动作叫做“書”。書，甲骨文作（二期，存下724），从聿（笔）、从口，象手执笔写口言之状。书的结果便是字。《荀子·解蔽》云：“好书者众矣；而仓颉独传者，壹也。”《释名·释书契》云：“书，亦言著也，著之简、纸永不灭也。”王筠《说文句读·聿部》“……所写之字谓之书。”写出来的笔画结体叫作“文”，《左传·宣公十二年》传，楚庄王曰：“夫文，止戈为武。”又《宣公十五年》传，伯宗曰：“故文，反正为乏。”又《昭公元年》传，医和曰：“于文，皿虫为蛊。”杜预注曰：“文，字也。”“字”是“名”的另一种表现形式，由“名”生出来，跟“名”起同样作用者叫作“字”。《商君书·定分》说：“有敢剟（duō，删削）定法令，增损一字以上，罪死不赦。”“文”和“字”都是由“名”而来，并从“写名”（即写词）而得名的。① 可见，先秦并未把“文”和“字”合称并举。

到了东汉，许慎则超前认为文和字不同。他在其《说文解字·叙》中说：“仓颉之初作书，盖依类象形，故谓之‘文’；其后，形声相益，即谓之‘字’。字者，言孳乳而浸（jìn）多也。”在《说文》正文中他又说：“文，错画也，象交文”，“字，乳也。从子在宀下，子亦声。”按照前引《左传》“止戈为武”“皿虫为蛊”把合体字称作“文”，说明先秦

① 见先师孙常叙（著名古文字学家）为马如森《殷墟甲骨学》写的序，上海大学出版社2008年版。

并未把“形声相益”的合体字称作“字”。孙常叙先生说：“殷周文字，形声已繁，先秦无称‘字’者，‘形声相益’之说并不合事实。实际上就连许慎本人也并没有这么做。他在《说文解字·叙》中说：‘此十四篇，五百四十部，九千三百五十三文，重一千一百六十三（指篆籀之文——引者注），解说凡十三万三千四百四十一字（指汉代的隶书——引者注）。’故明末清初的学者顾炎武说，许慎是以篆书谓之‘文’，隶书谓之‘字’。”①

“文字”二者合称并举，盖始于秦始皇二十八年（前219）琅琊台刻石：“器械一量，书同文字。”意思是说，对秦始皇统一度量衡和统一文字以实现有效统治的纪实。自此，“文字”连称，一直沿用至今。

二　文字是什么

文字，人们天天在使用，可要给它下一个准确、科学而完整的定义，实非易事。但这又是首先必须弄清楚的问题，因为它是研究文字的出发点，又是文字学所要研究、讨论的主要对象与核心内容。对什么是文字的回答，是学习、研究文字的出发点，也是贯穿全部文字学研究的中心所在。从不同的角度理解与研究，就会得出截然不同的结论。对文字这一概念的理解与揭示，就是对文字本质属性的认识。这一认识正确与否，直接关系到文字学研究的正确方向。

关于什么是文字，古今中外学者的看法，不尽一致。这是他们各自学术观点歧异的集中反映与表现。概括起来，具有代表性的并影响深远的主要观点有以下五种。

（一）传统的文字观

始见于东汉许慎的《说文解字·叙》说：“仓颉之初作书，盖依类象形，故谓之文；其后形声相益，即谓之字。文者，物象之本；字者，言孳乳而浸（jìn）多也。”意思是说，“依类象形”是指描摹物体形状的图画演变来的象形字和加抽象符号形成的指事字，形体结构是独体的，叫“文”。这是由文的纹饰引申为物象意义的。所谓“形声相益”，是指由象形字或指事字互相组合，构加部分做形符的是会意字；构加部分做声符的是形声字。这样组成合体结构的，叫“字”。这是由生殖本义引申为文

① 见孙常叙《汉语词汇》，商务印书馆2006年版，第2页（注）。

字孳乳意义的。认为“文”是仓颉造字之初的形体，而“字”是“文”发展的结果。

这是从文字发生的角度解释文字的，通过文字结构分析去界定“文”和“字”。又从文字作用说：“盖文字者，经艺之本，王政之始，前人所以垂后，后人所以识古。”① 把文字当作解读经典和导源于王者“考文”的工具，势必导致偏离文字研究的正确方向。只注重文字形体结构的研究是不全面的。

到了宋代，郑樵的《通志·六书略》便把这个定义概括为“独体为文，合体为字”。长期以来，这种文字观得以广泛而持久的传播，影响极为深远。

直至1937年出版的胡朴安《中国文字学史》还说：“何谓文？独体之谓；何谓字？合体之谓。……何谓独体？象形、指事之文，分析不开者。例如文，以交逪（cuò同‘错’）其画而成为独体；何谓合体？合象形或指事之文，或二文，或多文，用会意或形声之法，合之以为字。例如字，从子在宀下，子亦声，以併合而成为合体。故曰‘独体为文，合体为字’。”这是对许氏定义的概括、发挥与解释。按照这个定义的观点，只能把文字学的研究引向集中于形体结构的研究。这是片面的。

（二）工具论的文字观

这是一些主张文字改革的学者对文字的理解和看法。周有光先生说：“科学的文字观告诉我们：文字不过是一种文化工具。”② 清末，沈学的《盛世元音·自序》亦云：“文字者，智器也，载古今言语心思者也。”③ 马体乾在《谈文字》中打比方说：“文字之为器于国民，犹斧斤之于工师，贵易举，不贵繁重；其为不可少于人类，犹宫室、衣服、菽粟、水火，恶其缺陋而不厌其简朴。今六书文字，难于辨，难于记，难于解，难于用，辞难通，音难同，书难音，字难工，特较标音文字之易习、易用者，真不可同日而语矣。”④ 这是要以拼音文字取代汉字的思想舆论。

① 许慎：《说文解字》，中华书局1963年版，第314页。

② 周有光：《汉字改革概论》，文字改革出版社1961年版，第2页。

③ 沈学：《盛世元音·序》，《清末文字改革论文集》，文字改革出版社1958年版，第9页。

④ 马体乾：《谈文字》，《清末文字改革文集》，文字改革出版社1958年版，第88页。

清末以来，正是在这种思想的影响下，掀起了一浪高似一浪的汉字走拼音化道路的运动。工具论的进步意义是，打破了文字的神造论、神秘论和对文字的迷信，为文字改革开辟了道路。但是，片面地强调方便适用，并以此为衡量文字优劣的唯一标准是错误的。忽视了文字的理论探索和文字的发展规律，容易使人们在“文改”中陷入主观的盲动性。

（三）阶级论的文字观

主要是由于十月革命后，苏联极“左”思潮的影响，凡事都要用阶级分析的方法看待。阶级论者的文字定义是“文字是文化的工具，它和艺术、宗教、文学等一样，是人类社会的上层建筑”①，“文字和其他的社会上层建筑一样，它在阶级社会里，常常含有阶级的元素”②。这句话把文字视为意识形态的上层建筑是错误的。

因为文字和语言一样，是科学，是没有阶级性的。它们都是一种社会现象，是为社会全体成员服务的。把文字视为有阶级性的上层建筑，实际上是把负载语言、传播文化的工具同文化本身混同起来的观点的反映。这种观点，非但不能促进文字改革，反而认为“汉字是古代封建社会的产物”“阶级压迫的工具”③。这样一来，汉字自然成为被废除的对象，因而，也就没有研究汉字发展的必要。只有“汉字拉丁化”，才是所谓的无产阶级文字改革的方向和目的。这是一种阶级的偏见和极“左”思潮的反映。④

（四）语言家的文字观

中外语言学家的文字观却往往被文字学家所采用。赵元任说：“凡是视觉符号，用来代表语言的就是文字。”⑤ 高名凯说：“文字是记录语言又代表语言的符号，我们可以说它是符号的符号。”⑥ 北京大学现代汉语教研室撰文说：“文字是语言视觉的形式。”⑦ 苏联契尔巴娃说：“文字是口

---

① 见《文字改革论文集》，中国人民大学出版社1978年版，第28页。

② 梁东汉：《文字》，新知识出版社1958年版，第31页。

③ 《中国语文的新生》，时代出版社1949年版，第54页。

④ 王凤阳：《汉字学》，吉林文史出版社1992年版，第21页。

⑤ 赵元任：《语言学问题》，商务印书馆1980年版，第140页。

⑥ 高名凯：《普通语言学》，东方书店1954年版，第150页。

⑦ 北京大学中国语言文学系现代汉语教研室编：《现代汉语》，商务印书馆1993年版，第152页。

语词的符号。"[①] 美国语言学家布龙菲尔德则说："在语言学家看来……文字仅仅是一种外在的设计……借以保存了过去言语某些特点供给我们观察。"[②] 在他们看来，文字只是一种符号或外在的形式，只起到在书面上保存他们研究成果的作用。这就混淆了文字和语言之间的记录和被记录的关系、辅助与主体的关系。从语言角度的观察取代了从文字角度的观察，就无法说明文字同语言结合前的史前文字，也无法解释文字本身发展变化的规律。相反，分清语言与文字之间的关系，能揭示许多文字自身的本质属性，发现许多文字的发展规律。

（五）文化化的文字观

这是当代语言文字学界产生的一种新的学术观点。它的出现是20世纪80年代以来"文化热"发展的结果。但人们对"文化"含义的理解和界定"五花八门"，众说纷纭。据说1952年有人统计就有160多种说法，如今可能有几百种之多了。于是，冠以"文化"二字的各种论著纷纷出版问世，诸如文化历史学、文化地理学、文化语言学、文化心理学、交际文化学、礼仪文化学等。用文化视角来研究和阐述这些学科的内容，无疑会收到既能揭示这些领域研究对象的文化内涵，又能形成新的语言文字观的效果。这就标志着较以往研究内容的开拓与深入，方法的革新与突破。但是，如果完全抛弃传统文字学的理论与方法，而只采用"文化学的理论"和"文化学的研究方法"进行汉字研究，全然把文字当作文化看待，实际上就是"文化化的文字观"。不过，未必可行。

诚然，汉字是文化的一部分，或者说是"汉民族文化大系统中的一个要素"，二者有着千丝万缕的多种方面的联系，但是，汉字并不等于文化，二者是种属关系，外延不同，概念有别。"汉字是具体的，看得见，写得出，读得来，白纸黑字，历历在目，清清楚楚"；而"文化则天上、地下，物质、精神无所不在，但必须通过具体事物才能表现出来"[③]。作为文化载体的文字，同文化之间是文化传授和被传授的关系。"文字跟语言一样，也是一种文化传授的建制。"[④] 汉字毕竟有其自身的属性、特点

① ［苏］契尔巴娃：《语言学概论》，高等教育出版社1955年版，第164页。

② ［美］布龙菲尔德：《语言论》，商务印书馆1997年版，第357页。

③ 何九盈：《汉字文化学》，辽宁人民出版社2001年版，第49页。

④ 霍凯特：《现代语言学教程》（下），北京大学出版社1987年版，第271页。

和规律。如果汉字各方面研究都用汉文化的各类型文化阐述与说明，势必使汉字的内容过分膨胀而庞杂起来，超出汉字学的内容范围，非但不能揭示文字的本质属性，反而混淆了文字同文化的传授关系。

综上所述，五种文字观，呈纵向发展之势；各有所见，各有所长，映现出他们各自观点的片面性。因此，我们认为：文字是人们用来负荷语言的载体，写词记言的符号，并凭借视觉可以感知的成体系的书写符号系统，将语言信息传至远方或留给后代表达思想的语言的辅助工具。换言之，文字是负载语言、保存语言、传播信息，或留给不同时间和不同空间的后人的一种工具性的符号系统。如果就其功用来说，文字是负载语言和人们借以获得文化科学知识、技能，争创财富，立身社会，表情达意，传播文化，弘扬道义，宣传革命，促进社会发展与进步，提高人们生活水平的工具。

这里是从文字的属性、功能、作用来界说的，是符合世界上一切文字共有的定义的，当然，也适合汉字。但是，汉字不是单纯的表音符号，它兼有表意的功能。所以，汉字是具有记录汉语语音和表达语义两种功能的书写符号体系。通过视觉不但可以感知一个个汉字所表达的音读，而且也可以显示出一定的意义，因为它跟传统意象性思维方式相互联系。

三　什么是文字学

文字学和文字是两个不同的概念。文字是负载语言而自成体系的可以感知的具体书写符号，是文字学所要研究的主要对象；而文字学则是研究文字的起源、发展、性质、特点、功能、体系、形态、结构和形、音、义关系、文字的整理与厘定、信息处理及其文化内涵与演变规律的一门科学，是语言学的一个重要部门。

文字学这个名称是近代才有的。汉代称为“小学”。“小学”的名称是汉代才有的，最早见于东汉班固（32—92）的《汉书·艺文志》。他说：“古者八岁入小学，故周官保氏掌养国子，教之六书。”所谓“六书”，就指文字。文字则是小学的重要学习科目。于是后人就把“小学”之名引申为“学校”之称了。《隋书·经籍志》“小学卷”增加了音韵类书，至《旧唐书·经籍志》始将《尔雅》类训诂书也归入“小学”。

班固的《汉书·艺文志》是本于西汉末年刘歆（？—23）的《七略》，把幼童识字用的字书、字音和解释字音、字义之书，附在经学《六艺略》之后，统称为“小学”。这样，“小学”就包含了文字、音韵、训诂。后人据此称之为“语言文字之学”。清代《四库全书总目提要·经部》“小学类”，亦将语言文字之书分为“训诂、字书、韵书”三类。兼容三者的“小学”这一名称（前人也称“字学”），一直沿用到清末。

把“小学”更名为“文字学”的人是章太炎等先生。把“文字学”从三者兼容中独立出来，摆脱音韵、训诂的人是唐兰先生。他在1979年再版的《中国文字学》一书中说：“文字学本来就是字形学，不应该包括训诂和音韵。一个字的音和义虽然和字形有联系，但是在本质上它们是属于语言的。”①

唐兰先生的贡献是：使汉字研究摆脱了传统文字学的束缚，把汉字作为独立的对象去研究，就能突出汉字自身的特点和规律。这是文字学研究从混沌到清晰，走向科学发展中的一大进步，也是使文字学走上科学道路的新起点。

四　研究文字学的意义

文字学的研究，直接关系到文字对我们人类生活的重要性。恩格斯说：“由于文字的发明及其应用于文献的记录而过渡到文明时代。”② 这说明文字对发展民族的政治、经济、文化，保存历史文献资料，丰富人类的文化宝库，都起着重大作用。文字又是我们赖以学习语言、掌握文化知识与科学技术的媒介和阶梯，因此，中文、史学、考古、法律、文秘、计算机、新闻、外语、图书和档案等专业，都有必要开设文字学课。具体一点说，可从以下六方面来看研习文字学的意义和作用。

（一）研习文字学，有助于增强与提高民族的自豪感

汉字是我国一项伟大的发明。它是一种独具特点、作用和优势的交际工具，对中国和世界做出了突出贡献。古老文字从这些方面进行阐发和弘扬，无疑会引发出我们强烈的民族自豪感和爱国之情。从而激发广大青年建设祖国，建设“小康”的旺盛热情和无穷的动力。

（二）研习文字学，有助于正确理解古代文献

我国是一个伟大的文明古国，给我们留下了浩如烟海的文化典籍。

---

① 唐兰：《中国文字学》，上海古籍出版社1979年版，第6页。

② 见《马克思恩格斯全集》第21卷，人民出版社1971年版，第27页。

要继承这些文化遗产，就得读古书；要想正确理解古书，就得准确掌握字（词）义；正确掌握字（词）义，要靠文字学对汉字形、音、义的分析研究。正如鲁迅先生所言："通习一字，当识形、音、义三者：口诵耳闻其音，目察其形，心通其义，三识并用，一字之功乃全。"（《自文字至文章》）例如：《左传·齐桓公伐楚》："五侯九伯，女实征之，以夹辅周室。""夹辅"，王力主编的《古代汉语》（修订本）第一册注为"辅佐"，郭锡良等编《古代汉语》因袭王注。其实，他们只注出了"辅"字的意思，未注出"夹"字之意。从文字学角度看，夹，甲骨文作（河674），金文、小篆形同，像二人从左右合力扶持中间的人。《说文》训曰："夹，持也。"王筠《说文句读》亦云："大，受持者也；二人，持之者也。"可知，夹的本义是从左右扶持，《礼记·檀弓下》："使吾二婢子夹我。"引申为从左、右辅佐，《左传·僖公二十六年》："昔周公、太公股肱周室，夹辅成王。""夹辅"连用，"夹"字表示辅佐的方式，即从左、右辅佐。古有"左丞相、右丞相"之职可证。

文字学可以使我们掌握分析字形以鉴别本义的方法，确定字（词）义的来源，从而理出词义系统。掌握这一基本技能，对我们理解字（词）义，读懂古书，继承文化遗产，大有好处。

除了上例之外，再如：《诗经·卫风·氓》："乘彼垝垣"一句中的"乘"字的意思是"登上"，用的是本义。何以见得呢？因为"乘"字，在甲骨金文中作（乙971），下面是树，上面是人，表示人登上了树。进而也可以帮助我们了解与掌握引申义。如《诗经·邶风·二子乘舟》："二子乘舟"的"乘"字，是"乘坐"的意思。与本义"登上"有着密切联系，因为乘车、船得先登上而后坐。

如果把了解的字的本义或引申义代入句中都不通时，或字在句中义跟本义、引申义毫无联系时，那就可以判定用的是古今字或通假字，如"说"字的本义是陈述，解说；引申为言论，主张，学说；又引申为劝说，说服。代入"子曰：'学而时习之，不亦说乎'"（《论语·学而》）不通，表明"说"字的意思，后来写作"悦"，是喜悦，高兴。在这一意义上，"说"先产生，是古字；"悦"字后出现，是今字。二者是古今字关系。再如，"粪土之墙不可杇（wū）也"（《论语·公冶长》），"杇"从木，本义是泥瓦工用的抹子，引入句中不通，知其是借字，依音可知本字是"圬"，本义是抹墙，代入句中可通。又如"庶民罢敝，而宫室滋侈”（《左传·昭公三年》），“罢”本义是免去（官职），代入句中不通，可知是“疲”的借字。所以，文字学也可以帮助我们解决古书中的古今字、异体字和通假字等许多疑难问题。

（三）研习文字学，有助于古籍整理

20世纪70年代，国家提出了“古籍整理”的伟大学术任务。为此，国务院成立了“古籍整理规划”小组。古籍整理，一般离不开校勘、标点、注释和翻译。而校勘、注释和翻译，除了需要校勘学、训诂学知识之外，还需要文字学的知识。因为文字是古籍的载体，没有文字就没有中国古籍。因此，不懂文字学是不行的。例如“古籍整理”中的校勘有“订正错字”的内容，《鬼谷子·符言篇》：“家于其无常也”，“家于”何意？不通，需要校勘。俞樾校“家于”乃作“寂乎”之讹。他在《冠子》中发现“寂乎其无端”。何以见得呢？还得找旁证，于是他在隶书中发现“寂”作“𡨄”，再一误写就成了“家”字。《管子·七守篇》正作“寂乎其无端”，可谓确证。足见篆书、隶书怎么写，正属于文字学的常识。

又如：《韩非子·外储说左下》有“垦草仞邑，辟地生粟，臣不如宁武，请以为大田”一句。“仞”作何解？难通，需要校勘。俞樾认为“仞”当作“刱”（创），“仞邑”的意思，就是“创造出一个小镇”。今人陈其猷认为俞樾的说法是正确的。其实，俞说非是。1975年湖北睡虎地秦墓竹简里有“根（垦）田人（仞）邑”一句，可证《韩非子》中的“仞”是“人”字。为什么？因为“根”是垦的借字，“仞”当是“人”的借字。

俞氏本训诂大家，所以失误，问题出在文字上。他为“仞”的本义（七尺或八尺）所惑，觉得“仞邑”讲不通，遂疑“仞”字误写。殊不知“仞”通“人”，当读“牣”。“牣”有“充满”义，《史记·司马相如列传》：“充仞其中者，不可胜记”，故“仞（牣）邑”就是使城邑人口充实。

以上仅举二例，以见校勘古籍，文字学知识的必要性。涉及文字的通假、俗字（含甲骨文、金文、篆书、隶书、草体）等对校勘的重要作用。

（四）研习文字学，有助于辞书编纂

一部科学的高质量的辞书编纂，除了需要目录学、版本学、校雠学、编辑学、文献学、史学和训诂学等相关学科知识之外，尚需较深的文字学的功底和知识储备。

字典、辞书的内容，一般包括注音、释义和疏证。其中以释义为主。高水平的辞书，应该是释义科学正确、注音准确、疏证恰当。它的义项排列也应该是科学有序的。即先本义，再引申义，远引申义，后假借义为次。本义应该是根据汉字形体结构分析出来的造字之初的意思，并有古书用例为证，才是可靠的；相反，只有形体结构分析的根据，没有古书用例也是不能确认为本义的。如许慎的《说文解字》是一部具有权威性的中外第一部字典，且许氏说解以为其都是本义。但是，由于许氏未见甲骨文、金文，只据篆书形体分析释义，结果把许多字的引申义误作本义了。诸如“为，母猴也”；“元，始也”；“东，动也”；“开，张也”；“不，鸟飞上翔不下来也”；等等。所以，不可以把《说文》的释义都视为本义，要用文字学的知识加以鉴别。

清代，段玉裁《说文解字注》却把“理”字按本义、引申义、假借义作了科学的排列，很有条理。即“理，治玉也，剖析也，分理，肌理，腠理，文理，条理，天理”。这样，按照义项之间的意义由具体到抽象关系编纂辞书，才是科学的高质量的。但是，有些字典、辞书却不是这样的。尽管在其“凡例”中声称“多义词的义项一般按照本义、引申义、假借义，即先实后虚为次，分别用①②③……为序分项”。实际上有些工具书往往把“本义”排到后面去了，这是不科学的。如《汉语大字典》“眾”字条的义项排次为：①众人、大家，②农奴，③多。其中“农奴”是本义，却排在第二义项。又如“奚”字：①大腹，②奴隶，③代词，④副词。其中“奴隶”是本义，也被排在第二义项，这是不明文字学的结果。仅举二例，以见一斑。当注意，不要认为一切字典、辞书所列第一义项都是本义。要用文字学知识去分析鉴别。

20 世纪 80 年代以后，我国相继出版了大量的字典、辞书。首先，《汉语大字典》和《汉语大词典》的出版，打破了来自西方的“中国大，辞典小”的嘲笑和讥讽，大长了中国人的志气。《古汉语常用字字典》《现代汉语词典》《新华字典》《甲骨文合集》《商周青铜器铭文选》《甲骨文字典》《金文常用字典》和《汉语大字典》《中华字海》等，这些工具书的编纂，没有文字学基础和基本技能是不行的。

（五）研习文字学，有助于了解、弘扬传统文化

汉字不同于其他各种文字，只是作为记录语言的书写符号而存在的。汉字是二维方块空间结构文字，饱含着丰厚的文化底蕴，几乎每个汉字都是一部文化史。学习文字学，掌握了汉字结构分析的方法规律，从每个汉字的不同构件所表示的意义，就能发现和了解每个汉字各自的文化含义，从而了解每个汉字所记录和反映的古代社会生活的传统文化。例如以下各字。

弃（棄）　甲骨文作[古文字]（后下 21.14），是一个会意字，上面是幼子，三点是胎液或泪痕，中间是“其（箕）”字，下面是双手，合起来表示把死婴放在簸箕里，双手端着抛掉他。后来，就形成了“弃婴”的文化习俗。李孝定说：“字象纳子[古文字]（箕）中弃之之形，古代传说中常有弃婴之记载，故制弃字象之。”① 据说，古时把凡是出生不顺利或认为生下不吉利的婴儿丢弃，让别人去收养。弃婴文化的记载，最早见于《诗·大雅·生民》：“时维姜嫄……履帝武（足迹）敏（脚的大拇指）歆（歆然而动）……居然生子……诞（语助词）寘（zhì，同置）之隘（狭小）巷，牛羊腓（féi，庇护）字（抚养）之……诞寘之平林，会（正赶上）伐平林……诞寘之寒冰，鸟复翼之。”意思是说，姜嫄踩了巨人上帝的脚印，怀胎生下后稷（周的始祖），被丢弃至小巷、树林、寒冰之上三次没死，才抱回抚养，称他为“弃”，成为周朝的先祖。弃字，记载了这一文化传统。一说“弃长子”，即“食元子”。古人怕权势、财产被外人继承取得，认为长子不是亲生骨肉，非自己所生，所以抛弃他。

封　甲骨文作[古文字]（粹 192）、[古文字]（京津 4499），上面是一棵树，下面是很高的封土。李孝定说“字象植树土上，以明疆界”。郭沫若谓[古文字]即以林木为界之象形。《周礼·地官·封人》曰：“封人掌设王之社壝（wěi），为畿，封而树之。凡封国，设其社稷之壝，封其四疆。”金文作[古文字]（《琱生簋》）[古文字]（《伊簋》），承甲骨文而来，右侧的手或人，表示给所植之树培土之状。《说文》训为：“封，爵诸侯之土也。从之、从土、从寸，守其制度也。公侯百里，伯七十里，子、男五十里。”这就是说，周天子封

① 见李孝定《甲骨文字集释》第四卷，“中央”研究院历史语言研究所 1965 年版，第 1399 页。

诸侯，即把某一疆界之地按照远近亲疏的亲族、臣属之等级赐予他们，被赐的土地（称为领土或食邑）叫“封”，诸侯在被封的领地周围植树为界叫“封疆”。卜辞：“方国之封疆，一封方，二封方，三封方”等。《孟子·告子下》云：“周公之封于鲁”，意思是说，周公被封在鲁地，成了鲁国的始祖。可见，“封”字，记载了周天子封诸侯的历史文化情况。

邦　甲骨文作（前 4.17.3），从田，以示疆界；从，以示林木。字像以树为界的疆域，以树作界标。即诸侯在自己封地周围栽一圈树叫作“封国”。金文作（《毛公鼎》），是甲骨文的演变，左边一株树，右边把甲文的“田”字变为“邑”，表示地域。《说文》训曰：“邦，国也。从邑，丰声。”邦本义指古代诸侯的封国或叫邦国，《蔡侯钟》：“建我邦国。”《说文》引：“《周礼》注：‘大曰邦，小曰国’。”《诗·大雅·皇矣》：“王此大邦”，王国维案：“古封、帮一字……卜辞……字从丰、从田，即邦字，邦土即邦社。”（见《王国维遗书》第六册，第 34—35 页）

盟　形声字，从皿、明声。但甲骨文作（甲 2363）、（后下 30.17），金文作（《井侯簋》）、（《剌鼎》）、（《师望鼎》）等形，从囧、皿声，无一从血者。金文或同甲骨文构形，或从朙，皿、明皆声，为古“盟”字。《说文》云：“盟，《周礼》曰：国有疑则盟。诸侯再相与会，十二岁一盟。……盟，杀牲歃（shà）血，朱盘玉敦，以立牛耳。从囧、从血。，篆文从朙。古文从明。”意思是说，盟的本义是指诸侯盟誓。古时，个人、群体或诸侯国之间达成某种意向而结成协同关系，为了约束彼此的行为，守信重义，昭示诚志而举行的一种盟誓形式。有如当今国家间签订的盟约、条约、发表的联合公报等，便是古代盟誓的遗存。古人盟誓时，要在会盟地挖一方坑，在坑边上宰杀牲畜，割下其左耳，立在朱盘之中，再取出牲畜的鲜血，盛在玉器里，让每个与盟者在嘴唇上都涂上或饮入牲畜的血，以示坚守信义，决不背弃，便称作“歃血为盟”。故盟字的文化含义就是记载了这一传统文化内容。古籍有许多记载，与会立盟的诸侯各国都要在神前誓约结盟，除了上引《说文》外，《释名》云：“盟，明也，告其事于神明也”，《尚书·吕刑》：“罔中于信，以覆诅盟”，《左传·僖公二十八年》：“癸亥，王子虎盟诸侯于王庭”等。后来个人间的对天发誓，如“桃园三结义”，恋人间的“海誓山盟”；如今的阶级、集团、国家及个人之间的联合、结盟、盟会、联盟、同盟、盟国、盟军、盟约、盟友以及峰会、签约等皆是。

综上所述，只有学了文字学才能有所感知和感悟，才是对汉字文化底蕴的深层理解。关于这方面内容，可参阅本书第八章各节的例字。

（六）研习文字学，有助于汉字规范化

汉字的规范化，是文字的社会性决定的。我国幅员辽阔，人口众多，56个民族，拥有13多亿人口。汉字是他们共同使用的文字。因此，个人用字应该遵照或服从于社会规范的法定文字。社会规范了的字形应该遏制个人的用字行为。仅《中华字海》收字就有85000字，连《新华字典》还收了11000多字。其中大多是异体字或罕见字。实际日常用字只有3500多个。如果人们各行其是，滥用异体字、繁体字，甚至乱造字，将会造成社会交际的混乱，影响社会的安定和国家的统一，所以历代政府规范标准用字，都是理所当然、无可非议的。

汉字规范的内容是对汉字的形体、音读和数量等都要作整理和规定。即给汉字定形、定音、定量、定序，使它规范化、标准化。废止那些重复的异体字和随着客观事物消亡的死字。哪些字应该留下使用？哪些应该废止？这些内容都是现代文字学所要讨论研究的问题。

此外，语言、文学、历史、地理、考古、人文、历法、民族、民俗、文献、器物、书法、艺术、社会、哲学、科技、信息等学科都离不开文字学的知识。否则，断然将一无所成。

总之，在当代的今天，我们研习文字学的目的意义是非常广泛的。正如，王国维在《毛公鼎考释·序》中所言："文无古今，未有不文从字顺者。今日通行之文字，人人能读之解之。《诗》《书》彝器，亦古之通行文字，今日所以难读者，由今人知之古代不如知现代之深故也。苟考之史实与制度文物，以知其时代之情状，本之《诗》《书》以求其文之义例，考之古音以通其义之假借，参之彝器，以验之文字之变化，由此而之彼，即以甲推乙，则于字之不可释，义之不可通者，必间有获焉。"①

五　研究文字学的方法

文字学的建立，始于东汉许慎的《说文解字》一书。文字学的研究，已有2000多年的历史。其间学者们对文字形、音、义的考释及其起源、

① 见王国维《毛公鼎考释序》，《观堂集林》卷六，中华书局1984年版，第294页。

体系、性质、发展、形态、演变规律等理论研究，做了大量的工作，摸索出了许多研究方法。这里主要从三个方面加以介绍。

（一）占有科学研究资料

占有科研资料是进行科学研究的基本依据和重要基础，搜集资料是科研的第一个步骤。没有充分的资料，就无从研究，就不会得出正确的结论。因此，首先要大量搜集资料、存储占有资料、分析研究资料、科学利用资料。胡厚宣先生说："要详细占有材料，通过对大量史料的分析研究，然后形成自己的观点；千万不要先有观点再找材料去套，因为这样得出的结论往往是站不住脚的。但材料一多，写文章要注意割爱，不要过多地堆砌；当然要有分析，有的连残文都要，有的找一典型即可。"①胡先生是毕生从事甲骨文研究的著名学者，他通过自身实践经验的体会，总结出"占有资料"的重要性和如何科学地利用资料、分析资料进行科学研究的必要性。这是文字学研究的根本方法。

（二）考释古文字的方法

考释古文字的方法，是指考证、辨识古文字及其解释古文字的形、音、义的方法。

考释古文字是文字学研究中一项十分重要而又非常艰难的基础工作。古文字是客观存在的，有形可识，有音可读，有义可寻。但是文字自产生以来，经过了数千年的发展演变，其形、音、义发生了一些变化，有些古文字由于时代的变迁和社会的发展，已经丧失了其交际作用而消亡了，然而它们还遗存于甲骨文或金文之中，对这样一些古文字，要辨识其形、音、义是很困难的；有些古文字形、音、义也发生了变化，虽然可识，但其构形及其本义尚待研究和说明解释。

考释古文字是一项基本工作，研究的方法是多方面的。其总体方法原则有三条。

其一，要努力掌握与坚持唯物辩证法和历史唯物主义，反对考释中的主观唯心主义和形而上学，才能使文字考释工作取得较快的进展。

研究任何科学都要在一定的哲学思想和正确方法指导下进行的。用什么方法研究甲骨文和金文？于省吾在《关于古文字研究的若干问题》一文中有一段精辟的论述。后来他在《甲骨文字释林·序》中，又重新

---

① 胡厚宣1979年4月在复旦、华师大作《八十年来甲骨学》学术报告。

强调全面地论述了这个问题。他说："过去在古文字的考释方法上，长期存在着唯物辩证法和唯心主义形而上学的斗争。古文字是客观存在的，有形可识，有音可读，有义可寻。其形、音、义之间是互相联系的。而且，任何古文字都不是孤立存在的。我们研究古文字，既要注意每一个字本身的形、音、义三方面的相互联系，又应注意每一个字和同时代其他字横向的关系，以及它们在不同的时代发生、发展和变化的纵向关系。只要深入具体地全面分析这几种关系，是可以得出符合客观实际的认识的。"① 于氏在其《序》中告诉我们：考释古文字要从文字本身的客观实际出发，并从纵、横关系上强调注意每一个字的形、音、义的内部联系。

其二，考释古文字，首要的方法是全面地搜集资料和占有资料（包括甲骨文和金文的著录书和原片）。资料是研究、考证、辨识古文字的唯一的根本依据，特别是第一手材料更为重要，也更具有说服力。

近百年来，在甲骨文、金文的辨识和考释方面，我们已经取得了很大的成就。仅据《甲骨文编》统计，在出土的4500多个甲骨文字中，目前可以认识的只有1000多个。其中去掉意见分歧的和不足信的，比较可信的还不足1000个，尚有3500多个甲骨文字未能辨识；金文，据容庚《金文编》（修订本）所载：已识金文2420个，未识的1352个，共计3772个。这样，将甲骨金文未识的字加起来，总共尚有4852个。如此庞大的未识的古文字，有待于文字的专家学者运用科学的方法进一步研究考释。当然，这也是我们后代有志于文字者责无旁贷的历史任务。

辨识这些未识的古文字，并非易事。常用的古文字都被前辈学者所考释辨识了，余下的都是难以辨识的。因此，更需大量搜集储备历史资料，尤其是第一手资料，甲骨学家胡厚宣先生说："常用字已识，考释新字有一定的难度，但这个工作仍要进行，因为用甲骨文研究古史，识字依然是第一关，又研究商史的人一定要掌握文字这一工具，看原始材料，要少用第二手甚至第三手材料。"② 胡氏在这里阐述了考释古文字的目的和意义，以及识字的重要性和资料使用的方法等。

对于我们学习研究文字学的人来说，多读一些前人有关甲骨金文著录的书是有好处的。诸如：中国台湾李孝定的《甲骨文字集释》，于省吾

① 于省吾：《甲骨文字释林序》，中华书局1979年版。

② 1979年4月胡厚宣在复旦、华东师大作《八十年来甲骨学》学术报告。

的《甲骨文字释林》《甲骨文字考释类编》《甲骨文字诂林》，杨树达关于文字考证的《积微居甲文说》和《耐林庼（qǐng 小庭堂）甲文说》，朱芳圃的关于甲骨文、金文的《殷商文字释丛》，徐中舒的《怎样考释古文字》等，以及胡厚宣的《甲骨文合集释文》（1999 年）和中国社会科学院考古所的《殷周金文集成释文》（2001 年），对于我们吸收前人甲骨文、金文考释成果及方法，学习考释古文字，都将起到积极的作用。

其三，古文字考释的基本方法途径有两条：一是捷径，二是行之有效的途径。

前者是先直接研习甲骨文，然后推及商周金文，战国古文，秦汉竹简、帛书或碑刻文字。这一方法是说先背记下 1000 来个已识的甲骨文字（其中有些是不可信的和专家意见分歧的），然后再去看第一手材料（含甲骨文著录书和原片）。这是一种简单便捷的方法，但是如果自己尚未掌握 1000 来个甲骨文的形、音、义，就会在学者们众说纷纭的情况下，无所适从，难辨是非。最后或许落个“袭非成是”的结果，所以此法不可行。

最好的方法是后者，即“以《说文解字》为基础和桥梁参证金文，即从文字本身的发展变化规律去辨识甲骨文”。这是一条行之有效的基本的科学研习方法途径。甲骨文字学家孙诒让、罗振玉等前辈就是运用这一方法，即“由许书以溯金文，由金文以窥书契”，辨识出几百个之多的甲骨文字。

因为《说文》所保留下来的 9353 个小篆，来自公元前 221 年前秦国的籀文（即大篆），小篆只是籀文的省改（即简化），所谓“篆籀一体”，故小篆同甲骨文、金文一脉相承，或有所演变但仍能看出它们之间的承继关系。所以，我们可以“上溯造字之原，下辨分隶行草递变之迹”，即《说文》乃为沟通古今文字之桥梁。《说文》又根据汉字形体和偏旁构造，运用“六书”理论说解汉字，便于我们了解与掌握汉字特点。

总之，先从研习《说文》入手，掌握小篆的形、音、义，打好扎实的基础，用比较熟悉的小篆再去比较、推敲、学习金文，用金文再去考释甲骨文。这样做，自己不但能分辨、判断前人考释的古文字正确与否，作出抉择，撰文发表自己的意见，而且也能从中逐步摸索与掌握考析古文字的方法。

要想如此，前人研究的优秀成果我们要吸收，前人总结的经验我们要借鉴，前人考释古文字的方法我们要学习。其中都有许多精到的议论。这些议论往往是考析古文字的一些规律性的经验总结，对我们研习古文字能够起到启发和导向的作用。下面，就把他们关于考释古文字的论述，概括为具体的考释方法，供大家学习参考。

1. 字形对照法

于省吾在《甲骨文字释林》中说：“应该看到，留存在今的某些古文字的音与义或一时不可确知，然其字形则为确切不移的客观存在。因而字形是我们实事求是地进行研究的唯一基础。”这就是说，考释古文字，要以字形为客观依据，从字形入手。他又说：“我们研究古文字，既应注意每一个字本身的形、音、义三方面的相互联系，又应注意每一个字和同时代其他字的横的关系，以及它们在不同时代的发生、发展和变化的纵的关系。”这是告诉我们，字形对照分为两种：一是横的比较，即把某一未识字跟它同一时代的已识字相对照比较，来考释未识字，如用已识小篆去考识某一六国古文等；二是一种纵的比较，即把某一未识字跟它不同时代的已识字加以对照比较，以寻求它们的形体在不同时代发展变化的传承关系，求同存异地考识出未识字。如唐兰在《古文字学导论》一书中举甲骨和铜器中常见的[illegible]字，说：“有人释做‘癸’，非是。假如我们去读《诅楚文》就可以知道是‘巫咸’的‘巫’字，《说文》作[illegible]，反不如隶书比较相近，[illegible]为巫。金文有[illegible]字，以前也不认识，由此就可以知道是筮（shì）字了。”唐兰在其《古文字学导论》中指出，对照的范围和材料，首先是用小篆去对照古文字，“遇见一个古文字，第一步就得查《说文》，差不多是一定的手续”。可见，用已识的小篆去考释周代金文等古文字，是“最简易的对照法”。还有吴大澂、孙诒让都曾用各种古文字互相比较。罗振玉常用隶书和古文字比较，不失为新颖的见解（如用戎和[illegible]对照）。新出的材料，像《魏三体石经》（如用[illegible]跟[illegible]比较，便知道应释“免”）、唐写本古书等。他又强调说，使用对照法，要了解古文字中的变例，“反写（如[illegible]亦作[illegible]、[illegible]亦作[illegible]）、倒写（如[illegible]亦作[illegible]、[illegible]亦作[illegible]）、左右易置（如[illegible]亦作[illegible]、[illegible]亦作[illegible]）、上下易置（如[illegible]亦作[illegible]、[illegible]亦作[illegible]）。往往因为写法不同，很容易识的字，都变成难识了”。

因此，字形对照法是根据汉字形体上的因袭关系，用已经确认的字跟未识字作形体上的对照比较，来考释未识古文字的方法。作为一种考释古文字的方法的明确提出者是唐兰先生。这种方法是最简便、易行、常用的根本方法。过去的文字学家就是运用这种方法，占有充分的字形资料，以形体为客观依据，考释出大量的殷商甲骨文和周代金文的。

2. 辞例推勘法

这一考释古文字的方法也是唐兰先生正式提出来的。他在《古文字学导论》中说："除了对照法以外，往时学者所常用的方法，就是推勘法。有许多文字是不认识的，但由寻绎文义的结果，就可以认识了。"据此，可知所谓"辞例推勘法"是根据未识字所在的语句，推求未识字在其语句中的含义和用法的考释古文字的方法。例如，武丁时期一则卜辞《允狩》中的两句：

其中的㞢字，甲骨文中习见。从前，均被误释作"之"字。而郭沫若在《卜辞通纂》中根据上下文义，推求出为"有"（又）字，即"豕七十有（又）六，貘百有（又）九十有（又）九"。又如：

（1）辛丑，气自嵒，廿▯粹 1493（合 9433 重）

（2）▯气自嵒，廿▯合 9432（簠，地 30 重）

甲骨刻辞中"气自嵒"不乏其例。刻辞（2）不完整，缺少干支记日，据例（1）可补出"辛丑"。但二例中的"气（乞）自嵒"的"嵒"是音义不同的二字。跟这二字相似的字，《说文》里有两个。一个收入《品部》："嵒，多言也。从品相连。《春秋传》曰：'次于嵒北'，读与聂同。"

罗振玉在《殷虚书契考释》的《文字》章中，把甲骨文的"嵒"字，收入"品"字之后，释为"从品相连"。裘锡圭赞同此说，并以甲骨文中的"山"字通常作𡴘，不作山，证明嵒字下部绝不从"山"，指出从品应该理解为许多嘴，又引徐灏《说文解字注笺》之语"嵒从三口而山连之，即絮聒之义"以证之。然后引《说文·言部》和《玉篇·口部》说明嵒字跟《说文》中的"讘"和《玉篇》中的"嗫"字同训，训多言的"讘"和"嗫"是"嵒"的后起形声字。最后引《集韵·叶韵》"讘"小韵以"、嗫、嵒"为一字异体等，作了令人信服的补充论证。

这就是通过时代相近的其他古文字和传世文献典籍中同类辞例的比较，推求出“嵒”在例（1）“气自嵒”中相当于“讘、嗫”的含义和音读。

另一个收入《说文》的《山部》：“嵒，山巖也，从山、品。读若吟。”裘锡圭认为，“从山、品”会意，讲不通。“嵒”字下的“山”是的变体，两个字在隶书里难以区别。又举甲骨文中有字形和金文“巖”字5个形体（见《金文编》）及古文献论证得出“嵒字在古书里与巖通用”“嚴跟从品相连的‘’也可以通用，疑古代本无从山的‘嵒’字，但是有时候假借从品相连的‘’字为‘巖’”，又据《春秋·哀公十三年》：“春，郑罕达帅师取宋师于嵒。”《左传·哀公十二年》：“宋郑之间有隙地焉，曰：弥作、顷丘、玉畅、嵒、戈、钖。”《释名》：“嵒，五咸反”，盖以为是从山之“嵒”……古代文字里起初大概只有一个“从品相连”的字，从“山”之“嵒”是后起的。所以，证明例（2）中的嵒，可能是商代宋郑之间的嵒（地名）。①

上述二例表明，辞例推勘法包括两种方式：一种是根据上下文义推求未识字在其语句中的含义和用法；另一种是通过相同或相近时代的古文字资料和传世文献中同类辞例的比较，推求未识字在其语句中相当于哪一个已识字的含义和用法。

值得注意的是，辞例推勘法只适用于成语句中的未识字的考释。虽然具有实用价值而为过去文字学家研究古文字所普遍采用。但是，要全面认识一个字，尚需其他方法的辅助。

3. 偏旁分析法

偏旁分析法，是通过研究偏旁的分化、混同、消失和通用的历史，来考证、识别字形，揭示字形所含文化因子的方法。这对考释古文字有极其重要的作用。

偏旁分析法，作为一种科学的考释古文字的方法，正式提出者是清人孙诒让，由唐兰先生充实和完善。唐兰在《古文字学导论》中说：“分析偏旁的方法，宋人已经用过”，而“孙诒让是最能用偏旁分析法的……每一个所释的字，都是精细分析过的。他的方法是把已经认识的古文字，分析做若干单体，即偏旁，再把每个单体各种不同的形式集合起来，看

① 见《裘锡圭自选集》，河南教育出版社1994年版，第56—62页。

它们的变化；等到遇见大众所不认识的字，只要把未分析做若干的单体，假使各个单体都认识了，再合起来认识那一个字”①。

可见，偏旁分析法，是用已识的偏旁和未识字的偏旁进行比较对照以考释未识古文字的方法。唐氏在《古文字学导论》中指出：“这种方法最大的效验是，我们只要认识一个偏旁就可以认识很多的字。”并也能为文化研究提供一些新的材料。偏旁分析法分为两种方式：

一种用已识的独体字跟未识的合体字的偏旁作比较对照以考释未识古文字。例如，于省吾在《甲骨文字释林》中用已识的独体字“斤”，甲骨文作、是的省形，象以手持斤之柄，跟未识的合体字（京都3043）比照，释其为“折”；跟（商器《父丙卣》）比照，释作“析”；又用斤形跟（乙4603）比照，释作“新”等三个合体古文字。按此法，我们可释为“断”，释为“斫”，释为“兵”等，释为“炘”，释为“斧”。又用已识的（心）字，可识是“沁”、是“柲”、是“恙”、是“悆”等许多未识字。于氏书中此类释例多见，此不复举。

另一种是先分析已识的合体字的偏旁，再用其偏旁跟未识的独体古文字或者合体古文字的偏旁相比较对照，以考释未识的古文字。例如：

裘锡圭先生在其《释柲》② 一文中，首先分析已识合体字“柲”（音bì，古代兵器之柄），从木，必声。其声旁“必”在金文中作，从。引郭沫若《金文丛考·释弋》认为“必”字所从之就是“柲”的象形初文。郭沫若说：“必即柲也，弋象柲形，八声。然形声之字后于象形，则弋又古必字，必其后起者也。”以证己说。又据“甲骨文往往在字的两侧增添小点”以说明“”的两侧增添小点而成“必”。裘氏说：“认出了甲骨文的（柲）字，可以连带认出甲骨文里的一些从之字。这些字都是以为声旁。在较晚的文字里，由于独立的字已经被淘汰，它们的旁都改成了‘必’字”；“金文无‘柲’字”，“柲”字的象形初文，甲骨文里作、、等形的字。因此，裘氏用已识的甲骨文的、、（金文作）等偏旁去比照《甲骨文编》中未识的古文字与之相同的偏

① 唐兰：《古文字学导论》，齐鲁书社1981年版。第175—179页。

② 见《裘锡圭自选集》，河南教育出版社1994年版，第27—45页。

旁，结果则考释出：（金 548）、（京津 2231）、（后下 7.13）、（存上 1592）、（文录 301）为“盗”；（前 4.1.2）、（后下 22.4）、（释 845）、（粹 845）、（存下 757）为“邲”；（拾 14.11）、（佚 660）、（续 6.26.）为“宓”　（mì）；（后下 14.3）、（明 1122）为“铋”（bì）；（后下 18.8）为“驱”；（河 688）、（前 2.22.1）、（京津 5335）为“邲（bié）”。这种方法宋代学者采用过，但比较粗浅，运用的时候极少，且用在容易认识的字，一遇到难字仍任意猜测；直到清代孙诒让才成为一种精密而科学的研究手段。

运用这种方法，首先要对同一偏旁的各种变体充分注意和了解，按字形结构的组合规律进行分析比较，以防主观猜测和臆断。只有借助字形的分析比较，搞清未识字的结构，才能了解被释古文字形、音、义的关系。

如果找不到可作比较的偏旁，就不能真正辨识出所要考释的古文字。这种方法是大多数学者考释古文字行之有效的科学方法。

4. 文献佐证法

这是考释古文字的一种常用的方法，因为“无证不信”是传统，故有王国维的“二重证据法”。即利用古文献的记载或出土资料来考证某个不识的古文字形、音、义的方法。如郭沫若《卜辞通纂》第 104 页第 430 篇中的字，郭老说“不识，当是含恶意之动词”。考《说文・彡部》篆作，与甲文形似，可隶定为“㐱”字，《说文》训“㐱，稠发也。从彡，从人。《诗》曰：‘㐱发如云’鬒，㐱或从髟，真声”。《诗・鄘风・君子偕老》作“鬒发如云”毛传：“鬒，黑发也。”可见，是鬒的或体古字。再如：

《毛公鼎》：“毋敢于酒”，其中第三字是个不识金文。《尚书・酒诰》作“罔敢湎于酒”，且《说文》亦曰：“湎，沉于酒也。从水，面声。《周书》曰‘罔敢湎于酒’”，可证，是湎的古字，其义是“沉迷于酒”。

又如卜辞“簠地”二七版：“五月在……”甲文亦作，不识。篆作，《说文・亯部》：“亯，孰也。从亯，从羊。读若纯。”段注：“今俗云纯熟……纯醇行而𦎫废矣。”可知𦎫是纯、醇的古字，其音、义皆晓。

5. 系统研究法

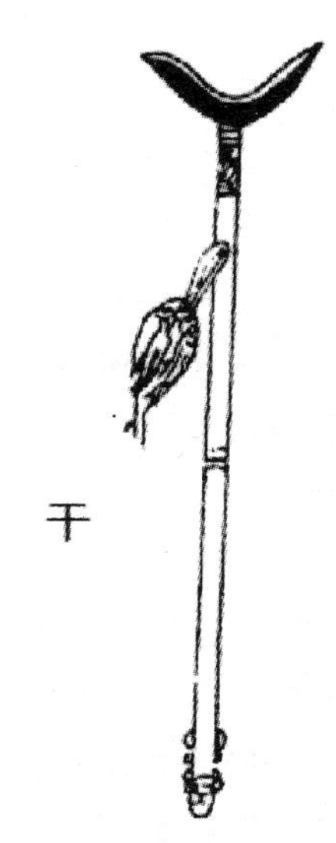

上古武器，选自周纬《中国兵器史稿》

系统研究法，是指把相关的字联系起来对未识的字形进行科学系统的考释的方法。徐中舒在其《汉语古文字字形表·序》中说：“过去文字学研究学者总是就字论字，旁征博引，冥搜孤讨，臆想居多，究非上乘。他们很少在字与字之间求出对应关系，作出系统研究。如释史为‘从又持简’，不知甲骨文原作史。单，乃干戈之干的本字。古人狩猎作战，即以有桠槎的木棒为武器，进则以侵犯人兽，退则以捍卫自身。史从又持单，古代人类，从事狩猎，取得食物，是当时的大事。故史之本义为事。文史之史，乃引申之义，丫为人类最初使用的武器。在桠槎两端捆上锋利的石器，则为丫。在桠槎之间捆上重量石块则为单、为單，在冲锋陷阵之中兼为捶击之用。故单字省其桠槎，则为击中之中。而單又为战争之戰。马王堆帛书《老子》甲乙本三十一章，甲本作戰，乙本作單，可证。我们把这些相关的字联系在一起，就可以了解到丫之原义，而这些汉字的字原和语原，不待多说，也就不会使人误解了，我们认为这样研究古文字，古文字学就可以逐渐进入科学的坦途了。”[①] 徐氏运用这种考释方法，曾集合耤、劦、男、利、方等字与农具的形状联系起来，进行综合考察，作《耒耜考》。所以，这种考释古文字的方法，得到学术界普遍的肯定和认同。

6. 综合考释法

这是综合运用历史考古、文献典籍、出土文字和礼俗制度等资料来考释未识古文字的一种方法。2010 年 12 月，笔者发表的《释𠕋》[②] 一文，

① 见徐中舒《汉语古文字字形表》，四川人民出版社 1981 年版。

② 《释𠕋》一文，曾载《凝聚力量，振兴西部》，中国文联出版社 2011 年版，第 902 页。

便是采用“综合考释法”对竹简文字“帍”字的形、音、义进行考证的。从汉代烽燧遗址出土的三万余枚《居延汉简》中，有30多个含“帍”字的句子，兼从陈直先生对“帍”字的误释入手，结合汉代社会生活中秋季举行的军中或官吏之间的“射侯”竞赛活动，和《居延汉简》所反映的公元前102年至公元前30年，我国西北地区的屯戍活动，以及边郡地区实行数百年的秋射制度，引述陈直《居延汉简研究》、《说文》及段注、徐灏《说文注笺》《毛公鼎》《金文编》《广韵》《集韵》《古今韵会举要》《小尔雅》《诗经》《左传》《周礼》《礼记·射义》《仪礼·乡射礼》等大量文献古籍资料，对射侯的目的、方式、种类、内容、要求以及做侯的材料、形制等作了充分分析论证，指出不管是“军射”还是“礼射”，都分“侯（方10尺）、鹄（方4尺）、正（方2尺）、臬（方6寸）”四个等次。尺寸大小不同，有如当今打靶的环数多少之别。且得出“臬”是靶心，方只6寸。得出“‘帍’就是‘臬’的代称，‘中帍’就是射中了‘臬’”的结论。

据说郭沫若是最早运用“综合考释法”考证古文字的，而于省吾和徐中舒则是大力倡导运用这种考释方法。郭沫若在其《甲骨文字研究》中，从人类繁衍的主要生殖器官着手，运用古代文献和古文字资料，分析探索“祖、妣”二字构形的由来，说“祖妣者，牡牝之初字也”。指出“且”是祖的初文，而“且”，“可省为”，即像男性生殖器；“以匕为妣”，妣可省为“匕”，是女阴的象形。其根据是：甲骨文雄性牛作（前1.20.5）、雌性作（后1.25.10），雄性羊作（存下797）、雌性羊为（佚678），雄性豕为（乙8810）、雌性豕作（甲280）等。于省吾《释羌、苟、敬、美》一文指出：《说文》释“羌”为“从人，从羊，羊亦声”的“会意兼形声字”不确。

于氏考“羌”甲骨文羌作（甲2415）或（存上1884），从，从人，或从，字像人头上装饰着羊角，并不“从羊”。为了追溯甲骨文“羌”字构形的来源和证明羌人饰头以羊角的习俗，搜集了12条有关散见于古籍和中外期刊里古代各少数民族以头饰羊角、牛角或鹿角为习俗的例证。又由于羌人是商朝虏掠的主要对象，为了防备他们逃跑，便在其脖颈上套以绳索，如上举甲骨文第二形。

徐氏《怎样考释古文字》一文，也主张“综合考释”的必要性，他的《耒耜考》就是运用这种方法考释的（见前面“系统研究法”之末）。当然，也可以单独采用“礼俗制度”或以“古音”考释古文字。北大著名教授高明先生在其《中国古文字学通论》（第 194 页）中说：“从历史上的风俗、礼乐、法律等各种制度考察古文字，也是一种很好的释字方法。”如“刖”字，甲骨文作，像手持锯锯断一人之足之状。高明说：“本于当时的刑法制度而创制的字形。”古代“锯足”是一种刑法，叫“刖刑”。朱骏声在《说文通训定声》（第 688 页）中说：“周礼司刑刖罪五万。注：断足也。周改髌作刖。”并有古籍可证，《史记·鲁仲连邹阳列传》说：“昔卞和献宝，楚王刖之。”（见《史记会注考证》卷八十三，第 20 页。）

李学勤先生在其《古文字学初阶》（第 11 页）中说：“有些假借字为什么能够通用？不了解古音无从知道。因此，学习古文字学必须懂得古音。”这就是说，考释古文字，往往得用“上古音”。如《楚辞·九歌·湘君》：“鼂聘骛兮江皋”，句中的“鼂”（cháo）字，是一种虫名，引入句中讲不通，可知是假借。按声音“鼂”古音为定母、宵部，当通“朝”（端母、宵部），二字声近叠韵通假，“早晨”之意。“聘骛”是“奔波、急走”之意；“江皋”指水边。全句意思是：早晨起来呀骑着高头大马在江边奔跑。

总之，考释古文字，需要大量的文献资料。首先我们要占有资料，运用资料去考证。高明先生说：“因为我国古代有许多典籍流传至今，其著作时代和古文字材料是同时的。这些文献通过历代数以千计的学者钻研注释，有很多内容在研究古文字时应当吸收参考。”为了使我们实事求是地对待学术问题的研究，树立谦虚严谨的学风，唐兰先生在《古文字学导论》中提出“六条戒律”，要我们后辈切记，故附录在此：

> （一）戒硬充内行：凡学有专门。有一等人专喜玩票式的来干一下，学不到三两个月，就自谓全知全能，便可著书立说。又有一等人，自己喜欢涉猎，一无专长，但最不佩服专家。这种做学问，决不会有所成就。
>
> （二）戒废弃根本：……研究古文字必须有种种知识，并且还要不断地研究，尤其要紧的是文字学和古器物铭学。有些人除了认识若干文字，记诵一些前人的陈说外，便束书不观，这是不会有进

步的。

（三）戒任意猜测：有些人没有认清文字笔画，有些人没有根据精确材料，有些人不讲求方法，有些人不顾历史，他们先有了主观见解，随便找些材料来附会，这种研究一定要失败的。

（四）戒苟且浮躁：有些人拿住问题，就要明白。因为不能完全明白，就不惜穿凿附会。因为穿凿得似乎可通，就自觉新奇可喜。因为新奇可喜，就照样去解决别的问题，久而久之，就构成一个系统。外面望去，虽似七宝楼台，实在却是空中楼阁。最初，有些假设，连自己也不敢相信，后来成了系统，就居之不疑。这种研究是愈学愈糊涂。

（五）戒偏守固执：有些人从一个问题的讨论，牵涉别的问题，因而产生些见解，这种见解本不一定可靠，但他们守住了不再容纳别说。有些人死守住前人成说，有些（人）回护自己旧说的短处，这种成见，可以阻止学问的进步。

（六）戒驳杂纠缠：有些人用一种方法不能彻底，有时精密，有时疏阔，这是驳杂。有些缺乏系统知识，常觉无处入手，研究一个问题时，常兼采各种说法，连自己也未明了，这是纠缠，这种虽是较小的毛病，也应该力求摆脱。

以上是前辈对我们的谆谆告诫，我们当予以遵循。这六条戒律，不仅适合文字学的研究者，而且适用于各种学科的科学研究，具有普遍的指导意义。

（三）研究今文字学的方法

研究今文字学的方法是指改进传统文字学的研究方法。传统文字学的研究方法是偏重于静态研究和定性研究，忽视动态研究和定量研究。这种研究的局限性，是不适应汉字应用的广泛性的，其结果影响了汉字的理论研究和应用研究，阻碍了汉字研究的发展进程。因此，必须改进传统文字学研究方法，使文字学的研究科学化、合理化，以促进文字学研究的全面发展。近年来，学者们提出了关于今文字学研究的两种科学合理的方法①。

---

① 详见高家莺等《现代汉字学》，高等教育出版社 1988 年版，第 13—16 页。

1. 实行“静态研究和动态研究相结合”的方法

所谓实行“静态研究和动态研究相结合”，是指将文字在一定历史阶段相对稳定的状态和又在发展变化结合起来进行研究，以期描述文字在一定时段中总体状态和寻求其发展规律的方法。那么，什么是文字的静态研究和动态研究呢？

文字的静态研究，是指从文字本身稳定状态进行储备研究，从而描述一定时段中的总体状态的方法。例如过去人们根据古文字保留了象形阶段的特征，研究得出“见形知义”的结论。这个方法对小篆以前的象形表意字来说是适用的。但是汉字在隶变之后，随着象形性的削弱，符号性的增强，“见形知义”就不管用了。如果还强调“见形知义”就成了静止的观点，就不能够作出符合汉字实际的说解和评价。又如以前编辑的字书《仓颉篇》《爰历篇》《博学篇》，字典《说文解字》《玉篇》《字汇》《康熙字典》《国音字典》《新华字典》和《汉语大字典》《中华字海》等，脱离使用的储备状态的各种字典，都是静态研究的结果。过去对甲骨文、金文的考释也属于静态的分析研究。

所谓动态研究，是指对文字的发展变化及其实际使用状态所做的考察研究。研究文字的发展变化，目的是寻求文字的发展规律；研究文字的实际使用状态，目的是揭示文字的社会交际的使用功能和研究文字的重要意义。离开了应用，文字就失去了存在的价值。我们研究文字学，要想达到这一目的，就得加大文字动态研究的力度。立足于文字的功能研究，考察汉字从古至今每个历史时代的应用情况，如常用哪些字？罕用哪些字和不用哪些字？从而着手研究编写《汉字断代大字典》等，这就是动态研究，也只有这样研究汉字才是有意义有价值的。

2. 实行“定性研究和定量研究相结合”的方法

实行汉字定性研究和定量研究相结合，就是要改变过去那种只重视定性研究却忽视了定量研究。

所谓“定性研究”，是指对汉字的形、音、义，偏旁、部件、笔画、音读、义项等各种属性所作的分析、判定研究。定性分析，对任何一种文字的研究都是非常重要的。但是，由于过去忽视了定量分析，定性分析带有许多主观成分，未能精确地表达文字的各种属性的主要标准的规律性。随着科学技术的发展，近年来，学者们对汉字的研究力求作出定量分析。定量分析已经成为社会科学普遍的和基本的研究方法之一。

所谓“定量研究”，是用数学方式去表达或量化文字的某些属性，使之主要标准及其基本规律具有标准的数量依据，以判定文字性质的研究方法。比如我们说“汉字比任何一种拼音文字所占空间要小得多”。“小得多”这个词组表达的意念含混不清，需要用数学方式表示。据全苏印刷科学研究所的统计，用一个汉字跟一个俄文字母大小相同的铅字，排印长篇小说《战争与和平》，汉字本仅是俄文本的20%，俄文本是汉字译本工料的5倍。这个比数要比“小得多”的概念具体而确切。又比如从阅读速度来说，阅读同一部《战争与和平》，据上个科研所统计，读俄文本如果需要1000个小时的话，而读汉字本只用200个小时。这就是定量分析。所以，用定量分析法研究汉字的某些属性是非常必要的。只有确凿的数据，才能作出准确的判断或得出令人信服的结论。本书遵循上述“两种方法”，并注重“动态研究”和“定量研究”，既把文字放在发展和使用的状态下，又运用了大量的数字数据来分析论述一切文字的现象，以贯穿全书的始末。

另外，20世纪末学术界出现了从文化的视角研究语言与文字的方法。这是季羡林、申小龙等先生提出来的，由张玉金、宋永培等教授以其文字学、训诂学、语法学、修辞学等著述实践的。较以往该类著述，从内容到形式，从思维方式到语言逻辑，令人耳目一新。证明此法可行，是一种新的科学研究方法。既拓展了研究领域，又深化了研究层次，是当代语言文字学研究方法的新发展。张玉金教授把这种方法具体化为文化系统法、文化社会法、文化环境法、文化时空法、文化人类法、文化比较法和文化镜像法等。①

因此，改进汉字的研究方法和运用文化视角研究汉字的方法，不仅可以对汉字作出符合其实际的评价，而且能够促进汉字研究的现代化，加速汉字研究的历史进程。从而构建起21世纪汉字理论的新体系。

第二节　文字的产生

据说地球的形成已有46亿年，人类的出现约有400万年。自从宇宙间有了人类，就有了语言。如果说语言的产生，是人类从洪荒动物界分

① 见张玉金《当代中国文字学》，广东教育出版社2000年版，第249—284页。

化出来的标志，那么文字的产生，则是人类由原始野蛮的蒙昧时代进入文明时代的标志。摩尔根（1818—1881）在《古代社会》一书中说："标音字母的发明和用文字来写文章，是向文明社会过渡的一个标志。""文字的使用是文明伊始的一个最准确的标志，刻在石头上的象形文字也具有同等的意义。认真地说来，没有文字记载，就没有历史，也就没有文明。"①

这就是说，文字的产生使人类社会的发展进程出现了质的飞跃。有了文字，人类才开始有了自己的历史和文明。文字对发展人类社会的政治、经济和文化，对交流社会生产经验，保存历史文献资料，丰富人类文化生活，都起到了重大作用。因此，文字的产生和创造，是人类社会发展进程中一个重要的里程碑。

一　文字是怎样产生的

文字是负载语言的书写符号体系。语言是交流交际思想和传达信息的工具，是联系社会成员的纽带。没有语言，人类社会就组织不起来。而语言又受到时间和空间的限制。

在人类的发展史上，当人们感到口头语言不足以传情达意，感到自己的语言有必要告诉异地的人，有必要保存下来留给后代的时候，创造文字的工作就开始了。正如清代学者陈澧所言："盖天下事物之象，有目见之，则心有意；意欲达之，则口有声。意者，象乎事物而构之者也；声者，象乎意而宣之者也。声不能传之异地，留于异时，于是乎书之为文字。文字者，所以为意与声之迹也。"②

这段话清楚地说明，初民为了克服口头语言的局限性，在生产、生活实践中经过长期的摸索，创造了文字，使语言除了"说"和"听"的形式之外，又增加了"写"和"看"的形式。因而，揭示了文字和语言的关系——文字是语言的"意与声之迹"，是在语言基础之上产生的，文字是为了负载语言而存在的书写符号。

语言是人类社会最重要的交际工具。人们凭借语言进行交际，交流思想，以达到相互了解、协调生产和组织社会生活的目的。在原始社会

① 见《马克思恩格斯选集》第四卷，人民出版社1972年版，第21页。

② 陈澧：《陈澧集》，上海古籍出版社208年版，第224页。

的早期和中期，人类的社会生活很简单，只依靠捕鱼、打猎和采集野果、草籽以维持部族群体生活，交际范围有限。作为社会细胞的氏族部落，地域空间不过几十平方公里，氏族成员的生息、劳动等，主要活动在这狭小的空间里，很少同外界接触。氏族组成的胞族、部落，规模有限。有声语言基本可以满足这样半开化状态的社会条件下初民交际的需要，没有创造文字的需求。

到了原始社会的晚期，即新石器时代，人类开始种植庄稼，饲养牲畜，以满足他们的生活需求。这样，初民们就由依赖大自然而生存转到依靠自己劳动以获取食物，这是原始社会的一大变革。从考古发掘的墓葬数来看，这一时期社会生产有了发展，人口数量成倍或十倍的增长，出现了胞族、部落乃至部落联盟等复杂的社会组织。随着人口地增长，生产范围的扩大，出现了初步的社会分工，生产的果实也有了剩余。于是产生了记事、分配以至交换等；同时，氏族、部落之间的交往、联系和矛盾冲突也逐渐增多了。在这种情况下，口耳相传的有声语言，已经不敷其用了。

语言是凭借声音来表达意义的。但是，在录音机出现以前，语言是受到时间和空间的限制的，不能长时间地保存信息和远距离地传达信息。话一出口，声音随即消逝。随着原始社会生产的不断发展，初民需要协调日益频繁的社会交往，而以语言传递信息的方式，远远不能满足初民生产和生活的需要。为了克服语言交际在时间和空间上的种种限制，使一发即逝的语言可以“传之异地，留于异时”，就迫切需要有一种辅助性工具来弥补有声语言的不足。于是文字就作为一种记录语言的辅助工具应运而生了。世界上不同的人种、不同的民族，都具有创造自己文字的能力。如当今世界上用得最广的拉丁字母，就是为了记录拉丁语。早在公元前15世纪时，由受到古埃及文字影响的西亚和北非的闪米特（Semite）人创造的，这就是西奈字母（由西奈半岛发现的古代铭刻所用字母而得名）。过了一两个世纪后，又由闪米特人中的一支腓（féi）尼基（Phoenicia）人发展为“腓尼基字母”，成为后世的希腊字母和拉丁字母（见图1）。因此，文字是人类社会发展到一定历史阶段的必然产物。文字的产生，经历了从无到有、由少到多、由简单到复杂的渐变过程，文字是众人共同智慧的产物。如果说语言是人类社会交流、交际思想的重要工具，那么，文字则是负载记录人类语言的辅助工具。

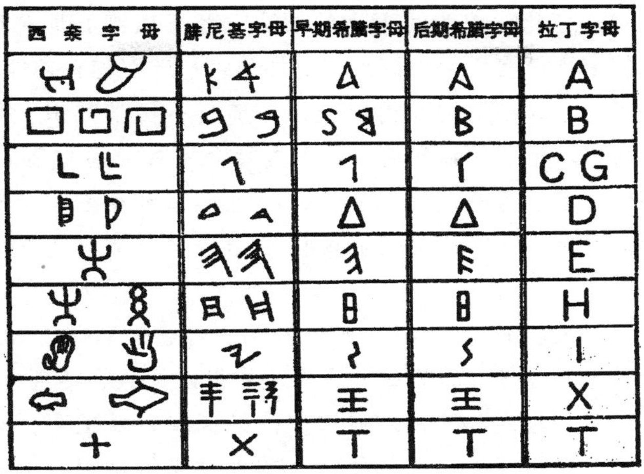

西奈字母	腓尼基字母	早期希腊字母	后期希腊字母	拉丁字母
				A
				B
				CG
				D
				E
				H
				I
				X
		T	T	T

图1—1　拉丁字母来源

Α	Β	Γ	Δ	Ε	Ζ
Η	Θ	Ι	Κ	Λ	Μ
Ν	Ξ	Ο	Π	Ρ	Σ
Τ	Υ	Φ	Χ	Ψ	Ω

图1—2　希腊古典字母

图1

二　文字产生的意义

文字的产生，其意义是多方面的。如前所述，文字是负载语言的书写符号，文字的发明突破了语言在时间上和空间上交际的局限，扩大了语言交际的范围和功能。即使是当代的人类，虽然有了记录语言的录音机，有了传播语言的广播、通信器材和设备，但文字仍然是扩大语言交际功能的最直接、最简便、最准确和最重要的工具。

人类有了文字，才产生了书面语言；有了书面语言，人们才能进行语言的加工和规范化。因为写下来的语言，才可以细心地斟酌、润色和修改，才能使书面语言比起口语来，更加精练、严密和有条理。

由于有了文字，新语词才得以记录和流传；科学知识、生产技术和生产经验才得以广泛的传播和交流；人类社会才有了用文字记载的历史。所以，文字促进了语言的发展，使语言更加丰富和精密；同时，也促进了人类社会的发展。文字，是我们赖以学习语言、文学艺术、科学文化知识的唯一工具。

有了文字，人类社会自古以来的政治、经济、哲学、科学、文化、技术、文学、艺术等各方面的重大成果，才得以记载、传播、流传至今；人类的先进思想和高尚品德，才得以广泛弘扬和日益提高；人类的智慧和才干，才得以充分发挥；人类社会才越来越光辉灿烂，丰富多彩，迅速发展。这就是文字产生的重要意义。

第三节　文字的类型

如果从宏观上按照书写符号和语言单位之间的对应关系而论，世界上的文字从古至今可以分为“象形表意文字”和“表音文字”两大系列。这两大系列文字之间存在某些互动的迹象，同时也显示出其互相差别而独自发展的不同轨迹。相对于拼音文字，象形表意字产生的最古老。而人类社会最古老的文字只有三种，而且都是属于“表意文字”体系的范畴。这就是苏美尔人的楔形文字、古埃及的圣书字和中国的方块汉字。这三种古老文字被认为都是在图画文字的基础之上发展而来的表意文字。为了使人们在时间上和空间上对这三种古老文字有个系统概括的了解，下面分别作一简单介绍。

一　5500年前，两河流域苏美尔人创造了楔形文字

所谓“两河流域”是指地处西亚即当今的中东地区，叙利亚东部流入伊拉克的幼发拉底河和伊拉克境内的底格里斯河并行的流域。希腊语把它称为“美索不达米亚平原”，意为“两河之间地区”，亦称“两河流域”，即“底格里斯河和幼发拉底河”流域的平原。这是一块狭长的地带，从地图上看，呈弧形，犹如一弯新月，土地肥沃，因此又称为“新月沃土”。这一地区是古代文明发祥地之一。距今约5500年，居住在

“两河流域”的苏美尔人创造了楔形文字。这是世界上最早、最古老的文字之一。楔形文字是由图画文字演变成的（见图2）[①]。

最初是在柔软的泥板上用削成方尖的芦苇秆儿当笔书写，留下一个个小楔形的印迹。其笔画一头粗，另一头细，呈小楔形，故名楔形文字（或钉头文字）。由于书写工具的影响，原为图形的轮廓被楔形的笔画取代了（见图3）[②]。

到公元前330年，亚力山大大帝灭亡了波斯王国（今伊朗），楔形文字也随之灭亡了。只有3000年的寿命。

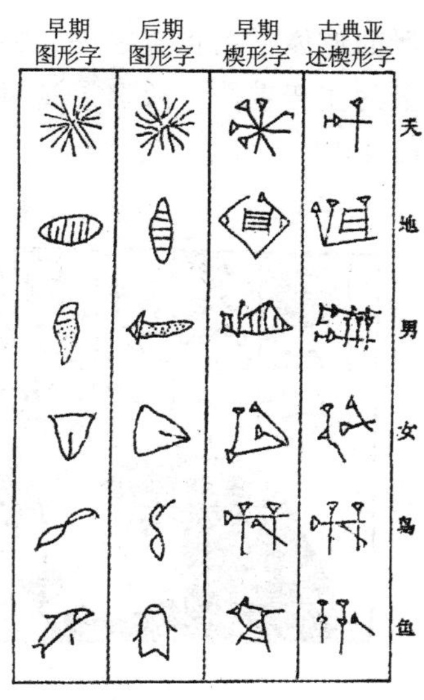

图2　楔形文字演变举例

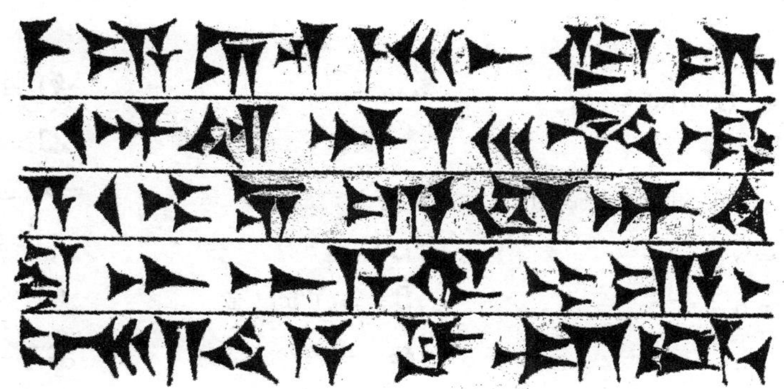

图3　楔形文字

二　5000年前，尼罗河流域的古埃及王朝创造了圣书字

圣书字，也译为象形文字，包括碑铭体、僧侣体和大众体三种。这三种字体，虽然外形不同，但内部基本结构是相同的。碑铭体是一种庄

① 图2取自《中国大百科全书·语言文字》，中国大百科全书出版社1988年版，第402页。

② 图3取自王钢《普通语言学基础》，湖南教育出版社1992年版，第184页。

严的形体，用在金字塔、神庙石壁上的雕刻，或描写在石器、陶瓷等物上的庄严字体，故名。这种文字早期多呈图形符号的装饰性的正体（见图 4）①。

图 4 古埃及圣书字

发展到后来，其已失去表形功能，成为表意或表音符号（见图 5）②。

=' (glottal stop)
=y (i)
=‘(a deep guttural)
=w (u)
=b
=p
=f
=m
=m
=n
=r
=r (l)
=h
=ç (‘ich’ 音)
=x (‘ach’ 音)
=ṡ
=s
=sh
=w (u)
=q
=k
=g
=t
=th
=d
=dž

① 图 4 取自王钢《普通语言学基础》，湖南教育出版社 1998 年版，第 183 页。

② 图 5 取自［韩］李敦柱《汉字学总论》，博英社 1981 年版，第 42、43 页。

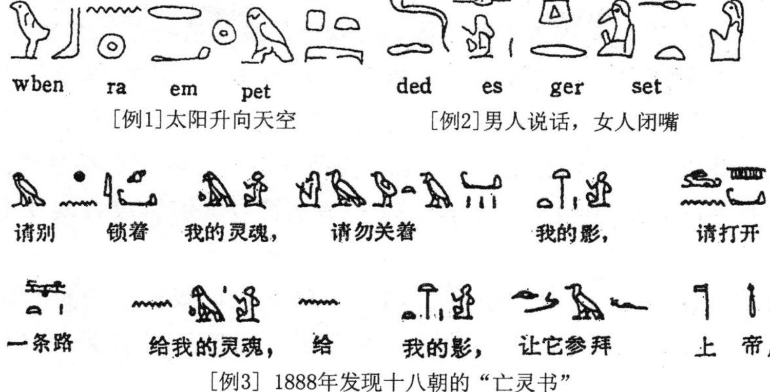

wben ra em pet
[例1]太阳升向天空
ded es ger set
[例2]男人说话，女人闭嘴
请别 锁着 我的灵魂， 请勿关着 我的影， 请打开
一条路 给我的灵魂， 给 我的影， 让它参拜 上 帝，
[例3] 1888年发现十八朝的“亡灵书”

图5　古埃及表意兼表音文字

僧侣体是一种实用性的草体，主要用于宗教书写经文，故名。僧侣体外形跟碑铭体不同，但内部结构完全一致。

大众体是一种简化了僧侣体笔画的字体，用于写信、记账，故名，又称书信体或土俗体（见图6）[①]。

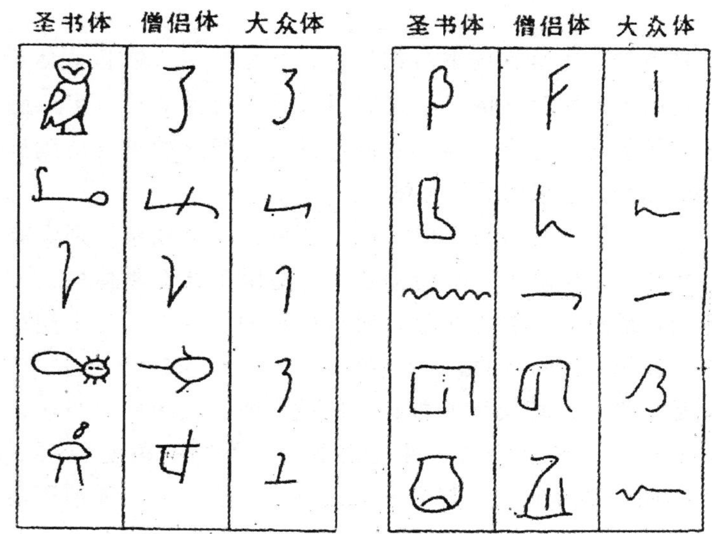

图6　古埃及字演变举例

① 图6取自《中国大百科全书·语言文字》，第402页。

大众体外形虽然简化了，但内部结构没有改变。到多来美时期（前323—前30），大众体成为主要字体。大众体最晚的遗物是425年的石刻。后来，圣书字衰亡了。它留下了丰富的各方面文献，曾在埃及历史上活跃了三千多年。圣书字是一种“语词—音节文字”，其由意符、音符和字符组成。在古埃及古典时期，符号总共有700多个，后来不断增加，到公元前500年前后达2000多个之多。这些基本符号能够组成古埃及语全部语词。

埃及在公元前525年被波斯王国（今伊朗）征服后，变为波斯王国的一个省，改用波斯文，不再使用圣书字了。因而圣书字比楔形文字的寿命还短。

三　6300年前，中国人发明的汉字至今还在使用

据考古资料推断：汉字已有六七千年的历史，仅发展成体系的殷商甲骨文远在公元前1300年的新石器时代就已经产生。因此，汉字是当今世界历史最悠久的古老文字。

第四节　文字的性质

文字是负载人类语言的书写符号。它是相对语言而自成体系，又作为语言的辅助工具而存在的，是人们用来凭借自己的视觉可以感知的书写符号来记录语言和保存语言，表情达意，并把这种语言传到远方或留给后代的交际交流思想用的符号体系。

作为交际工具，文字和语言一样，是一种社会现象，是没有阶级性的。它为社会上一切阶级、阶层服务。它是属于社会集体的，不是个人的。它是约定俗成的，它的书写必须是规范的。否则，就不能达到交际交流思想，互相了解的目的。

以上是世界上一切文字所共有的性质，即本质属性。当然，也涵盖了汉字。然而，世界上的文字种类很多，从不同的角度和用不同的标准，可有不同的划分方法。如果从表达方法角度来看，如前所述可分为表意文字和表音文字两种；如果从文字记录语言或语音单位来看，又可分作表意文字、音节文字和音素文字三类。那么，汉字属于哪种类型的文字呢？到目前为止，关于汉字的性质，学术界还没有一个比较一致的结论。

一　关于汉字性质的讨论

学者们从比较文字学的角度出发，把苏美尔人的楔形文字、古埃及的圣书字和方块汉字称为表意文字。这是20世纪30年代，学者们对汉字性质的普遍看法。这种观点在相当长的一段时间内流行广泛，影响很大，一般教科书或工具书均持此种观点。其根据是，汉字中的象形字、指事字、会意字以及形声字的形符表意，其声符当初也表意：从表意而来。

到20世纪40年代，有人认为汉字属于“过渡文字”，即由表意文字向表音文字过渡的文字。在此说影响下，《辞海》“表意文字”条下说：汉字“是文字的发展中的表形文字和表音文字中间的一个阶段”。但从甲骨文算起，汉字有3300多年的历史，是比较成熟的文字体系，把它视为“过渡文字”是不妥的。

进入20世纪50年代，表意文字的提法，虽然仍被广泛使用，但到50年代后期，有的学者在深入探讨汉字发展的一般规律中，提出了汉字不是表意文字，而是“综合运用表意兼表音两种表达方法”的“意音文字”。最早提出这种观点的是周有光先生，他按照文字发展中的表达方法，将其分为“表形兼表意阶段、表意兼表音阶段和拼音阶段”。当时，许多人很快接受了这种观点。“意音”说主要是着眼于形声字与假借字的大量存在。周氏说，“在甲骨文里，象形字就有一部分很不象形；一到隶书，所有的象形字除非追溯来源就无法再认出原来的事物的形状。甲骨文中除象形、指事和会意字以外，已经有不少假借字和形声字，假借是脱离原义的音符。形声字的音符（声旁）和表示意义的类符（形旁、部首）的结合，在汉字的发展过程中，表意符号（包括指事、会意和不象形的象形字）的比重相对缩小，表意兼表音的形声字成为全部文字的主体。汉字字典里的形声字的比重早就达到90%以上了。……古今文字只是在形声字的数量和符号的体式的变化上”①。此后，曹伯韩先生也认为汉字属于意音文字。

20世纪80年代以后，有的学者赞同并进一步阐述了“意音”说。裘锡圭先生分作两个阶段来申述：第一，“汉字在象形程度较高的早期阶

① 周有光：《汉字演进的一般规律》，《中国语文》1957年第7期。

段”（西周以前）是“使用意符和音符”的一种文字体系，可以称作“意符音符文字”或简称为“意音文字”；第二，“后来随着字形和语音、字义等方面的变化，逐渐演变成为使用意符（主要是义符）、音符和记号的一种文字体系（标志隶书的形成），可以称作‘意符音符记号文字’或者后期‘意音文字’。”[①] 有人称之为“分期定名”说。

还有人提出“义素—音节文字”[②] 的看法，认为形声字的形符，并非全面地表示整个字所代表的词或语素的意义，而只是表示其中的某个义素。如“妈”这个词，包含着“女性”“长辈”和“直系亲属”三个义素，而“妈”字的形符“女”旁，只能表示“女性”这个义素。所以，“义素—音节文字”说，实际上是“意音文字”说的深化和精确的提法。20 世纪 70 年代末，吉林大学古文字研究室撰文提出汉字是“表音文字”，文章说：“……从它（指汉字——引者按）的发展阶段来说，它已脱离了表意文字阶段，而进入了表音文字阶段。”他们的主要根据是：甲骨文时代纯表音的假借字所占的数量多、比例大（90%）和使用频率高。其实，早在 20 世纪 30 年代开始讨论汉字性质时，刘大白在其《文字学概论》中就曾说“中国汉字是单音节的表音文字”。到 90 年代，姚孝遂先生又进一步阐发了这一观点。他说：“古汉字，包括最早的、成体系的甲骨文在内，由于其有了固定的读音，它已经发展到表音文字的表音节阶段，也就是说这种文字符号已具备了语音符号的性质。”在姚氏看来，汉字是表音节的“表音文字”，其根据是最早成系统的甲骨文存在的大量的假借字。

还有些人接受了国外某些语言学家提出的“词文字”或“词—音节文字”的说法。如袁家骅就把 20 世纪 30 年代美国布龙菲尔德在《语言论》中汉字符号的类型 Word Writing 译作“词文字”；50 年代美国学者 Gelb 提出的“词—音节文字”（Word-Syllabic Writing）的说法。

总之，说汉字表意、意音或表音文字，是着眼于字形、字音和字义的联系，即汉字字符本身的特点。三者从各自的着眼点出发，称汉字为某种性质的文字，未免有失全面。不过，从汉字发展的某一阶段来说，又各自有其合理之处。因此，要想把有几千年发展历史的汉字归为某一

① 见《裘锡圭自选集》，第 227—228 页。

② 杨加柱：《从结构—功能看汉字的性质》，《昭通师专学报》1987 年第 2 期。

种类型，也是强人所难的。

1959 年，赵元任先生在《语言问题》一书中提出“语素文字”的说法。他说：“用一个文字单位写一个词素，中国文字是一个典型的重要的例子。”1980 年，商务印书馆刊行了此书，国内一些学者从文字、词语和语法等整体系列考虑出发，倾向并倡导赵氏“语素文字”的观点。

1981 年，叶蜚声、徐通锵提出了“语素—音节文字”说。

1983 年，尹斌庸在《给汉字“正名”》一文中提出“音节—语素文字”的说法，简称为“语素文字”。他的根据是，语素绝大部分是单音节的。“独立使用时就是词（单纯词），不独立使用时就是语素（构词的成分）。以汉字来说，一个汉字表示一个语素，如‘鸟’；也可以表示两个或两个以上的语素，如‘花’（花草的花，花钱的花）。以出现频率累计达 99.9% 以上的 4000 个汉字来统计，这些汉字代表了不到 5000 个不同的语素，平均每个约代表 1.2 个语素。4000 个汉字中约有 90% 的汉字是一个汉字代表一个语素，《统计学》上称之为‘众数’（mode），即样本数据中出现次数最多的数据。因此，从平均数和众数角度来看，我们都可以说，一个汉字又表示一个音节。”于是，他得出了“音节—语素文字”或简称为“语素文字”的结论，并说“这一名称较好地反映了汉字本质特点”。裘锡圭先生则根据“一个汉字往往只是一个语素符号，而不是一个词的符号”，认为“词文字”的提法是不妥当的，因为只是从汉字记录的语言单位和部分词出发的，也不能简单地称之为“语素文字”；应该称之为“语素—音节文字”，因为“音素、音节、语素，是语言结构系统里由低到高的不同层次”，“把语素文字解释为字符，属于语素这个层次……字符跟语素这个层次发生关系，而跟音素、音节这两个层次没有关系的文字”；“语素——音节文字”，“既可使用语素这个层次的字符，又可以使用表示音节的字符的文字”。[①]

“语素—音节文字”的提法，既适合现代汉字，也适合古汉字。尽管古汉字所记录的基本是古代汉语的单音节词，但词也可视为组词的语素。所以，“语素—音节文字”说，比较符合汉字记录汉语的特点和实际。

---

① 见《裘锡圭自选集》，第 228—229 页。

综上所述，关于汉字性质的讨论，我们不难发现：对某种文字性质的定名，从不同角度、不同的侧面研究探讨，就会得出不同的结论。从象形字、指事字、会意字和形声字的形符表义而声符不固定的角度去研究，就会得出汉字是表意文字；从一部分表意一部分表音的形声字大量存在这个角度去研究看待汉字，就会说汉字是意音文字；而着眼于最早成体系的甲骨文中存在90%的纯表音的假借字，就会认为汉字是表音文字。正因为三者各自着眼于汉字的一个侧面称说汉字的性质，就难免片面而不科学。诚然，就汉字发展某一阶段来说，上述三者又各有其合理之处。而“语素—音节文字”的提法，比较符合古今汉字记录汉语的实际。虽然，这还不是最后的定论或结论，有待于进一步深入探讨和研究，但是这一提法，逐渐为越来越多的学者所接受和认同。对汉字性质的讨论和认识，虽然学术界尚未定论，但却深化了人们的看法。

二　如何认识汉字的性质

对汉字性质的确认，应该从两个不同的角度出发，进行分析研究：一是根据汉字所记录的语言单位及其表达汉语的方法；二是从具体情况出发考虑汉字的性质，注意汉字在发展的不同历史阶段发生的不同变化。

首先，从汉字记录的语言单位来看，它是“语素—音节文字”。如前所述，这既适合古代汉字，也适合现代汉字。尽管古汉字记录的基本是古汉语的单音节词，但是，也可以把单音节词视为词语素。所谓“语素”是指语言中音、义结合的最小单位。汉语的语素，主要包括单音节词和单音节词素，国外语言学家称为“词—词素”。所谓音节，是指语言中最小的结构单位，即听觉可以感知的最小语音单位。90%以上的汉字记录的是汉语中的一个语素，几乎100%的汉字记录的是汉语语音中的一个音节［“廿”本来读niàn，生活中却读“二十”；卅（sà）字也是这样。这种情况在汉字中是少见的］。如“水”字，表示“shuǐ”这个音节，记录的是单音节词“水”，但在“水分、水管、水池、水花、水印、水银、水饺、汽水、墨水、露水、洪水、矿泉水、水龙头”等复音词中，“水”字所记录的是组成这些复音词的一个语素。

需要说明的是，汉字是表音节的，但不是音节文字，与音节文字的字母不同。例如：日本的假名是音节文字的代表，如ソコク（祖国），是三个音节，读作［so ko ku］。可见，日本假名，每个字母代表一个音节，包括辅音和元音。但汉字不同，同一个音节代表着好多个汉字。如“bāo”这个音节，就代表着“包、苞、胞、褒、煲、剥”等20个汉字。

从表达语言的方法看，古今汉字有所不同。秦代小篆以前的汉字是“表意文字”；汉代隶书以后的汉字可视为“表意兼表音文字”。因为古汉字包括象形字、指事字、会意字、形声字以及假借字、转注字等字形结构中，皆以形表意。其中具有表音成分的形声字和转注字，虽然在逐渐发展，并占一定比例，但从表达效果看，仍是表意成分多一些。即使是纯表音的假借字、通假字也都来源于象形的特点。所以，可以把古汉字视为表意系统的表意文字。

到了汉代，汉字演变为隶书，脱离了象形的特点，走向符号化，增加了表音成分。不但假借字、通假字等纯表音字被普遍使用，而且形声字也大量增加，由秦代占汉字总数的50%，到汉代增至80%，到现代达到90%以上。形声字的声符，不论是在造字之初，还是在现当代都起着表音作用。事实证明，不管是古汉字还是现代汉字的性质，持一端而说成“表意文字”或“表音文字”，都是不符合汉字的实际的。只有从汉字实际出发，用全面而具体的分析方法，兼顾汉字既表音又表义的属性，综合起来给汉字定名为“语素—音节文字”，是比较合乎汉字实际的。

第五节　文字同语言的关系

首先，就文字同语言的关系而论，文字是写词记言的。词是字书写的内容，字是词的书写形式。换言之，字词之间的关系是“词着于形而为字，义寓于音而成词”，要研求文字，必须着眼于形音义，从古音、古训入手，否则势必事倍功半。文字是负载语言的书写符号，汉字是负载汉语的书写符号。《〈尚书·序〉正义》云：“言者意之声，书者言之记。”这句话清楚地说明了文字同语言密不可分的关系。文字是在语言的基础上产生的，是“言之记”，所以文字不能脱离语言而单独存在。正如先师孙常叙先生所言：“文字是记录语言和传达语言的书写符号，是书面语言赖以生存的书写形式。语言是第一性的，文字是第二性的。这就决定了‘字形’是依存于语言的。在所谓‘字音’‘字义’，不过是‘词’

的音和义。可知形、音、义三者实为两类：音和义这个形式与内容的对立统一是词，而词和字又是一个对立统一，词是字写的内容，而字是词的书写形式。”① 语言中的语素和词等单位含有音和义两个方面；作为负载语言的文字，则是音、形、义的统一体。文字的音和义跟语素、词等单位的音和义是一致的。因此，文字是以字形通过字音来表达字义的。不管用什么样的字形，每一个字都必须能够读出音来，才能用字形来记录语言中的语素和词。绝大多数的汉字，都代表着汉语中的语素，都是形、音、义的统一体。

文字是记录语言的，所以，语言的特点制约着文字的特点。语言要求文字必须适应自己的结构特点和语音特点。汉字之所以没有像印欧语系那样，分化为许多独立的语言，就是因为古汉语单音节词占优势，没有形态变化，又缺乏词缀等附加语素这些特点制约的结果，然而这些特点却有利于古汉语保持一词一形的书写体系。如果古汉语也像俄语那样有性、数、格的词形变化，那么古人就有可能选择另一种文字体系，以便把词的变化表示出来。这从日文和汉字的关系中可以得到印证。日语是黏着语，有词形变化，也多词缀等附加语素，因此日本除借用汉字外，还创造出假名来补充书写日语附加语素和词尾变化。②

文字是为记录语言而发明的，语言要求文字正确地记录它。但是，二者并不是一回事，文字是自成体系而相对独立的。用什么样形体的文字去记录语言，其间没有必然的联系。不同的语言可以采用相同的文字形式记录，如英、法、德、西班牙等语言都采用拉丁字母；相反，同一种语言也可以采用不同的文字形式，如南斯拉夫的塞尔维亚文用拉丁字母和斯拉夫字母两种拼写法③；朝鲜和越南等国过去采用汉字，现在采用拼音化文字。

然而，汉字和汉语的关系，跟拼音文字和其拼写的语言关系不同。这是一个重要特点，值得注意。拼音文字要求按照字母的拼写法去阅读，写和读的差别不大，读音变了，拼写法也跟着变；而汉字则不同，从古至今，语音发生很大变化，但字形未大变。同一个汉字，不限于一种读

---

① 见《孙常叙古文字学论集》后记，东北师范大学出版社 1998 年版。

② 见叶蜚声、徐通锵《语言学纲要》，北京大学出版社 2002 年版，第 154 页。

③ 见郑若葵《解字说文》，四川人民出版社 2004 年版，第 23—24 页。

音，各地的人都可以按照自己的地域读音来读，听不懂并不重要，只要写出来能看懂就可以了。所以汉字不仅是“看”的，也是“读”的。人们可以用不同的时代、不同地域的音来读罢了。汉字和汉语几千年来一直保持着这样一种关系。

文字是为记录语言的需要而发明的，又是为记录语言而服务的，因此，就其文字和语言之间的关系来说，概言之，语言是第一性的，文字是第二性的。一个民族可以没有文字，但绝对不能没有语言。

语言是没有阶级性的。作为一种社会现象，用来记录语言的文字，也是没有阶级性的，它是属于全民的，是为社会全体成员服务的。文字总是作为语言的书写形式而被人们使用着。

文字虽然没有阶级性，在阶级社会里却受到阶级的一定影响：一是文字跟语言不同，语言人人都会，而文字则需要专门学习。过去，广大劳动人民终年为生活所累，没有条件去读书，不能人人都掌握文字；文字只能被经济条件优越的有产阶层所垄断，成为他们统治劳动人民的工具。二是统治者利用文字宣扬“重男轻女”等封建思想意识。如“女”旁的字，大多表示不好的意思，像“妄、妒、娄、奸、妣、媾、婢、嫒、妓、妨、嫖、妩、媚”等。又如“丘”字，因孔子名丘，历代统治者限定丘字只能写成“乒”，叫作避讳，而且孔丘之“丘”要读为mǒu。清代雍正皇帝下令，姓丘的百姓要改为“邱”，这叫“敬避圣讳”；又用“坵”作为“丘”的通用字。这样一来，一个丘字，竟有两种读音，四个字形：丘、乒、邱、坵。另外，历代帝王所实行的“文字狱”也属于此类。不过，这些只是个别现象，不能否定文字属于全民的性质。

语言是思想的直接现实，思想是靠语言中的词、句子来表达。任何一种语言都要有音和义两个要素的表达形式，而文字则是用某种符号体系来代表语言中词的音和义。诸如：

人　是汉字体系中的一个符号，表示汉语中一个词或语素。

man　是英语符号体系中的三个符号组成一个单词（男人）。

ヒト　是日本语符号体系的两个符号，每个符号代表日语中的一个音节，由两个符号组成一个词（人）。

урок　是俄文体系中的四个符号组成的一个单词（功课）。

因此，文字除了音和义之外，还有一个形体问题。任何一种文字都是形、音、义三者的统一的符号体系，都不能脱离语言而单独存在。同理，脱离语言而单独研究文字就失去了研究的意义。

作为交际工具的文字，同语言又有三方面的区别：

第一，语言是人类社会最重要的交际工具，而文字则是语言的辅助工具。

语言产生在前，文字产生在后。语言伴随着人类社会的产生而产生，随着人类社会的发展而发展。据考古学和人类学研究表明，人类社会历史约有400万年。而甲骨文字到原始社会末期才被创造出来。即便是世界上最古老的文字，不过6000多年的历史。如果按照陕西考古研究所郑洪春、穆鸿的说法“汉字在龙山时代晚期，即黄帝时代就产生了”[①]。比殷商的甲骨文提前了1200年，也还远在语言之后。人类社会不能没有语言，却可以没有文字。我国有56个民族，至今有些民族仍没有文字。

第二，文字克服了语言的时空局限，扩大了语言的交际范围。

语言在没有其他工具帮助时，远方之人或时间一过就听不到了。文字则可以把“异时”“异地”的语言信息记录下来，传到远方或留给后代。正因为有了殷商的甲骨文和西周的金文，今天，我们才能看到3300多年前的古代文献。

第三，文字是记录语言的书写符号，因而文字是可以约定俗成的和改革的，而语言则不能。

因此，周有光先生说：“文字不等于语言。”文字是语言的书写形式，语言是文字书写的内容。

第六节　汉字是中国的第一大发明

中国是历史悠久的文明古国。中华民族拥有5000年的文明历史。举世闻名的“四大发明”，为人类社会文明发展作出了巨大贡献，使我们每个炎黄子孙为之骄傲和自豪。但是，由于史学家的失误，未能将我们祖先对人类文明作出伟大贡献的汉字进行应有的定位，作为第一大发明载入史册，传之中外。这是一个历史的缺憾![②] 其实，它的价值并不亚于四

① 山西考古研究所郑洪春、穆鸿在西安文字学研讨会上的发言。

② 见王世贤《汉字是中国第一大发明》一文，曾载大型文献《和谐西部论坛》，中国广播电视大学出版社2010年版。

大发明。

不论是从汉字的历史、现状还是从其功能、作用和优势，跟其他文字相比，都是无愧于“中国第一大发明”的称号的。

汉字是“中国另一大发明”的最先提出者是香港实业家和著名学者安子介先生。他通晓 5 种外语文字，对多种文字作了比较研究之后，得出“汉字是中国另一大发明，其意义和价值不在自然科学的四大发明之下”① 的结论。这一观点和结论是很重要的，这是自古以来国人所未意识到的。

人们之所以一提到中国古代发明，通常只想到“四大发明”。其实，这是欧洲学者鉴于“四大发明”对西方近代文明的推动和影响的程度而提出来的，不是中国人自封的。如果以对中国文明的发展乃至世界文明的发展所起的作用为标准，把中国古代的发明创造排序的话，那么汉字应该排在首位。

我们之所以认为汉字是中国第一大发明，是基于以下几点考虑。

一　汉字的产生早于四大发明

从历史时间上看，汉字产生在先，历史最悠久，有 3300—6300 年的历史；而四大发明在后，历时相去甚远。造纸术，相传为东汉蔡伦所创，实际是西汉初年（约公元前 2 世纪）发明的，公元 105 年蔡伦只是对造纸技术做了重大改进，造出了优质纸张；印刷术，先是在约公元 7 世纪发明雕版印刷术，后在北宋仁宗庆历年间（1041—1048）由平民出身的毕昇发明了活字印刷术；火药发明于唐宪宗元和三年（约公元 808 年）；指南针发明于唐代末年或五代（约公元 10 世纪）。显然，汉字的产生早于“四大发明”两三千年之久。

二　汉字同四大发明的关系

从二者关系看，汉字是百科之首，是中华文明的唯一载体。四大发明是以有了汉字为前提条件的。汉字是中国土生土长的自源文字，这是人们公认的。试想，如果没有汉字，何以要发明造纸和印刷术呢？正因为汉字书写的需要，由于刻字在龟甲兽骨上或写在简帛上很不方便，才

① 见林成滔《字里乾坤》（上册），中国档案出版社 1998 年版，第 1 页。

发明造纸术的；有了文字和纸，为了提升书写速度和效果，又发明了印刷术。如果没有汉字，四大发明何以记载，并传之中外？光辉灿烂的中国古代文化是靠汉字的记载流传今日的。从这个意义上讲，汉字有如5000年中华文明之母，“四大发明”则是汉字这第一大发明的衍生物。如果说，“四大发明”为世界人类作出巨大贡献，值得国人骄傲和自豪的。那么，汉字对世界人类文明所作出的贡献就更伟大，同样值得我们骄傲和自豪。因此，从古至今，言“四大发明”者，是前人顾此舍本的一大失误；今后的史书，当予大书特书中国有“五大发明”，而汉字应视为第一大发明。

三　汉字对人类社会文化的影响和贡献

（一）汉字文化圈的形成

从汉字文化圈的形成来看，今天我们看到的较早的成系统的汉字是3300多年前分布在河南一带的殷商甲骨文。它在漫长的岁月中伴随着璀璨的汉族文化，由这里传播到整个中华大地，以至周边国家。即以中国为中心，由东北亚到东南亚的日本、朝鲜、韩国、越南、新加坡等国家的经济和中国的文化交流，汉字起了重要作用，逐渐历史地形成了汉字文化圈。加之欧洲、美洲、澳大利亚等地的华裔、华侨，使用汉字的人数高达14亿—15亿之多。故汉字是世界上使用人数最多、地域最广的文字之一。

（二）汉字的“异化”作用

汉字成为其他国家或民族制定文字时的借源文字。由河南殷墟一带出发，汉字向外异化路线主要有三条：一条向南，从黄河到长江，继续向南传到广西壮族和越南，产生了壮字和喃字；一条向东，从黄河到辽河、鸭绿江，传到朝鲜、日本，产生了谚文和假名；一条向北，传到内蒙古、辽宁、吉林、黑龙江、宁夏和甘肃，产生了契丹字、女真字和西夏文。①

（三）汉字对世界文化的影响

汉字不仅为中国人民服务了几千年，有着不可磨灭的功绩，而且对世界特别是东北亚、东南亚民族文化的发展也有着深远的影响。日本、

① 详见周有光《世界字母简史》，上海教育出版社1990年版。

朝鲜、越南等历史上都曾经长期借用过汉字。日本、朝鲜曾用汉字记载他们的文化和历史，而且至今还在使用汉字。日本、朝鲜都曾用汉字写文章或阅读古书和文献。日本现存的古史书《古事记》和古诗歌集《万叶集》等就是用汉字写的。尤其是他们借鉴仿照汉字偏旁部件，制定了他们自己的文字。日本的假名、朝鲜和韩国的谚文、越南的字喃等皆是。

因此，没有汉字就不会有辉煌灿烂的中国古代文明的记载；是不是也可以说，没有汉字，就不会有朝鲜、韩国和日本所通用的文字。从这个意义上说，汉字不仅是中华文明之母，也是周边国家文字的借鉴之源；令国人自豪的“四大发明”，也可以说是汉字这一大发明的派生物。

第七节　汉字的特点

在世界各民族的文字中，汉字是最具有特点的文字。纵观汉字的古今历史，其特点很多。从不同的角度观察，就可以发现不同的特点。从汉字是记录汉语的角度说，汉字的数量庞大，结构复杂，构字方式多，是二维平面空间结构文字等特点。但这些特点不在此赘述。这里，仅就汉字的属性、功能、作用等十大特点分别介绍如次。

一　汉字属于“语素—音节文字”

从汉字的性质来看，属于全民的“语素—音节文字”。同拼音文字相比，它的突出特点是：一个汉字就是一个音节符号，绝大部分汉字记录的是汉语的一个语素。一个汉字就是一个音、形、义的统一体。占汉字90%以上的形声字结构，都有表示字音和字义的字符。通过字形可以提示视觉感知的读音和字义。但纯表意的汉字是不多的。只有一、二、三……歪、甭、甮、奀、嫑、[illegible]、覔、孬、楞、[illegible]等；有些汉字，只是字源上表意，演变到现代，已经看不出来了。如日、月、山、川、马、羊、鸡、鸭、犬、见、闻等。许多汉字已经变成记号字或半记号字了。所以，就古今整个汉字而言，不能简单地称为表意文字。

二　字形稳定、方正充实

汉字是负载汉语的书写符号，对任何一种方言，不论何种发音都能记录，在书面文字上均可沟通，达到交际目的。连测字算命先生都用繁体汉字占卦预测。为什么呢？因为先民在创造汉字的时候，每个汉字的写法都有深刻的文化含义和缘由（详见第八章）。

三 汉字是当今世界上使用人数最多的文字

据统计，当今世界人口有70亿，中国人有13亿之多。其中汉族占90%以上，国内许多少数民族也在使用汉字。加上日本、韩国、朝鲜、新加坡以及欧洲、美洲、澳大利亚等地使用汉字的华裔、华侨，高达到15亿之多。占世界人口总数的20%还多。20世纪80年代，汉字被联合国列为国际会议使用的六种办公文字之一，更扩大了汉字的使用范围。

随着世界各国“汉语热”的升温，使用汉字的人越来越多。2002年韩国总统决定，韩国的中小学开设汉字课。2003年美国宣布高中开设汉语课。学汉语首先得学习汉字。2005年新华社北京7月28日电：截至6月汉语水平考试（HSK）在世界上37个国家设立了154个考点，有40万海外考生参加考试。同年，《人民日报》北京7月22日讯：首届世界汉语大会在北京召开并圆满闭幕。

四 汉字是世界上历史最悠久的文字

（略。详见第一章第三节“文字的类型”一节）

五 汉字是世界上唯一可以作为艺术品的文字

世界上任何一种文字，在书法上都有工、拙之别，真正可以作为书法艺术而被列入世界艺术之林的只有汉字。因为汉字是从图画发展来的一种由笔画组成的平面方块空间结构的文字。每个平面之内笔画较多，纵横交叉搭配，复杂多变，百十个字各有各的写法，组合起来大小繁简，千姿百态，变化无穷。这就是古今中外许多人士所钟爱、欣赏不已的汉字书法。从殷商、西周的甲骨文和钟鼎文，不难见出刻写那种文字的人，艺术修养该是何等的高超。

我国历代出现许多书法大家：秦朝的李斯，汉代的蔡邕、杜度、张芝，晋代的王羲之、王献之、钟繇、胡昭，唐代的欧阳询、柳公权、颜真卿，宋代的苏轼、黄庭坚、米芾、蔡襄，元代的赵孟頫、鲜于枢、邓文原，明朝的所谓“三宋”（宋克、宋璲、宋广）、“二沈”（沈度、沈粲）、“吴门三家”（祝允明、文征明、王宠）、“晚明四家”（邢侗、张瑞图、米万钟、董其昌），清代的“四大家”（郑簠、金农、郑板桥、康有为），现代的毛泽东、郭沫若、舒同、启功、欧阳中石、苗新我、田英军等，都别具一格，各有特色。因而在我国艺术史上，书法家同画家齐名。其他民族或国家的文字，虽然也讲究书法，但终究不能成为艺术品。

另外，以汉字为主体，产生了许多汉民族所独有的文化现象。除书法之外，还有篆刻、对联、回文诗（词），八字胡、八字脚、丁字尺、人字梁、工字楼、国字脸等词；而英、法、日、德、俄、美、阿拉伯等一切文字都不具备这些文化特点。其中我们来举对联和回文诗（词）等实例鉴赏一下。

长　长　长　长　长　长　长
zhǎng　cháng　zhǎng　cháng　zhǎng　zhǎng　cháng
长　长　长　长　长　长　长
cháng　zhǎng　cháng　zhǎng　cháng　cháng　zhǎng

据说，从前某县城举行春联大赛，一个卖豆芽的老板，盼望他的豆芽长长（zhǎng cháng）和长长（cháng zhǎng），凭借他的职业思维和孟姜女哭长城的悲惨故事相结合，又根据同形汉字而音义不同的特点，写下这副独字联应赛，一举夺魁。又如：

海水朝朝朝朝朝朝朝落
浮云长长长长长长长消

这是山海关孟姜女庙上和温州江心寺上的一副对联。据说是宋代王十朋根据汉字形同而音义不同的特点，组成字符串，连用七个“朝”字和七个“长”字以获得奇诡绝妙的艺术效果。你会读吗？如果不会就不解其意。通常有两种读法：

Hǎi shuǐ cháo，　zhāo zhāo cháo，　zhāo cháo zhāo luò

Fú yún zhǎng， cháng cháng zhǎng， cháng zhǎng cháng xiāo

Hǎi shuǐ cháo， zhāo cháo zhāo cháo， zhāo zhāo luò
Fú yún zhǎng， cháng zhǎng cháng zhǎng，cháng cháng xiāo

这样一读，其沧海与天穹的壮观景色则跃然纸上；浩瀚的沧海天天潮起潮落；寥廓的天穹时时云起云消。面对大自然变幻的景观和人世间的风云沧桑，再联想起昔日孟姜女哭长城的心酸故事，令人感慨万千。下面再感受一下“回文诗”的情趣。

“回文诗”乃晋人苏惠所创，利用字词回环往复排列成文，往复诵读都能成诗，绵情不尽，给我们以荡气回肠、盛意盎然的美感。例如：

唐·潘孟阳《春日雪回文绝句》
春梅杂落雪，来同愿里仁。
发树几开花，饮兴尽须真。
真须尽兴饮，花开几树发。
仁里愿同来，雪落杂梅春。

宋·秦观《七绝》
赏花归去马如飞，
去马如飞酒力微；
酒力微醒时已暮，
醒时已暮赏花归。

这是秦观用 14 个字组成的七言绝句，每字出现两次，读来妙趣横生，用字技巧十分高超。

宋·王安石《碧芜》
碧芜平野旷，吟苦累闲身。
黄菊晚春深，饮甘留倦客。
客倦留甘饮，深春晚菊黄。
身闲累苦吟，旷野平芜碧。

下面这首“回文诗”很奇妙：正读是“夫思妻”，倒读则是“妻思夫”。请看：

宋·李禺曾《夫妻相思》
枯眼望遥山隔水，
往来曾见几心知。
壶空怕酌一杯酒，
笔下难成和韵诗。
途路阻人离别久，
讯音无雁寄回迟。
孤灯夜守长寂寥，
夫忆妻兮父忆儿。

这三首回文诗，都可以从最后一句的最后一字往前倒读而成诗。还有“回文词”，如：

宋·苏轼《菩萨蛮》
柳庭风静人眠尽，
尽眠人静风庭柳。
香汗薄纱凉，
凉纱薄汗香。

手红冰碗藕，
藕碗冰红手。
郎笑藕丝长，
长丝藕笑郎。

这首词也可以从最后一句的最后一字往前读而成词。又如：

月里嫦娥走天涯，
凤凰展翅飞回家。

天涯海角来相会，
宇里欣开并蒂花。

这是每一句取第一字而成的“月凤天宇”的藏头诗。下面，再欣赏一下南京理工大学著名的燃烧学专家、博士生导师，主张“科技与人文交融”的宋洪昌教授一首藏尾诗：

借蚌行以悟道，
以珠全以喻德。
琢孔中以比经，
书思海以捞针。

这是喜欢藏石的宋教授1997年元旦在黄河边拾得一块奇石，形如河蚌，重8.5公斤，其欣喜之余，写下这首“道德经针”（即“道德真经”之意）藏尾诗。

清末，广州“怪才”看扒龙船，有人请他为戏棚写一副对联：

扒、扒、扒、扒、扒、扒、扒、扒，扒到龙门三级浪；
唱、唱、唱、唱、唱、唱、唱、唱，唱出仙姬七姐词。

一连用九个“扒”字和九个“唱”字，把这边扒龙船越扒越有劲，那边越唱越动听的赛龙船热闹景象，点画得惟妙惟肖，读来新奇有趣。

浙江奉化县一条公路旁，有一座凉亭，是蒋介石生母捐资建造，供来往行人歇脚纳凉的。亭上一副对联则是：

行、行、行，行行且止；
坐、坐、坐，坐坐何妨。

此联像是建亭者在亲切招呼过往行人，不要太匆忙，坐下来歇一会儿。对联既切题，又通俗易懂，饶有风趣。

六　汉字的构词能力强

学过古代汉语的人都知道，古代汉语是以单音节词为主，占 80% 以上；现代汉语则以复音词为主也占 80% 。这是为什么呢？因为古代处于造字时代，汉字是为了记录古代汉语一个一个造出来的；一个字记录一个单音节词。3000 多个单音节词记录古代汉语或许基本够用。由于人们发音器官的发音部位限制，不可能创造很多的单音节词。现行的《汉语拼音方案》只有 21 个声母，35 个韵母，只能构成 874 个单音词。分为四声也就 3000 多个单音词，可证。但是，随着社会生产、生活、科学、文化的发展，这么少的词量，就显得不足用了。除了采用同音假借之外，先民又创造了用单音词组合的办法，即以“主谓、并列、偏正、动宾、加词头词尾”等方式构造新词。即以具有独立音义的词素构成两个或两个以上音节的复音词。据《常用构词字典》所载，一个“打”字，就构成“打人、打仗、打字、打更、打败……挨打、抽打、拍打、攻打”等 141 个双音词；“大”字构成“大败、大部、大兵……粗大、博大、肥大、浩大……”仅双音词就有 244 个。可见，汉字构词能力之强。因此，汉语词的丰富，极大地满足了记录古今汉语的需要。这是任何拼音文字所无法比拟的。

七　汉字在书面上占的篇幅小，信息量大

汉字跟任何拼音文字相比，在书面上占的篇幅空间小。不仅能大量节约纸张，提升印刷速度，降低发行成本，简化图书管理和使用，而且可以节省亿万读者的大量阅读时间和精力。

据苏联印刷科学研究所统计显示：印刷同一内容，一个汉字的大小和一个俄文字母相同的铅字排版，俄文本是汉字本的 5 倍。印一部《战争与和平》的工料和汉字也相差 5 倍。用相同的阅读速度计算，读俄文要 1000 个小时，而汉字本只需 200 个小时，节省了 80% 的时间。以人一生读书的时间相等，读汉字本要比读俄文本多 4 倍的书。可见，文字对一个民族智力的开发有着多么重要的意义。据统计，同样内容的英文本要比汉字本至少多 1 倍。又如打电话：汉字一个“喂”，英文是“hello”，而韩国语是“여보세요”4 个音节；中文“谢谢”；英文是“thanks”，韩国语是“감사합니다”，俄文是 Спасибо，都是 4 个音节；等等。

八 汉字的阅读速度快，易于认记

上述汉字占的篇幅空间小，在客观上就是阅读速度快的一个重要因素。文字是目治的书写符号。从视觉和感知来说，汉字以其形体区别性强和方块结构为单位的整体形象，映入人的视网膜而产生了视觉，视觉再通过感觉器官把信息传到大脑，便产生了感知。这种感知则把笔画多寡悬殊和每个各具独立形态的汉字，在形体上的比差度映现得非常清晰，于是就提高了视觉分辨率。因此，便加快了阅读速度。特别是汉语中的同音字或同音词区别非常明显。如“工、功、攻、弓、躬、公、蚣、肱、恭、宫”等字形体不同，音同而义不同；如果写成拼音字，都是gōng，则无法区分。无理与无礼，公式、公事与攻势，视力与势利等词也是这样，一下子就分辨出来了；拼音文字是线形文字则不然。英语中croak（叫声）和crook（曲杷拐杖），groan（呻吟）和groom（马夫）这类线形形似单词很多。如果读者不保持高度精神紧张状态，就很容易读错。但时间一长，视觉就会疲乏，阅读速度就会减慢。可见拼音文字的阅读速度不如汉字快。汉字以其形体区别明显，形象性强，各有特征，加之汉语语法精练，句子短悍，都成为高速阅读的条件。“据有关专家测算，在相同的时间内，阅读中文的人将比阅读英文的人多获得60%的信息。”①

汉字便于认记。首先，从生理角度说，由于汉字区别性强，又以方块结构为单位，投影到人的视网膜上所造成的整体形象感就强。在大脑皮下神经中枢容易转化为视觉记忆。同时，汉字图画性强，又具有表意功能，各种符号出现的频率要比拼音文字大，而且冗余性高，字形及其某一部分常常会使人产生丰富联想，从而增强了人的记忆。

又由于汉字90%以上都是形声字，一般来说便于知音晓义。如从“朱”得声的字有“诛、珠、株、蛛、洙、侏、茱、铢、邾”9个，见到其中的任何一字，基本可读出音来和了解其大致的意思。这样，只要先学会几百个偏旁的汉字，就可以根据形声的特点推知成千上万的汉字音义。从而缩短认记时间过程。现代常用汉字，据统计只有3500个。只要掌握这3500个汉字，就可以学会几万个复合构成的常用词，读书、看报、写文章以及学习文化科学技术就不成问题了。认识“电”“脑”

---

① 见朱爱华《再说汉字是智慧的语言》，载《汉字文化》创刊号，1989年。

二字，就能认知“电脑”这个词了。所以，汉字便于认记是不必赘述的了。英文虽然只有 26 个字母，好学易记，但它不是单词，而且发音较难，单词之间形体差异，不如汉字明显，所以，要想熟练掌握英语，据说需要记住 5000—10000 个单词。比起掌握 3500 个汉字，恐怕要耗时费力得多。

九　汉字是复脑文字，利于右脑开发

近几十年来，中西方脑科科学家研究表明：人类大脑是由左、右两个半球构成的。这两个半球的功能是不同的：大脑左半球的功能是以抽象思维和逻辑思维为主导的，掌管说话和听话的能力；而大脑右半球的功能是以形象思维和直觉思维为主导的。因而人类大脑两半球的分工和作用是不同的。

由于汉字和拼音文字的性质不同，在大脑里处理的部位也不同。处理拼音文字主要靠左脑；处理汉字则是左、右脑并用。汉字是形、音、义的统一体。其既是一个表音的音节单位，又是一个表意单位的语素。作为一个语素单位，它是抽象的、概括的和综合的；而作为一个独立的方块形体，又是具体的、形象的、直观的。因此，汉字在认知（信息处理）中，使用多重编码，既使用语音编码，又使用图形编码。所谓语音编码，指阅读时看到字母后，需要首先在大脑中经过语音处理才能了解意义；所谓图形编码，是指看到字形后，不经过语音处理，直接了解意义。这两种编码方式在大脑所经过的神经通路不同，与大脑两半球的关系也不同。作为方块平面空间结构的汉字，很容易在大脑中形成一个完整的视觉形象，成为语音、语义的载体。这种抽象性和形象性跟人脑两半球紧密相关，因此，汉字信息处理时，是左、右脑并用的。

拼音文字在认知中，一个字母只是一个抽象的表音符号，并不直接表意。即使是许多字母组合起来表音表意的单词，也只是个抽象字母的组合。因此，拼音文字在认知中，起主要作用的还是语音编码。拼音文字的信息处理，主要使用主导抽象思维的是左脑。20 世纪 70 年代，西方使用拼音文字的国家，出现约 10% 的儿童患有“阅读不能症”，就是一个典型的例证。这些儿童说话正常，但不能拼读文字。在使用汉字的国家中却未发现这种现象。学者们认为，这是阅读汉字时左、右脑并用的结果。

1970 年，美国宾夕法尼亚大学心理学系学者劳律，在美国费城的学校用了三个月的时间，对 8 名患“阅读不能症”的学童做了实验：用“母（mother）、小（small）”等 30 多个用英语发音的汉字，组成句子，让学童看着汉字，用英语说出来，结果他们都能用英语发音读出来，并能理解和记忆。1971 年这一消息在《科学》杂志上发表后，引起世界各国的广泛关注。这一实验结果表明：汉字的方块平面空间结构容易在大脑中形成一个完整的视觉形象，成为语音和语义的有效载体。汉字的抽象性和形象性调动了学童大脑两半球，尤其是汉字的形象性调动了他们大脑的右半球，使学童克服了“阅读不能症”。说明汉字不仅能够开发中国人的智力，也有利于开发外国人的智力。① 因此，自 20 世纪 80 年代以来，中外心脑学家重大科研成果表明：拼音文字是偏向大脑左半球的“单脑文字”，而汉字则是大脑两半球并用的“复脑文字”。

可见，西方人左脑负担过重，左、右脑的发展不平衡。1981 年诺贝尔生理学和医学获奖的美国著名科学家、加利福尼亚理工学院教授斯佩里进行了“隔裂脑”研究，诺贝尔奖机构评价斯佩里科学成就时说：“他的研究使我们能深入地了解大脑的内部世界，他对大脑两半球功能提供了一个全新的轮廓。特别是斯佩里十分成功地揭示了大脑两半球的秘密，并且证明这两半球是高度专门化了的，而且许多较高级的功能都集中在右半球。”② 这说明，即使没有左半球语言中枢的配合，右半球也可以在形象思维的材料上进行独立的学习、记忆和思维活动。中国上海师大心理学系教授郭可敬同上海医大华山医院神经科合作，在总结前人研究成果的基础上，自 1984 年以来，通过多例脑损伤病人的临床研究，探索中国汉字与大脑两半球的关系，取得了重大科研成果，“拼音文字是偏于大脑左半球的‘单脑文字’，而汉字是左右脑两半球并用的‘复脑文字’”③。汉字既然是“复脑文字”，就具有开发大脑左、右两半球的潜力，充分调动和使用大脑两半球的形象思维和逻辑思维的不同功能和作用。汉字的抽象性和形象性能调动大脑的两半球，尤其是汉字的形象性

① 林成滔：《字里乾坤》（上册），中国档案出版社 1998 年版，第 292 页。

② 同上书，第 288 页。

③ 同上书，第 289 页。

可以开发大脑右半球的智力，从而促进大脑两半球的平衡发展。

十　汉字具有丰富的文化含义

汉字是中华民族文化和中国历史的载体。每个汉字的形成与演化，都饱含了我们中华民族的传统文化，借以我们可以窥探到华夏数千年的历史和文化，人类的形成和生存情况（详见本书第八章）。

第八节　汉字的作用

文字对人类社会发展起着极其重要的促进和决定作用。没有文字，就不会有人类社会的历史和文明。作为我们祖先的五大发明之首的汉字，对中国社会早在5000年前就进入了文明时代，无疑起了重大的促进作用和决定性作用。有了汉字，才使汉语的交际功能得以扩大；才使劳动民众创造的辉煌灿烂的文化得以更加广泛的传播和弘扬；宝贵的文化遗产才得以更加完整而系统的继承下来，传播开去。从而极大地促进了社会的发展、繁荣和进步。尽管现代出现了录音、广播和电信等先进设备，可以使语言传之久远，也不能贬低文字的作用。文字的作用是多方面的，下边分别加以论述。

一　汉字是我们借以学习语言、文化、科学、技术的中介工具

古人云："读书，首在识字。"意思是说，读书求学，首先是通过文字来进行的。道理很简单，不识字何以读书？学习语言也是一样，不论是学习古代汉语，还是学习现代汉语或外语，都得通过汉字。古代学习语言是口耳相传的。《孟子·滕文公下》云："一齐人傅之，众楚人咻之。"意思是，楚人要学习齐国话，让一个齐国人当老师，许多楚国人跟着大声念。这是用声波刺激听觉，使之形成言语习惯，效果不佳。如果从视觉上用文字形体配合则有助于掌握语言。学习外语，所以要强调"听、读、说、写"的训练就是这个道理。任何一种语言，都会有同音词或同音结构，只靠听觉是难以分辨的。如果通过视觉符号——文字就容易分辨清楚了。例如：xíng shì 这两个音节，就有"形势、形式、行世、行事、刑事"等不同词义。如果指的是"著作行世"，单凭听觉是无法分辨出来的。写出汉字来，则一目了然。因为汉字区别性强。学习

外语也是一样，需要将外文单词同汉字词对照，尤其是成语和古语词等，在汉字的帮助下学得快、记得牢。否则难以落实书面翻译。至于学习文化科学也得通过文字（课本）来进行是不言而喻的，借助汉字以备忘。

二　汉字具有负载中华民族文化和科技成果的作用

中华民族是聪明智慧的伟大民族，创造了辉煌灿烂的古代文化。在科学技术上发明了造纸、印刷术、火药和指南针等曾经长期为西方所望尘莫及的重大科学成果。不仅如此，在数学、物理、化学、天文、地理、生物、农学、医学等学科和建筑、冶金、纺织、机械、造船、航海、陶瓷等技术领域所取得的重大成就，也曾居世界领先地位，令举世所赞叹。这些对人类至关重要的科学技术成果，都是用汉字记载下来，传播开去，得到继承和发展，成为我国和全人类的共同宝贵财富的。

三　汉字具有促使人们思维精确和文学艺术及技术发展的作用

汉字不是消极地充当记录汉语的工具，而是能够积极地使人们借助汉字更加深入地理解语言和逻辑，促使人的大脑和思维模式日益缜密，使语言更加规范化。语言科学的兴起，大都是从汉字入手的，汉字记录汉语，为语言的加工、凝练提供了有利条件，对汉语的健康发展和规范，对汉民族共同语的形成，都具有积极影响。文学是语言的艺术，而汉字则是文学艺术的媒体。有了汉字，才取代了无文字的口头文学，使文学进入了空前发展和繁荣的时期。有了汉字，才能精确地记录科学思维，描述技术的构想。借助汉字，人们才可以敏锐地认识客观世界，有效地改造客观世界。

四　汉字具有区别同音词的作用

汉语词汇的丰富性是任何一种语言无法相比的。汉语拥有大量的同音异义词，只有汉字能够以其形体区分开来，避免同音词的混淆现象。这是任何一种拼音文字无能为力的。生活中人们之间交往的时候，常常遇到同音词干扰，不得不加以解释。如“你贵姓?”“我姓 zhāng。”“哪个 zhāng?”“立早章。”就得说明一下，因为还有姓“弓长张”的。如果写出汉字来，一看就明白了。

《新华字典》仅读第一声 zhāng 音的字，就收了“章、漳、嫜、璋、樟、蟑、彰、獐、张”9个字。如果再加上“上声”“去声”（没有阳平声字）的字，竟有25个。这是拼音文字无法区别的。即使是我们当代使用的现代汉语拼音字母也是无法区分的。如 huā qián，是“花钱”，还是“花前”呢？bǐ wǔ，是“比武”还是“比舞”？gōng shì，可作“工事、攻势、公事、公式、宫室”的拼音，到底指哪个词呢？

还有一篇文章全是用同音汉字写的，标题叫《施氏食狮史》，连标题5个字共是98个字。现在抄录如下：

> 石室诗士施氏，嗜狮，誓食十狮。氏时时适市视狮。十时，适十狮适市。是时，适施氏适市。氏视是十狮，恃失势，使是十狮逝世。氏拾是十狮尸，适石室。石室湿，氏使侍拭石室。石室拭，氏始试食是十狮尸，食时，始识是十狮尸，实十石狮尸。试释是事。

这是一个最具有说服力的典型例子。写成汉字，人们凭借汉字形体的强区别性及表示不同的词义或语素义的分工，互不相混地读懂其内容。如果把这98个声母、韵母都相同的同音字用汉语拼音写出来，即使加上声调，恐怕也无法读得明白。可见，汉字较之拼音文字具有区别同音字的功能。

五　汉字具有复合构词的功能

语言是为社会服务的工具。随着社会的政治、经济、生产、生活、科学、文化、技术的发展与进步，新事物层出不穷。当单音词和同音词都不能满足社会人们的交际需要时，就要构造复合词。

所谓复合构词，就是根据单音词语音简短和汉语以二次构词为主的特点，把具有独立音义的语素结合起来构成两个或两个以上的复音词的方法。如视角、负面、层级、平台、打造、力度、互动、落差、定位、到位、癌症、非典、下岗、就业、拉动、低碳、峰会、双开、给力、视频、裸照、裸官、低调、追责、失联、炒鱿鱼、官二代、双学历、博士后、荣辱观、核武器、中国梦、一国两制、三个代表、反腐倡廉、执政为民、与时俱进、学术超女、科学发展观等词和词组形式的新词。构成这些新词的汉字是人们早已认知的了。这说明，只增加了汉语中的词量，却未增加汉字的字量。这样就可以把汉字的历史积累的总量和实际使用的字量都控制在最小的范围内。

据专家研究，当今世界主要语种的英、法、德、俄等国家语言，实行一次构词为主。即所谓“字话一律”，日常实际使用的书面语词形约5万个；而汉语以二次构词为主，书面语词只由3500多个汉字组成，是英语的1/10，是俄语的1/12。所以，学用汉字词比学外语单词要大幅度降低难度和减少时间。

汉字复合构词的功能，不仅可以遏制汉字量的膨胀，而且为创造新词和译引外来词开辟了广阔的空间和道路。

六 汉字具有超越时间和空间的功能

文字是语言的延续。在人类发展史上，当人们感到语言受到时间和空间的限制，话一出口声音随之消逝了，不能保存下来留给后代或传到远方去。正如清代著名学者陈澧所言：“声不能传之异地，留于异时，于是乎书之为文字。文字者，所以为意与声之迹也。”这样，文字就作为语言的延续符号产生了。

由于汉字从3000多年前发展到今天，其形体、读音和意义都发生了一些这样或那样的变化，但字形不受古今音变或方言不同的影响与制约。古今汉字一脉相承，现代汉字是在古代汉字基础上发展演变来的，因此汉字具有通古今的功能和超越时间和空间的作用。正如日本学者山本宪早在20世纪初所言：“中国文字，虽其音屡讹而其形不变，即千百年之后，无不可复读之忧。凡同文之国，不论其语音如何悬异，皆可借文字以通意思，毫无障碍，较之欧美文字，孰为便利，不待智者而知也。”尽管是2500多年前春秋末期的《论语》，今人大致可以读懂；500多年前的小说《三国演义》《水浒传》今人也可以读懂。据说操英文的人，非专家却读不懂500年前用英文写的书。因为汉字古今虽有变化，但汉字的读音跟字形的联系没有拼音文字那样紧密，字形又相对稳定，字义变化不是太大，所以现代不管身居何处的知识者仍然可以认识汉字而大致读懂古书。正因为汉字具有超越时间和空间的功能，中国的历史文化遗产才有了继承、传播和弘扬的可能。

因此，汉字以其超越时间、空间的功能，保存和传播的独特作用，极大地促进了社会的发展。中华民族在其发展过程中，凭借汉字进入了文明时代，运用汉字保存了辉煌灿烂的古代文化。他们用汉字将生产经验、生活知识和科学发明记录下来写成文献，传到异地，留给后代。使远方之人获得信息，使后人得以学习前人的经验。后人可以从前人的文字著录中，了解过去的历史，总结自己的经验，开拓未来的生活。

七　汉字具有超方言的作用

由于我国人多地广，方言多种多样。全国号称有七大方言区，操不同方言的人言语不通，难以交际。但是，由于汉字是语素—音节文字，一个汉字记录一个音节。汉字记音没有特定性，而汉字记录语义时却具有特定性了，所以汉字具有超方言的作用。

尽管是不同方言区的人，对同一个汉字读音不同，但由于汉字的字义具有特定性，能将方言音异义同的两个方面做巧妙分别处理。这样，写成汉字，操不同方言的人就可以按照自己的方言音去读，便可以达到相互了解的交际目的。

因此，汉字就起到了统一书面语和约束方言分化的作用，使汉语没有像印欧语系那样分化为法语、意大利语、西班牙语、葡萄牙语、罗马尼亚语等许多独立的语言。而拼音文字和音素文字就没有超方言的作用。

八　汉字具有维系民族团结和国家文化统一的作用

汉字不仅由于具有“超方言”的作用而起到维护民族团结的凝聚作用，而且具有维护国家文化统一的作用。

历史上，中国不断地遭受到外族或外国的侵略和统治。他们企图通过语言文字的同化而征服我们中华民族。元朝统治中国近百年，试图以其新制定的蒙文取代汉字，结果未能得逞；清代统治中国250余年，也只能实行满语、满文同汉语、汉字并行；日本侵略中国14年，在东北三省强迫中国人学习日语，欲以其日本语同化中文，结果也以失败而告终。

这些事实都表明，汉字具有抵御外来文化侵略而维护民族团结和国家统一的顽强生命力和作用。所以，香港精通五种外文的安子介先生在全面进行各种文字比较研究之后，在总结和概括了各种文字和5000年中华文化史的基础上，提出“我们靠汉字统一中国”的重要论断，深刻揭示了汉字在中华民族统一国家中的特殊作用。他说：

> 我们靠汉字统一中国。中国从黑龙江到云南，汉字全通。欧洲就不同……西方字母形式，结果把欧洲分成十数个国家。各国文字不同，相互联系的纽带就断了。……汉字对汉族产生了不可估量的凝聚作用。元朝统治中国近百年，无法用蒙古文取代汉文。清代以来中国不断受到外族侵略，但撼山易，撼汉字难。中华文化连绵五千年是用汉字记载的。①

1992 年 3 月 12 日下午，江泽民在人民大会堂会见香港事务顾问时，热情赞扬了安子介先生对汉字很有研究时说："中国是靠汉字统一的国家，中华文化能使大家统一起来。"

法国前总统德斯坦访华后撰文说："中国的这种统一""是由语言加固的。不是因地区而异的口语，而是书面语，即那些在中国到处都绝对一致的著名的汉字"。

世界著名科技史学家英国李约瑟（1900—1995）也说："中国文字在中国的文化发展被地理上重要障碍所分割的情况下，成为中国文化统一的一个多么有力的因素。"可见，从世界上著名的政治家到著名的科学家和有识之士都认识到汉字具有统一中国的作用。

第九节 汉字对世界文化的贡献

汉字不仅为中华民族服务了几千年，作出了不可磨灭的贡献；而且是中华民族同世界各国、各民族进行文化交流和传播中华民族文化的载体和工具，特别是对东北亚民族文化的发展起了深远影响，作出了突出贡献。

汉字对世界发生的影响和作出的贡献，不是局部的而是全面的，不是暂时的而是长远的。中华民族的灿烂文化，主要是通过汉字传播到全世界的；海外人士也是凭借汉字这一载体引入和吸收中华民族文化成果的。

① 见林成滔《字里乾坤》（上册），中国档案出版社 1989 年版，第 305—306 页。

世界各国公认中华民族创造的文化是世界上历史最悠久，内容最丰富的文化之首。因此，可以说“中华文明对东方和世界文明贡献有多大，汉字对人类文明的影响和贡献就有多大”。汉字对世界文化的贡献，概括起来，可以从四方面来看。

一　汉字在古代为一些尚无文字的国家记录语言、文化和历史

据说汉字是在秦汉之间就传入了越南，成为越南的正式文字。越南人把汉字叫作“儒字”，即“儒家文字”的意思。从此借用汉字 1000 多年。

由于朝鲜半岛跟中国接壤，约在汉末至三国期间，汉字就传入了朝鲜，成为他们的正式文字，借用汉字达一千七八百年之久。他们的古代文献大都是用汉语的文言文写的。当时，他们把汉语和汉字当作他们的书面语来使用。到公元 5 世纪前后，朝鲜始用汉字记录他们的语言，称为“乡扎”，即“本土文字”之意。用的是汉字，记录的是朝鲜语。

汉字约于中国晋代（公元 3 世纪）传入日本，成为日本古代的官方正式文字。古代日本人长期用汉语的读音来阅读中国的历史文献，并借用汉字来写文章。(前面已举述)

唐朝末年，契丹建立辽国，与五代、北宋对峙，历时 200 余年。契丹语中不但有许多汉语借词，而且其字中夹用汉字。

二　汉字为外族、外国仿照制定文字提供了偏旁部件的模式

公元初年，我国壮族就接受了汉字文化。大约在唐代仿照汉字创造了他们自己的方块字，大多是形声字，如“妑”指女人，“汏”是“河”等，夹用在汉字中间。主要用来记录他们的人名、地名和诗歌（见图 7）[①]。

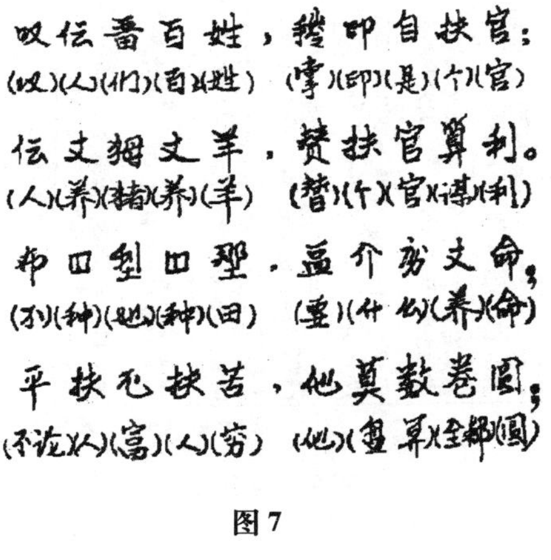

图 7

由于未经过系统整理，各地不

① 图 7 取自何九盈《汉字文化学》，第 366 页。

尽一致，故而没有能够成为通行的正式文字。

唐朝末年，我国北方游牧的契丹族建立辽国之后，仿照汉字创造了方块形的契丹文字。分契丹大字和契丹小字两种：大字是辽太祖耶律阿保机以几个音符叠成契丹语的一个音缀而创制的，其中夹用汉字；小字是其弟耶律达剌创制的，用拼音组合方块形，类似朝鲜的谚文。契丹文，主要用于碑刻、墓志、符牌和书写译书等。辽国灭亡后，契丹字仍在使用，并在制定女真字过程中起了很大作用。金章宗明昌二年（1191）“诏罢契丹字”，契丹字便渐渐失传，夹用的汉字也被停止使用（见图8）。

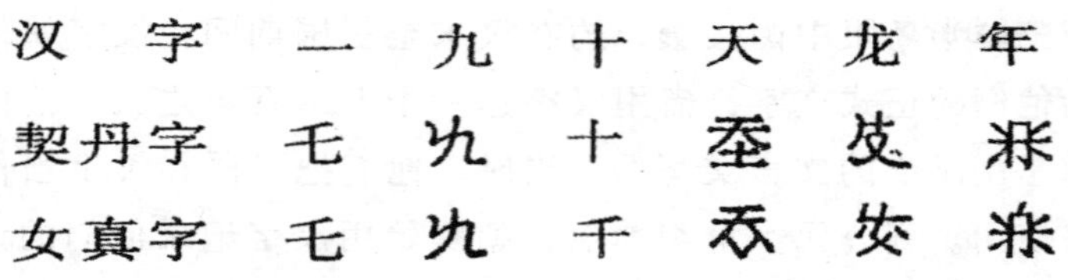

汉字	一	九	十	天	龙	年
契丹字	乇	九	十	[illegible]	[illegible]	[illegible]
女真字	乇	九	千	[illegible]	[illegible]	[illegible]

图8

（从史金波等《文海研究》复印）

图9 西夏文

1036年，党项羌族建立了大夏国。1037年，李元昊命令谟守、令野利仁荣仿照汉字“六书”楷体，创制了西夏字，跟汉字并用。西夏文笔画比汉字繁复，呈方块形，共6000余字，多是10画以上，且会意字居多，形声字甚少，对转字更少（见图9）①。1227年，随着西夏的覆灭而灭亡了。

1115年，女真族建立了金国。最初使用契丹字，后来金太祖命令完颜希尹以汉字或契丹大字为基础，增减笔画，制定了女真字。自1119年始用，这是跟汉字相似的单文女真大

① 图文9取自何九盈《汉字文化学》，第377页。

字；20 年后，金熙宗完颜亶又把两个单字併写或叠写，创造了女真小字，1138 年颁布施行。到金世宗时废除了併写或叠写，统用单文直书，女真字主要用于官方文件。12 世纪后期，才用以翻译汉字经书。1234 年，金灭亡后，女真字在中国东北的女真族各部仍使用了 200 多年，直至 15 世纪中叶才废止（见图 8）。

汉字作为越南正式文字被借用了 1000 多年。在公元 13 世纪前后，仿照汉字“六书”的方法，以汉字偏旁部件为基础创造了越南自己的文字——字喃，意思是“南国的文字”如：

𠆳[trum]	首领	从人、从上（会意）
𠆤[seo]	奴仆	从人、从下（会意）
𡗶[zɐi]	天上	从天、从上（会意）
𠀧[bA]	三	从彡、巴声（形声）
𠄼[nAm]	五	从瓦、南声（形声）
𩄲[məi]	云	从雨、迷声（形声）
淎[peɔ]	水急	从水、奉声（形声）

字喃只在几个短暂时期作为正式文字；其他时期只用于民间，记录越南民间土语，不作为正式文字。越南曾长期把字喃和汉字混合使用来记录越南语。1945 年越南在法国统治时代，首先废弃了汉字，采用拉丁化拼音文字为法定文字，不再使用汉字和字喃了。结果其国学凋敝，失去了越南自己的文化传统。

朝鲜在公元 15 世纪中叶李氏（世宗）王朝时期（1392—1910），在宫中设立了谚文厅，在世宗（李祹）主持下，由学者郑麟趾、申叔舟、崔恒和成三问等人于 1444 年，利用汉字的笔画，并参考了天成体梵文字母，创造了他们自己的表音字母的拼音文字，命名为“训民正音”，意思是教百姓以正确字音。又由于是在宫中的谚文厅里传授，故又称为“谚文”。

谚文属于音素文字，但不是线形排列，字母形同汉字的笔画，每一个音节叠成一个方块形。例如：

조선어 [tʃɔ sən ə]

这里使用了 6 个字母，即：

ㅈ[tʂ]、ㅗ[ɔ]、ㅅ[s]、ㅓ[ə]、ㄴ[n]、ㅇ[ø]

于是汉字和谚文同时使用或混合使用。从韩国语的词汇量来说，汉字词占 54%，固有词占 43.5%，外来借词只占 2.5%。到 19 世纪后期，汉字和谚文混合体成为正式文字。汉字写词根，谚文写词尾。混合使用比单用汉字方便。直到 20 世纪 50 年代，北朝鲜为了加强民族意识，停止使用汉字，但到 1968 年又恢复了汉字教学，并于同年发行了四种汉字教科书，使用汉字 1500 个；而韩国至今书面语还在汉字与谚文并用。1972 年制定的《教育基础汉字表》收汉字 1800 个。

日本古无文字，只有语言。公元 3—5 世纪汉字才逐渐传入日本，成为官方与贵族所用文字。7 世纪之后，由遣唐使中的留学生吉备真吉和学问僧空海二人分别利用汉字偏旁制定了自己的音节字母。即所谓 50 音图。

吉备真吉采用了汉字楷书偏旁，制定出“片假名”，例如：

片假名	ア	イ	ウ	エ	オ
汉　字	阿	伊	宇	江	於
读　音	〔a〕	〔i〕	〔u〕	〔e〕	〔o〕

空海利用汉字的草书制定了“平假名”，例如：

平假名	あ	い	う	え	お
汉　字	安	以	宇	衣	於
读　音	〔a〕	〔i〕	〔u〕	〔e〕	〔o〕

这就是日本的音节文字①。最初，叫“万叶假名”，从大量的汉字出现在日本最古老的诗集《万叶集》中得名。从“万叶假名”之后，才出现“平假名”和“片假名”的分别。从此，日本人就把假名和汉字（称

① 称日本假名为音节文字是对的，但不能把日本现行的夹用汉字的假名称为音节文字。

为真名）混合使用来记录日本语。即以假名为主、以汉字为辅的日本的混合文字。1946 年 11 月，日本《当用汉字表》收字 1850 个，1981 年 3 月 23 日，日本政府规定的《常用汉字表》当用汉字是 1945 个，到 2010 年 11 月 30 日是 2136 个。

由于日本受中国文字改革的影响，一度要废除汉字。后来对汉字进行了整理、改造和简化。采取了六种方法：（1）改变笔画，如急作急，羽作羽；（2）减少笔画，如魚作鱼；（3）删去一部分，如應作応、隨作随；（4）草书楷化，如巢作巣、盡作尽；（5）换用部件，如廣作広、释作釈；（6）同音代替，如臺作台，辨、辯作弁。

但是日本收的汉字跟中国大陆汉字比较，有五种情况：（1）中简日繁，爱—愛、笔—筆等 413 个，占 21.2%；（2）中日都简，舉—举、邊—边等 149 个，占 7.7%；（3）中繁日简，假—仮、佛—仏等 18 个，占 0.9%；（4）中日异体，冰—氷、吊—弔等 61 个，占 3.1%；（5）日中小异，步—歩、灰—灰等 241 个，占 12.4%。

此外，日本也仿照汉字创造了一些日本语专用的新字，叫做“国”字或“倭”字。如：

俤	[ti]	相似
辻	[tsudzi]	街、十字路口
畑	[hatake]	旱田
読	[iomu]	读

这种所谓“国字”数量不多，对日文没有产生什么大的影响。

综上所述，从一定意义来说，汉字成为许多民族和周边国家创造他们自己文字的借源文字。

三　汉字将中国的传统文化传到海外

汉字是中华文化中的一个重要组成部分。汉字不但促进了中华民族的形成和发展，中华民族文化也是通过汉字记录下来传至海外的。唐代时期，中国的《四书》《五经》等古籍就传入日本、朝鲜。我国古代流传甚广的私塾用的儿童启蒙课本《三字经》相传是南宋王应麟所编，全书三字为句，两句一韵，共 380 句韵文，由 1140 字写成的读来顺口的，与《千字文》并行的读物，一直是我国旧时代所谓私塾的启蒙课本。但 1919 年五四运动时期，由于新文化运动的开展，《三字经》被视为宣传封建礼教的读物，在中国大陆被废弃。但是，《三字经》早在南宋末年就传入日本；清初又传到俄国、欧洲和北美洲。由于《三字经》三字为句，押韵上口，在海外备受推崇，其教育界人士认为它是一本启蒙的好读物。国外一些大学把它列为汉语专业的初级课本。近年来，由于它在宣扬伦理道德教育方面具有独到意义，引起海外人士极大重视。1990 年 10 月，新加坡教育出版社出版了第一部《三字经》英文译本。同年又被联合国教科文组织选入《儿童道德丛书》。

另外，像《论语》《孟子》《弟子规》《道德经》《唐诗三百首》《百家姓》《千字文》在日本、韩国等都有销售和流行。韩国一些大学把《论语》《孟子》等列为学科课程，并开设《汉字学》《汉语音韵学》和《中国语言学史》等课程。

这些都是通过汉字这一载体，在海外传播与弘扬中华传统文化而作出贡献的。而在中国大陆这些可贵的文化珍品，曾被斥为反动的“故纸堆”。如今有些高校仍然不重视《文字学》《音韵学》和《训诂学》等传统国学课程，甚至不开设这些专业课程，是值得国人深思的。

四　汉字将我国“四大发明”传遍全球

中国古代的造纸术、印刷术、指南针和火药，对世界文明的发展起到了巨大作用。造纸术的发明，为人类提供了质地优良、方便而又经济的书写材料，使人类文化得以保存、传播、延续和发展。印刷术、指南针和火药的西传，则成为促进欧洲近代文艺复兴和科学革命的有力杠杆。马克思说：“这是预告资产阶级社会到来的三大发明。火药把骑士阶层炸得粉碎，指南针打开了世界市场并建立了殖民地，而印刷术则变成了科教的工具。总的来说，变成科学复兴的手段，变成对精神发展创造必要前提的最强大的杠杆。”① 这一评价并不过分，英国著名科学家、哲学家弗朗西斯·培根（1561—1621）说：“这三种发明（指印刷术、火药、指南针）已经在世界范围内把事物的全部面貌和情况都改变了。”②

汉字作为向全球发展的传播中华文化的纽带和工具，将四大发明传至世界各国。

---

① 《马克思恩格斯全集》第 47 卷，人民出版社 1979 年版，第 427 页。

② ［英］弗朗西斯·培根：《新工具》，商务印书馆 1984 年版，第 103 页。

造纸术在两晋时期传入朝鲜和日本。唐代传至印度、波斯、阿拉伯和中亚，后来又传至北非和欧州。纸张所到之处，不但取代了中国古代的竹简缣帛，而且取代了埃及的纸草、印度的贝叶、阿拉伯和欧州的羊皮等书写材料。尽管我国于2006年又发明了高科技的电子纸，但至今全球仍在普遍使用纸张。

印刷术于唐代传入朝鲜、日本和波斯，其后传至埃及和欧州。14世纪末，欧州出现了木板雕刻的纸牌、圣象、经典和拉丁文的文法课本；德国谷腾堡于1456年，首先在欧州用活字印刷《圣经》。从此，印刷术在欧州逐步推广，有力地推动了文艺复兴和资产阶级革命的进程。

指南针约在12世纪后半叶传至阿拉伯，再传入欧州。指南针在欧州促成了航海时代的到来。

火药约在宋末元初，随着中外交通贸易的发展和元军的远征，传入阿拉伯和欧洲。在军事上火药促进了火炮的发明。

这四大发明，是靠中国第一大发明的汉字传播出去的。不过，我国不只是这四大发明，尚在农业、手工业、天文、地理、陶瓷、建筑、物理、化学、医学、机械、造船、交通等科学技术领域，都有发明和创造。世界著名的科技史学家英国的李约瑟博士曾指出，中国古代技术发明，比其他文明古国多得多……他在列举了中国26项技术发明之后说："我写到这里用了句点，因为26个字母已经用完了，可是还有许多例子，甚至还有重要的例子可以列举。"[①] 他的学生英国学者罗伯特·坦普尔盛赞中国是"发明的国家"，在他的《中国——发现和发明的国度》一书中，把中国的主要科技发明，罗列为"一百个'世界第一'"。并说，"中国不只拥有'四大发明'的专利，而且从现代农业、现代航运到多级火箭、水下鱼雷，再到白兰地、威士忌乃至蒸汽机的核心设计技术，统统源于中国"。而这些发明都是凭借汉字传播到海外各国的。

总之，纵观中国几千年的科技文化史，我们可以自豪地说，古代的科学技术成就是极其光辉灿烂的。在相当长的时期内都居世界领先地位。汉字不仅促进了中国文化的发展，而且促进了世界文化的发展，为世界传播和保存了极其丰富的文化遗产，对世界文化的发展作出了不可估量的贡献。

---

① ［英］李约瑟：《中国科学技术史》，科学出版社1975年版，第545—547页。

第十节　汉字是中国最伟大的国宝[①]

在第六节，我们提出了“汉字是中国第一大发明”的论断。这里，我们又说“汉字是中国最伟大的国宝”。为什么呢？这是因为：回顾历史，汉字的发明、发展和贡献的历程，令中国人为之功绩而自豪；展望未来，汉字的前途辉煌灿烂，与山河并寿、日月同光，令中国人为之无限憧憬。

一　汉字是什么

汉字是中国一项伟大发明，是负载古今汉语的书写符号，是中华民族文化的载体，也是人们借以获得文化科学知识与技能，争创财富，立身社会，表情达意，传播文化，弘扬道义，宣传革命，展示国人精神意志和道德风貌，促进社会发展与进步，提高人们生活水平的工具。然而，一百多年来，汉字同国人一样，遭受了无辜的不尽苦难和中伤。在当时的情势下，无人敢给予汉字公允的评价和定位。在“文改”者看来，汉字一无是处，难识、难写，难记、难用，并把当时中国“教育的落后、国家的贫穷”归咎于汉字的繁难与落后，于是主张“废除汉字”，实行拼音化文字。第一个提出这一观点和主张的是1908年吴稚晖[②]在巴黎出版的《新世纪》报中说：“今日救支那之第一要策，在废除汉字。”而把汉字骂得一无是处的就是钱玄同，什么“僵死的汉字”“汉字的罪恶”……不一而足。继而更有甚者，莫过于30年代的瞿秋白和鲁迅先生。瞿氏说：“汉字真正是世界上最龌龊、最恶劣、最混蛋的中世纪茅坑。”[③]将汉字骂成“龌龊”“恶劣”“混蛋”，贬为“茅坑”，真令国人莫名惊诧，难以苟同。如果汉字是茅坑，那么用汉字骂汉字者，岂不玷污了自己的手和口，干吗还要用汉字呢？这不是自轻自贱了吗？鲁迅则说：“方块汉字真是愚民的利器……所以汉字也是中国劳苦大众身上的一个结核，病菌

---

① 王世贤《汉字是中国最伟大的国宝》一文，曾载南开大学“中国文字学研究中心”之《文字学论丛》（第六辑），线装书局2012年版，第16—26页。

② 吴稚晖（1866—1953），1905年加入中国同盟会，1924年起任国民党监察委员，国民政府委员，1953年在台湾去世。

③ 瞿秋白：《瞿秋白文集》第二卷，人民文学出版社1985年版，第690页。

都潜伏在里面，倘不首先除去它，结果只有自己死。”① 进而，在答记者问时又提出“汉字不灭，中国必亡”这一耸人听闻的论断。历史已经证明，他们的“文改”思想不但是偏执的，而且是错误的，几十年过去了，汉字未灭，中国也没亡。诚然，他们的“文改”思想、言论，是那个年代阶级斗争氛围和文化斗争印迹的反映，可以理解；但其实质上也是一种片面而偏执的思维方式的顽强表现。“把汉字骂得一无是处，是民族的虚无主义，也是过于失信自弃”的表现。然而，汉字以其固有的顽强生命力并未被骂倒。正如北京大学王力教授生前指出的“汉字不灭，中国不亡”的正确论断，与之抗衡。汉字是众人创造的，是属于全民的一种约定俗成的社会现象，不是个人意志所能左右的。且言“汉字落后是长期套搬印欧语文模式得出的结论”② 不足为据。

汉字是先民留给我们的一份极其珍贵的文化遗产。它的发明与应用，其意义、作用绝不在“造纸、印刷术、火药和指南针”四大发明之下，汉字是当之无愧的中国第一大发明，是伟大的国宝。汉字不但是中华民族灿烂文化的重要组成部分，而且一直都是中华民族同世界各国、各民族交往中传播中华民族文化的载体和纽带。汉字是当今世界上仅有的历史最悠久、最古老的文字，迄今还在通行使用。世界上没有任何一种文字像汉字这样经历了那么多的沧桑，始终肩负着悠久的中华文明而永葆青春。世界上只有汉字和中华民族文化一样源远流长。③

汉字具有丰厚的民族文化底蕴和特色，充分显示了中华民族的独创性和中华文化的民族性，因此也就更具有世界性。因为“只有民族的，才是世界的”。汉字是中华民族文明史中一个不可分割的极其重要的组成部分，对中华民族文化的形成和发展起到了促进作用，对中华民族走向世界并自立于世界民族之林也起到了促进作用。同样，对世界文明的发展在不同的历史时期也作出了不同的重大贡献。

在已逝的岁月中，汉字作为纽带将中华民族文化同世界古代文明的发展汇合到了一起；在未来的年代里，汉字将负载着中华民族文化把中国现代文明融入世界现代文明中的伟大重任。

---

① 鲁迅：《关于新文字》，《鲁迅全集》第 6 卷，人民文学出版社 1981 年版，第 126 页。

② 见 1989 年《汉字文化》创刊词。

③ 郑若葵：《解字说文·后记》，四川人民出版社 2004 年版。

汉字是现今世界上硕果仅存的古老文字。巴比伦的楔形文字和古埃及的圣书字以及其他一些古文字都已不复存在，不知所终，这致使它们的文化由于失去载体而失传了。唯有汉文化以汉字为载体而延续至今。有人预言：21 世纪将是汉字发挥威力的时代。

二　关于汉字作为国宝问题的提出

自古至今，已数千年矣。由汉字所哺育成才的专家、学者，数以万计。不论是对我国社会的发展与进步，还是对国家的建设与繁荣，汉字都起到了不可估量的作用，作出了不可磨灭的贡献，可谓“汉字之功大矣哉！”然而，几千年过去了，特别是近百年来，由于西学的东来，洋文的传入，相形之下，汉字不再那么光辉了。一些自命为爱国的智士、学者，把当时中国“教育的落后”“国家的贫穷”归咎于汉字的繁难，即所谓汉字“难认、难写、难记、难用”，除了指责、否定、辱骂、取代汉字之外，无人给予公正的评说，更少有人给它以应有的评价和定位。这对功绩卓著的汉字来说，是不公平的，不公正的，也是不合理的。

中国中央电视台为了弘扬中华民族的传统文化，国际频道开设了《国宝档案》栏目，已经开播了十余年，令人遗憾的是未能把汉字列为国宝；从 2000 年起，中央电视台海外专题部又开设了“追溯汉字起源、探寻汉字奥秘、讲述汉字故事、展现汉字魅力”为主题的《语林趣话》栏目，每日一字，共播出了 685 字，但也未升华说汉字是国宝。为什么呢？我们的回答是，可能是因汉字作为记录汉语的交际工具，对于中国人来说，司空见惯，习以为常吧！一位社会学教授曾发问：“你们研究汉字，有什么用处呀？”这除了说明他个人对汉字的无知，我想他足以代表或反映出国人中绝大多数人对汉字只知使用的麻木心态和不以为然的理念。又鉴于电脑的普及，广大青少年书写能力日趋下降，如山东齐鲁台曾播出，2014 年某大学生 200 字的应聘书错了 24 个字，被拒聘。所以我们应大力加强和提高汉字的认知和书写。从 2013 年 8 月起，教育部与中央电视台联合举办的“中国汉字听写大会”节目盖出于此。那么，什么是国宝呢？

三　关于国宝的界说

什么叫国宝？自古以来，还没有一个具体而完整的科学定义。考大型工具书《辞源》《汉语大词典》，并云：“国家的宝器”，并皆以《左传·成公二年》："子得其国宝"为例证之。这个定义很笼统，拆字为释，不足为训，而且没有揭示出国宝的具体内容、性质、标准和范围。古代大注释家杜预注曰："谓甗磬"，经杜预这么一注，似乎具体了一些，然仍令人不甚清楚。可能他们以为在国人的下意识中，似乎什么是国宝都晓得了，没有必要讲得太具体了，于是也就无人问津了。

笔者认为，"国宝者，当为历时悠久、世间罕有、制作精巧、功用奇特，空前绝后的无价之物也"。这是我们提出的界说，意思是说，国宝应当是出现的时代久远，世间罕见，制作巧妙，具有超常的功能作用，古今都不失其用，无价的珍贵而稀奇之物。因此，这是一个狭义的定义。按照这个定义要求，作为国宝的一个重要条件，从价值观来看，就是它的社会效应、经济价值和学术价值，应该是超常的，比如它能生成或产生什么令人不解的稀奇古怪的现象，宝物么，理应如此。

四　汉字是功能超常的无价国宝

根据上述界说，我们认为，国宝当有广、狭二义：广义的国宝是泛指一切所谓"国家的宝器"。即所有珍贵稀奇、价值连城之物。按照杜预的解释"谓甗磬"，国宝即指来源于考古发掘、宫廷皇室、中外博物馆以及民间个人所收藏的古代各种陶器、瓷器、石器、玉器（如和氏璧）、铜器（如钟鼎、铜镜）、兵器（如勾践剑、干将、镆铘剑）、珠宝（如夜明珠）、古币、玺印（如传国玉玺）、书画、篆刻、古玩、雕塑、刺绣、邮票等精美之物，以及现当代的号称新中国开国第一宝玺的毛泽东至尊玉玺、毛泽东像章、毛泽东金玉龙钮宝玺和奥运玉玺等。诚然，这些国宝价值连城，但在拍卖时总还是有价的，而汉字却是无价的。

这些国宝，带有特定的时代性。虽然或许年代久远，制作精良，世间罕见，过去曾经有过功用，而今却不能产生社会效益，也不会产生什么让人不解的离奇古怪现象。所以只有珍藏、观赏、纪念或研究的价值，却没有任何现实的功用，它们的功用有时代性和局限性。如秦始皇以来的传国玉玺，可谓珍贵仅有。古时候，它是最高权力的象征，获得了它，就等于掌控了天下大权，如今还有何用呢？再如我国当代的大熊猫，也可谓之国宝，温顺、善良、好玩、别致、稀有，但除了放在公园里供中外游客观赏之外，还有何用？它既不能为国家创造物资财富，也不会作出什么贡献。

而汉字则不是这样，它是永恒的，超时代的和普遍的。过去、现在和将来，都将为中华民族乃至世界人民服务并作出贡献。它是无私的奉献和无价之宝，取之不尽，用之不竭。其他国宝，无以同汉字相比。它属于狭义国宝，其他许多国宝是靠汉字这一载体才得以传播的，作为伟大的国宝，汉字是当之无愧的。

用“多思维反思”的观点来看：汉字具有6000多年的悠久历史，仅成体系的殷商甲骨文也有3300多年了。在世界各国数千种文字中，汉字只为中国所有，而且是世界上唯一保存下来的古老文字；就其功能、作用来讲，不论是在过去、现在还是在将来，汉字都永远服务于中国人民，都将做出不可磨灭的功绩，都将为中国和世界的经济发展与文化交流做出贡献。汉字的超常功能是多方面的。

（1）汉字作为负载语言的交际工具，自古至今一直是百科之首。不仅记载了一切领域的文化科学知识，而且为历代的中国人提供了学习文化、科学知识和生产技能以及用以工作的唯一的手段和条件。否则，中国人就无从学习，无从获得科学文化知识。正如著名的古文字学家高明先生所言：“任何一门学科，都需要它的帮助，脱离开文字则一事无成。”（《高明论著选集·自序》）试问：中国人有谁自幼就靠着洋文成才的？事实上，许多中国人成为各个历史时期有文化、有技能的知识分子，或成为思想家、政治家、军事家、科学家、发明家、教育家、文学家和表演艺术家等风流人物，都是借助汉字而成功的。因此，可以说，是汉字帮助我们一代一代学习、成才和从事各种脑力劳动的。不是吗？一个人学了汉字就能读书、看报、写文章，著书立说，发明创造，扬名显身，成名成家。试问：什么国宝具有如此之功效？又有什么国宝堪与汉字相比呢？

（2）几千年来，汉字在中国社会历史发展进程中，一直扮演着重要角色。汉字对中华民族的经济、政治、思想、哲学、信仰、文学、艺术、科学、技术等方面的发展，无不起到了任何国宝都不可替代的促进作用。

（3）“社会是人的社会，社会的进步是人的进步。”汉字在塑造人、促进人的大脑思维缜密发展模式方面，有着不可低估的作用。汉字不只是负载汉语、传达信息的工具，借助汉字我们的科学思维才能得到精确的记录，技术构思才能被准确地描述，而且借助汉字才能使我们敏锐地认识世界和有效地改造世界。因此，用以宣传各种主张，才有革命的发生，科学的发明，技术的革新，生产的发展，社会的进步和国家的富强。

正如美国语言学家霍凯特（C. F. Hocket）所言：“文字和语言一样，也是一种文化传授的建制。”[①] 这说明汉字也是传授文化的一种工具体系。

（4）汉字乃华夏文化之魂。所谓“学习文化、文化水平”，指的就是文字。不识字就是文盲。从汉字的构形和演变中，可以窥探出中国几千年的文化历史，人类的形成及其繁衍生存的历程。姜亮夫先生说得好：“文字里面有史影。”（《古文字学》）因此，汉字不仅具有各种文字的共同功能，而且还有不同于其他文字的特殊功能。[②] 如汉字蕴含的文化功能就是特殊功能的一种。汉字的特殊功能，来源于汉字的特殊结构。例如：

文　是独体象形字，甲骨文作、，胸前的花纹，表明古人爱美的观念，记载了古人文身的习俗及其由来。《庄子・逍遥游》说：“越人断发纹身，无所用之。”疏：“越国附近江湖断发纹身，以避蛟龙之难也。”商周之后，去掉了胸前的花纹，而成篆隶时期之“文”。

字　从子在宀下，从宀，指房屋；从子，指婴儿。故“字”记载了在屋里生孩子的生育文化传统。《山海经・中山经》有言曰：“其上有木焉……其实如兰，服之不字。”又《易・屯卦》：“女子不字，十年乃字。”

学　甲骨文作、、诸形，从臼（jū），形象双手，手有传授、模仿之意；乂或爻（yáo）声，有相接之义，即把知识、技艺传接下来。金文作，其结构从子，𦥯（xué）声。从子表示接受知识的儿童，即教育的对象；𦥯，从爻，表示算筹，代表学习的内容，有使人开悟之意；从冖（mì），有“覆盖”义，表示室内，代表场所。故“学”字，记载了古时候学童在室内仿效先生传授知识的教与学的过程。

保　甲骨文作，金文作，从人，从子，会意为母亲背孩子。并哼着儿歌：“背背驮，卖猪猡……”这是父母背子女唱的逗乐歌。《孟子・滕文公上》：“古之人，若保赤子。”即抚养子女，背着安全，引申为保护、保养、保全、保卫、保安等意。

孝　与“保”对言，养儿防老。金文《颂壶》作，从老省、从子，会意为子女背着父母，以尽孝道。《说文》云：“孝，善事父母者……子承老也。”意思是等到父母老了，儿女背起父母以尽孝敬之心。

---

① ［美］霍凯特：《现代语言学教程》，北京大学出版社 2003 年版，第 577 页。

② 见何九盈《汉字文化学》，第 56 页。

这些汉字的结构及其文化含义紧密相连。因此，通过汉字结构分析，可以了解古代人际关系文化（参见本书第八章）。

（5）汉字作为中华文化载体也是历史之本。汉字承载了几千年的中国历史。汉字的发生和演化又构成了历史文化登堂入室的阶梯（《汉字的密码》）。其不仅可以使我们了解历史，汲取经验、教训，掌控未来；而且汉字本身提供了专家学者研究历史的资料和条件。著名的甲骨学大师王国维是我国第一位将甲骨文字引入史学研究，以文证史的学者。他于1917年发表了《殷卜辞中所见先公先王考》及《续考》《殷商制度论》等古史研究论文；郭沫若第一个把甲骨文引入先秦所有的历史研究，于1930年出版了《中国古代历史研究（卜辞中的古代社会）》一书，提出“商代的产业是由畜牧进展到农业的时代”，为商代生产状况研究提供了依据。因而，刻有文字的龟甲兽骨是国宝。不难设想，如果没有这样国宝的汉字，就不会有中国的历史，不会有今天我们能够看到的二十四史或二十五史了。请问：凭借几十个字母的拼音文字，怎么能够研究文化历史呢？

（6）“世界上有四大文明古国”之说，这是世界公认的。其重要标志之一，就是因为中国、印度、埃及和巴比伦等国具有最古老的文字。否则，即使历史再悠久、再古老，没有古文字，也不能称为文明古国。

中国之所以是“历史悠久的文明古国”，是因为中国拥有6000多年的古汉字。这是其他任何国宝不可能替代的。因此，其他一切国宝，就其功能、作用来讲，和汉字相比都是相形见绌的。著名的古文字学家高明说“汉字是现今世界上最优秀的文字之一”，“同打一篇文章……汉字不仅速度快，占用的篇幅也小”。“自古至今，汉字不仅表达汉语最准确，而且它是促使不同方言的民族和地区保持全国统一文化的重要纽带。”这就是我们要在“汉字是中国的国宝”前面加上“最伟大”三个字的主要原因。

（7）从艺术上来说，汉字是世界数千种文字中唯一可以作为艺术品的文字。书法艺术，不仅是中华民族文化遗产中一颗光辉灿烂的明珠，也是世界艺苑中一朵独放异彩的奇葩。书法写的是汉字，汉字是书法造型的基础。鲁迅先生曾在《汉文学史纲要》一书中说，中国汉字“具有三美：意美以感心，一也；音美以感耳，二也；形美以感目，三也”。所谓“感目的形美”就是汉字一大特点。汉字的创造是“依类象形，随体诘诎”，“博采众美，合而为字”，虽经长期演变，远离物象，渐趋抽象化，但仍不失“见形知义”的表意性。其丰富的点画、线条和复杂的形体结构，成为汉字造型美的因素，汉字书法才能成为一种线条构型的艺术。除了书法之外，还有篆刻、对联、复字联、叠字联、回文诗（词）、藏头诗、藏尾诗、叠字词、字谜、隐语等。此外，汉字的形体组成了八字胡、八字脚、丁字尺、人字樑、工字楼、国字脸等汉民族独有的汉字文化现象（参见第一章第七节“汉字的特点”）。

（8）汉字是最有凝聚力的文字。即具有维系与促进中华民族团结和抵御外族、外国侵略，保持国家统一的重大作用。56 个民族对同一个汉字，可以读音不同，却能达到相同的理解，这就起到了纽带的凝聚作用；对外来的文化侵略能够抵制。如元代用蒙文、清朝用满文，甚至日本用日文等都曾想要取代汉字，达到同化的目的，结果都以失败而告终。正如著名学者唐汉所说，“中国至今仍是泱泱大国。中华民族在外族多次入侵后，仍屹立在东方，这要感谢我们祖先发明的汉字”（《汉字的密码》）。

（9）汉字为外族和周边国家仿造制定他们自己的文字提供了偏旁部件模式，成为他们的借源文字。我国壮族在唐代仿照汉字创造了方块壮字；唐末，契丹族仿照汉字制定了契丹字；1036 年，大夏国仿照汉字制定了西夏文；女真族在 1115 年以汉字为基础，增减笔画，制定了女真字；越南在 13 世纪前后，按“六书”方法，用汉字偏旁部件制定了越南文字字喃；朝鲜在 15 世纪利用汉字笔画，创制了拼音文字谚文；在公元 7 世纪之后，日本采用汉字偏旁制定出假名；等等（详见第一章第九节“汉字对世界文化的贡献”）。

五　结语

综上所言，在社会名流大家看来，说“汉字是国宝”，而且又冠以“最伟大”的三个字，可能被斥为的无稽之谈，而不屑一顾。否则，千百年来早有人提出并认定汉字是国宝了。

不过，我们认为从事汉字的研究者或传授汉字的学问者，首先应该告诉我们的后代子孙：汉字对中华民族的重要性和学习它的必要性。须知：汉字是“百科之首”，“任何一门学科……离开汉字则一事无成”，对于国家和人民来说也是这样。离开其他一切国宝，国家照样国，人民照样活，但是，离开汉字则不堪想象。汉字对国家和人民的重要意义是不言而喻的。众所周知，在现当代汉字已成为“个人立世存身的有力工具”，只有努力学习、掌握汉字，才能学习、掌握其他学科专业知识。因为“在知识社会里，文字被称为知识宝库的钥匙，越来越重要”。这就是说，谁要学习、掌握了汉字，谁就拥有了打开文化科学知识大门的管钥。“知识可以改变命运，奋斗造就未来。”汉字的信息化使汉语言文字成为个人最基本的谋生手段和国防、民生等各项事业的锐利之器。汉字在我们中国人的社会生活中是取之不尽、用之不竭的伟大国宝。

汉字在21世纪“将是中华民族文化走向世界的强大载体”，将继续肩负着中华五千年辉煌文明的历史和当代光芒走出亚洲，遍布全世界。我们认为，汉字完全可能跨越时间和空间的限制，走出国门，通用全世界。除了前面引述的专家学者预言之外，著名的科学家钱伟长先生生前也曾预言说：“中国文字可能是世界未来的通用文字。”

第十一节　汉字走红全世界

当代，我们说汉字走红全世界，不但有事实为证，而且也有理论依据。

由于我国的国际地位日益提高，经济高速发展，以及汉字在20世纪80年代成为联合国法定办公文字之一，全球出现了“汉语热”。从伦敦到纽约，从东京到悉尼，在全世界出现了学习汉语的热潮。一些国家除了派留学生来华留学之外，还在本国大中小学开设汉语、汉字课。据2004年12月17日《东方瞭望周刊》报道：“目前国外学习汉语的人数已超3000万人，100多个国家的各级各类教学机构教授中文课程。其中大学2300余所。”学习汉语，首先就得学习汉字。随着“汉语热”的到来和逐渐升温，汉字已经走红全世界，成为各国外语学习的热点语种。

1980年，中国台湾教育当局公布了《标准行书范本》，其中许多跟中国大陆《简化字总表》中的字相同或相似。

1984年，中国香港提出“繁简由之”口号，意思是说，繁体字和简体字可以自由使用，不予限制。这恰好适应了中英、中葡协定签订后，中国大陆简化汉字在港、澳流行的新形势。

新加坡为了使华语成为日常生活语言，其总理李光耀发动了以“多讲华语，少说方言”为主的推广华语运动。要求公务员、服务员、柜台工作人员都必须用华语同公众交流。就是华族司机、售票员也要华语考试及格。1979年，设立了推广华语中央委员会，其文化部和教育部组织培训并编写汉语教材。规定每年 10 月为“推广华语月”。要求广播员用标准的汉语播音。1992 年统计有 90% 的华裔能讲华语。1968 年教育部成立了简化汉字委员会。1969 年公布第一批简化字 502 个，1974 年公布简化字 2248 个。1976 年修订后的《简化字总表》收的简化字同我国的简化字完全相同，实行横书方式，并采用和我国相同的汉语拼音。

马来西亚华侨和有中国血统的马来西亚人占其总人口的 30% 左右。1973 年其教育部成立了简化汉字委员会。1981 年公布的《简化汉字总表》所收简化字和我国简化字完全相同。

泰国，有 10% 的人口是华侨和中国血统的泰国人。泰语为国语，各民族都有自己的民族语言。其教育部原规定兼教华文的学校，不准使用简化字教学。1982 年 12 月，才允许华文学校可以用简化字教学。并由有关部门发行《简化字与繁体字对照手册》。

朝鲜建国后，为了加强民族意识，于 1946 年停用汉字。到了 1968 年在中学又恢复了汉字教学，一些学校设有汉字课。发行 4 种汉字课本，收汉字 1500 个。

1948 年秋，韩国国会颁布了《谚文专用法案》，限制使用汉字，专用谚文作为国家的语文政策。1972 年制定了《教育基础汉字表》，收字 1800 个。迄今韩国书面语仍是谚文和汉字并用。韩国的《朝鲜日报》于 1983 年公布了第一批简化汉字 90 个，其中有 29 个跟中国大陆简化字相同。

日本的《常用汉字表》和人名用字，共是 2229 个。其中跟中国大陆规范字形相同的有 1212 个，字形相近的是 242 个。

1993 年 9 月 26 日，越南《人民报》刊登了河内外语师范大学陈英诗的文章。文章说：“在东亚地区，从现在到 2010 年，中国语将越来越重要。中国大陆和中国台湾有 10 多亿人，都使用汉语。中国香港、新加坡、马来西亚、泰国、印度尼西亚等地的许多大经营家是华侨，他们也习惯用汉语。且不说学会了汉语，再学日语和朝鲜语要容易得多。再说我们年轻一代将要更深刻地理解越南语，因为越南语约 90% 的词汇来源于汉语。过去我们祖先几乎所有的著作都是用汉字写的。必须认识汉字，才能通过数量巨大的汉—喃书库挖掘民族的遗产。”

1993 年 10 月 25 日，韩国《中央日报》刊登了题为《汉字是东北亚经济圈的催化剂》一文指出：“在形成某种形式东北亚经济圈的过程中起到催化剂作用的首要的重要因素是作为这个地区共同文化遗产的汉字的使用。……鉴于我们属于拥有14亿人口的汉字文化圈，值得考虑这是多么幸运的。”“这就令人提出疑问：只使用谚文能够充实我们的文化生活吗？只使用谚文能够继承我们的传统文化吗？只使用谚文能够进行专门学问的研究吗？……在我们的生活中只用谚文是不行的。我们认为，现在专用谚文的趋势，不仅会使国民甚至会使大学生成为汉字的文盲。这样就难以进行专门研究和高水平的教育。所以，我们希望首先在大学掀起使用汉字的新风。”

1994年3月12日，香港《联合报》发表《华语越来越红》的报道。文章说：“自1993年1月起，英国广播公司（BBC）决定把三个半小时的汉语新闻广播增加为四小时。美国可口可乐公司计划在1996年前投资3亿美元，在中国大陆内陆城市增设10家装瓶厂，届时要求新一代职员最好能说、读、写汉字，而且还能使用汉语推销和谈判。日本、韩国等跨国公司也都采取同样的做法。”

1994年3月23日，香港《文汇报》报道：英国查尔斯王储在出席英国文化协会一个推广计划揭幕典礼上，呼吁英国人学习中文。他说：“现今东南亚经济增长突飞猛进，尤其是中国大陆。”

1994年4月起，美国大学委员会和教育测量中心把华文列入外语测验语种，作为美国学生入大学资格凭据之一。据我国中央电台广播，从2003年起，美国高中都要开设汉文课。又据美国人口普查局2003年9月公布的报告，中文在美国是仅次于西班牙语的第二大外语。

在加拿大，华文已成为有利谋生的手段及消闲的媒介。哥伦比亚大学东亚学系的华文部出现了历史上少见的现象——报名学汉语的学生竟排成长队。其中许多是加拿大土生土长的华人后裔。

澳大利亚政府将华文视为商业语言之一。中小学都要学习华文课程，汉语成了澳大利亚第一常用外语。对汉语教师实行优待政策，凡是通过其政府移民计分考试者，就予以移民签证。

日本是学习华文人数最多的国家。汉语已成为日本第二大外语，日本五大中文培训学校，今年的入校生突破3500人，比2000年增加5倍。其NHK电视台每周要播出两次华文学习讲座。三菱商事、三井物产、第一劝业等银行和大洋渔业公司经常选派员工来华进修华文。

韩国总统于2002年宣布，其“中小学设汉字课”。

2004年，北大教授、世界汉语教学会会长陆俭明说：“汉语在法国发展势头很快，日语、英语、西班牙语的年增长率是2%—4%，汉语则高达38%。”

2005年10月17日，《纽约时报》报道：美国掀起“中文热”，10年间全国中文课程增长3倍。上月美国国防部拨款70万美元，资助俄勒冈州波特兰市的公立学校，令中文课学生数翻一番。美两名参议员建议未来5年拨款13亿美元加强中文课程。2006年将在全美高中推行高阶汉语课程。芝加哥公立学校更把中文科纳入常规课程。

2006年1月5日，小布什总统宣布，启动“国家安全语言”计划，加紧培养美国的外语人才。其中汉语和阿拉伯语、俄语……被列为美国最急需的语言人才的“关键”外语。在美国教育系统中，加强从幼儿园到大学外语教学的人才培养。要求国会在2007年财政预算中，批准特拨1.14亿美元，用于启动该项目，扶持学校对关键外语的教学，派遣美国学生到海外学习语言。布什指出，这是美国战略目标的一部分。即目前利于保护美国国家安全，长期而言有利于传播自由。据美国官员说，目前正规学习汉语的美国人只有5万。正规汉语教师只有2000多人。而中国学习英语的人多达2亿。

2006年5月15日，《烟台晚报》综合消息说，近年来，朝鲜学习汉语的学生日渐增多，汉语已成为朝鲜学生选学的主要外语之一。金日成大学等一些正规大学都设有中文专业，其他高校也都开设了汉语课。一些外语高中把汉语作为主要的学习语种。目前，在校学习汉语的朝鲜学生5000名左右。

2006年12月10日，在全国有3万多名外籍考生参加了有“汉语托福”之称的汉语水平考试（HSK）。

2009年1月12日，《环球时报》说，在日本、韩国、越南等同属“汉字文化圈”的东亚国家，在中国国力日渐强盛的今天，这些国家的“汉字热”逐渐回归与升温。

日本前任首相麻生太郎于2009年1月6日在传统的新年开笔仪式上，用毛笔写下“安心活力”四个大汉字，寓意“百姓安心生活，国家充满活力”，被其政府官员形容为“极其罕见”。据说，麻生对汉字书法情有独钟，平时写信也喜欢用毛笔。日本每到年末要由汉字检定协会在古寺清水寺宣布年度汉字。去年“变”字当选。迄今这一传统已保持了13年。据该协会统计，每年有二三百万人接受汉字检定考试，将汉字能力当作录取依据的大学和高中，越来越多。在国家公务员考试中，也会出一段《列子·汤问》或王安石变法一类古文题目。在对待汉字的问题上，日本作为发达的先进国家表现出善于学习的态度。尽管20世纪部分日本人推崇西洋文化，在“脱亚入欧”过程中，少数狂热分子，借口“汉字万余，非强识之人，不能背诵”为由上书要求废除汉字。但由于汉字简洁、直观的表意功能和对东方文化的准确表达，是拼音文字难以取代的。就连当时反对汉字的“假名派”的学者不是也分别以“雪、月、花”为各自流派命名了吗？

韩国，“汉字强劲复兴”。首先，其前总统李明博在2008年年末，从二十四史《周书》中选出“扶危定倾”一成语，作为2009年新年寄语的关键词，以此明志，为国家的发展方向定调。现任大国家党主席以“石田耕牛”展望新年，民主党主席选用成语“上苍难欺”批评其当局，三里证券公司则用“卷土重来”“毛遂自荐”等成语分析预测今年各类股票的走势。据2009年1月10日《朝鲜日报》报道：韩国目前健在的历届21位总理中，除1人卧病在床外，其余20人联名上书，要求小学实施汉字教育。他们说“半个世纪以来，由于‘专用韩文’的错误文字政策，今天我们陷入了比20世纪90年代经济危机还要严重的文化危机”。韩国跟日本一样，到处可见用汉字写的路标、广告牌、地铁站牌等，其国会会徽中间是一个繁体的“國”字。多数韩国人都有汉字姓名，其身份证上同时会用韩文名和汉字名标记。但在朴正熙时代，则是在全国小学、初中废止了汉字教育，致使14.5%的学生不能写出自己的汉字名，六七成学生不会写父母的汉字名；路标和媒体上常出现错别汉字，近年来，由于“谚文和汉字并用”的主张渐处上风，2000年韩国设立“汉字检定能力考试”，报考大企业的应试者具备一级水平的会得到加分；韩国国会决定为每所中小学配备一名汉语教师，并尽量用中国人；三星公司强调用汉字写业务报告书。各大媒体中“不懂汉字不值得骄傲”“韩国惠普总经理的秘诀是‘汉字’”等类似标题层出不穷。韩国40%的出口市场集中在中国大陆、台湾、香港，日本和新加坡；70%到韩国旅游的游客属于汉字文化圈的。在这样的情况下，韩国企业怎么会录用连“天、地”二字都不会写的新职员呢？

在越南，汉语从公元前后传入起，一直是越南官方语言。越南人一出生，就跟汉字打交道。越南的大街小巷、古迹建筑都保留着大量的汉字，越南人结婚时要贴“囍”字，每逢春节要贴对联。已故国家主席胡志明曾写下了“长城万里长，头连东海尾西疆，几千百万劳动者，建筑斯城镇一方”这样不朽的汉字诗词。据越南国家大学中文教师阮文董说，“像胡志明这样老一辈，通晓汉字者不胜枚举”。但是，1945 年越南宣布废除汉字，北越的汉字成了罗马字母。1975 年，南北统一后，开始排华，废除了南部尚存的汉字教育，拉丁字母式的越南语是一种注音文字，极易普及，仅用三个月时间北越就完成了扫盲，却导致了越南传统文化的断层危机。因为越南的历史文化同中国息息相关，过去官方的正式文件都是用汉字写的，摒弃汉字使越南史学陷入困境，所以，近几年来，越南知名学者范维义等不断上书政府。他感慨说，“自从以拼音文字取代汉字后，越南人似乎自己筑起一道后人与先辈隔离开来的语言和文化的围墙”。因此，阮文董说，“汉语热”在越南持续不退。在胡志明、河内、海防等大城市，汉语培训中心越来越多。在旅游景点，汉语是旅游从业者的必修课。位于湄公河畔的前江省一名年轻的导游小姐——范玉碧说，她所在旅游公司老板限期要员工掌握一定程度的汉语。为此，她边工作，边自己掏钱上培训班。

在东南亚的新加坡和马来西亚，其政府也不断地倡导汉语教育。新加坡有 75% 的华人，故半个世纪以前，以华语为主。1965 年独立后，为奠定其国际地位，开始大力推行英语教育。如今尽管华语是新加坡 4 种官方语言之一，但很多年轻人对华文只能达到会听、会讲一些生活用语的程度。所以，其国父李光耀在 2007 年一次公开活动中说，“在中国崛起的态势未明朗化之前，许多家长都埋怨子女花太多的时间学习汉语，然而随着中国国力日渐强大，家长们意识到，如果子女没有好好掌握两种语言，或对中国文化和国情不了解，将错失好多机会”。所以，他主张想方设法地改善汉语教学。如今在新加坡的巴士、建筑物、报刊、媒体上常见鼓励讲华语的醒目广告；教育部门不断提出以“华语 Good！能用华语是福气！”“讲华语，你肯吗？”的口号运动。目前，新加坡政府内部已经开始少量地用华语发言和行文，各政府高官有时在公开场合发表华语讲话。

马来西亚也兴起了“学汉字，讲华语”的热潮。调查显示，越来越多的非华裔人士将孩子送进华小，接受华文教育。在华小的一年级学生中，出现了非华族学生超过了华族学生的比例。

日本 JCC 新日本研究所副所长——庚欣认为，对汉字文化圈内的国家来说，汉字不单是文化的载体，同时还是合作、理解的基础。奥运会上“和”字的展示，在日、韩等国民众中引起强烈反响，跟欧美民众则明显不同。可见，汉字文化圈不仅是一种文缘，也是地缘、商缘、情缘。庚欣说，中华文明复兴的一个重要部分，就是汉字在“汉字文化圈”的复兴和丰富化，恰好这个文化圈和经济发展圈是重合的。

2010 年 12 月 26 日，国外统计显示：5 年内汉字将成为互联网的主宰语言。

总之，据统计，全世界已有 100 多个国家各级各类学校设了中文专业或开设了汉语课。美国仅大学就有 200 多所设立了华语课。随着我国国力的增强，经济的发展和国际地位的日益提高，汉字、汉语将更加广泛地为世界更多国家和人民所接受与掌握，将同英文一样发展成为世界各国普遍使用的文字。

思考与练习（一）

一　文字和文字学的区别是什么？

二　学习和研究文字学的意义和作用。

三　怎样研究文字学？如何考释古文字？

四　文字的产生及其产生的意义。

五　划分文字类型的根据是什么？人类社会的古老文字有哪些？

六　为什么说汉字不是音节文字？举例说明。

七　关于汉字的性质有哪些说法？你认为汉字属于什么性质的文字？

八　简述汉字和语言的关系。

九　说“汉字是中国第一大发明”，你怎么看的？为什么？

十　汉字对世界文化的贡献有哪些方面？

十一　汉字有哪些特点？这些特点说明什么？

十二　举例说明汉字有哪些作用？

十三　汉字在当今世界文字中的地位如何？

十四　为什么说汉字的阅读速度比拼音文字速度快？

十五　你认为应该怎样理解“国宝”的含义？

十六　为什么说“汉字是中国最伟大的国宝”？你赞同吗？这样说有什么意义？

第二章　古道觅泉元[①]　今论破谜朦

——文字的总体论

文字的起源是图画。

——唐　兰

汉字起源于“二元”：一元指仰韶文化陶符，即早期指事文字系统；另一元是图一文字系统。

——杨建芳[②]

陶符与陶文是两种不同事物：文字随着语言不断发展，陶符孤立存在，停滞不前，只能起到一种标记的作用，不能代替文字；陶文才是真正的汉字，二者之间既非一脉相承，也无因袭关系。

——高　明

总之，我们认为我国原始社会时代普遍使用的几何形符号还不是文字。

——裘锡圭

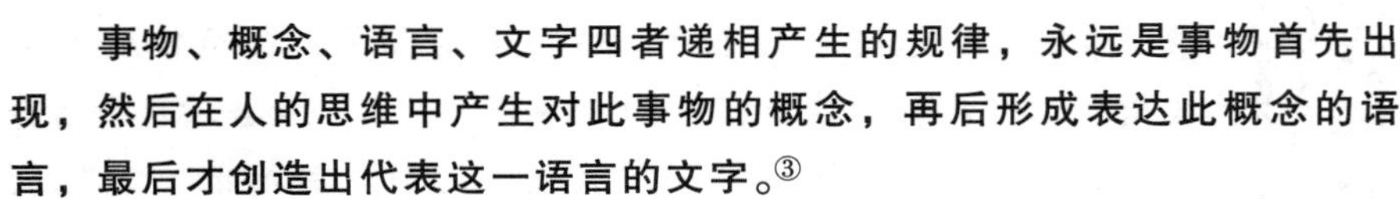

事物、概念、语言、文字四者递相产生的规律，永远是事物首先出现，然后在人的思维中产生对此事物的概念，再后形成表达此概念的语言，最后才创造出代表这一语言的文字。[③]

——高　明

① 泉元，即源头。

② 杨建芳：《汉字起源二元说》，《中国语文研究》第三辑，香港中文大学，1981 年。

③ 插画取自吉林出版集团编委会《图说天下·大学中庸》，吉林出版集团 2009 年版，第 197 页。

文字是我们祖先告别原始的蒙昧时代而进入文明时代的标志。但是由于缺乏原始文字资料对文字的起源尚不能作出确切回答。不过，汉字起源不会违背人类社会文字起源的一般规律。从已发现的4500多个甲骨文单字来看，已经能够完整地记录当时的汉语，又呈现出多种书写风格和精巧的刻字艺术，证明甲骨文已经是相当成熟的文字体系了。但是甲骨文不是汉字之源，那么汉字是怎样起源的？又是起源于什么时代呢？

第一节　文字起源的传说

人类在尚无文字的情况下，由于社会生活的需要，采用了实物记事的方法。实物记事与文字起源的时差虽然甚远，但“文字以部分代替整体的原则”已孕育其中了。这就是先民研发文字的动因。

一　文字起源前的实物记事法

在人类之初没有文字的情况下，为了帮助记忆，初民采用结珠、编贝、讯木、刻木、积石和堆土等实物记事方法。

图10 结珠法

（一）结珠法

所谓结珠法，就是用树皮、大麻或鹿皮做成细绳把人造的珠子或带孔的贝壳穿起来，记载种族史，或种族部落之间发生的订立条约，划分土地边界等大事。伊拉洛奎斯人（Iroquois）就常常利用贝壳珠进行记载种族之间讲和等公共事务。其珠子分为白、紫二色，刻有各种花纹，作为部落历史的记忆手段。而印第安人把贝壳染上不同的颜色，表示不同的事情。如黑色表示死亡或不幸，白色象征和平，黄色代表黄金或贡品，红色表示战争或危险（见图10）①。但是，使用结珠记事的地域不广，除了美洲印第安人之外，台湾的土人也使用过。

（二）编贝法

编贝，跟结珠相类，把不同颜色和花纹的贝壳磨成扁圆形的小珠或直接用穿孔的贝壳，按各种习惯方式穿在绳子或树皮

① 图10取自［韩］李敦柱《汉字学总论》，博英社1981年版，第22页。

类的纤维上，编成各式花纹，记载各种文件和不同的事情。如记载部落之间的条约、地界等。但分布也不广，只是美洲印第安人的易洛魁部落不久前还在使用这种方法记事。

（三）讯木法

讯木，又名通信棒。有如结珠、编贝一样，作为帮助记忆的手段，更原始一些，澳大利亚人用刻画木棒方法记事（见图11）①。林惠祥说："澳洲土人所用一种通信木条，由使者携之以行于各部落间，除了传达信息之外，还带有出使凭证之意。"可见，这种讯木如同我国古代的符节一样，具有证明身份的作用。

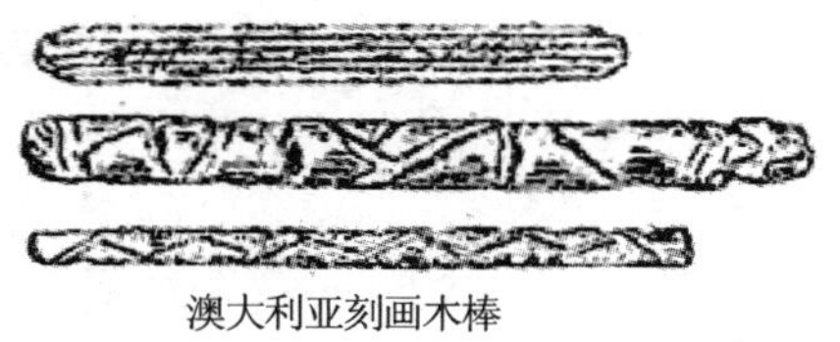

澳大利亚刻画木棒

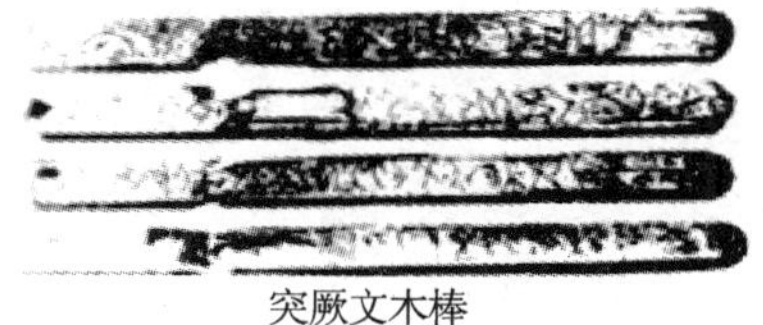

突厥文木棒

图11　讯木法

（四）刻木法

刻木是最原始的帮助人类记事的方法。即在一木块、竹块或骨片上刻有简单的符号或锯齿以助人记忆（见图12）②。

现代仍可以找到一些原始刻木记事的实例。斯里兰卡的僧伽罗人邀请某人时，就交给他一根刻有1—3个刻痕的蔓藤。如果是急事，刻痕数目就多而复杂。僧伽罗人还用刻有符号的木片向吠陀人索取鹿肉和蜂蜜。爱斯基摩人和日本的阿依努人也都有用刻木交换传递信息的习俗。后来的刻契就是刻木的发展和延续。

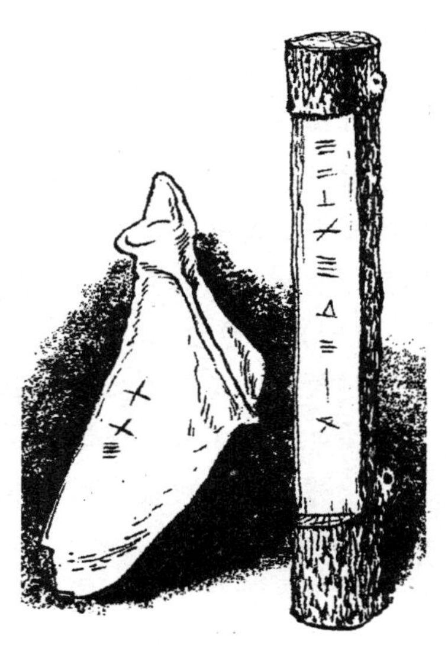

图12　刻木法

① 图11取自林惠祥《文化人类学》，商务印书馆1924年版，第453页。

② 图12、图13取自牟作武《中国古代文字的起源》，上海人民出版社2001年版，第16—17页。

图 13　积石法

（五）积石法

在新石器初期的鲁家口遗址，发现原始人群居住的灰坑旁有成堆的小石块、兽牙和沙砾堆放在小坑里。考古专家认为其是无意乱放的。有人认为其是原始人投掷的武器，但是石块小的不足以击伤目标。其实，是原始人用石块作标志，表示某事某物的数目（见图 13）。积石记事早于结绳记事。

另外，还有“堆土”记事法，不言自明。据记载，在印第安人的“亚尔贡钦”人中，还有“掘地穴”记载部落大事的风俗。①

综上所述，这些实物记事的方法，说明原始人类在新石器时代用新的探索突破时间、空间的障碍，战胜遗忘，延长记忆而作出的种种努力。进而说明人类需要帮助记忆，记录语言，传达信息的工具。正是在这个意义上，我们才说这些努力探索与文字的起源相关。

关于汉字的起源，自古以来有许多说法。远在战国时代，就已经引起了先贤的注意。有些传说，一直流传至今，影响到现当代。学者们做过许多有益的研究和探索。

二　文字起源前的传说

任何一门科学，首先都以其发生为其发展的起点，是用以决定其学说的基础。对于难以实证的人文来说，其发生往往是其发展之本。研习文字学也是这样，其发生是学者用来证明自己学术观点找来的历史根据。因而，文字起源前常见的传说有以下种种。

（一）神授说

神授说，是以为文字是上帝的恩赐。这可能是自源文字所共有的传说。诸如苏美尔人的楔形文字是受上帝伯尼的启示造的；古埃及的圣书字是书写之神妥司传授的；汉字起源于神授的“河图洛书”。其古籍记载有：

最早见于《尚书·顾命》云：“大玉（华山产的美玉）、夷玉（东北产的美玉）、天球（玉磬）、河图（地图），在东序（陈列在东墙向西的席前——引者注）。”河图，有云：当指绘制河道走向以便防治水患的地

---

① 见先师王凤阳《汉字学》，吉林文史出版社 1989 年版，第 51 页。

图。《周易·系辞上》云：“河出图，洛出书，圣人则（效法）之。”意思是说，古时候，黄河出现背上有图形的龙马，洛水出现背上有图形的神龟，是吉祥征兆，伏羲依据“河图”画出八卦，大禹依据“洛书”制定“九畴”，亦即治理天下的九类大法。但是，河图洛书，早已失传，据古籍所载，是古人将宇宙构造，用数字绘成的简图。《河图玉版》云：“仓颉为帝，南巡狩，发阳虚之山，临于无扈洛之水，灵龟负书，丹甲青文，以授之。”意思是说仓颉造字是灵龟所授。《管子·小匡》云：“昔人之受命者，龙龟假，河出图，洛出书，地出乘黄（神马）。”《墨子·非攻下》亦云：“赤鸟衔珪，降周之岐社（岐山社神庙），曰：‘天命周文王伐殷有国。’泰颠（贤臣泰颠）来宾（来投奔帮助），河出绿图（黄河浮出箓，<受命于天的神秘文书>），地出乘黄。”等等。

在先秦，古人只是把“河图洛书”这些记载，视为圣人应世或帝王受命的祥瑞之兆而已。因为“河图洛书”内容所指何意？古人未说清楚。

《竹书纪年》则云：“皇帝轩辕五十年秋七月，龙图出河，龟书出洛，赤文篆字，以授轩辕。”此说直接将文字言为神灵所赐。其实，可能是狩猎时代，初民在黄河、洛水一带发现或猎取过巨型的爬虫和大龟，于是刻画在河洛的山崖上，以示后人此处有过龙和龟等猎物。事隔多年，被后人发现，附会为神赐帝王（轩辕）以造文字的传说。

如果按孔安国《尚书传》所言：“河图者，伏羲氏之王天下也，龙马出河，遂则其文，以画八卦；洛书者，禹治洪水。神龟负文而列于背，有数至九，禹遂因而第之，以成九畴。”不过是伏羲据河图以画卦，大禹据洛书以制定治理天下的九类大法的数字符号构成的图式。即一些所谓代表奇数的阳数的圆圈和一些代表偶数的阴数的黑点所组成的简单的符号图式。但按数目和方位排列得很巧妙，古人以为它是宇宙的构造。

河图洛书，原来只有河图一个图式（见图14），到了南宋，刘牧发展为两个图式：九宫图为河图，五行生成图为洛书。

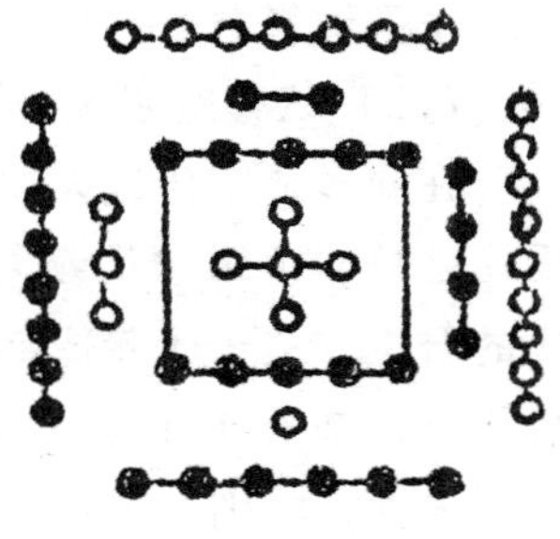

图14　河图

关于河图的数字解释众说纷纭：有云：由五组圆圈（25个）和五组黑点（30个）组成，共55个（见图14）。西汉扬雄《太玄经》说：“一与六共宗，二与七为朋，三与八成友，四与九同道，五与五相守”。魏关子明则说

“河图”的图数为“河图之文，七前六后，八左九右。”南北朝的甄鸾注《数术记遗》说，是数的排列方式，“河图”是“一与六共宗居乎北，二与七为朋居乎南，三与八同道居乎东，四与九为友居乎西，五与十相守居乎中”。各家说法不同，但都作为数的组合和排列来解释。

河图又分为“生数”和“成数”：一至五为生数，六至十为成数。成数由生数而来，所以每个成数都依附生数而排列，按照“一阴一阳之谓道”的原理。明张介宾《类经图翼》说：“生数为主而居内，成数为配而居外，此河图之定数也。”各相对两数之差，都是五。除了中间的五之外，奇数一、三、七、九，偶数二、四、六、八，都按顺时针方向排列。其有十数，合计为五十五。

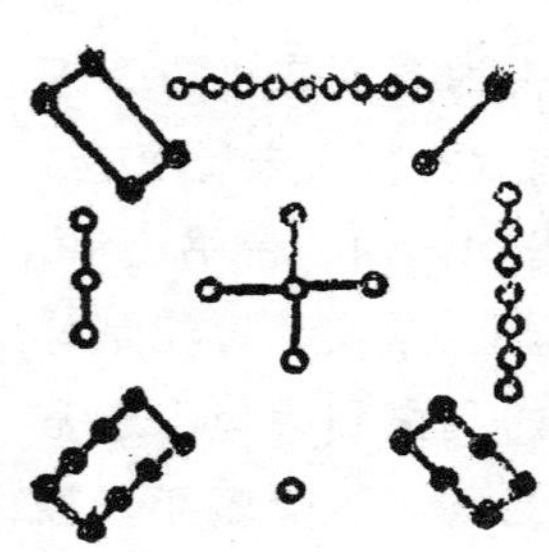

图15　洛书

洛书则显然是一个三阶幻方，其横、纵、对角线各行（háng）三数之和都是十五（见图15）魏关子明说“洛书”的图是“洛书之文，九前一后，三左七右，四前左，二前右，八后左，六后右”。而南北朝的甄鸾注《数术记遗》说：“洛书”的数字排列方式为“九宫者，戴九履一，左三右七，二四为肩，六八为足，五居中央”。其数字排列形式，流行于西汉时期的著作中。一般认为其产生的年代不会晚于战国时期。这是世界上最古老的三阶幻方，其组合数字的原理是世界上最早的。

总之，“河图洛书”是由“○、●、—”三个符号组成的两个数字图式，并非文字的起源。只能将其视为先民对出现在河洛一带某些符号、图式作了虚幻而附会的解释。后人对文字的起源出于朦胧无知而误以为神赐，给文字起源罩上了一层神秘的色彩，显示掌握文字者的尊严而令不识字者敬畏罢了。

（二）伏羲造字说

在众多造字传说人物中，除了“神授说”中的上帝伯尼和书写之神妥司之外，顶属“伏羲造字”说得最早。传说伏羲氏是先于黄帝和神农氏的君主。关于伏羲造字，古籍有载，《史记》说：“人生之始也，与禽兽无异，知有母不知其父；知有爱而不知其礼。卧则吱吱，起则吁吁；饥则求食，饱则弃余；茹毛饮血，而衣革皮；太昊（伏羲氏）始作网罟，以佃以渔，以瞻民用，故曰伏羲氏。”《通鉴纲目》说：“（伏羲）画八卦，造书契。”（书契：即文字）《史记》又说：“太昊德合上下。天应以鸟兽文（纹）章；地应以龙马出图。于是仰观象于天，俯观法于地；中观万物之宜。……作书契以代结绳之政（政：群体生活中的事务）。书制有六：一曰象形，二曰假借，三曰指事，四曰会意，五曰转注，六曰谐声。使天下义理，必归文字，天下文字，必归六书。”魏晋之间的《尚书传·序》也说：“古者伏羲之王天下也，始画八卦，造书契，以代结绳之政。由是文籍生焉。”

据上引古籍所载，伏羲氏时代已有八卦和书契，因而产生文籍。但是，伏羲氏时代是旧石器时代的后期，即使八卦和书契已被作出来，与其说是“文字”，不如说是“绘画记事”。从传说伏羲氏之领地在我国中原东部和江淮流域，这一带遗留下来的古代绘画和墓葬绘画中，都把伏羲氏作为人类的始祖亦可证明。伏羲“造书契”说，最多说明 100 万年至 6000 年前，开始了纹文记事即绘画记事。然而，伏羲氏时代的记事，尚未有考古发现，其内容无从考知。至于孔安国《尚书传》说法，恐怕是误视“八卦”为非绘画记事物的真正文字而已。

（三）朱襄造字说

传说朱襄系伏羲之臣，受伏羲之命发明文字。《古三愤》中载有“伏羲始画八卦，命臣飞龙氏造六书”的记录。据《帝王世纪》中的伏羲命朱襄“为飞龙”。可见，飞龙即朱襄。但是，现存的《古三愤》是假托晋国阮咸的注释的伪书。就连《古三愤》这样一书是否真有都难以确认。因为《古三愤》一书之名始见于《春秋左传·昭公十二年》之中，杜预（222—284）注释中称为“古书”，贾逵（174—228）称其为“三五之书”，新平子则称其为“三礼”，疑点颇多。不仅如此，“六书”之说，尤其不可信。因为“六书”之称最早见于战国时的《周礼·地官·保氏》云：“保氏掌谏王恶，而养国子以道，乃教之六艺：一曰五礼……五曰六书。”“六书”怎么可能出于伏羲氏时代呢？时差甚远，因此，朱襄造字说缺乏力证和依据，不能成立。因有其一说，故介绍之。

（四）仓颉造字说

仓颉造字说，最早始见于战国晚期，流行于汉代。据说他姓侯冈，名颉；因为他是陈仓（今陕西宝鸡市）人，故而名曰“仓颉”。关于他造字之说，古代典籍中有许多记载：

图 16　仓颉画像

《吕氏春秋·君守》："奚仲作车，仓颉作书，后稷作稼，皋陶作刑，昆吾作陶，夏鲧作城，此六人者，所作当（合其时宜）矣。"《韩非子·五蠹》云："仓颉之作书也，自环者谓之厶，背厶谓之公。"李斯《仓颉篇》："仓颉作书，以教后诣（后来的人）。"《广韵·鱼韵》"沮"字下引《世本》亦云："沮诵、仓颉作书"，"沮诵、仓颉，黄帝之史官"。古人称文字为"书"，作书就是造字。

秦代以前，只是盛传仓颉造字；汉代以后，把仓颉造字加以神化。《淮南子·本经训》云："昔者仓颉作书而天雨粟，鬼夜哭。"《春秋演孔图》则云："仓颉四目，是谓并明。"《仓颉庙碑》云："天生德于大圣，四目灵光，为百王作书，以传万世。"（见图 16）

这里已把仓颉描绘成与众不同的天生圣人。他创造文字的行为，竟然惊天地，泣鬼神，给文字的起源蒙上了一层神秘的色彩。汉代纬书《春秋元命苞》说仓颉"生而能书，及受河图绿字，于是穷天地之变，仰视奎星圜曲之势，俯察鱼文鸟羽，山川指掌而创文字"（见图 17）。有人考证说仓颉二字是"创契"二字的一声之转，因为古文字用刀刻，故命契刻之人为仓颉，根本就无其人；有人认为确有其人，他是黄帝的史官；也有人认为仓颉是"商契"的音转，"仓"和"商"，"颉"和"契"，音近，造字的人是"契"等说法，不一而足。从汉到清，许多学者接受了仓颉造字说。

其实，仓颉不是生而能书的圣人，因为文字是社会的交际工具，不可能是别人创造的。汉字形体繁多，又存在着大量的异体字，正说明汉字不是一时一地一人所造。因为一人造字，不可能一个字造了多种写法。不过，在汉字形成过程中，个别人起到积极重要的作用是可能的，仓颉很可能就是这样的人。早在战国晚期，荀子在《荀子·解蔽》中就说："故好书者众矣，而仓颉独传者，壹也。"这说明文字是众人创造的，而仓颉把他们创造的文字加以搜集、整理和传播。在汉字创造的过程中起了重要作用，为中华民族的繁衍和昌盛做出了不朽的贡献。但并非唯一造字者。令人生疑的是，有无仓颉其人。

陕西省白水县史官乡仓颉庙仓颉塑像

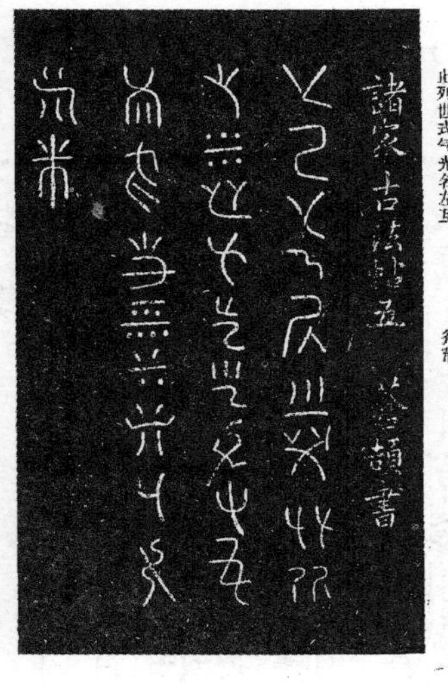

《淳化阁帖·仓颉书》

图 17

其一，在上引《吕氏春秋》的六人中，除仓颉外，都见于较早的其他古代典籍，有关他们为古史名人的种种记载；唯独仓颉在战国晚期古籍中除其造字事迹之外，没有任何记载。至于汉代以来，司马迁、班固等人认为仓颉是“黄帝之史官”。还是魏晋以后，将其说成早于黄帝的远古帝王，不是确据不足，就是荒诞无稽了。

其二，春秋战国时期距汉字起源时代，至少有一二千年，怎么可以把此时的传说当作信史呢？如果仓颉确实是黄帝的史官，那么，他当生活在公元前 2500 年前后，距今约 4500 年，而文字在 6000 多年前就产生了。可见仓颉不是最初的造字者。章太炎据荀子的观点，加以发挥说：“仓颉以前，已先有造书者……”书即文字。

其三，如果汉字为仓颉所造，为什么甲骨文中连“仓颉”二字都没有呢？另外，考古发现，各地都有出土不同时期的原始文字。这也证明汉字非一人所造。

因此，仓颉很可能是古人所虚拟的造字英雄。但是，任何一种文字，绝非某一个圣人所为，这是普通的常识。值得注意的是，此说同“神授说”相比，“仓颉造字说”有了很大进步，把文字的发明权从神的手中转移到人的手里。

（五）“起一成文”说

这是宋代郑樵提出的主张。他根据东汉许慎《说文解字》的540部首按“始一终亥”的排列顺序，便在其《通志·六书略》中借题发挥，提出了“起一成文”的观点，他认为所有文字都是从“一”变化来的，并具体地说明“一”有五种笔画变化（见图18）。

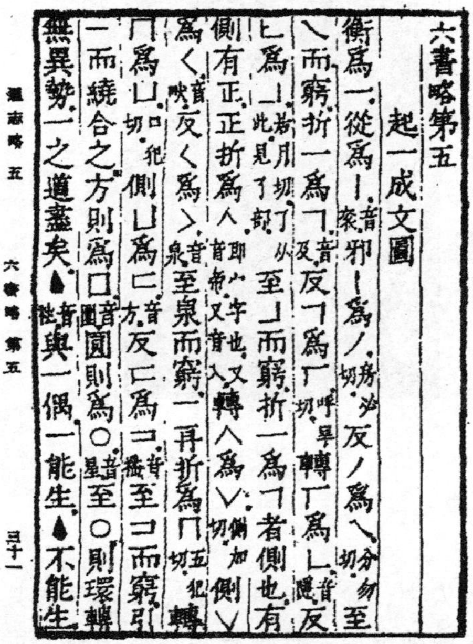

六書略第五

起一成文圖

衡為一從為丨音袞邪丨為丿房汐切反丿為㇏分勿切至

㇏而窮折一為㇕音及反㇕為𠂆呼旱切轉𠂆為𠃊音隱反

𠃊為亅蕨月切此見了部至亅而窮折一為㇕者側也有

側有正正折為𠆢音仰亦字也又音入轉𠆢為∨側加切側∨

為𡿨音畎反𡿨為𠃋音泉至泉而窮一再折為冂五犯切轉

冂為凵口犯切側凵為匚音方反匚為コ音播至コ而窮引

一而繞合之方則為口音圍圓則為〇音星至〇則環轉

無異勢一之道盡矣丶音主與一偶一能生丶不能生

通志略　五　六書略　第五　三十一

图18

注：按图18左最后一行原文：“…… 一之道尽矣，丶与一偶，一能生，丶不能生。天地之道，阴阳之理也。”

此说非常玄虚而荒唐，没有事实根据，只凭主观上虚幻的构想立说。如果仅此一个“一”字，就楷书结构而言，岂能涵盖汉字的全部笔画之变化呢？如果从不分笔画的古文字来说，就更加不能成立了。作为生活在楷书时期的宋代，汉字已经发展到非常成熟的历史阶段，未能从文字本身及其性质、功用去研究探讨汉字的起源，仅据《说文》“始一终亥”的排列顺序，附会为汉字起源于“一”，更是荒诞无稽的。只从形体结构判断文字的起源，这同从社会历史、考古发掘和文字性质、功用等谈文字的起源，是有本质区别的。尽管“起一成文”说的出现，是有其思想基础和社会根源的。它是建立在老子的“道（即宇宙万物的本源）生一，一生二，二生三，三生万物”和“阴阳之谓道”的古代哲学思想的基础之上的；当时的宋代封建统治阶级也在宣传、鼓吹和利用道家思想影响为巩固其统治的产物。不过，“起一成文”说，对后代影响不大，郑樵死后，也就销声匿迹了。因为“起一成文”说，毕竟是有关文字起源的一种说法，故而，在此作以介绍。

（六）汉字西来说

19世纪末，西方学术界认为汉族和汉字起源于西方。说在公元前

3000—前2000年，两河流域[①]有一部族向东迁移不知去向，可能就是这个部落迁到了黄河流域，因此，黄河流域的古文化是两河流域古文化东渐的结果，是巴比伦文化的余波。美国学者格尔勃·詹森认为汉字是“由巴比伦苏美尔文字发展的”。苏联的息里耶夫也“硬把甲骨文与苏美尔文字扯在一起”（见陈炜湛、唐钰明《古文字学纲要》），其根据是古汉字“山、鱼、鸟、刀”等和楔形文字相似。20世纪二三十年代我国的文字学家——陆懋德、董作宾、郭沫若和曾松有等人程度不同地接受过“汉字西来说”的影响。如郭沫若早年认为“干支数目字”源于西方；曾松有以为“八卦三组织的原理与楔形文字有密切之关系无疑”（见其《中国原始社会之探究》）。其实，“汉字西来说”没有出土资料证明，纯属一种带有民族歧视色彩的殖民主义文化霸权思想的西方逻辑“上帝创造一切”的“一元说”演绎之梦呓。其随着中华民族文化之复兴和事实之确证，哑言无声了。

三　汉字起源记事的传说

原始社会的人们，在汉字没有产生之前，为了克服有声语言的时空限制，达到远距离传达信息的目的，曾用篝火、烽烟、击鼓、号角等办法传送信息；为了帮助自己的记忆或把事情传给后代，发明了不少记事的方法。后人便把这些记事的方法讹传为汉字的起源。下面分别加以介绍。

（一）结绳记事说

结绳记事起源于母系氏族社会，即旧石器时代后期。这是原始人生活中的一项重大发明。不仅可以用来捆束东西，而且可以用来记事。结绳记事是远在仓颉造字说之前就已广泛流行的一种实物记事方法。迄今国内外许多民族仍在采用这种方法记事。如1949年之前云南的独龙族和秘鲁的土著等。关于结绳，我国历史上有许多记载。

《易·系辞下》说：“上古结绳而治（治：维持社会安定）”，又说：“庖牺氏作结绳而为网罟，以佃以渔。”郑玄注：“结绳为约，事大，大结其绳；事小，小结其绳。”所谓“事大、事小”指的是记事。

《庄子·胠箧篇》：“昔者容成氏、大庭氏、伯皇氏、中央氏、栗陆氏、骊畜氏、轩辕氏、赫胥氏、尊卢氏、祝融氏、伏羲氏、神农氏，当

① 指流入伊拉克的幼发拉底河和伊拉克境内的底格里斯河所形成的“美索不达米亚平原”。

是时也，民结绳而用之。”

《说文解字·叙》：“及神农氏，结绳为治，而统其事。”

《朱子大全》：“结绳，今溪洞诸蛮，犹有此俗。”

严如煜《苗疆风俗考》云：“苗民不知文字……性善记，惧有忘，则结于绳。”

这些记载，足以说明，在文字产生之前，先民是靠结绳记事的；世界上许多民族在文字产生之前，也都使用过结绳。但结绳起始年代尚无确知。据上引《说文·叙》结绳记事始于神农氏，在庖牺氏画八卦之后；如果按《庄子·胠箧》所载，结绳记事当截止于神农氏时代。

从人类学和民俗学记载的大量资料看，在文字产生之前，确实存在漫长的结绳记事时期。古埃及、古波斯、古日本和琉球都经历过结绳记事时代。据有关专家考察，近代的美洲、非洲、澳洲的土人，我国的藏族、高山族、独龙族、哈尼族，也都用过结绳记事。甚至到1949年之前，云南独龙人出门远行，还用结绳计算日期，走一天打一个结；哈尼族老人用结绳来记载村里发生的大小事情；西南彝族，除了巫师认识一些简单的彝文外，一般人不识字便用结绳记事帮助记忆。

可是，东汉以后，好多人把结绳附会为文字的起源。近人朱宗莱在《文字学·形义篇》中说：“文字之作，肇始结绳。”刘师培在《小学发微》中也附会地说：“三代之时，以结绳合体之字，用为实词；以结绳独体之字，用为虚词。举凡圈、点、横、直之形，皆结绳时代之独体字也。”这种说法，实际上是一种主观的猜测。

结绳的方法，除了上引郑玄《周易注》之外，唐李鼎祚《周易集解》引述《九家易》的解释为“古者无文字，其有约誓之事。事大，大其绳；事小，小其绳（指的是记事）。结之多少，随物众寡（指的是记数），各执之以相考，亦足相治也”。这后两句说明上古结绳是一种普遍的方法，已具有一定的社会约定俗成性。但是，何谓“事大”，何谓“事小”？又如何区分“大其绳”和“小其绳”呢？我们则无从知道。但是，结绳记事用得最广泛的是古代南美洲秘鲁的印第安人。从他们那里可以了解到古代结绳的一些情形。用一根木棒或一条绳子，在上面排列着许多长短不等的绳子，绳子上打着许多结头（见图19）。[①]

---

① 图19取自伊林《黑白》，开明书店1948年版，第7页。

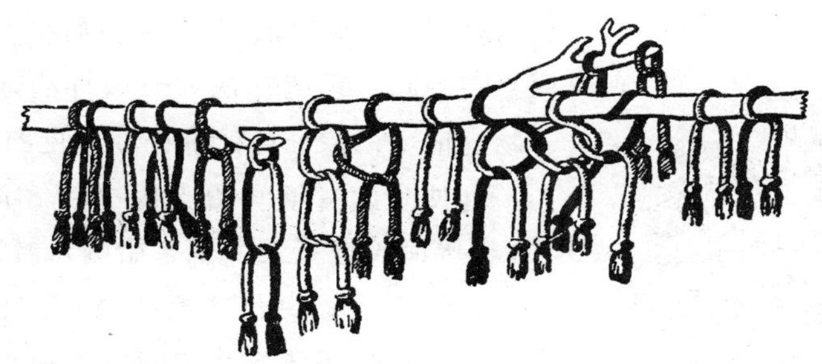

图 19　结绳

据说，结头离木棒越近，所记之事越重要。并在结头上染上不同颜色，以表示不同含义。例如，黑结表示死亡，白结表示和平或银子，红结表示战争，黄结表示金子，绿结表示谷物。如果结上没有颜色，就代表数目。单结为十，双结为百，三结是千。[①]

结绳的内容，主要有三方面：一是记录渔猎及其分配；二是记录战争；三是记录祭祀或占卜。由于结绳的形式简单，主要记录一些数目或比较大的事件。

结绳的用途，多种多样。一般是用来记数的。五斗米就打五个结，七尺布就打七个结；如果表示事物的性质，记米用禾茎作结，记布用麻缕作结。远古时候，酋长管理部落事务，人们之间的交易，都会发生数量关系。所以，用结绳方法帮助记忆，可以避免错误或产生矛盾纠纷。但是，结绳只能用来帮助记忆，不能记录语言，不能表示读音，因此，结绳不具备文字的性质。当然也就不是文字了。把结绳视为文字的起源，是把帮助记忆的符号跟记录语言的符号混同的结果。

不过，有些学者认为个别汉字的创造，取象于上古的结绳。把商周金文中的(十)(廿)、(卅)、(卌,XT)、(世)等字视为古代结绳的遗存。即字中的圆点像绳结，这至多说明古人造字时受到结绳的一些启发和影响，但不能由此得出汉字起源于结绳的结论。

（二）八卦记事说

八卦记事的说法，出现较晚，始于战国末期的《易·系辞下》："古者庖牺氏之王天下也……始作八卦，以通神明之德，以类万物之情，作结绳

① 释语取自伊林《黑白》，开明书店 1948 年版，第 9 页。

庖牺(伏羲)氏创作八卦符号

图 20

而为网罟，以佃以渔。”但并没有把八卦跟文字联系在一起，只把它视为“通神明之德，以类万物之情”的象征性记事符号（见图 20）。

即便是魏晋年间的《尚书传·序》所言：“古者伏牺氏之王天下也，始画八卦，造书契，以代结绳之政，由是文籍生焉。”（书契：即文字。政：指集体生活中的事务）也只是认为三皇时代已经出现“文籍”，所以把“造书契”提到伏羲氏时代，与“画八卦”相提并列。这样，就把被“书契”所取代的“结绳之政”推到“伏牺氏之王天下”之前了。但也没有把八卦当作文字。

所谓“八卦”，是巫者用算筹排列出来的八种符号图式。即由代表奇数的“—”为阳爻和代表偶数“--”为阴爻的两种符号组成。分别为☰（乾）、☷（坤）、☳（震）、☴（巽 xùn）、☵（坎）、☲（离）、☶（艮 gèn）、☱（兑 duì），分别象征天、地、雷、风、水、火、山、泽①。任意两卦相叠组合，就可以得出八八六十四卦来。用以解释自然和社会各种现象的发展变化（见图 21）。

可见，八卦的卦爻与数有关，只是三个奇数或三个偶数排列的符号。跟文字的起源没有关系。在上古是人们用来记事的符号。高亨《文字形义学概论》说：“八卦者亦记事之符号也。”后来被用作占筮的符号，逐渐神秘化了。

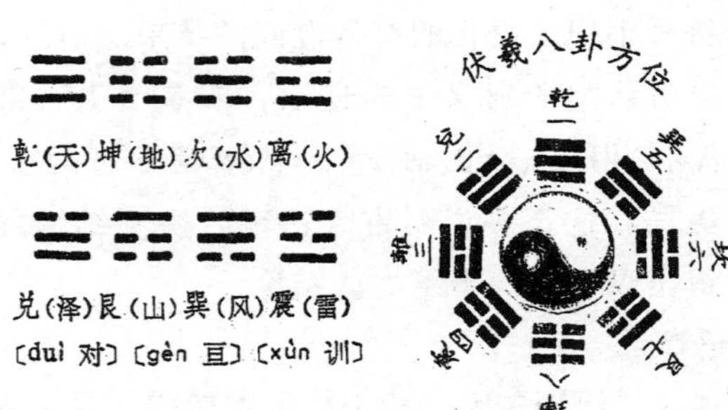

图 21

① 八卦图 21 取自董琨《中国汉字起源》，第 6 页。

但是，到了宋代，一些学者则明确提出“天”“地”等八个字出自相应的卦形，把八卦附会成文字。其中以郑樵的说法为代表，其《通志·六书略》“论便从（纵）”一节说：“文字便从（纵）不便衡（横），坎、离、坤，衡卦也，以之为字则必从。故必从☵而后成‘𣱱’（水），☲必从而后成‘火’，☷必从而后成‘巛’（[illegible]）。”

清末民初的刘师培在《中国文学教科书·象形释例》一节中说：“八卦为文字之鼻祖，乾坤坎离之卦形即天地水火之字形。”在《论字形之起源》一节中又说：“字形虽起源于伏牺画卦，然渐备于神农之结绳。”这些牵强附会之说，在当时产生了很大影响。连法国人法克伯也赞同他的说法。

今人罗君惕《六书说》也认为“结绳与文字没有什么关系，而八卦与文字的关系很密切。如八卦的阳爻作‘一’即演为‘一’；两个阳爻作‘=’即演为‘二’；乾卦作‘☰’，即演为‘三’；坎卦作‘☵’，即演为𣱱（水）字”。

但是，八卦和文字毕竟是性质完全不同的两种符号体系，把两种不相关联的事扯到一起，把没有某种意义的事物说成有某种意义，是牵强附会的。而且从20世纪90年代以来学者一些新的研究成果看，已经证明相传《周易》卦形中阳爻“一”是由数字“一”变来的，阴爻“－ －”是由数字“^”（六）变来的。[①] 这说明，汉字的起源时代，要比爻形出现的时代早得多。八卦是西周文王画出的，从汉字和八卦发明的时间来说，“八卦的发明是文字产生后很久的事”[②]。再说，八卦是从0开始的，不是从1开始的，即不是从1—8开始的，而是从0—7开始的，这是应用“集合论”的空集（论）告诉人们，世上一切万物都不能盈满，盈满了则要向反面转化，故其用总是留“1”[③]。八卦符号简单而有限，怎么能演变出众多的汉字呢？因此，汉字出于八卦之说，是不能成立的。

（三）刻契记事说

汉字起源刻契记事的传说，出现比结绳还晚。所谓刻契，是前述刻木的发展，是在竹板或木片上刻些缺口或记号，用以记载事物的数量或提示什么事情，留作凭证，或向有关人作解释的依据。

---

① 见楼宇烈《易卦爻象原始》，《北京大学学报》1986年第1期。

② 见唐兰《中国文字学》，上海古籍出版社2006年版，第8页。

③ 见周文王《易经》，中国文史出版社2003年版，第287页。

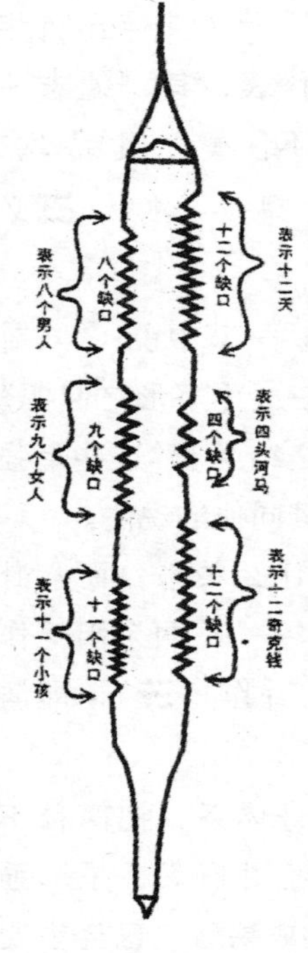

图 22

古籍中有许多记载。《易·系辞下》："上古结绳而治，后世圣人易之以书契。"书契是最初的文字，即由图画而来的文字。唐李鼎祚《周易集解》云："百官以书治职，万民以契明其事。"汉刘熙《释名·释书契》："契，刻也，刻识其数也。"刻契的作用主要是记数。《列子·说符》："宋人有游于道得人遗契者，归而藏之，密数其齿，告邻人曰：'吾富可待矣。'"《墨子·公孟篇》也有类似记载："是数人之齿，而以为富。"《礼记·曲礼》："献粟者执右契。"后世调遣军队的虎符，应该是契刻的遗风，如信陵君窃符救赵中将军晋鄙所持的虎符。

刻契的应用方法，《尚书·叙》孔疏：引郑玄《易注》云："书之于木，刻其侧为契，各持其一，后以相考合。"说明将刻好的竹板或木片一剖为二，各持一半，以便相合为证，《易林》所谓"符左、符右，相与合齿是也"。

直到现代，未开化或半开化的民族仍使用刻契法记事。北美洲印第安人阿尔贡部落还习惯用 6 英寸长的木板刻记他们的历史神话。老挝土著一块刻木（见图 22）[①] 就记录着："从现在起十二天内（右上侧 12 个缺口）。凡到我们地区来的人……必须向我们缴纳四头河马（右侧中间刻 4 个缺口）或者十二奇克钱（右侧下 12 个缺口）。左侧的刻处，表示村里的人口，男八（左侧上 8 个缺口），女九（左侧是 9 个缺口），十一个小孩（左侧下 11 个缺口）。"[②]

在我国，直到 1949 年前，广西南丹县大瑶寨还使用刻竹记事。此外云南的独龙、基诺、布朗、怒、佤、景颇等族都保存刻木记事、记账方法。

1949 年年末，中央访问团在云南发现一块傈僳族的刻契，上面刻着"⦀ ○ ╳ ⊩"。据说，这四个符号有两层意思：来的三个人，月圆时和我们见面了；送去三包礼物，分别送给大小不同的三位领导人。[③] 可见，刻

① 孙常叙：《中国语言文字学提纲》（未出版），第 74 页。

② 图 22 取自郑若葵《解字说文》，第 22 页。

③ 汪宁生：《从原始记事到文字发明》，《考古学报》1981 年第 1 期。

契要比结绳进步得多，是先民普遍使用的一种记事方法。

直到20世纪50年代初，我国西南地区少数民族，除了用结绳记事之外，仍用刻契方法记事。云南哈尼族曾留存一件典卖土地的木刻，用“＊”表示100元，“×”表示50元，“||”表示20元，“·”表示1元等。这是记数符号。

但是，刻契只是帮助人们记忆的符号，没有读音，不具备文字的性质，含义不定，离开刻画人或保管人，意思就不易被明白了。因此，刻契不是文字的起源。

尽管20世纪60年代的一些文字学家又提出了新的观点。1957年，于省吾在《商周金文录·序言》中说：“原始社会劳动人民的创造文字，极质朴，极简单，也是符合客观事物的真象，所以一、二、三、亖都是积画，以□为方，以○为圆，都是最原始的文字，还要早于其他象形文字，这对考证文字发生的萌芽状态是具有重要意义的。”

于氏所言，即便是原始文字，也只能说明这些文字符号是对刻契符号的吸收，但不能因此就说刻契是文字的起源。只能说，结绳、八卦和刻契等记事方法，对汉字的起源起到启发和促进作用。

（四）图画记事说

当用结绳、刻契等实物帮助记忆的方法，不能满足社会生活需要时，先民又创造了画画记事的方法。图画记事不要求艺术性，只在于描摹事物的形象来记事或表示某一信息。古籍亦多有记载。《太平御览》卷97引《世本》：“䵷（kě）首作画”，《世本·作篇》：“史皇作图，仓颉作书。”书画并举，可见同源。另外《左传》中也有些记载。

图画，不仅可以帮助记忆，而且在一定程度上可以表达思想，传达信息。例如北美洲达科塔人用图画记载他们那里曾经发生过的几件大事（见图23）。

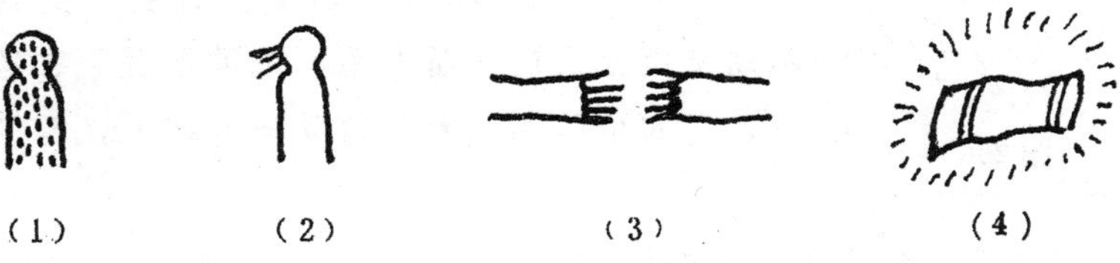

图23

图（1）一个人满身斑点，记载的是1800年在达科塔流行过“天花”；图（2）一个人张嘴咳嗽，记载了1813年达科塔流行过“百日咳”；图（3）两只伸出五指的手，互相接近，表示1840年达科塔人和外族和好；图（4）记载1851年美国政府赠送给达科塔人一床毛毯。

此外还有将几个图像连缀在一起表示一个完整的意思，或表达某一信息。请看下面三幅图画。

第一幅是爱斯基摩人的记事：他和同伴出外打猎，获得了两张兽皮，又捕获了一只海豹。然后坐船渡过河去，到对面帐篷里过夜（见图24）。①

图24　爱斯基摩人的狩猎记事

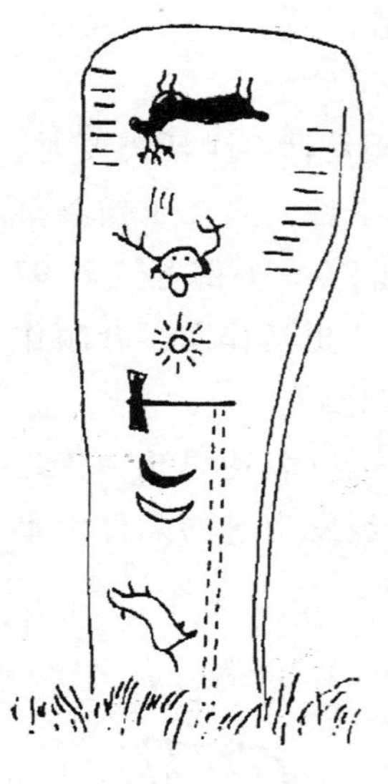

图25

第二幅是印第安人酋长的墓碑。内容记载的是：他生前崇拜的图腾是鹿，鹿躺倒了表示他已经死了；左边7条横线表示他进行过7次征伐，3条竖线表示他受过3次伤；右边的横线表示他经历了9次战役；两个阴阳的月牙形，表示历时2个月，在白天被人用斧头砍死了（见图25）。②

第三幅记载的是：公元前514—前513年，波斯王大流士出兵要攻打里海北岸的游牧民族斯基提亚人。开战前，波斯人收到斯基提亚人的一封来信，信上画着一只鸟、一只老鼠、一只青蛙和五支箭（见图26）。③ 波斯王认为，这封信表示斯基提亚人在波斯大军压境的情况下，惊恐万状，有如小鸟飞上天，老鼠钻入地下，青蛙跳下

① 图24取自王钢《普通语言学基础》，第176页。

② 图25取自［韩］李敦柱《汉字学总论》，第22页。

③ 同上书，第23页。

水，五支箭表示放下武器投降的意思。而波斯王的谋臣却认为这是斯基提亚人给波斯人发出的警告："你们波斯人除非像小鸟飞上天，老鼠钻进地，青蛙跳下水，否则都将在我们箭下死于非命。"可见，图画记事传达信息随意性强，局限性大。图像的意思离开作画人，对方难以确知。

图 26

综上所述，可见图画记事只是帮助人们记忆或传达信息的手段，有很大的随意性。因此，图画记事不能记录语言，没有读音，不具备文字的性质。但是，图画记事有一定的象征性、概括性，能表示比较复杂的内容，比实物记事前进了一大步，为文字的起源奠定了初步基础。

有的学者把以上原始记事的方法，称为"前文字阶段"①，这是一个相当漫长的历史阶段。

从考古发现原始社会晚期遗物上的符号来看，跟汉字有关的最古资料，按外形特点可分为两类：一类是呈几何形的各种刻画符号，另一类像是实物之形的各种图像符号。

第二节　刻画符号不是汉字之源

从考古发现的资料看，大部分刻画符号是刻写在古陶器（或陶片）上，少部分刻在甲骨或骨器上。这类符号，形体比较简单，大都呈几何形，分布地域很广。据考古发掘，在仰韶、马家窑、龙山、崧泽和良渚等文化遗址均有所发现，行用的时间也很久。早于仰韶文化的是甘肃秦

① 见陈炜湛、唐钰明《古文字学纲要》，中山大学出版社 2009 年版，第 15 页。

图 27

安县大地湾一期文化遗址和在河南舞阳县接近裴李岗文化的贾湖遗址都发现了刻画符号，距今7000—8000年。前者十多个符号用彩色刻画在陶钵形器的内壁上①，后者则刻在龟甲等物上②。这种刻画符号不仅使用到原始社会末期，而且在汉字已经产生之后某些领域仍然使用了很长一段时间。这类符号在商代以至春秋战国时代的陶器上都可以看到，甚至在西汉某些出土的陶器上也可以见到。③

时代较早的刻画符号是1921年首次在河南渑池县仰韶村（仰韶文化因此得名）发现的。其典型遗址是1975在陕西西安半坡村和临潼姜寨遗址出土的仰韶文化时期的彩陶，发现了五六十种不同的刻画符号。这些符号都在彩陶钵外口沿上，不论其形状、大小、规整程度和所在部位，都很有规律，很少有例外（见图27）。④

原始社会　半坡型彩陶盆

图 28

① 见《文物》1983年第11期。

② 见《文物》1987年第1期所载《河南舞阳贾湖新石器时代遗址第二次至第六次简报》。

③ 阴法鲁：《中国古代文化史》（1），北京大学出版社1993年版。第129页。

④ 图27取自王凤阳《汉字学》，第86页。

上面是1957年西安半坡遗址（前4800—前4300）出土的陶器实例共113件，27种刻画符号（见图28）。而临潼姜寨遗址（前4600—前4400）发现的刻画符号共129例，38种，比西安半坡多了十几种。其中很多跟西安半坡的刻画符号相同或相似（见图29）。据1972年中国科学院考古研究所实验室用同位素碳十四（C^{14}）年代测定西安半坡遗址出土的符号距今6750—6250年，比山东章丘龙山文化还早。而姜寨遗址出土的符号距今6550—6350年，晚于西安半坡遗址出土的刻画符号。

图29

后于仰韶文化的是马家窑文化（因于甘肃临洮马家窑首次发现而得名），在分布于黄河上游甘肃、青海一带的马家窑文化马厂类型墓葬中出土的陶壶上发现了一些类似的刻画符号，如：

| － ‖ ＋ 井 ○ Ⅹ □ ∏

其中跟西安半坡符号相同的有：

| ‖ Ⅹ ＋

1949年之后，在浙江杭州的良渚文化遗址（前3300—前2200）出土的一些刻画记号。例如：

| Ⅹ V Λ ＋ 卌 ⋈ ⌬ ⌘

良渚文化略晚于仰韶文化。其中有与半坡符号相同者。如丨 ╳ 十等。

属于龙山文化遗址发现陶器符号不多，只有下面四个：

丨 ∅ × ⋈

前两个符号是1928年在城子崖遗址发现的，属于新石器时期的陶文符号；后两个是1964年在青岛赵村发现的，属于新石器晚期的陶片刻画符号，其中“丨”“×”两个符号跟半坡的符号相同。最后一个是1962年在河北永年县台口村龙山遗址发现一陶罐上刻的符号。

图30

还有1952年发现的河南偃师二里头文化典型遗址（前1600），1959年最后定名为“二里头文化”。1960年到1964年，对二里头遗址的发掘中，一个重要收获是在陶器上发现24种刻画符号，大多刻在大口尊的口沿上，发掘者认为这些陶器符号可能是一种原始的文字（见图30）。

以上所举西安半坡、临潼姜寨、马家窑、龙山、良渚和偃师二里头等各地出土的陶器上，重复出现了一些同形刻画符号，其中大部分刻在不同遗址的同一种陶器的同一位置上，且很有规律性。这表明各地用这些相同的符号来表示某些比较固定的意义，或用作个人或集体的标记，或用作表示其他意义。

对以上所举半坡类型等刻画符号，学者们持有截然不同的看法。

有些学者把它们跟古汉字联系起来，认为它们是原始文字，即汉字的起源。郭沫若说：“彩陶上的那些刻画符号，可以肯定地说就是中国文字的起源，或者说是中国原始文字的孑遗……”① 又说“仰韶、龙山疑已进入有文字时期。今来观半坡先民遗址……彩陶破片上见有刻纹，其为文字，殆无可疑。”② 于省吾说：“这种陶器上的简单文字，考古工作者认为是符号，我认为这是文字起源阶段所产生的一些简单文字。”于氏还把这些符号同商周古文字加以比附，认为：

×（五）、十（七）、丨（十）、丅（示）、屮（屮屮）、阜（阜）等③

有的学者根据半坡、姜寨等典型遗址出土的这些刻画符号特征，都

---

① 郭沫若：《古代文字之辩证的发展》，《考古学报》1972年第1期。

② 郭沫若1959年7月6日为半坡博物馆题词。

③ 于省吾：《关于古文字研究的若干问题》，《考古学报》1972年第2期。

是刻在彩陶钵的口沿上的部位。从刻画记号的形状、大小和规整的程度来看，都是有规律的。“共计有五六十种的样子：最多的是一直划‘丨’，或两直划‘‖’，三直划‘|||’，其次是‘Z’‘S’形，倒钩形‘フ’，钩形‘亅’，双钩形‘个’，十字形‘十’，斜十字形‘×’，丁字形‘⊥’，还有像植物繁生的‘⺦’形，笔画较多的[illegible]、[illegible]、[illegible]形，[illegible]，K形等不同的形状。”[①] 认为这些符号绝不是无意义的刻画，它们是某种记号或代表着某种意义。

“只要我们对刻契有一定的了解，就可以判定，这类记号一定和刻契有关。当时也许没有文字。如前所述，结绳、刻契的出现，却意味着对文字的探索。”[②] 有的专家考证，认为这些刻画符号同后来的古汉字有许多相同之处，它们可能是“丨(一)、‖(二)、|||(三)、X(五)、K(片)、个(矢)、T(示)、[illegible](阜)、[illegible](艸)”等。[③]

有些学者则认为，这些刻画符号不是原始文字。可能是代表器物所有者或器物制造者的专用记号。汪宁生认为它们只不过是制造陶器时“为标明个人所有权或制作时某些需要而随意刻画的”[④]。

裘锡圭和李学勤二先生都反对把这种刻画符号跟商周文字进行比附。裘锡圭说：“把半坡类型的几何形符号跟古汉字里像实物之形的符号相比附，更是我们所不能同意的。”因为“这两种符号显然是不同系统的东西。我们不能因为前一种符号跟后一种符号形体比较简单的例子……偶然同形，就断定它们之间有传承关系”[⑤]。李学勤先生指出：“凡对简单的几何线条形符号用后世文字去比附，总是有些危险的。”[⑥]

王凤阳先生也说：“这些符号显然还不是文字，但也绝非无意的刻画，它们必然是某种记号。……我们不同意有的文字学家把这些符号当作文字的起源。”[⑦]

因为我们是汉字起源的“一元”论者，不该多元。刻画符号跟后来

---

① 石兴邦：《半坡氏族公社》，陕西人民出版社 1979 年版，第 150 页。

② 王凤阳：《汉字学》，第 87 页。

③ 郭沫若：《古代文字之辩证的发展》，《考古学报》1972 年第 1 期。

④ 汪宁生：《从原始记事到文字发明》，《考古学报》1981 年第 1 期。

⑤ 阴法鲁等：《中国古代文化史》（1），第 131 页。

⑥ 李学勤：《古文字学初阶》，第 26 页。

⑦ 王凤阳：《汉字学》，第 87 页。

的文字之间没有继承和发展的关系。文字作为社会的交际工具，其前身必须具有离开他人解释而能独自显示其意义的作用。即达到社会人们认识一致，理解相同，不产生歧义歧解。这种客观的社会性，只有图画文字才能具备，刻画符号则没有这种性能，不具备演变成文字的必要条件。尽管初始文字吸收了少量的刻画符号，也只是吸收和被吸收的关系，而不是源流的关系。正如汉语由于表达的需要而吸收了阿拉伯数码和各种公式符号一样，不能因此就说这些符号也是汉字的一个来源。

有的学者则认为这些刻画符号是“在汉字产生之前应有一个由图画文字发展到早期象形文字的过渡时期，这个时期的资料有二里头文化和大汶口文化所见的陶符。这些陶符显然介于图画和文字之间，可能属于图画文字”①（指图27—图30）。但把“二里头等刻画符号”说成图画文字是不妥的，因为实际上等于说文字起源于陶符，这是文字起源于“二元”论。我们认为文字起源于“一元”，这就是图画。因为陶符和图画是不同的。高明在其论著选集中说：“陶符与陶文是两种不同事物，文字和语言结合并表达语言，陶符不能表达语言，无语言基础，文字随着语言不断发展，陶符孤立存在，停止不前，只能起到一种标记作用，不能代替文字；陶文才是真正的汉字。二者之间，既非一脉相承，也无因袭联系，根本是两回事。”又说：“仰韶、良渚、龙山、马家窑等新石器晚期，陶符形体简单，多横折、竖折、交叉等”，“看不出有什么发展，到战国时期，仍停留在原始形状，所以，陶符不是汉字之源”。

另外，1992年山东邹平县丁公村龙山文化遗址发现一块陶片上有成组的刻画符号（见图31）。经李学勤先生研究认为“陶片上11个符号排成5直行，很像文字。最右一行最规整，有3个字，其余每行2字，最左一行比较松散，看来应自右起读”②。这些符号跟前举各种刻画符号不同，其字体

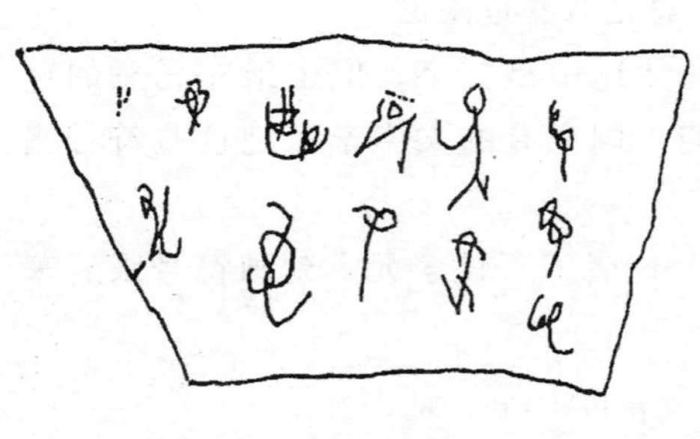

图31　丁公陶器刻画的符号

① 宋均芬：《汉语文字学》，北京大学出版社2005年版，第74页。

② 江林昌：《夏商周文明初探》，浙江人民出版社2001年版，第38—39页。

系连笔草书。然草书有章草和今草之分，产生时代较晚。汉代隶书的草书是章草，故汉行草书。《说文解字·叙》说："汉兴有草书。"有的专家释为"禳病消灾"的彝文[①]，其实，未必可信。如果这些刻画符号是文字的话，尚需考证、研究、辨识；对其产生年代亦尚待研究确认，方知它在汉字起源和演变中的价值。

第三节　汉字起源于图画

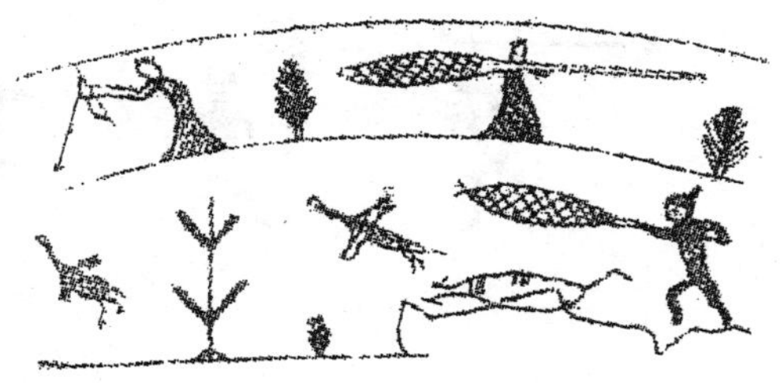

图 32　战国铜器铭文上的捕鱼猎鸟的"毕"

汉字起源于图画，这是学术界所公认的。唐兰先生说："文字的起源是图画。"古人亦有"书画同源"的理念。宋代郑樵《通志·六书略》就有"书画同出"之语，意思是说文字和图画同出一源。艺术史上有人提出"书画同源"，文字史上有人提出"字画同源"，均是其证。唐朝韦续《五六十种书并序》说："后汉东阳公徐安于搜诸史籍，得十二时书，皆象神形也。"十二时即子、丑、寅、卯、辰、巳、午、未、申、酉、戌、亥，"皆象神形"。可证早期汉字跟图画同源。铭文"畢"字来源就是图画（见图 32）。[②]

可见，文字是从图画发展来的，是毫无疑问的。但是，我们说文字起源于图画并不等于说图画就是文字。因为原始图画的发展有两个方面：一方面成为图画艺术，另一方面成为文字。图画作为一种艺术形象，要求逼真，惟妙惟肖，用来映现视觉感官所能认知的客观事物，供人们欣赏；文字则需要紧密地同语言相结合，使某一图形同语言中的某一字音联系起来，表达语言中某一个词。也就是说，只有当它们具有了一定的读音和含义时，才能成为文字。

文字脱胎于图画，是包括楔形文字和圣书字在内的世界各种文字起源的共同规律。不同国度的先民在不同的时期，彼此不谋而合地用图画

---

① 冯时：《山东丁公龙山时代文字解读》，《考古》1994 年第 1 期。

② 图 32 取自骈宇骞《中华字源》，万卷出版公司 2007 年版，第 31 页。

再现客观事物的形象来记事。反过来，用表事的图画来书写指称事物的语词，这是符合人们认识客观事物的规律的。在当时的历史条件下，这是先民们为了记录语言而创造的最好方法。

先民们用图画形式表达他们要说明的事情或传递要表达的信息，让对方按照图画所示内容来理解其中的含义。记录的是人类要表达的语言，这已经近似于文字起的作用，所以，后人便把这种图画形式称作图画文字（亦称图形文字或文字画）。例如《金文编》中几幅图像：

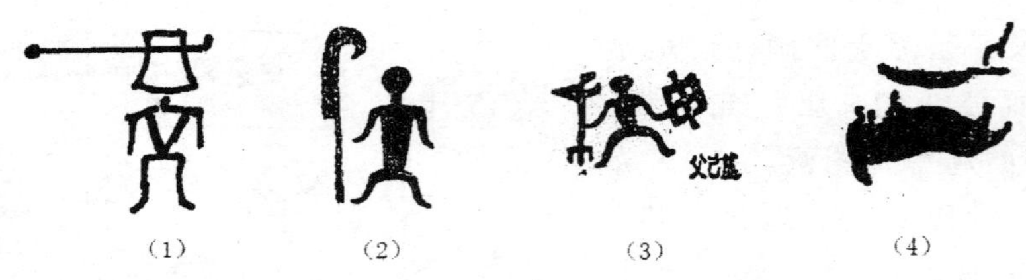

（1）　（2）　（3）　（4）

图 33

图（1）上面一把斧子砍在下面人头上，表示杀人之像；图（2）手持大刀，是威武之像；图（3）右手持戈，左手提盾；图（4）上方一手持刀，下面是一口仰躺的猪，表示杀猪之状（见图 33）。

这种图画文字（或图形文字）不像岩画那样逼真、细致，画起来耗时费力（见图 34）①。岩画（有人叫它“文字画”）是通过画面来表达画者的思想意思的。如云南沧源岩画，据云南省历史研究所调查组推测，这是一幅表现战争归来场面的图画：行走在各条道路上的人群，有的手持弓箭等兵器，有的赶着战争中虏获的禽兽，都是出征归来的士兵（见图 34—5）。上下的人群则是欢呼、歌舞、庆祝凯旋的群众。图画文字只要画出简单图形轮廓，对方能够明白即可。因此，图画文字所画图像十分简单，已接近符号形式（见图 34—5）。图画就不是这样。最早是 1921 年河南渑池县仰韶村发现的彩陶上动物花纹图像有鱼、黾（蛙）、鹿等。考古学家认为，这些图像，有的用于装饰化的图案，有的是氏族的图腾或族徽。郭沫若说：“凡图之作鸟兽虫鱼之形者，必系古代之图腾或其孑遗；其非鸟兽虫鱼之形者乃图腾之转变，盖已有相当进展之文字，而脱去原

① 图 33、图 34 取自林成滔《字里乾坤》（上册），第 56 页。

图 34—1　放牧歌舞图

图 34—2　老虎群兽图

图 34—3　圆舞图

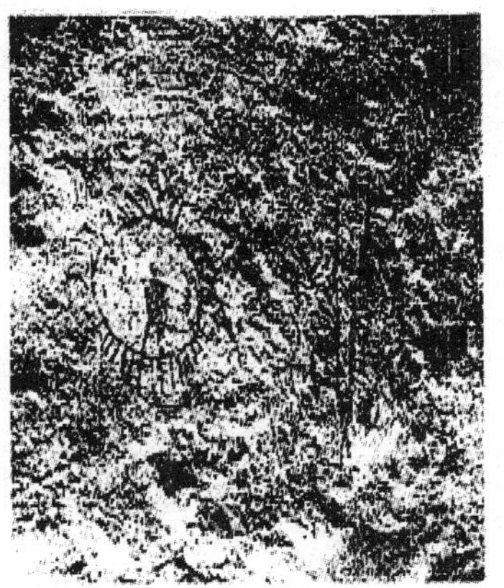

图 34—4　太阳神和美巫图

始畛域（畛 zhěn，界限）者之族徽也。"① 如果把这些图像跟金文族名图形和甲骨文、金文字形对照起来，便映现它们之间一脉相承的关系（见图 35）。但是，这些图像还不是真正意义上的文字。不过，可以证明文字

① 郭沫若：《殷周铜器铭文研究》，人民出版社 1954 年版，第 10 页。

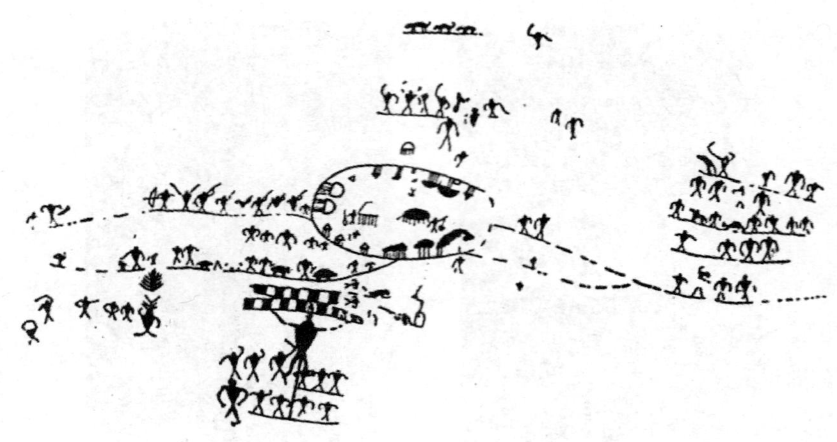

图 34—5　云南沧源岩画

图 35

的前身是图画文字，图画文字的前身是图画。图画文字才是真正意义上的文字起源的源头。可见，图画文字处于图画记事和象形表意文字之间的过渡阶段，是图画记事进一步发展的结果。图画文字不再是图画，它的构图表示一定的含义。对某一事物或现象有一定的抽象的概括，构图的笔画比较固定，减少了随意性。通过约定，可以不经过当事人的解说，便可以领悟其意，正确了解其所表达的信息。

图画文字和图画的区别：图画凭着整幅图像直接表意，没有固定的读音，跟有声语言无联系，而且图像逼真、繁杂，对同一事物画法可以不同，意思也不确定；而图画文字起初可能跟图画相似，但图画文字通过读音来间接表意。文字是记录语言又代表语言的，有固定的读音，而且线条简单，写法一致，大家认可。

因此，只有当图画越画越简单，呈线条化，和语言结合起来，代表语言里一定的词，能够读出音来的时候，这样的图形才变为最初的原始文字了。唐兰先生说："文字本于图画，最初的文字是可以读出来的图画，但图画却不一定能读。"所谓"可以读出来的图画"，就是指哪些表面上看是图画，实际上已经是记录语言的书写符号了。这是文字同图画的本质区别。所以，图画文字孕育了原始文字的雏形，后来逐渐发展成初期的象形文字（见图36）。

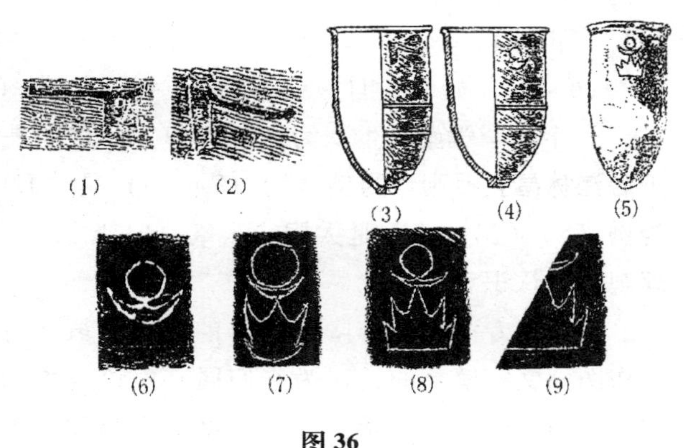

图 36

这是1974年在山东莒县陵阳河遗址出土的父系氏族社会大汶口文化时期灰陶上发现的五个繁简构形符号（见图36）。同时，还在山东诸城前寨遗址出土的陶片上发现一个残缺的象形符号（9），跟上面第（7）（8）象形符号相似（见图36）。这都属于大汶口文化（因从山东泰安市南大汶口发现而得名）晚期的器物，距今4000—5000年，后于仰韶文化，但这些象形符号，显然跟仰韶、马家窑、良渚和龙山等文化的记号风格不同。虽然遗留着图画的痕迹，但已经完全线条化了。如果把这些符号跟图37的甲骨文、金文相比较，不难发现它们之间一脉相承的密切关系（见图37）。

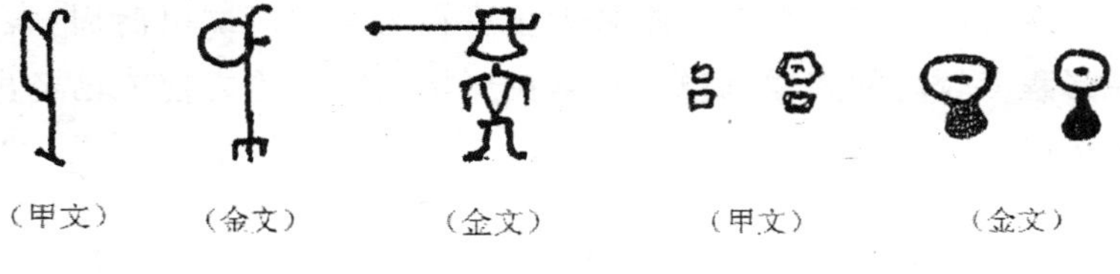

图 37

图36例（1）像钺形，甲文金文的钺字跟它相似，特别是《金文编》所载的族名金文，上面的大斧与之很相似；例（2）、例（3）像"斤"形，甲骨文作[符号]与之相似；（4）（5）（6）（7）（8）五例中的"⊖"像甲骨文的"⊖"，"[符号]"像火焰或云气，"[符号]"像五峰并立之形。唐兰

释例（1）为“戉”或“戊”，释例（2）（3）为斤，释例（4）（6）为“炅”（jiǒng），释例（5）（7）（8）为“炅”的繁体[①]。于省吾则认为例（4）（6）是原始的“旦”字，是个会意字，例（5）（7）（8）为繁体的“𣆄”[②]字。李学勤先生认为例（5）（7）（8）是“炅山”的合文”[③]。博士后江林昌教授则认为例（5）（7）（8）是“日月山”的图形[④]。我们认为例（5）（7）（8）是太阳、云气、山峦之形，是古人对自然现象和地理观察的认识和镜像。

上述是专家对五个陶器符号的厘定。虽然看法不一，但都是把它们当作图画文字解释的，认为它们同有声语言中的词联系起来，不再是非文字的图形，而是原始文字了。据史学家和考古工作者的研究，大汶口文化的晚期，社会生产已经相当发达，阶级分化比较明显，已经具备了文字产生的条件和可能。因此，这些图画文字就是演变成原始象形文字和汉字形成的基础。这就是我们所说的陶文。但是，高明在《中国古文字学通论》中说，今天我们看到大汶口遗址出土的全部在陶器上刻画的符号，完全可以说明它们仍然是图像而非文字。

而且，有些专家也认为这五个陶器符号还不是文字。汪宁生认为它们“属于图画记事的范畴”，是“代表个人或氏族的形象化的图形标记”[⑤]。王凤阳先生在承认了这些图像跟甲骨文金文比较是古汉字之后，说“如果没有足够的证据，我们贸然说这些图形就是古汉字，这就过于轻率了”，“至于它们究竟是族徽还是物主名，是图画文字还是象形文字，这可以留待有了更充分的材料之后去论证”。[⑥]王氏主要觉得证据不足而维持模棱两可的观点。其实，族徽大多可视为文字。试以商周铜器上的几个象形程度较高的族徽来说，其早在原始文字产生之前就已经出现了（见图38）。

---

① 唐兰：《关于江西吴城文化遗址与文字的初步探索》，《文物》1975年第7期。

② 于省吾：《关于古文字研究的若干问题》，《文物》1973年第2期。

③ 李学勤：《论新出土大汶口文化陶器符号》，《文物》1987年第12期。

④ 江林昌：《楚辞与上古历史文化研究》，齐鲁书社1998年版，第97页。

⑤ 汪宁生：《从原始记事到文字发明》，《考古学报》1981年第1期。

⑥ 王凤阳：《汉字学》，第89—90页。

图 38

汪宁生认为，这类族徽跟大汶口文化一样，属于“图画记事”，而不是真正的文字。但又说其中“大部分图形成为后来的文字的前身”①。裘锡圭先生说：“在汉字形成的过程里，那部分族徽无疑大部转化成文字了。而且象形程度较高的族徽一般都应该是文字……它们作为文字的性质是不容怀疑的。”②

从绘画图像演化为最古的图画文字是完全可能的。因为图画文字是简化了的图画，是客观事物简略的轮廓。安特生（Anderson）的《甘肃考古记》（《地质专报》甲种第 5 号）所载“辛店期”彩陶花纹中有四个图像（见图 39）。

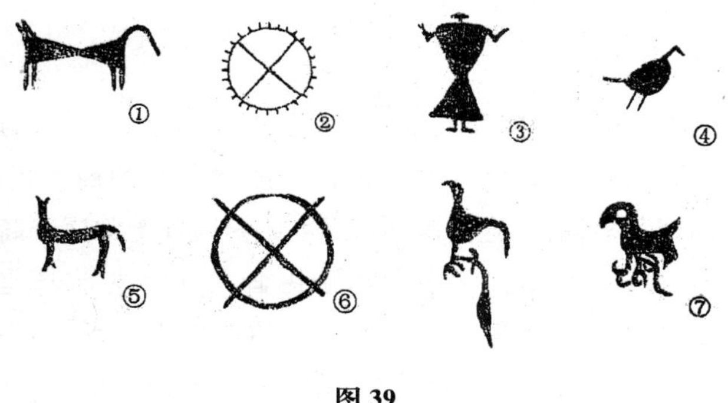

图 39

这四个图像，简单而轮廓化了。应该说，跟一般的绘画不同。姜亮夫先生说，可以认为像马，像日轮，像着衣人，像鸟四种形体。但不能看作“马、日、人、鸟”四个字，因为，①兽只画二足，不画四足；②日轮外的光芒不需这样多，使用线条并无复杂填实之法；③马、人、鸟三形，文字中未见填实的方法；④人形既有手足又有衣饰，则所表为人?

① 汪宁生：《从原始记事到文字发明》，第 40 页。

② 阴法鲁等：《中国古代文化史》（1），第 138 页。

为衣？文字中无如此复杂结构。总之画得太多，写得太少。只能说这是画不是文字。但这四形均和甲骨文金文四个字的基本母体是相同的。而唐兰先生则将①②③④形跟⑤⑥⑦四形进行比较对照，认为①是马形，因其面向后看，而只见其双耳，②像齿轮，③像人形而着衣，④像鸟形。指出①形和⑤形极似，只是四足与二足之别；轮形⑥较轮形②甚简而已；④鸟形在商代时多作一足，然也有作两足者，如⑦。于是，唐氏说，“由上面所比较，已能证明陶甕所绘确是文字”[①]。这就表明仰韶文化后期已经出现了近于图画文字的马、日、人、鸟诸形。

1973 年，考古工作者在河北藁城县台西村商代遗址，发现了 18 块陶器残片，每片上刻有一个图画符号。其中 4 片上的图画符号形象“刀”“目”“止”等早期文字（见图 40）[②]。

图 40

季云说，这是几个“陶器文字”，时代稍早于商代后期，确实像“刀、目、止”等形[③]。裘锡圭认为“其字体古于殷墟发现的商代后期的陶文和甲骨文”[④]。而郑若葵说：“这批陶文符号在绝对时间上都属于商代早期。”[⑤]

综上所述，可以看出，汉字起源于图画，汉字的前身是图画文字。从图画发展为图画文字，是文字发展史上的一次大飞跃。但是，图画文字还不是真正意义上的文字，因为“文字是写词记言的，图画文字只能示意，不能写词记言，故它不是文字”[⑥]。有的学者把距今约 6000 年前的仰韶文化以来的陶器刻画符号称为“文字萌芽阶段”[⑦]。

---

① 唐兰：《古文字学导论》，第 397—398 页。

② 季云：《藁城台西商城遗址发现的陶器文字》，《文物》1974 年第 8 期。

③ 同上。

④ 阴法鲁等：《中国古代文化史》（1），第 141 页。

⑤ 图 40 取自郑若葵《解字说文》，第 106 页。

⑥ 见孙常叙《古文字学提纲》，第 122 页。

⑦ 见陈炜湛《汉字起源试论》，《中山大学学报》1978 年第 1 期。

第四节 汉字起源的时代

语言是伴随着人类社会的产生而产生，发展而发展的，它与社会同在。有了人类社会就有了人类语言。但作为语言的辅助工具，负载语言的文字，却不是一下子就产生的，而是人类社会发展到一定阶段的产物。在漫长的原始社会，生产力十分低下的情况下，文字是不可能产生的。只有当人类社会生产的东西除了满足部落全体成员的需要之外，还有剩余的物资时，由原始氏族社会发展到部落，出现了阶级，由于人们交际的需要，文字才有产生的可能。因此，文字当产生在原始社会解体，阶级社会已经开始的新石器时代。

如前所述，由于文字资料的缺乏，对汉字起源的具体时间还难以实证和确认。但是，从我国出土的文物来看，汉字起源的历史可以追溯到原始社会晚期——新石器时代。这是学者们所公认的。但新石器时代仍是个概数。

1949 年后在河南舞阳县的贾湖（新石器时代）遗址，发现的龟甲上简单刻画符号，距今有 7000—8000 年的历史了，有人称之为“原始文字”，但缺乏足够的证据。

晚于“贾湖”符号的则是半坡类型的几何形符号。这种符号属于原始社会末期的仰韶文化，距今有 6000 多年了。于省吾说：“仰韶文化距今有 6000 年之久，那么我国开始有文字的时期也就 6000 年之久，这是可以推断的。”① 但裘锡圭说：“这是不妥的”，因为“古汉字除了使用象实物之形的符号之外，也使用少量几何形符号。一、二、三、亖（四）、X（五）、Λ（六）、十（七）、)(（八）、丨（十）等文字是最明显的例子（数字‘九’，学者们认为是一个假借字）……很多学者认为这种符号就是这些数字的前身，这是有道理的。不过，这并不能证明原始社会使用的记数符号是文字。”这类符号“一般比较简单，不同地区的人很容易造出相同的符号来。这种同形的符号……还不是文字。除了少量符号（主要是记数符号）为汉字所吸收外，它们跟汉字的形成大概就没有什么直接的关系了。而且即使是那些为汉字所吸收的符号，也不见得一定是来自半坡类型的符号”。②

① 于省吾：《关于古文字研究的若干问题》，《文物》1973 年第 2 期。

② 阴法鲁等：《中国古代文化史》（1），第 131—132 页。

后于仰韶文化的则是山东的大汶口文化，“距今四五千年，下距早期甲骨文（公元前一千三四百年）的发现，不过千年左右。考虑到图画文字曾经使用过几千年，考虑到纳西族的东巴文经历了1000多年，还没有完成由图画文字向象形文字的过渡，那么就没有理由排除这些画像是图画文字或象形文字的可能”。[①] 可是，前述大汶口文化晚期（约为前2800—前2500）出土的4个刻画符号，作为过渡文字来源，它们是图画文字。如前所述，于省吾、唐兰都认为它们是早期的原始文字；裘锡圭也认为其“跟古文字相似的程度是非常高的，它们之间似乎存在着一脉相承的关系”。

1986年5月1日，《光明日报》报道：“陕西省考古工作者最近在西安市西郊一个原始社会遗址，发掘出一批原始先民刻写的甲骨文。……这批甲骨文字体极其细小……笔画细若蚊足，刚劲有力，字形清晰，字体结构布局严谨，与殷代甲骨文字体接近。……时代属于龙山文化晚期。有关专家分析认为这里出土的甲骨文比过去发现的认为最早的河南安阳殷墟出土的甲骨文，时代要早1200年以上……”如果这是确凿的话，那么甲骨文距今历时有4500多年了。

1994年，湖北省考古工作者在宜昌市内的杨家湾遗址发现我国最早的象形字，把文字起源推到6000多年以前。杨家湾遗址是新石器时代遗址。专家们认定，这些象形符号同殷墟甲骨文十分接近，是迄今为止我国发现的最早的象形文字。

2004年，在山东省昌乐县出土100多片兽甲骨，其上刻有600余个符号，保存在肖广德家。2008年7月，山东大学刘凤君教授认为这是文字，称之为“昌乐骨刻文”。经中科院王宇信等5位专家鉴定认为这是距今4000—5000年的中国早期文字，但仍在进一步讨论核证中。这批刻字骨头是山东文化晚期的遗物，其上文字属于中国早期——东夷的象形文字。据说是已经能够记录语句的记事文字，比殷商甲骨文提前将近1000年。

2008年，陕西省岐山周公庙遗址再度发现近百片卜骨和卜甲残片。其中有字者11片，可识的字28个。据考古者介绍，与甲骨同时出土的陶片判断，其使用期属于商周晚期，最早当是西周早期。截至目前，周公庙遗址共出土有字甲骨超过百片，其中单字523个。[②]

---

① 王凤阳：《汉字学》，第89—90页。

② 见《文汇报》2008年4月8日。

综上所述，证明殷商甲骨文并不是最早的文字，远在它之前千余年已有文字。汉字的起源同原始图画记事有关，图画文字是汉字形成的基础和源泉。汉字起源的时代，是原始社会的末期，即新石器时代的晚期。其根据是杨家湾大汶口文化晚期陶器上刻画的图像，距今6000余年。

第五节　汉字是众人智慧的结晶

从上述汉字起源的各种传说来看，汉字是先民为了组织社会生产，安排社会生活和协调日益繁多的社会交际的需要而创造的；从仰韶文化和大汶口文化时期等陶器上刻画的符号和图像来看，它们都是出自陶工之手，说明汉字最初掌握在劳动者手中；从甲骨文、金文异体繁多的事实来看，证明它们绝非出自一人之手，而是众人所为；从各地发现不同时期的原始文字看，也证明了汉字不是一人所创的。因此汉字是众人（含巫史）在不同时期、不同地点共同创造的。《荀子·解蔽》说：“故好书者众矣，而仓颉独传者，壹也。”（壹：有“专一”“统一”“掌握了正确的规律”等不同的说法。）鲁迅先生在《且介亭杂文·门外谈》中指出：“要之文字成就，所当绵历岁时，且由众手，全群共喻，乃得流行，谁为作者，殊难确指，归功一圣，亦凭臆之说也。”“仓颉也不止一个，有的在刀柄上刻一点图，有的在门上画些画，心心相印，口口相传，文字就多起来。史官一采集，便可敷衍记事了。”① 可见，汉字，是众人长期生产实践的产物，是全社会的共同发明的，是众人智慧的结晶。

思考与练习（二）

一　汉字起源有哪些传说？其中记事传说对汉字的产生有哪些影响？

二　为什么说汉字起源于图画？为什么说刻画符号不是文字之源？你的看法如何？

三　文字和图画的本质区别是什么？

四　什么叫图画文字？它在文字发展过程中处于何种地位？

五　汉字起源于什么时代？证据是什么？你认为汉字的产生距今有

① 见《鲁迅全集》第6卷，第88页。

多长时间？

六 文字产生的条件是什么？

七 为什么说汉字是众人智慧的结晶？

八 解释一下“河图”“洛书”之说。

施亚西　作　**隔海相望　共迎曙光**

第三章　神州现曙光　载休倍葱茏

——文字的发展论

汉字是在汉语的基础上产生的，并随着汉语的发展而发展，相继延续了4000余年的历史，始终作为汉语的辅助工具，推动社会不断前进。

——高　明

汉字由一元变二元。象形文字如果不进入二元化阶段，就不能克服自身障碍，达到全面表达本民族语言的理想境界。

——何九盈

从人类对文字迫切需要开始，到文字体系的真正形成，经过了一个漫长艰难复杂的过程。如前所述，先民为了达到远距离传达信息的目的，曾经使用过篝火、烽烟、击鼓、号角等方式；为了达到帮助记忆，把需要记下来的事情传给后代的目的，曾经采用过结绳、八卦、刻契、图画等记事的手段。

随着原始社会生产、经济、文化的不断发展，简单的图画文字已不能满足广大社会成员的用字要求。于是人们便在图画文字的基础上，进一步简化、整理、充实和发展，逐步形成了系统的相对固定的书写形式，有音读和意义的文字体系。因此，汉字的发展经历了从无到有，由少到多，由简单到复杂，而又从复杂到简单的往复过程。

第一节 汉字体系的形成及其时代

在第二章中，我们谈到文字起源于图画，从图画发展为图画文字。但是，作为族氏标记的象形符号——图画文字的出现，并不意味着汉字形成过程的开始。只有从图画文字发展到象形表意文字时，才形成了真正意义上的文字；只有当用象形表意符号记录成句语言中的词的时候，才是完成这一过程的真正标志。所谓文字体系是指由同一记录和表达原则所形成的文字及其相关方面的综合。

一 汉字体系形成的过程

文字是社会发展的必然产物。在社会生产不断发展和阶级社会形成的时候，人们感到用实物、图画和各种符号记事表意，不能满足协调社会生产和社会生活的需要，必须用书写符号记录语言的办法来记事或传达信息时，真正意义上的文字才会产生。

原始文字（即图画文字）和图画很可能是长期混用在一起的。云南纳西族的图画文字的使用就可以证明这一点如图 41 所示。①

这是云南丽江纳西族经典《古事记》中的一段原始文字：①是人拿着一个鸡蛋；②是表意字，当“解开”讲，和当“白”讲的词同音，故

① 图 41 及其说解引自傅懋勣《丽江么些象形文字〈古事记〉研究》，武昌华中大学，1948 年，第 29 页。

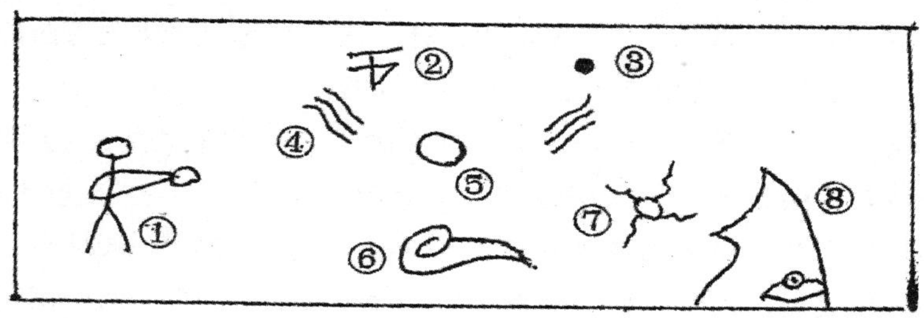

图 41

假借作“白”；③是表意字，当“黑”讲；④指风；⑤是蛋；⑥是湖；⑦表示蛋破发出的光；⑧是形声字“山崖”。据纳西族的经师说，这段原始文字的意思是：人把蛋抛到湖里，左边吹白风，右边吹黑风，风吹荡着湖水，湖水飘荡着蛋，蛋撞到山崖上，发出金灿灿的光来。在这段原始文字里，已经使用了假借字和形声字，如②③⑧。而更多意思仍是使用图画手法表示出来的。又如纳西族东巴经中《人类迁徙传略》的片段，见图 42。[①]

图 42

其原始文字是：①像天空，此表“天高”；有时假借为万、疤。②像群星密布。③是复合图像：左边上面像银制的耳环，因为他们习惯以银制作耳环，用该图像象征“银”；下面像以金制作的胸花形，用以象征“金”；右边是丽恩后面拖出一条绳子，表示“崇则丽恩背着”，背的标志是左边上下图像之物。④像日没将近之形，借音表“不”。⑤象塔形，借音表示“可以、可能”。⑥像土地、平原。⑦像丛生而浓密的草，跟⑥相

① 图 42 及其说解引自方国瑜、和志武《纳西象形文字谱》，云南人民出版社 2013 年版，第 523 页。

合表“大地长满了草”。⑧像人手持长杆，表示“赶”。⑨以弯曲的牛角表“牛”。⑩以直角的山羊头表“羊”⑪同④。

据纳西族经师解释，这段经文（即图画文字）的意思是：“天高星密布，不能背着金银来，地大路遥远，不能赶着牛羊来。”这四句话内容，是承丽恩以前和其岳父祖老阿普的对话而来，是“崇则丽恩回答”的内容。如果把复合图像③分解为“丽恩”“背”“金”“银”四个图像，那么，这段经文则用了14个图像，表达了上面4句话。如果把这14个图像按着词计算，共用了19个词；如果把“不能”分开，是21个词。其中不仅使用了假借字（如④不、⑤可能）、形声字（如③背、⑧赶），而且使用象形、表意字（如①天、②星、⑨牛、⑩羊）。所以，这段经文显示出：主要语句几乎用词表达，次要语句则用图像表示。可见，也是图画文字和图画混用在一起的。以上二例充分证明：文字起源于图画。

同理，汉字跟纳西族图画文字相类，也一定经历过图画文字和图画混合一起使用的原始阶段。如图43“人射鹿”[①] 所示。

图43

这是唐兰先生在其《中国文字学》一书中曾引用的岩窟艺术里“人射鹿”的图画，跟古汉字“人射鹿”三个字前后相比较，就“人”“鹿”和“射”这一动作的象形符号来看，文字和图画的界限是难以分清的。

文字跟图画的明确界限是表意字的出现。所谓表意字，我们认为，凡是字形本身跟所代表的词义有联系，却跟词的读音没有联系的字都是表意字。如：

日、月、山、川、艸、木、鹿、虎、人、手、口、舌、仓等（象物）；步、走、乘、降、临、见、言、食、休、居、乳、受、保等（象事）；大、小、旦、朝、春、秋、先、既、两、双、轰、毳、暴等（象

① 图43及其说解引自唐兰《中国文字学》，第79页。

意）。

其中名词、动词和形容词都具备了。

上列汉字，是用象物、象事、象意各自不同的造字法造出来的，其实，都是象形表意字。虽然古文外形仍像图画，但其本质上跟图画是不同的。正如裘锡圭先生以“大鹿”表示“大鹿”一样，“跟画一头很大的鹿来表示这个意思，是根本不同的两种表意方法”。如果不懂“大”是表大人之“大”就不能理解“大鹿”的意思。只能把它们视为一个人跟一头鹿在一起的图画。鹿，这类具体事物的象形符号，大概是在“大”这类跟图画有明确界限的文字产生之后，才在它们的影响下逐渐跟图画区别开来，成为真正的文字的。① 但是，就其数量来说，语言里还有许多词，是不能用象形表意法为它们造字的。因为具体的事物有形可象，意义抽象的则难以用图像表示。如数词、虚词等，这又是记录成句的语言不可缺少的。

在原始文字产生之前，先民曾用抽象的几何形符号记数（见图 44）。

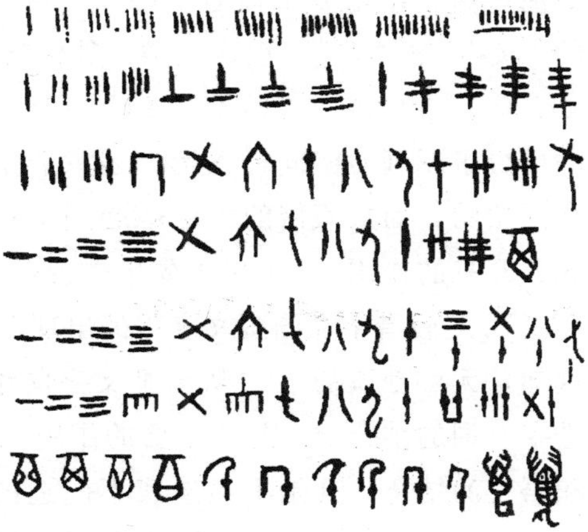

当文字形成之初，先民为了给数词造字容易取像当时流行的少量几何形记号，并把它们吸收为文字符号。古汉字中一、二、三、亖（四）、×（五）、∧（六）、十（七）、（八）、|（十）、‖（廿）等这些数字就是取象于原始社会时期用来记数的刻画符号。我们称它为记号字。此外，还有“·”“○”“□”“∧（入）”“爻”等也都是属于这一类字。

图 44

但是要为记号字造很多的新字是困难的，而且记号字的形体和它们所代表的词没有任何内在联系，难于认记，不易接受，有很大的局限性。

为了克服表意字和记号字的局限性，适应文字记录语言的需要，在

① 见阴法鲁等《中国古代文化史》（1），第 143—144 页。

文字体系的形成过程中就大量采用了同音假借的办法，即表音的方法，就是借用某字作为表音符号（即音符），来记录那些难以为它们造字的词，以满足语言对文字记录的要求。

于是对那些意义抽象的事物和表示细类的具体事物的大量的词，象形表意法是无能为力的。例如：表示时间和空间的“年、岁，宇，宙、广、阔、间、隙、域”，表示方位的“东西南北中、左右前后”，表示人称的“我、予、吾、汝”，表示感觉的“软硬冷热”，表示味觉的“苦辣酸甜”，表示道德观念的“仁义礼智信、忠孝仁爱”，表示颜色的“红橙黄绿青蓝紫”，表示称谓的“爹娘兄弟姊妹”，表示声响的“哎呀，叮当……”以及各种山名、水名、树名、草名、姓名等。都不能以形造字，而假借方法却能解决这一切用字问题。

据统计，假借字占甲骨文应用字量的三分之二。所以古汉字中有大量的假借字，而且很多是用来记录上述所举的一些常用词。

在云南纳西族图画文字中，也和古汉字一样，大量地使用了假借字。如前述《古事记》中借当“解开”讲的“[illegible]”作“白”，借当“蛋”讲的“○”作“有”；在《人类迁徙传略》中，借“象天空”的“[illegible]”作万、疤，借“象日没将尽”的“[illegible]”作“不”等。这足以证明假借字的历史跟图画文字同样久远，表意造字法的出现和假借方法的使用是同步开始的，而且假借的方法也起到了跟表意字的产生一样有助于同图画区分开来的作用。[①] 王凤阳先生也说：“假借在象形文字的孕育时期就发生了”，“假借字在图画文字中的出现”是“作为先进的记词文字出现的，这却是无可否认的”，“从图画文字向象形文字的过渡中，假借现象在促进字、词的结合上，起了重要的作用”，“从假借发生后，才保证了文字和语言的结合。凡是不易造或不能造的字，只要借用一个同音字来使用就行了。文字到此时，几乎达到了无所不能记录的程度了”。[②] 因此，裘锡圭先生结论说：“跟图画有明确界限的表意字和假借字的出现是文字形成中正式开始的标志。假借方法的普遍使用，大大提高了文字记录语言的能力。”[③] 但是，作为本有自己所代表的词的借字，同时又被借去记录

① 见阴法鲁、许树安《中国古代文化史》（1），第143页。

② 见王凤阳《汉字学》，第394—395页。

③ 见阴法鲁、许树安《中国古代文化史》（1），第143—144页。

一个或几个同音词时，容易发生字义混淆的现象。

为了避免大量使用假借字造成的“一字表多词”或“一词借多字”而导致书面语交际中的混乱现象，消除歧解，解决“一字表多词”“词有多形”所造成的字符记词中的游动性，只能加强字、词之间的固定性，使专字表专词、专词用专字，使表音的假借字定型化。这就是形声字产生的主要原因。因为形声字是为求区别而使用的造字法，只有形声字才是解决“词有定字”、专字专用的途径。因此，先民就把一些表意的字符用作指示字义的符号，将其加在假借字上而成为形声字。例如：

“界”字，甲骨文作，中间像侧立之人形，两侧的点像鳞状的铠甲片（见图45）。本义是铠甲，罗振玉认为介“象人著介（甲）形”。《礼记·曲礼上》：“介者不拜。”引申为疆界、界线。《诗·周颂·思文》：“无此疆尔介。”后加义符“田”成形声字“界”字。借作芥菜或小草时，加义符“艸”作（芥）。

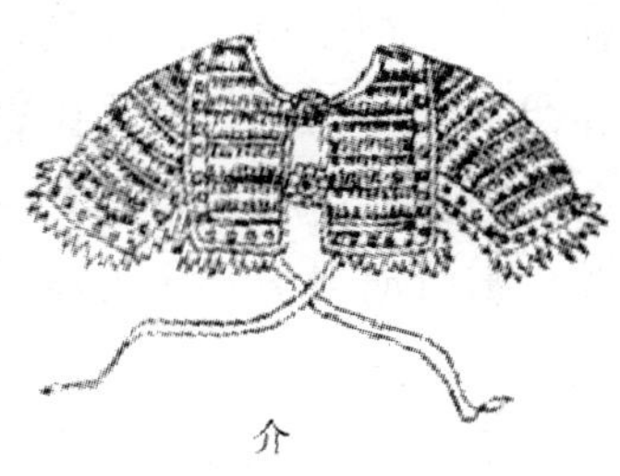

图 45

这种由表音符号和指示字义的符号构成的字，称作形声字。表音部件叫声符，表意部件叫形符。这便是为了使文字跟它们所代表的词联系得更加紧密明确；一方面在被借字上“增形以示意”，上例便是；另一方面在表意字上“加声以表音”。例如：

鷄、鳳　二字都从鸟，表示鸟属，甲骨文分别作、、，形近易混，后来在表意字“鸟”上加声符“奚”而成“鷄”，加声符“凡”而成“鳳”字。于是鸡和凤二字都成了形声字，形体上也有了分别。

形声字的产生，是在被借字或表意字上加注形符或声符的结果。这是构造形声字的主要途径。形声字的使用，极大地提高了文字表达语言的明确性。这是文字体系形成过程中一个极为重要的步骤。但是汉字体系尚未最后形成，除了因为前举纳西族原始文字图文混用和“人射鹿”，证明汉字也曾经经历过图文混用的原始阶段之外，在早期的甲骨文、金文中也残存着图画表意手法的痕迹，有些表意字随着语言环境的变化而改变字形。如：

甲骨卜辞中同一个“子”字，在帝乙帝辛时期的《干支表》中作，像正面孩子之形，图画性很强；而在武丁时期的卜辞《令雨》“戊子卜，𣪊贞：‘帝及四夕令雨’”中，“子”则作，完全失去了图画之貌，呈线条化。又如：

商王经常为祖先举行“𢍚祭”（供上肉食）。《说文》：“𢍚，礼器也。从廾持肉在豆上。读若镫。”𢍚，卜辞作，不从肉，像双手捧着盛装祭品礼器“豆”进献祖先。如果𢍚祭所用供品是鬯（chàng，酒名），那么𢍚字就写成了“𪏸”，成为有特定用途的𢍚字的异体字。①

这种原始的用字习惯在金文中不乏其例，“牢”字在《爵文》中作，在《貉子卣》则作；“君”字在《史颂簋》作，在《散盘》中作，在《邾公釛钟》作；“先”字在《壶文》作，在《盂鼎》作等。因此，在甲骨金文中一字多形时期的异体字相当多，恰好反映了字无定型时期用字混乱的局面。直到秦统一文字之后，才结束了这种原始用字的习惯。

汉字体系的最后形成，尚需逐渐摒弃图画表意手法，简化与固定字形，不断增加新字，尤其是形声字的创造，以满足文字的排列跟语序相一致的要求。

需要说明的是，不要以为汉字的创造是按象形、指事、会意、形声等先后顺序进行的。这种“分阶段造字”的想法，不符合汉字的产生、发展的实际。因为不是先有了造字法而根据造字法造字的，造字法是后人根据已有汉字结构归纳总结出来的。班固、郑众、许慎对六书名称的排列顺序之所以不同，就反映了他们各自对文字出现先后的不同理解和看法。须知，任何一种造字法都不是某种造字法停止造字之后才突然出现的。如果从文字体系理念出发，就不难理解象形表意字是在图画文字中孕育而成熟的，形声字是因假借字的大量使用造成词义理解上容易混淆而产生的。所以，各种造字法不是依次出现的，而是同步进行的。纳西族的东巴文，把图画跟词结合起来的过程表现得十分清楚。亦可为证。

二　汉字体系形成的时代

由于文字资料的缺乏，关于汉字体系形成的具体年代，尚难确定。

① 见阴法鲁、许树安《中国古代文化史》（1），第 148 页。

不过，学者们根据古代史书、典籍，做了一些研究和推测，发表了各种不同的见解和主张。

唐兰先生在《古文字学导论》中说，“文字发生在夏代以前”。孟维智主张，汉字形成于夏初。① 高明说：“汉字早在夏代即已开始使用。”（见本书序）徐中舒、唐嘉弘认为“象形文字出于商代后期的卜人集团”②。把汉字体系形成的时代估计得太晚了。李大遂认为“汉字体系初步形成的时间，可能在黄帝时代，即公元前2500年前后”③。其根据是史书《世本》《史记》《古史》和《尚书》中有关黄帝等史实记载。

鉴于上列诸说不一，证据不足，是非难定。裘锡圭先生认为：“汉字形成完整的文字体系，很可能就在夏商之际。”他的根据，主要有两点：一方面商代后期汉字已经能完整地记录语言，而且显得相当成熟。表现在与商代记名金文相比，象形程度高；与甲骨金文相比，这种金文写法简单，字体不大象形。因直行排列而字形竖了起来，如（豕）、（疒），使用相当广泛，而且史官书写技巧水平高；商代后期文字中遗留下来原始的迹象——“有些表意字随着语言环境而改变字形，以及文字排列偶尔跟语序相应等”，这些现象在西周以后的汉字里已经绝迹。另一方面，根据《尚书·多士》中殷的先人有典册记载“殷革夏命”之事，夏王朝已进入阶级社会时期，需要完善文字，并有关于夏王朝完整的世系流传，足以证明，汉字当时有了巨大改进。所以，裘氏结论说：汉字大概就是在这样的基础上，在夏商之际（约公元前17世纪）形成完整文字体系的。④ 我们认为这个推测是比较符合汉字发展的实际情况的，是可信的。

高明先生说：“从考古发掘资料证明，中国汉字早在夏代即已开始使用，如山西襄汾陶寺遗址出土陶扁壶的朱书文字，就是很好的见证。虽然陶寺文化遗址出土的文字资料数量不多，但从朱书文字形体结构分析，则同商代甲骨文一脉相承，同为一个体系。从而说明汉字发展至今已有四千多年的历史。”⑤ 亦可为证。

---

① 见孟维智《汉字起源问题浅议》，《语文研究》1980年第1期。

② 徐中舒、唐嘉弘：《关于夏代文字的问题》，《夏史论丛》，第127—140页。

③ 李大遂：《简明实用汉字学》，第21—22页。

④ 见阴法鲁、许树安《中国古代文化史》（1），第149—150页。

⑤ 见高明先生赐本书“序”。

第二节 从图画文字向象形文字的发展

图画文字处于图画记事和表意文字之间的过渡阶段。它是图画记事的进一步发展，又是象形表意文字产生的源头。因此，图画文字不是真正意义上的文字。因为“它不能写词记言，以图示意，不能写话，同一画面，可有不同的解释。而图画文字只能勾画有形可画的词，不能画出‘无形可象’的词。只能‘画意’，不能写话，就不是文字”。但是，它以再现客观事物的图像而起提示作用。它的提示作用有两个方面，而这两方面又有先后发展的过程：一方面它通过图像，引起人们的联想，提示记的事情，起着传情达意的交流作用；另一方面发展为通过图像唤起人们对语言的记忆，提示语句，防止遗忘。如前举“人射鹿”之例。那么图画文字是怎样发展为象形文字呢？

图画文字发展为象形文字，是通过逐渐减少图画文字提示性而逐渐增加其记录性来转变的。这个转变，就是逐渐失去图画性而发展为符号性的过程。汉字从图画蜕变出来的图画文字，是图画性很强的早期象形图像。甲骨文和商周的彝器铭文中就有许多图画文字（见图46）。

图46

这种图画文字使用起来很不方便。为了方便实用，先民对它们逐渐加以改进、简化，减少它们的图画性，加强它们的线条符号性。于是甲骨文便形成了（见图47）。

图47

这就是象形文字。可见象形文字是在能够提示语言的图画文字的基础上发展来的。这种发展或叫作演进，就是减弱图画文字的图画性，增强其记录语言的符号性，提高文字清晰度的过程。

实现图画文字向象形文字的转变，完成记录语言的标志是，通过把图像反映现实中的各种关系转变为反映语言中的各种关系的过程。这个过程，要经过从开始提示不定单位的语言，到变为提示句子，再变为提示词组，最后变为提示词的符号。也就是说，从提示语言到记录语言，是一个把提示的语言单位逐渐缩小的过程。当缩小到提示词的时候，就结束了图画文字的提示性，完成了象形文字的记录性了。由图画文字过渡到象形文字的标志是，象形文字能按照语言中的词序去排列句子，记录语言（参见本书23篇《甲骨文选读》，此不赘述）。

然而，象形文字不能满足记录语言的需要，因为客观事物是纷繁复杂的。具体的事物有形可像，画得出来；意义抽象的事物则无形可像，画不出来。这样，先民就借用已有的象形文字作为记音符号来使用，以解决全面记录语言的需求问题。这就产生了假借的方法。

作为一种用字方法，假借之所以便利好用，是因为语言中的词产生得快而数量逐渐增多，但赖以表达的字少。字的创造赶不上词的发展，而且字又不可能无限地膨胀发展，一些只有语法意义而无词汇意义的词，又不能依形造字。只好借用一个音同或音近的现行的象形字，作为纯表音的符号来使用。例如："它"字，甲骨文作，篆文作，象蛇形，其本义是蛇。《说文》：

"上古草居，患它，故相问'无它'"，意思是说，上古时候蛇多，对人有害，人们见面时，打招呼："无它（蛇）乎"，即"安全"吧？"无它"后来引申为"无祸"。可是，生活中有个表示无生命的代词，与"它"音近（歌部透母），便借本来代表蛇（歌部船母）的字形"它"来表示。于是又加虫旁造个形声字"蛇"字。

假借字，在甲骨文中被大量使用。例如：

（1）卜辞：贞兹云不其雨。

（2）乙丑卜，韦贞：我受年。

例（1）中的“丝”“不”“其”，都是假借字。“丝”本是两束丝之形，甲骨文“兹”省作“丝”，此借音作“此”。“不”，甲骨文作，本为植物胚芽或像花蒂之形，借为否定副词“不”。“其”甲骨文作，像箕形，这里借作表测度语气词“大概”之意。例（2）中的“乙、丑、韦、我”四个字在此都是假借字。“乙”是象形字，甲骨文作，本义是鱼肠，这里借为天干第二位。“丑”，甲骨文作，像人之手爪之形，此借为地支的第二位。“韦”，甲骨文作，中间是城，上下二“止”代表人巡逻守卫之意。此借作姓氏，指卜人。“我”，甲骨文作，是古代长柄、三戈的兵器，此借作第一人称代词。

在图画文字向象形文字发展的过程中，假借现象的多与少，标志着汉字记录语言程度的高与低。假借字越多，说明记录语言程度越高；反之就低。上面所举二例，使用假借字占整个字数的50%。又如：

其自东来雨①

这则卜辞共5个字，有4个假借字，占80%。“其”是箕的初文，借作表测度语气，相当于“大概”；“自”是鼻的初文，甲骨文作，像鼻形，这里借作介词“从”；“东”甲骨文作，像橐囊（口袋）之形，这里借作方位名词“东”；“来”甲骨文作，像小麦形，是麳的初文，本义是小麦，这里借作来去之“来”。这4个字的本义都与这句话无关，在句中只借用它们的读音来记录另外的词。

从假借字在句中所占比例之大来看，说明只有假借才能突破提示语句，满足记录语言的要求。

假借字的使用之所以能够使文字记录语言的程度提高，是因为图画文字和象形文字在表物和表事上存在着共性，这就不难突破和共用。所以，用来表示事物之间的语言关系和表示语法关系的虚词无形可像，只能用借音方法来记录语言。

---

①　选自郭沫若《卜辞通纂》，第375页。

第三节　表意法文字及其发展

如前所述，在象形文字（表形文字）中出现了大量的假借字。如果大量使用假借字，就会造成“一字表多词”或“一词借多字”，导致交际中“一词异解”的混乱后果。如一个“干”字（本意是触犯），可以借作与盾同义的干、与岸同义的干、干燥的干、若干的干、阑干的干等；一个“又”字（本义是右手），卜辞中借为有无的“有”、福祐的“祐”、保佑的“佑”，还有指在筵席旁助兴，劝人吃喝的“侑”。一说，这 4 字是“又”的引申义，是“又”的分化字，“又”是假借义。

联绵词有多种写法，是典型的“一词借多字”。如“犹豫”，古有“犹与、犹预、由豫、由夷、犹夷、优与、优予、容与、由与、游移”等 11 种写法，所以，假借给古书阅读和理解带来许多困惑。

为了求区别，就得另辟蹊径。由于客观事物的纷繁复杂，用表形法创造文字符号，满足不了表达语言的需要。先民便采取表意法创造文字。这就是通常所说的表意文字，亦即“六书”中的指事字和会意字。其实，象形字也是一种以形表意字。为了叙述之便，分开陈述罢了。

指事字是用抽象符号指示所要表达的意义，即用一些抽象符号或在象形字上加指事符号的象征方法来造汉字。例如：

上、下二字，意义抽象，画不出来。先民便用一长横和一短横组成（）、（），指示上或下的字义。又如：

本　金文作，在象形字“木”的下面加三点，表示树根。《说文》：“本，木下曰本。”《吕氏春秋·辩士》：“是以畮广以平，则不丧本茎。”高诱注：“本，根也。”

末　金文作，在象形字“木”上加一短画，指示树梢之所在。本义是树梢。《说文》：“末，木上曰末。从木，一在其上。”《左传·昭公十一年》：“末大必折。”

朱　甲骨文作，在象形字“木”的中间加一点或一短横，指示朱是红心木。朱的本义是红心木。《说文》：“朱，赤心木，松柏属。”

刃　甲骨文作，象刀的锋利之处。《说文》：“刃，刀坚利也。”在象形字“刀”上加一指事符号，表示刀锋所在部位。刃的本义是刀锋。

厷（gōng）　是肱的初文。篆作[illegible]，图文作[illegible]，在一条人臂上加一半弧形符号，指示人的胳膊从肘至肩一段，此为本义。《说文》：“厷，臂上也。”《汉书·王莽传》：“日德元厷右，司徒典致文瑞，考圜合规。”师古注：“厷，古肱字。”泛指胳膊。

孔　金文作[illegible]或[illegible]，在象形字“子”的头上加一弯曲符号，指出小儿头盖骨上的孔隙。孔的本义是头囟。《说文》：“孔，通也。”即通达。许慎解的是引申义。郭沫若《金文丛考》指出：“孔乃指示小儿头角上有孔也。故孔之本义当为囟。囟者，象形文字。孔则指事字。引申之，则凡空皆曰孔，有空则可通，故有通义。”

以上所举，是一些指事字例。指事字的产生，突破了象形写实的局限，使文字的发展已经由象形过渡到表意。这给人们造字以很大启发：既然可以在象形字上加象征性符号构造新字，那么，自然也就可以在象形字上加上另外的象形字构造新字。于是，先民就将两个或两个以上的象形字或指事字合在一起，表示一个新的意义。这就是所说的会意字，即表意文字。例如：

[illegible]（步）　用两个止字相承，一前一后，两脚相错，表示步行之意。《说文》：“步，行也。从止[illegible]相背。”本义是行走。

[illegible]（涉）　中间是一条河，上下两足各在河的一侧，表示人步行淌水过河。《说文》：“涉，徒行厉水也。”此为本义。

[illegible]（好）　由“子”和“女”组成，而甲骨金文皆女大子小，象妇女抱子之像，会意为上古认为妇女有子女为“好”，多生子女能使氏族人口兴旺，就是好。引申为貌美，《说文》：“好，美也。从女子。”《战国策·赵策三》：“鬼侯有子而好，故入之于纣。”意思是说：“鬼侯有个女儿长得容貌美好，因此被选进纣王宫中。”本义是女人有子女为“好”。

[illegible]（莫）　由一个日字和一个茻（mǎng）字组成，会意为日落入草莽，表示傍晚。《说文》：“莫，日且冥也。从日在茻中。”

[illegible]（舁）　用上下各举双手之形，会意为共同抬举东西。《说

文》："舁，共举也。"故舁的本义是共同抬举东西。

（围）　用口和两个象形符号组成一个复体符号，会意为许多人巡逻、守卫城邑之意。《说文》："围，守也，从口韦声。"

（暴）　用日、出、、米四个象形符号组成一个复体符号，会意为晒米。《说文》："暴，晞也。从日，从出，从，从米。"故本义是晒米。

这种用两个以上象形符号组成新字的表意方法，比起象形、指事造字表意方法来，范围广泛很多，创造的字也就多。据清末朱骏声统计，《说文》共收字9353个，其中象形字只有364个，指事有125个，而会意字有1167个。

总之，从以形表意的象形字到表意法字是汉字发展过程中一个重大进步，是记录语言符号走向成熟的标志。这个标志是能记录语言中意义单位词或语素的书面符号系统。表意法文字的特征是，文字已经跟语言结合，能记录有声语言中的意义单位以及这些意义单位的结构关系，逐渐脱离图像形式，笔画逐渐定型化，形成了书面符号体系，具有了符号性和社会性。

早期的表意法文字，通常每个符号记录的都是语言中的词，因为汉字记录的是音节，也就是词，所以，可以把汉字视为词符或音节符并用的文字，是形、音、义相结合的文字。如果只凭借数量少的象形字是不足以记录成句的汉语的。只有二维的表意法文字，才有可能形成初步的文字体系，才有可能记录成句的汉语，或者勉强地记录成段的文辞。

第四节　表音法文字及其发展

假借字和形声字是表音法的文字，不是音化的表音文字。表音文字是现当代许多民族采用负载语言的语音符号体系。表音文字同表意文字的区别是：表音文字中的书写符号是记录语言中的语音单位，即音位或音节。表音文字按照记录语音单位不同，可以分为音节文字和音位（音素）文字两种。

音节文字是一个字母代表一个音节的书写符号体系。音节文字的书写符号，叫作音节字或音节符。

汉字是表音节的，一个汉字就是一个音节。但汉字不是音节文字，而是“表音法的文字”，因为一个音节代表着好多个汉字。不过，汉字中除了词符之外，也有音节符。如联绵字中的每个字，都是多音节实词中的音节符号，其本身不表义。像犹豫、仿佛、逍遥、匍匐、苜蓿等。此外，还有丁当、关关、坎坎、冲冲、潇潇等拟声词。在复音词的语言环境中就是词符了。

任何一种语言的音节数目都是有限的。如果书写符号是表音节的，就可以用有限的书写符号来记录语言了。如果全用音节符，那就是真正的音节文字。但是，世界上真正的音节文字是很少的。除了埃塞俄比亚文字（近代体又叫阿姆哈拉文字）是真正的音节文字之外，几乎没有了。就连日文被一般以为是“音节文字”，其实它也不是，因为假名中夹用汉字。只有当全用假名的时候，才是真正的“音节文字”。表音法文字主要指假借字和形声字。

与词符文字相比，音节文字能以很少符号表达语言，便于学习和掌握。但是，音节文字的缺点是，由于音节数量比音素要多，如英文才 26 个符号、俄文 33 个符号等。书写音节时要加更多的符号，才能准确地表达语言。此外，音节文字表达不清楚尾辅音和复辅音。这些地方都不及音位文字（即音素文字）。

而汉字既不是音节文字，也不是音位文字。大多数汉字是表音法文字的形声字和假借字。古汉字作为表意法文字，是就其整体来说的。其实，古汉字中，也有许多纯表音的符号。如前所述，在汉字发展过程中，采用同音假借的方法，把一些表意法文字当作表音符号，借来记录语言。为了记录古汉语中的虚词，借[illegible]（其）作虚词“其”，借[illegible]（鼻）作介词“自”，借耳朵的“耳”作语气词“耳”，借丈夫之“夫”作指示代词或语气词，借负何之“何”作疑问代词“何”等，以及现代汉语中用假借方法来音译外来词，即把汉字当作表音符号使用。诸如：马克思、恩格斯、列宁、斯大林、罗斯福、尼克松、布什、奥巴马，莎士比亚、雨果、高尔基、巴尔扎克，莫斯科、纽约、伦敦、首尔，康拜因、冰淇淋、巧克力、可口可乐、威士忌等外来的人名、地名、物品等用字，都是只表音的一种假借。假借字实际是一种表音法文字。

由于语言既要反映客观事物的共性，又要表达客观事物的个性，把不同的事物区别开来，只用表意文字，是不能把客观事物之间的差异都描绘出来的。为了区别，就要在表意字上加注音符或意符。汉字在发展过程中，表音法的形声字的产生及其逐渐增多就是在表意字（含象形字）上或假借字上加注音符或意符的结果。比如犬和狼的外形极其相似。为了区别，就在象形字的“犬”上加注音符“良”而成“狼”字。同理，豺与犬也相似，就在“豸”上加注音符“才”而成从豸、才声的形声字“豺”了。这样就把两种相似的事物区别开来了。又如：

齿

齒　甲骨文作，像口中之齿形。后在象形字上，加注声符“止”而形成形声字“齿”。（见右图）

網　甲骨文作，像渔猎所用的网形。后在象形字“网”上加注声符“亡”，成为从网、亡声的形声字“罔”。

有的学者把“齿、罔”这类形声字称作“加声的形声字”（说是“声化”）。以上是在表意法字的基础上加注声符创造出来的形声字，而表意的方法是造不出来的。现代汉字中一些新的形声字也是在已有的表意字（含象形字）上加注声符造出来的。像化学元素中的一些字：在表意字“石”字上加声符的“硅、硒”等 8 个；在象形字“气”上加声符有“氢、氧”11 个；在表意字“金”上加注声符的最多：有“铀、钋、钚、铯”等 81 个；用“巴”作声符的可有“芭、粑、疤、把、靶、爬、爸、吧”等。

在表意法字上加注形符而成的形声字也是很多的。例如：

迫　在表示抽象意义“明亮”的“白”字上加注形符“辵”而成从辵，白声的形声字。《说文》：“迫，近也。”迫的本义是近。

辖　《说文》：“车声也。”非是。在表意字“害”上加注形符“车”而成为形声字。辖的本义是车键。

服　在表意字“𠬝”（fú，《说文》：“𠬝，治也。”）上加注形符“舟”而成的形声字。服的本义是使船前进。

舫　《说文》训：“舫，船师也。……‘舫人，习水者’。”舫是在表意字“方”（《说文》：“并船也。”）字上加注形符“舟”而成形声字的。

以上所举，是在表意法字上加注形符而成的形声字。还有一种是在形声字上再加注形符（意符）而构造形声字。诸如：

> 網　《说文》云：“从糸（mì）、罔声。”罔字本身就是一个“从网、亡声”的形声字。在形声字“罔”上再加形符“糸”旁，构成繁体的形声字“網”。網的本义是渔猎之网。
>
> 贤　《说文》云：“多才也。从贝、臤（qiān）声。”声符“臤”，《说文》：“坚也。从又，臣声。”后来加注形符“贝”，构成形声字。
>
> 落　《说文》云：“凡艸曰零，木曰落。从艸，洛声。”而“洛”字，《说文》云：从水，各声。”后加注形符“艸”而成形声字。
>
> 裁　《说文》训为：“制衣也。从衣、𢦏（cái）声。”而“𢦏”字，《说文》：“伤也。从戈，才声。”在形声字“𢦏”上再加注形符“衣”字，构成“裁”字。同理，在𢦏上分别加形符“火、车、異、木”，就构成“烖、载、戴、栽”等形声字。
>
> 顧　《说文》云：“还视也。从页，雇声。”而声符“雇”，《说文》云“从隹，户声。”在“雇”字上加形符“页”，构成繁体字的形声字“顧”。

这种取一个形声字作声符，再在其上加注一个形符造出的新的形声字虽然数量不是很多，但也足以见出形声造字法是有着广阔前途的。

作为语言辅助工具的文字，它的任务，就是在其发展中，逐步满足记录语言的需要，因此，汉字要分别指称出汉语中全部的词。要想做到这一点，只有形声造字法堪当其任。正如何九盈先生所言：“象形文字如果不进入二元化阶段，就不能克服自身障碍，达到全面表述本民族语言的理想境界。”因为表意字只着眼于词义构形是有很大局限性的。单纯靠绘形象物的构形方式是没有出路的；假借的使用，又只考虑到汉字所代表的语音跟词的联系。而表意字则有利于“目治”①，字形表意特征对于

① 目治：亲眼观察。这里是“用眼睛看”的意思。

习惯于目治阅读的人来说，是重要的。假借字只重字音却不顾字与词的形、义联系，使人感到困惑时，必然要求一种新的构形造字方法出现，这就是“表音法”的形声字。

因此，一种既能在形体上显示出字形意义所指，又能适应大量新字的要求的方法便应运而生。这就是在大量的因假借而造成的“一字表多义”的字上加注形符或声符而组成的新的形声字的方法。

形声字的构造，有许多途径。其中大量的形声字的组成是假借的结果。因为形声字在区分形似字、同音字和同源字等混淆方面，是最优越、最便捷的造字法。

前面我们着重介绍了在表意字（含象形字）上加注形符或声符以构造形声字的方法。但大量的形声字是由于同音假借的关系，为了求区别以免混误而构成的。构造形声字的具体方法有三。

一　为本字和借字加注意符而构造形声字

假借而造成同音字之间的混淆，根据音混以义别的原则，在本字或借字上加注表示意义范畴的形符，以达到区别的目的。具体方法有两种。

（一）为明确字的本义而在本字上加注意符

当本字被假借之后，为了不使它兼义过多而同形相混，在其本字上加注意符来表示其本义。例如：

能　金文作，像熊之类动物形。《说文》：“能，熊属，足似鹿。”故能的本义是熊类。《国语·晋语八》：“今梦黄能入于寝门”。被假借贤能、能够、善于以及代词“如此、这样”，副词“乃、就”“何其”“仅、只”，连词“而”等。为使“能”字不兼义过多，就在本字“能”上加注意符“火”，表示“熊”类这种动物。

孰　小篆作，左上角是“享”字，左下角是“羊”字，表示食物是熟羊肉；右边丮（jí），表示手持。会意为双手拿着熟食来吃。本义是熟。《说文》：“孰，饪也。”《左传·成公二年》：“宰夫胹熊蹯不孰。”（胹：音 ér，煮）又假借作疑问代词“谁、哪一个”，如《论语》：“是可忍，孰不可忍。”为不使孰字兼职过多，就在本字“孰”上加注意符“火”而成“熟”，来表示“孰”的本义。

或　《说文》训：“邦也。从口、从戈，以守一。一，地也。”

可知，“或”的本义是指诸侯国或邦国。或，又被借作表示无定指代词和表选择连词“或者”。为了不使它兼义过多，就在本字“或”上加注意符“囗”（wéi），“或”字便成为新形声字“國”的声符，让“国”字表示“或”字的本义，是国家。

此外，如：

云——雲　它——蛇　止——趾　县——悬　责——债

然——燃　益——溢　莫——暮　暴——曝　族——镞

这种为明确本义而加注意符分化出来的形声字同本字之间，在汉字发展的历史中，一般来说是古今字的关系。

（二）为明确字的借义而在被借字上加注意符

当某字被假借之后，为了不使它兼义太多，就在被借字上加注意符构成形声字，来表示借义。如：

隹　甲骨文作[illegible]，像短尾鸟形，跟鸟本为一字。但在甲骨文和金文中借“隹”作句首助词。后来，在隹字上加注意符“口”组成“从口、隹声”的形声字“唯”，作句首助词。唯的本义是应答声。如果在“隹”字上加注意符“心”而成“惟”（思考）、加注“糸”字而成“维”（系物的绳子），作句首语气助词，都通“唯”。

農　甲骨文作[illegible]，从林，从辰。上古草木遍野，要农耕，必先伐木开荒，故从林；古人以蜃蛤之壳为农具，故从辰。小篆作[illegible]，从晨、囟声。从晨，表示“日出而作，日入而息”之意。故农的本义是耕种。《说文》：“農，耕也。”《国语·周语上》：“夫民之大事在农。”又借表厚之意和代词。为了不使其兼义过多而同形易混，就在农字上分别加之意符“水、酉、月、衣、禾、亻”表借意，而分化出形声字“濃”（厚）、“醲”（酒醇厚）、“膿”（从疮口流出的黄色粘液）、襛（衣厚貌）、“穠”（花木繁盛貌）、“儂”（我）。

辟　甲骨文作[illegible]，从卩（jié），从辛。辛为古代酷刑所用一种铲刀。象对跪跽者施刑。《说文》：“辟，从卩、从辛，节制其罪也。”金文作[illegible]，从卩，从辛，从口。《说文》：“辟，从口，用法者也。”故本义是法度，法律。《说文》：“辟，法也。”《诗·小雅·雨无正》："辟言不信"（法度之言而不听信），又引申为国君，借作多义，即：

《尚书·洪范》："惟辟作福，惟辟作威。"（引申为国君）

《荀子·儒效》："事其便辟，举其上客。"（借为嬖）

《左传·宣公二年》："从台上弹人，而观其辟丸也。"（借为避）

《孟子·梁惠王上》："欲辟土地，朝秦楚，莅中国，而抚四夷也。"（借为闢）

《孟子·梁惠王上》："苟无恒心，放辟邪侈，无不为也已。"（借为僻）

《中庸》："君子之道，辟如行远，必自迩；辟如登高，必自卑。"（借为譬）

这些古籍中用的是同一个"辟"字，同形易混，为了区别它们的假借义，便加注意符"女、辵、门、亻、言"，分化出"嬖、避、闢、僻、譬"五个新的形声字来，以明确它们各自的借义。古代文献中，这类同音假借的分化字例子很多。如一个"齊"字就分化出"齋、臍、齏、薺、蠐、蠐、嚌、齎（zī）"8个形声字来。这是从字的假借来说的。如果就词的角度说，这类属于同源分化的形声字，常常是成系列的。《说文》中多见。此外如：

田——畋　因——茵　午——杵　父——斧　辰——娠

酉——酒　乌——鸣　其——基　叟——搜　食——蚀

这种为了明确字的借义而加注意符分化出来的形声字，同本字之间，在汉字发展的过程中，也是"古今字"的关系。需要说明的是，加注意符这一造字的思维模式和训诂学所说的"右文说""形声字声中有义"，有着极其密切的关系。加注意符而成的形声字，其"声符"（即本字）仍有表意示源的作用。

此外，区别同形易混现象，也有增加表范围符号构成形声字的。如"从"与"比"形近易混，所以"从"字上加辵而成"從"；"𦣞"与"臣"形近易混加页而成"颐"等。

还有通过改换意符办法构造形声字者，大多是用来表示引申义的。

如“张”，本义是把箭搭在弓弦上，引申有“发胀”义，《左传·成公十年》：“将食，张，如厕”，句中“张”义不明，就将其“弓”旁改为“肉”旁而成“胀”，意思就明确了。此外如：

说——悦　赴——讣　閒——间　振——赈　攘——讓

这种方法构造的形声字，就原字与分化字记录词义之间的关系来说，是本义与引申义的关系。因此这类形声字的声符，也具有表意示源的作用。

二　为本字和借字加注声符而构成形声字

尽管上述几种构形造字模式特点不同，但在为词造字的思维形式上是相同的。即只着眼于词的意义上，未曾自觉地考虑到词的语音形式。加注意符构造的形声字，来自本字的形体一般都成了表音的声符，这是构形造字中自然形成的，不是先民主观上自觉思维的结果。在造出来的形声字中，字形上未能有意地把加注的声符表示读音，使字形跟词的读音联系起来，便于人们目治，让人一见字形就知读音，从而明确该字所代表的语词。这就是要加注声符构形造字的原因，也就是根据“形混以音别”的原则，即在原字形上加注声符来区别。可分为两种方法。

（一）在本字上加注声符而构造形声字

当本字被假借之后，为了不使它兼义过多，就在本字上加注声符以构造形声字来表示本义。例如：

自　甲骨文作，本义是鼻子。《说文》：“自，鼻也。象鼻之形。”后来又被借为介词（从、由于）、连词（假如、即使）、副词（自然）等数义。为了免于同形相混、就在本字“自”字上加注声符“畀”构成形声字。

晶　本来是“星”的初文（即本字），甲骨文作或，像繁星满天之形。又被借作“水晶、晶体”的“晶”，为了免于同形相混，就在本字“晶”上加注声符“生”而构成形声字“曐”。甲骨文作，篆作。隶变后将其简化为“星”。

斤　甲骨文作，像斧形。《说文》：“斤，析木也，象形。”许慎是以斤的功用来解读的，后来借为表重量单位的斤两之“斤”。故加注声符

“父”而组成形声字“斧”字。

这种加注声符而构成的形声字同原来的本字之间，一般来说，是异体字分化关系。有时，加注声符构成的形声字通行于世了，而本字却被废弃了。如敲（攴）、處（処）、齒（𠚕）、截（𢦏）、旌（㫃）、游（汓）等。

（二）在被借义的字上加注声符而构造形声字

当某字被借去表示另外意义之后，为了不使其兼义多而形同易混，根据以音别义的原则，在被借字上加注声符以表假借义。例如：

食　本义是吃，《战国策·齐策四》：“老臣今者殊不欲食。”引申为吃的东西（食品），又引申为“使……吃”，《战国策·齐策》：“左右以君贱之也，食之以草具。”又借为“供养、喂养”义。为了以音别形，在被借义的食字上，加注声符“司”，而组成专表“喂养”义的形声字“饲”字。本字“食”和“饲”在“喂养”义上是“古今字”关系。

衣　甲骨文作𠆭，像衣形，本义是上衣。《说文》：“衣，依也。上曰衣，下曰裳。”卜辞中被借作表地点，如“往衣”（簠衣二九），“商王有时亦到衣地田猎”（甲3914）。又借为遮蔽下体的衣裙。根据“形同以音别”的原则，在被借义的“衣”字上加声符“尚”，而构成形声字“裳”，专表下衣（裙子、裤子）。古时“衣”字不表下衣义。在泛指“衣服”这一意义上，二字是古今字关系。

豆　《说文》：“古食肉器也。”本义是盛肉的食器（见图48）。又被借作豆类作物及其果实。如：“大豆、小豆、红豆、绿豆、黄豆、芸豆、土豆”甚至药材巴豆等，都可以在豆字上加一形容词、颜色词或名词来区别。可是有的豆类就无法区别。如“菜豆”俗称“豇豆”之“豇（jiāng）就是在被借义的“豆”上，加一个声符“工”（古属见母）而成的从豆、工声的形声字。在指豆类作物上，豆和豇

图48　古代食器“豆”

是古今字关系。

这种在被假借义的字上加注声符产生的形声字，跟本字之间也是异体分化关系。

综上所述，不难见出，表音文字在发展中，除了大量地使用同音假借记录语言之外，由于假借的结果，促使大量形声字的产生。不论因形混而加声符标音，还是因音混而加形符表意，达到各以所长补其所短，都因假借而求区别，分化产生出大量的形声字。这是形声字产生的主要特点。所以，加注音符以示区别的形声字是产生形声字的主流，在形声字中占绝大多数。在汉字发展中，所谓表音法文字，主要指形声字；所讲表音文字的发展，主要指形声字的发展。因为形声字的主体是声符，声符是表音的。而形符只是标示词义类属范围的符号。作为词义的载体，形符不表达特定的词或对象，而且带有一定的随意性；作为标志范围的符号，形符所区别的对象和所区别的词，总是有某种联系的，显示出所区别的词义是某个侧面。就大多数形声字来说，形似分化的形声字是少数，同音和同源分化出来的形声字则占大多数。从古代"声近义通"的说法和近代词源学的研究成果来看，都可以证明，声符是形声字所表示词义的载体。从这个意义上来说，"右文说接近于合理，能解释更多的形声字"①。

通过加注形符和加注声符两种思维模式创造形声字的结果，我们发现，两种构形造字的结果，出现了相同的现象：加注形符所造新字的形体中，既有表意的形符，也有初文（本字）充当的表音的声符；加注声符所造新字的形体中也兼有初文（本字）充当表意的形符和表音的声符。这种殊途同归的情况，给先民一种新的思维启发，使先民意识到，将这两种构形造字的思维模式结合起来，便产生了"形、声结合"的构形造字的新方法。

三　以形、声合成法构造形声字

形声合成法，是受"增形以示义"和"加声而表音"的两种构造形声字的模式的启示，悟出来构造形声字的第三种方法。即除了上述二法

① 见先师王凤阳《汉字学》，第441—446页。

之外，当语言中某个词需要造字时，既要根据其语音特点，又要考虑其意义特点，从已有汉字中，选出一个字作形符，另取一个字作声符，将这二字组合在一起，构成一个新的形声字来。例如：弈、韻、闹、群、斜、轼、村、氢、氖、钼、铀、硅、砷、釜、煲等，便是“形声合成法”构造的形声字。用这种方式构造形声字可能是最早的缘起方法，尤其是现当代《化学元素周期表》中的字皆是。

这种构造形声字的方法功能强。可以说在我们所说的形声字中，凡是没有经过假借而加注意符或加注声符的过程，直接造出来的形声字，都是用“形声合成”的方法造的。尤其是在现当代，随着社会的发展，由于记录语言的需要或汉字的简化、整理与规范而新造的形声字更是这样。如认、赶、胜、岭、歼、衬、态、响、战、灯、拥、忆、辽、琼等是简化的结果。

仅《新华字典》所收的新造字，就有 296 个。其中最多的形声字是化学用字，见《化学元素周期表》。其次，才是一般日常用字，如“橱、垃、珐、踮、耪、叼”等，还有方言用字，如“煸、腚、嗲、哏”等，以及象声字“哎、呀、哇、咕、哟、嗨、咚”等。

总之，在汉字发展的过程中，形声字只是“表音文字法”，而不是表音文字，它在全部汉字（不含假借字）中所占的比重呈逐渐增多的趋势。之所以这样说，是因为原有的表意字有许多被加或改偏旁而分化出形声字（如取娶、莫暮、暴曝、咏詠等）在新增加的汉字中形声字又占了绝大多数。有人对《说文》收字作过统计，显示形声字占其所收 9353 个的 82% 以上。1952 年，教育部公布的常用字表是 2000 个汉字。有人算出形声字占 74% 。而且有些汉字结构的归属尚无定论。有人说现代汉字中形声字占 90% 以上。这些统计数字虽然不甚精确，却充分表明形声字逐渐增多的历史事实。而象形字、表意字却呈现出不断降低的趋向。形声字兼有表意成分，具有不像假借字那样易于误解的缺点，是一种最适用于记录单音节语素占优势的语言文字结构，所以形声字比重逐渐增多，是汉字发展的主要标志和必然的结果。①

---

① 阴法鲁等：《中国古代文化史》（1），第 179 页。

第五节　记号文字及其发展

记号文字，简称为记号字（含半记号字）。要想知道什么是记号字，首先必须了解什么是记号。所谓记号，是指汉字在其发展演进中，字形跟它所负载的词（或语素）之间已经完全失去了音和义的联系，字和词之间按社会使用习惯而约定，字就成了社会上约定俗成的符号（或叫字符）。这样的符号就叫作“记号”。这样的字就叫“记号文字”或“记号字”。如人、手、子、女、日、月、山、水、马、牛、虎、鹿等。这些来自古代的象形字，由于其形体的演变，已经不再象形了。字形失去了表音、义的作用，人们不能根据字形了解字（词）义，只好按社会习惯和约定把字形看作所记“词的”记号，按照社会约定去死记硬背了。

记号文字，这一名称最先提出者是唐兰先生。他在其《中国文字学》中说：“图画文字和记号文字是衔接起来的，图画演化得过于简单，就只是一个记号了。如‘鼎’字本是象形，作，但在武丁时期的卜辞里却写作，就丝毫看不出鼎的形状了。卜辞‘山’字跟‘火’字不分，‘足’字跟‘正’字相似，都是由于图画已简单得和记号一样。”①

这里，唐兰先生不仅提出了“记号文字”这个名称，而且突破了“六书”这一传统文字学观念的禁锢，从汉字形体演进这个角度出发去观察文字，发现汉字由象形变为记号的轨迹，这实在是超人的功绩。然而不足的是，唐先生只从汉字形体演进角度去称说汉字的记号化是不够的，应该从汉字体系角度去看记号文字。记号文字是象形文字，乃至形声字的进一步发展，它有自己的字符和记录规则。记号文字的形成，是对象形表意文字的否定和继承，正如象形文字对图画文字的否定和继承一样，象形文字否定的是图画文字的提示性，而记号文字否定的是象形文字同词的音义联系。因此，记号文字是汉字发展中的一个新的阶段。②

记号文字形成的原因，是在汉字发展的过程中，随着所表词的概括度和抽象度的提高，字形的象形度和对词义的显示度的降低、简化和讹变的结果。有些象形表意字和形声字的意符和音符失去了表意、表音的

① 见唐兰《中国文字学》，第 109 页。

② 见王凤阳《汉字学》，第 490—491 页。

作用，变成了记号。于是这些象形表意字和形声字也就变成了记号文字或半记号文字。

所谓记号字和半记号文字，是指由记号和意符或声符组成的字。例如：人，甲骨文作[illegible]，像人侧立之形。隶变后，由象形字变为记号字。日，甲骨文作⊙，像太阳之形。隶变后，从象形变成不象形的记号字。而“布”字，原是“从巾、父声”的形声字，篆作[illegible]，《说文》：“从巾，父声。”隶变后，音符“父”不再表音而成记号，但“巾”仍在表意，故为半记号字。“休”，作为会意字，是人依树歇息，隶变后，“木”失去表意作用而成为记号，但“人”仍在表义，故亦为半记号文字。

一　记号文字发展的多种途径

有些记号字，可能是在汉字产生的时候把先民用来记数的符号吸收为汉字符号的。如：一、二、三、亖（四）、×（五）、∧（六）、十（七）、)(（八）、|（十）等。

还有许慎《说文》中的540部首，其中数以百计的构字部件（即字素），大概先民不是为了记词或语素的部件（字素）而创造出来的记号字。因为它们的音和义是许慎勉强赋予的，不曾在实际应用的汉字中见过。如：

> 丶（zhǔ）、丨（gǔn）、屮（chè）、丿（piě）、乀（yǐn）、亅（jüé）、[illegible]（jüé）、乚（yǐn）、𡿨（quǎn）、冫（bīng）、乁（yì）、冖（mì）、亠（tóu）、廴（yǐn）、阝（左 fǔ/右 yì）、丌（jī）、亼（jí）、彐（jì）、乇（zhé）、丮（jí）、𠬝（fú）、⺗（xīn）、彑（jì）、𡿧（zāi）、𢆉（rén）、𠂤（duī）、𠂢（pài）、厽（lěi）、𦣻（shǒu）、虍（hū）、倝（gàn）、髟（biāo）、菐（pū）等。

这些符号在实际书面语言应用中，不能独立单用，因为它们不能写词记言，所以它们不是字，只是小于字的构字的字素或部件。这些字素或部件不能单独使用，或许先秦曾经使用过，但隶变后则不能。它们可能是为解析象形字或形声字的部件中分析出来的。但是，我们姑且可以把它们视为字符性的记号字。

有些记号字是从隶变前的象形字发展来的。主要是象物字，描绘客观实体事物，特征突出，显示词义的程度高，令人见形知物。但是随着时间的推移，形体的演变，在古代象形，隶变后不象形了，与词义脱节了，就变成记号字了。如日、月、山、水、艸、木、人、口、牛、羊、刀、矢、戈、门、户、车、舟之类名词。

这些本来是独体象形字，作为记号字的字符，已经失去了与词的音义联系。但是当它们用作合体字偏旁时，又具有了表音、表意的作用。如“日”字，在“明、暗、晾、晒”中，就有了表意作用；在“衵、馹”等字中，又有表音的作用。

有些记号字是从隶变前的指事字发展来的。例如：

寸　小篆作⺕，在手腕一寸处加指事符号“一”表示寸口所在部位。借为尺寸之寸就成了记号字。

厷（gōng）　篆作厷，在手臂上加一半环形指事符号，指示从肘至肩的一段叫“厷”。后来繁化作肱。《说文》：“厷，臂上也”，泛指胳膊。《论语·述而》：“曲肱而枕之”。

甘　篆作甘，在口中加一短横或一点，指示口中的美味。《说文》：“甘，美也。”本义是甜美。

血　小篆作血，《说文》：“血，祭所荐牲血也。从皿，一象血形。”本义是牲血，供祭祀用。

有些记号字是从隶变前会意字发展来的。这类记号字大多是动词，隶变前的图像只显示其特征的一个方面，以个别表一般，与所表词义的清晰度降低了，理解起来带有任意性。例如：

牧　甲骨文作牧，从牛从攴，像手拿鞭子放牧牲畜。本义是放牧。《说文》训：“牧，养牛人也。”既然左边从牛，就应该指放牛。因为这是牧的一端，放羊、放豕、放马、放鹿，何尝不是“牧”呢？此以牛赅一切牲畜，不够准确，因为表义度降低了。

逐　甲骨文作逐，从止从豕，像人追猪之意。本义是追赶。“追猪”表示“追赶野兽”，以个别表一般，降低了表义度。此外如：

及、折、受、承、乘、敝、解、即、兵、莫、舛（chuǎn）、寒、暴等。这是早期会意字；后期用两个以上义符构造的会意字，可以连读成句。如少力为劣、大力为夯、不正为歪、不用为甭、不好为孬、二人为从、三人为众、三力为劦、木四方为楞、西土瓦为甄等，这类会意字多产生在隶变之后。

有些记号字是由于假借的结果。古代语言中有些词，没有专用字，便借音托义。其中久借不归的被借字，本义废而借义行，因而成为记号文字，例如：

而　甲骨文作（后下 38.7），像颊毛下垂之形。《说文》："而，颊毛也。像毛之形。"本义是胡须。《周礼·考工记·梓人》曰："必深其爪，出其目，作其鳞之而。"借为代词（你、你的）、连词之后，其本义湮没了。

易　小篆作，《说文》据此云："易，蜥蜴……象形"，误。最早甲骨文却作（合 940 一期）、（合 1582 一期）像双手捧一有水器倒入另一水器之状。表示变化、改变，如《荀子·乐论》："移风易俗。"甲文又省作（前 6.43.1）、、（粹 603 三期）、（佚 518 五期）、（佚 234）等形，金文作（德簋 周初）、、（小臣系卣）、（毛公鼎）等诸形。由变化和改变引申为对换、交换，如《中山王䜼壶》："而臣宗易立（位）。"又引申为容易，与难相对，如《中山王䜼鼎》："此易言而难行也。"假借为"赐予"，如《商君书·错法》："夫离朱见秋毫百步之外，而不能以明目易人"，又借为"赏赐"，如《兮甲盘》："王易（赐）兮甲马（四）匹。"然而，专家们皆据上列甲文三期以后的省形和金文形体立说，故皆误。如郭沫若、陈梦家以为易（）乃益（）之简化，不确。

来　甲骨文作（戬 37.4），像小麦之形。借为来去之来。

我　甲骨文作、（铁 219.3），像有三戈戟的兵器形（见 343 页）。一说"我"是锯齿形兵器，借为第一人称代词。

萬　甲骨文作（前 3.30.5），像蝎子之形。《说文》："萬，虫也。……象形。”借为数词千万之“万”，亦借为祝颂之词“万寿、万岁、万年”之“萬”。

有许多记号字，则是从形声字发展而来的。由于隶变后其意符和声符都丧失了表意、表音作用，变成了记号字。例如：

特　《说文》训：“朴特，牛父也。从牛，寺声。”本义是公牛。张缵《南征赋》：“云怒特之来奔。”后来借为“特意、特别、仅、不过”等意。

秒　《说文》云“禾芒也。从禾，少声。”后世只借为时间单位，六十秒为一分；古时长度单位，一寸的万分之一。意符和声符失去表示音、义的作用，成为记号字。

年　甲骨文作，像人背着禾谷秋收。《说文》训：“年，谷熟也。从禾，千声。”故年的本义是收成。《谷梁传·桓公三年》：“五谷皆熟为有年。”后世借为年月之“年”。其意符、声符失去表示音义作用。

驀　《说文》训为“上马也。从马，莫声。”本义是上马，骑马。左思《吴都赋》：“驀六驳（bó），追飞生。”引申为“登上、跳跃、超越”，借为“忽然”“驀然、驀地”等意。

这些来自形声字的记号字的本义都不用了，说明形符不再表意了；由于语音的发展，声符也不再表音了，成了记号文字。有些记号字是汉字简化的结果。例如：

頭——头　漢——汉　爲——为　樂——乐　書——书
龍——龙　鳳——凤　馬——马　關——关　雜——杂

二　半记号字形成的多种途径

由记号和意符或声符组成的半记号文字，其形成的主要来源是：有些半记号字是从隶变前的象形字发展来的。象形字本来是图解词义的，但是由于字形的发展演变，象形的字符与词义的一部分失去联系，一半成为记号，另一半虽是意符，但不能使人见形知义、看图知词，象形的形和义已经分离。例如：

果　甲骨文作，像树上结果之形。本义是果子。《说文》云："果，木实也。从木，像果形在木之上。"果形变为"田"，成了记号，跟意符"木"组成个半记号字。木（即树）还表意，果是树上结的。

泉　甲骨文作，像泉水流出之状。《说文》："泉，水原也。像水流出川之形。"楷书上部的"白"成为记号，下边意符"水"仍表义。

此外如：丘（从一）、栗（从木）、桑（从木）、礼（从示）……例中所从之部分仍表义，故为半记号字。

有些半记号字是由隶变前的形声字发展来的，其中有的是意符不再表意而形成的。有的是古今语音变化，声符不能准确表音而造成的。例如：

理　《说文》："治玉也。从玉，里声。"今用作"办理、治理、管理、料理、道理"等义，意符"玉"不再表意而成为记号；声符"里"仍在表音，故为半记号字。

笨　《说文》训："笨，竹裹也。从竹，本声。"本义是竹子里的薄膜，今用为"笨蛋、笨货、笨重、笨拙、笨鸟先飞、蠢笨、粗笨、愚笨、拙笨、嘴笨等义，形符'竹'失去表意作用"。

以上是意符不再表意之例；下面是声符，不再表音之例。

江　《说文》云："水出蜀……入海。从水，工声。"由于古今语音的发展变化，声符"工"不表音了。但"氵"（水）还表意。

瑟　《说文》云："庖牺氏所作弦乐也。从珡，必声。"由于古今语音变化，声符"必"失去表音作用。

有些半记号字由于汉字简化，原来不能准确表音的声符改为能准确表音的声符。例如：

護——护　驚——惊　態——态　樁——桩　鐘——钟

有些半记号字，由于汉字的简化，其声符不再表音了。例如：

漢——汉　瓊——琼　燈——灯　權——权　鷄（雞）——鸡

三 由于意符或声符难辨而成为记号字或半记号字

有许多汉字由于隶变，其形符和声符难以辨识而成了记号字或半记号字。

在 甲骨文作，小篆作，从土，表示土地存在。《说文》：“在，存也。从土，才声。”声符“才”还表音。

布 小篆作，从巾，父声。从巾，表示布。《说文》：“布，枲（xǐ）织也。从巾，父声。” “枲”，麻匹，这里指麻线。“父”，不能准确表音了。

寺 金文作，小篆作，从又，之声。又，小篆从寸，像手形。寸与法度有关。故本义是古代官署之名。《说文》：“寺，廷也。从寸，之声。”从又或从寸，在古文字中无区别。

更 甲骨文作，古鞭字；篆作，从攴，丙声。《说文》训：“更，改也。”

责 甲骨文作，金文同形，小篆作，从贝、朿声。本义是索取（财物）。《说文》训：“责，求也。”

金 金文或作，篆作，从土、今声。两点表示金块。《说文》训：“金，五色金也。”即金、银、铜、铁、锡。

从历史上来说，这类形声字在隶变之后，人们早就把它们当作记号文字或半记号文字来使用了，因为它们的形符或声符很难识别。此外如：

左、右、殳、寿、春、贵、童、矣、雍、再……

四 由于形符和声符的位置难辨而成了记号字

有些形声字的形符或声符位置不定，又无规律可循，人们只好将它们当作记号字记忆和使用。如“歲”字是从步，戌声。从步，有经历之意，古音岁和戌迭韵。此外如：

徒（从辵土声）、题（从页是声）、颖（从禾顷声）
强（从虫弘声）、志（从心之声）、赖（从贝剌声）
衙（从行吾声）、哀（从口衣声）、衷（从衣中声）

滕（从水朕声）、辨（从刀辡声）、修（从彡攸声）

对于这样一些字，大多数人是分不清形符或声符的，只好将其当作整个符号来认记了。可是，要查这类字的部首就困难了

五　由于不明省形符和声符而当作记号字认记

在汉字形体演进中，由于笔画繁复，省去形符或声符的一部分。在传统文字学中叫作“省形字”或“省声字”。下面分别加以介绍。

（一）省去形符一部分的形声字。分为两类

1. 省去繁复形符的一部分。如：

星　《说文》云：“万物之精。上为列星，从晶，生声。……星，曐或省。”

晨　《说文》云：“房星，为民田时者。从晶，辰声。晨，曟或省。”

瓢　《说文》云：“蠡也。从瓠省，票声。”蠡同劙，切割、部分之意。

2. 省去形符一部分，空出位置安排声符。如：

考　《说文》云：“老也。从老省，丂声。”省去“老”字中的“匕”，置以声符“丂”。

屦　《说文》云：“履也。从履省，娄声。”省去“履”中的“復”，置以声符“娄”。

寤　本义是睡醒。《说文》云：“寐觉而有言曰寤。从㝱（mèng）省，吾声。”

（二）省去繁复声符的一部分。分为三类

1. 省去声符繁多笔画的一部分。如：

茸　《说文》云：“艸茸茸貌。从艸，聦省声。”即省去“忽”字。

哭　《说文》云：“哭泣。从吅（xuān），狱省声。”即省去“犾（yín，犬吠声）”字。

珊　《说文》云：“珊瑚也。从玉，删省声。”即省去“刂”。

融　《说文》云：“炊气上出也。从鬲，蟲省声。”即省去䖵“（kūn）”。

2. 省去声符一部分，空出位置安置形符。如：

岛　《说文》云：“海中往往有山可依曰岛。从山，鳥省声。”即去

掉声符“鳥”字下面的四个点，安上意符“山”。

夜 《说文》云：“舍也。天下休舍也。从夕，亦省声。”即去掉声符“亦”字的右边一点，安置意符“月”。

瑩 《说文》云：“玉色。从玉，荧省声。”去“火”置“玉”。

以上所述，是通过省形、省声及置换声符或意符来构造新形声字的方法。这类形声字叫作“省体形声字”，是相对于“整体形声字”来说的。它是取意符或声符之一部分以代表全体，是无法体现原字的构形理据的形声字。所以，可分为构件成字的（如珊、融）和构件不成字的（如屨、莹）两种。不管简省构件成字与不成字，都可将其视为原字符的变体。由变体追寻原字符，便可以恢复原有的构字理据。[①]

3. 声符和形符共用部分笔画或偏旁的形声字。如：

黎 《说文》云：“履黏也。从黍，利省声。”左上角的“禾”是意符和声符的共用部分。

齋 《说文》云：“戒洁也。从示，齊省声。”齊和示共用中间的“二”。

我 《说文》云：“施身自谓也。……从戈，从𠂹（古垂字）。”甲骨文作𢦏，本是像三戈戟的兵器形，就篆书看，当是从戈，𠂹省声。戈与𠂹共用中间一横。

此外，隶变后，有些“偏旁变形”和“偏旁混同”的形声字的偏旁因位置不同而不同。同一偏旁分化成不同的形体。如人旁在左变成“亻”，心旁在左变作“忄”，在左的阜和在右的邑都作“阝”，在下的火变成四点等。又如“肉”旁在左变作“月”（肤、脑、肺），在下作“月”（背、肾、胃）或作“肉”（腐、脔）；“舟”旁在左变成“月”（服、朕、前），在右也作“月”（朝）；“丹”旁在左不变（彤、雘），在下作“月”（青、静），当代肉、舟、丹，都混同为“月”。

总之，上述形声字中有些属于“省形”或“省声”的结构关系。如同“六书”一样，是汉代学者根据一部分音符和意符组合构形特殊的形声字总结归纳出来的条例，并非以其既有的方法造字。因此，对大多数人来说，根本意想不到“省形”“省声”这样一些构字规律，只好在伊始就把这样一些字当作记号字认记和使用了。这也是形声字变为记号字的

① 见中国许慎研究会编《说文解字研究》第1辑，河南大学出版社1991年版，第112页。

原因之一，其属于汉字形体发展演变的结果，亦使汉字形体结构遭到破坏，丧失了表音示意的作用，书写应用起来却十分方便了。

第六节　汉字的合流[①]

前三节，我们从汉字发展这个角度着重讲述了汉字的孳乳和发展，字数越来越多，呈现逐渐增多的趋势。与此相反，这一节，我们则从汉字回归这个层面，谈谈汉字在使用过程中出现的合流现象。

如前所述，汉字在发展过程中，其演变形式多种多样。除了上述之外，汉字在人们使用过程中，数量上呈现逐渐减少的趋向。这是“汉字合流”和“汉字归併”的结果。

不过，我们认为“汉字的合流”跟“汉字的归併”形似而实异，应该属于两个不同的层面，二者之间既有联系又有区别，不当混为一谈。因为二者的出发点和目的不同，而且所着眼的时限也不同。前者旨在从汉字的音形义出发，意在说明人们由此及彼地去类推、理解其他相关的古文字的字（词）义；而后者鉴于异体字繁多，使用不便，单纯地以归并异体字为出发点，着眼于字音字形，把一些音同（或音近）而形异的汉字加以整理和归并，以达到减少汉字数量而便于应用的目的，抛开字义的阐述，只着眼于字形的改变和归并。历代政府的文字改革无不如此，而且是人的自觉行为。所以，从研究和运作的方法来说，二者是不同的，却收到了异曲同工的减少字量的效果。因此，这里仅就汉字合流的问题，加以讨论。

汉字的合流，是已故周秉钧先生在1991年提出来的。[②] 这一论题，科学而恰当地概括了始于汉代的非人为的汉字演变的另一个层面。

汉字的合流，是指两个或两个以上本来不同的字，由于形近或音近或义近，在人们使用过程中，不约而同地将它们混合为一的现象。这个定义表明是“在使用过程中”，为了求简不自觉地将其混合为一。说明这不是人为的有组织地进行的，更不是政府的介入、规定和推行的结果。这就可以认定其跟历次文字改革的“汉字归并”是不同的。

---

① 见中国许慎研究会编《说文解字研究》，河南大学出版社1991年版，第112页。

② 同上。

关于汉字的合流现象，周先生指出，《说文》中早有记录，并以下列二例为证。

丨（gǔn）《说文》云：“上下通也。引而上行读若囟（xìn），引而下行读若𨑨（tuì）。”按：“丨”字之形，在“六书”中为指事字，以无实体可像，上下通为事之状，故为指事字。所谓“上下通”即贯通的意思。按照《说文》，“囟”和“𨑨”本来是两个完全不同的字。章太炎在《文始》中对许慎的说解，做了进一步的深入而明确的阐述。他说：“引而上行读若囟，后出字为䙴（qiān），升高也，为进……引而下行读若䙴，后出字作㞢（tuì），却也。”段注曰：“此与《辵部》遷，音、义同。”《字汇·廾部》亦云：“𨑨，隶作遷。”考《玉篇·彳部》云：“𨑨，古退字。”《集韵·队韵》亦云：“復，隶作退。”故囟、退二字，在后来的使用过程中合流为“丨”，音变为古本切。

又如：

㞢（huáng/fēng）《说文》云：“艸木妄生也。从㞢（之）在土上。读若皇。”按：许氏以妄释㞷，表明“㞷”即妄字，因此，㞷作为妄的假借义可通。而㞷又读（fēng），同封。《说文·士部》云：“㞷，古文封省”。又《字汇补·土部》亦云：“㞷，古封字。《集韵》或作，皆此义也。梅氏以‘在土上为封’，不啻鲁鱼之误矣。”可见㞷和封是两个不同的字，由于音义相同，在古代使用过程中，㞷跟封合而为“封”。

这种合流现象，简便易行，在古文字演变中常见。如“亥”字，在古文使用中跟“豕”字合流。亥和豕的古文之形皆作[illegible]，《说文》云：“……[illegible]，古文。亥为豕，与豕同。”段注：“谓二篆无古文实为一字也。豕之古文见九篇《豕部》，与亥古文无二字。”又吴其昌《金文名象疏证》：“亥字原始之初谊为豕之象形。”《说文》引《春秋传》曰：“亥有六首二身。[illegible]，古文亥，亥为豕。与豕同。亥而生子，復从一起。”商承祚说："金文善鼎作𠂅，为古亥、豕一字之证。"依《说文》在使用古文时期中，豕和亥合流了。故《吕氏春秋·慎行论》云："在读史记者曰：'晋师三豕涉河'。子夏曰：'非也，是己亥也。'夫己与三相近，豕与亥相似。至于晋而问之，则曰：晋师己亥涉河也。"此例虽属舛误，不啻鲁鱼亥豕。然亦可以说明当时人们却有此习用者。

擣　《说文》云："手椎也，一曰筑也。"《玉篇》同。而《篇海类编·手部》云："擣，敲也。舂也。亦作捣。"考《仪礼·有司徹》有"擣肉之脯。"按：刘本作捣。《玉篇·土部》："壔（dǎo），《说文》云：'堡也'。"《广韵·皓韵》："壔，高土。"意谓古时筑墙，即捣土而筑，两面上好夹版，添土要经过捶打的过程。所谓"高土"，即"堡也"，亦即城墙。而"高土""城堡"是可以依倚的。《方言》卷十三："擣，依也。"戴震疏曰："谓可依倚之也。"所以擣与壔，音同义近而合流，今"擣"行而"壔"废矣。今又合"擣、捣"为"捣"。因此，人们又可以类推，旁及理解"椎、槌、捶、箠、锤、棰"等字都有"捶打"之义。这就是我们研习汉字合流的意义。

从上述例中，不难见出，我们研习汉字合流，对于正确理解古文字、掌握汉字的演变规律的必要性和重要性。为了帮助我们深入地理解与掌握，下面再举些例子来看。

昵　是暱的异体字，《说文》云："暱，日近也。《春秋传》曰：'私降暱燕'，昵、暱或从尼。"而《说文·黍部》又云："䵒（nì），黏也。《春秋传》曰：'不义不䵒'，㲻（nì），䵒或从刃。"《广雅疏证》引《说文》，并引《左传·隐公元年》："不义不䵒"说，"今本䵒作暱。"《周礼·考工记·弓人》："凡昵之类不能方。"意思是，其他的黏合物没有比它们更好的。（方，比也）杜子春注云："昵或为㲻。㲻，黏也。"按：㲻和黏都有近义。可证"䵒、㲻、暱、昵"音近而义皆通。㲻，亦即䵒之或字。后世在使用过程中不约而同地将"䵒、㲻、暱、昵本来不同的字，合流为"昵"。并旁及可以理解"黏（hú）、黏（hù）、黎、䵑（nǐ）、䵒（niǔ）"等字义，即：

黏　《说文》："黏也。从黍，古声。粘，黏或从米。"《集韵》："黏，煮米及面为粥。"

黏　《集韵·暮韵》："黏也。"

黎　《说文》："履黏也。从黍，利声。"

䵑《玉篇·黍部》："黏也。"

䵕《集韵·有韵》："䵕，黏也。"

以上各字皆音近而义通，由音及义，旁及理解，皆有"黏"意，故而合流。又如：

尸　《说文》云："陈也。象卧之形。"此言陈列（尸体）之意。《白虎通·崩薨》云："尸之为言失也，陈也。失气亡神，形体独陈。"《太玄·沈》亦云："前尸后丧"，俞樾平议："尸当训陈，言前虽陈列之，后终丧失也。"皆可为证。另在"屋"字下，《说文》云："居也。……一曰尸，象屋形。"段注曰："此从尸之又一说也。上象覆，旁象壁。"王筠曰："羼（chàn）屚（lòu）二字下皆云：尸，屋也。"可见，许氏认为尸有二义：一是陈列之屍，二是屋。代表这二义的字形有别，但后世合流为"尸"。明白了尸之两种含义，就可旁及了解下列字义了。即：

屏　《说文》："屏蔽也。从尸，并声。"即宫殿当门的小墙，又称"照壁"或"影壁"。

屚　同漏。《说文》："屋穿水下也。从雨在尸下。尸者，屋也。"即房屋漏水之意。

層　《说文》："重（chóng）屋也。从尸，曾声。"

羼　《说文》："羊相厕也。从羴在尸下，尸，屋也。"段注曰："尸者，屋之省。"又"相厕者，杂厕而居。"指羊相聚集而居。再如：

卧　《说文》云："休也。从人臣，取其伏也。"又《卧部》下有监、临二字。许慎曰："监、临下也。从卧……"又"臨，监臨也。从卧，品声"。监、临二字"从卧"的原因，徐灏曰："从卧，盖取屈伏之意。"朱骏声曰："从卧，乃隐几凭视之意。"林义光则认为"卧"为人和臣，"从臣，臣伏也"。三家之说，尚不足以服人。今按：甲骨文"望"字有二体，即[illegible]、[illegible]。前者像人站在土丘上，纵目远望之形，本义是远望；后者像人举目远望之形，与"卧"字形似，二字只是上下结构与左右结构之别。可见，卧与[illegible]是混合体，二字音义迥别。本来是两个不同的字，然而在使用过程中合流了。故"卧"字也有"观望"之意。了解了这一点，那么"監、臨"二字从"卧"的原因就可以理解了①。即：

---

① 此二例，据周秉钧《汉字合流现象》改写。

監 《说文》："監，临下也。从卧，衉（kàn）省声。"即自上而下监视。《诗·大雅·皇矣》："监观四方"，可证。此外，汉字简化之前，下边一些字为了求简，也自然走向合流。

臨 《说文》："臨，監临也。从卧，品声。"有"从上监视着"之意。《论语·为政》："临之以庄，则敬。"

此外，汉字简化之前，下边一些字在使用过程中，为了求简，也自然走向合流。

彊強强→强 驩懽歡→歡 麤粗→粗 鎗槍→槍
鐀餽歸→歸 歳嵗歲→歲 煖暖→暖 喫吃→吃
礮砲炮→炮 阪岅坂→坂 盃杯→杯 邨村→村
汎氾泛→泛 序庠校→校 毉醫→醫 愬诉→诉
歲祀載年→年 韤韈襪→襪 燥燬火→火……

这19组例字合流的原因不同：第1行4组形义不同，因音同而合流；第2行4组形不同，因音义同合流；第3行"炮"组、"杯"组和第5行"袜"组因年代先后所用质料不同但却指同一种事物而合流；第4行的"校"组和第5行的"岁"组、"火"组因先后朝代对同一事物称谓用字不同而合流；其余的因义同而合流。

以上各例说明，汉字在其发展演进中存在着"合流回归"现象。这是一条非人为的规律。明白了这一规律，有助于人们说明、解释古汉字发展演变中的另一层面的一些问题。

综上所述，充分显示出我们讲的"汉字合流"，是汉字在人们使用过程中一种客观的、自发的、不约而同的众形合并为一的自然现象；不是人们主观上自觉的人为现象，更不是政府干预、规定、颁布的行为。它的效果，同样达到了大量减少文字数量的殊途同归的目的，自然遏制了文字发展中数量逐渐膨胀的趋向。因此"汉字的合流"，既是自发地对同源的常用字"众形合一"的考源，又是汉字发展中不容忽视的一种自然途径，显示了汉字发展"趋简"的规律。这是汉字研究中的重大发现，其意义不待言喻。这也是本书有别于其他同类论著之处。因为迄今一切文字学（或汉字学），均未涉足"汉字合流"领域的论证。

第七节 汉字的归并

上一节，我们讲了“汉字合流”的现象。在这个基础之上，我们来谈谈“汉字的归并”问题。如前所述，我们认为二者既有联系又有区别。就其联系来说，把二者统称为“汉字的归并”，作为一个问题来讨论研究，也未尝不可。就其区别来看，二者在时代的先后，形成的原因，方法与目的以及研究的对象等方面，又有所不同。

如果说，前者侧重于古代用字，方法是从汉字的音、形、义着手，目的是解决古代用字在使用中的繁难问题。不仅如此，而且通过某些汉字的合流现象的研究说明，帮助人们去由此及彼地理解其他一些古代用字。其方式是自发的，但也能达到避繁就简地使用汉字和减少应用的汉字量的效果。那么，后者则是侧重于现代用字，方法主要是从汉字的音、形着手，目的主要是归并异体字，减少应用的汉字量以便于学习、掌握和使用，不涉及其他汉字的理解和运用问题，方式是自觉的，历代都是由政府介入推行的。从先秦到汉代都有过汉字整理归并的举措。如秦代的“书同文”，主要内容就是归并异体字和统一字形；汉代实行隶书等。自清末起一百多年来的文字改革运动，使我们如今在简化汉字、归并异体字上取得很大成绩。在这个意义上讲，自古至今完全可以统称为“汉字的归并”。

汉字在其发展和使用过程中，自古以来，人们就已经发现并注意到，汉字的繁难和数量由于滥造异体字、方言字、行业字和简化字以及分化字的不断产生和增加，给人们带来掌握汉字的负担和使用的不便。为了减少字数、简化笔画，采取了某些规范和限制的手段，起到了一定的淘汰异体字和方便社会的交际作用。但是，由于历代当权者的保守和厚古，鄙视俗字，以及用字者的习惯惰性，从未能得到彻底解决。究其原因，是始终存在着自发与自觉、自然地演变与有计划地进行的区别。

一 什么是汉字的归并

我们所讲的“汉字的归并”，就是要对音同（或音近）、义同而形体不同的异体字，积极自觉地有计划地进行归并进而压缩日常用字的数量，以便于学习掌握，记录语言和传递信息的需要。

历代正字只是为了加强字形的规范，增进文字的社会效能而归并。……现代是在文字量空前庞大的时代下进行的……不仅需要稳定字数，还要压缩字数。……尤其是日常用字……但如何按照汉字发展规律，科学地压缩通用字量，如何在压缩字量的同时，不影响书面交际，给使用汉字者增加方便，而不是增添麻烦。

如果能在各方面便利学习，应用的基础上使汉字定形，能在记录与交际的基础上使汉字定数；在定形、定数的基础上由统一的机构将文字管起来，把通用字限制在七八千个，常用字控制在三四千个。在汉字归并中，要做到科学、自觉、有计划地进行，定形、定音、定量。

二　汉字归并的必要性

须知，我们的汉字，自古以来递年增加，越来越多。尤其是形声字产生以来，随着社会的发展，历史的前进，新事物的出现，为了解决同音假借和同源分化所造成的使用中的混淆现象，人们采取加注意符或音符或形声合成的方法，为新出现的专名专词造新字，其结果是形声字无限制的膨胀，数量惊人。据统计，从先秦到汉朝算起来，汉字每年平均以二三十个字的速度在递增。请看表1。

从下表中，我们不难看出，汉字在其发展中，数量上的恶性膨胀，呈现出逐年急剧增长的势头。积于今，竟达85000余字。有人说，还不止于此，汉字有十多万个。试想，这样庞大的汉字群，学习、掌握起来如何得了？那么，这些汉字是怎么收集来的呢？请看《中华字海》的《前言》所云：“《中华字海》所收字主要由两部分构成：一部分收自现存汉语辞书，如《说文解字》《玉篇》《广韵》《集韵》《康熙字典》《中华大字典》等书中的全部汉字（一字不漏，讹字也收）；另一部分是历代工具书失收而应该收录的字。其中有佛经难字、道藏难字、敦煌俗字，宋元明清俗字、方言字、科技新造字，以及当今还在使用的人名和地名用字。此外，流行于中国台湾、中国香港、中国澳门地区的俗字、方言字以及在日本、韩国、新加坡等国通行的汉字，书中也予收录。”

表 1　古今字书一览表

公元（年）	时代	字书	编者	收字数（个）
前 1066	殷商	甲骨文编	中科院考古研究所	1723 附 2949
前 220	周	金文编	容庚	1849 附 1199
前 220—前 210	秦	仓颉篇	李斯	3300
1—5	西汉	训纂篇	扬雄	5430
60—70	西汉	续训纂篇	班固	6180
100	东汉	说文解字	许慎	9353
230	魏	声类	李登	11520
400	晋	字林	吕忱	12824
500	北魏	字统	杨承庆	13734
534	梁	玉篇	顾野王	22726
997	辽	龙龛手镜	释行均	26430
1008	宋	广韵	陈彭年等	26194
1066	宋	类篇	王洙等	31319
1615	明	字汇	梅膺祚等	33179
1675	明	正字通	张自烈	33440
1716	清	康熙字典	张玉书等	47035
1968	现代	中文大辞典	台湾《中文大辞典》编委会	49905
1990	当代	汉语大字典	徐中舒主编	54678
1994	当代	中华字海	冷玉龙主编	85000

在字书收字方面，这段说明代表性地揭示了历代字典的编纂者都有一个共同的心态，那就是都想做到空前绝后，通过各种途径广泛收集，兼蓄并储，多多益善。结果是只看汉字的形体，凡是形体结构不同的就当作一个字收集起来。这样，就把那些本来是一个字而形体不同的古文、篆文和古隶当作几个字搜集起来。还有那些散在各处的僻字、俗字、奇字、讹字、方言字和行业字，通通加以收入。所以，历代的字典辞书，都是在前代的字书基础上，代代相因，兼蓄并储，收字急剧递增。其实，其中大量的是异体字或死亡了的历史字。仅《康熙字典》号称 47000 余字，异体字就占 40%，所余也就 2 万多字。实际上自古以来通用字数并没有那么多，甲骨文时代用字四五千个。又如“汉制太史试，学童能讽

书九千字以上，乃得为吏”①。直到当代，据专家或有关部门调查、统计和公布的通用字是7000个或8300个。而常用字是2500个，次常用字是1000个，加起来掌握3500个常用字就够用了。所以，那么多的历史字、分化字和异体字，不加以整理、归并和有选择地废弃是不行的。

（一）历史字及其来源

所谓历史字，是指那些随着社会的记录需要而创造出来的，在某一历史阶段中曾应用过的，但随着其所负载的事物的消亡而消亡了的字。

历史字可分作两类：

1. 名物的历史字

名物的历史字，是指那些除了专名之外的普通名词、动词、形容词和语气词等，有关天文、地理、鸟兽、虫鱼、植物、矿物、衣食住行、方言、外来语的用字。例如下列句中加着重号都是历史字：

终风曰曀　春祭曰祠　夏祭曰礿　陂者曰阪下者曰溼

三岁曰畬　水注川曰谿　牛七尺为犉　彘五尺为豝

狗四尺为獒　父为考　母为妣　兄妻为姒　弟妻为娣

此外如弁、笏、鬲、牭、豚、褐、畯、馌、庠、牂、橐等。

这类加着重号的在历史字中占一大部分。虽然没有现实的记录作用，但是，在阅读古书、研究历史、古汉语时是必不可少的，是有历史价值的。因此，这类字在《辞源》《康熙字典》《中华大字典》《中文大辞典》《汉语大字典》等辞书中均有收录。

2. 专名的历史字

专名历史字，是指历史上的人名、地名、水名、邑名、族名和国名等方面的用字。例如：

姬　相传皇帝居姬水，故姓姬。

嫄　人名。姜嫄，周族后稷之母。

鄳《说文·邑部》：“江夏县”。

邛　《说文·邑部》：“邛地，在济阴县。”

---

① 见《宋本玉篇·重刊玉篇序》，中国书店1983年版，第1页。

郢　《说文·邑部》："故楚都，在南郡，江陵北十里。"

汨　《说文·水部》："长沙汨罗渊，屈原所沉之水。"

洹　《说文·水部》："在齐鲁之间。"

虢　周分封的诸侯国。姬姓。后被郑国所灭。

这类字的特点是，量大、用处单一、代谢快，其数量约占现代通用字的四分之一，是学习、了解和研究古代汉语和古代历史及文化等必见的字。

（二）分化字及其形成的原因

所谓分化字，是指那些由于"一字写多词"或"一字表多义"的需要，为了求区别而达到专字专用的要求所孳乳分化出来的字。也可以分为两类。

1. 由于同音假借而在本字上加注偏旁分化的字

其本字跟词之间只有语音上的联系而没有意义上的联系。如：

昏——婚　　取——娶　　栗——慄　　新——薪

见——现　　田——畋　　道——導　　受——授

例中的前者是本字，后者都是在本字的基础上加形符而成的分化字。分化字和本字之间是从来源上说的。分化字同历史字之间有交叉关系，有些历史字本身就是分化字。从理论上来讲，历史字（包括专名）可能曾经是分化字。这里所说的同音分化字，还包括双音词的分化字。如：

衚衕——胡同　　彭湃——澎湃　　焦瘁——憔悴

圂圕——图圕　　彷彿——仿佛　　徼倖——侥幸

2. 由于一词多义所引起字形上的分化

为了区别，在本字上加注意符而形成的分化字。这种分化字同本字始终存在着词源上和字族上的联系，故称同源分化字。例如：

夕——汐　朝——潮　益——溢　列——裂　偶——耦

义——仪　县——悬　欲——慾　洗——跣　房——旁

总之，除了专名之外，在汉字增殖中新产生的字，大部分是分化字。

（三）异体字及其产生的途径

异体字是指两个或两个以上音同、义同而形体不同，但在任何情况下都可以互相代替使用的字，其产生可以分为五种途径（详见第六章第二节）。

汉字在构成上由于笔画繁多，区别性强，为了记录语言，繁体字不断产生，数量越发增多，呈发展趋势；而人们习惯于写简体字，因而常用字绝大部分是简体的。所以简体字是常用字中产生异体字的主流。①

1. 区别易混字形加注偏旁而繁化造成异体字

这类异体字原来多半是独体象形字。由于区别同其他字形混同，加注意符或音符而繁化的结构。例如：甲骨文中的“皃”字，与隶变后的“兒”字易混，为了区别，就在“皃”字加上意符“豸”而成貌字；“犬”字，在甲骨文中，与[illegible]（豕）易混，加注音符“句”而繁化成“狗”字等。类似的例子又如：

> 古“从”与“比”易混，在“从”字上加“辵”而成“從”。
> 古“鬥”与“門”易混，另造一个繁化了的“鬭”字。
> 古“凷”与“由”易混，另造一个形声字“塊”字。
> 古“伯”与“佰”易混，另造一个“霸”字。

甲骨文中“左”与“右”易混，分别加“工”和“口”而成。

有些字初造时太简单，就一再加注偏旁使其繁化以区别之。如：

> 𠃋——厷——肱　厂——厈——岸　冂——冋——坰
> 网——罔——網　巨——矩——榘　仿佛——彷彿——髣髴

这类加偏旁而“展转相从而总为一字者”，王筠称为“累增字”。这种累增字只着眼于字形上的区别，跟为了区别词义而加注偏旁的分化字是不同的，不能将二者混为一谈。如“暴”字，本义是晾晒，又有显露、

① 见王凤阳《汉字学》，第 537 页。

冒着、顶着、急躁、凶恶、残酷、凌辱、损害、突然等义，为区别词义，加“日”旁，分化出“曝”字，表“晾晒”义。“禽”字本义是捕捉，又是鸟兽总称，又特指鸟类，于是加“手”旁分化出“擒”字，表示“捕捉”义。此外如知智、见现、县悬、说悦、栗慄、然燃、孰熟等。

2. 便于书写而求简所造成的异体字

与上述相反，汉字在其发展和使用过程中，趋于简化，自古而然，无代不有，这是汉字发展的总趋势。文字是供人记录语言的工具。由于人们在运用过程中，图简求快，就造出一些简化了的异体字来。例如：

同时代的：衆众、無无、舊旧、棄弃、壽寿、國国；

异代的：體体、𣍘曹、繼继、灋法、薦荐、踴踊；

俗体的：陽阳、遷迁、燈灯、辭辞、實实、稱称；

行业的：藥药、醫医、療疗、機机、礦矿、農农；

误写的：恭㳟、气乞、寫写、傑杰、菜芽、煤灿；

避讳的：丘𠀉、玄𤣥、世丗、辠罪（据说因为“辠”跟“皇”字相似，秦始皇就把辠改为罪）。

综上所述，可以看出，不论是新造字，还是异体字，产生的途径多，这使汉字的数量急剧地膨胀，越往后越多。其中大部分是已经失用的多余字，即异体字。据《汉语大字典》编写组对《康熙字典》收字情况的调查统计，在其所收47035字中，异体字就有932组，共计2万多字，约占其总字数的40%。所以古代字书中搜罗最多的是异体字。本来，一个词或语素由一个字记录就够了。而如此庞大的异体字，不管是造字的异体还是繁化而产生的异体，都是多余的。只能产生书面交际的麻烦，增加人们学习，记忆和掌握的负担，因此，汉字的归并是完全必要的。

三　汉字归并的实施

汉字的归并和汉字的简化是属于汉字的整理与规范中的两种不同的范畴。简化汉字是针对汉字结构上的笔画繁多，而汉字的归并则是针对汉字的通用字数量过大。

汉字在其发展中出现了数量上的急剧递增，主要是指秦汉到唐宋这千余年的情况，而元明清以后的字数则是逐年递减的。据统计《康熙字典》中有90%以上的新增字是属于唐宋以前的。其中大部分是异体字，占52%，而新生字只增加42%。但异体字的增加在《字汇》以后数量锐减，因为宋代以后出现大量的印刷品，有严格的正字要求。而唐代以前还没有出现印刷术或者还没有普及，书籍由人抄写，便出现了因人、因时或因地而异的不同写法，造成异体字数量空前增加的“文字异形”的后果。如人们皆知的所谓“百福图”“百寿图”等。至于一个字几个或十几个形体便是司空见惯了。又如：

《玉篇》：體、軆、躰（今作“体”）；

《一切经音义》：韈、韤、韈、韈、帓（今作“袜”）；

《集韵》：飲、歙、㱃、飮、衾、淾、酓（今作“饮”）；

《康熙字典》：无、無、旡、橆、霖、森、亡、粟（今作“无”）。

从上例可知，为什么历代都进行过汉字规范或提出严格的正字要求。然而，由于我国历史悠久，地域广阔，不可能人人都遵守规范，民间的异体字，仍然有增无减。不论你怎样规定限制，都限制不了异体字的泛滥，人们仍然使用。限制的结果是非但收不到规范的效果，反而产生了更多的异体字。

直到1956年，在文字改革委员会的领导下，采取了疏导、适应文字发展趋简的方针，在承认简体字的前提下归并异体字，收到了很好的效果。不仅精简了一些冷僻字和繁难字，而且废除了1055个字。截至1968年，经国务院批准，用同音替代方法更改了35个县级以上的生僻地名用字，如瀋陽改为沈阳，江西雩都县改为于都县，陕西沔县改为勉县，盩厔县改为周至县等。1959年国务院发布《统一我国计量制度命令》，淘汰了一些计量专用字（如粍、糎、瓩、瓱等）。1977年文改会、国家标准计量局又公布了《部分计量单位名称统一用字表》，淘汰了一些译名和译名用字。总之，取得了很大成果。

但是，汉字改革工作还没有做到尽善尽美。不仅应当简化的尚未简化，如“貌”字就当采用古“皃”字，“屛”可以归并为“屏”字等。而且许多异体字尚待归并。仅以常用的《新华字典》为例，收了11000个字左右。这个字量已经超过了我们日常通用字量。据有人统计，有200多组异体字，需要进一步整理。例如：

愬——诉　　筭——算　　髌——膑　　傢——家

甆——瓷　　糍——餈　　诃——呵　　钮——纽

这样一些应该归并而未归并的异体字，只能增加人们学习和记忆的负担。所以，汉字还存在着再归并的问题，以便进一步精化通用字的字量。

须知汉字的归并是汉字分化的逆向运转的过程。既然是逆向运转过程，那么就要从汉字的同音分化与同源分化着手归并汉字。[①]

（一）同音字的归并

同音字的归并，是指记录同音词（或语素）的同音字之间的合而为一。

所谓“记录同音词的同音字”，就是假借字。假借字的分化与否，取决于其所记录的同音词的词性及其使用频率的高低。

1. 词性是引起假借字分化的原因之一

从假借字所记同音词的词性来看，词性是引起共居同一字形的同音词误解的主要因素。不管其词语相同与否，都会引起误解。而词性相同的同音词引起误解的可能性就更大。因为词性相同的同音词大都可能出现于句中的同一位置，这就排除了语法关系的区别，只能依靠上下文词之间关系来区分了。这样一来，区分的条件少了，误解的可能性就大了。如：

①庄公寤生……遂恶之。（《左传·隐公元年》）

②大将军卫青侍中，上踞厕而视之。（《史记·汲郑列传》）

③吾固曰：“非圣人之意也，势也。”（柳宗元《封建论》）

以上三例中的“寤、厕、固”，都有两种以上的含义，易生异解。寤，古代通牾。寤，睡醒；牾，逆，倒着。究竟是怎么生下庄公的呢？是睡梦中不知不觉生的，还是像有人说的，庄公生下来就瞪大眼睛，吓了姜氏，所以厌恶他。已产生歧解。直到明代黄生在《义府·寤生》卷二中云：寤当指牾。牾，逆也，是倒生，才解决了1000多年来训诂上的一大悬案。例②中的厕，通“侧”，二义共居一个字形“厕”。是指厕所，还是指床边？例③中的固，与“故”通用。“固”有本来、坚决等义，而“故”是因此、所以的意思。总之，“寤、厕、固”是借字，而“牾、

① 见王凤阳《汉字学》，第581—598页。

侧、故”应是分化出来的分化字（本来叫“分别字”）。因此，从上面例中来看，我们可以得出汉字同音分化的规律：

其一，同音分化是在同一字形记录两个以上的同义词之间进行的。

其二，同音分化只指那些容易令人误解的通用词，并且多是那些使用频率高的同音词，因为使用频率高就容易发生误解；或者由于所写同音词的词性相同或相近，就容易在近似的语句结构中出现。

其三，分化字是在原来的假借字上分化出来的。为了维持其字间的继承性，要保持相同的声符。

我们了解了汉字在单音节词占优势的条件下分化的基本规律，与之相对，在复音词占优势的今天，作为反向运转的汉字归并，应该遵循什么样的归并不合理，怎样归并才是正确的。

（1）不合理的归并，结果是归并了同音字却造成了“多音字”

在文字改革中，没有遵循汉字归并必须同音同调的规则，把本来不同音也不同调的一些字加以归并了，结果造成了一些多音字或多调字。不仅是增加人们记忆的负担，而且在应用的场合还要思索和辨别。如把“樸”字归并于“朴”，使“朴”字除了 pò（朴树）、pō（朴刀）、piáo（姓）之外，又多出一个 pǔ（朴素）的音来；“吁”，本是长吁短叹之“吁”（xū），但用“吁”归并“籲”（yù），“吁”字在 xū 音之外，又多出一个 yù 的读音。此外如：

纖——纤　　僕——仆　　術——术　　製——制

这类归并的字，增加了多音字，是不当的（如术，又读 zhú，指白术，植物名），值得进一步斟酌和改进。

（2）归并了使用频率高的同音字却带来了记录上的混误

现代汉字中属于同一词类的同音词的字，或在句中容易发生上下关系的同音词的字，常常混淆，这是古今相同的。在古代容易分化，在现代不宜归并。拿名词、动词、形容词来说，除了词性相同的易混之外，名词和形容词易混，因为名词，形容词可以跟其他名词组成限制性的偏正修饰关系；动词和形容词经常同名词组成主谓关系的词组，也容易混淆。相对而言，名词和动词很少相混。如果忽略了这些情况，同音词归并后就容易在使用中出现异解。例如：在《简化汉字总表》中把“隻”

归并于“只”中，前者为量词，后者是副词，原来是两个不相关的字。归并后，一般使用起来不能混淆，但在“船只开进了烟台港”之类的语言环境里就发生混淆，是“船只/开进了烟台港”，还是“船/只开进了烟台港”呢？可能出现这两种不同的理解。又如：两个使用频率都高的词，名词“井”和动词“警”，是同音词，但不可以归并。因为归并后，就要发生“火井”还是“火警”，“机井”还是“机警”的异解。再如段注：对“君后”的解释说：“后之言後也”，意思是“开创之君在先，继体之君在後也”，“後”字就不能用“后”字。此外如：

致——治　像——象　圆——元　园——圆　副——付

鲤——里　篮、蓝——兰　糊涂——胡涂　摸索——莫索

这样一些同音词的字就不可以归并，因为都有两种以上的含义，合并后容易造成异解。相反，凡是归并后不能产生意思混误的同音词的字都可以合并，以减少文字数量。如：

醜——丑　闆——板　範——范　邨——村

瀋——沈　鬥——斗　後——后　蟲——虫

这样一些同音词的字归并后，一般不会发生异解。因为每组的字音相同，声调也相同，词性也相同。合并后，被归并的字基本是废除停用了，而归并字在现代汉语中使用频率很低。其中“丑”字另一义只在“地支”中的第二位用；“范”的另义只用于姓氏；“斗”字本是历史上的容量单位名，已经随着它所负载的事物而消亡，斗只指“北斗”星之“斗”，也很少用；“后”则只是指皇后、王后、太后等历史词中的用语。

还有大量的联绵字本来有多种写法，只要恢复其音就可以归并。如：

踴躍——踊跃　衚衕——胡同　彷徨——旁皇

鞦韆——秋千　彷彿——仿佛　囉唣——罗唣

以上各例，除了“彷徨”一词之外，其他都是在文字改革中归并了的联绵字。有些联绵字不能全恢复的可以半恢复。如：

琉璃——琉离　　蝌蚪——蝌斗　　嫦娥——常娥
猶豫——犹豫　　轆轤——辘轳　　摸索——莫索

总之，汉字的归并要以不发生异解为原则。要求做到：以简并繁，不能以繁并简，既要达到合并字形的目的，又要收到简化汉字的效果。1987年重新公布的《简化字总表》中的归并字基本上就是这样做的。

（3）归并字要保持同被归并字的声符一致，以维系其历史上的渊源关系

过去，汉字的分化，就是在原来借字的基础上加注意符的结果。因为这样做，不仅方法简易，不用另造新字，而且重要的是使原来两个以上的同音词共用一个字形的借字，同分化字的读音（即音符）保持了历史联系。这样，既起到了区别作用，又保持了原有的渊源关系，使新造字（即分化字）易于令人接受。现代归并汉字，也应该考虑到分化时的历史传统，保留同音关系（即读音相同）。例如：

闢——辟　　餘——余　　鹹——咸
禦——御　　鬆——松　　麗——丽

每组后一个归并字都是前面被归并字的声旁，人们就不觉得陌生，而且好记易用。这是汉字归并中的一种最理想的归并。此外，一种归并把声符改得简单，标音准确。如：

膚——肤　　態——态　　歷——历　　極——极
趕——赶　　審——审　　溝——沟　　鑰——钥

至于那些使用频率高，笔画繁复，亟须简化又无适当音符恢复或恢复后，读音有变化的不在此例。如醜、丑，幾、几，關、关，纔、才，鬱、郁，瞭、了，乾、幹、干，臺、檯、颱、台等。

2. 频率是引起假借字分化的原因之二

在假借的基础上形成的同音分化字，不论它们的词性如何，只要它们的使用频率高或者比较高，在特定的语言环境中发生异解的机会就多。

为了避免混淆，人们就用加注意符或改换意符的方法去进行分化新字，以达到“专字表专词，专词有专字”的目的。例如《左传·宣公二年》：“子为正卿，亡不越竟，反不讨贼，非子而谁?”其中“竟”字，本指“乐曲终了”等义，在句中借为边境义，易混淆，便在“竟”字上加注意符“土”，分化出“境”字来表“边境”之义。“反”字，有翻转、颠倒、与“正”相对等义，易混，加意符辵而分化为“返”。又《论语·学而》：“学而时习之，不亦说乎”，其中“说”字有“说话、游说”义之外，还表“喜悦、高兴”义。容易混淆，改意符“言”为“忄”，分化出一个“悦”字，专表“高兴”义。此外如：

止——趾　　共——供　　州——洲　　亟——極
责——债　　贾——價　　弟——悌　　哥——歌

这是加注意符的例子，还有改换被借字意符的。如《周易·庖牺氏之王天下》：“庖牺氏没，神农氏作。”其中的“没”字，改意符而分化为“歿”字。类似的情形还有：

唱——倡　　徇——殉　　赴——讣
敛——殓　　张——胀　　振——赈

以上二类加意符或改换意符的，都属于使用频率高或次高的；与此相反，那些表原词的字使用频率低或很低的字，借字和被借字之间则不发生分化。如：

特　《说文》云“朴特，牛父也”，即公牛。

牢　《说文》云“闲养牛马圈也”，即牲畜圈。饲养畜生的场所。

颇　《说文》云“头偏也”，指人的头型。

很　《说文》云“不听从也。一曰行难也”，指羊的倔犟性格一面。

離　《说文》云：“黄仓庚也。鸣则蚕生。”

難　《说文》训：“鸟也。”指鸟的一种。

这些字所记的原词都是本义。这些本义现代都不用了，也很少为人所知，几乎谈不上使用率。而后代通行义都是借用该字所记同音词的假借义，应用率却很高。但借字和被借字之间却未发生分化，其原因是原词的使用率很低，而借词使用率高不易发生混误，所以频率的高低是决定假借字分化与否的原因之一。

总之，要充分利用词的复音化所带来的同音归并的有利条件，在历史同音分化的基础上搞归并。这种归并要以归并而音不变，还原而义不混为原则标准。如果归并而变音，还原则义混，同音词就要维持原来的分化状态。除了少数使用率特高又亟待简化，而字形自身无从可简的字之外，不搞基本字形归并。尽量利用基本字形本身特征简化，同音归并尽量限制在原有形声字可以取消的意符上。这就是尊重字的历史传统，利用现代复音词的条件，在记录词、区别词的基础上归并可以归并的汉字。

（二）同源字的归并

要想了解同源字可以归并的原因，首先必须了解什么是同源分化字。

1. 什么是同源分化字

汉语的特点是一词多义。在不同的语言环境中使用，由于上下文的制约，就会产生不同的句中义。当这些句中义经常为人们所用，时间一久，它们就成了社会上专用的引申义。这些派生的引申义独立之后，就要求把它们区别开来，在复音词占优势的现代，通常用造新词的方法为它们造专词。而在单音节词占优势的时代，多用造字的方法为它们创造专用字。这些专用字有些是脱离根词字形而另造的，但多数是在根词字形的基础上加注意符分化出来的。这些分化出来的字叫“同源分化字”。具体来说，同源分化字除了脱离根词、字形属于音变造的部分之外，大多数与根词同音，所以，同源分化字是指那些音义皆近，音同义近或义同音近词的书写形式。

2. 同源分化字和同音分化字的区别

这主要是指二者分化的基础和分化的对象不同：同音分化字是在同音假借的基础产生的，分化的对象是同音词；同源分化字是在记录同源词的基础上产生分化的，是词的引申义专用化了的标志。

既然同源分化字是在古代单音节词占优势的情况下，在根词字的上面加注意符以区别分化出来的，那么，在词已经复音化了的现代，由于复音词本身具有区别的能力，原来加注的意符失去了区别的作用，这样，就可以通过去掉原先单音节词占优势时代所加的意符，来归并同源分化字，使同源分化字恢复当初根词的形态。

由于同源分化字和同音分化字分化的原因不同，归并的条件也不同。二者除了同音之外，其区别是：同音归并以词性、词义不同，被归并字差别大为条件；而同源归并则以词性、词义相同（或相近），用来易混为条件。相反，词性、词义等相同的同音字不宜归并；而词性、词义等不同的同源字也不宜归并。原因是同音归并是使字一身二任，不能混淆；同源归并是使字合二为一，只有相同才能成为一体。

3. 归并同源分化字的方法条件

如前所述，同源字是那些音同、义近和字根相同的字分化的结果。与之相对，归并时也要以音同、义近和字根相同为条件。这叫作无区别的条件。下面分别加以说明论证。

（1）音同的同源分化字的归并

音同，是归并同音分化字的条件，也是归并同源分化字的必要条件。不然，就要造成多音字，而且出现音近的多音字，就更难区别了。例如：

烝——蒸　　叩——扣　　偶——耦
冓——構　　竟——境　　闵——悯

以上所举都是同源分化字。“烝”的本义是火热上升，引申义是以热气熟物，而“蒸”是蒸煮之义。《齐民要术·蒸缹法》：“蒸令极热”，杜甫《壮游》：“蒸鱼闻匕首”。“叩、扣”，音同，动词，都有“敲打”义；“偶”的本义是木偶，而引申义是成双、成对，“耦”也有二人义。《论语·微子》：“长沮桀溺耦而耕。”“構”是“冓”的分化字，音同义同，都有“交搭、相交”之义等。这是音同义近、字根相同的例子，可以归并。但是如：

生——姓　吕——闾　卷——拳　屏——摒　象——像
丹——彤　申——神　原——源　夏——厦　受——授

这几组也是同源分化字，却不能归并。第二组二字音不同，字根相同，但义不同。如果归并了，“吕”就要表 lǚ 和 lú 二音；第三组二字音不同、义也不同，归并后，“卷”就要变成 juǎn、juàn 和 quán 三音；第四组的“屏”字也变成 píng、bǐng、bìng 多音字，其他各组同理。

（2）义近的同源分化字的归并

义近是指归并字和被归并字之间的常用义接近，因为同源字之间在历史上都有着词义的联系。因此，在归并同源分化字的时候，要考虑词义是否相近。如果被归并的同源分化字是同源归并字的变体，即语词的应用环境及其应用范围所引发的义变，都属于义近，可以当作同源归并字的一个引申义而加以归并。例如：水流不通叫“淤”，血流不通叫“瘀”，二字基本义相近，只是所流的事物不同。故可以以“淤”归并“瘀”。“披”指把物覆盖在肩上的动作行为，“帔”是古代妇女披在肩上的服饰。披在肩上只是将披的行为施之于服饰，只是应用的对象不同而已。故可以将“帔”字归并于“披”。此外如：

闇——暗　　荫——阴　　跣——洗　　擣——捣
酟——沽　　谕——喻　　茆——茅　　……

这些同源分化字，所使用的引申义完全可以归并，因为它们只是为不同的角度、职业用字而分化出来的。

与此相反，有些同源分化字则不可以归并。虽然在历史上所记录的词有着意义上的联系，但由于时代的久远或词义的发展，分化字所记录的词产生各种新义或者成为造新词的根词。所以同源字之间已失去意义联系。如汉代以前，表陈列的“陈”和表行阵的“阵”同形，汉代以后才产生了“阵”字。颜之推说，行阵的“陈”（阵）来源于陈列的“陈”（《颜氏家训·书证篇》），可知，“陈”与“阵”是同源分化字。“陈”原指陈列、陈设，《左传·隐公五年》：“陈鱼而观之”。又引申为陈述、陈说义，又抽象为新旧的“陈”，成语有“新陈代谢”。“阵”字，除了指作战双方的行列、战场、量词等义以外，构词率很高，现代多指阵地、阵脚、阵容、阵势、阵营、阵痛等 28 个义项，二者词义相差甚远。又如：

唱和倡，也不可以归并，因为二者现代的使用义差得很远。虽然二字的本义都有“领唱”义，《诗经·郑风·萚兮》：“倡，予和女。”意思是“你来唱歌我拍和”。《荀子·乐论》：“唱和有应”，引申义也都有“带头、倡导”义，但其他意义就不同了。“唱”有“唱歌（渔歌唱晚）、大声念、高声叫”义而为“倡”字所无。特别是现代，“唱”的构词能力特强，如唱本、唱词、唱段、唱片、唱票、唱腔、唱高调、唱反调、大合唱等36个义项，而“倡”字，除了有“首先提出、带头发起”之外，只能构成“倡导、倡议、提倡、首倡”等。二者所构之词义，各为对方所无。此外如：

辆——两　挡——当　錶——表　胀——张　氢——轻　飘——漂
缣——兼　娶——取　精——青　疮——创　评——平　盒——合

这些同源分化字，在历史上都有过词义联系，但随着时间的推移，社会的发展，词义也在演变，各自产生了不同于对方的词义。因而不宜归并。

（3）词性是同源分化字之间能否归并的参考条件

一般来说，词性相同的分化字之间是可以归并的，因为相同点多，不易产生混淆；但是，词性不同，就得参考“同音”“义近”等条件，再行定夺。如：返——反、腑——府、穫——获、痠——酸等同源分化字，词性相同，且音同义近可以归并。归并后，不易发生歧解。相反，词性不同者，就得斟酌各方面条件，进行处理。

刭——颈　虚——墟　支——肢　弟——悌

这四组同源字音同、义近，但不宜归并。“刭”是割脖子，“颈”是脖子，词性不同；虚和墟，音同，在“大土山、废墟、集市”等义上相同，词性也相同，但在“趁虚”义中，易生歧解；“肢”指人的四肢（胳膊、腿），是“支”的比喻造词，而“支”后来引申为量词，在“四支”这个词中易生歧解。所以不宜归并。

（4）词复音化是归并同源分化字的另一条件

过去，在单音节词占优势的时代产生了同源分化字；现代在词复音化的条件下归并同源分化字。只要同源分化字中有一个常用字复音化了就可以归并。如："食和蚀"这组同源分化字，其中"蚀"字复音为"日蚀""月蚀""侵蚀"等。又如："辟与闢"一组同源字，"辟"常用于"开辟""精辟""透辟""辟谣"等词。

与此相反，有些同源词在古代由于同音、同位、义近等容易发生歧解而分化。对这些记录单音节同源词的字，虽然处于词已复音化了的现代，但为区别而分化的需要尚未消失，一旦归并了就会发生混淆，因此不宜归并。如：

表——錶 漂——飘 娇——骄 憬——璟 禁——襟

这类同源分化字，虽然同源，但词性相同，都可以单用。在与其他词结合时容易产生混淆、歧解。"表面"与"錶面"、"看表"与"看錶"易混，"漂动"与"飘动"、"漂荡"与"飘荡"，"娇气"与"骄气"、"娇纵"与"骄纵"，易发生歧解。所以不宜归并。"憬"指"觉悟"，"璟"指玉的色彩。

此外，归并同源分化字，跟分化字的词义转移，引申义的多少以及习惯等都有关系。如：把"艉"归并于"尾"就可以，因为"艉"只指船尾；把"駟"归于"四"也可以，因为"駟"只指四匹马拉的车。相反，把"稀"并入"希"字则不可，因为"稀"字的转义、引申义多，而为"希"字所无，如"稀疏""稀松""稀薄""稀释""稀有"等19个词。在"稀释一下""稀有金属"中易混。

综上所述，归并同源分化字的时候，要以现代读音相同为前提，并注意其历史关系。所谓恢复（归并）其分化前的形态，主要指同源分化字的字根（即声符）相同。符合以上诸条件者即可归并，否则不可。

应该知道，在现行的通用字中，如果按上列标准衡量，还有大量的同源字当予归并，以减少通用字量，从而减轻人们学、记、用的负担。仅以《人部》尚未归并的同源分化字为例，就有：

杖——丈 仟——千 仃——丁 仔——子 仞——刃 仕——士
她——他 伕——夫 妓——伎 份——分 佑——右 伸——申
做——作 俐——利 佣——用 候——侯 俸——奉 侦——贞
俩——两 脩——修 裸——倮 倌——官 偝——背

偁——称 傢——家 僖——喜 假——叚 儌——敫

这些未归并的同源分化字，可以进一步把它们归并到后边的字中去。每组前个字是同源分化字可以归并。

第八节　汉字发展的原因及其规律

前面，我们从六个不同的方面和角度阐述了汉字发展的基本情况和表现形式。在此基础上，我们从理论上对汉字发展的原因和规律作归纳性的概述。

一　汉字发展的原因

任何事物的发展都是矛盾运动的结果。汉字的发展也是这样。毛泽东说："矛盾存在于一切事物的发展过程中"，"每一事物的发展过程中存在着自始至终的矛盾运动"。[①] 这就是说，研究汉字的发展也得从其自身内部自始至终的矛盾入手，探讨它发展的原因和规律。因为矛盾是事物发展的动力，没有矛盾事物就不能发展。汉字发展，就是其自身内部矛盾的结果。

其一，汉字是由字符和字符所代表的语音组成的。二者相互依存和制约，缺少任何一方，汉字都不能存在。每个汉字在其发展的历史阶段中都代表某个词的读音和意义。其字符随着所代表的词发展而发展，演变而演变，随着所代表的事物或行为的消亡而消亡。

其二，汉字是词的语音形式和书写形式的对立统一体。缺任何一个方面，汉字都不复存在。汉字体系中的每个符号都是表达词或语素的音节的。二者之间对立的程度，取决于字符所表达的语言单位的大小。表达的语言单位越大，二者对立的程度就越大；反之，对立的程度就越小。这是一个规律。

由于每个汉字都是一个声、韵、调的结合体，所以，在使用不标音的符号时，其语音形式和书写形式完全是脱节的\ 无联系的。即使借用一个纯表音的符号或形声结构的音符，在没有相同的声、韵、调的情况

① 见《毛泽东选集》第一卷，人民出版社 1962 年版，第 293 页。

下，它也只是借一个音近的同音字，和词的实际语音仍有一定的差异。这样，就造成词的语音形式和书写形式的矛盾。甚至连一个音近字都借不到，又造成“有音无字”的情况。如现代汉语中的“轻声”和“儿化”音，就没有表达它们的书写符号。这就使词的语音形式和书写形式的矛盾突出起来。其中词的语音形式居于首要地位，因此，书写形式总是不断地改变着自己以适应不断发展的词的语音形式。

其三，汉字的构形不同和体态的趋简是促进汉字发展的原因之一。

（1）汉字的构形不同

①同一个符号兼作两种以上的不同偏旁

在汉字体系中同一字常常在不同的汉字里充当不同的偏旁。有的用作意符，有的用作音符，有时还用作部首。但在该字之外又没有用以区别的指示符号。例如：同样的一个字“木”，在“沐”字中充当音符；在“案、枝、校”等字中却作意符；在“李、林、森”等字中又充当了部首。这就造成汉字本身结构上的对立不一。

②形声结构和会意结构在表同一个词中的不同

在表意文字体系中，常常出现同一个词却用了结构不同的两个字符。例如：

淚——泪　　藩——樊　　巖——岩　　繖——傘

嶽——岳　　從——从　　闢——辟　　……

这是形声字和会意字的不同，即标音结构和非标音结构的不同。在汉字发展“求别趋简规律”的作用下，后者必定取代前者。

③形声字的形符和声符没有固定的位置

形声字在汉字中占有很大的比重，形符又是表示形声字的意义范畴的部件，所以形符在形声字中居于重要地位。由于形符在形声字中没有固定的位置，又无特殊标志，所以不容易把它跟声符区别开来。形符在形声字中可在声符的左或右\上或下、内或外。这样就影响人们对形符所表示的意义范畴的了解。汉字的形符有几百个，而汉字有几万个。这就使形符和声符在形声结构中的矛盾更加突出。

（2）汉字的体态不同

所谓体态，是指汉字在发展过程中所出现的日益趋简的字体形态。

汉字体态的日益趋简，是由于社会的政治、经济、文化、科学、技术等发展影响的结果。由于这些领域的发展，汉字的使用越发普遍而繁多起来。印刷术发明之前，由于使用范围和目的不同，汉字分化为碑铭体和草写体。后者是前者的简化。秦代的碑铭体是小篆，日常使用隶书。隶书是小篆的草写体。印刷术兴起以后，碑铭体的使用日趋减少，于是印刷体取代了碑铭体。现代的印刷体和手写体，楷体、行书和草书之间都存在着矛盾。事物出现了矛盾就要发展。

还有两种完全相反运动的互相排斥的繁化与简化也是促进汉字发展的原因之一。这里从略，后面集中详述。

以上是汉字发展的自身方面的一些原因；汉字的发展，还受到政治、经济、文化、科学、技术、生活等方面影响和制约，这是汉字发展的客观原因。下面分别加以说明。

战国末，秦统一六国后，鉴于“文字异形，言语异声”影响政令的推行和书面语言的交际交流，实行“书同文”的文字政策，命李斯用当时秦国应用的篆书统一六国异形的文字，使汉字字体统一，形体简易。这是国家统一、政务繁多，在文书方面迫切需要的结果。1956 年后，自上而下的文字改革，也是由于现代社会文字交流日繁，人民需要掌握文化，在政府的干预下，借助于行政力量，简化了汉字。

隶书的产生，是社会经济发展需要的结果。春秋战国时期的“官狱繁兴”，商业、手工业有了巨大发展，出现了春秋“五霸”和文化上的“百家争鸣”的大好局面。这就要求文字朝着实用和方便书写的方向发展，于是在战国时期就产生了隶书。

一个民族的文字对另一个民族的影响，往往是文化接触的结果。如我国壮族的形声结构的方块字、越南的字喃、朝鲜的谚文＼日本的假名，都是由于汉字的影响而创造出来的。

宗教的传入，就使中国为了翻译梵音的经文，创造和使用过少数在反切的基础上产生的“拼音文字”。诸如“[illegible]、[illegible]、[illegible]、[illegible]、[illegible]、[illegible]”（见《康熙字典》）等拼音字。

至于科技、文化生活的不断发展，就要不断地产生新词，相应地就要创造新字符号来书写它。如此往复不断的过程，就是汉字发展的过程。由于科技的发展，书写工具也得到了发展。书写工具的发展与改换，是汉字字体演变的主要原因。殷商时期，人们用金属的刻刀在坚硬的龟甲兽骨上刻字，所以刻出来的字笔画是平直方折瘦硬的线条，拐弯处都呈直角，圆圈刻成方形。周代金文多是范铸的，可以在范模上慢慢地加工描画，笔画较粗或成实笔，有廓空笔画和填实笔画之别。到了秦代，已经有了毛笔，所以小篆的笔画是圆转匀称的，隶书有波势挑法。后代的楷书则有横竖点捺勾折提撇。汉魏晋以后，在纸上写字，笔画变化更大，出现了草书、行书、楷书等字体，书法成为一种艺术。现当代，书写工具又变了，毛笔日渐少用了，取代毛笔而且常常用的是硬笔，即钢笔、自来水笔，圆珠笔、粉笔、板笔、板刷等。写起来比较方便简单，写出的字跟篆书、隶书相去甚远。用板笔或板刷可以写出斗大的美术字或各种宋体字等，用于匾额或大型标语、横幅等。如今用电脑打字，由于电脑储存各种字体，大小取用随意方便。总之，书写工具的发展变换是汉字体态发展的一个决定性的因素和物质条件。以上是汉字结构和形体发展的外部原因。

二　汉字发展的规律

综上所述，我们了解了汉字发展的各种原因。在这个基础上，进一步讨论一下汉字发展的规律。

任何事物的发展都需要动力，文字也是这样。上面所述各种原因就是汉字发展的动力。除此之外，自始至终贯穿汉字发展的整个过程中的繁化和简化，是推动汉字发展的根本原因，也是推动汉字发展的主要动力。

（一）繁化和简化的辩证关系

汉字的繁化和简化是共居于一个对立的统一体中的矛盾现象。二者是相反的、对立的、互不相容的；又是相互依存、相反相成的。由于文字是记录语言的辅助工具，这一性质就决定了文字必然朝着适应语言发展的方向发展，繁化就是为了适应记录汉语的发展需要，在象形字上加注偏旁的结果；又由于文字是记录语言的书写符号，这一性质又决定了文字必然朝着实用的方向发展，而简化正是为了书写、认记的方便。为了语言表达的精密化和科学化，而精减汉字的结构和笔画是简化汉字的书写方法的结果。因此，汉字的发展演变的历史实践证明：从原始图画文字发展到现代的简化汉字的过程，就是一个不断繁化、不断简化的错综复杂的过程。没有繁化，就没有简化；没有简化，繁化也不能自存。

汉字就是在这样矛盾对立中向前发展的。

（二）繁化和简化的例证

繁化和简化是两种交互作用的运动过程和结果。这个过程和结果，从一部分形声字来说大致情形是：在一个象形字（纯象意字）上加注音符繁化成形声字，再把该形声字的形符（即原来的那个象形字）简化，然后几经简化而成小篆、成隶楷，现代再把楷书简化，就成了今天的简化字（见图49）。

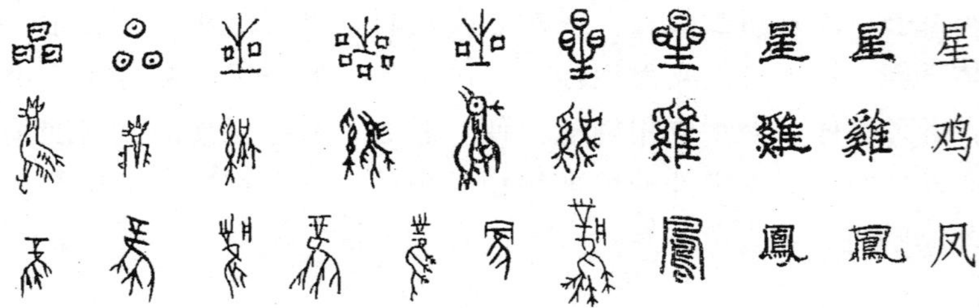

图49

从“星、鸡、凤”三字的繁化、简化演变过程来看，笔画是逐渐趋简的。从不标音的象形字发展为标音的形声字，又从标音的线条化的形声字简化为不标音的简化字。这个复杂的演变过程说明了什么呢？

这个过程不但说明了汉字在发展中繁化和简化的交互影响和作用，而且揭示了汉字从表意字向表音字\从表音字向简化的记号字方向发展过程和结果，而且显示出繁化和简化这两种趋向的发展不是平行的而是交叉进行的，是有主次之分的。这好比黄河的流向，总的趋向是东流，但其中也有西流的时候。汉字也是这样，简化在任何时期都处于主流地位，总的趋势是简化。这是汉字记录汉语要适应汉语的发展和便于书写的性质决定的。因此，汉字发展的规律是“常用求别趋简”的。

上面是以象形字发展成形声字的简化和繁化为例分析的，不只如此，象形、象物、象事和形声字在其发展中都呈现繁化、简化交互进行的情况，试看下面例子（见图50）。

这些古文字由象形的甲骨文（简化）发展到金文（繁化）、小篆（简化）、隶书、楷书（简化），反映了汉字在简化、繁化的发展过程中，简化居于主流地位，最后以简化而告终。下面具体地分析一下汉字繁化、简化的情形。

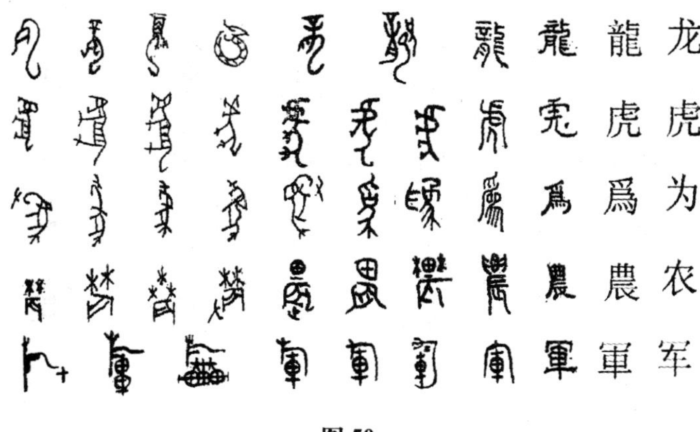

图 50

（三）汉字简化、繁化的方法

1. 汉字繁化的方式

（1）在最古的字上增加笔画而繁化

从汉字的发展历史来看，有一部分汉字很容易发现它的最古的写法和较晚的写法，也可看出二者之间的联系，其写法分为两种。

①有规律地增加笔画

在古文字里，当一个字上面是一横画时，后来往往在其上加一短横或八，这是一部分汉字发展的规律。根据这一规律可以判断一个字出现的先后，从而了解这部分字的繁化过程。如：

兀——元　　柴——柴　　髡——髡　　虺——蚖

……

还有一些复音词，后面的字受前一字影响而繁化。如“鳳皇”变为“鳳凰”，“摸索”变成“摸”，“重複”变成“褈複”，“常娥”变成“嫦娥”等。

②无规律地增加笔画

有些汉字因为其他原因增加笔画而繁化，却没有规律，一个字有一个的加法。（见图 51）

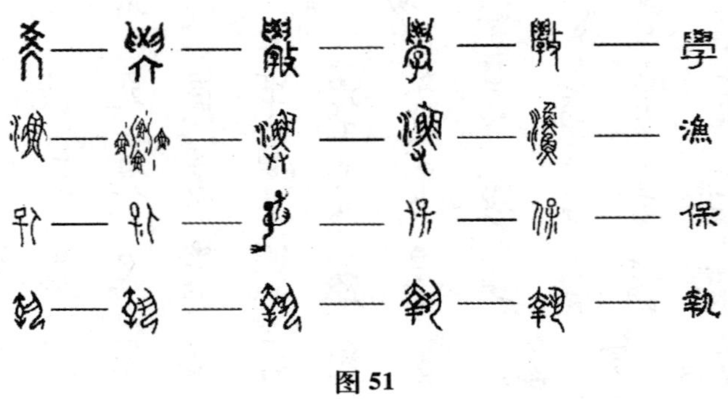

图 51

（2）在音符上增加意符

①增加意符，繁化，其义不变

捺——骨　　𠃊（冎）——冐　　盂——錳

重複——緟複　　彷弗——彷彿　　肺府——肺腑

②增加意符，区别同音词

增加意符，是为了适应记录语言的需要，否则就容易发生异解。如《荀子·大略》：“……所以辟君也”，其中的“辟”字，指的是“譬”，还是“避”呢？在句中似乎都讲得通。但从上下文和本句的语法结构看，应是指“避”的意思。一个“辟”字，加“人”成“僻”，加“门”成“闢”，加“女”成“嬖”，加“刀”成“劈”，加“土”成“壁”，加“玉”成“璧”等。“莫”，加“日”成“暮”，加“水”成“漠”，加“巾”成“幕”，加“疒”成“瘼”，加“虫”成“蟆”，等。试想在枚乘《七发》中“烟云闇莫”一句里指上面哪个字的意思呢？所以，增加意符是创造大多数形声字（繁化）的主要方式，因为形声字区别性强。

（3）在象形字上增加音符

由于古今读音不同或方言不同，字形和字音产生矛盾，通过在原来的象形字上加注音符（繁化）来解决。

反——叛　杀——弑　老——考　舟——船　老——耋

（4）在汉字上加上鸟形或虫形的装饰

春秋战国时期，楚、吴、越等国统治者为了达到装饰的目的，常常在兵器上刻铸鸟头虫身之形的美术字，故称作“鸟虫书”。这种繁化的汉字难以辨认（见图52）。

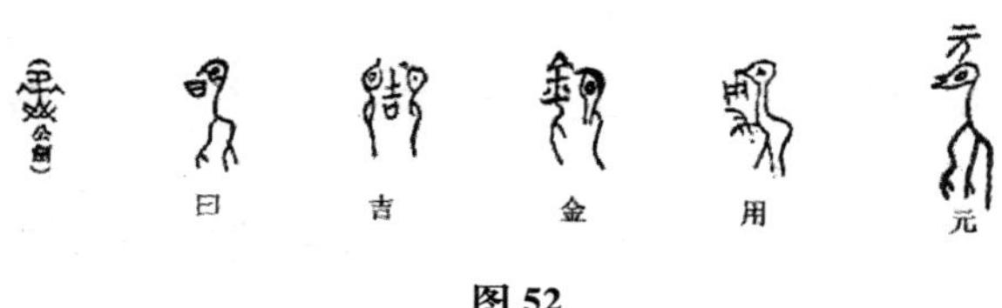

图 52

以上所述是繁化的四种方式。下面我们来看一下汉字在其发展过程中简化的情形。

2. 汉字简化的方式

（1）变象形符号为线条符号

如前所述，象形文字是从图画发展来的，近似绘画，书写起来耗时费力，极为不便。为了便于书写，人们就改变它们的图画性，代之以线条化，变复杂的图形为简单的线条（见图53）。

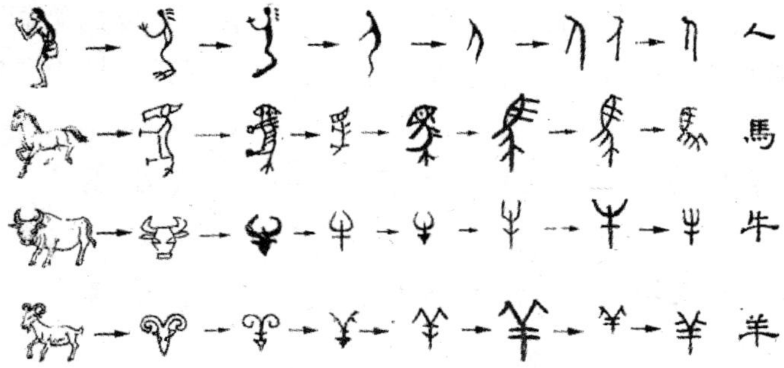

图 53

（2）变填实的笔画为廓空的笔画

由于汉字是从图画发展来的，所以，常常用填实的笔画描绘图画文字或部分象形字（见图 54）。

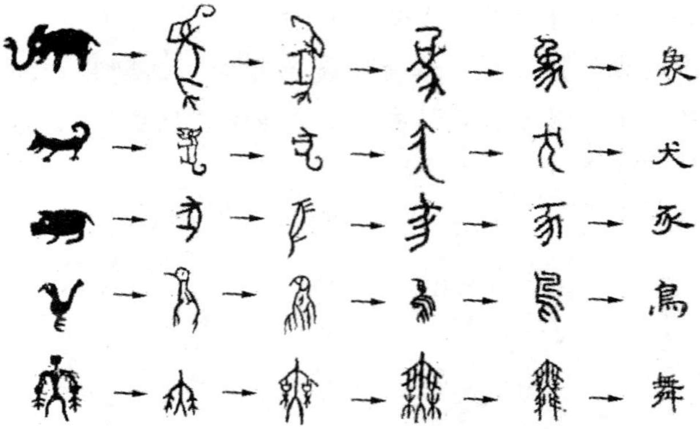

象

犬

豕

鳥

舞

图 54

填实的笔画和廓空的笔画，跟不同时代的书写工具有密切关系。殷商时代是用金属刻刀在龟甲兽骨上刻字，由于甲骨坚硬，只能刻细而平直方折的笔画。周代的金文，用填实的笔画较多，是绘画风格的遗存。甲骨文的线条平直方折化和填实笔画的线条化，是汉字发展中由图画性向符号性过渡的重要步骤和标志。从此，汉字不再是画成的，而是写成的了。

（3）省去字形中重复的部分

由于古文字脱胎于图画，在结构上难免要有些重复的笔画。为了简便适用，就要删去一些相同的笔画以达到简化的目的。例如图 55：

（填实）—— （廓空）—— （小篆）—— 圍

（石鼓文）—— （金文）—— —— （小篆）—— 奔

（大篆）—— （金文）—— （小篆）—— 集

（金文）—— （籀文）—— （小篆）—— 敗

图 55

上举各例，前三个字是由于古行竖书，占面横宽，故去掉左右部分；“败”字是由于书写不便而省简。此类古文字在形体简化中不胜枚举。

（4）省去字形中次要的部分

由于汉字非一人所造，加之原始象形字是客观实物的摹画，各处的人创造时有繁有简，写法不一。为了书写方便，往往去掉那些不重要的部分或者笔画。试看下例（见图 56）。

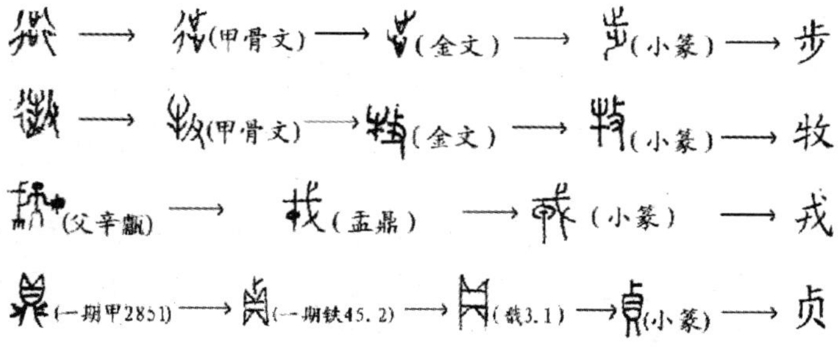

图 56

（5）以同音字取代结构复杂的本字

有些汉字结构复杂、笔画繁多，书写不便，古人又未按上述四法简化，现代便用与之毫无意义联系的同音字代替它们。举例如下：

籲（yù，32 画），《说文》训为：“呼也。从页，籥声。”用简单的同音字“吁”代替。

鬱（yù，29 画），《说文》训为：“木丛生者。从林，鬱省声。”借与其毫无意义关系的同音字“郁”代替。

鬭（dòu，28 画）《说文》训为：“遇也，从鬥，斲（zhuó）声。”借毫无意义关系的同音字“斗”代替。

麤（cū，33 画）《说文》训为：“行超远也。从三鹿。”本是表“粗细”的字。为了书写方便，用一个本义是糙米的“粗”字代替使用。

（6）以形体简单的偏旁代替形体复杂的偏旁

这种简化汉字的方式，一直延续到现当代汉字楷书的简化。如：

蝕——蚀	師——师	銀——银	學——学
爍——烁	獨——独	態——态	賓——宾
繹——绎	講——讲	顧——顾	購——购

（7）改变汉字的结构类型，使字形趋于简化

看以下各例：

繖——伞	殺——杀	廣——广	畢——毕
陰——阴	筆——笔	氣——气	雲——云

上述 1、2、3 例是变形声结构为象形字，4 例是变象形字为形声字，5、6 例是变形声字为会意字，7、8 例是变形声字为象形字（即恢复古本字）。此类简化以改变形声字为会意字居多。

综上所述，不难看出，汉字的繁化、简化从文字产生之初就开始了，而且贯穿汉字发展的整个过程。繁化和简化是互相依存、交互进行的。其中简化始终居于主流地位，汉字的发展始终朝着简化的方向发展；繁化在社会使用文字者的制约下，一直是扮演着适应记录汉语需要的角色，促进着汉字走向简化，因为没有繁化就没有简化。汉字的简化是文字内部发展的规律。汉字同语言一样，社会或政府对这个规律只能起到一定促进作用，却不能起决定的作用。因此，常用字趋向简化和寻求区别是汉字发展的规律，即“常用求别趋简”。

思考与练习（三）

一　简述汉字体系的形成过程。

二　汉字体系形成于什么时代？为什么？

三　概述怎样从图画文字过渡到象形文字的？象形文字的局限性和假借的产生及其作用。

四　产生表意文字的原因及其意义、作用。

五　表意文字同表音文字、音节文字的区别是什么？为什么说汉字是表音节的却不是音节文字？

六　产生形声字和形声字逐渐增多的原因及其优越性。

七　简述形声字创造的方法途径。

八　何谓记号字？记号字形成的原因、来源、意义和作用有哪些？

九　什么叫半记号字？它形成的原因是什么？

十　什么是汉字的合流？汉字合流的意义作用是什么？汉字的合流跟汉字的归并的异同。

十一　什么是汉字的归并？为什么要归并汉字？哪些类字要归并？

十二　分化字形成的原因，异体字产生的途径有哪些？

十三　汉字归并的种类及原因，概述怎样归并汉字？汉字归并同简化的区别？

十四　汉字归并的标准条件是什么？按照这些规则要求，还有哪些类字当予归并？

十五　举例说明汉字形体简化有几种情况？为什么说繁化和简化是相反相成的？

十六　汉字为什么发展？试述汉字的发展规律。

第四章　方块演奥秘　九九归一统

——汉字的形体论

我的文字学研究的对象，只限于形体。

——唐　兰

形、音、义三个要素，缺一则不能称为文字。

——高　明

文字的形、音、义三者是不能截然分开的。不研究形体而兼顾音义，会为我们的工作带来很大局限性。

——李学勤

汉字的主要特点及本质均为以音表义而非以形表义。

——周祖庠

施亚西作　千古风云万里长城

注：周祖庠（1949—　）贵州人，现任山东曲阜齐鲁汉学院院长，语言专家。

汉字的形体，是指汉字的书写外形。汉字的书写外形，即使只从商代后期的甲骨文算起，也有3300多年的历史了。在这漫长的岁月中，汉字的性质没有根本改变，但是其形体却发生了较大的变化。有人把这个变化分作三体：甲、金、篆文为图形体，草书、行书为流线体，隶书、楷书为笔画体。从形体上看，汉字经历了字形由简到繁和由繁到简的往复变化。这个变化，主要表现在字形和字体两个方面：字形的变化是指每个汉字的外形变化；字体的变化则主要指书写风格及其笔画形态的发展演变。二者的变化往往交织重复在一起，难以截然划分开来。为了叙述的方便，这里，相对地分两节来讲。

第一节　汉字字形的变化

从殷商时代到现当代，汉字经历了几千年的发展变化。其间就字形的变化来说，不仅同时代变迁和字体演变有关，也和国家区域、政府干预、文字功用、书写材料的改善和书写工具的交替有关。但是，字形的变化有其自身的规律和特点。如前所述，汉字在漫长的历史发展过程中，显示出“常用求别趋简”的规律和特点。不论是在某种成熟的字体使用期间，字形的变化依然存在，还是在不同时期的不同字体中，字体的变化又产生许多相同的现象。所以，字形变化的内容除了字体演变之外，主要是指繁化与简化，继承与变异，转化与讹化，分化与同化等。

一　字形的繁化与简化

关于汉字发展中字形的繁化与简化，详见第三章有关汉字繁化与简化的部分。为了加深理解与掌握，这里再加以条理性地补充。

字形的繁化与简化现象，形似相互矛盾的，实则是相辅相成的，贯穿汉字发展的始终。一方面字形的简化，从殷墟的甲骨文就开始了，汉字一直在不断简化，即便到了楷书之后仍在不断地简化。20世纪50年代我国的汉字简化就是以楷书为对象的。不过应该懂得，汉字的简化是汉字本身发展的一种趋势，是不以人的意志为转移的。不管人为的去简化与否，一些新的简化字总是会不断地出现。只是有些保留下来，有些被淘汰罢了。原因是简化必须保持汉字形体的可识性，否则难以为社会约定俗成所接受。六国古文的字形简化，严重脱离了汉字的表意性，不仅未被小篆所采纳，在当时也未能广泛通用。历史和现实的简化经验证明，不能只考虑书写方便，还当兼顾汉字表意性的要求。如果只追求笔画越少越好，使汉字表意功能遭到破坏，降低了汉字的认读分辨率，影响应用，就难以为民族心理和使用者所接受而通用开来。

另一方面，字形的繁化，是在汉字发展过程中的甲骨文、金文乃至笔画繁复的史籀大篆时期都曾经呈现出的一种主要趋向。但是，从汉字发展历史的全过程来看，字形的繁化并没有成为主流。这是因为甲骨文正处在未有定型的变化中，金文由于书写工具的改变，象形程度高，繁化现象是难免的。至于代之以史籀大篆的小篆，笔画简化得多。

字形繁化可以概括为两类：

一是如前所述，在古文上增加笔画而繁化。

> 古文字的二（上）二（下）为不与“二”相混，各加竖画“丨”而繁化成“丄（上）”和“丅（下）”。
>
> 篆文“玉”作“王”，易跟“王”字混，加一点而繁化为“玉”以区别之。
>
> 甲骨文“辛”作“[illegible]”，在上加一小短横成[illegible]，或者再在[illegible]下加一横而繁化成[illegible]。
>
> 甲骨文“角”字作[illegible]，又繁化为[illegible]（角），等等。

这类只在古文字上加一两笔而繁化的现象，只是书写习惯的结果，没有实际意义，而且在汉字中只占一少部分。

二是在古文字上加注偏旁，使其结构变得繁化。

> 晶——曐　𠚕——齒　戉——鉞　虍——虎
>
> 师——狮　隹——雞　韭——韮……

七例之中的前四例加注偏旁后，图画性减弱了，本义不显了。但是，“鉞”和“狮”作为专词的表意性却增强了。而“齒”“雞”“韮”三字跟原字的用法毫无区别，数量也不多。值得注意的是，对加注偏旁的字是否可以视为繁化，有个角度问题。有些学者认为是属于一种繁化现象。这是从词的角度出发的；如果以字为本位出发，大部分加偏旁的字可以看作汉字的分化，或字数的增加，不是字形的繁化。只有前举的加偏旁字“骨”“胃”“锰”“弑”“齒”“虎”等才是字形的繁化。所以，对于“星”“狮”等加偏旁之类的分化字，若从词的角度来看，就是字形的繁化。

汉字的简化，有时也是以词为本位的。看下面各例：

幹——干　　鬥——斗　　醜——丑

穀——谷　　闆——板　　薑——姜

这些例子是20世纪50年代初汉字的简化，是为了减少汉字数量，加以归并的结果。这是从文字角度来整理的。如果从词的角度来看，幹部的“幹”变作“干”就是字形的简化了。其他各例相同。

不仅如此，在汉字字形的演进过程中，偏旁同汉字一样，大多数也是由繁趋简的。有些偏旁的简化，比一般的汉字字形变化还剧烈。请看下面这些偏旁的简化：

手——扌　　水——氵　　阜——阝　　巛——川

肉——月　　艸——艹　　网——罒　　辵——辶

这是隶变之后的偏旁简化之例。20世纪50年代在汉字的简化中又对汉字的54个偏旁作了进一步简化。如：

言——讠　　車——车　　東——东　　產——产

睪——圣　　義——义　　龍——龙　　䜌——亦

写法比独立成字时更为简单。所以，除了“上、下、玉、辛、元、妾、帝”之类少数字例外。周有光先生在《字母的故事》一书中说：“就汉字单个符号来看，并不存在繁化的趋向。”裘锡圭认为“这句话是有道理的”①。

① 阴法鲁等：《中国古代文化史》(1)，第153—154页。

二　字形的继承与变异

从汉字的演进历史来看，所谓字形的继承，是指字在同代或异代由于书写时的运笔方式不同所产生的细微差异。由此日积月累的渐变结果，使字形变为貌似两字，但追本溯源却能找到它们之间的继承关系与特征。例如（图 57）：

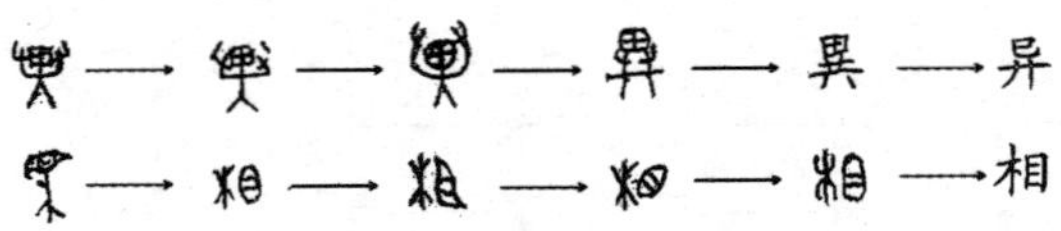

图 57

“異”字像双手扶着头顶之物状。由于书写时将上面曲笔的双手逐渐拉直，下面两腿变为两点而成“異”形。第二个：“相”字像以目测木之形。为了避免左边“木”上枝杈逆笔而将其拉平，右边的“目”由上横写移到右侧竖写而成。二例楷化后前者遗存了像物的“田”，后者将横目竖置，都可用来溯源，从而找出两端之间演变的承继关系。因此，从原始字形往后看，处处显示出它们之间随着时间的推移而逐渐加大差异。所以，汉字字形来源于客观事物的物象，框定了字形的轮廓。从这方面说，字形是万变不离其宗的；历代书写过程都在改变字形中的某些特征，使字形处于日新月异地演变之中。总之，汉字字形就是在这种是我非我的变化中。①

所谓字形的变异，是指结构上在原始字形的基础上增加或减少笔画以显示字形较大的变异。例如：

图 58

① 王凤阳：《汉字学》，第 161 页。

前三例是在原字上递增笔画，显示前后两端字形变异；后三例与之相反，是递减笔画而变异。但均未失其传统，表现出繁化与简化的统一。不过，这种统一是另一种类型的同一个字在发展中的继承与变异的统一。

三　字形的转化与讹化

字形的转化，是指同一个字在发展过程中为求区别而简易，往往通过更换造字方法而改变原始字形，另造新字。请看以下各例：

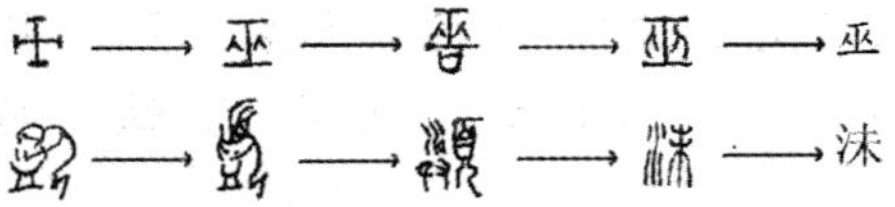

图 59

例一由两根算筹交叉而成的象形字转化为会意字“巫”；例二则由像用手洗面之形的会意字转化为从水未声的形声字。又如“嶽”，本是形声字，转化为“从山，从丘”的会意字“岳”；“塵”字本来是“从麤，从土”的会意字，从三只鹿简化为一只鹿，写作“塵”，现代转化为从“小土”的会意字“尘”；“麤”字本指“粗细”之“麤”，从三鹿会意，转借为“从米，且声”的“粗”表示；雨伞的伞本作“繖”从糸、散声的形声字转化为象形字“傘”。如此等各式各样。

这是不同于前种类型的继承与变异的统一。

字形的讹化，是指字形的发展变化，离开了最初的造字本义，不符合一个字正常演变的轨迹，使追溯其承继关系产生困难。这是汉字发展过程中字形变化的特殊方式，是继承规律中不能避免的一种情况。每个字形讹化的情况不同，但导致讹化的原因，多数是由于字形部件形状相似的影响，即由于字形之间的构件相互影响引起的。例如（图 60）：

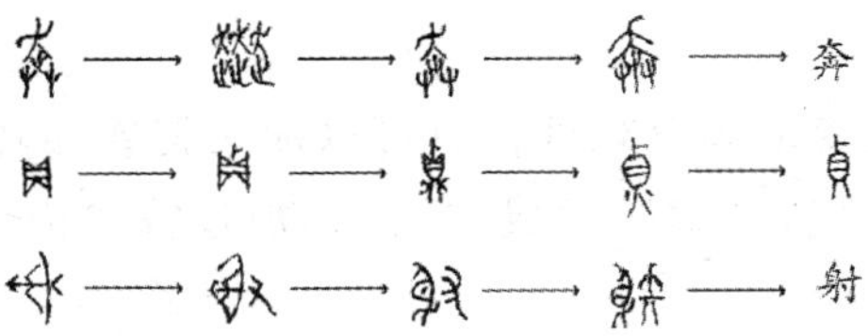

图 60

例一“奔”本是人甩开双臂跨开双腿奔跑之状。从三止会意，因止与中相似，金文上作“大”和小篆上作“夭”相似，故讹化成“从大、从卉”，写作“奔”；例二“贞”字，借作同音词“鼎”字，为了区别，上面又加“卜”分化为二形两字，“鼎”字下边演化为“火”，“火”与“人”形似，“鼎”字因受“贝”影响讹化为“贝”，所以写作“贞”；例三“射”字本作矢搭在弓上之形，周代时加“又”（手），表示用手把矢（箭）射出去，由于金文“弓”字与“身”形近，所以小篆讹化为“从身，从矢”。《说文》误解为：“射弓弩发于身而中于远也。从矢，从身。”后来，又把矢改为“寸”，成为今天的“射”字。《说文》又说：“射，从寸。寸，法度也，亦手也。”可见，许慎不明“射”字的结构来源。

这一类是由于字形相似而互相影响造成的讹化。说明字形的讹化有一个发展过程，多数发生在字不定型的古文字阶段。到小篆时便定型化了，因此，如果仅仅根据小篆的形体来分析字形，探求汉字的造字本义，就难免发生误解。

四　字形的分化与同化

（一）字形的分化

1. 同音词的分化（含笔画或构件的微变）

是指由于同音词之间需要区别，则通过改变笔画或加注偏旁，由同一个字分化为两个或两个以上不同的字。例如，甲骨文的“不”，作“不”，象花托之形，和表大意思的“丕”，由于古代同音关系两个词共居一个字形“不”，“不”借为否定副词后，为了区别，在“不”下加一横画而成专词“丕”。其他如：

句——勾　　荼——茶　　刀——刁　　市——巿

巳——已　　母——毋　　又——右、有　卿——鄉

这一类除了改变笔画分化外，也可以加义符或加音符而分化。其中的“又”，就是加义符“口”而成“右”，加音符“肉”而成“有”，这是属于组字上的分化。

2. 同源词的分化

是指由于同源词之间需要区别，则通过增加笔画或加注偏旁，由一个字分化为两个或两个以上不同的字。例如：上古时代“大”“太”同源，共居一个字形“大”。由于语言的发展，应用中易发生误解，后来就在“大”字上加一点而分化为“太”，专表程度副词。

又如“月”和“夕”也是同源词，共居一形，都作“半月”之形。由于语言的精细化，要求月亮之“月”同表月出时间的“夕”区别开来，便在半月形的图像内加一竖画专表月亮之“月”，而原表“晚上”的时间词叫“夕”。其他如：

止——趾　　贾——價　　屏——摒　　芭——葩

喻——谕　　鸦——雅　　乌——於　　悳——德

这类也是同源词自身分化的，但不同的是，前一行是加义符的分化；属于构字的分化；下行前二例是改换义符的分化；后二例是属于异体分化。

3. 偏旁的分化

是指同一偏旁在不同的汉字中分化为不同的形式。本来，偏旁在小篆以前的古文字里不管在什么位置，都与其独自为字时的书写形式是相同的，但隶变以后，有些偏旁在不同的字中往往分化为不同的书写形式。例如：“水”字用在字的左边，变为“氵”；“火”字用作偏旁时，在左边不变，在下边时，有些字就写作“灬”或“⺌”，如“烈”、“然”和“赤”，在上面则成“⺌”，如“光”字，等等。其他如：

人——亻　　心——忄、⺗　　衣——衤　　辵——辶

言——讠　　芻——刍　　食——饣　　睪——圣

偏旁的分化，跟前两种分化性质不同。偏旁的分化，跟词没有关系，纯属字形变异中的问题；而前两种分化是以词的分化为前提条件的，属于构造新字的问题。

（二）字形的同化

字形的同化，跟字形的分化相反，是指由两个或两个以上不同的字

同化为一个字。例如：

> “歴”和“曆”是两个同源分化字。“歴”从止（趾），表示人的行走；从秝，表示从田间经过之意，所以“歴”是“经过”的意思。既然人之经过叫“歴”，那么日（太阳）之经过自然就是“曆”了，因为“曆”从日也从秝。后来“歴”复音化为“经歴”，“曆”复音化为“曆法、曆书”，二字各有其用，并不能混误。在50年代汉字简化中，为了减少汉字字数和简化字形，将二字简化合并为“历”字。

又如：

> 暴露的“暴”小篆作“（音pù），暴虐的“暴”小篆作“”（㬥音bào），是两个音、形不同的字，在隶变之后同化为一个“暴”字了。

再如：

> “干”“乾”“幹”三字毫无意义关系，只是同音。“干”甲文作，本指古代狩猎工具，引申为盾牌；“乾”，是晒乾之义；“幹”，本指古时版筑两边夹住木板的立柱，故初文作“榦”，从木，引申为“骨干”之义。
>
> 为了减少字数和简化字形，将三个字合而为“干”，现代复音为“干部、骨干、树干、晾干”等。

偏旁也有同化现象，本来是两个或两个以上的不同偏旁，同化为一个偏旁。如：“期”从“月”“胡”从“肉”，“服”从“舟”，本是三种不同的偏旁，现代合并为“月”了。又如：春篆作，奉作篆，奏篆作，泰篆作，秦篆作，舂篆作。这六个字的上半部形体各异，但到楷书时其上半部分的书写形式则完全相同，即成为“𡗗”。

总之，同化现象的产生，是为了书写便易，或者是由于字形讹化的结果。在汉字的发展过程中，分化是大量的，同化是少数的。不过，在实现汉字简化中，字形的同化则是一种重要方式。

综上所述，这一节我们从四个方面阐述了汉字字形的主要变化。这些变化，不论是由于书写的生理原因引起的，还是由于字形自身或相互关系引起的，或由于词的分化引起的，都是属于汉字字形内部的原因所造成的。

第二节　汉字字体的演进

一　什么是字体

汉字体系形成之后，由于实用目的的增强，应用范围的扩大，书写材料的改善和书写工具的更替，形成了各种各样的字体。所谓字体，是指在不同的历史阶段中形成的几种别具风格的或有外在形式特征的形体。

每个时代或时期的文字书写风格是各异的，是多种多样的。这跟字体的个性化、书写工具的不同都有关系。

字的风格，往往是由于个人书写时的运笔特点不同，字的间架结构安排和笔画的疏密布白特点不同，就形成了个人的书写风格，即个人的字体。非但欧阳修、柳公权、颜真卿、赵孟頫、王羲之、蔡邕等一些书法家如此，就是一般人的字迹也是各自成体的。所以，现当代废印章而行签字以表诚信，验笔迹而侦查破案。

由于使用不同的书写工具，也能形成不同字体的特殊风格。殷商时代的甲骨文，由于是用刻刀在龟甲兽骨上契刻则形成了瘦削方折平直为特征的字体；而商周时期的金文，因为主要是用毛笔（或刀刻）在范铸上书写，然后再铸在青铜器上，则形成了圆转浑厚、粗细有致的字体风格。现代的书写工具种类繁多，不仅有毛笔，还有钢笔、圆珠笔、板笔、毛刷等，写出来的字，自然也就风格各异，各成其体。

二　字体的类别

字体的类别，从不同的角度出发，可有不同的分类方法。如果从字体的用途出发的话，那么，早在秦代，先人就对字体作过类别划分。这就是所谓“秦书八体”之说。《说文解字·叙》：“自尔秦书有八体：一曰大篆、二曰小篆、三曰刻符、四曰虫书、五曰摹印、六曰署书、七曰殳书、八曰隶书。”

大篆、小篆，有时代的先后和形体的繁简之别。这是从时代和字形来划分的（见图 61）。

图 61

刻符是刻铸在符信上的文字（见“新郪虎符”和“阳陵虎符”）

摹印，即玺印上的文字。字体多据篆书稍加变化而成，略呈方形，含有隶书意味。王莽时代称为“缪篆”，因笔画屈曲缠绕，故名。典型的是故宫博物院的“婕妤妾娋”印（见图 62）。

平昌侯相

婕伃妾娋

武意

绥统承祖子孙慈仁永葆二亲福禄未央万岁无疆

图 62

署书是用于文书封检或匾额题字的字体。刻符、摹印和署书这三种字体是按用途来分的。如果从传世的文物来看，只是用途不同，字体都是小篆。

虫书，又名鸟书，鸟虫书、鸟篆、鱼书。公元前 6 世纪至公元 2 世纪有鸟虫书。古人以鸟为羽虫，鱼为鳞虫，故虫书包括鸟书、鱼书。其字由细而曲的线条组成，形似鸟、虫、鱼形或鸟头虫身，故名。实际是在篆书上加鸟虫鱼之形，是一种图案装饰的美术字。原本刻铸在兵器、乐器、酒器上，多用在吴、楚、宋、蔡、越的兵器上（见图 63）。

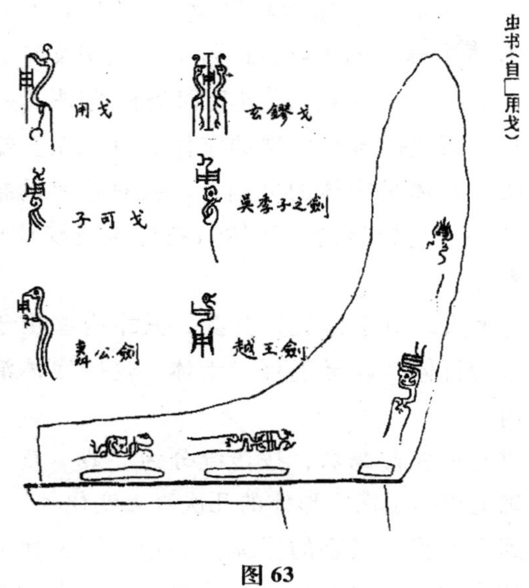

图 63

殳书是字体比较潦草的小篆，亦多用于兵器上的题识用字，因为“殳”是古代竹制的兵器，有棱无刃（见图 64）。

隶书是秦汉时一种新兴的字体。因此，所谓八体，实际上只是战国时代的秦国使用的大篆、小篆和隶书三种字体。

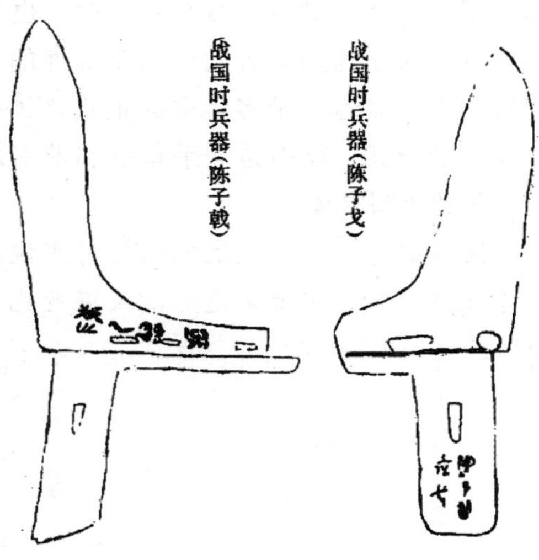

图 64

到了汉代，又出现了“八体六技”之说。《汉书·艺文志》中的“八体”，同上；却将王莽时的六书，即古文（六国文字）、奇字、篆书、佐书、缪篆和鸟虫书称为“六技”。但我们仍认为是同一文字的不同用法，是用特殊的技法写成的各种特殊的字体。唐兰先生却认为“六技大概就是保氏的六书，八体是字体的区别，六技是造字的技术。前人以为六技是王莽时的六书，是错误的。八体六技应该是汉代以前的遗书”[①]。录在此处，以资参考。

魏晋以后，许多人又对字体进行分类，其中有些出于标新立异，巧立名目，竟有人分为百体，以至于百二十体。这同字体演变无关，不在我们讨论范围之内。

如果从汉字书写的实际来看，按传统分为“真、草、隶、篆”四种字体，就比较正确地概括了汉字形体的几次重大变化了。

从殷商时代到现当代，汉字的形体主要经历了两次大的变革：一次是由篆书到隶书的变化，一次是由隶书经草书、行书变为楷书。人们通常把小篆以前的汉字称作古文字，包括甲骨文、金文、六国古文、籀文（大篆）、小篆等字体；把隶书之后的汉字称为今文字，包括隶书、草书、行书、楷书等字体。

隶书介于古今文字之间的过渡阶段，是汉字形体演变史上的主要转折点，是古文字演变成今文字的分水岭，是汉字发展过程中的一次历时性的重要质变，体现了汉字体系的发展变化；同时，也是汉字发展中一次共时性的量变，反映了汉字的书写方式和构字部件的改进。楷书是由行书演变来的，通行至今，成为一千多年来的正式字体；草书是各种字体的简化，是写得潦草的形式；行书是介乎草书和楷书之间的一种书写形式，是通行一千多年的手写字体。

字体的演进，就汉字的总体系和发展的总趋势来说，由近似图画的写实象形到由笔画组成的符号，主要是笔势的发展变化，即笔画形态的变革。例如（图 64）：

---

① 唐兰：《古文字学导论》，第 340 页。

图 65

从例中我们不难看出，由象形变为不象形，汉字的象形程度在不断地降低。从甲骨文、金文到行书、楷书，上列各例的结构没有大的变化，但笔画形态却发生了很大变化。隶变之后，看不出原来象形的面貌了。古文字所使用的字符本来大都很像物形。但是，古人为了书写方便，把它们逐渐改变成平直的线条成为象形程度逐渐降低的线条化符号。从古文字演变为隶书的过程中，字符的写法发生了很大的变化。它们中绝大多数变成了完全丧失象形意味而用点画撇捺等笔画所组成的笔画化符号。因此，字体演变的总趋势是由繁趋简的。小篆的书写比甲金籀文简便，隶书的书写要比古文字简便，行书比楷书和隶书简便。由古文字变为隶书是汉字形体上一次重大的变化。也应该看到，隶书到楷书同样是一次重要的变化。尽管表面上看，楷书对隶书的改变不大，但是楷书横平竖直的笔画书写起来要比隶书更加方便。

我们学习汉字形体的意义，在于了解汉字形体的演变过程，从而了解汉字发展的来龙去脉，加深对汉字的认识。这对更好地运用汉字，进行汉字的教学和研究，都将有所裨益。

三　字体的演进

字体的演进，虽然有一定的阶段性，但它是缓慢而渐变的。不同字体的出现或更替往往是交替进行的，并不是新字体一产生，旧字体便被取代而停用。它们之间有一个共存的时段，即使新字体成为通用字体之后，旧字体在某些特定的场合仍然可能被使用。

关于汉字形体演变阶段的划分，从不同的角度出发，可能有不同的划分方法。从形体的时代上划分，唐兰先生分为商代文字、西周春秋文字、六国文字、秦系文字、两汉文字、魏晋以来的文字等；如果从内容上分，一般分作古文字阶段和今文字阶段两大阶段。古文字阶段，起自商代终于秦代；今文字阶段，起自汉代直至现当代。但这还只是一个大概的划分。实际上秦代既使用属于古文字中的篆书，同时也使用属于今文字中的隶书，所以，秦代是由古文字向今文字过渡的时代。如果再进一步考察，我们就会发现，由古文字脱胎而来的早期隶书，战国初期在秦国就产生了，直到西汉初期还在使用。所以，“如果把战国晚期到西汉早期划为古文字和隶、楷两个阶段之间的过渡阶段，也许更符合汉字字体发展的实际情况”①。见图 66。

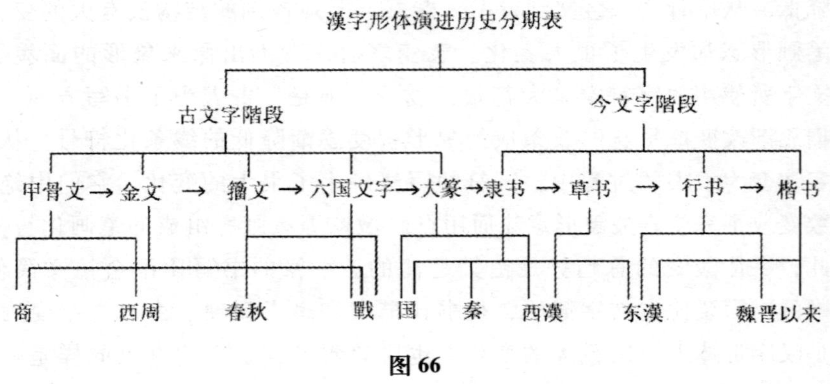

图 66

古文字阶段包括：甲骨文、金文、籀文（大篆）、小篆、古文、蝌蚪文、古陶文、刀布文、玺印文、玉石文、简牍文、缣帛文、货币文等；今文字阶段包括：秦隶（古隶）、汉隶（今隶）、八分、草书、行书、楷书（真书、正书）。

这些书体的名称，是由于命名的角度不同的结果。有些是从汉字依附的材料命名的，如甲骨文、金文、古陶文、石刻文、简牍文、缣帛文等；有的是从字体特征命名的，如八分、草书、行书、楷书等；有些则从使用的时代出发命名的，如六国古文、古隶、今隶、秦隶、汉隶等；有些则从构字笔势特点出发命名的，如篆书、隶书等。总之，这些名称

① 引文及图 66 参何九盈等《中国汉字文化大观》，北京大学出版社 2002 年版，第 28 页。

之间有交叉，或名异而实同，或名同而实异。如楷书、真书、正书、就属于“名异而实同”之例；同称“篆书”实指籀文、大篆、小篆和秦篆，同称“隶书”却分秦隶、古隶、汉隶、八分则属于“名同而实异”之例。所以，很有必要统一名称，后来便概括为“真、草、隶、篆”四种字体。下面以字体为主，兼顾时代和书写材料，分为殷商甲骨文、商周金文、战国文字、两汉文字、魏晋以来的文字，分别予以阐述之。

（一）殷商甲骨文

1. 甲骨文的命名

甲骨文是殷商时代的文字，又叫甲骨文字。所谓“甲”指龟甲，所谓“骨”指兽骨。甲骨文是指刻（或写）在占卜时用的龟甲或兽骨上的文字。在甲骨上用毛笔写的字也有，但数量很少。在已发现的甲骨文中，主要的是殷墟的甲骨文。

由于殷商[①]时代人们迷信鬼神，凡事必占卜吉凶祸福，然后把占卜的结果及其与占卜有关的事情，刻写在甲骨上面，因此，称为甲骨卜辞，简称为甲骨文。这种文字最初是1899年由河南省安阳县西北五里的小屯村的农民发现的（见图67）。

图67　河南安阳小屯村、洹水及殷墟遗迹图

（《中国历史参考图谱》第二辑）

小屯村即是古代商王朝的都城遗址，通常称为“殷墟”。殷墟甲骨文的绝大部分都是商王朝当时的占卜记录。由于是占卜记录，把甲骨

① 商朝自盘庚从奄（山东曲阜）迁都到殷，所以，盘庚以后的商朝，又叫“殷”或“殷商”。

文叫作殷墟文字、殷墟卜辞或占卜文字；又由于甲骨文大都是用刀刻的，所以又称为殷墟书契或殷契、契文、书契、龟刻文、甲刻文、甲骨刻辞、骨刻文字等等。

总之，以上名称，都不如称为“甲骨文”或“甲骨文字”确当。这一名称因为多数学者所采用而确立。据董作宾、胡厚宣的《甲骨年表》和胡厚宣的《五十年甲骨文论著目录》所载，称“甲骨文”或“甲骨文字”的论著有：1923 年陆懋德的《甲骨文之历史及其价值》，1924 年容庚的《甲骨文之发现及其考释》，1925 年王国维的《殷墟甲骨文及书目》，此后有日本林泰辅的《甲骨文地名考》，胡光炜的《甲骨文例》，闻宥的《甲骨文之过去与将来》，郭沫若的《甲骨文字研究》、《甲骨文字释林》，董作宾的《甲骨文断代研究例》，孙海波的《甲骨文编》等。

不仅有殷商甲骨文，而且甲骨文在西周的遗址和周原遗址都有发现，称作“西周甲骨文”或“周原甲骨文”。

2. 甲骨的出土

甲骨埋在河南安阳县西北洹水边的小屯村一带的地下已达 3300 年之久，直到 1899 年（清光绪二十五年）才被小屯村（即殷墟）的农民发现。于是成为很有价值的历史文物。

据罗振常先生在其《洹洛访古游记》中说：“此地埋藏龟骨，前 30 余年已发现，不自今日始也。谓某年某姓犁田，忽有数骨片随土翻起，视之，上有刻画，且有作殷色者，不知为何物。……其甲骨极大，近代无此兽类，土人因目之为龙骨，携以视药铺。……购者或不取刻文，则以铲除削之而售。其小块及字多不易去者，悉以填枯井。”这段话记述了甲骨的被发现和被处理的经过。一些刻有甲骨文字的载体被当作龙骨卖给药店，还未及问世就被毁弃了。当时中药里确实有“龙骨”这味药，但世间无龙，就以甲骨充当。由于甲骨可以卖钱，小屯村的乡民利用农闲季节，多次进行挖掘，所得骨片甚多。但是无人过问，就加以收藏起来。其中大的甲骨被视为龙骨，当作药材卖掉。又由于甲骨逐渐增多了，购买者就有些挑剔了，不要带字的或碎的，乡民只好将甲骨上的字刮掉出售，小块或字多不易刮去的，就弃之于枯井。这就是甲骨出土的大致情况。

3. 甲骨文的发现

由于甲骨可以当作药材卖钱，所以刺激了小屯村乡民的积极性，越挖越多。后来经过古董商人之手，传到北京、天津等处，引起了人们的注意和重视。从时间看，甲骨文的发现，可分为5类（次）：

（1）殷商甲骨文的发现

关于第一个发现和认识甲骨文字的人，有两种说法：一说是山东福山人王懿荣，一说是天津穷秀才王襄和孟广慧。

王懿荣

据说1899年，王懿荣在北京任“国子监祭酒”时，患了疟疾，使其家人去宣武门外菜市口老药房“达仁堂”买来中药，其中有一味药是“龙骨”。他发现上面刻有似篆非篆的文字。由于他当时是著名的金石学家，精通铜器铭文，认为是古物。于是派人将药店里刻有文字的龙骨以每字二两银子的高价全部买了回来。经王氏等学者研究，确认甲骨上的刻文是一种年代久远的文字。消息传开，争购甲骨成风。甲骨文字从此得以重现于世。但是，此说的真实性却遭到种种质疑：其一，北京菜市口在光绪年间没有“达仁堂”药店；其二，说药店的龙骨向来是捣碎后出售；其三，说当年有字龙骨没人要，刮去字后才能卖掉等。汐翁在其《龟甲文》中也曾说，刘鹗在王懿荣之前发现和购买甲骨，同王氏共识甲骨文，等等。

我们认为，王懿荣为甲骨文第一个发现者，是不容置疑的，有三说为证。

王懿荣之次子王汉章在其《古董录》一文中说：“回忆光绪己亥、庚子间，潍县贾（gǔ）人陈姓……沽取骨之稍大者，则文字行列整齐，非篆非籀，携归京师，为先公述了。先公索阅，细为考订，始知为商代卜骨，至其文字，则确在篆籀之前，乃畀（音bì，义为给予）以重金，嘱令悉数购归。”[①] 其子之说，自当可信。

刘鹗在《铁云藏龟自序》中也说“（甲骨）既出土后……庚子岁，有范姓客，挟百余片走京师，福山王文敏公懿荣见之狂喜，以厚值留之。后有潍县赵君执斋得数百片，亦售归文敏。未几，义和拳乱起，文敏遂殉难。壬寅年，其喆嗣翰甫观察售所藏清公夙债，龟版最后出，计千余

① 见1933年《河北第一博物院画报》第50期。

片，予悉得之"[①]。这说明，王懿荣是最早收集甲骨的人。

此外，当年一些甲骨文研究者罗振玉、王国维、明义士等也都认为王氏是最早认识甲骨文的人。[②]

综上所述，可见王懿荣是我国第一个发现并认识甲骨文字的人。据《清史稿·王懿荣传》所载，王懿荣（1845—1900），字正孺，又字廉生，山东福山人。光绪六年（1880）进士。二十一年（1895）担任国子监祭酒。二十六年（1900），义和团运动兴起，他兼任团练大臣；是年秋，八国联军攻陷北京，王与妻子一同投井自尽。后追赠侍郎衔，谥文敏。王氏生平"泛涉书史，嗜金石，翁同龢、潘祖荫并称其博学"，此亦可为证。

至于另一说法：1898 年（光绪二十四年），古董商范维卿带甲骨来到天津，秀才王襄和孟广慧看后，说甲骨上的刻画当是古代一种契刻文字之说，不足信。

甲骨的发现，从清末以来，除了自行发掘之外，有组织地进行了十多次地下发掘，出土十多万片有卜辞的甲骨（多是碎片）。这是研究商代文字的重要资料。

（2）西周甲骨文的发现

1954 年 10 月，在山西洪赵县坊堆村，首次发现西周甲骨文。其后又在北京昌平的白浮，陕西长安县的沣镐遗址，扶风、岐山两县间的周原遗址陆续出土了一些西周时代的甲骨卜辞。周原出土最多，岐山凤雏村一地两次共发掘约 145 公斤西周卜甲，共 903 字。这些卜甲残片小如当今一分硬币之大，上面所刻文字也小得需用 5 倍以上放大镜方能看清字迹，足见当时刻工技艺的精细高超。西周卜甲上凿的是方形，正如《周礼·卜师》所云，周的卜甲是"方兆"。这是跟商代甲骨不同的特点。

在西周的卜甲中，以周原的卜甲最为重要。

1977 年，在陕西岐山县凤雏村周原遗址前期宫室废墟的窖穴中发现大量卜甲碎片。其中有近 300 片刻有卜辞。据研究有一小部分卜辞的时代早于周灭商之前。1979 年，在同属周原范围内的扶风县齐家村一带也发

---

① 刘鹗：《铁云藏龟自序》，1903 年 10 月抱残守缺斋石印本。

② 分见罗振玉《殷商贞卜文字考自序》；王国维《戬寿堂所藏殷墟文字序》和明义士《甲骨研究》等文章。

现了一些刻有卜辞的西周时代的甲骨。

（3）西安甲骨文的发现

1986 年 5 月 1 日，《光明日报》报道：陕西省考古工作者在西安市西郊一个原始社会遗址，发掘出一批原始先民刻写的甲骨文。这批甲骨文分别刻在一只骨笄、一颗兽牙和若干块兽骨上，字体极其微小，笔画细若蚊足，刚劲有力，字形清晰。字的结构、布局严谨，接近殷代甲骨文。这批甲骨文原始社会遗址，位于距西安市中心约 25 公里处的西郊斗门乡花园村，时代属于龙山文化晚期。比过去认为河南安阳殷墟出土的最早的甲骨文时代要早 1200 年以上。这是 1899 年我国首次发现甲骨文以来的一次重大发现。它把我国最早使用文字的历史提前到 4500 年至 6000 多年前。

（4）昌乐骨刻文的发现

2004 年 4 月，昌乐县一民间收藏爱好者肖广德在昌乐县袁家庄古遗址采集陶器标本时，发现 100 多片兽甲骨和 2 块玉残片，其上刻有 600 多个符号。2008 年 7 月，经山东大学美术考古研究所所长、博士生导师刘凤君研究认为是文字。后来，又经中国社会科学院王宇信等 5 位专家鉴定，认为是距今 4000—4500 年的中国早期文字，称为“昌乐骨刻文”。但是不是文字，尚待核证确认。所以，自 2008 年以来，一直在讨论研究中。如果最后确认是文字的话，就比殷商甲骨文早将近 1000 年。

（5）2008 年 11 月，于陕西岐山周公庙遗址再度发现近百片卜甲及其残片，其中有字者 11 片，可识的字 28 个。据考古者介绍，年代属于商代晚期，最晚当是西周早期。截至目前，周公庙出土有字甲骨超过百片，其上单字 523 个。专家们正在研究讨论中。

此外，据 2013 年 7 月 9 日《光明日报》报道：浙江平湖庄桥坟遗址发掘整理后，在石钺上发现刻有大量符号和原始文字，时在距今 5000 年前，属于良渚先民所使用的文字。据来自全国古文字专家的论证，认为是迄今最早的良渚原始文字。古文字研究专家、浙江大学教授曹锦炎发现一件石钺上有原始文字。浙江省考古研究所研究员徐新民等人发现了几个排列成序的符号。徐新民描下了这些很像一件件事物的符号。比如像旗帜、虫鱼等，还有 6 个连在一起的简单符号，每个符号笔画不超过 5 画，有两个像现在的“人”字。

史学界普遍认为，中国最早的文字是距今 3300 年的殷墟甲骨文，而庄桥坟遗址距今5000多年，故这些刻画符号将中国文字史向前推进了一千多年。总之，最早的中国文字不是殷商甲骨文。

因此，甲骨及甲骨文的发现，以及其他一些文字考古发现，是研究汉字字体演变的主要资料，也是研究古代社会和历史的珍贵资料。特别是西安甲骨文和昌乐骨刻文的发现，证明我国文字的使用，比殷商甲骨文早1000—1200年。同时，也证明汉字有6000多年的历史。

4. 甲骨文的著录

甲骨文的著录，分三种：①拓本，又称“墨本”，亦称“石印本”，是我国传统从器物上著录甲骨文的方法，好的拓本清晰，准确反映了卜辞原貌及文字结构风格。如刘鹗的《铁云藏龟》（1903）、郭沫若的《殷契萃编》（1937）等；②影本，即用拍照法，把卜辞从实物上照下来，能反映拓本所不能表现的骨面上微末的细节，但也有由于污掩或其他杂质影响原貌的清晰度。如《殷墟书契》（前编1933）、《殷墟书契菁华》（1914）等；③摹本，又称“写本”，即用笔摹写下来，因此准确性差，不如前两种方法。如《甲骨文编》（1965）、《甲骨文合集》第13册为摹本等。

5. 甲骨文的研究

如果说1899年王懿荣是第一个发现并认知甲骨文的人，那么，孙诒让则是第一个系统研究甲骨文的人；如果说1903年刘鹗是第一个将收集到的甲骨文编辑出版第一部《铁云藏龟》这样一部著录甲骨文拓本的人，那么，1904年孙诒让则是第一个写出考释甲骨文专著《契文举例》一书的人；如果说1917年王国维是第一个把甲骨文与史学结合起来进行研究，发表了《殷卜辞中所见先公先王考》的人，那么，1930年郭沫若则是第一个把甲骨文引入先秦所有的历史研究，发表了《中国古代历史研究》的人。

孙诒让

自殷商甲骨文发现以来，许多学者悉心不倦地深入考证和研究，形成了新兴的《甲骨学》，揭开了文字学、考古学乃至历史学的新领域。其中在甲骨学研究中具有开拓之功者，当属刘鹗和孙诒让。

甲骨文的研究始于孙诒让（1848—1908）。在他之前，虽有王懿荣、刘鹗等大量地搜集甲骨，但未等深入研究，他们就都故去了。刘鹗（1857—1909），字铁云，只编辑出第一部甲骨拓本《铁云藏龟》。而孙氏对《铁云藏龟》中的甲骨文字作了分类、考释研究，于1904年写出《契文举例》二卷。这是考释甲骨文的第一部专著。并分类为日月、贞卜、卜事、鬼神、卜人、官事、方国、典礼、文字、杂例十篇，为后来的分类研究甲骨文开创了先例。1905年，他又以甲骨文、金文、石鼓文和《说文》古籀互相比勘，分析偏旁以证古文字的形体，探索古文、大小篆的沿革演变，撰著《名原》二卷，用甲骨文考证出185个古文字（金文）。诚然，其中有认错的字，如释王为立、贞为贝、止为正等。

其后，随着对甲骨文的重要学术价值认识的深入，研究甲骨文的学者越来越多。在学术界出现了著名的“四堂”，即罗振玉（号雪堂）、王国维（号观堂）、郭沫若（号鼎堂）、董作宾（号彦堂）等。

对甲骨学的建立作出突出贡献者，当首推罗振玉（1866—1940）。他字叔蕴，又字叔言，号雪堂、晚号贞松老人，浙江上虞人。他的成就有三：其一考订安阳小屯村为甲骨文的出土地点，其二考订甲骨文的形成时代是殷商，其三具有搜集、保存、传播和考释之功。他的甲骨文著录甚丰：1909年撰《殷商贞卜文字考》一卷，尽管释字及论述有误，但颇有创建，并考订殷墟等。在此著的增补和改写的基础上，1915年又撰《殷商书契考释》，提出了“由许书以溯金文，由金文以窥书契”然后考证于典籍的治学方法，可资现当代学者治古文字以说古史者的借鉴。1927年又将《殷墟书契考释》作了增订，引述了王国维的考证，扩充为上、中、下三卷。所释之字，从初版485字增加到571字。王国维评论说：“审视文字，自以罗氏为第一。其考订小屯为故殷墟，及审视殷帝王名号，皆由罗氏发之。”

罗振玉

郭沫若也说：“甲骨自出土后，其搜集、保存、传播之功，罗氏当居第一，而考释之功也深赖罗氏。”所以罗振玉是甲骨学的奠基人。

王国维（1877—1927），字静安，一字伯隅，号观堂，浙江海宁人。少年时师从罗振玉。他是继孙诒让之后又一位以研究甲骨文而著称的大师。王氏聪明好学，得到罗振玉的资助，1901年赴日本留学。回国后，

王国维

研究并写出《叔本华和尼采》《人间词话》和《戏曲考原》等哲学、文学、曲律论著，充分显示出他的才华和学术见解。1911 年开始协助罗氏整理和研究甲骨文。1914 年为罗氏手抄《殷墟书契考释》并为之撰《后序》。1915 年撰《殷墟卜辞所见地名考》等考证方国地理。1916 年又写出《殷礼征文》一卷。1917 年将罗氏所藏甲骨资料拓印为《戬寿堂所藏殷墟文字》一书，对每片卜辞作了考释。1919 年考释出“旬、西、物、珏、朋、昱、史、礼、天、耿”等十余个字，发前人所未发之精义。同时，发表了在甲骨学史上具有划时代意义的两篇论文《殷卜辞中所见先公先王考》及《续考》，根据出土甲骨文考证了殷代先公先王的庙号、世系和称谓，证明了《史记·殷本纪》及《帝王世系》所载基本是可信的，并订正了其中个别世系的讹误。这是他首创以甲骨卜辞证史的最大的学术贡献，从而奠定了他的学术地位和成就。因此 1925 年，胡适推荐他进清华大学国学研究所任教授。在新的学术环境和优越的研究条件下，他又先后写出《古史新证》等论著。这就由孙诒让以来的单纯的文字考释，发展到根据甲骨文材料研究古代历史的阶段。郭沫若给予高度评价说：“王国维的业绩，是新史学的开山。”

董作宾

董作宾（1895—1963），原名作仁，字平庐，号彦堂，河南安阳人。他是最早参加殷墟发掘和整理甲骨卜辞并成为甲骨分期断代及天文年历研究的主要奠基人。他在考释“大龟四版”时，发现其中一个龟腹甲上，每条卜辞中在干支之后“卜”字之前，都有一个相当人名的字。他认为这些字都是当时参加占卜中问卜的史官的名字。他把这些史官称作“贞人”。该片腹甲共有六个“贞人”的名字。既然出现在同一甲片上，就应该是同时在商朝任职的史官。因此凡是有“贞人”名字的甲骨文，就都应该跟该片腹甲上的甲骨文属于同一时期。于是他在 1931 年发表的《大龟四版考释》一文中第一个提出了“由贞人推断甲骨文的时代”学说，简称“贞人断代”说。1933 年又发表了《甲骨文断代研究例》，进一步完善了他的分期断代说。

根据 10 项标准系统，提出了把甲骨文分为五个时期的分期断代理论。他的十项断代标准是：世系、称谓、贞人、坑位、方国、人物、事类、文法、字形、书体；他划为五个时期是：一期是盘庚、小辛、小乙、武丁（两代四王），二期是祖庚、祖甲（一代二王），三期是廪辛、康丁（一代二王），四期是武乙、文丁（两代二王），五期是帝乙、帝辛（两代二王）。这一分期断代方法，使甲骨文研究发生了根本变化，十多万片甲骨资料，成为可以划分五个不同时期的有条理的史料。几十年来，甲骨学界的学者基本上都遵循这一分期断代的方法。

郭沫若（1892—1978），原名郭开贞，号鼎堂，四川乐山人。早年深受罗、王的影响，但他发现只有跳出“国学”的范围，才能认清“国学”的真相。因此，他创造性地运用历史唯物主义观点，分析研究了包括甲骨文在内的古代历史资料，把甲骨文引入先秦所有的历史研究。1930 年出版了《中国古代社会研究》，引起学术界强烈反响。1931 年又出版了《甲骨文字研究》，是专门考释甲骨文的专著。1933 年出版《卜辞通纂》，为学习和研究甲骨文提供了一部入门之书。1937 年，从刘体智所藏甲骨文资料中精选拓印，编成《殷契粹编》及考释。综上可见，郭氏著述甚丰，考释出不少甲骨文字，提出了一系列社会历史文化的新见解，在甲骨文的搜集、著录、文字考释、分期断代、碎片缀合等方面都取得了卓越的成就，奠定了科学的甲骨文研究的基础。晚年主编了《甲骨文合集》，这是一部甲骨文集大成之作。

郭沫若

于省吾（1896—1984），字思泊，号双剑誃（yí）主人，泽螺居士，夙兴叟，辽宁海城人。1919 年于沈阳国立高等师范毕业，1928 年任奉天华升书院院监。1931 年移居北京，三四十年代曾任辅仁、燕京、北京大学等校教授，讲授古文字学与古器物学。1952 年任故宫博物院专门委员。1955 年起任东北人民大学（今吉林大学）历史系教授，先后培养出号称古文字学国内外知名学者的姚孝遂、刘沄等十大弟子。1984 年 7 月 17 日在长春逝世。

于省吾

于省吾青年时就以才学著称，有《未兆庐文集》行世。移居北京后，除了收藏200多件古器物之外，主要精力用在著述上，他的治学态度十分严谨，强调研究古文字要注意“每一个字本身的形音义三方面的相互关系”，还要注意“每一个字和同时代的其他字横的关系”，以及它们本身在不同历史阶段的字形之间的“纵的关系”，反对没有充分根据地任意考释古文字。所以，他在甲骨文的考释上作出了重要贡献；40年代自印了三部考证甲骨文专著，即《双剑誃殷契骈枝》（1940）及其续编（1941）、三编（1943）。50年代发表了许多考释甲骨文的论文，后来将这些文章和未发表的论文，编成《甲骨文字释林》，1979年由中华书局出版。经他考释得到确认的甲骨文近300字。这些字的考释，极大地推动了甲骨学的研究及其方法研究。于省吾在金文考释上也颇有成就，在他从事古文字研究的初期，1933年出版了《双剑誃吉金文选》，之后又发表了不少研究金文的文章，晚年准备把发表的和未发表的金文考释文字，编成《吉金文字释林》，未等完成便去世了。但晚年主编了《甲骨文字诂林》（1996年版）。

于省吾还积极地收集、整理古器物和铭文等古文字资料，先后编撰了《双剑誃吉金图录》（1934）、《双剑誃古器物图录》（1940）和《商周金文选录》（1975）等资料。其斋名“双剑誃”中的“誃”字是“楼阁之旁的小屋”之意，是由其所收藏“吴王夫差剑”和“少虡（jù）错金剑”而得名，寓意可晓了。

于氏认为研究先秦古籍，要充分利用地下发现的甲骨、金文等新资料，所以他着重用古文字和古器物研究的成果，勘正诠释先秦古籍，作出成绩。不仅都以“新证”为名，而且著有《双剑誃尚书新证》（1934）、《双剑誃易经新证》（1936）、《论语新证》（1941）、《双剑誃诸子新证》（1940）和《泽螺居诗经新证》（1982）等16部训诂学方面的著作，见解独特、为校勘学充实了新的内容，为训诂学作出了不拘一格的贡献。

此外，还有王襄、武龙章、商承祚、叶玉森、陆懋德、胡光炜、林义光、容庚、吴其昌、孙海波、朱芳圃、陈梦家、罗福成、唐兰、胡厚宣、丁山和杨树达等老一代甲骨文学者，虽不及罗、王二氏、但各自都有重大的成就。

其中出力较多，贡献很大的是毕生从事于甲骨学研究的胡厚宣先生。他在30年代中叶，曾亲自参加殷墟的科学发掘，并亲手整理过发现的大多数甲骨卜辞。不仅为第一次至第九次殷墟科学发掘所得甲骨的总集《殷墟文字甲编》之3000多片甲骨刻辞作过释文，而且参加了第十三次殷墟科学发掘中所发现的YH127坑出土的17000多片甲骨文物的整理工作。这些甲骨成为第十三次至第十五次殷墟科学发掘所得甲骨文总集《殷墟文字乙编》的主要内容。由于胡氏长期搜集大批甲骨卜辞，加以科学地排比研究，对殷代社会形态有所全面了解，因此截至1949年前，写下关于甲骨学和殷代史的论著达54种之多。大都收入获国家科学著作奖的《甲骨学商史论丛》一书中。其中《一甲十癸辨》和《甲骨文四方风名考证》，更为专家学者所称道。

1949年后，甲骨文研究，有了长足的发展，各种领域都取得了重大成就。既有正确理论的指导，又有大量出土的实物可资利用的物质保证；既有老一代专家郭沫若、陈梦家、胡厚宣、唐兰、于省吾、徐中舒、容庚、商承祚等继续发挥所长，考析文字、探讨商代社会历史，又培养造就了李学勤、裘锡圭、姚孝遂、林沄、伍士谦、缪文远、常正光、曾宪通、陈炜湛、王宇信、宋镇豪、曹锦炎、彭邦炯、曹玮、刘钊、沈建华、李宗焜等一代新的人才。由于新老专家的共同努力，近几十年来，共出版了甲骨学专著150余部，论文300多篇。其中许多论著都是紧密结合商代社会历史的。特别是出版了郭沫若为主编、胡厚宣为总编辑的，包括自1899年以来80多年间出土的殷墟甲骨41956片的《甲骨文合集》，考古研究所于20世纪70年代，在殷墟科学发掘所获甲骨4589片的基础上也编印出版了《小屯南地甲骨》一书。这两部鸿篇巨制著录了而今绝大部分存世甲骨文资料。

以上是甲骨文研究历史的基本情况。总之，据胡厚宣在其《五十年甲骨学论著目·序》中统计：自甲骨发现至1949年的前50年内，有关论著为876部，其中专书148部，论文728篇；研究甲骨学殷商史而有论著者289人，其中中国230人，外国59人，其中日本40人、英国6人、德国4人、法国2人、俄国1人、加拿大1人。而宋镇豪在《百年甲骨学论著目·序》中统计：一百年有关论著超过10000多部，作者共达3833人，分布于中国大陆（及港澳台），以及世界其他14个国家。其中中国（含港澳台）3332人，外国502人，内有日本290人、美国43人、韩国40人、英国27人、法国16人、德国9人、加拿大9人、俄国7人、瑞典4人、澳大利亚3人，意大利、瑞士、匈牙利、新加坡各1人。两相比

较，后50年有关论著的总数几乎超过前50年的10倍还强……①

6. 甲骨文研究的现状

所谓“现状”指20世纪80年代以来甲骨文研究的情况。此前由于五六十年代文字改革、汉字拉丁化和十年“文化大革命”，知识分子被打成“臭老九”受到迫害，人们主要精力都投向那两方面去了。而80年代以来，由于拨乱反正、改革开放，学术氛围的宽松和文字政策的转变，甲骨文研究得到深入发展，出现一派大好局面，取得了巨大成绩，其表现在以下诸多方面：

（1）甲骨文不断出土

继YH127坑出土17096片甲骨之后，1973年又在小屯南地出土卜骨、卜甲7150片，有刻辞者卜骨、卜甲429片；1991年在“殷墟花园庄东地”和“殷墟小屯村中村南地”出土卜甲1558片、卜骨25片，共1583片，卜甲、卜骨有刻辞者584片；回填花园庄南地墓时又得卜骨35片，其中有字者5片。这次重大发现引起国内外学者极大关注。②

此外，在洛阳、洪洞、长安、昌平、岐山、齐家、西安、昌乐(2004)、陕西周公庙（2008)、浙江平湖庄桥坟（2013）等地先后都有甲骨文出土。

（2）甲骨文的搜集、整理、著录和出版

从1899年甲骨文出土到现在，已经有100多年了。100多年来，殷墟出土的甲骨约有十五六万片。1980年中华书局出版中国社会科学院考古研究所编《小屯南地甲骨》上册、1983年出版下册；1978—1982年中华书局出版了郭沫若《甲骨文合集》（13册），收录甲骨41956片；1996年天津古籍出版社出版胡厚宣《甲骨续存补编》七卷，收甲骨18836片；1999年语文出版社出版彭邦炯的《甲骨文合集补编》，共收甲骨13000多片；2002年世界出版公司出版曹玮《周原甲骨文》；2003年云南人民出版社出版中国社科院考古所《殷墟花园庄东地甲骨》；2012年云南人民出版社又出版中国社科院考古所《殷墟小屯村中村南地甲骨》。还有些单位将所藏甲骨文著录出版，如2008年李钟淑等《北大珍藏甲骨文字》由上海古籍出版社出版，2009年台北“中研院”历史语言研究所出版了《史

① 见宋镇豪《百年甲骨学论著目·序》，语文出版社1999年版，第4页。

② 详见王宇信《甲骨学研究一百年》

语所购藏甲骨集》，2011 年上海古籍出版社出版了宋镇豪等《中国社科院历史所藏甲骨集》，中西书局，2011—2015 年出版了李学勤主编《清华大学藏战国竹简》（壹一伍），还有 2009 年福建人民社出的刘釗（钊）等《新甲骨文编》2012 年中华书局出版了宋宗焜《甲骨文字编》等。近十几年来，甲骨文和殷商史研究的论著平均每年差不多以 200 多部的数量刊布出来，大大多于过去。

（3）探索甲骨分期断代

本来，董作宾的“十项标准五期断代说”是可行的。1978 年李学勤先生提出了“南北两系”说，林沄在《小屯南地甲骨发掘与殷墟甲骨断代》中对李氏说“加以具体化，构筑了断代新方案。‘两系说’依文字‘型式学’分析进行分组（类）”，各组分的过细而烦琐，时间上续下延交叉难断，不好把握，实践中更难驾驭十五六万片甲骨。1996 年李氏在上海古籍出版社出版了《殷墟甲骨分期研究》，系统阐述了“两系说”，成功地完成了断代研究体系。1994 年彭裕商在中国社科院出版了《殷墟甲骨断代》，2007 年黄天树在科学出版社出版了《殷墟卜辞的分类与断代》等。

（4）在考辨甲骨文单个文字方面

在辨识、考释甲骨文字方面，100 多年来，也已取得很大成绩。但在出土的约 5000 个甲骨文单字中，目前，可以认识的只有 1000 多个。其中比较可信的还不足 1000 个，尚有约 3000 多个甲骨文字，有待于学者们运用科学的方法，去进一步研究和考释。胡厚宣说：“虽然常用字已识，考释新字有一定难度，但这一项工作仍要进行，因为用甲骨文研究古史，识字依然是第一关。又研究商史的人一定要掌握文字工具，看原始材料，少用第二手甚至第三手材料。”台湾李孝定的《甲骨文字集释》、于省吾的《甲骨文字考释类编》《甲骨文诂林》等书对我们吸收甲骨文考释成果和推动甲骨文考释工作，都将起到积极作用。

21 世纪以来的 15 年中，随着高校硕士、博士等高级人才的培养，中青年学者蜂起迭出，涉足甲骨文研究领域的队伍空前壮大，新老学者殚精竭虑，奋力进取，甲骨文考辨，取得了蓬勃的长足发展，成绩卓著，论著林立。仅以裘锡圭先生为代表，年越八旬，又考辨出“㔾凡有疾”（甲骨文合集 709 正）就是“肩同有疾”，意即能分担王疾，反映了古人认为“尊贵者的福咎能移给臣下的想法”。[1] 还有 字，以前皆释为 （tū 或 bài）而冀小军考释为“祷”，等等。[2]

2009 年，当代学者王美盛在齐鲁书社出版的《籀篆字源研究》（第335 页）中，据甲骨金文作、、、（矢簋）（矢尊）诸形，释“公”为象形字，“像雄性动物胯下的生殖器，又作（京津 3218）、（虢文公鼎），，像胯或阴茎，像胯下雄性器官正面图”。释“公”为雄性器官是造字之初义。这就顺理成章地解了“公鸡”“公猪”“公羊”“公牛”等与“母鸡”“母猪”“母羊”“母牛”等相对之称的由来，回答了为什么传统“公与母”对言，现当代妻子呼丈夫为“老公”等道理。否则，何谓“老公”？可见，“公”的初始义理当为雄性动物之器官。2000 多年来，人们拘泥而墨守《韩非子·五蠹》之“自环者谓之厶，背厶谓之公”的理念成说。此说为许慎所本，《说文》训“公，平分也。从八、从厶。八犹背也。”平分私有财产等是引申义。

（5）关于甲骨文释义等工具书的刊布

当代，随着一些大型甲骨文著录的出版，释文也跟着刊布出来。1985 年《小屯村南地》下册释文（即 1—3 分册）出版，1994 年张玉金《甲骨文虚词词典出版》，1987 年孟世凯《甲骨学小辞典》出版，1988 年赵诚《甲骨文简明词典》（中华书局）出版，1988 年徐中舒《甲骨文字典》（四川辞书出版社）出版，1996 年中华书局出版于省吾《甲骨文诂林》，1999 年中国社会科学出版社出版了胡厚宣 2090 余页的《甲骨文合集释文》，2009 年中华书局再版赵诚《甲骨文简明词典》，2010 年线装书局出版了陈年福《殷墟甲骨文摹释全编》等。甲骨文字词典的出版，标志着甲骨文研究的深入。

（6）百年甲骨文总结性成就著作的出版

在全面、系统、科学地总结百年来甲骨文研究成就的论著有：中国社会科学院历史所王宇信的《甲骨学研究一百年》（《殷都学刊》1999 年第 2 期），提出了“百年来甲骨学研究，已经历它发展道路上的‘草创时期（1899—1928）、发展时期（1928—1937）和研究深入

① 详见刘钊《裘锡圭学术文集》第一卷，复旦大学出版社 2012 年版。

② 见《说甲骨金文中表诉求的祷字》，《湖北大学学报》1991 年第 1 期。

时期（1949年至今）三个时期'"，并分别对三个时期的内容做了全面、具体、系统而深入的阐述，最后又提出了在新的一百年撰写出一部大型科学性强的殷商史专著——《殷商史》的重要科研课题的任务。

还有1999年由语文出版社出版的宋镇豪《百年甲骨学论著目》，这对我们今后了解、研究甲骨学，提供了一部全面、系统、翔实的资料。不但节省了学者检索的时间，而且解决了难以查寻研习所需的书目等，有着特殊的重要意义。

7. 甲骨文的内容

甲骨文的内容极其丰富，包括当时社会的各个方面。其中绝大部分是占卜文辞，少量的是记事文字。

（1）卜辞的内容及其卜文程序

①卜辞的内容

殷代的统治者迷信鬼神，不论祭祀、战争、渔猎、天象、风雨、灾害、年成、疾病、往来、使令、婚事、分娩等，事先都要占卜，然后在龟甲或兽骨上记录下占卜的时间、地点、事件、预兆和事后应验与否的情况，这就是卜辞的主要内容。其中大部分是围绕农业生产的：为了求禾、求年，祭祀上帝、祖先；为了年成好、收获多求雨。其次是卜王及王妇、王子等有无灾祸的卜询、卜夕和卜上帝是否降灾，祖先是否作祟。其三是征伐方国和获得俘虏的情况。还有商王游乐的渔猎、出入。此外，商以干支纪日，干支字很多；已知一至十、百、千、万的数字；已知日月食、置闰及云、虹、风、雨等天象。

当时占卜的材料和整治的方法。一般是用龟的腹甲（少数用背甲）和牛的肩胛骨，少数用鹿、猪、羊的肩胛骨。占卜的时候，先将甲骨刮治后，在里面凿一个个椭圆形小槽，深度接近于背甲的光滑面，再在槽旁钻一个个小圆坑。然后用火烧灼槽坑（见图68—1）。这样，在甲骨的光滑面上沿着槽坑的位置，就会出现纵横的裂纹（见图68—2），这就叫作卜兆。占卜之后，由当时的巫（即史官）根据兆纹的走向，判断吉凶，并把占卜的情况刻写在龟甲或兽骨上。

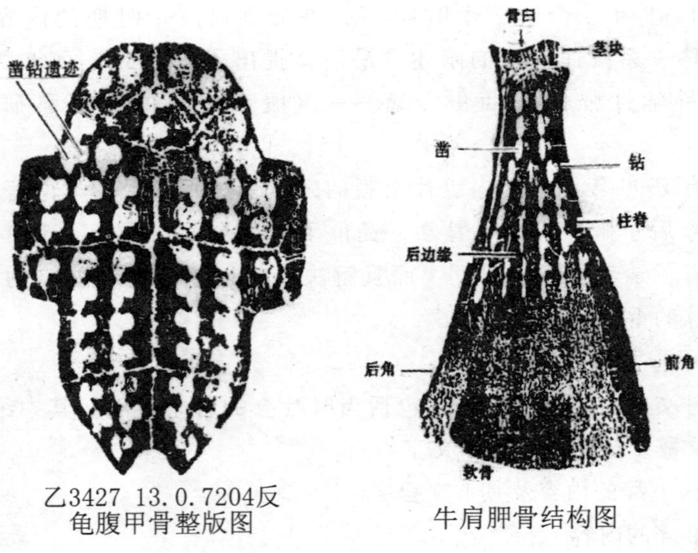

图 68—1

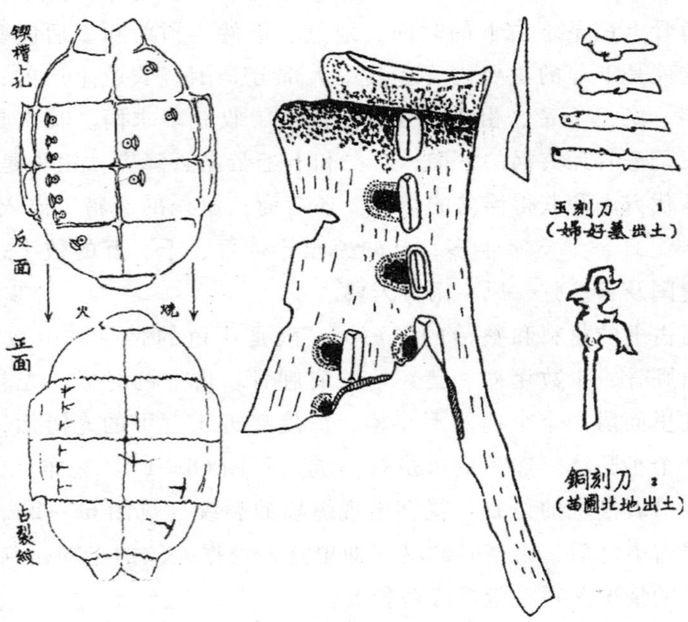

图 68—2　龟卜的刻锲工具和锲槽卜孔①

① 图 68—2 取自王宇信《甲骨学通论》，中国社会科学出版社 1999 年版，第 615 页。

②卜文的程序

殷人占卜有一套固定不变的程序，但非常简单。一般是：卜辞要刻写上某某日卜，某人（指某个卜官或帝王本人）卜，卜问某事，吉，还是不吉，某月。如果后来应验了，还要把应验的情况补刻上去。因此，一篇程式完整的甲骨卜辞，一般由四部分组成：

乙丑卜，韦贞，我受年。

图 69

> 第一部分叫“叙辞”，也叫“前辞”，记下用干支占卜的时间、地点和占卜人的名字。
>
> 第二部分叫“向辞”或“命辞”，即命龟之词，也叫“贞辞”。记录向龟陈述卜问的事情，即占卜所问的内容。
>
> 第三部分叫“占辞”，记录察看卜兆后，是预见事情的成败吉凶的言辞，即商王看了卜兆后所做的判断。
>
> 第四部分叫“验辞”，记录占卜后应验与否的情况。

例如甲骨卜辞中的《令雨》就是一篇完整的卜辞（见本书《甲骨文选读》第七篇图 106）：

> 戊子卜，(què) 贞：帝及今四夕令雨？
> 贞：帝弗其及今四夕令雨？
> 王占曰：丁雨，不叀辛。旬丁酉，允雨。

“戊子”是占卜的日期，“㱿”是卜人的名字，这是“叙辞”；“帝及今四夕令雨?”和“帝弗其及今四夕令雨?”两句是从正、反两方面卜问的，叫“对贞”，这是“命辞”；“王占曰：‘丁雨，不叀辛’”是“占辞”；“旬丁酉，允雨。”是验辞。

在殷墟卜辞中，如此完整的刻辞不多。多数没有验辞，也有省去占辞的，还有省去前辞的，只刻有命辞。以具有叙辞和占辞者为常见。或由于甲骨埋藏在地下时日久远，水土浸蚀而腐烂，残损不全；或者当初占卜时有省略，未能将四部分刻全。所以，出土的甲骨卜辞，大都不全，多是只存一部分或两部分者。如《殷墟萃编》中的一则卜辞（见图69），只有“叙辞”和“命辞”两部分。意思是：

乙丑卜，韦贞：我受年。

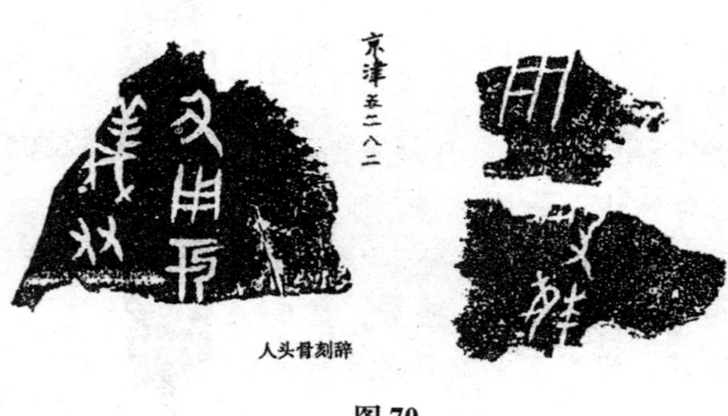

图70

（2）非卜辞之记事刻辞

非卜辞之记事刻辞，指刻在甲骨上的记事文字和非甲骨上的记事文字。在龟甲、牛骨上刻写的记事文字，包括有关准备占卜材料的刻辞、表谱文字和记事文字等。非甲骨上的记事文字，即龟甲、牛胛骨以外，还有人兽骨上的记事文字，包括人头、鹿头、牛头、虎头上的刻辞（见图70）。[①] 非卜辞记事刻辞跟占卜记事刻辞不同，它没有占卜刻辞记事的程序，骨面上也没有凿钻的痕迹和兆纹。胡厚宣在《武丁时五种记事刻辞考》中说：“甲桥刻辞、甲尾刻辞、背甲刻辞、骨臼刻辞、骨面刻辞等五种记事刻辞，都是选用骨面上偏僻的地方，刻记与卜辞不相干之另一件事者也。”“这种刻辞是武丁时所特有之风气也。”[②]

①有关准备占卜材料的记事刻辞

这是指记录有关甲骨的来源或者经过某人的检视等事。属于占卜前准备占卜材料的工作，与占卜无关。主要包括以下五种记事刻辞：

A. 甲桥[③]刻辞

① 图70取自马如森《殷墟甲骨学》，上海大学出版社2008年版，第95页。

② 见胡厚宣《甲骨学商史论丛》初集〈三〉第474—475页，1944年。

③ 甲桥：指龟腹甲的中部两边，有与背甲相连的骨骼，因象龟腹甲渡过背甲的桥梁，故名“甲桥”。

即刻在龟腹甲两边突出甲桥背面上的记事文字。如《合集》5298版之“雀入二百五十”（见图71）。据胡厚宣先生研究，甲桥刻辞所用辞例主要有“某入”“某入若干”“来自某”“某来若干”“某氏”等。入，即贡纳；来，即贡来；氏，即致送；乞，即乞求、乞取、征收之意。

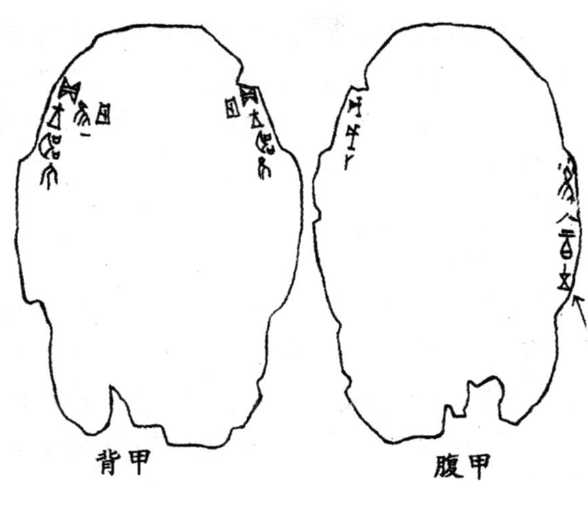

图71

B. 甲尾刻辞

即刻在龟腹甲尾部右边上的记事文字。与甲桥刻辞相比，较为简单，很少记录所入龟的数字。只有“某入”“某来”等辞例。入，来是贡来、贡纳之意。如《合集》9373版（图72）。据胡厚宣说，原因“恐与腹甲卜辞相混，遂皆有省略之耶！”因之甲尾刻辞记数最大的仅《合集》9334版记①某人贡“入二百二十五”一例（见图73）。

图72　　图73

① 除图79、图80外，图71—图86及释文均采自王宇信《甲骨学通论》，第140—141页。

C. 背甲刻辞

即刻在龟背甲顶端或反面接近中间刮开处的一行记事文字。如《甲》2993片“丙寅日由某人检视四屯”（见图74）。胡厚宣先生指出，其辞例有“某乞自某”“某乞自某若干”“某乞自某若干屯”，或“某入若干”“某来若干”，或“某示”“某示若干”“某示若干屯”等。“屯”即一对，指左、右背甲为一屯。

D. 骨臼刻辞

即刻在牛胛骨顶端骨臼上或背面外缘的记事文字。其辞例是“自某”“自某乞”“乞自某若干屯”“某乞自某若干屯”“某自某乞若干屯”“某示”“某示若干屯”“示屯若干”“某示某若干屯”“甘示若干屯又一”，“又一”即零一。等。有的并注明日期干支。如《合集》9408（见图75）。

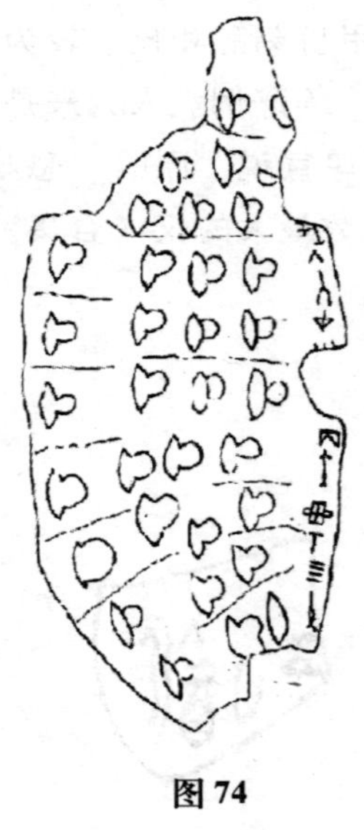

图74

图75

E. 骨面刻辞

记事文字刻处不一：或刻在牛胛骨的正面下部比较宽而薄处或背面边缘的文字，如《佚》531（见图76）；或刻画在牛胛骨的反面靠近边缘处，如《合集》9386版（见图77）。其辞例有“自某”“自某若干屯”

“乞自某”“乞自某若干屯”“某乞自某”“自某气”“气若干屯”“某示”“某示若干屯”。示，即检视。

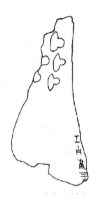

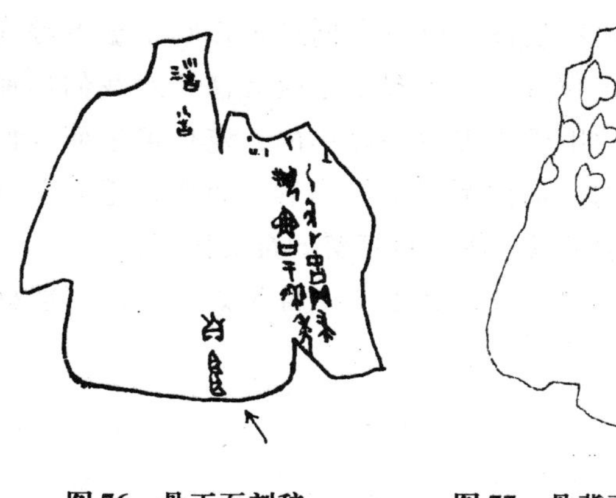

图 76　骨正面刻辞　　　　**图 77　骨背面刻辞**

②表谱文字

图 78　骨正面刻辞

表谱文字所刻之处也是不一的：有在卜辞中间杂刻的，有在甲骨较偏僻之处刻的，也有在已废弃的甲骨之上刻的。内容包括干支表、家谱、祀谱等。其中《干支表》最为重要，甲骨文著录中常见《干支表》，我国古代以干支纪年纪月纪日。文献中以干支纪日期，始于甲骨文。以十天干（甲乙丙……）跟十二地支（子丑寅……）相配，始于甲子，终于癸亥，循环一周为 60 天。郭沫若说：“欲读卜辞者，必自此入手。”“家谱刻辞”所记为商王家系。如《契》209（见图 78）：但学界真伪未定，参见王宇信《甲骨学通论》第 224—227 页。

③有关祭祀与世系文字

如《殷先公先王表》。

④有关天文刻辞

如《四方风名》（见《甲骨文选读》第五篇）。

8. 甲骨文的行款

甲骨文的行款，是指卜辞在甲骨上刻写的部位（即分布情况）和行文的走向。甲骨文在甲骨上的分布情况和行文走向是有一定规律的。其行款包括龟甲文例和牛骨文例两类。

（1）龟甲文例

甲骨文是商代占卜记事文字。所以，文例是指文字在龟甲兽骨上的分布，有它自己的独特规律。龟甲文例是董作宾根据卜辞在甲骨上的部位推断出来的一种定位方法。了解了定位方法，对我们读通卜辞是很有意义的。由于带字的甲骨大多数是碎小的，定位可以使我们明确卜辞所在位置及其行文走向，从而解读卜辞内容。否则，把一条意思明确的卜辞方向读反了，就会造成一堆不可理解的奇文怪字。[①]

若想了解卜辞的分布及行文走向，首先必须了解与明确龟甲的各个部位之所在（见图 79）。

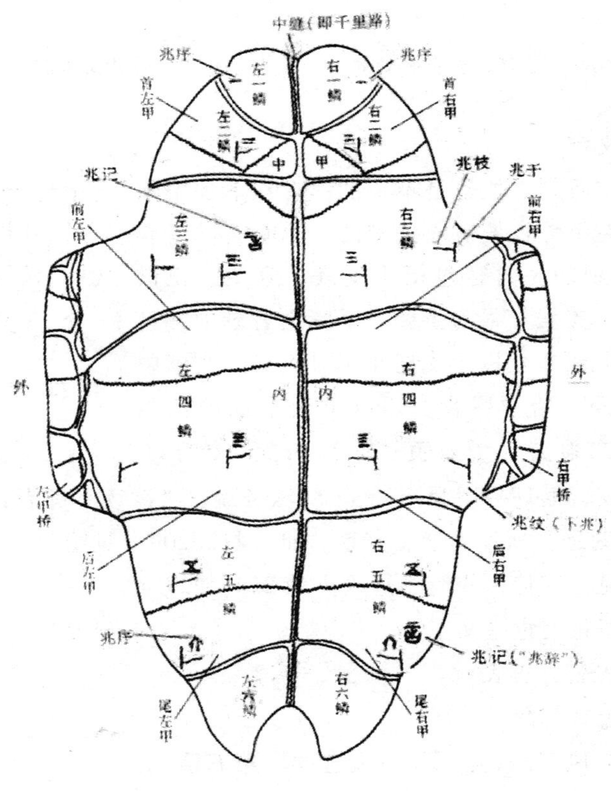

图 79　龟腹甲图解

① 见王宇信《甲骨学通论》，中国社会科学出版社 1999 年版，第 133 页。

这就是由9块甲盾组成的龟甲正面。以中间的中缝（即千里路）为界，分为左右两部分。左边的部分即龟左甲，右边的部分即龟右甲。龟甲近边缘处为"外"，近中缝处为"内"。近首部分为"上"，近尾部分为"下"。龟左甲卜兆向右，龟右甲卜兆向左。[①] 甲骨的正反、左右、内外、上下、就是这样。

其中所谓"兆序"，是指卜问时，每灼龟一次，便在龟腹甲正面或反面的兆纹上方刻记下占卜的次数。兆序跟卜辞一样，也是左右对称的。龟甲上的兆序为一至十。至十后，仍从"一"起，绝不用"十一""十二"等合文，因为卜兆旁边，位置有限，还要刻卜辞及兆辞。但"十"之后的卜兆"一、二、三……"表示的是"十一卜、十二卜、十三卜……多至十八卜"[②] 等。兆序的排列，分"自上而下"（龟甲较小、卜辞较少）和"自内而外"排列两种，后种较为常见。

所谓"兆记"，也称为"兆辞"，是记有关卜兆的情况。兆记包括"某告""吉""不玄冥"（不模糊之意）、"兹用"等。

甲骨卜辞的行款走向不统一，有直书的，也有横书的；有左书的，也有右书的。最多见的行款是左行直书的，一则卜辞用单行直书刻写不完时，则依次向左刻第二行，第三行……由右向左；也有右行直书的，两行以上的直书，其走向由左向右。由于卜辞常常是对贞的，所以龟甲上的同一版上有二则卜辞时，可以是相同的，也可以是相背的。这就是，董作宾根据上图龟甲的定位"龟中甲、右首甲、左首甲、右前甲、左前甲，右后甲、左后甲、右尾甲、左尾甲。"等各例，又用大量卜辞验证之后，所总结出来的两条龟甲卜辞的行款规律："沿中缝而辞者向外，在右右行，在左左行。沿着尾之两边而刻辞者向内，在右左行、在左右行。如是而已。"[③] 意思是：相背者，右辞右行，左辞左行，即两则卜辞分别从中缝向左右两侧刻去；相向者，左辞右行，右辞左行，即两侧卜辞分别从两侧向中缝刻去。如果一片甲骨上有数条卜辞，则卜辞的行数多按占卜的先后次序，由下而上排列，以先下后上为序。每条卜辞都用"干支"记日期，所以，可以按"干支"推算出其先后，不难辨别。

① 王宇信：《甲骨学通论》，中国社会科学出版社1999年版，第127—128页。

② 同上。

③ 同上书，第135页。

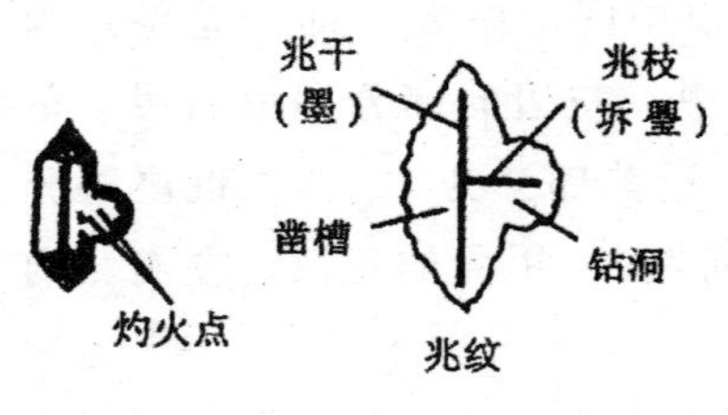

图 80

(2) 牛骨文例

牛骨，多指牛肩胛骨。牛肩胛骨以平滑一面为正面，在其反面凿、钻、灼。牛肩胛骨左右都用，右肩胛骨切臼角处向右，臼角以下一侧较薄为内侧；与内侧相对处，边缘比较圆而厚，是外侧。骨的外侧，在背面因凿、钻、灼而断裂成条状。接近骨臼处是胛骨的上部，骨扇部分比较薄，其接近下缘部分是下部。右胛骨上的卜兆、兆枝和骨臼臼角方向一致，都向右方；左肩胛骨侧与右胛骨相反，切臼角处向左，卜兆、兆枝也都向左。据此，可以判断肩胛骨的左右。

牛肩胛骨的兆序，刻在兆枝的上方。左右肩胛骨的兆序，分别刻在向左、向右的兆枝上部（见图 80）。①

牛肩胛骨兆序，不论左肩胛骨还是右肩胛骨，由于多在其外侧或内侧凿、钻，排列整齐。一般兆序是由下而上排列，如《萃》1211 版（见图 81）。有的虽然自下而上排列，但接着再转行自上而下排列，如《萃》1328 版（见图 82）。所以其兆序的排列无规律可循。

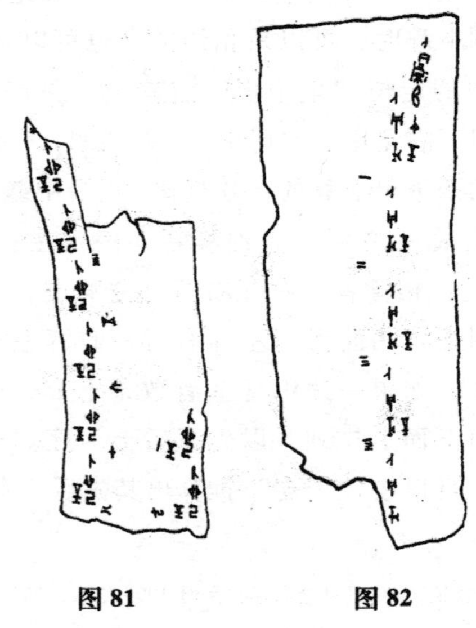

图 81　　图 82

① 图 80 采取马如森《殷墟甲骨学》，第 116 页。

不论龟甲或兽骨上的兆序，都是在占卜以后，刻写卜辞之前刻上去的，都不是卜辞。

牛肩胛骨的卜辞多在正面，有左、右缘之别。由于左肩胛骨的外缘（右侧）和右肩胛骨的外缘（左侧）部分较厚，骨质坚韧，故占卜次数多，刻辞也多，占整版刻辞的十分之七八。而左胛骨的内缘（左侧）和右胛骨的内缘（右侧）下部骨质松而薄，刻辞较少，仅占整版刻辞的十分之二三。而胛骨中部更薄，骨质疏松，一般不用作占卜，故刻辞更少，约占十分之一。

牛肩胛骨上的卜辞，不论左缘右缘，排列都很整齐有序。一般多是逐辞自下而上排读的。如《合集》5175版（见图83），共四辞：

［释文］
贞（辛）亥王入
于癸丑入
于甲寅入
于乙卯入

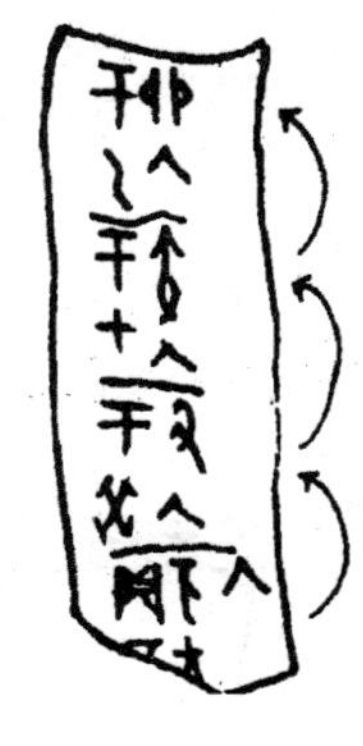

图83

也有先由下而上排读，再由上而下排读的。如《萃》1345版（二期甲骨）右肩胛骨上的刻辞：左侧外缘处由下而上排有五辞，右侧内缘处由上而下排有所余下三辞，是接外缘五辞的时间（见图84）。

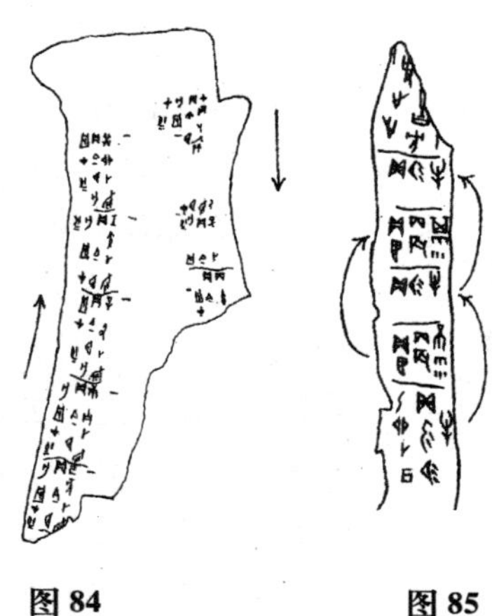

图84　　图85

［释文］
己亥卜，旅贞今夕亡祸，在十二月。一
庚子卜，旅贞今夕亡祸，在十二月。一
辛丑卜，旅贞今夕亡祸，在十二月。一
壬寅卜，旅贞今夕亡祸，在十二月。一
癸卯卜，旅贞今夕亡祸，在十二月。一
甲辰卜，旅贞今夕亡祸，在十二月。一
乙巳卜，旅贞今夕亡祸，在十二月。一
丙午（卜）、（旅）贞今夕亡祸，在□□（月）。一

还有内容完全不同的卜辞却交错地刻在一起的“相间刻辞”。如《合集》9465版（一期甲骨）六条卜辞，卜问三种不同内容（见图85）。

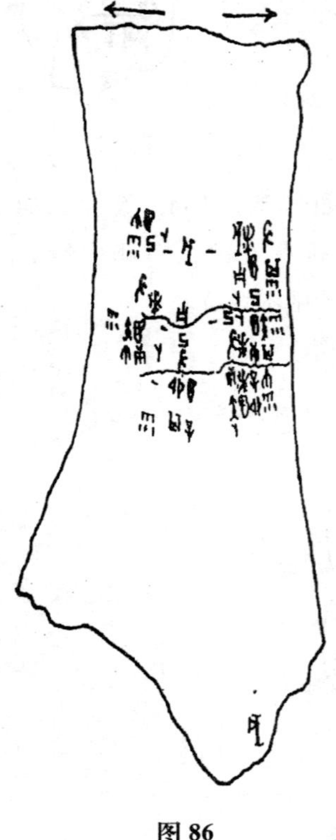
图86

［释文］
乙卯卜，亘贞勿锡牛。
贞锡牛。
贞锡牛。
贞翌丙辰不雨。
贞翌丙辰其雨。
（我）史步（伐）工方（受有祐）。
此版卜辞前三条跟四五条相间。

另外，尽管兽骨卜辞多为由下而上排列，也有左、右对贞的。如《佚》52版（一期卜辞）共是七条刻辞（见图86）。

［释文］
戊子卜，沐，翌己丑其雨。一
戊子卜，沐，翌己丑不雨。一
己丑卜，沐，翌庚寅其雨。一
己丑卜，翌庚寅不雨。一

庚寅卜，沐，翌辛卯不雨。

翌辛卯其雨。一

丙戌……①

除此之外，不管龟甲兽骨，其刻辞尚有正、反面相接之例，参见图71“甲桥刻辞”和后面《甲骨文选读》第四篇“酌下乙”二刻辞。这里就不予详介了。

9. 甲骨文形体的特征

甲骨文字是现今所能看到的较早的文字。从出土的甲骨文来看，当时，汉字已经发展为相当成熟的文字体系。东汉许慎的“六书”中几种不同形体结构的字，甲骨文中都具有了。形声字约占22%以上，同音假借广泛使用。因此，作为语言的辅助工具——甲骨文完全能够记录商代社会的政治、经济、军事、文化、社会组织和风俗习惯等各方面情况。但是，由于当时的书写材料是龟甲兽骨，书写工具主要是刻刀，所以总的来说甲骨文的形体是平直、方折，笔画瘦硬，大小不一。具体表现出以下一些特征。

（1）保留了图画象形特点

甲骨文是从图画文字发展而来的，是原始图画记事的继承体。虽然经过高度的概括和抽象，已经成为记录语言的纯粹文字，但是，还保留着客观事物外观的许多形态，其物象意味有时显得很突出。例如（图87）：

图87

这些字形象逼真，一眼就能看出它们是些什么事物。不仅象形字如此，就是会意字、形声字等也是用这些象形的基本部件组成的。这样就使一些意义抽象的字，原本无形可像也着上了象形的色彩。如（明）、（林）、（伐）、（睛）、（物）、（刃）、（孔）等。

据日本学者岛邦男在《殷墟卜辞综类》中统计，甲骨文所用部首

① 甲骨文的内容和甲骨文的行款两部分，详见王宇信《甲骨学通论》，第126—145页。

（象形的基本部件）是164个。于省吾在《甲骨文字释林》里合并为149个。这些基本部件（即部首）绝大部分来自客观事物的具体形象。诸如天文、地理、人体、动物、植物、服饰、建筑物和各种器物等图像，少部分来源于表数目的一至十或上、下等。

（2）许多字的形体尚未完全定型

甲骨文字的构形和书写带有很大的随意性，同一个字繁简不同，结构各异，有多种写法（见图88）。

图88

这些字，笔画多少不一，造型也有差异。《甲骨文编》中“衣”字有25种写法，“豕”字有41种写法。少者一二十种写法，多则百十种写法。

（3）书写款式不规范

只要不发生混淆，字形书写很随便，可反可正，可斜可倒，上下无别，左右不分，同一个字也可有多种写法（见图89）。

出

羌

豕

龟

凤

图89

（4）构字部件（偏旁）未固定

可以互相代替，更换使用。在不发生混淆条件下，可以增减笔画或偏旁（见图 90）。

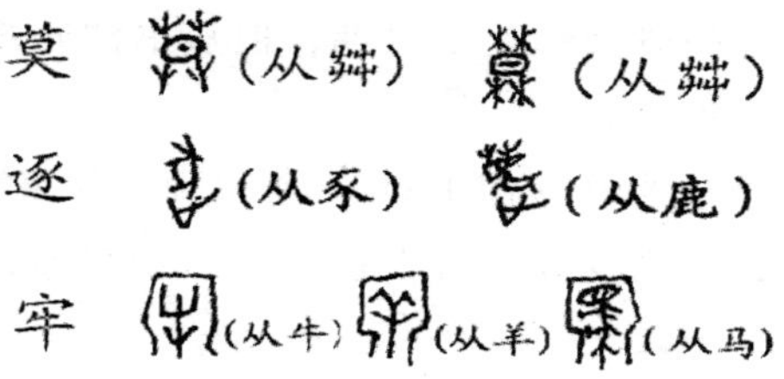

莫 （从茻） （从茻）

逐 （从豕） （从鹿）

牢 （从牛） （从羊） （从马）

图 90

（5）字形大小参差不齐

字形繁复者大到一寸见方，字形简单者小得如米粒。整个字形出现向竖长形发展的趋势。章法上有左行书写，也有右行书写者，纵写成行，横写有列与无列并存；行款错落有致，严整端庄，且因骨片大小形状各异，显出古朴而又烂漫的情趣。

（6）甲骨文的合文现象多

甲骨文中的“合文”，主要用于人的称谓、地名和方国名，以及记日、记数用语、惯用词组等，常常把两个或两个以上的字合写在一起，只占一个字的位置，实际上是两三个音节，代表两三个词或语素（见图 91）。

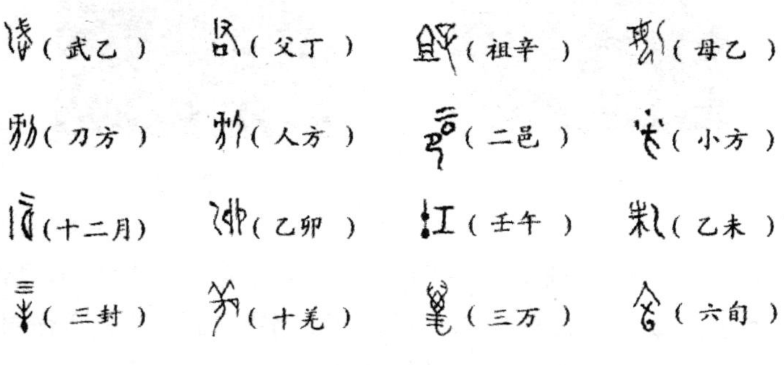

（武乙） （父丁） （祖辛） （母乙）

（刀方） （人方） （二邑） （小方）

（十二月） （乙卯） （壬午） （乙未）

（三封） （十羌） （三万） （六旬）

图 91

这是用字的组合来记复合词或词组，出现了主谓、动宾、偏正、联合式词组现象，反映了早期汉字记录多音词的习惯方式，也可能是原始图画记事的孑遗。据文字学家统计，这类合文在甲骨文中有300多个字。

10. 甲骨文的分期

从盘庚迁殷到帝辛亡国为止，历经273年。字体风格随时代而变，各有所异，各具特征。一般分作五个时期，但从书法角度看，甲骨文字体可分为六个时期①，即：

（1）盘庚、小辛、小乙（前1300—前1239）为滥觞书风期：好施尖锐斜笔，字迹纤细，用笔拘谨，喜作弧划，笔意浓厚，构体较它期古朴（见图92）。②

（2）武丁（前1238—前1180）是繁荣书风期：字体雄伟壮丽、刚劲有力，多用单刀侧锋，曲画笔势婉转，大字居多，中小型字工整秀美。凡载大事，亦作肥笔，庄重威严，书意达一，且多涂朱墨，骨版煌煌瑰丽（见图93）。

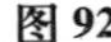

图92

图93

（3）祖庚、祖甲（前1179—前1140）是变革书风期：书风谨饬，严整，字体大小一致，行款整齐，字形端正，字距均等。用笔有固定趋向，注意笔画间的平行和对称性质（见图94）。

---

① 见濮茅左、徐谷甫《商甲骨文选》，上海书店出版社1999年版，第5—6页。

② 图92—图97及释文取自濮茅左、徐谷甫《商甲骨文选》。

（4）廪辛、康丁（前 1139—前 1130）是自由书风时期：自由灵活，横斜平直，圆曲弯卷，随意所适，独辟秀丽之径，用笔多改弧画为折，结体趋简，流于草率，别具一格（见图 95）。

图 94

图 95

（5）武乙、文丁（前 1129—前 1084）是勃古书风期：前期酷似武丁后期体势，粗俗古朴，重现大字，后期日趋严整。书风劲峭挺拔，浑厚雄健，行款奔放，镌刻粗犷，气势逼人（见图 96）。

（6）帝乙、帝辛（前 1084—前 1028）是统一书风期：字体细小，尤见工整、谨慎、端庄、威严。字形大小、行距、字距、所用甲骨等都受到严格控制，不得随意发挥（见图 97）。

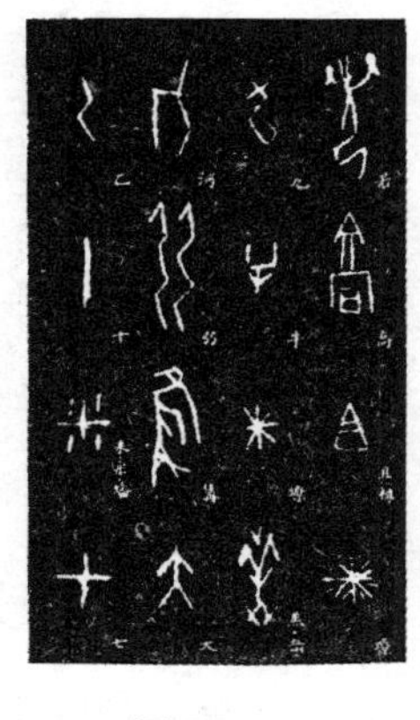

图 96

图 97

总之，传统分为五期，即按董作宾的研究把盘庚、小辛、小乙、武丁划作第一期。由于甲骨文的使用工具是刻刀，承载体是龟甲兽骨，刀有锐钝之分，骨有软硬之别，因而所刻之字的线条有粗有细，锋芒毕露。又因为刻字时运刀不便，所刻之字线条平直，曲画也只好弯中有折，棱角清晰；线条交叉处多有削落、粗重的痕迹。这些都显示了甲骨文的笔画硬度、刚劲的独特风格。因此，分作六期。

而21世纪之初，在传统分作五期的基础上，古文字学家经过进一步深入的研究，依卜辞字体分类方法，李学勤先生分为南北两系，将殷墟卜辞分为二十组（类）。虽然分得过细，但为学界许多学者所认同。① 这是一项新的研究成果。

11.《甲骨文选读》（23篇）

（1）干支表

【题解】这是一份完整的干支表，属于表谱刻辞。最早著录于容庚《殷契卜辞》165版，后收入《甲骨文合集》37986版。

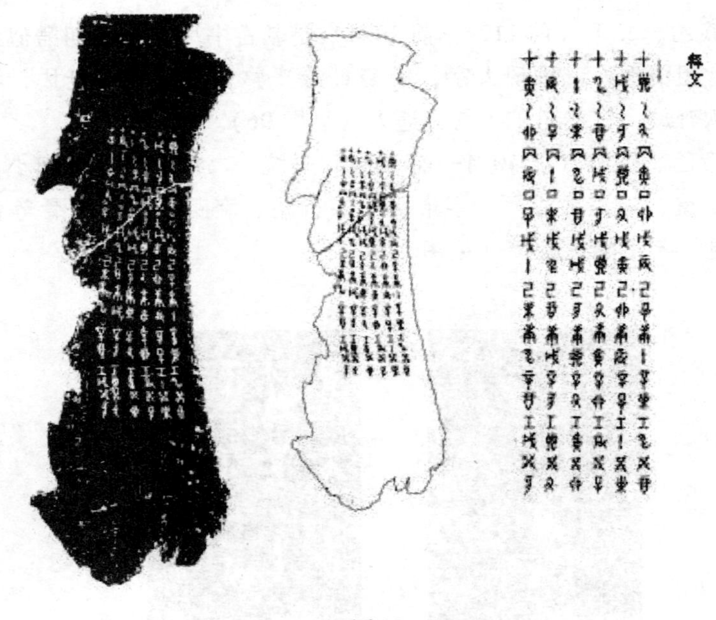

图98—1

① 见黄天树《殷墟卜辞的分类与断代》增订本，科学出版社2007年版。

从书体看，属第五期刻辞。研习甲骨文，首先必须从干支入手学习（依郭沫若说），故排在首篇。

商代用干支纪日。以十天干（甲乙丙丁戊己庚辛壬癸）和十二地支（子丑寅卯辰巳午未申酉戌亥）相配，可得六十个干支名。始于甲子，终于癸亥，周而复始，以至无穷。故可称为中国最早的“日历”。（见图98—1）

【释文】

甲子、乙丑、丙寅、丁卯、戊辰、己巳、庚午、辛未、壬申、癸酉；
甲戌、乙亥、丙子、丁丑、戊寅、己卯、庚辰、辛巳、壬午、癸未；
甲申、乙酉、丙戌、丁亥、戊子、己丑、庚寅、辛卯、壬辰、癸巳；
甲午、乙未、丙申、丁酉、戊戌、己亥、庚子、辛丑、壬寅、癸卯；
甲辰、乙巳、丙午、丁未、戊申、己酉、庚戌、辛亥、壬子、癸丑；
甲寅、乙卯、丙辰、丁巳、戊午、己未、庚申、辛酉、壬戌、癸亥。

表2：干支、公元60年对照表

干支年 公元年	干支年 公元年	干支年 公元年	干支年 公元年	干支年 公元年	干支年 公元年	干支年 公元年	干支年 公元年	干支年 公元年	干支年 公元年
辛酉 1	壬戌 2	癸亥 3	甲子 4	乙丑 5	丙寅 6	丁卯 7	戊辰 8	己巳 9	庚午 10
辛未 11	壬申 12	癸酉 13	甲戌 14	乙亥 15	丙子 16	丁丑 17	戊寅 18	己卯 19	庚辰 20
辛巳 21	壬午 22	癸未 23	甲申 24	乙酉 25	丙戌 26	丁亥 27	戊子 28	己丑 29	庚寅 30
辛卯 31	壬辰 32	癸巳 33	甲午 34	乙未 35	丙申 36	丁酉 37	戊戌 38	己亥 39	庚子 40
辛丑 41	壬寅 42	癸卯 43	甲辰 44	乙巳 45	丙午 46	丁未 47	戊甲 48	己酉 49	庚戌 50
辛亥 51	壬子 52	癸丑 53	甲寅 54	乙卯 55	丙辰 56	丁巳 57	戊午 58	己未 59	庚申 60

说明：公元后干支年算法：公元年÷60的余数即为当年的干支年。

公元前干支年算法：公元年÷60的余数（负数）+60+1即为当年的干支年。

图 98—2

【注释】

①天干：也叫“十干”，传统用于表示顺序或类别的符号。借用“甲、乙、丙……”等10个符号，以表十大天体。它和后人说的太阳系的十大天体不谋而合，又与十进位的数字计算方法切合。十数，是一、二、五的公倍数，配以地支的十二数列是三、四、六的公倍数，能够形成相配为“六十甲子”周天数列的基因序数（见图99）。①

②地支：以天干为主体，派生出来的十二个序列符号。古人把“天圆地方”的观念用于“天干”“地支”的创造。地方的每边取三段，便形成了十二个地支数。古人还认为“天转地恒”，地是不动的，而天体是以地为中心循环运动，所以地支十二个序号，首先是以“地方”的固定位置而定的，同时又是一天的十二个时序，一年的十二个月序。因此，地支的十二个序列符号的认定，是与方位、时序有关的（见图100）。

图99　天干方位示意图

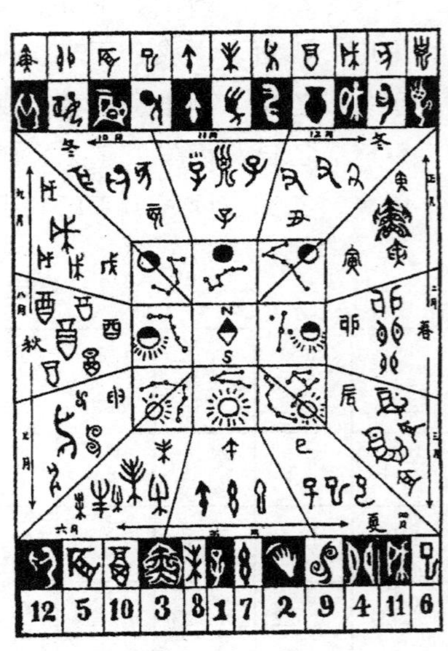

图100　地支时空图

③在甲骨文中“子”和“巳”是同形字，像孩子之形，本义是孩子，假借为地支的第一位。古代把孩子作为祭祀之尸，引申为“祭祀”义，所以把“巳”假借为地支的第六位。在干支表中，为了区别，“子”与“巳”不同形，把“子”写成。

---

① 天干与地支二图取自牟作武《中国古代文字的起源》，第183页。

（2）鬼亦得疾

【题解】本版卜辞出土于河南省安阳，本为正、反两面，属于商代后期的甲骨文字，最早著录于罗振玉《殷墟书契·菁华》第5页。本书选自郭沫若《卜辞通纂》第104页，第430片（正面）。后收入《甲骨文合集》第一册之第137号。

郭沫若说："此片三辞，盖同是五月中事，癸卯先于癸丑十日，故左辞当在先，中、右二辞当在后。中、右二辞乃同在一旬中事，癸丑多得之繇（yáo，同爻），于翌日甲辰既应，于第三月之乙卯又应，此可徵（证）殷人迷信之深。盖凶咎之事，何旬蔑（没）有，则每卜之繇，则无往不应矣。"①（见图101—1）

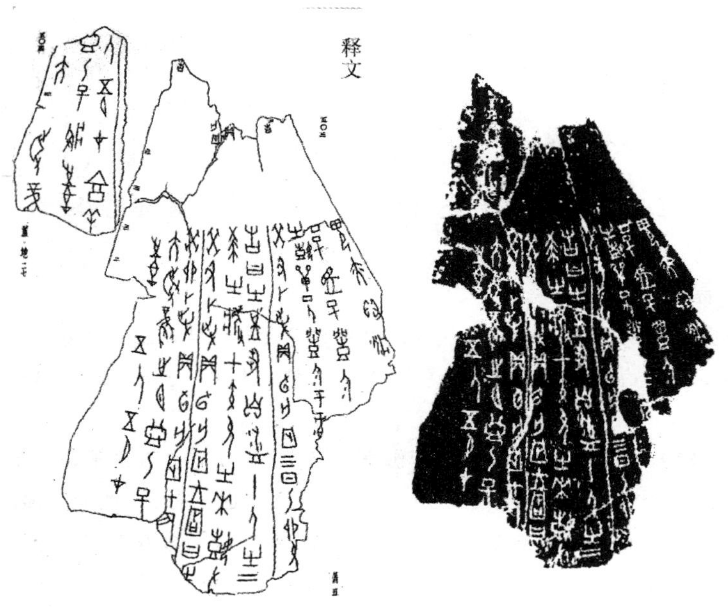

图101—1

殷人"尚鬼"，是最为迷信的。凡是祭祀、战争、天象、年成、刮风、下雨、出行、作梦、分娩、生病、婚丧等都要占卜。此版卜辞就是

① 见郭沫若《卜辞通纂》，第104页。

关于凶咎之事的一篇。（见图101—2）

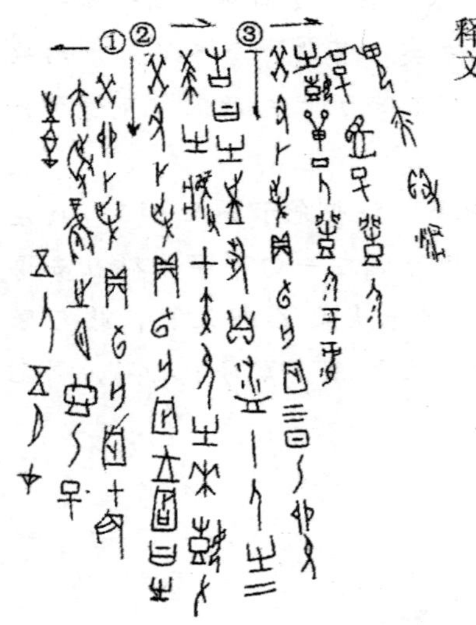

图101—2

【释文】

癸卯卜，争贞：旬亡𡆥（祸）？甲辰［有］大掫（骤）风[①]。之夕𡆥（𥁕，音dòu），乙巳□□五人，五月，在□。[②]

癸丑卜，争贞：旬亡𡆥（祸）？王占曰：“㞢（有）希（祟）㞢（有）膢（夢）”[③]。甲寅，允㞢（有）来嬉（艰）[④]。左告曰：“㞢（有）往刍自益，十人㞢（又）二。”[⑤]

癸丑卜，争贞：旬亡𡆥（祸）？三日乙卯，［允］㞢（有）嬉（艰）[⑥]：单丁人豐（豊）㐱于录□□[⑦]，［三日］丁巳毘子豐（豊）㐱□□□□，鬼亦得疾[⑧]。（见图101—2）

【注释】

①癸卯日占卜，卜官争问道：十天之内没有灾祸吗？甲辰日要有疾风暴雨。卜：动词，占卜，指灼龟现兆之纹。争：卜人名。贞：动词，卜问，此借鼎作“贞”。亡：通“无”。

②到了晚上饮酒，乙巳时饮酒中毒伤身的有五人，事发在五月某地。之：动词，到。𥁕：音dòu，义为盛酒器。《说文》训“𨭊，酒器也。从金，𨭊象器形。𨭊，𨭊或省金。”𨭊，篆作𥁕，像酒器形。郭沫若释𡆥为蚀“含凶咎意。”蚀，同蚀。《说文》训“蚀，败创也”。段注：毁坏之伤有虫食之，故字从虫”，𡴘（𡴘）：不识，郭沫若说“当是含有‘杀伐’意之动词”，因为该字从幸。

③癸丑占卜，卜人争问道：“十天之内有没有灾祸？”商王察看卜兆后，判断认为：有鬼神作祟，要有恶事发生。王占曰：卜辞成语，指商王察看卜兆后判断认为。占：指察看卜兆后作出的判断或预见。祟：指鬼神致人的灾祸。

膢：当从𡪱（夢）省。希与（莩）连类，含有恶意，即“痡”之繁文，《说文》：“痡，病也。从疒，甫声。”父与甫乃同音字。（依郭沫若说）

④到了甲寅日，果然发生了不吉利的事情。允：卜辞中作副词，确实，果然。

有：出现、发生。来：动词作定语。嬄：音 jiān，也作囏，同“艰”、险恶之意，此指灾难、不吉利。来艰：将要来到的灾难。

⑤有报告说：有人去𦉢地上吊自杀者十二人。左：卜辞用作“有”，如“左（有）豕擒……”（粹 950）。𦉢：地名。自益：自己用绳子勒死。此处益，同“缢”。

⑥癸丑日争卜问：十日之内有没有灾祸？到了三天后的乙卯日，［果然］传来了不吉利的消息。

⑦单台的壮年人用盛玉的豆作为祭品祭祀死在麓地的鬼魂。单：本指某种兵器，卜辞借用作台名。即上古时代用土筑成的四方形台子。（豊）：盛玉的豆，祭器。（㐱）：音 zhěn，义为头发黑而多。《说文》：“㐱，稠发也。从彡、从人。《诗》曰：‘㐱发如云。’鬒，㐱或从髟、真声。”可见㐱，同鬒，引申为“强”，《广雅·释诂一》：“鬒，强也。”郭沫若训“㐱”含有“恶意”之动词。此为“变鬼“之意。彔：卜辞用作山麓之麓。

⑧过了三天，到了丁巳日，𣬉子又用盛玉的豆祭祀死在麓地的鬼魂。人死变鬼，鬼也能得病。𣬉（音 pí），“𣬉子”当为人名。：本书释为“疾”，簠地二七片作，象人腹部有病，躺在床上，左下伸出一手，表示治病（见图 101—1 左上图中间“疒”字）可证。李圃释作“疒”，亦是“患病”之意。

（3）𢆶品上甲

【题解】本版卜辞最早著录于郭沫若 1937 年出版的《殷契萃编》第 112 版，后收入《甲骨文合集》第 32384 版。该版是由三片碎骨缀合而成的：首先是王国维在 1917 年从其《殷虚书契后编》中把上编第 8、14 片同姬佛陀《戬寿堂所藏殷虚文字》中的第 1、10 片缀合，这就是 A、B 两片。因而纠正了自“上甲”至“示癸”的商代先公世系次序同《史记·殷本纪》所载不合的错误。到了 1933 年，董作宾在王氏缀合的基础上，又把郭沫若《殷契萃编》中 112 片（即 C 片）补缀其下，使这片卜辞复原如初，更加

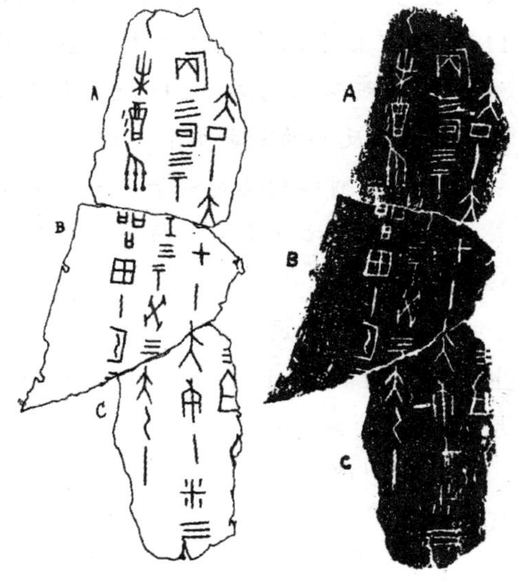

图 102

完整了（见图102）。所谓“缀合”，就是把原来同属一片的卜辞，由于种种原因而散在各处的甲骨文碎片，拼接在一起，使之复原为一片。王国维是甲骨缀合的首创者。这版卜辞记述了对殷先公近祖的祭祀情况。

【释文】

乙未，彡(酎)𢆶品上甲十[①]，报乙三，报丙三，报丁三，示壬三，示癸三，大乙十，大丁十，大甲十，大庚十，小甲三，……且（祖）乙十。[②]

【注释】

①乙未日，用十件祭品［进行］彡𢆶，来祭祀上甲。彡，酒祭专名。彡：从酉、从彡，或释为酒，或释为酎（音zhòu，醇酒），像用酒浇地祭祀。𢆶（xì）：祭名，“系”的初文。于省吾说：“系”谓以品物系属以交接于神也。上甲：殷之先王名，卜辞作田，是合文。

②用三件祭品祭祀报乙，……用十件祭品祭祀祖乙。其中句式相同，报乙、报丙、报丁、示壬、示癸、大乙、大丁、大甲、大庚、小甲和祖乙，均殷之先王名。小甲：合文卜辞作𠦃。三：三件。十：十件。大：音tài，“太”的古字。卜辞中的“且”，是“祖”的初文。

（4）彡下乙

【题解】本版卜辞选自董作宾《殷虚文字·乙编》第6664版和张秉权《殷虚文字·丙编》第207正、208反二版。后收入《甲骨文合集》11497版。以卜人𡧊断之，本版当为第一期即武丁时期卜龟之词。《乙编》6664版和《丙编》207版为卜龟正面的叙辞、命辞、占辞与《丙编》208版卜龟反面的验辞相接。这是“甲骨文例”中行款刻辞的“甲桥刻辞”正、反刻辞相接的例子之一（见图103）。

这篇卜辞记录了祭祀鸟星毕现正是春天农耕的大好季节。

【释文】

丙申卜，𡧊贞：来乙巳彡（酎）下乙[①]。王占曰：彡惟㞢（有）祟其㞢（有）毁[②]。乙巳彡，明雨[③]。伐既，雨。咸伐亦雨[④]。攺（tuó）卯鸟星[⑤]。(正面刻辞)

九日甲寅不彡，雨。乙巳夕㞢（有）毁于西[⑥]。（反面刻辞，见图103）。

【注释】

①丙申日进行占卜，卜官𡧊向神问道（此为叙辞）：在未来的乙巳日进行彡祭祭

图 103

祀祖乙吗？（此为命辞）卜：像卜兆形，义为灼龟现兆，多为动词，占卜。贞：甲骨文是鼎的象形，每借鼎为贞，用作动词，卜问。周原甲骨卜与鼎合文，作鼑，又讹变为“贞”。来：甲骨文中借为“未来”，表时间。下乙：即且（祖）乙，商代直系先王。

②商王武丁察看卜兆后，判断认为：举行𫑡祭，只怕有鬼神作祟，有不吉利的事情发生。其：测度语气词。有毁：有不吉利的事情发生。

③乙巳举行𫑡祭，天亮的时候要下雨。明雨：天明之时下雨。明与“旦”相当。

④杀牲祭祀之后，也要下雨。全都进行完了伐祭仍然要下雨。伐：祭名，指杀牲之祭。咸伐亦雨：卜辞中成语，常用，即全都进行了伐祭仍然下雨。

⑤击杀牲畜卯日祭祀鸟星。（以上四句为占辞）鸟星：始见于《尚书·尧典》：“日中星鸟，以殷仲春”，孔颖达疏：鸟星，南方朱鸟七宿，春分之昏，鸟星毕见，以正仲春之气节。殷：正，含有“确定”之义。

⑥（接反面验辞）第九天的甲寅日没有举行𫑡祭，下雨了。乙巳日的晚间果然在西部发生了不吉利的事情。

（5）四方风名

【题解】本版刻辞最早著录于胡厚宣《战后京津新获甲骨集》520版，后收入《甲骨文合集》第14294版，属于甲骨文第一期即武丁时期之刻辞（见图104）。

本篇刻辞记述了古人由“东西南北”的四方观念，转变为“东南西北”的方位观念。从殷墟卜辞来看，到了殷商时代，先民的四方观念已经确定下来，但是，先民又发现太阳的运行，在一年之中的位置是：春季偏东，夏季偏南，秋季偏西，冬季偏北。于是，为了跟“春、夏、秋、冬”四季一致，就把四方的顺序由原来的“东西南北”改为“东南西北”了。反映了先民对太阳的周转循环这一客观天象的认识。

本版刻辞便记录了这一史实，而且据陈梦家《殷虚卜辞综述》和江林昌《夏商周文明新探》并举《山海经·大荒经》关于“四方风”的方位描写恰与刻辞相互印证，此不赘述。

图104　记四方风名

（《甲骨文合集》14204）

【释文】

东方曰析[①]，风曰劦（协）；

——东方神名叫做析，风神名字叫劦；

南方曰因[②]，风曰㞷（凯）；

——南方神名叫做因，风神名叫㞷；

西方曰韦[③]，风曰彝（夷）；

——西方神名叫做彝，风神名叫韦；

北方曰勹[④]，风曰役（冽）。

——北方神名叫做勹（伏），风神名叫冽（侵）。

【注释】

①析：《说文》：“析，破木也。”宋玉《风赋》李善引应劭曰：“析，解也。”又《汉书·礼乐志》注：“析，解也。”此谓春季气温转暖，五谷生芽破土而出，故东方曰析。

②因：裘锡圭说“南方名既可作‘因’，也可作殷”。《广雅·释诂一》：“殷，大也。”

南方与夏相配，夏与殷义同。《尔雅·释诂上》和《方言》卷一并云：“夏，大也。”《诗·权舆》毛传：“夏，大也。”又《独断》云：“夏为太阳，其气长养。”此谓夏季太阳炎热，万物借以生长壮大，故南方曰因（殷）。

③韦：胡厚宣先生指出，西方神名和风名应据《合》261互倒，因此，李学勤先生释为：“西方曰彝，风曰韦。”并指出“彝与夷是通假字。”今考《山海经》、《尧

典》西方神名正作“夷”，而夷有杀、割义。《国语·齐语》韦昭注：“夷，所以削草平地。”《广雅·释诂四》：“夷，灭也。”秋天太阳偏西，气温转凉，草木凋零，正是收割庄稼之时，故西方神曰夷。

④勹：读为“伏”（从曹锦炎说）。《尸子》：“北方者，伏方也。”伏有隐藏义，《广雅·释诂》：“伏，藏也。”北方是太阳隐藏之所，于时为冬，乃万物收藏之季，所以《汉书·律历志》：“太阴者，北方。北，伏也。阳气伏于下，于时为冬。”《尚书大传》：“北方者何也？伏方也。伏方也者，万物收藏之方。”故北方神曰伏。就本片刻辞的文法结构而言，可谓已开训诂之先河。[①]

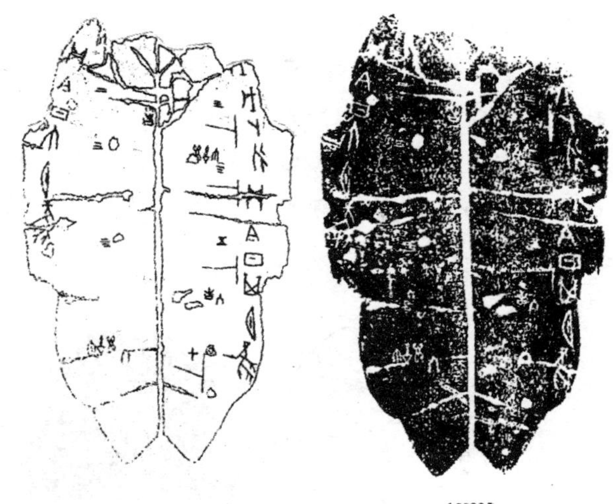

图 105　夕风

（6）夕风

【题解】本版卜辞最早著录于董作宾《小屯·殷虚文字乙编》726 版，后收入《甲骨文合集》13338 版。以卜人永和兆记“不蜘蛛”断之，当为第一期即武丁时期卜辞。

本篇卜辞是占卜当天晚上是否刮风的记录（见图 105）。

【释文】

戊戌卜，永贞：今日其夕风[①]？贞：今日不夕风[②]？

【注释】

①戊戌日［进行］占卜，卜人永问道：今天晚上刮风吗？卜：灼龟见兆。永：卜人名。其：语气词，表测度语气。

②又卜问：今天晚上不会刮风吗？

（7）令雨

【题解】本版卜辞刻在龟腹甲上。最早著录于董作宾《小屯·殷虚文字乙编》3090 版，后收入《甲骨文合集》14138 版。以卜人㱿断之，本

---

① 以上四注转自江林昌《夏商周文明新探》，浙江人民出版社 2001 年版，第 328 页。文句有改动。

版卜辞当为第一期即武丁时期卜辞。

这篇卜辞的四个部分，是完全具备的。它完整地记录了正值春耕之时，殷人期盼降雨的过程。时间：戊子、丁、辛、四夕等；地点：因于殷之国都内占卜，故从略；人物：𣪊、王；事件：帝是否令雨；经过：𣪊贞；王占；结果：旬丁又允雨。可见，这是一篇典型的记叙体卜辞（见图 106）。

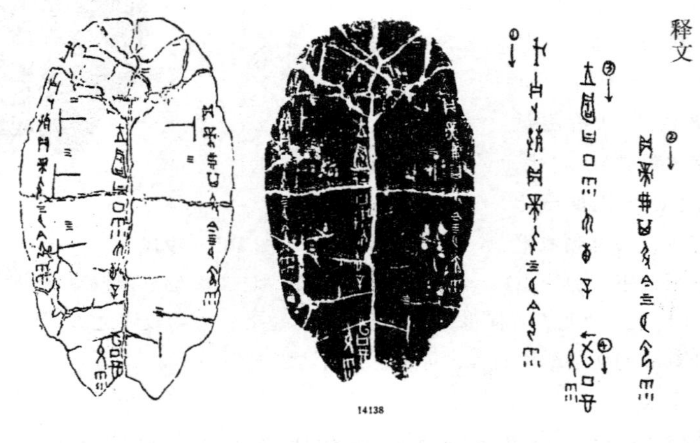

图 106　今雨

【释文】

戊子卜，𣪊贞：帝及今四夕令雨①？贞：帝弗其及今四夕令雨②？王占曰③：丁雨，不叀辛④。旬丁酉，允雨。⑤

【注释】

①戊子日占卜，卜人𣪊问道（此为叙辞）：到第四天晚上，上帝能下令降雨吗？𣪊：武丁贞人。帝：胡厚宣认为，武丁时期是天帝神的专称，至廪辛、康丁以后，人主始称帝，此指上帝。令雨：下令降雨。

②又卜问道：到第四天晚上，上帝不让下雨吗？（此句同上句中的命辞，为“对贞”，即从正反两方面提出问题）弗：否定副词，不。其：“箕”的初文，假借为语气助词，表测度语气。

③商王察看卜兆后认为。王占曰：卜辞成语。王：指商王武丁。曰：在卜辞中作“认为”讲。

④丁酉日下雨，辛卯日不下雨（上句和本句是察看卜兆后作出的判断，为占辞）。丁：丁酉的简称。商代用天干地支纪日，也可只用天干，不用地支，此处便是。

叀：语气助词，其用法、读音和意义相当于后世的语气副词“唯”。此处表示强调的语气。辛：辛卯的简称，原因同上关于“丁”的解释。

⑤到第十天丁酉日，果然下雨了。（此为验辞）旬：十天为旬。此指从占卜的“戊子”日算起，第四天是辛卯日，第十天为丁酉日。允：副词，果然，确实。

（8）今日雨

【题解】本版卜辞选自郭沫若1933年出版的《卜辞通纂》第375版，后收入《甲骨文合集》第1280（甲、乙）版。文中运用了排比的修辞手法，表现了殷人对雨情移动方位的认识（见图107）。

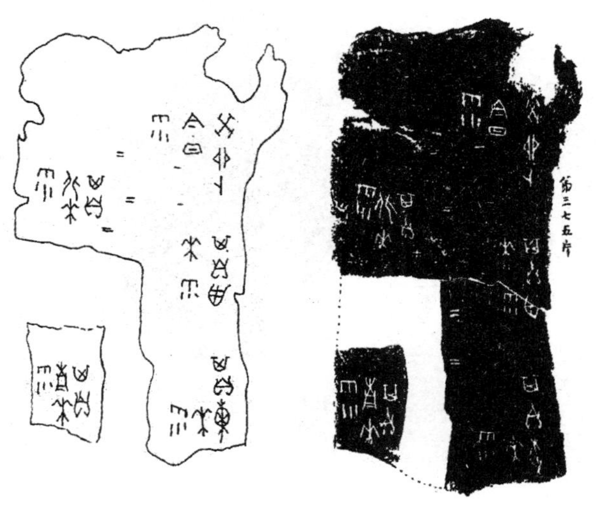

图107　今日雨

【释文】

癸卯卜：今日雨？其自东来雨？其自南来雨？其自西来雨？其自北来雨？[①]

【注释】

①癸卯日占卜：今天会下雨吗？是从东方来雨呢？还是从南方来雨呢？还是从西方来雨呢？还是从北方来雨呢？雨：在本版中，兼有动词、名词两种词性。第一个是动词，义下雨；后四个是名词。表示推测语气。自：介词，从，表示方位。东：甲骨文像实物的橐囊紧束两端之形，借为方位词东方之“东”。来：甲骨文作小麦之形，借为往来之“来”。南：甲骨文作像钟镈一类的乐器形（依郭沫若说），借为方位词。北：甲骨文作二人相背之形，借为北方之“北”。

（9）出虹

【题解】本版卜辞最早著录于罗振玉《殷虚书契菁华》第 4 页，后收入《甲骨文合集》10405 版反面。以本版左上一节卜辞中之卜人㱿断之，本篇卜辞当为第一期即武丁时期之卜辞。本篇文辞取自本版右下角三行字。

这篇卜辞从时间上和空间上准确地记录了彩虹的形成条件和出现的过程，是我国古代关于天象虹的最早的最完整的记录（见图 108）。

图 108　出虹

【释文】

王占曰①：㞢（有）希（祟）②？八日庚戌㞢（有）各（佫）云自东，宦（贯）母（晦）③。昃，亦㞢出虹自北，㱃（饮）于河。④

【注释】

①王占曰：卜辞成语。卜辞王字有三种形体：一期武丁时作。徐中舒曰：大，像人端拱而坐之形，一，指地。二期祖甲时于上加一，指天，作。四期五期，尤其是五期帝乙、帝辛时作。由大而，当为甲骨契刻时复笔所致。后世讹变为王。故有孔子“一贯三为王”和董仲舒“三画而连其中谓之王，三者天地人也，而叁通之者王也”。等诸臆说。实者古代王之音义已具，而造字之初，则于大上下加一指示天地，以为王权至上之意。此处之王，指时王武丁。《竹书纪年》载：武丁名昭。武丁即殷商先王第十一世庙号。

②有灾祸出现。有：存在动词，犹出现。希：鬼神作祟，指灾祸。

③占卜后第八天庚戌日，从东方涌来一片乌云，天空的东北阴暗下来。各云：甲

文中指各种颜色的云，这里指乌云。宦母：即贯晦，全都阴暗下来。

④在太阳偏西的时候，从北方上空出现了虹（龙吸水），在黄河里喝水。昃：《说文》："日在西方侧也。从日，仄声。"

（10）旦至食日

【题解】本版卜辞选自于中国社会科学院考古研究所编《小屯南地甲骨》第42版。编辑者断为中期即廪辛、康丁时期卜辞。

本篇刻辞虽然所记为卜雨之辞，但却揭示了殷商时期关于一天之中的若干时段名称。如纪时专名的"旦、食日、中日、昃"等，为天象历法方面的研究提供了最早的文献依据（见图109）。

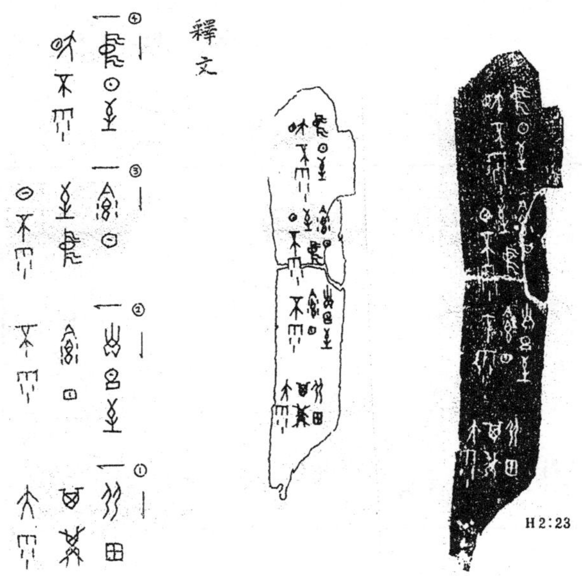

图109　旦至食日

【释文】

弜田①，其冓（遘）大雨②。自旦至食日不雨③？食日至中日不雨④？中日至昃不雨⑤？

【注释】

①不能出猎：弜（bì），甲文像二弓相辅弼，弜与弼是古今字。卜辞借为否定副词，相当于"不"，不能。田：本像阡陌纵横之形，此借为动词，畋猎。

②大概将遇到大雨。其：语气助词，表测度语气。冓：甲文像两鱼相遇之形。冓

是遘的初文。《说文》："遘，遇也。从辵冓声。"

③从日出到吃早饭时，该不会下雨吧？旦：《说文》云："从日见一上，一，地也。"为指事字。其实，"旦"应是会意字。卜辞中是纪时的专名，相当早晨六时左右。至：卜辞作"达到"讲。食日：卜辞用作纪时专名，相当上午八时左右。古时人一日二餐，上午早餐称为食日或大餐，下午叫小餐，是为晚餐。

④从吃早饭到中午该不会下雨吧？中日：即日中，中午。不过，甲骨文[illegible]和中不同，中是伯仲之"仲"的初文。[illegible]是古代的测天仪，即当为垂直长杆形之表，饰以飘带以观风向，卜辞中习见"立中，亡风""立中，允亡风"，是其证。架以方形框架以测日影。引申为方位名词"中"。"中日"在卜辞中是纪时的专名，相当于中午12时左右。

⑤从中午到太阳偏西的时候该不会下雨吧？昃：《说文》："昃，日在西方时，侧也。从日，仄声。"卜辞中为纪时专字，昃：日偏西，相当于下午二时前后。

表3 殷代纪时表示法

假定时辰		日								夕
		寅	卯	辰	巳	午	未	申	酉	
卜辞	武丁卜辞		旦明 旦明	大采 大食		盖日 中日	昃	小食	小采	夕
	武丁后卜辞	昧	旦日 旦	食日 朝 大食		中日	昃	享兮 享兮	莫 昏	夕
文献材料		昧爽	旦 旦明	朝 大采 蚤食	隅中	日中 正中	昃 小还	下昃 大还 餔时	黄昏 定昏 少采 日入	夜

（11）月有食

【题解】本版卜辞是5片龟甲残片缀合而成的。最早著录于董作宾《小屯殷虚文字·乙编》A1114、B1289、C1749、D1156、E1801版，后经缀合，由严一萍编入《甲骨缀合新编》001版，后收入《甲骨文合集》11485版（见图110）。

本篇卜辞只选该版中间6行大字。以本篇出现的卜人争断之，当为一期即武丁时期之卜辞。但有人据历法推算为祖庚二年。由此可知，争虽为武丁时期卜人，但武丁死后，他被留任为祖庚时期卜人。据此，当为甲骨文二期即祖庚时期卜辞。

本篇文章记录了殷代武丁或祖庚时期的月食现象（见图 111）。这是我国乃至世界上最早的月食记录。日食、月食是天文现象，因此本版卜辞提供了研究天文历法的资料，有关日食、月食的原理（见图 111）

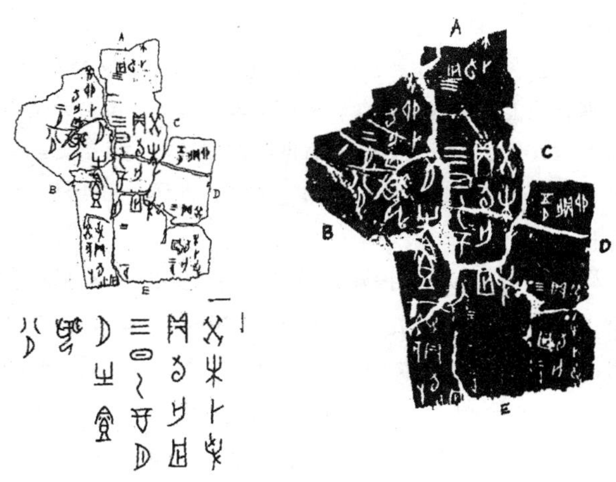

图 110　月食

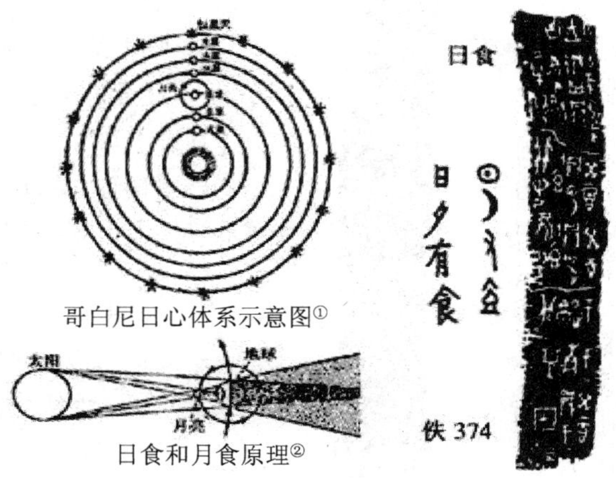

哥白尼日心体系示意图①

日食和月食原理②

图 111

① 见李启斌：《天体是怎样演化的》，中国青年出版社 1979 年版，第 20 页。

② 见唐汉良：《日月食计算》，江苏科学出版社 1980 年版，第 17 页。

【释文】

癸未卜，争贞：旬亡𡆥①？三日乙酉夕，月㞢（有）食②，闻③。八月。

【注释】

①癸未日占卜，卜人争问道：未来十天以内没有灾祸吗？争：人名。武丁或祖庚时期占卜成员之一。亡：通“无”，没有。𡆥：读如“祸”，义为灾祸。

②第三天乙酉日晚上，出现了月食。按：癸未日占卜，第二天是甲申日，第三天即为乙酉日。月有食：发生了月食。食：后世写作“蚀”，食与蚀是古今字。

③是闻报机构报告的，时间在八月。闻：动词，听到。此处是听到外地的报告。

（12）受年

【题解】本版卜辞契刻在牛肩胛骨上，骨已残。出土后，最早著录于郭沫若《殷契粹编》第907版，后收入《甲骨文合集》36975版。从辞例和刻字的书体看，当为五期即帝乙时期卜辞。本牛肩胛骨为残片，故正文中用［］表示根据甲骨文辞例所补的文字。（见图112）

本片刻辞是商代人向上帝祈求农作物丰收的占卜记录。

图113 受年

36975

图112 受年

【释文】

己巳王卜，贞：［今］岁商受［年］①？王占曰：吉②。东土受年？［吉］③。南土受年？吉。西土受年？吉。北土受年？吉。

【注释】

①己巳日商王占卜，问道：今年商朝能获得大丰收吗？王：指商王羡（帝乙）。

②商王察看卜兆后判断认为：卜兆显示出好兆头。吉：吉祥。

③东方土地获得大丰收吗？卜兆显示出好兆头。吉祥。下同。

（13）我受年

【题解】本版卜辞选自董作宾《小屯殷虚文字·乙编》第867版。以卜人韦断之，当为一期即武丁时期卜辞。本篇为正反对贞的龟甲卜

辞。本篇卜辞是安阳殷墟甲骨“碑廊卜”《我受年》拓片，即殷人卜问上帝能否赐给丰收的记录。(见图 113)

【释文】

丙子卜，韦贞：我受年？①

丙子卜，韦贞：我不其受年？②

【注释】

①丙子日占卜，卜人韦问天神：我商朝今年能得到上帝赐给丰收吗？韦：武丁贞人。贞：卜问。受：获得。年：从禾、从人、会意，义为收成，丰收。

②丙子日又占卜，卜人韦向神卜问：我商朝不能获得丰收吗？其：语气助词，表示疑问语气。

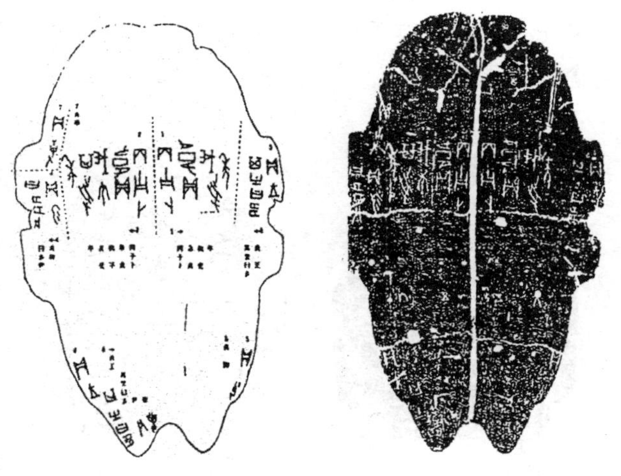

图 113　我受年

(14) 畐受年

【题解】这是一版正、反对贞的甲骨卜辞，选自《殷墟文字》(乙编) 7672 版。内容是关于当时农业生产——畐 (鄙) 邑能否获得农业丰收之事。但在此，选入本版卜辞，意在从 3300 多年前的商代甲骨文中我们可以看到当时已能用“一、二、三、四、五、六、七、八、九、十、百、千、万”等 13 个数字 (见图 114)。记 10 万以内的任何自然数，而且采用了十进位值制。这是我国殷商时代在数学方面一大最早的发明。尽管这些数字形状跟现在的写法不尽相同，但记数的方法从未间断，一直被沿袭，直到日趋完善。

相反，古巴比伦的记数法虽有位值制意义，但采用的却是六十进位的，计算起来非常烦琐；古埃及从一到十只有两个数字符号，从一百到一千万有四个数字符号，而且这些符号都是象形的，如用一只鸟表示十万；古希腊由于几何发达，因而轻视计算，记数方法落后，用全部希腊字母表示一到一万的数字，字母不够用就用假符号“‘”等方法来补充；古罗马采用累计法，如用 CCC 表示300；印度古时既用字母表示，又用累计法，到公元10世纪时才采用十进位值制，很可能受到中国的影响。现今通用的印度——阿拉伯数码和记数法，大约到10世纪才传到欧洲。可见，我国十进位值制记数法，在古代世界中是最先进、最科学的记数法。对世界科学和文化的发展起到不可估量的作用，作出了特殊的贡献。正如英国科技史学家李约瑟所言：“如果没有这个十位值制，就不可能出现我们现在这个统一化的世界了。”

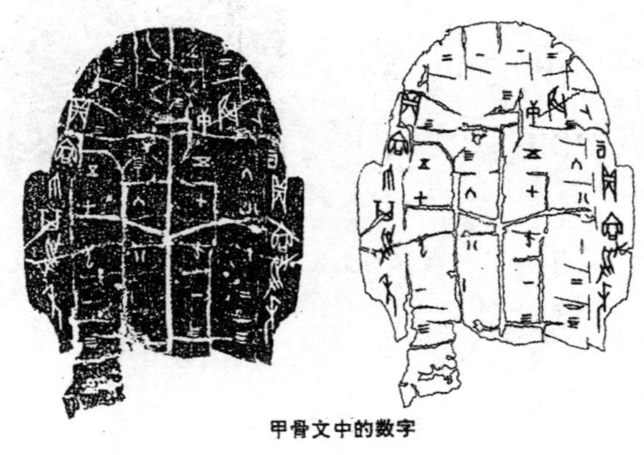
甲骨文中的数字

图114　啚受年

【释文】

庚辰卜，亘贞：啚（鄙）受年。①

［庚辰卜，亘］贞：啚（鄙）不其受年？②

一、二、三、☰（四）、X（五）、∧（六）、十（七）、)(（八）、ㄋ（九）、|（十）。③

【注释】

①庚辰日占卜，卜人亘问道：我商朝的啚邑今年能够获得丰收吧！亘：武丁贞

人。啚：音 bǐ，同鄙，在卜辞中用作地名（依赵诚说）。受：接受，获得。年：指谷物丰收。

②［庚辰日又占卜，卜人亘］问道：难道我商朝的啚邑今年不能获得丰收吗？其：语气词，表反诘语气。

③这 10 个数字非卜辞正文，是兆序。图 115 是一版正、反对贞的甲骨卜辞。其上左、右两部分，叫龟左甲和龟右甲，都刻有“一、二、三、四、五、六、七、八、九、十”等数字，叫“兆序”。所谓“兆序”，指卜问时，每灼龟一次，便在龟腹甲的正面或反面兆纹的上方刻记下占卜的次数。它跟卜辞一样，也是左、右对称的。兆序为一至十。这就是我国家最早创造的十位汉字数字。至十以后，仍从“一”“二”“三”……表示“十一、十二、十三”不用“十一”“十二”“十三”等合文。（详见前页“龟甲文例”一节。）

（15）土方癶

【题解】本版卜辞最早著录于罗振玉《殷虚书契菁华》（1914）之第一页，是一大片牛肩胛骨，字多内容也重要。不仅是罗氏直接收购所得甲骨中的精品，而且在殷墟出土的全部 15 万多片甲骨中也是所见不多的，确实是殷墟甲骨中的“菁华”。后收入《甲骨文合集》6057 版。

这篇文辞取自该版左边四行。以卜人断之，当是一期即武丁时期卜辞。这篇卜辞记述了土方和邛方反叛商王，侵扰边境的情况。土方：当时的方国名。癶：读为（bō）发，动词，侵扰之意（见图 115）。

图 115　土方癶

【释文】

癸巳卜，㱿贞[①]：旬亡𡆥（祸）[②]？王占曰：㞢（有）𥛹（祟）其㞢（有）来嬉（艱）[③]。气（迄）至五日丁酉，允㞢（有）来嬉（艱）自西[④]。沚聝告曰：土方𢀛（拔）于我东啚（鄙），𢦏（搏）二邑；𢀜（邛）方亦帚（侵）我西啚（鄙）田（甸）[⑤]。

【注释】

①癸巳日占卜，贞人㱿问道（此为前辞）：㱿（què）：人名，武丁时期专职占卜成员之一。贞：《说文》："贞，卜问也。"

②十天之内没有灾祸吗？（此为命辞）亡：通"无"。

③商王（武丁）察看卜兆后判断认为：有鬼神作祟，大概有不吉利的事情发生（此为占辞）。王占曰：武丁时期卜辞成语。意思是商王察看卜兆后判断认为。王：指商王，此指武丁。占（zhān）：指察看卜兆后作出的判断或预见。祟：鬼神致人的灾祸。其：表测度语气的助词，相当于"大概""恐怕""或许""可能"等。来：动词作定语。嬉：也写作𡦗，同"艰"，险恶的意思，此指灾难，不吉利的事情。来嬉（艰）：将要来到的灾难。

④到第五天的丁酉日，果然有不吉利的事情从西方发生。气（迄）至：同义连用，到。五日：指从癸巳日占卜算起，到第五天，是丁酉日。允：副词，果然，的确。

⑤沚聝报告说：土方国进攻我东部边邑，侵占了两座城邑，邛方国也侵犯我西部边邑的村落（此为验辞）。沚：方国名。聝：方伯名，即方国沚的首领。土方：方国名，游牧部落，经常侵扰商。𢀛（拔）：反叛作乱。一说隶定为"正"字，是"征"的初文，征伐，进攻。𢦏（搏）：是搏的古字，从张政烺说，当读为搏。卜辞中"𢦏"字是武力夺取之义。𢀜方：方国名，也是游牧部落。帚：同"侵"，侵犯。啚：是"鄙"的初文，边邑。田（甸）：二字同源，商系农业国，有田必有居之者。甸用为村、屯、镇。故"田"当为"村落"之义（李圃说）。

（16）征土方

【题解】本版卜辞最早著录于罗振玉《殷虚书契后编》第31页第6版，后收入《甲骨文合集》6409版。以卜人㱿断之，当为一期即武丁时期卜辞。土方：方国名，居于山西东北、河北西部一带，以游牧为生之部落。

本篇卜辞卜问征集5000人马去攻打土方国是否能得到上帝保佑（见图116）。

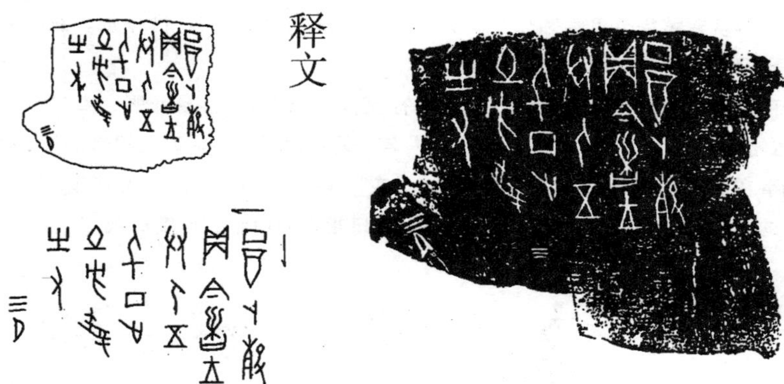

图 116　征土方

【释文】

丁酉卜，𣪊贞[①]：今者王𠬞（拱）人五千正（征）土方，受㞢（有）又（祐）[②]。三月[③]。

【注释】

①丁酉日占卜，卜人𣪊问道（此为叙辞）。卜：动词，占卜。指灼龟现兆纹形。贞：卜问，甲骨文借鼎为贞。

②今天商王征集五千将士去攻打土方。［上帝、祖先］能给予保佑吗？（此为命辞）者：助词，用在单音节时间名词之后，表语气停顿。𠬞（gōng）：后世作“拱”，形如双手相合，引申为会合，聚集，征集。正：征伐。土方：方国名。受：刻辞中兼有“受”、“授”二义。此处作“授”解，给予。又：像右手之形，用为保佑之“祐”。受㞢又：义为“受天之助”，卜辞成语，习用，又作“受又”。

③三月：记录占卜的时间（此为署辞）。

（17）赐宰丰

【题解】本版刻辞选自商承祚《殷契遗存》518版。这是一片犀牛肋骨，正面刻有花纹，背面刻了两行字的古币刻辞，内容记载了商臣宰丰（封）受到商王赏赐之事（见图 117）。

【释文】

壬午，王田于麦菉（麓）[①]，隻（获）商戠兕[②]。王易（赐）宰丰（封）寑（寝）小𩰫（智）兄[③]。才（在）五月，隹王六祀（年）彡日。[④]

【注释】

①壬午日，商王在麦麓畋猎。田：动词，后作“畋”，狩猎。麦菉：商代地名。菉：后作禄，即“麓”。

②获得赏赐黄褐毛色牛和犀牛。获：卜辞中作“隻”。商：借作赏。戠：和兕并列，表示两种不一般的牛。戠：黄褐色。

③商王帝乙赏赐给宰丰寝宫，赐给小智祝官（或财物）。易：赐；宰丰：商王之臣;：古寝字，指寝宫，即住所；小智：人名；兄：即祝字，古时的祝官。

④事在商王六年五月彡日。卜辞中“在”写作“才”。隹：句首助词，无义。祀：年的异称，《尔雅·释天》：“夏曰岁，商曰祀，周曰年，唐虞曰载。”

图 117　赐宰丰

（18）载车

【题解】本版卜辞系殷墟早期出土，是牛肩胛骨的正面片。1914 年，罗振玉著录在《殷墟书契菁华》第 1 片。后来编入《甲骨文合集》。本篇选自《甲骨文合集》第 10405 版。其上载三条完整卜辞，记录乘车田猎和武丁祭祀仲工的内容。这里只取释该版中间三行。以卜人断之，当为一期即武丁时期卜辞。现藏中国历史博物馆（见图 118）。

这篇卜辞记述了商王武丁出猎途中发生了马车翻车事故的情形。

释文

图 118　载车

【释文】

癸巳卜，㱿贞：旬亡𡆥（祸）①？王占曰：乃兹亦㞢（有）𥛱（祟）②！若偁③。甲午王往逐兕，小臣甾（载）车，马硪，𢾅（毁）王车，子央亦队（坠）④。

【注释】

①癸巳日占卜，卜人㱿问道（此为记录占卜的时间和人员的前辞）：在十天之内没有灾祸吧。（此为命辞，提出卜问的事情。）

②商王武丁根据卜兆判断认为："而今要有不吉利的事情发生。"（此为占辞。）乃兹：卜辞成语，乃今，而今。

③神的意旨与卜兆之象是符合的。若偁：卜辞成语，符合，同义连用。若：顺。偁：称赞，《说文》："偁，扬也。"《广雅·释诂》："誉也。"偁：通"称"，适合，符合。

④甲午日那天，商王武丁要去打猎捕捉野牛，小臣给商王驾车，把车子弄翻了，马被岩石绊倒了，毁坏了商王的车子，子央也栽下了马车（此句与上句为验辞）。兕：犀牛，野牛。小臣：驾马官。甾：此为动词，驾驭。硪：石崖。《说文》："硪，

石岩也。”敃：同毁。子央：人名。队：是坠的初文，从高处掉下。

（19）之日狩

【题解】本篇卜辞最早著录于董作宾《小屯·殷虚文字乙编》2908版，后收入《甲骨文合集》10198版。以卜人㱿断之，当为一期即武丁时期卜辞。之日：在卜辞中常出现在验辞里，相当于“是日”，该日。狩：甲骨文作兽，本义是畋猎，引申为猎获物。后来又用“狩”表示畋猎义。此处的“狩”，意思是“狩兽”。之日狩：这一天猎取了野兽。

本篇卜辞记述了大规模围猎的结果，所获猎物的种类很多，有虎、鹿、狐、獐等（见图119）。

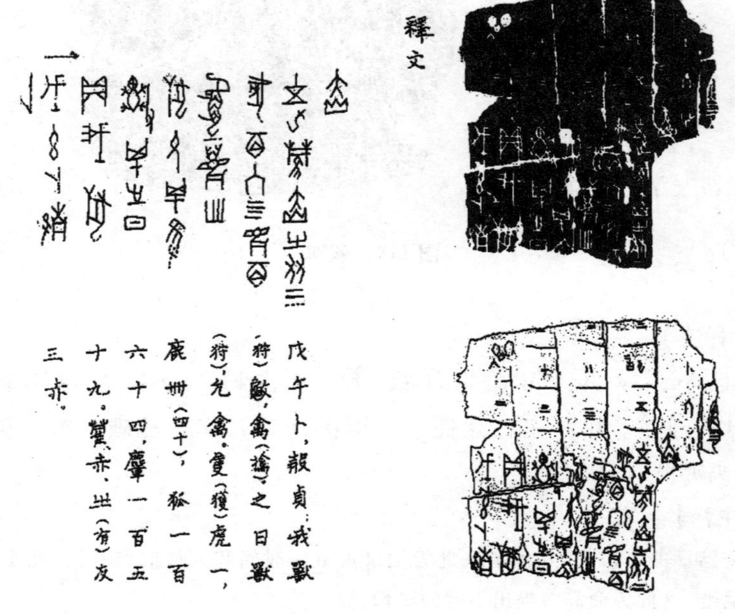

图119　之日狩

【释文】

戊午卜，㱿贞：我獸（狩）敏，禽（擒）[1]？之日獸（狩），允禽[2]。隻（获）虎一，鹿卌（四十），狐一百六十四，獐一百五十九[3]，[illegible]、赤，㞢（有）友三赤。[4]

【注释】

①戊午日占卜，卜人殻问道：我到敏地围猎，能够捉到野兽吧？我：第一人称代词，是商王的自称。獸（狩）：丁山曰：獸本从单，或省而从干，盖单、干，古本无别。李孝定曰：单干并盾之象形，田猎以单自蔽，以犬自随，故字从单从犬，会意。亦犹戰字从单从戈，会意。按：甲骨文“獸”字用为动词，含有一个动宾短语的意义，相当于“狩兽”。后世以獸为兽类之共名，于是另造一个从犬守声的“狩”字以表动词之獸。《说文》：“狩，火田也。”敏：从黾从攴，音义不明，待考。以辞例例之，当为狩猎地名。禽：同擒，义为狩猎。

②这一天围猎，果然捉到了野兽。允：副词，果然，当真，确实。

③捉到了一只虎，四十只鹿，一百六十四只狐狸，一百五十九只獐子。隻（获）：字已残（见释文），义为猎获，今简化为“只”。一：甲骨文数词用在名词之后充当谓语，构成主谓关系；现代汉语构成偏正关系。如“虎一只”，说成“一只虎”。四十、一百、六十、五十，卜辞中均是合文（见释文）。獐：鹿属，似鹿而小，无角，黄黑色，其性多疑善顾。《考工记》注云：齐人谓麕为獐。唐兰释作麞，姚孝遂释为麑。《说文》：“麞，麠也。”

④围猎的方式是张网和烧山，打猎的军队联合部署，三面烧山。：待考。疑为罗兽之举。陈梦家说，当时围猎的主要方式是车攻，犬逐，箭射，布网，设阱，焚山等。赤：甲骨文从大火，大火色赤，会意。疑为举火驱兽之举。友：甲骨文作两手相从之形，会意。三赤：指先民三面火攻的围猎方式。《甲骨文合集》28789版记载，“其逐山麋自西东北𢦏？自东西北逐山麋亡𢦏？”故三赤，即从三面举火以驱兽之举。

（20）田于鸡录（麓）

【题解】本篇刻辞是刻在虎骨上的纪念文字。一百多年来，殷墟只出土这一件虎骨刻辞，经鉴定为虎之右上膊骨，其上镶有绿松石。原为加拿大怀履光收藏，原件现藏加拿大多伦多博物馆。最早著录于许进雄《怀特氏等收藏甲骨文集》B1915.52·460版，后收入《甲骨文合集》37348版。以辞例和书体例之，当为五期即帝乙、帝辛时期刻辞。

本篇刻辞记述了时王田猎的时间、地点和所获猛虎的特点以及殷商特有的纪年等（见图120）。

【释文】

辛酉，王田（畋）于鸡录（麓），隻（获）文䨼虎[①]。才（在）十月，隹（唯）王三祀，劦日[②]。

【注释】

①辛酉日，时王在鸡山山麓打猎，捕获了一只满身花纹的霝虎。鸡录：鸡山之麓。文：同纹，花纹。霝：音 sè，本指小雨，此指毛色。

②时在商王三年十月的劦祭之日。才：通“在”。祀：殷人称年为祀。《尔雅·释天》：“夏曰岁，商曰祀，周曰年。”劦：祭名。五种祭祀之一。亦作劦，甲文中有口无口不别。劦日：即劦祭之日。

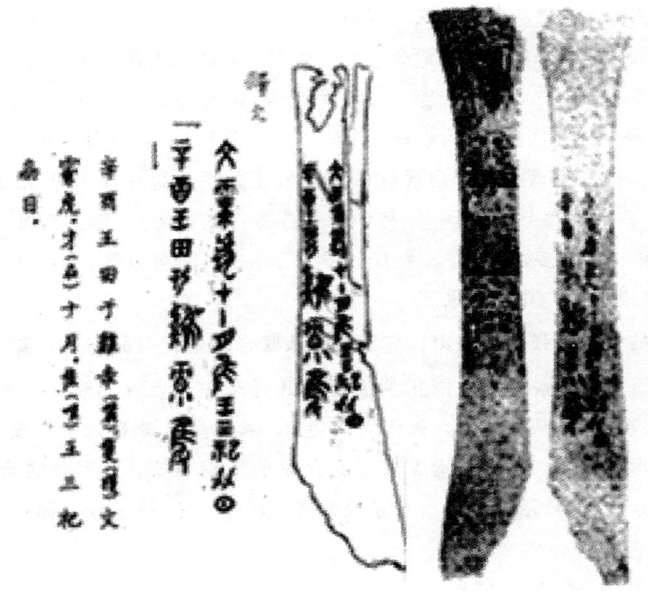

图 120　回于鸡录（麓）

（21）王蒿田

【题解】此系鹿头刻辞，于 1931 年 4 月掘获于殷墟。出土后，著录于董作宾《小屯·殷虚文字甲编》第 3940 版。在殷墟科学发掘甲骨文中共得鹿头刻辞只两片。这是其中的一片。另一片鹿颅骨记事刻辞也收录在《小屯·殷虚文字甲编》中，编为 3941 版。二片刻辞均为五期帝乙初年之物（见图 121）。

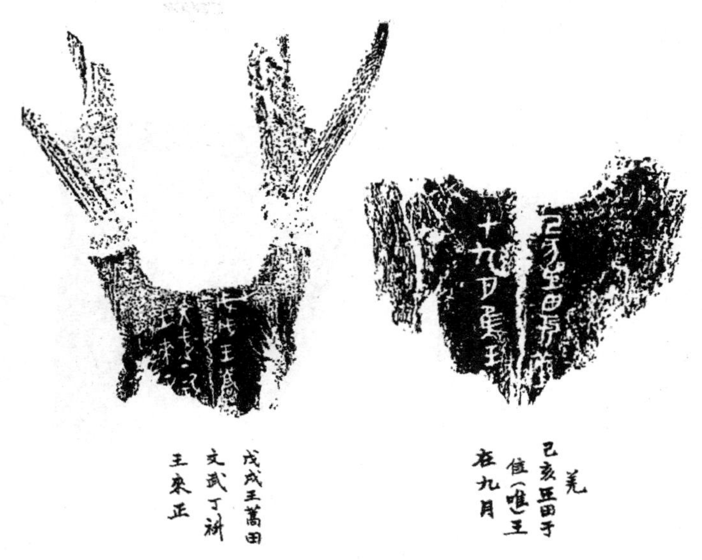

图 121　王蒿田（鹿头刻辞）

【释文】

戊戌，王蒿田①……文武丁礿②……王来正③……

【注释】

①戊戌日，商王在蒿地田猎……蒿，卜辞中借作地名。田：在卜辞中有三解：一是田地之“田”，可用为动词耕田；二是通常用作田猎之“田”，动词；三是用为“田官”，负责农业之事，引申之为地方官，可带军队。这里作“田猎”讲。

②文丁举行礿祭……文武丁：即“文丁”（依郭沫若说）。礿：祭名。或隶作“衦”。

③商王来征伐［盂方］……正：同“征”，征伐。王来正：无着落。据“兕首刻辞”言“王来正盂方”，故知此“王来正”之下缺“盂方”二字，因为 3941 片鹿头刻辞与上云“兕首刻辞”同时出土，二骨相去不过二尺，且这三骨刻辞字迹同出一人之手。故补出此二字。按：商王在往征途中，兼行田猎，获得鹿兽，即以祭其父祖。盂方：即盂方国。方，方国的首领。

（22）帚好有子

【题解】本片甲骨刻辞最早著录于 1903 年刘鹗《铁云藏龟》。后来，严一萍将其编入《铁云藏龟新编》第 663 版。以卜人㱿断之，当为一期即武丁时期卜辞。原件藏于日本京都帝国大学。

本篇选自郭沫若《卜辞通纂》“别录之二：日本所藏甲骨择尤”（第

196 页）。内容是卜问妇好是否怀上孩子。（见图 122）

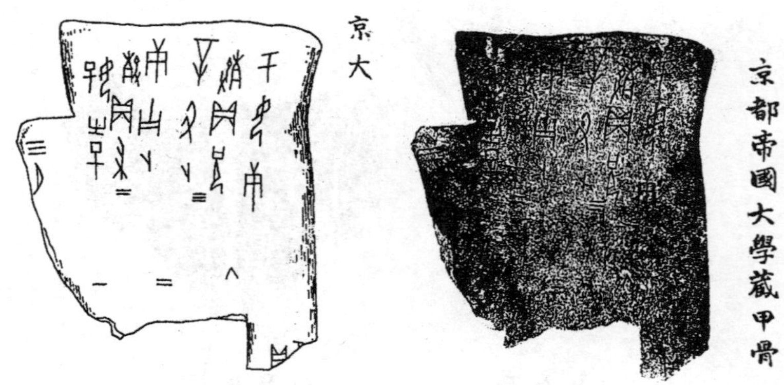

图 122　帚好有子

【释文】

庚子卜，㱿贞：帚（妇）好有子[①]？三月[②]。辛丑卜，㱿贞：兄（祝）于母庚[③]。

【注释】

①庚子日占卜，卜人㱿问道：妇好怀上了孩子吗？帚好：人名。帚：是“妇”的初文。好：指女性。帚好是武丁的配偶，据载，帚好当时是主持生育神祭典的人，以求王族繁衍昌盛。

②时在三月（此为署辞）。三月：指占卜的时间。

③辛丑日又占卜，卜人㱿问道：要向母庚祈祷吗？辛丑日是庚子日的第二天，故译文中加“又”字。兄：为“祝”的初文，像人跪着祈祷之形，以求神福佑。母庚：即武丁已故之母。

（23）帚好冥

【题解】本篇文辞最早著录于张秉权《殷虚文字·丙编》247 版，后收入《甲骨文合集》第 14002 版。以卜人㱿断之，当为一期即武丁时期卜辞。是一片完整的对贞卜辞。内容是卜问妇好分娩的兆象好不好，和什么日子分娩吉祥的记录。生女就是“不嘉”，反映了“重男轻女”的思想意识（见图 123）。

图123　关于妇女生育的甲骨文记载　帚好冥

【释文】

甲申卜，𣪊贞：帚（妇）好冥（娩），妫[①]？王占曰：其隹（唯）丁冥（娩），妫，其隹（唯）庚冥（娩），弘吉[②]。三旬㞢（又）一日甲寅冥（娩），不妫，隹（唯）女[③]。

甲申卜，𣪊贞："妇好冥，不其妫？"三旬有（又）一日甲寅冥，允不妫[④]，隹女。

【注释】

①甲申日占卜，卜人𣪊问道：妇好怀孕分娩的预兆好吗？帚："妇"的初文。妇好：人名，商王武丁的妻子。冥：会意字通娩，分娩。妫：从女、从力，会意字。卜辞读如"嘉"，多指生育之事，生男为妫（嘉），即好；生女为不妫（嘉），即不好。

②商王武丁察看卜兆后认为：丁亥日分娩吉祥，如果要在庚寅日分娩，就大吉大利。其：语气助词。隹：同"唯"，亦语气助词。丁：是"丁亥"省称，从"甲申"日占卜，到丁亥日，中间隔着"乙酉、丙戌"两天。庚：是"庚寅"的省称，从占卜的甲申日到庚寅日，中间隔着五天。弘吉：大吉。

③（占卜日之后的）第三十一天的甲寅日分娩不好，因为是个女孩。甲寅：从占卜的甲申到甲寅正好是三十一天。

④允不妫：确实不是男孩，允：卜辞中，常作副词，的确，确实。

（二）商周金文

1. 金文的命名

金文是商、周时期刻铸在青铜器上的文字。古人以铜为金，故称

"金文"。金文又称作"铜器铭文"。由于商周两代的铜器出土，以钟鼎居多，钟主要是乐器，鼎主要是礼器，故又称为"钟鼎文"或"钟鼎文字"。这是因为在古代青铜器中，作为乐器的钟和礼器的鼎具有代表性所致。由于古代把青铜礼器通称为"彝器"或"尊彝"以及某些无法定名的青铜器也称"彝"，故又称金文为"钟鼎彝器铭文"或"彝器文字"。古人把祭祀称作"吉礼"，把祭祀用的铜器称作"吉金"，故又把金文称为"吉金文字"。由于金文通常先用毛笔在范铸上写好，然后再行铸造。其凹下去者曰阴文，也叫"款"，款即"空"之义；凸出来者曰阳文，叫作"识"，识是"标志"的意思：合起来称为"款识"，故又把金文叫作"款识文字"或"彝器款识"，等等。

2. 金文的载体①

从考古出土的资料和典籍所载显示，我国远在夏代以前，就已经开始铸造和使用青铜器了。迄今仍在发现夏代以前的铜刀、铜铃等铜器。种类之多，涉及古人日常生活的各个方面。诸如：烹饪用的鼎、鬲、甑、甗等，盛食品的豆、盂、敦、簋、簠、盨等，盛水用的盘、缶、盆、匜、鉴、斗等，饮酒用的尊、彝、爵、角、斛、觥、壶、斝、卣等，乐器用的钟、镈、鼓、铙、钲、铃等，兵器用的刀、戈、矛、戟、剑、箭、盾、胄等，农具用的锄、铲、犁、铧、镰、臿等，木工用的锛、凿、锯、斧、钻、锉、锥，以及车马用的銮、衔、轭，量器用的尺、量、权，日常生活用的带、钩、灯、镜，等等。

金文的载体是青铜器，即刻铸在青铜器上的铭识。然而，青铜器及其铭识真伪错杂。为了培养学者的辨伪能力和研习金文，首先需要了解青铜器本身，即认知各种青铜器的名称、形态和用处。故对常见青铜器介绍以下五类：

（1）烹炊器

①鼎　《说文》云："鼎，三足两耳，和五味之宝也。""和五味之宝"，意思是，鼎是用来调和酸、甘、苦、辛、鹹五味的珍贵器物。之所以视鼎为宝，据载夏铸九鼎，传至商周，成为"国家政权的象征"，"春秋时期的楚、齐、秦等都想夺得周鼎"；作为礼器，鼎又是"区分各级贵

① 器图取自陈初生《金文常用字典》和图说天下编委会《四书五经》（吉林出版集团2007年版）等，释文据《汉语大字典》并参以高明《中国古文字学通论》第334—344页改写。

族身份的标志”。至于说“鼎三足两耳”，是就一般之鼎而言，商代之初多是四足之鼎，如“司母戊鼎”“司母辛鼎”“人面方鼎”等。周鼎因用处不同而命名不同：

a. 煮肉用的炊具叫“镬（huò）鼎”；b. 宴飨盛肉食的餐具叫“升鼎”，也称“正鼎”；c. 用于宴飨而非盛肉食却盛一般饮食的餐具叫“羞鼎”，也叫“陪鼎”（见图 124）。

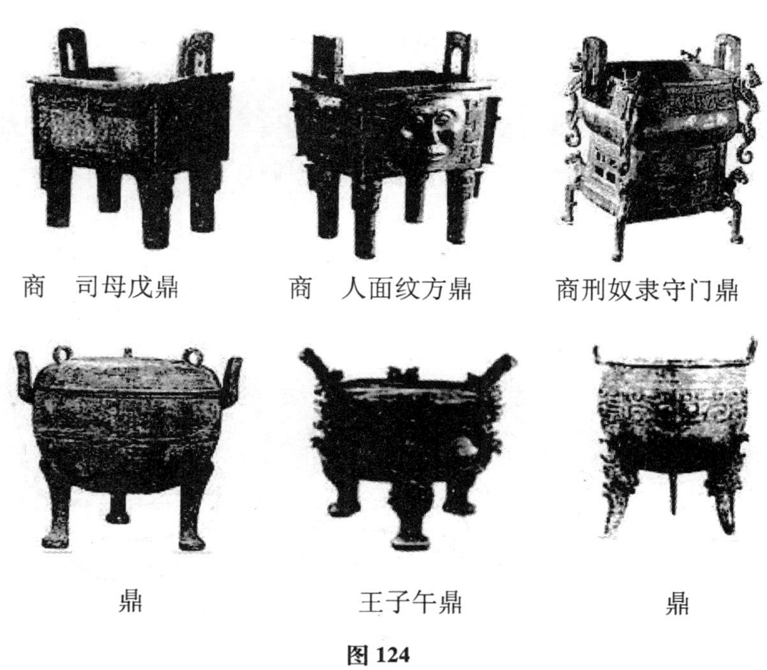

商　司母戊鼎　　商　人面纹方鼎　　商刑奴隶守门鼎

鼎　　王子午鼎　　鼎

图 124

②鬲（lì）　似鼎而空足，小于鼎。《尔雅·释器》云：“鼎款足者谓之鬲。”鬲圆腹侈口，三足中空。商时铜鬲或附两耳，周鬲则无。用以烹煮食物的炊具。行用于商周至春秋中期，战国少见，秦汉绝迹（见图 125）。

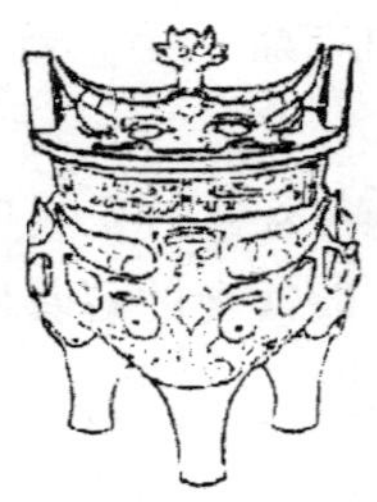

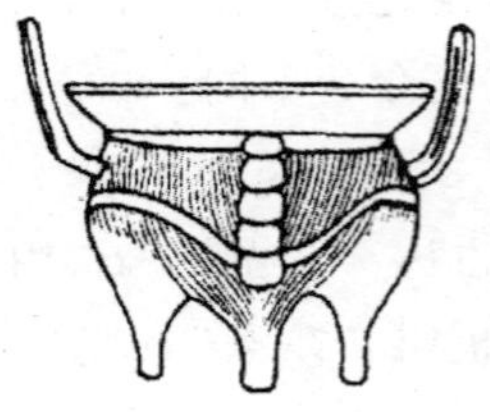

图 125　鬲

③釜　古代一种锅，敛口圜底，或有两耳。其用如鬲，置于灶，上置甑（zèng）以蒸煮食物。盛行于汉代。陶制、铁制、铜制皆有（见图 126）。

④甑　蒸食炊器。其底部有许多透气小孔，置于鬲上蒸煮食物，有如现代的蒸笼。也有另外加箅（bì）的。新石器时期已有陶甑，商周时期用青铜制成（见图 127）。

图 126　釜

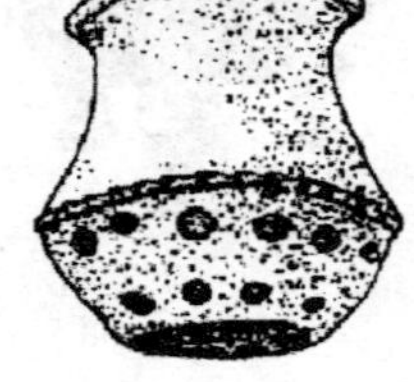

图 127　甑

⑤甗（yǎn）　《说文》云："甗，甑也。"意思是说，甗是甑、鬲合用的蒸食器。上部是透底的甑用以置食物，下部是用以盛水的鬲，中置一有孔的箅。也有上下分开的。多为圆形，也有方形。盛行于商周时期（见图 128）。

⑥鐎（jiāo）　即刁斗。古代炊器，器身作盆形，下有三足，附长柄，柄端常作兽头形。或有提梁，也有带流的。古时多用于温羹；军中也用以打更，叫"刁斗"，盛行于汉晋（见图 129）。

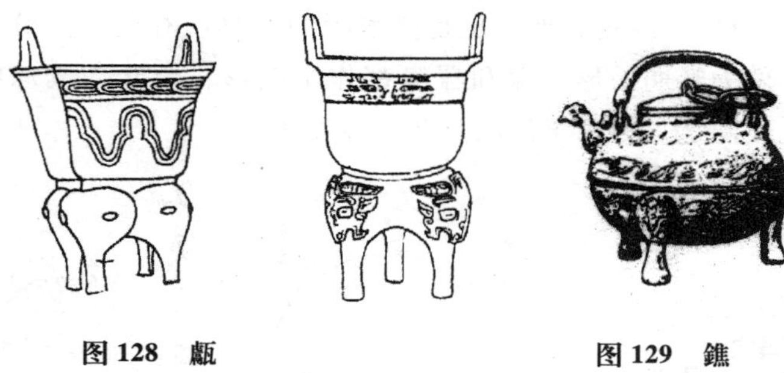

图 128　甗　　　　图 129　鐎

（2）盛食器

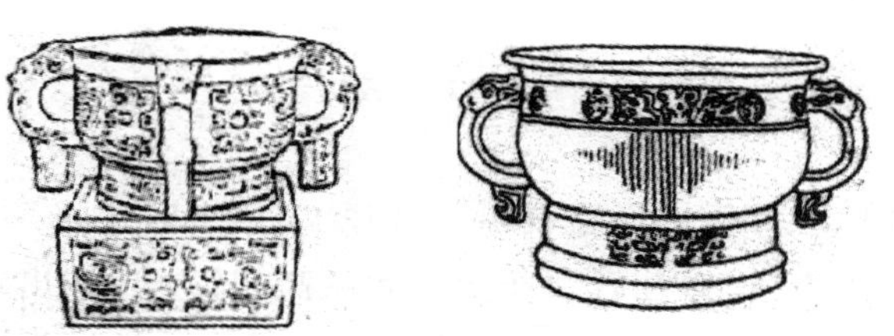

图 130—1　簋

①簋（guǐ）　铭文作𣪘或轨。古代盛食器，也用作礼器。《说文》云："簋，黍稷方器也。"一般为圆腹、侈口、圈足。自商始出，用至东周。存用时久，形状不一。商簋多无盖无耳，或为两耳；西周和春秋时则常带盖，有二耳或四耳，间有带方座；或附有三足者。战国后主要用作宗庙礼器（见图 130—1、130—2）。

图 130—2　簋

②敦（duì）　跟簋相似，也是盛黍稷的食具或礼器。其分别：簋是早期器形，敦为晚期器形。盖和器身都作半圆形，合起来成球状。盖和器身有三足或圈足。行用于战国时期（见图 131）。

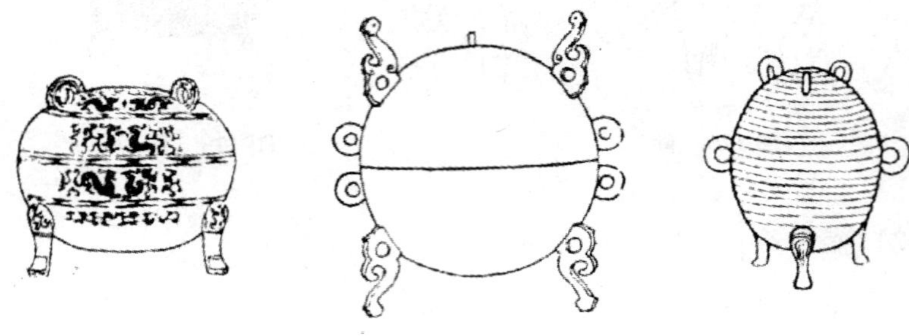

图 131　敦

③匿（gǔ）　古代方形盛食器。《说文》作𥁄（gǔ），云"𥁄，器也。从缶皿，古声"。以往皆误作簠。此从高明说，"它出现在周代，战国后不再使用。形作长方，腹如斗状，矩形圆足。器与盖形状相同，可相互扣合。铭文自述乃盛稻粱之器。此种礼器在文献中多见，称为胡或瑚"[①]（见图 132）。

④簠（fǔ）　一种圆形的盛食物礼器。《说文》云："簠，黍稷圆器也。"可证簠是圆形而非方者。其状"上为浅腹圆盘，下作一喇叭形镂空花纹校"[②]。与盘豆相似（见图 133）。

图 132　匿　　　　**图 133　簠**

⑤盨（xǔ）　古代的盛食器。椭圆口、圈足、两耳、有盖。周代中

① 见高明《𥁄、簠考辨》，《文物》1982 年第 6 期。

② 同上。

叶始出，春秋之后不再行用（见图 134）。

图 134　盨

⑥豆　古代盛肉食器。《说文》云："豆，古食肉器也。"形似高脚盘，上为浅盘，下有长握，圆足，多有盖。新石器晚期始出，盛行于商周。后世也用作礼器（见图 135）。

图 135　豆

⑦盖豆　古代一种非盛肉食之器。跟盘豆不同，腹作钵（bō）形，侧有两耳，有盖，下呈喇叭状圆柄。行用于春秋晚期至战国中叶（见图 136）。

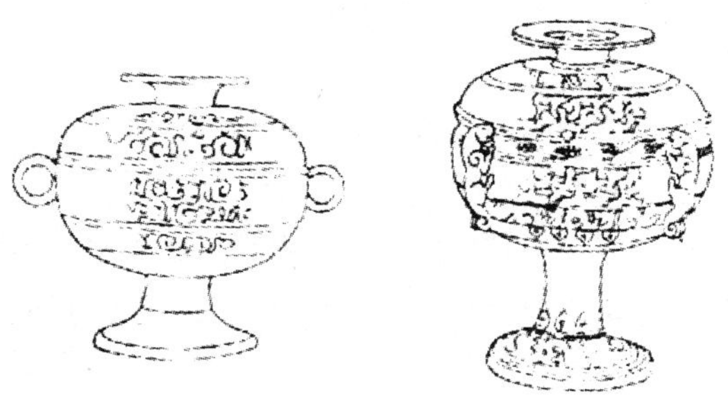

图 136　盖豆

（3）酒器

①爵（jué） 古代青铜制的饮酒器。《说文》云：“爵，礼器也。象爵之形，中有鬯（chàng）酒。又（手），持之也。所以饮器象爵者，取其鸣节节足足也。”爵，形呈深腹，早期平底，晚期寰底；前面有流，后有尖状尾，旁有提手，上有两柱，下有三足。也有单柱或盖者，不过少见。在《仪礼》中，主人用以向来宾敬酒，故为“礼器”。盛行于商代至周的中叶（见图137）。

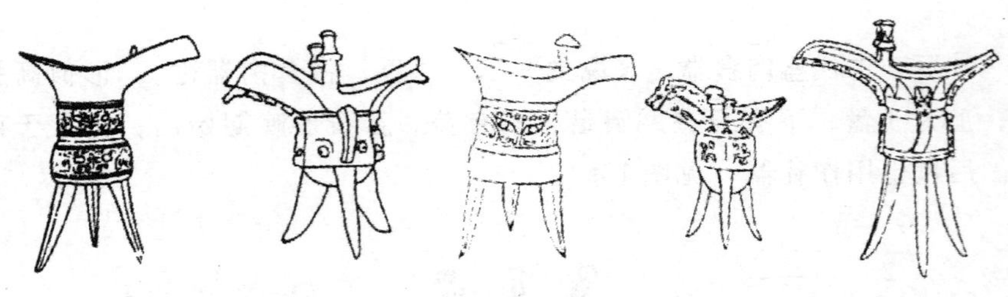

图137 爵

②斝（jiǎ） 古代酒器。圆口、平底、下有三足，口沿上有两柱。有的三足，上部肥大中空，腹如鬲形。用于饮酒或温酒，盛行于殷商时期（见图138）。

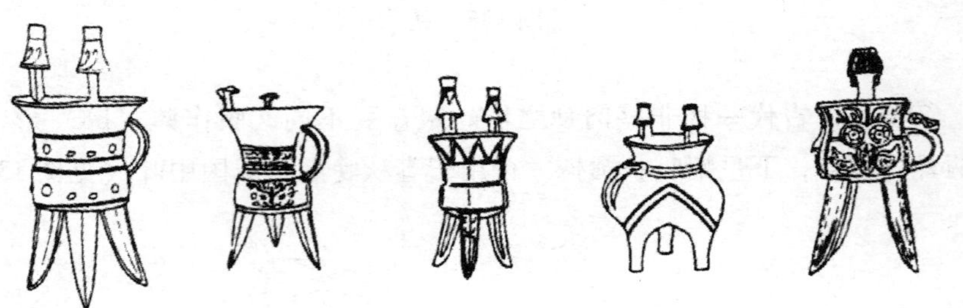

图138 斝

③角（jué） 古青铜制酒器。状如爵而无柱与流，两尾对称，有盖。用以温酒和盛酒，为卑者所用。出于商代，行用至周初。流传不多，多为商器（见图139）。

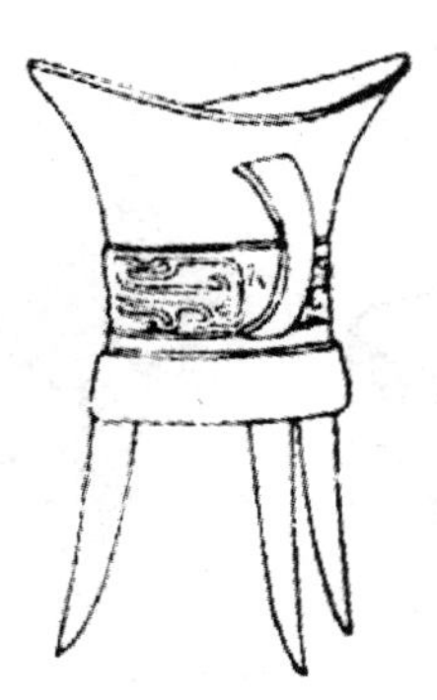
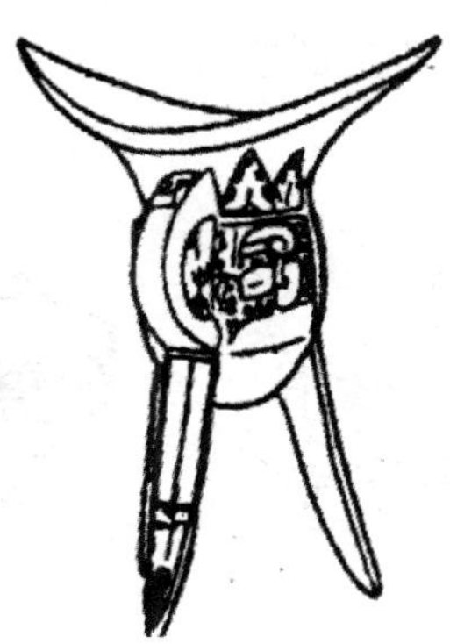

图 139　角

④觯（zhì）　古代饮酒器。《说文》云："觯，乡饮酒角也。"觯，状多为圆腹、侈口、圆足，有盖。也有腹作椭圆形的。行用于商至西周前期（见图 140）。

⑤觚（gū）　古代青铜制酒器。喇叭形，侈口、长颈、细腰、高圈足，腹和圈足有棱。盛行于商代和西周初期。用以饮酒。陶制者，多为随葬品（见图 141）。

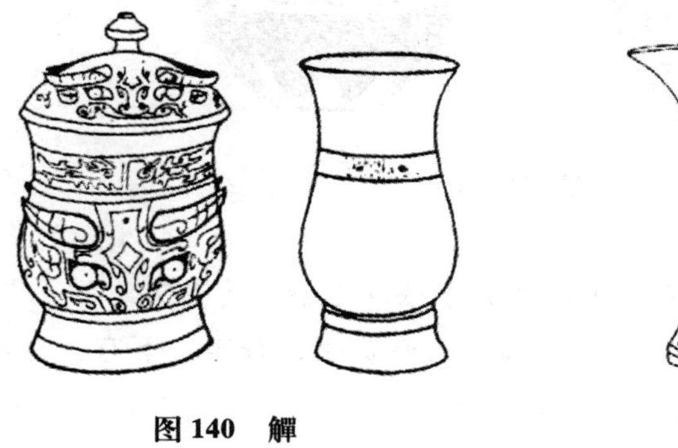

图 140　觶

图 141　觚

⑥觥（gōng）　古代酒器，用以盛酒或饮酒。初用兽角，后多用铜、玉、木、陶等制作。《说文》："觵（gōng），兕牛角，可以饮者也。"青铜

制者，器腹椭圆，前有从兽头口出的流，后有半环形的把手，底有方足或四足，有兽头形的盖（见图142）。

图142　觥

⑦缶　盛酒浆的瓦器。《说文》云："缶，所以盛酒浆，秦鼓之以节謌，象形。"缶大腹、小口、有盖。也有铜制的。《尔雅·释器》云："盎谓之缶。"（见图143）

图143　缶

⑧盉（hé）　盛酒器或用来调和酒水浓淡之器。《说文》云："盉，调味也。"形作大腹、敛口、前有长流，后有提手，有盖，下有三足或四足者。盛行于商代和西周初期（见图144）。

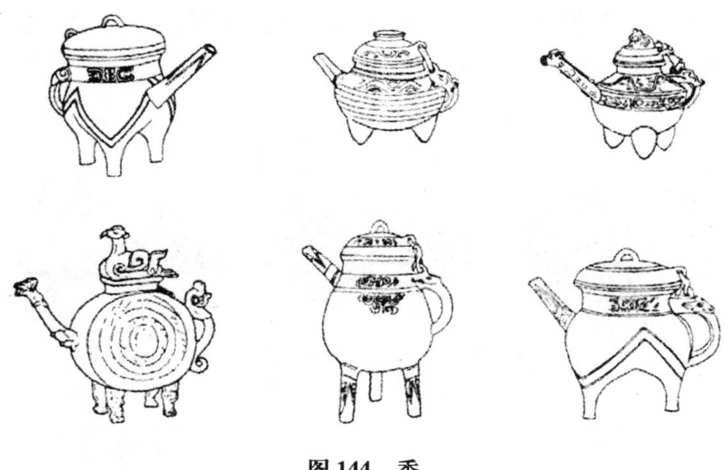

图 144　盉

⑨尊　凡称一切盛酒的礼器。历代形制不一：专指大口、方足或圆足的盛酒器，用于祭祀或宴飨宾客之礼器，故在礼器中地位很高；后世泛指盛酒器。《说文》："尊，酒器也。"商之铜尊呈方形带有觚棱，西周铜尊多为圆形（见图 145）。

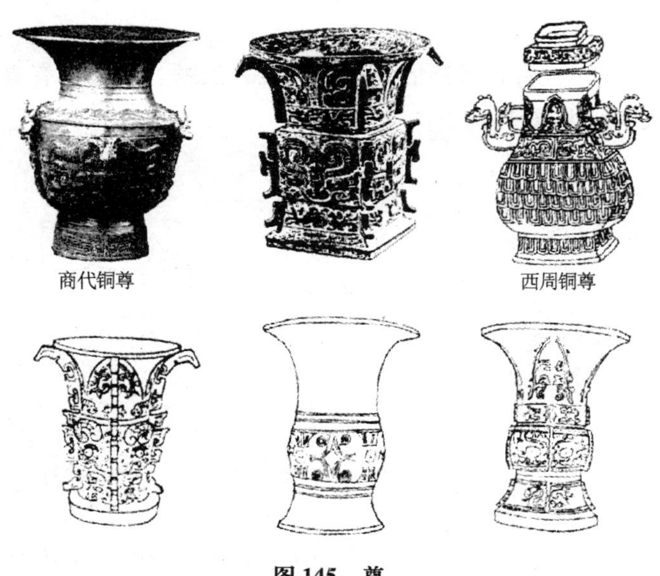

图 145　尊

⑩牺尊和象尊　鸟兽形的盛酒器。在古铜器中是一种特殊的形制。流行于商代和西周初期。《周礼》分作：牺尊、象尊、著尊、壶尊、太尊、山尊（见图146）。

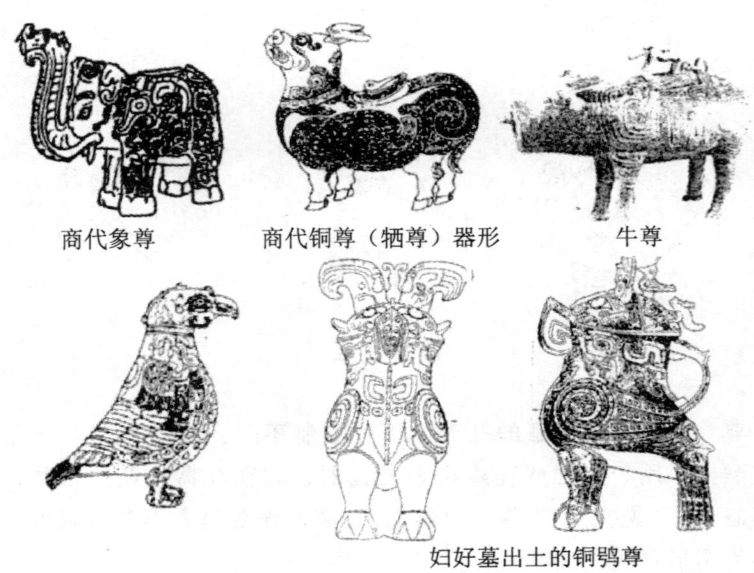

图146　牺尊和象尊

⑪卣（yǒu）　古代盛酒的祭器。圆腹、长颈、有盖、有提梁、有圆足的或四足者（见图147）。

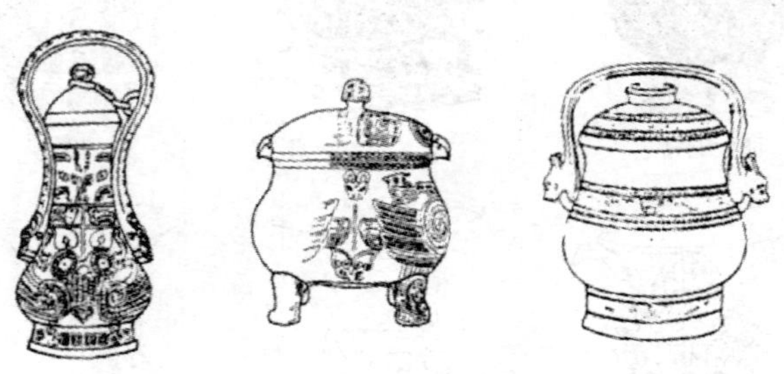

图147　卣

⑫壶　早期壶多作圆腹、长颈、圆足贯耳、大腹靠近壶底。出于商

周早期。春秋战国出现提梁壶、兽耳壶、花盖壶等盛酒器（见图148）。

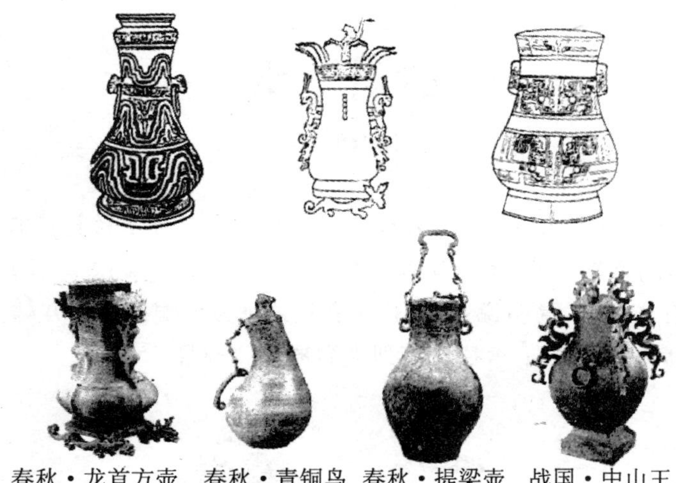

图148　壶

⑬罍（léi）　多为陶制或青铜制的贮酒器。方、圆两种，小口、宽肩、深腹、圆足、两耳、有盖（见图149）。

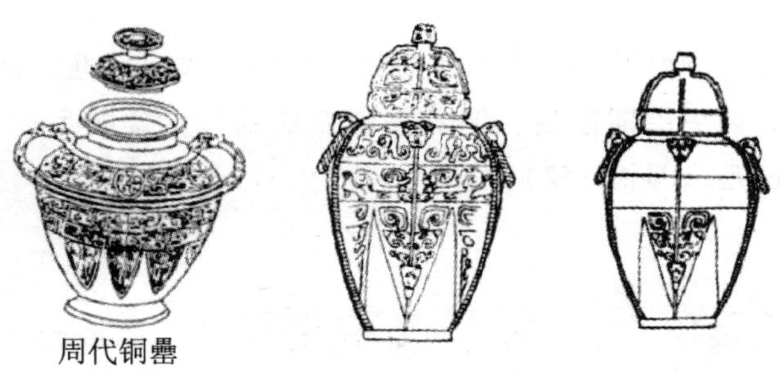

图149　罍

⑭盏　浅而小的杯子，多指酒杯。《方言》卷五："盏，杯也。自关而东……或曰盏。"郭璞注："最小杯也。"（见图150）

图 150 盏

⑯方彝 《说文》云："方彝，宗庙常器也。彝字乃礼器共名，《周礼》六彝：鸡彝、鸟彝、黄彝、虎彝、虫彝、斝（jiǎ）彝，以待祼（guàn）将之礼。"高明说："清代学者把这种方形铜器称为方彝。方彝多为商和西周初年遗物，容庚将其列为酒器。"（见图 151）

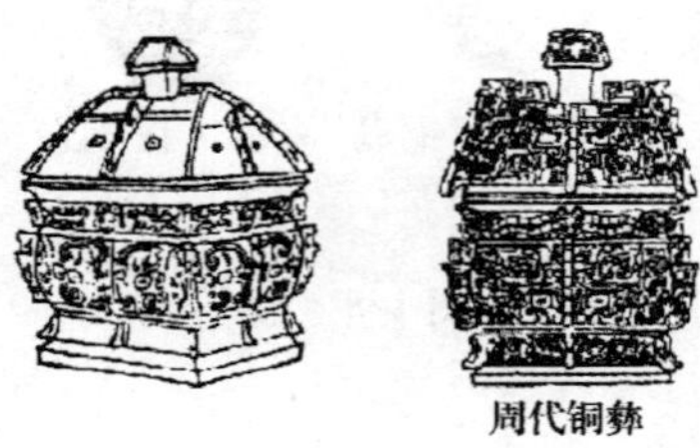

图 151 方彝

（4）水器

①盘 方、圆两种。殷商和西周初的铜盘，多呈深腹、敞口、圆足、无耳的盛器；西周中期以后，铜盘逐渐变成扁浅，矮圈足；春秋后，又变三兽蹄的圆足（见图 152）。

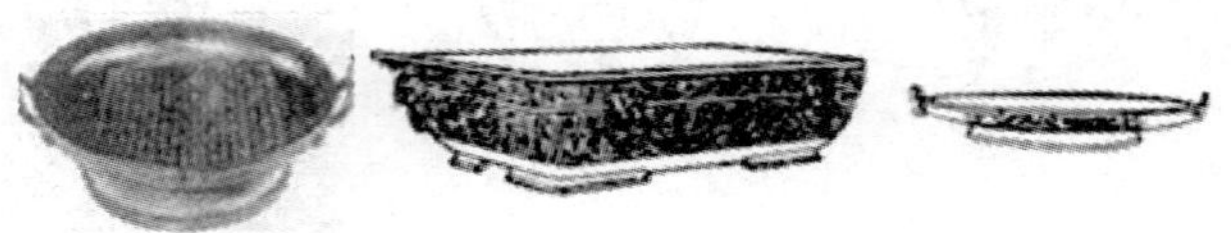

图 152 盘

②匜（yí） 注水盥手器。匜的初文是"也"，《说文》："也，女阴也。"非是，"也"字本为盥器之形，是匜的初文。例如《左传·僖公二十三年》："奉也（匜），沃盥。"这句话是说"（怀嬴）捧着倒水的匜侍

候他洗脸”。“也”字后来被借作副词用了。因此又造出一个“匜”字来代替“也”字。西周中期始出铜匜，匜腹如瓢形，前有流，后有提手，下有三足或四足。跟铜盘可组成盥手器（见图153）。

图153　匜

③盂　盛液体之器。《说文系转》云：“盂，饮器也。”盂状呈圆腹而深，侈口、圈足、侧有两附耳（见图154）。

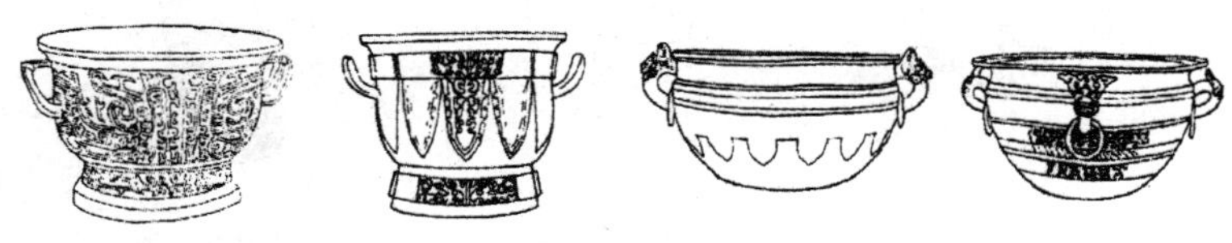

图154　盂　　**图155　鉴**

④鉴　古代盛水的大盆。《说文》：“鉴，大盆也。”形似瓮而大口、阔腹、平底、无耳，也有两耳或四耳者，也有矮圈足的。巨大者可用作浴器。行用于春秋战国时期（见图155）。

（5）乐器

①钟　古代打击乐器。中空，铜铁制成，挂于架上，槌击而发音。初手持而击，故柄朝下，口朝上；后悬之于架子上，以槌击之，故甬在上而口朝下（见图156）。

图156　钟　　**图157　编钟**

②编钟　战国时铜制的打击乐器。顶端铸有半环，钟数多至16枚，各应律吕和依大小顺序排列，悬于木架上，故名（见图157）。

③镈（bó）　古青铜制乐器。形状似钟而口缘平，器身巨大，有纽，可单独悬挂，以锤扣之而鸣。行用于东周（见图158）。

④铙（náo）　古军乐器。青铜制，体短而阔，有中空的短柄，插入木柄可执。用时口向上，锤击而鸣（见图159）。

⑤錞（chún）　亦名"錞于"。青铜制古乐器。形如圆筒，上大下小，顶上多虎形纽，可悬挂，以物击而鸣。常用于古代作战中军事指挥，即所谓"鸣金收兵"（见图160）。

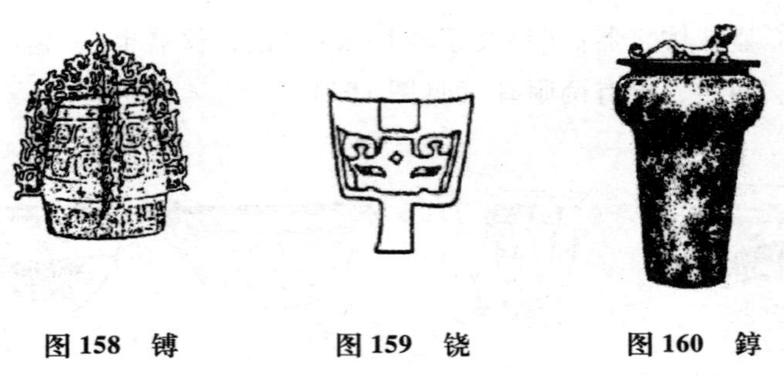

图158　镈　　**图159　铙**　　**图160　錞**

3. 金文的形体

对古代铜器铭文的搜集和研究，始于宋代。一千多年来，出土的铸有铭文的铜器，代代都有所发现。至今已出土发现的就有万件以上，其中属于先秦时代的为数最多，其铸造时代涵盖从殷商一直到战国。关于金文形体的著录，有容庚《金文编》（中华书局2007年版），据张振林统计（商周金文）引用器目3902器收字3772个，已识（正编）2420字，尚有（附录）1352字未识。这是学者应用最普遍的一部著录铭文奠基之作，加其《金文续编》（秦汉金文，上海书店出版社2000年版）所收951字，共为4723字。从二编收字可见，商、周时代铭文居多。是注重金文形体研究的。还有中国社会科学院考古所《殷周金文集成》（中华书局1984年版）。据有人统计，除去重复之铭文者，收录商至西周初期573件，有铭铜器竟达4890件，比容庚《金文编》多出988件。朱歧祥《图形与文字——殷金文研究》（台北里仁书局2004年版）、董莲池《新金文编》（作家出版社2011年版）收字截止到2010年，正编收字3063个，附录1574个，合文105个，比容氏多出643个，附录多222个。字形拓录，字下注有时代、编号、笔画、索引等，方便使用。毕秀杰《商代金文全编》（作家出版社2012年版）收有铭铜器6271件，呈现出历时金文发展之势，比容庚《金文编》多出2869件。

从商、周铭文的内容看，主要是关于吉祥、勉励和庆功方面的。其内容多数很简单。

从金文的体系来说，它和甲骨文属于同一体系的文字，而且它和甲骨文作为商代文字，同是较早的成体系的文字。金文和甲骨文都已经具备了“六书”的各种体式，都是可以记录成句的语言。金文是上承甲骨文，下开籀篆的一种较为成熟的形体结构。金文和甲骨文一脉相承，字体和甲骨文极为相近。只是因为各自所用材料和书写工具以及制作方法的不同，而形成各自独具的形体特点。

由于甲骨文是用刀在坚硬的龟甲兽骨上刻字，所刻之字线条瘦细，笔画有棱角，字形平直方折，字的大小不一，参差不齐；而金文是铸造在青铜器上的文字，先在范模上用毛笔书写，可以细心描摹加工，然后冶铸而成，所以金文的笔画粗壮圆转，大小均匀，显得庄重正规，成为在郑重的场合使用的正体字，许多字是由填实的笔画组成的，显出浓厚的图画性和原始性；而甲骨文由于殷商统治者频繁地占卜，需要刻写的卜辞数量大，又是在坚硬的甲骨上契刻，耗时费力。为了提高效率和刻契方便，满足日常之用，只好改圆形为方折（如→），改填实的笔画为廓空（如→），改粗笔为细笔的线条（如→），大幅度简化（如→ →）。这就是商代文字的特点，使甲骨文成为较金文显得草率而简便的日常所用的俗体字。正如裘锡圭先生所言“我们可以把甲骨文看作当时的一种比较特殊的俗体字，而金文大体上可以看作当时的正体字。所谓正体就是在比较郑重的场合使用的正规字体；所谓俗体就是日常使用的比较简单的字体”。试看金文和甲骨文的两种不同形体（见图161）：

金											
甲文											
释文	丙	辛	午	商	丁	才	舞	彝	王	大	父	戈

图161

综上所述，金文和甲骨文实为同期的商代文字。考古资料证明，在青铜器上刻铸文字起于商代。又公认文字起源于图画，而金文的形体多具填实的笔画，显出浓厚的图画性和原始性，与图画非常接近，符合文字起源于图画的论断。因此，从文字发展演变的继承关系考虑，有的学者认为，金文产生在前，然后才有甲骨文。那么，为什么绝大多数学者认为先有甲骨文，金文后出呢，其实，甲骨文和金文之间并非有纯粹的承继关系，因为商周两代都有甲骨文，而商周两代以至春秋战国时代也都有金文。主要考虑到，商代前期就有甲骨文且数量最多，具有代表性；而未发现商代前期金文，周代的金文又数量最多，具有代表性。因此，谈到汉字形体发展的顺序时，一般都把甲骨文列前，金文排后。

4. 金文的发展与研究

(1) 殷商为金文创始期（约前16—前11世纪）

商代前期的青铜器上大都没有铭文，到了商代中期，只有少数几件青铜器上出现了一两个字，但其表现形式却耐人寻味。如“司母戊鼎”与“司母辛鼎”。其铭文大字，结构宽宏，雍容大度，用笔粗重，气势非凡；而字的大小，笔的伸缩，画的曲直，形的配合，变化多姿，毫无雷同之处、割裂之感。其中“司母戊鼎”是1939年在河南安阳县，农民耕田时发现的一个方形的四条腿的青铜器，高1.3米，重875公斤，是迄今出土最大的青铜器。它四面铸有凸起的兽面花纹，里面腹部铸有“司母戊”三个字。学者们认定是3000多年前，商王文丁为祭祀其母“戊”而铸造的。此鼎现在陈列在北京历史博物馆（见图162）。

图162　司母戊鼎和司母辛鼎之铭文

到了商代后期，虽然出土的有铭文的铜器不断地增加，但是铭文的内容仍然很简单，铭文的字数仍然很少，多为一字或二、三字。内容一般是记作器者的名字或器主的族氏，或所祭祀先人的称号。如图163所示，左边“鼎”只一字，中间的“父乙卣”也只二字，右边青铜器上只有铭文“邑”字，还有“祖乙鼎”等。商代末期，即帝乙帝辛时期才出现一些较长的50字左右的铭文。

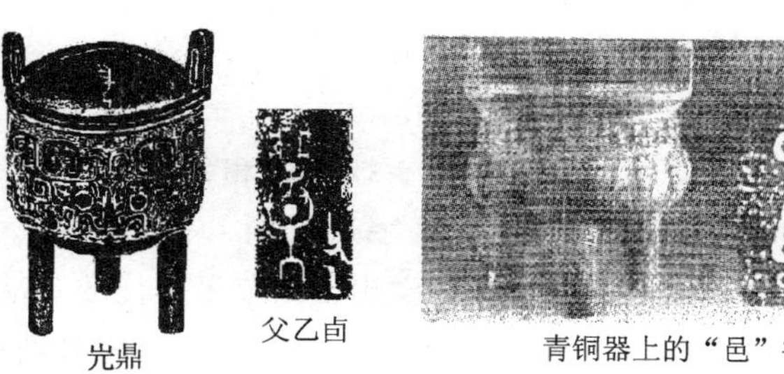

图163

（2）西周为金文的发展期（约前11世纪—前771年）

西周金文取得了长足的发展。这一时期的金文不仅数量多，篇幅也比较长；内容由单纯地记名（如《良季鼎》只有“良季作宝鼎”五个字，见图164），发展到记事，字数在百字以上者习见。

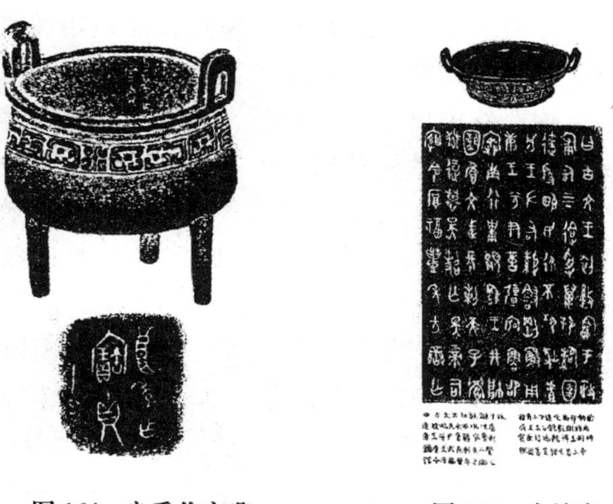

图164　良季作宝鼎　　图165　史墙盘

西周前期，成王时的《令彝》187字，康王时的《大盂鼎》铭文19行，291字，记载了周康王姬钊23年册命其臣盂，并赏赐盂以“邦司四伯，人鬲千又五十夫”（邦司：管家奴隶；鬲：奴隶）。此鼎系清道光年间于陕西岐山礼村出土，现藏于北京国家博物馆。是周初的典范的作品，“铭文结构严谨，笔式遒放，方圆兼用，修短相副，字体端庄卓伟，瑰丽遹奇，书法成就是成康之世青铜器之冠。分行布白虽纵成行、横成列，但大小错综，随形伸缩，皆能自展其势，各尽其态为归。整体具有匀整端重之美”（参见后面“金文选读”第五篇）。

西周中期的铭文发生了许多变化：线条由粗细悬殊趋于一致，填实的笔画和波磔少见；结体匀衡庄重，字迹清晰，行款分明，气势凝练。1977 年春，在陕西扶风县庄白大队窖藏出土的恭王时代的《墙盘》，充分映现了这些变化和特点。其铭文凡 18 行，284 字。内容分两部分；前部分颂扬西周六世先王和今王的丰功伟业，后部分叙述史墙的家史。据考，此盘铭文乃史墙亲笔所书，故亦称“史墙盘”（见图 165）。

到了西周后期，金文仍以整齐匀称为创作目标和审美标准，达到极完美的水平，是金文书法的成熟时期。从线条、造型、笔势、章法等各方面都能注意节制，保持一种无所不及的适度、协调、整齐的美感。这时期著名的是《毛公鼎》《㝬簋》《散氏盘》《虢季子白盘》等。其中《毛公鼎》，“以圆笔为主，笔法熟练，通篇笔画瘦劲与圆润柔和相兼，笔势回环委婉；行数井然条贯又能妙用曲直；字形端庄又现欹侧之态；布局匀称整齐，章法从容与肃穆并存，艺术性极高”。在清道光末年于陕西岐山出土。经考证，铸于周宣王姬静时代。铭文 32 行，498 字。在已发现的铜器铭文中字数是最多的。内容是记述由于宣王时代天下动荡，时政艰难，宣王命毛公厝辅佐朝政。毛公为感谢宣王的重用和赏赐，特铸鼎纪念（见图 166）。器现藏于台湾故宫博物院。

还应提及的《散氏盘》，是与《毛公鼎》齐名的另一佳作。它跟趋于整齐匀称的西周后期金文不同。《散氏盘》除了平正规整之外，更趋于欹侧质朴，字的大小错落，多向一边倾侧。虽用圆笔，但笔势迅疾，略带草率，结体多宽扁。布局参差变化，独取横势，表现出超凡的书法艺术特色。①

① 以上详见欧阳中石、徐无闻《书法教程》，高等教育出版社 1995 年版，第 126—127 页。

图 166　毛公鼎

总之，成熟的西周金文具有以下特点：

①填实的笔画不复存在而趋于线条化。曲折的笔画趋于平直圆润化，象形特点大大减弱。请见前举图 165、图 166 等图版。

②字形走向定型化。首先表现在偏旁的合并和位置的固定。如把在甲骨文的“追”“通”和“逵”三字可以从“彳”，也可以从“辵”，定型为从“辵”；而“逆”和“遘”二字在甲骨文中既可从“彳”，又可从“止”，也可从“辵”，定型为从“辵”。如前所述，甲骨文的偏旁不定，同一偏旁可正可倒，可左可右；而金文的偏旁基本固定下来。如亻、彳、礻、阝等都固定在左面，而邑（阝）、攴等都放在右面。一字多形的异体字大为减少。

③后期金文字形呈现出修长之形。为汉字趋向方块形奠定了基础；金文字形的大小一致。

④总地说，金文中的“合文”比起甲骨文大为减少。几乎看不到甲骨文中三字合文和罕见左右二字组成的合文；常见的是上下组合和二字共用的某些笔画所组成的合文（见图 167）。

（上下）　（二百）　（四月）　（小臣）
（门内）　（小太）　（四万）　（上帝）
（五年）　（辛卯）　（五十册）　（无疆）
（五月）　（公子）　（早日）　（三千）
（祖辛）　（妣辛）　（彤工）　（妣戊）
（矢彤）　（壬母）　（妣丙）　（后母）

图 167

⑤成熟的金文书写行款已经固定。即自右而左、自上而下直行书写，奠定了后来汉字的规范行款形式。总之，西周以金文为主，也有甲骨文，如北京昌平县、山西洪洞县、陕西岐山县、扶风县的周原甲骨文，20 世纪 70 年代都有所出土。还有前述之近年来西安、昌乐等出土的甲骨文等。

总之，西周金文研究的盛况，并不亚于甲骨文。金石学自北宋（960—1127）以来就是一门历史悠久的独立学科。经历代学者的长期研讨，结合历史研究领域相当广泛，结合考古研究铭文的断代日益精密。铭文中已释字的比例还要高于甲骨，可以说两周铜器铭文未识字所剩不多，没有解决的主要是文意训释的问题。

（3）春秋战国为金文的衰落期（前 771—前 221）

春秋时期（前 770—前 476）跟周金文相比较，春秋战国金文呈现出逐渐衰落的趋向。下面从春秋金文和战国金文两方面分别论述。

春秋时期，周王室日渐衰微，诸侯国各自割据一方，称雄争霸，形成了各自的势力范围和不同的区域文化。因此，诸侯各国的金文在文字书写和布局方面出现了明显的差异。西周时期那种比较统一的特点消失了，而地方色彩却大大加强了。于是形成了区域性的不同风格。总地说，这一时期，金文特征呈现出字形修长，笔画精细或带有美术性的装饰；

有的以填实的粗笔为装饰，如齐国金文（见图 171）和《吴王光鉴》（见《金文选读》第九篇）；有的笔画上加鸟头虫身形的装饰，即所谓的“鸟虫书”，多见于刀、剑、矛、戈之类兵器上。如出土于湖北江陵楚墓中的“越王勾践剑”（见图 168、图 169）：

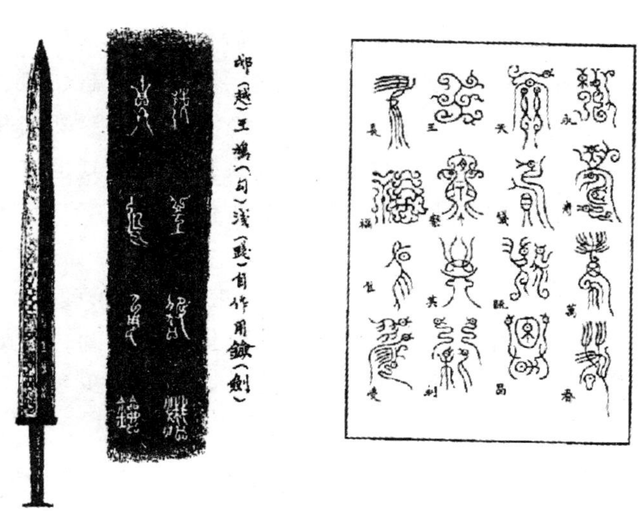

图 168　勾践剑及铭文　　**图 169　虫书鸟篆**

春秋金文的这些特征，在江淮一带区域的吴、越、楚等诸侯国表现突出。至于鸟虫书，可能与江淮流域土著东夷、淮夷人的鸟图腾崇拜有关系，或许是鸟图腾的孑遗。不过，这只是用于特殊饰物上的一种书法形体，并不代表春秋金文发展的主要方向。作为书法的研习，倒很有必要，马国权《鸟虫书论稿》（中华书局 1983 年版）和曹锦炎《鸟虫书通考》（上海书画出版社 1999 年版）值得学习和研究。总的来说，春秋金文前期是沿袭西周后期金文的体制，到了春秋中期和后期才出现不同风格的差异，但是其主流还是沿着西周金文的方向发展的。

值得注意的是，春秋时期虽有长篇铭文，但已不如西周多见。呈现低落趋势。要研究西周、春秋时期的文字和社会情况，金文是最重要的珍贵资料。

战国时期（前 475—前 221）常见的铜器铭文内容，主要是器主叙述作器原因和祝愿子孙保有器物之类的话。到了战国中期以后，铜器铭文发生了很大变化。传统形式的铭文已经罕见，“物勒工名”① 式的铭文则大量出现。这类铭文的字数不多，内容变为记载作器的年份，主持作器的官吏和作器工人的名字。战国早期以前，铭文是铸在铜器上的；战国中期以后，铭文往往是在铜器制成后，用刀刻上去的。兵器等物上的铭文往往刻得草率。

战国时期是我国社会发生剧烈变化的时代。天下诸侯纷争，烽烟四起，周王朝完全丧失了控制能力。齐、楚、燕、韩、赵、魏、秦七个诸侯国各自为政，互相征伐兼并。其政治、经济发生了激烈变化，但学术文化却蓬勃发展。文字的使用越发广泛起来，书写工具也有了很大的变革。因此，汉字的形体变化非常迅速，各诸侯国的文字产生了较大的差异，各国的金文也就各具特色。

齐国同西周金文风格差别非常显著，其特征是字形瘦长，笔画精细；以直笔为主，曲线为辅，结体端庄工整，显得谨严刚劲；直画的收笔有如悬针，毫芒纤锐，见出甲骨遗风；章法上取纵势而少参差。燕国金文亦如此（分别参见图 170、图 171）。

陈兹佳
侯叔月
午忌初
妃丁吉
寅亥齐
安余孝
陵元皇

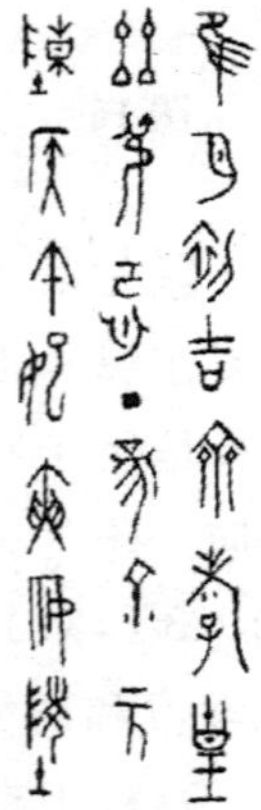

图 170　齐国金文

夜寡佳
解闻年
先为山
考勿鼎
宁矣乌
哉臣乎
永于止

图 171　燕国金文

楚国金文地方色彩更为浓厚，其规范的铭文富于夸饰，并带有鸟虫的形象，其笔画匀细构成极瘦长的结体，突出了主笔的长度。“字的笔画

① “物勒工名”：指铭文主要器物的铸造者或主管官吏的名称。

疏密打破了均衡分布的常规，形成了结体新的平衡；横者极平，竖者极直，曲者极曲，方者极方，圆者极圆，平行者则不论曲直都力求保持整个线段的平行，其精确程度几乎没有丝毫误差。”即表现出作者胆大艺高的功力，又表现出自由创作的愉悦心态。这种奇特造型和畅通无阻的笔势给人以欣赏之中如见长袖起舞，如入幽渺之幻境，使心灵震荡，奇想联翩。① 如《曾侯乙钟》与《楚王酓章镈》等铭文（见图 172）。

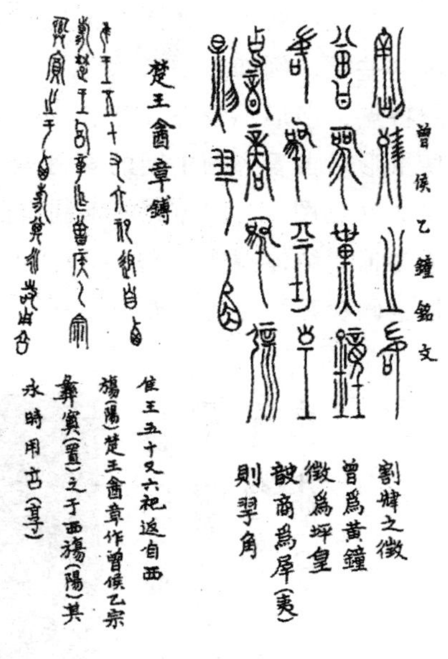

图 172　楚国金文

另外，燕国金文《中山王譽方壶》铭文亦与此形体相类（参见后面《金文选读》第十三篇），就是刻在“方壶”等器物上的铭文。此外，辑录中原金文及一些诸侯国的铭文于后，供大家学习、对照、参考，以便深入理解和掌握战国金文的形体特色（见图 173）。

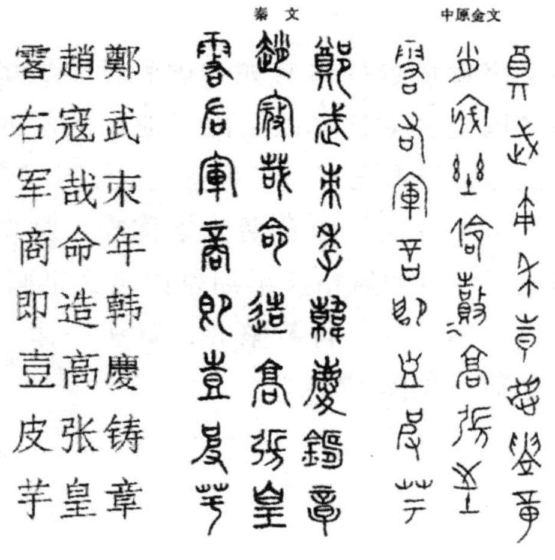

图 173

① 见欧阳中石、徐无闻《书法教程》，第 128 页。

这是用秦国小篆同战国中期之后的中原地域的金文相对照，显出地域的差异，例如中原金文笔画精细、圆转、曲线为主等不同于其他地域的特点，字形不像齐、楚、燕等地那样细长，而且没有附加性的装饰和鸟虫形。再看齐国中期的《陈曼簠》（见图174）和晚期的《齐巫姜簋》铭文（见图175）却迥然不同。前者笔画精细，字形瘦长，直笔为主，曲笔为辅，结体端庄工整；而后者则曲笔为主，字形变短而又大小不等，且笔画较粗而显得敦厚庄重。

齊陳（陳）曼不敢逸
康，肇堇（勤）經德，乍
皇考獻（獻）弔（叔）饙廄，
永保用匿（簠）。

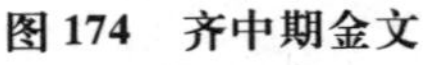
图174　齐中期金文

图175　齐晚期金文

战国晚期楚国文字形体也变得有如齐国晚期金文的形体。这里，也用秦国小篆形体与楚国金文对比，以见由于地域的不同所造成文字形体的较大差别。两相比照，异形之字举目可见[①]（见图176）。

鲁国地处东疆，由于诸侯各国长期争雄称霸，割据一方，其金文不但异形，而且也形成了独自的风格。早期鲁国金文笔画瘦细，曲笔居多，圆转而不方整；字形大小不一，行款整齐，章法一律。试用秦篆与之比较，以见它们形体之别（见图177）。

① 见欧阳中石、徐无闻《书法教程》，第128页。

图 176　战国后期秦楚文字的对照 　　　图 177　秦篆和鲁国金文的对照

战国晚期鲁金文《鲁伯大父簋》和《鲁伯厚父盘》之铭文，笔画变得粗壮、圆曲，字形匀圆庄重，但大小不等，如同齐国晚期金文。运笔自由无阻，工整自然（见图 178）①。

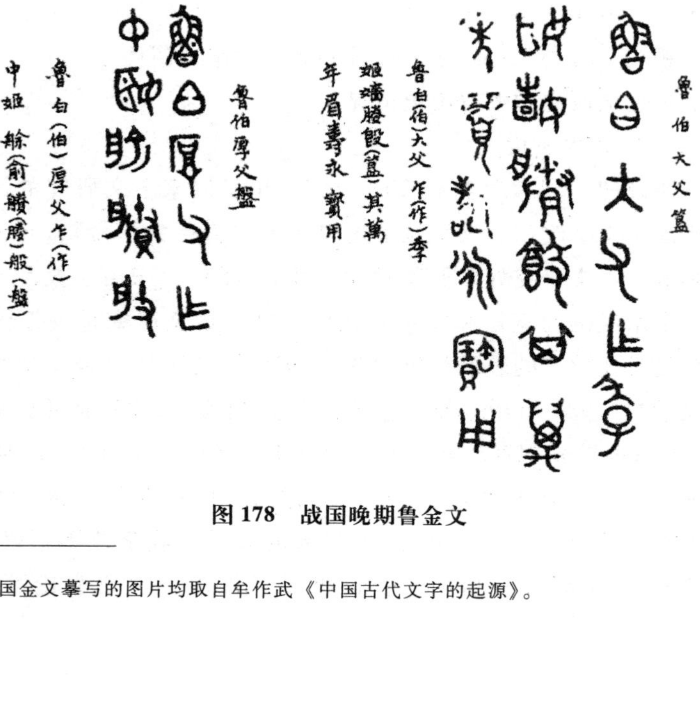

图 178　战国晚期鲁金文

① 战国金文摹写的图片均取自牟作武《中国古代文字的起源》。

综上可见，战国时代，诸侯各国金文的突出特点是简体字的大量产生，造成六国之间文字形体各异（见图 179）。

馬　(齐)　(楚)　(燕)　(晋)
皇　(楚)　(齐)　(中原)　(蔡)
隹　(楚)　(韩、赵、魏)　(燕)
市　(秦)　(楚)　(齐)　(燕)　(三晋)

图 179

这样，造成了“文字异形”的局面，不但影响各国之间的信息传递和文化交流，而且也有碍于国家政令的推行。为秦王朝兼并六国之后的统一文字，在客观上提供了理论上的依据。

战国文字的大分化，导致了秦统一天下之后掀起了大规模的文字统一运动。首先废除了与秦文不合的六国文字；然后责成李斯用篆书实施文字改革，在全国范围内推行已经规范了的秦文字——小篆。于是战国文字形成了“六国文字”和“秦系文字”的两大体系。唐兰先生把“秦系文字”视为“正体”，而把“六国文字”看作“俗体”。

以上是金文研究的大致历史情况。

5. 金文研究的现状

这里所说的“现状”特指 20 世纪 80 年代以来金文研究的情况。五六十年代由于文字改革、汉字拉丁化和十年“文革大革命”，知识分子被迫害的影响，金文研究处于低落时期。而 80 年代以来由于拨乱反正、改革开放、学术氛围的宽松和文字政策的转变，金文研究呈现逐渐发展的势头。首先，比较多的著录相继出现：1975 年周法高《金文诂林》（香港中文大学）、1983 年严一萍《金文总集》出版、1983 年《赵明诚金石录》（商务印书馆）、1985 年容庚《金文编》（中华书局）、1994 年中国社科院考古所《殷周金文集成》（中华书局）、1997 年杨树达《积微居金文说》（中华书局）等。尤其近 15 年来的著录在收字范围、解诂释义、方便实用等方面都大有超前之势，出版了许多金文研究论著，诸如：

2002年中华书局出版刘雨、卢岩《近出殷周金文集录》，2006年钟柏生等《新收殷周青铜器铭文暨器影汇编》，2010年中华书局又出版刘雨等《近出殷周金文集录二编》，2011年作家出版社印行董莲池《新金文编》，其正编加附录共收字4673个，比容庚《金文编》收字多出865个，且以上书前都冠一个“近”或“新”字，以示有别前著。2012年，作家出版社又印出毕秀杰《商代金文全编》，收字截至2011年，竟收有铭文6271件，超《金文编》2599字。而2012年，吴镇烽在上海古籍出版的三十五册的大书，收字到2012年2月的《商周青铜器铭文暨图像集成》，收金文达16704个，其中有200多字是首次著录的，是收金文最多的一部大书。还有2012年由福建人民出版社出版陈斯鹏《新见金文字编》，2013年，上海古籍出版社出版了严志斌《商代青铜器铭文研究》等。这些新著收字渐趋增多和金文研究成果之丰富，标志着金文研究的巨大发展。

为了便于读者理解或研究者检索的需要，近年来，一些专家学者撰写刊布许多有关著录书的释文和工具书，为研习者提供了很大方便。诸如：

1983年，罗福颐在问学香港社印行了《三代吉金文存释文》；1990年，王宏在天津古籍出版社出版了《金文选释》；尤其是中国社科院考古所在2001年刊出的《殷商金文集成释文》，该书订补本2007年再版时附有助于对照使用的张亚初的释文；金文工具书有：1987年，陕西人民出版社出版的陈初生《金文常用字典》和1995年学林出版社印行的戴家祥《金文大字典》等。总之，字典的出版标志着金文研究的深入和发展。自北宋以来，金石学一直是一门独立的热门学科，截至2000年约两百年来印行的金文著录书，据不完全统计像《金文编》这样的著录约150余部，论文500余篇（据徐在国、袁国华和季旭升集录的论著目录），足以证明。所释出土铭文的比例也远远超过甲骨文，未识铭文所剩不多。

研习金文，除了容庚《金文编》和本书金文选读之外还有罗振玉《三代吉金文存》（中华书局1983年版）、罗福颐《三代吉金文存释文》（香港问学社1983年版）；研究金文字形的有中国社科院考古所《殷周金文集成》、朱歧祥《图形与文字》、董莲池《新金文编》；研习形意的有周法高的《金文诂林》、陈初生《金文常用字典》和洪家义的《金文选注释》；研习殷商有名铜器、族徽、铭文性质及其分期、人物职官和族氏者有严志斌《商代青铜器研究》等。

6.《金文选读》（13 篇）

（1）四祀邲其卣

【题解】本篇铭文选自北京文物出版社 1986 年出版的《商周青铜器铭文选》第三卷第 9 页。此卣是古代一种盛酒的青铜器皿，椭圆口，有盖和提梁。商纣王四年邲其所铸。此为器底外铭文，凡 8 行 42 字。字的形状、大小、疏密，每行字数多少布局是商代铭文之冠。拓本现藏于故宫博物院（见图 180）。

字体肥厚粗壮敦朴，笔法平实，起笔收笔一气呵成。通过平和肃穆的字形，我们可以领略到祭祀默祷天地鬼神和先祖先王时的祥和之心，虔诚之态。

整篇的布局谋篇亦具特点，值得注意。铭文铸在壶底圆形的平面上，有限的空间和特定的几何形状，给布局造成困难。处理不当，定会给人以窒息局促之感。为避免此弊，其一，作者在布局上采取了疏密交错的方法。八行字，每行字数不等，随几何图形的变化而变化；其二，采用大小不等字形的方法布局，42 个字，有的短小得如灯似豆，有的硕长得似危崖绝峰；其三，对字体的间架结构采用紧缩内收式的方法。虽然字的大小有别，但其笔画大都比较紧凑。通篇章法疏密得当，层次丰满，见出从容安祥之气。

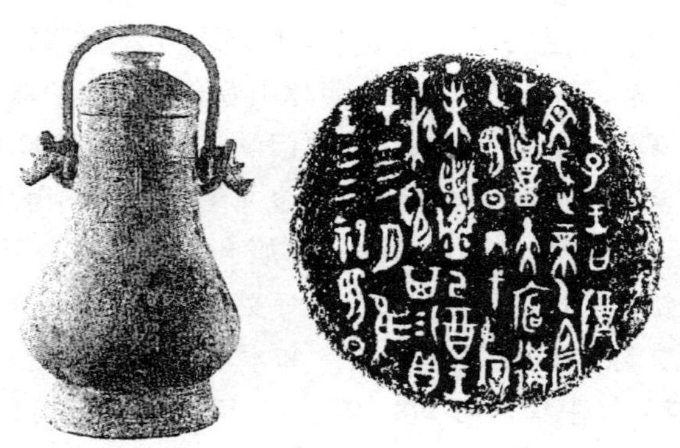

图 180　四祀邲其卣及其铭文

【释文】

乙子（巳），王曰：“（尊）文武帝乙宜”。[1]才（在）　（召）大

(庭)②。(遘) 乙羽日③。丙午，④。丁未，⑤。乙酉，王才梌⑥，郯其易见。才四月，隹王四祀，羽日。

【注释】

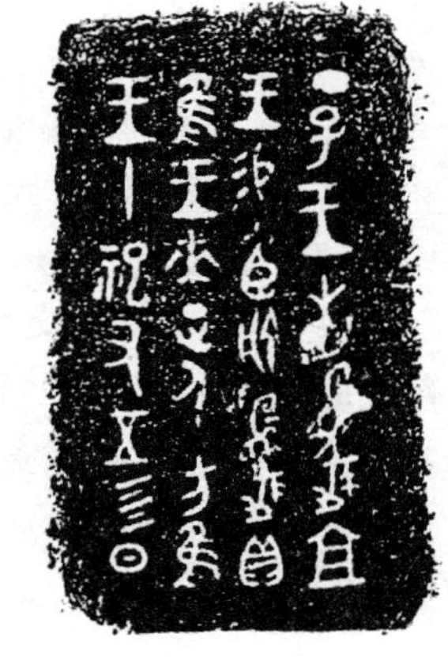

图 181　小臣艅牺尊铭文

①乙巳日，时王说："敬奉文武帝乙酒肴。"文武帝乙：即商王帝乙。文武帝：是帝名。乙是庙号。宜：酒肴。《诗·郑风·女曰鸡鸣》"与子宜之"，毛传："宜，肴也"。又《尔雅·释言》："宜，肴也。"邢昺《疏》引李巡曰"饮酒之肴也。"

②召大廊（庭）：铭记"尊文武帝乙宜"，且为周祭，则此"召大廊"应是商都的宫名。廊，从广卯声。卯为圣、廊字之所从，《说文》所无，读如今之厅，假借作庭。《说文通训定声》："庭，宫中也，从广廷声，今俗谓之厅"。

③遘乙羽日：正值帝乙的羽日之祭。乙，即文武帝乙。

④䰜：祭名或祭法。

⑤𤇾：祭名或祭法。

⑥梌：地名，即榆之本字。

（2）小臣艅牺尊

【题解】本篇铭文选自北京文物出版社 1986 年出版的《商周青铜器铭文选》第三卷第 2 页，是商代晚期（前 1373—前 1100）金文。清道光年间，于山东寿光县梁山出土。今藏美国旧金山亚洲艺术博物馆。铭文 4 行，27 字。记述帝辛 15 年征伐夷方巡视夔时，赠小臣艅以贝之事（见图 181）。

从全篇来看，笔势雄劲，形态丰腴。笔画显得十分圆润流畅。其中"丁、王、正、又"等字用肥笔，古意犹存。起笔收笔，或粗拙，或敦实，饶有奇拗之趣。通篇和章法于圆润中含古朴，流畅中见遒劲，整齐中显变化。此篇铭文历来被公认为商代晚期金文的代表作。

【释文】

丁子（巳），王省夔佥①，王易（赐）小臣艅（俞）夔贝②。隹王来正（征）人方③，隹王十祀又五，彡（肜）日④。

【注释】

①丁巳日，商王巡察夔佥。省：巡省，《说文·目部》："省，视也。"夔佥：地名，未详。

②商王赏赐小臣艅夔地之贝。易：假借为赐，金文常用字，后皆同此。小臣：商

职位较高的官名。

③商王征伐人方国归来。隹：即惟、唯。古习用字，句首助辞，金文常见。来：归来。《左传·文公七年》“其谁来之”。杜预注：“来，犹归来。”“来正人方”为倒文。人方：帝乙、帝辛时之敌国。

④王十五年，肜日。祀：商周纪年之称，并置于铭文之末。一年为一祀。西周中期以后，逐渐改为纪年，置于铭文之首。彡：即肜字，商代祭名，周祭的一种。

（3）利簋

【题解】本篇铭文选自北京文物出版社1986年出版的《商周青铜器铭文选》第一卷第22页。利簋，1976年3月出土于陕西临潼县零口乡西段村，现藏于临潼县文化馆。是目前所见西周时期最早的一件青铜器。本篇铭文最早载录于《文物》1977年第8期。利：人名，周武王之右史。簋：食器名。该器腹内底部铸有铭文4行，32字。记述武王伐纣的情况，说明了铸造利簋的缘由（见图182）。

图182　利簋及其铭文

【释文】

珷征商[①]，隹（唯）甲子朝[②]，岁鼎，克[③]，闻（昏）夙（夙）又（有）商[④]。辛未，王才（在）𫟽（管）𠂤（师），易（赐）又（右）事（史）利金[⑤]，用乍（作）旜（旃）公宝䵼彝[⑥]。

【注释】

①珷：武王二字合文。周武王姓姬，名发。

②甲子之日早晨。指武王伐商决战的时日。隹：后世作“唯”，句首语气词，铭文中常用词。朝：早晨。

③岁星正当其位，能够取胜。岁鼎：岁星正当其位。鼎与“当”义同，正当。《汉书·匡衡传》：“无说《诗》，匡衡来。”师古注：服虔曰“鼎，犹言当也”。岁星12年运行一周天，其运行当位与否，被视为吉凶的征兆。岁星：今称木星。克：《尔雅·释言》：“能也”。

④自暮至辰占有商国。闻：假借为昏。夙：即夙字，早，黎明之前。

⑤辛未日，武王在管师把铜赏赐右史利。辛未：甲子日牧野之战后的第七天。䜌（guǎn）𠂤（shī）：地名。䜌：通“管”（从于省吾说）。𠂤：孳乳为“师”。《说文》：“𠂤，与师同义。”易：通“赐”。又：后作“右”。事：通“史”。右史：官名。金：铜。

⑥［右史利］因而铸造了用来祭祀旃（zhān）公的珍贵礼器。用：因此。乍：后世作“作”，制作，这里作“铸造”讲。旜公：右史利的先人。旜：旃的异体字。障（zūn）彝：祭祀用的礼器通称。

（4）天亡簋

【题解】本篇铭文选自北京文物出版社1986年出版的《商周青铜器铭文选》第三卷第14页。此器于1844年陕西省岐山县出土。铭文8行，78字，重文一。今藏于中国历史博物馆。本篇记述了周武王举行隆重祭祀典礼，祭祀其先父周文王的情况，并对文王的善行和武王的正直品格作了赞颂（见图183）。

图183 天亡簋及其铭文

【释文】

乙亥，王又（有）大豊（封），王凡（泛）三方①。王祀于天室，降②。天亡又（佑）王③，衣（殷）祀于王，不（丕）显考文王④，事喜（糦）上帝⑤。文王[illegible]才（在）上⑥。不（丕）显王乍（作）眚（省），不（丕）[illegible]王作庚⑦，不（丕）克乞衣（殷）王祀⑧。丁丑，王鄉（飨）大俎（房）⑨。王降，亡勛爵復橐⑩。隹（唯）朕又（有）蔑⑪。每（敏）扬王休于障（尊）白（伯）⑫。

【注释】

①周武王举行大礼，王泛舟于大池的三方。王：武王。大豊：大礼。凡：假借作“泛”。

②天室：古制指明堂中的重屋。降：下，《说文》：“降，下也”。

③天亡做王的助祭者。又：通“佑”，助。

④隆重地祭祀他的光辉的先父文王。衣祀：隆重地祭祀典礼。衣、殷一声之转。不显：丕显，意为显明，光明。丕：语气词，无义。考：亡父。《礼记·曲礼下》：“生曰父……死曰考”。

⑤喜：应读为《诗·商颂·玄鸟》：“大糦是承”之“糦”，郑笺：“《韩诗》云：‘大祭也’”。

⑥文王死后其灵魂在天。周人以为文王死后其灵魂在天上。[illegible]：不能隶定。有人隶定为“德”“监”“见”，于字形不合。

⑦光明的文王积累善行，正直的武王继之。乍眚：即作省。省，善。不[illegible]（sì）王：武王。庚：嗣续，继承。

⑧能终止殷王的祭祀。乞：读如讫，终止。祀：指宗庙祭祀。

⑨武王在大房内大宴宾客。飨：大饮宾客。《诗·小雅·彤弓》“一朝飨之”，郑笺：“大饮宾客曰飨”。俎：金文作“宜”，“俎”同字。大宜即大房。房俎者，即载牲之器。

⑩此句数字，意未详，不得其解。

蔑（miè）：通“伐”《小尔雅·广诂》：“伐，美也”。伐，上古月韵并母入声，与蔑字的韵同属月部，声同为唇音，故得相通。

每（敏）：读作敏。《玉篇·攴部》“敏，敬也”。

（5）大盂鼎

【题解】本篇铭文节选自北京文物出版社 1986 年出版的《商周青铜器铭文选》第三卷第 38 页。清道光初于陕西岐山县礼村出土。铭文 19 行，291 字，重文三。今藏国家博物馆。铭文字体端庄、瑰丽，线条苍劲多变，成为“成康”之世铭文书法之冠。铭文记述了殷商外服诸侯，官吏腐败，丧失民心；武王禀承文王事业，完成了灭殷建国的任务，以及康王对其称颂和要效法文王那样任用贤才治理国家（见图184）。

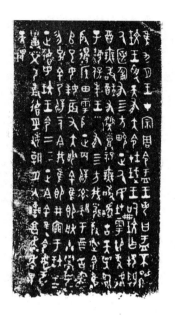

图184　大盂鼎及其铭文

【释文】

隹（唯）九月，王才（在）宗周[①]，令盂。王若曰[②]：盂，不口玟（文）王受天有（佑）大令[③]，在珷王嗣玟（文）乍邦[④]，閈（闢）氒（厥）匿（慝）[⑤]，匍（敷）有四方，畯（畯）正氒（厥）民[⑥]，在雩（于）卻（御）事，叡！酉（酒）无敢醲（酖）[⑦]，有髭（柴）䕩（烝）祀，無敢醻（酭）[⑧]。古（故）天異（翼）临子[⑨]，灋（废）保先王，口有四方[⑩]。我闻殷述（坠）令，隹殷边侯田（甸）雩（与）殷正百辟，率肄（肆）于酉（酒），古（故）丧𠂤（师）。已！女（汝）妹（昧）晨又（有）大服。余隹（唯）即朕小学，女（汝）勿剋余乃辟一人。今我隹即井（型）𡩜于玟王正德，若玟王令二三正。今余隹令女（汝）盂𬉼（召）奭（荣）苟（敬）雝（雝）德巠（经）。敏朝夕入谰（谏），享奔走，畏天畏（威）……

【注释】

①宗周：即西周国都镐京，在西安以西，沣水东岸。

②王若曰：王如此说。指商周史官传达王命或文告的第一句，是王臣宣布王命策书的常用程式。

③周人以为周代殷是天命所授，文王受天命，武王灭殷是“恭行天罚”。受命：受天佑之大命。大令：即大命。

④武王继承了文王的事业，完成了建立周朝的任务。乍邦：建国。

⑤除掉了殷纣王及其同伙的恶人。閈：闢字，摒除，排除。匿：读如慝，邪恶，指殷纣王及其腐败的百官。

⑥匍：读作敷，义为“徧”。《诗·周颂·赉》：“敷时绎思”，毛传：“敷，徧也。”遍有天下。畯正：畯读如畯。畯：《尔雅·释诂》：“大也。”正：治理。

⑦御事：御事，治事者，指官吏。叡：同叡，句首语气词。䤋：从酉𤈦声，以声求义，当为“耽”之本字。《说文·酉部》“药酒也”。

⑧䓊：柴的本字。䕋：烝的本字，冬季宗庙祭名。醴，当为“酶”。

⑨古：假借作故。異：同翼，佑助。《诗·大雅·卷阿》：“有冯有翼”，郑笺：“翼，助也。”临：护视。

⑩灋（fǎ）：废。《尔雅·释诂》：“废，大也”。

⑪我听说商王丧失天命。殷：商都城之一。述：通“坠”。述令：丧失天命。

⑫殷的外服诸侯和朝中各级官员都酗酒，因而他们完全丧失了民心。殷边：古时把统治疆域分中国、四国和四方三个层次。中国指都城，四国指殷的四方，四方指殷以外的边远区。侯：外服诸侯。田：同“甸”，甸服。正：商的高官。百辟：百官，指商中央的高官。肄酒：肆酒，恣肆饮酒酗酒。丧𠂤：丧师。

⑬你在昧旦之时接受了显要的官职。已：语气叹词。妹晨：昧晨，昧旦，昧爽。大服：大官、高官。服：封官。

⑭疑脱“命女（汝）”二字，当为“余隹命女即朕小学”，即“我命令你到王家小学教习”。

⑮你不可不利于我。尅：通“刻”，尅损。乃辟一人：古代天子自称“余一人”“予一人”“辟一人”。对上文“余”所作的补充。

⑯如今我以文王纯正的德性为典范效法而禀受之。㐭：禀的或体，禀受。正德：纯正德性，被看作品行最高准则。

⑰像文王那样任用有才能的人才。……康王称颂他而效法他。

⑱现在我命你盂辅佐荣氏，谨敬地和协道德及准则。召：读如诏，辅助。𤇾：人名，荣氏。雝：和，和协，调谐。巠：假借为经，即法则，准则。

⑲要敏捷而不懈怠地进献直言，对宗庙祭祀要勤奋，畏惧上天的威严。入谰：入谏，向王进直言。享奔走：为王室之事而奔走。

（6）乍册旂觥

【题解】本篇选自北京文物出版社 1986 年出版的《商周青铜器铭文选》第一卷。1976 年 12 月于陕西扶风县庄白一号青铜器窖藏出土。器与盖同铭，器铭 6 行，盖铭 4 行，皆 42 字。陕西周原扶风文管所藏。铭文记载了周昭王为了笼络与楚相近的侯伯，命令乍册旂觥把望土赠给相侯，并赠给金银和奴隶，以示周王的好意（见图 185）。

【释文】

隹（唯）五月，王才（在）厈（岸），戊子[①]，今乍册旂兄（贶）望土于相侯，易（赐）金易（赐）臣，扬王休[②]。隹（唯）王十又九祀。用乍父乙尊[③]，其永宝。木羊𠕋[④]。

【注释】

①隹：同“唯”，清毕沅曰：“隹，古惟字。”厈：岸的初文。戊子：下文有“王十又九祀”，应为昭王十九年（前 1014）五月，王在岸地，日辰是戊子。

②昭王命令乍册旂把“望”这片土地赠给相侯。乍册旂：器主名。兄：通“贶”（kuàng），赐，赠予。《诗·小雅·彤弓》：“中心贶之”，毛传：“贶，赐也。”望：地名。相：先秦之相有数地，此或安徽之相。

③父乙：本器是为父乙而作，父乙即《墙盘》中的“乙祖”，亦即“高祖”。史墙的祖父“亚祖祖辛”，即乍册旂。乍册旂跟《墙盘》的器主是同一家族。

④𠕋是“册”的复体字。

图 185　乍册旂觥铭文

（7）𫹴簋

【题解】本篇铭文选自北京文物出版社 1986 年出版的《商周青铜器铭文选》第三卷 278 页。此器 1978 年 5 月于陕西扶风县法门乡齐村出土，器腹内铸有铭文 12 行，124 字。合文一，重文一。𫹴（hú）：作器者名。此器制于周厉王即位的第 12 年，铭文是厉王为祭祀先王而作的祝辞。今藏于陕西扶风县博物馆（见图 186）。

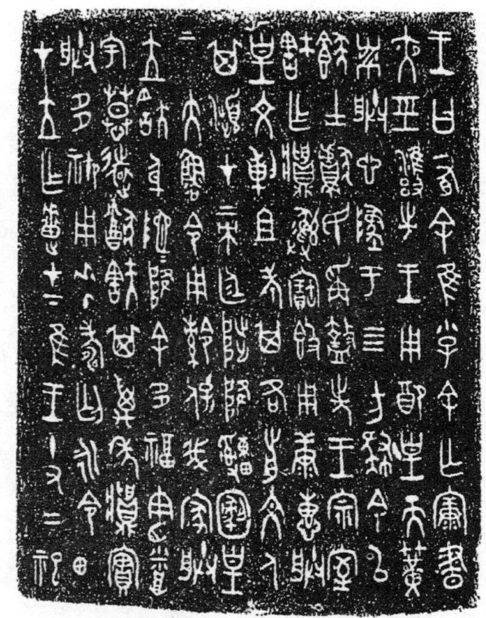

图186　㝬簋銘文

【释文】

王曰："有余隹（虽）小子，

余亡康（康）昼夜，巠（经）雝先王用配皇天[①]。簧黹朕心，坠于四方[②]。緯（肆）余以饿士献民，爯（偁）盩（戾）先王宗室[③]，㝬乍（作）𩰫（将）彝宝𣪕（簋），用康惠朕皇文剌（烈）且考[④]，其各（格）前文人，其濒（频）才帝廷陟降[⑤]，䵼（重）𠊎（恪）皇帝大鲁令，用𠳜保我家，朕立（位）、㝬（胡）身[⑥]。阤阤降余多福宪（宪）烝，宇慕远猷[⑦]。㝬其万年𩰫（将）实朕多禦（御）[⑧]，用桒寿匄永令，畯（畯）才（在）立（位），乍（作）疐才（在）下[⑨]。隹（唯）王十又二祀[⑩]。

【注释】

①周厉王说："我虽然是小子，我昼夜不敢享乐，遵循拥护先王的教诲，因此符合上天的旨意"有：语气助词，无义。小子：后王对先王用的自称。康：同"康"，安乐。《尔雅·释诂》："康，乐也。"巠：后世作"经"，义为常，引申为遵循。用：在铭文中经常作"因此"讲。配皇天：合乎天命。配：合。皇天：上天。

②篢嶲（zhǐ）：读为“广侈”，指王心宽大通达。坠：读为遂，义为达。

③所以我和贵族、士大夫在先王的宗庙中宣扬先王的美德。肄：同“肆”，连词，于是，所以。豯士：众士，即贵族。献民：士大夫。再：同“偁”，赞扬。盩：即盭，《说文》读若“戾”。《广雅·释诂》：“戾，善也。”

④我制作了祭祀用的宝簋，用来慰藉我的伟大而有美德的祖先。㝬：厉王的自称。䵼（shāng）：通“将”。《诗·周颂·我将》：“我将我享”，郑笺：“将，犹奉也。”彝：杀戮人牲的祭祀。康惠：安宁和顺，此指安慰。皇：伟大，《说文·玉部》：“皇，大也”。文：美好，《礼记·乐记》“以进为文”，郑笺：“文，犹美也，善也”，此指美好的德行。剌：通“烈”，显赫。且考：祖宗。且：祖的初文。

⑤请求有美德的先人前来保佑，往来于天上人间的祖先保佑子孙。其：表示祈使语气。各：文献借作“格”，到来，感通。前文人：即前世有美德的祖先。濒：通“频”，同，并。帝廷：天帝之廷。陟降：上下，指祖先往来天上人间。

⑥敬重伟大天帝的命令，好好保护我的王室，我的王位和我的身体。𩟈：通“重”，敬重。𩡧：通“恪”，恭敬。大鲁令：极其美好的旨意。鲁：通“嘉”，善。《尔雅·释诂》训嘉为善，善之训嘉，典籍习见。龄保：善保。《尔雅·释诂》“龄，善也。”㝬身：指厉王㝬自身。

⑦不断地赐给我隆盛而美好的许多福佑，和深谋远虑的智慧。阤阤：即佗佗。《诗·鄘风·君子偕老》：“委委佗佗，如山如河。”《尔雅·释训》：“委委佗佗，美也。”邢昺疏引孙炎曰：“佗佗，长而美。”宪烝：隆盛。美善。《礼记·中庸》“宪宪令德”，郑注：“宪宪，兴盛之貌。”《广雅·释诂》训烝为“美也”。宇慕远猷：安定国家的远大谋略和计划。

⑧我将永远出资实现我的各种祭祀。其：句中语气词，表肯定。䵼：通“将”出资，资助。《尔雅·释言》：“将，资也。”禦：通“御”，祭祀。《说文·示部》“禦，祀也。”

⑨用来祈求高寿长命，永久在王位，顺应天命于下土。桒（hú）匄（gài）：同义连用，祈求。永命：长命。畯：铭文“允”旁失铸，据辞意补，同“畯”，又通“骏”，长久。《尔雅·释诂》“骏，长也”。疐：根柢。《尔雅·释木》“枣李曰疐之”，邢昺疏：“疐，柢也。”

⑩［作器于］厉王第十二年。祀：年。

（8）虢季子白盘

【题解】本篇铭文选自北京文物出版1986年出版的《商周青铜器铭文选》第三卷308页。此盘铸于公元前七八世纪西周宣王时期，于清道光（公元1821—1850年）年间在陕西宝鸡县虢川司出土，今藏国家博物

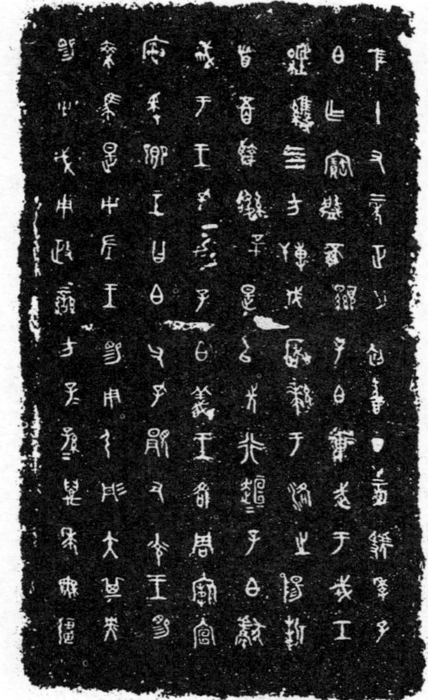

图 187　虢季子白盘铭文

馆。盘呈长方形，重 225 公斤，是现存商周青铜水器中最大的一件。它与“散氏盘”“大盂鼎”“毛公鼎”，被前人并称为“四大国宝”。铭文著在盘的中心，凡 8 行，111 字，重文三。记述虢季子白奉命征伐“太原之戎”（即玁狁）凯旋在周庙受周王嘉奖之事。铭文用韵文写成，押阳部韵。韵脚即方、阳、行、王、乡、光、王、央、方、彊。

由于时值西周晚期宣王时代，铭文中肥粗的填实笔画基本不见了。线条的平直化和肥笔的线条化，是汉字从图画性向符号性过渡的重要步骤。自此，文字不再是画的了，而是写成的。此篇铭文结体严谨，笔画圆润，遒丽；体势在平正凝重、整肃划一中，显出流动潇洒，疏朗错落的韵致。其章法布白亦具特点，与字形相比，空白处疏旷至极，一大一小形成强烈反差。历来为我国书画家所欣赏的“密不通风，疏能走马”的气韵之例（见图 187）。

【释文】

隹（惟）十又二年正月初吉丁亥，虢季子白乍（作）宝盘[1]。不（丕）显子白，[illegible]（壮）武于戎工（功），经[illegible]（维）四方[2]。[illegible]（搏）伐厰（玁）[illegible]（狁）于洛之阳[3]，折首五百，执[illegible]（讯）五十，是目（以）先行[4]。[illegible][illegible]子白，献戒（馘）于王[5]，王孔加（嘉）子白义，王各（狢）周庙，宣[illegible]（榭）爰卿（飨）[6]。王曰：“白父，孔[illegible]又（有）光[7]”王睗（赐）乘马，是用左（佐）王[8]。睗（赐）用弓彤矢，其央[9]。睗（赐）用戉（钺），鑾（蛮）方[10]。子子孙孙，万年无彊（疆）。

【注释】

①隹：后世作“唯”或“惟”，句首语气词。又：用在整数和零数之间，表示后

面的是零数。二年：二字是合文。初吉：每月初一至初七、八。古人把一个月平分为四份：朔至上弦为“初吉”，上弦至望为“既生霸（pò）”，望至下弦为“既望”，下弦至晦为“既死霸”。乍：后世作“作”，这里是铸造的意思。

②伟大而显赫的子白，在战争中威武勇敢，保卫国家。不：通“丕”，大。显：表现。㽷：通“壮”，强壮勇敢。戎工：战事。经维：经营维护。

③在洛水的北面征伐玁狁。搏：通“搏”，搏斗。搏伐：进击征伐。玁狁：经籍作“玁狁”，在西周西北地区的一个部族。洛：水名。阳：山南曰阳，山北为阴，水北为阳，水南曰阴。

④杀敌五百，俘虏五十，因此战功居于首位。折首：斩下首级。五百：二字合文。执讯：俘虏。五十：二字合文。是㠯：因此。㠯：后世作“以”。先行：战功位于军队之首。

⑤威武的子白，向时王献上敌人的左耳。趄趄（yuányuán）：亦作“桓桓”，威武之貌。趄：铭文中为叠字合文。古人书写习惯，下文的“王”“子”“孙”都是叠字合文。戒（guó）：又作“馘”或“聝”，割取敌人左耳。《说文·耳部》：“聝，军战断耳也。”献馘：献俘，是古代凯旋之后的军礼。

⑥周宣王为了隆重地嘉奖子白的战功，就到成周太庙，在宣榭大宴群臣。孔：副词，大，非常，此作“隆重”讲。加：后世作“嘉”，奖励。义：合于谊的道德，此作“战功”讲。各：后世作徦，到；来。周庙：成周（今河南洛阳东）太庙，是献馘，献俘之所。宣廟：即宣榭，太庙中讲武的房间。爰：乃；于是。卿：同“鄉”，后世作“饗”，今简化为“飨”，用酒肉款待。

⑦周宣王说：“白父，你的功劳很辉煌，你也十分光荣。”父（fǔ）：古时对男子的美称。䚍：后世作“覲”（jìn）。覲：通“耿”，光明，光辉。

⑧周宣王赐给子白四匹马的战车，子白用它辅佐君王。睗：“赐”的异体字。乘（shèng）：四匹马拉的车。是用：即“是以”，因此，用：介词。左：后世作“佐”，辅佐。

⑨赐给［子白］朱红色的弓和箭，弓和箭的颜色非常鲜艳。用：衬音助词，无义。彤：朱红色。其：代词，此处代“弓箭”。央：形容词，鲜明，鲜艳。

⑩赐给［子白］大钺，用来征伐蛮夷。戉：后世作“鉞”，古时长柄，状似大斧的兵器。政：通“征”，征伐。䜌：蠻字的初文。蛮方：泛指周边的部族方国。

子子孙孙，世代永远珍藏。子子孙孙：世世代代。万寿无疆：铭文成语，极言世代久远。彊：后世作“疆”，边境，边界。

（9）吴王光鉴

【题解】本篇铭文选自北京文物出版社1986年出版的《商周青铜器铭文选》第二卷第334页。1955年5月于安徽省寿县西门蔡侯墓出土。

此件铭文最早著录于安徽省文物管理委员会等编《寿县蔡侯墓出土遗物》（科学出版社 1956 年版）。此器是吴王光之女出嫁蔡侯时的陪送物之一。铭文铸在器内的底部，凡 8 行，53 字。字体比较纤细修长，行款亦比较整齐。今藏于中国历史博物馆。铭文记述了吴王光为其女儿铸鉴所用原料及对女儿出嫁时的嘱咐。吴王光，即春秋时期的吴王阖闾（亦作“阖庐”，公元前 514—前 496 年在位）。鉴，是“鑑”的简化字，而“鑑”又是“监”的后起字，金文作，像一人立于水盆之侧自视其容之貌（见图 188）。

图 188　吴王光鉴铭文

【释文】

隹（惟）王五月，既字白（霸）期，吉日初庚[①]。吴王光择其吉金、玄銧、白銧，目（以）乍（作）弔（叔）姬寺吁宗䵼（彝）薦（献）鉴[②]，用亯（享）用孝，釁（眉）寿无疆[③]。往已，弔（叔）姬！虔敬乃后，孙孙勿忘[④]。

【注释】

①王五月，既已许嫁而字，吉期已近，吉日是五月的第一个庚日。字：《广雅·释诂》“生也”。白期：吉期迫近。白：假借为迫，《说文》：“迫，近也。”期：吉期。吉日初庚：五月的第一个庚日。庚：古时每月分三庚：初庚、仲庚、孟庚。庚日是吉日。

②吴王光选择好铜、铅、锡，［为女儿］叔姬寺吁来铸造宗庙祭祀用的礼器铜鉴。吉金、玄銧、白銧：郭沫若说："二銧字盖'矿'之异体，玄銧当指铅，白銧当指锡，吉金当是铜。"弔：经籍作"叔"。䵻：通"彝"。宗䵻（彝）：宗庙祭祀所用之礼器。薦：献，此用为"祭祀"义。

③用来祭祀、孝敬祖先，永远保佑长寿。亯：是"享"的异体字，献，引申为祭祀。䫉寿：经籍作"眉寿"，义为长寿。

④去吧，叔姬！对你的君侯要恭恭敬敬，子子孙孙不要忘记。已：句末语气词，经籍多作"矣"。虔：恭敬。乃：你。后：指蔡侯。《仪礼·士昏礼》："父送女，命之曰：'戒之敬之，夙夜勿违命'"，与此铭"虔敬乃后"义近。孙孙：铭文为叠字合文，义同"子子孙孙"。

（10）䜌书缶

【题解】本篇铭文选自北京文物出版社1986年出版的《商周青铜器铭文选》第四卷第586页。此器系春秋时期晋景公时之器，乃传世之珍品。曾为古文字学家容庚先生收藏，1949年后献给国家。今藏于广州市博物馆。其铭文最早著录于省吾《商周金文录遗》。此器腹外刻有铭文5行，40字。䜌书：即栾书，春秋时候晋卿，谥号"武子"，故经籍又称"栾武子"。此缶乃䜌书为了祭祀其祖父栾枝（晋卿，将下军，谥号"贞子"，经籍又称"栾贞子"）特意制作的。铭文说明制作此缶的目的：为了祭祀祖父和祈求自己的长寿。缶，盛酒浆的器皿，小口，圆腹，有耳，有盖。其铭文笔画圆转、匀称而纤细，字形端庄秀丽，行款整齐有序（见图189）。

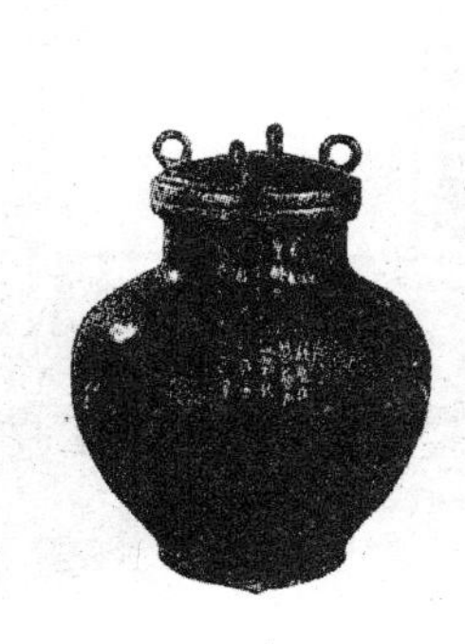

图189　书缶及其铭文

【释文】

正月季春元日己丑[①]，余畜孙书已斁（择）其吉金，㠯（以）钗（作）铸𨥧（缶），㠯（以）祭我皇祖[②]，𪊨（余）㠯（以）㫃（祈）𩰬（眉）寿[③]。䜌（栾）书之子孙，万𣅀（世）是宝。

【注释】

①正月：此系周历，按：夏历十一月为岁首（孟春），故夏历正月为季春。元日：即吉日。《易·乾卦》："元者，善之长也。"

②畜孙：孝顺的孙子。《礼记·祭统》："孝者，畜也。"书：栾书自称。已：已经。斁：同"择"，选择。吉金：青铜。钗：同"作"，制作。𨥧：同"缶"，分陶制和铜制两种，此为铜缶。皇祖：对先祖的尊称。

③㫃：同"祈"，祈求。𩰬寿：即眉寿，长寿。

（11）秦公钟

【题解】本篇铭文选自北京文物出版社1986年出版的《商周青铜器铭文选》第三卷第644页。此钟于1978年1月陕西省宝鸡县太公庙村出土，共八枚。这是第一枚，凡9行，72字，重文二。今藏于陕西省宝鸡市博物馆。其字形趋于线条化，与石鼓文相似，属于典型的秦之大篆（见图190）。

图190　秦公钟铭文

【释文】

秦公[1]曰：我先且（祖）受天令（命），商（赏）宅受或（国）[2]，剌剌（烈烈）卲（昭）文公、静公、宪公，不彖（坠）于上[3]，卲（昭）合皇天[4]，以虩事緣（蛮）方[5]。公及王姬曰：余小子，余夙夕虔敬，朕祀，目（以）受多福，克明又（有）心。盭（戾）龢（和）胤（俊）士，咸畜（蓄）左右[6]，𧾷𧾷允义[7]，翼受明德，目（以）康奠𢦚（协）朕或（国）[8]，盜（兆）百緣（蛮）具即其[9]。

【注释】

①秦公：即指秦武公。

②乃赏都邑受疆土之意。古以立国为天命。赏宅受国：泛指秦襄公以前的历史。

③文公、静公、宪公无废于上天所受之命。文公：襄公之子，在位50年。静公：文公之子。宪公：静公之子。

④即昭合皇天，配合皇天。意谓三公之德相配皇天而合于天命。

⑤以国家的光明之治在于蛮邦之中。虩事：读为赫事。虩、赫通假。赫，义为明为显。事：治。《战国策·齊策》“以详事下吏”，韦昭注：“事，治也。”赫事：意为光明之治，指秦在西戎之地得以大治。

⑥以安定和协之策对待才智之士，皆任用为官吏。盭龢：言以安定和协之策任用才智之士。咸畜左右：皆养蓄为官吏，养蓄在任用。

⑦恭敬信义。𧾷𧾷：读为肃肃，《玉篇·走部》训“走貌”，与肃同音通假。

⑧以安定协理我国。康奠：安定，《尔雅·释诂》：康“安也”；奠，“定也”。

⑨众多的百蛮之族，都遵循他们的职分。盜：从皿从㳄，《说文》之籀文，则盜，即盗字。音假为兆，亿兆之兆。古称民多曰兆。《国语·周语》：“百姓兆民。”

（12）陈侯午敦

【题解】本篇铭文选自北京文物出版社1986年出版的《商周青铜器铭文选》第四卷第559页。此器系战国时期之齐器，为传世之器，今藏国家博物馆。最早著录于吴式芬《攈（jùn）古录金文》。其铭文8行，36字。铭文记述了陈侯午铸造敦所用的原料来源和目的（见图191）。

图 191　陈侯午敦铭文

【释文】

隹（唯）十又四年，陸（陈）侯午台（以）群者（诸）侯肰（献）金乍（作）皇（皇）妣（妣）孝大妃祔（祭）器錞錞（敦）[1]，台（以）登（烝）台（以）嘗，保又（佑）齐邦，永枼（世）母（毋）忘[2]。

【注释】

①陈侯午即位的第 14 年时，用众诸侯所献的青铜为其皇妣孝大妃作祭祀之錞錞（yì duì）。陈侯午：即齐桓公。《史记》作"桓公午"。桓公午是陈（又作"田"）的后代。公元前 374 年，陈氏杀死姜姓齊君及孺子喜而立为齐君。肰："献"的异体字。妣：后世作"妣"（bǐ），指已故之母。皇妣：对亡母的尊称。《礼记・曲礼下》："祭，父曰皇考，母曰皇妣。"孝大妃：皇妣的称号。祔：即佑，助也。佑器是求神佑助之器，即祭器。錞：铭文作鍾，从金从申，是"弋"的繁化。錞：《尔雅・释器》：即敦。錞錞：形制上下对称，形似圆球的盛食器。盖、器各有三圈耳以为支点，即所谓"鼎附耳外"之类。

②用来祭祀，以求先人保佑齐国，永远不要忘记。登："登"的异体字，经籍作"烝"（zhēng），祭礼名。嘗，祭祀名。《诗・小雅・天保》"禴祠烝嘗，于公先王"，毛传："春曰祠，夏曰禴，秋曰嘗，冬曰烝。"按：本文中"烝""嘗"，泛指祭祀。枼："世"的异体字。母：经籍作"毋"，不要。

（13）中山王䳯壶

【题解】本篇铭文节选自北京文物出版社 1986 年出版的《商周青铜器铭文选》第二卷（东周）第 615 页。此壶系公元前 4 世纪战国中期中山国所铸，1978 年于河北省平山县三汲公社中七汲西中山王一号墓出土，今藏河北省文物管理处。从盖至腹，铭文凡 40 行，450 字。重文三，合文一。在已发现的战国青铜器中，其字数为最。

因版面所限，这里只节选本篇铭文的前 10 行，以见一斑。本篇铭文的特点独具一格："字体修长纤细，笔画劲锐而飘逸，行款整齐有序，通篇华丽光鲜，极富装饰美。"由于铭文线条的边沿大多蚀泐（lè）不重，显得光洁流畅，故便于学习和临摹（见图 192）。临摹时一要注意其字体的间架结构都向内收缩的特点，二要注意运笔过程中不能有停滞之处，因为其铭文的笔画起止锋芒毕露，或如悬针，或似韭叶。此篇铭文内容是通过颂扬相邦的贤明和功绩，揭示燕王哙让位于相国子而导致国破身亡的教训，告诫嗣王警惕在中山国发生燕国式的悲剧。

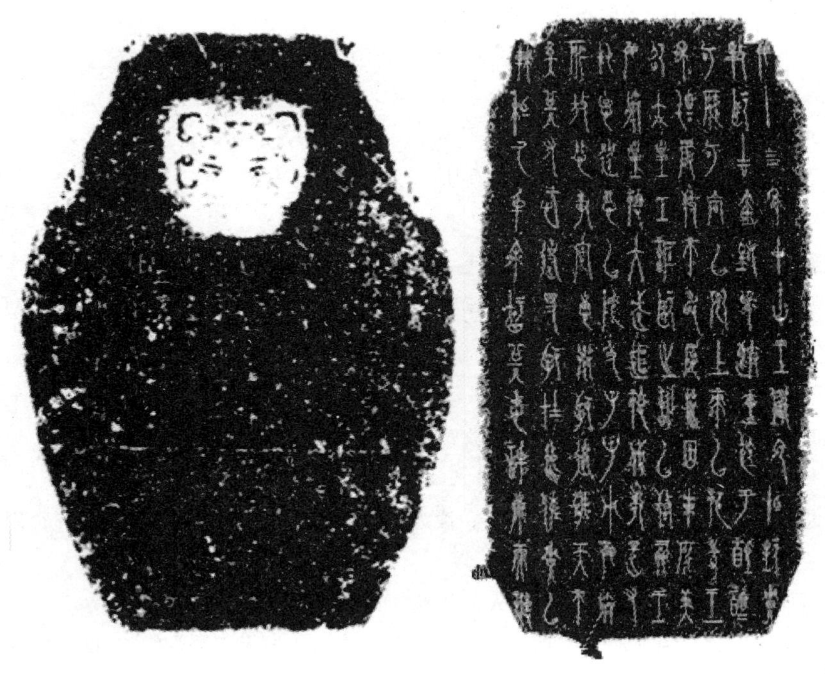

图 192　中山王䳯壶及其铭文

【释文】

隹（唯）十四年，中山王譻命相邦賙斁（择）郾（燕）吉金，钋（铸）为彝壶[①]，节于醒醉[②]，可灋可尚[③]，目（以）卿（饗）上帝，目（以）祀先王。穆穆济济[④]，严敬不敢㞷（怠）荒[⑤]。因𡎖（载）所美，卲（昭）大（蔡）皇工（功）[⑥]，诋（诋）郾（燕）之讹[⑦]，目（以）憼嗣王[⑧]，隹朕皇禝（祖）文武，趄（桓）祖成考[⑨]，是又（有）軘（纯）悳（德）[⑩]，遗（遗）巡（训）目（以）阤（施）及子孙，用隹朕所放，慈（兹）孝寰惠，㪅（举）臤（贤）速（使）能，天不臭（斁）其有忨，速（使）旻（得）臤（贤）在（才）良猹（佐）賙，目（以）辅相氒身。余智（知）其忠訡（信）施（也）而谟（专）赁（任）之邦……

【注释】

①十四年中山王譻命令相邦賙（zhōu）选择燕国的青铜，铸造祭祀所用的壶。賙：人名。郾吉金：燕国的青铜器。钋：从金从寸，寸当为“肘”省，读为铸。肘、铸古音同。

②醒醉（yīnjì）：当即禋齐，祭祀酒名。

③可为法度，可为供奉。灋：今作“法”，则也。尚：奉。

④用来宴飨上帝，用来祭祀先王。君臣威仪都很虔诚庄敬。

⑤严肃恭敬而不敢荒散。㞷：从尸从怠，“怠”的异体字。

⑥于是就满载美誉，昭著大功。卲大：大，蔡字的古文。

⑦诃（hē）责燕国的谬误。诋：“诋”的异体字。

⑧用来儆戒新即位的国君。憼：通“儆”，《说文》：“儆，戒也。”

⑨我的先祖武公和成公，威武的死去。皇祖文武：指中山的武公和成公。

⑩軘：从束屯声，假借为“纯”。

⑪遗：“遗”的或体字。阤（yǐ）：也声。阤、施一声之转。

⑫因此朕仿效先王之纯德遗训。放：仿。《论语·里仁》：“放于利而行。”何晏注：“放，依也，每事依利而行。”

⑬孝慈长者，施恩惠于百姓。寰：读为“宣”。袁、亘：同为群纽元部，音同假借。故宣惠，义为施惠。

⑭任用贤人，使用能人。㪅：从犬舆声，读为“举”。

⑮上天不会拒绝他所怀有的奢望。臭：斁。《说文·大部》：“臭，古文以为择字”。假借为斁。《书·洛诰》：“我惟无斁甚康事”，孔安国传：“斁，厌”。故“不斁”，犹今言“不拒绝”“不厌弃”。

⑯得到贤才，良好地佐助赒。贤在：即贤才。在：假借为“才”。良猹：良佐。，读为“佐”。

⑰我知其忠信而以国事专为委任之。谫：从言傅声，与从専同。

（三）战国文字

战国文字上承殷商甲骨文、周金文、下开籀篆与秦隶，当含战国金文、六国古文、篆书、古隶、魏三体石经和汉简之类。战国金文作为一类，在前面已有详论。这里，主要讨论一下六国文字和秦系文字。

如前所述，战国时代，社会发生了剧烈变化。随着政治、经济、文化等方面的迅速发展，文字的使用越来越广泛，使用的人数也越来越多。这就使诸侯各国的文字形体发生了前所未有的巨大变化。这个变化就是由于周王朝统治的衰败，国家分裂，诸侯割据，所造成的“文字异形”即造成了东西方所用文字形体不同的格局。主要表现在战国中期以后，齐、楚、燕、韩、赵、魏等东方六国各方面发展比地处西疆的秦国迅速，其传统的正体文字（指西周春秋时代的金文）受到严重地冲击，代之以俗体字的广泛流行。而秦国各方面的发展比较落后，其文字未受到剧烈的冲击，仍保持着西周文字的传统的正体风格。因此，文字学家通常把战国时代的文字分为“六国文字”和“秦系文字”两大体系。但战国文字研究最为薄弱，其历史方面研究还是孤立的。系统的分国研究，则刚刚起步，断代研究尚未有可靠的标准，未识字俯首皆是。因而，战国文字的研究不仅其文字考释大有可为，且战国文字其他方面研究亦亟待更多学者参与。

1. 六国文字

（1）六国文字的特点

六国文字的主要表现是俗体字的流行，其最显著的特点是简体字泛滥，同一个字，各诸侯国写法不同，任意省变、简化。前已举述，这里再举二例（见图 193）[①] 来看：

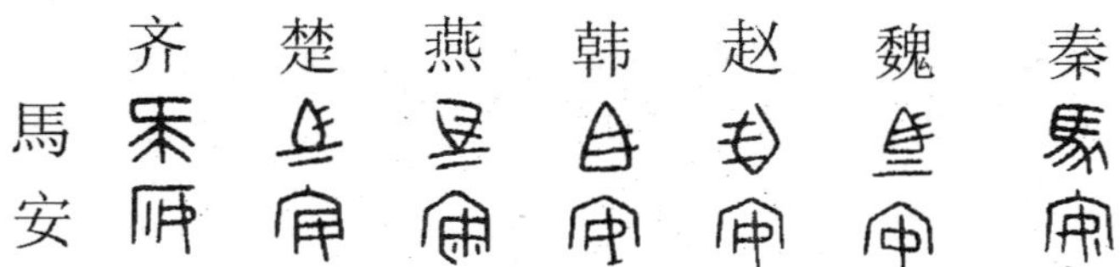

图 193

① “马、安”二字图采自赵向标等《图文中国通史》第一册，新疆人民出版社 2002 年版。

同时，也出现了一些加点画或偏旁以及加以鸟头虫身装饰字的一些繁化字。可参阅马国权《鸟虫书论稿》（中华书局 1983 年版）和曹锦炎《鸟虫书通考》（上海书画出版社 1999 年版）等（见图 194）。

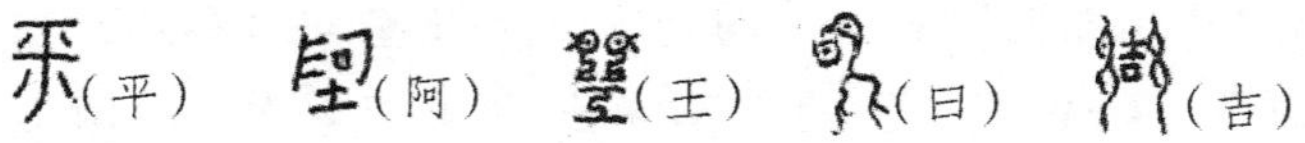

[illegible]（平）　[illegible]（阿）　[illegible]（王）　[illegible]（曰）　[illegible]（吉）

图 194

由于产生大量不同形体的简体字和为数不少的繁化现象，造成六国文字严重"异形"，跟传统的正体比较面目全非。从总体上说，六国文字之间结构不同，齐、楚、燕的文字和西周金文差距迥别，而韩、赵、魏则不甚悬殊。书写风格也各异，齐国文字字体瘦长，笔画匀整而精细；楚文横平竖直，曲圆至极，线段平行，婉转流畅；燕文工整方折，笔画僵硬；韩、赵、魏文字则端庄整齐，笔画纤细，等等。无疑，给我们考识六国文字带来较大困难。

（2）六国古文

汉武帝时，从孔子住宅的夹壁中发现了一批经书，称为"古文经"。西汉末年，由于古文经学的兴盛，人们就把孔壁中的经书作为主要依据的字体，称作"古文"。这种古文，其实是战国时期鲁国的文字。许慎作《说文解字》时，收录了古文经中的"古文"500 余字。

六国文字在书写体势上同甲、金文的差异，主要因为六国文字大多是用毛笔写在简帛上，笔画往往前粗后细，形似蝌蚪，故称"蝌蚪文"。《说文》中所收古文在形体结构上虽然与出土的六国文字接近，但书写体势却不完全相同。因为许慎作《说文》时，并未亲见古文经原本，古文经由于辗转传抄，形体发生变异，失去了六国古文的笔势风格。而且传世《说文》中的古文，是宋代句中正、王维恭等人师法《魏三体石经》中的古文字体摹写的。而《魏三体石经》又是三国时代伪造的六国古文，书写体势自然与原来的六国文字不同。

（3）魏三体石经

《魏三体石经》系魏齐王（曹芳）正始二年（241）刻刊的。它是用古文、小篆、隶书三种字体把《尚书》《春秋经》刻写在 35 块石碑上，约 14.7 万字，故名，亦称《正始石经》（见图 195）。石碑原立在河南省洛阳市魏故城朱家圪垯龙虎滩，经西晋“永嘉之乱”已崩毁亡佚。

其拓本唐代尚在，仅存 200 多字。1895 年以后，在洛阳陆续出土了石经的一些残石，存古文 600 多字。据有人统计，今存“石经古文单字为 440 个，其形体结构同于《说文》古文者 70 字，约占总数的 16%；同于《说文》中篆文者 155 字，约占总数的 35%；同于甲骨文、金文者 87 字，约占 20%；同于六国古文者 56 字，约占 13%；形体讹别不知所以者 56 字，约占 15%”[①]。这个统计表明：《说文》中的古文不是六国古文的全部，《石经》和《说文》中的古文都是源于商周并通行于六国的属于同一体系的文字。

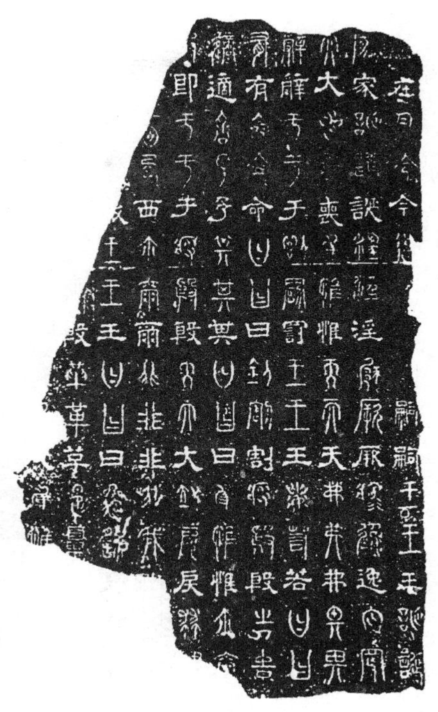

图 195　魏 · 三体石经（残石）

不过，出土的《魏三体石经》中的古文笔画是“两头尖细”，不像头粗尾细的“蝌蚪”。可能是由于书写石经的人，没见过真正的六国文字，而附会蝌蚪之名臆造出来的一种古文字体。六国古文并非一种正规字体，随着秦始皇统一文字——“罢其不与秦文合者”的重大举措而绝灭了。

（4）考释、研究六国文字的资料

随着 20 世纪以来考古工作的发展，先后出土大量的战国文字，提供了前所未有的文字形体不同的条件，所以考识六国文字最可靠的资料是 1949 年后出土的战国文物。六国文字多见于出土的日用铜器铭文（前文已述）、简牍、帛纸，此外还有兵器、陶器、玺印、货币等出土，其上亦有少量文字。下面分别加以介绍。

①简牍文字

简牍文字是用毛笔写在竹木片上的文字（见图 196）。写在竹片上叫

① 见刘志成《汉字学》，第 107 页。

“简”，写在木版上叫“牍”。这是纸发明前最廉价的书写材料。简的制法，是将竹子按一定规格截成简，剖成一厘米左右宽的竹片，刮去其青皮（叫“杀青”），再放到火上烘烤出水分（叫“汗青”），以防腐烂。竹简较窄，每枚只能写一行字。木牍通常一尺长，比竹简宽大，每片可写几行字，百十个字，可以用来写信。故书信，又叫“尺牍”。写好的竹简，用丝绳或皮绳串起来成为“册”。册字，殷商甲骨文中习见，又《尚书·多士》有“惟殷先人有册有典”之语，可见，商代已有通行的简册了。这不仅说明简牍文字是商周、春秋时代的主要文字资料，而且证明书的起源在殷商时期。但由于竹木易朽，未能保存下来。

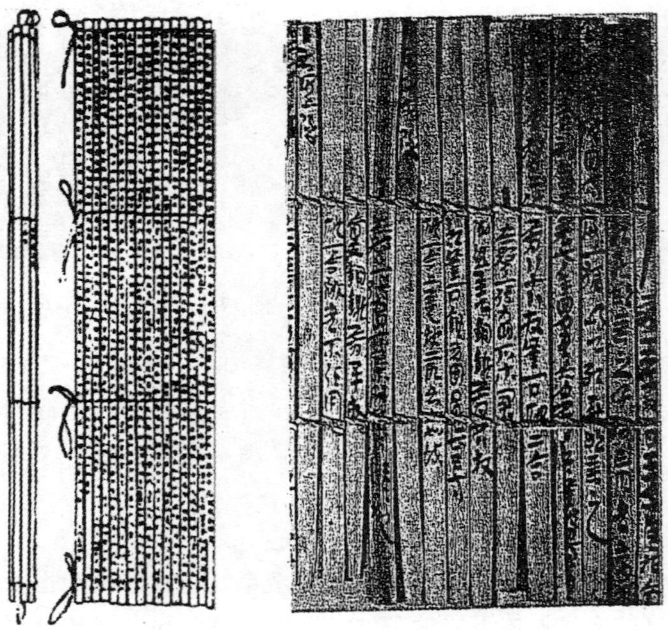

图 196 汉简

历史上有过多次简册出土的记载，最早的是汉武帝末年出土的战国时代的简册，迄今尚未发现战国以前的竹简。西汉武帝末年鲁恭王坏孔壁中发现的“古文经”[①]，和西晋武帝时于河南汲县古墓出土的“汲冢竹

① 见《汉书·艺文志》，中华书局 1983 年版，第 868 页。

书”等大批竹简也都是战国时代的，又都早已崩毁亡佚。20 世纪 50 年代以来，先后在湖南的长沙仰天湖（1953 年），河南信阳的长台关（1957 年），湖北江陵等地的战国中、晚期的墓葬中出土三批楚简 800 多枚，4200 余字（图 197、图 198）。

1975 年年末，在湖北云梦睡虎地区 11 号秦墓出土 1100 多枚秦简（见图 199）。1978 年于湖北随州发现战国早期曾侯乙墓一批竹简，在已出土的竹简中是时代最早的一批。1997 年又于湖北随州擂鼓墩的战国古墓中发现 200 余枚竹简，6000 多字。

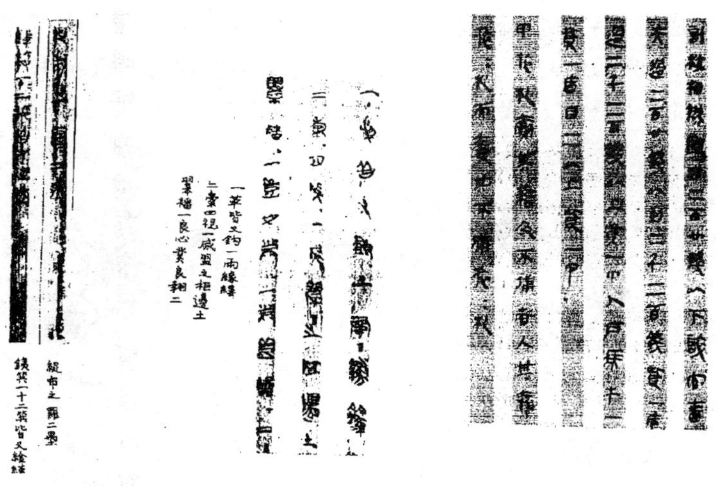

图 197　长沙仰天湖竹简　　图 198　信阳楚简　　图 199　云梦睡虎地秦简

20 世纪 50 年代以来，又在安徽阜阳、山东临沂银雀山各地汉墓里出土许多汉简。在西北边塞遗址出土的汉简包括敦煌汉简和居延汉简等。这些简牍文字对研究汉字形体来说是有重要价值的，因为都是当时日常书写字体。秦简是研究秦隶的重要资料，汉简是研究隶书发展变化和草书形成的资料，魏晋简则是研究行书和楷书的重要资料。

研习简牍文字，主要论著有：罗振玉、王国维《流沙坠简》（宸翰楼本），中国社会科学院考古所《居延汉简甲乙编》（中华书局 1980 年版），《银雀山汉墓竹简》（文物出版社 1975 年版），《睡虎地秦墓竹简》（文物出版社 1977 年版），《云梦睡虎地秦墓竹简》（文物出版社 1981 年版），李学勤主编《清华大学藏战国竹简》（壹—伍，中西书局 2011—2015 年版)，曹锦炎《浙江大学藏战国楚简》(浙江大学出版社 2011 年版) 等便于查询研习参考。

②帛纸文字

古有“竹帛”之说，二者并举，意谓古代两种重要的书写材料。而“帛”是高档的书写材料，价格昂贵，比简牍高得多，故使用不广。传世帛书甚少，目前发现的只有两件：一是 1942 年于长沙东郊子弹库楚墓被盗掘出土的战国楚帛书（篆书），长 47 厘米，宽 38.7 厘米，上有墨书 956 字，内容三篇是记载“日月四时形成的神话，天象失常的灾祸和一年内各个月份的宜忌”等天文历数，并配有怪异的彩色图像（见图 200）。它是研究楚国文字的宝贵资料，20 世纪 40 年代中期流藏于美国纽约大都会博物馆。二是 1973 年长沙马王堆三号汉墓中发现的西汉帛书（隶书），十分精美的朱栏墨字，属于早期汉隶（见图 201）。

图 200　战国楚帛书

帛书专著主要有国家文物局古文献研究室《马王堆汉墓帛书》（文物出版社 1975 年版），饶宗颐《楚帛书》（中华书局 1985 年版），曾宪通

《长沙楚帛书编》（中华书局 1993 年版），李零《长沙子弹库楚帛书研究》（中华书局 1985 年版），侯灿、杨代欣《楼兰汉文简纸文书集成》（天地出版社 1999 年版）目前收录早期纸质文献数量最多，陈松长《帛书史话》（中国大百科全书出版社 2000 年版）等。有《老子》《易经》、医书、占书等，达 12 万余字。纸作为书写材料，始于公元二世纪。纸发明于汉代，普及于晋代。由于帛的价格昂贵，未能取代简牍，纸却代简牍而成为主要的书写材料。字纸在魏晋时代的“楼兰遗址”有所发现，内容有书信、文书、簿籍残片等，时代较早，跟简牍同时出土的年代、范围差不多。在敦煌莫高窟和新疆吐鲁番等地，出土一些晋代和南北朝的卷子和字纸，对研究汉字形体有参考价值。现存的《平复帖》（见图 202）和王珣（xún）《伯远帖》（见图 203）。魏晋以来流传下来的名家书法真迹，一般都属于“帛纸文字”。到了公元 402 年，东晋下达了废止简牍的政令。至唐代，适合中国书法表现手法的“宣州纸”名扬天下，为书画者所喜闻乐用。除了偶尔有人用绫绢作书外，纸成为墨迹的一统载体。

图 201 马王堆帛书

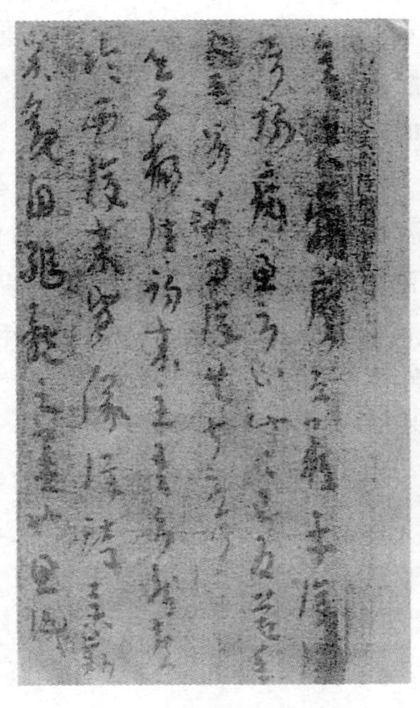

图 202　西晋·陆机《半复帖》

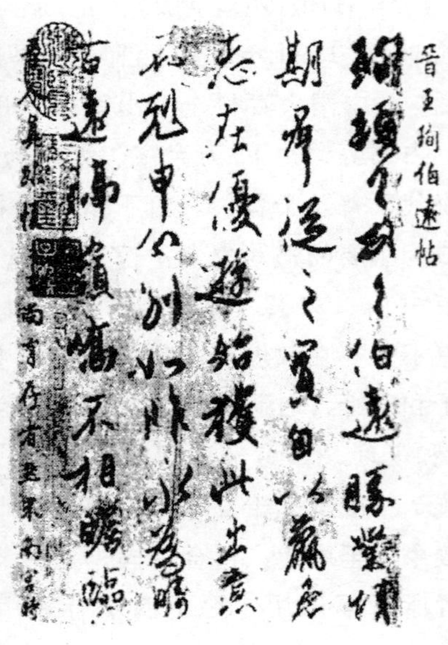

图 203　王珣《伯远帖》

③货币文字

铸在货币上的文字叫“货币文字”，也叫“泉”。泉，即钱。但是古代的货币也有个历史演变过程，其名称是不断变化的。西周之前，用“贝”；东周以后，金属货币才盛行起来。最初起用于民间，由生产工具“刀、铲”演变来的，开始的铜制货币，形似刀、铲。六国各自铸造货币，故形式和重量以及名称都不同。按形制分：有“钱文”“刀文”“布文”（布，“镈”的借字，即铲子，流通于齐燕和三晋）。后来秦又铸“圆钱”（圆廓方孔或圆廓圆孔，主要流通于秦国），楚铸“金鉼”和仿贝的“铜贝”（又称“蚁鼻钱”等，流通于楚国）等（见图 204）。

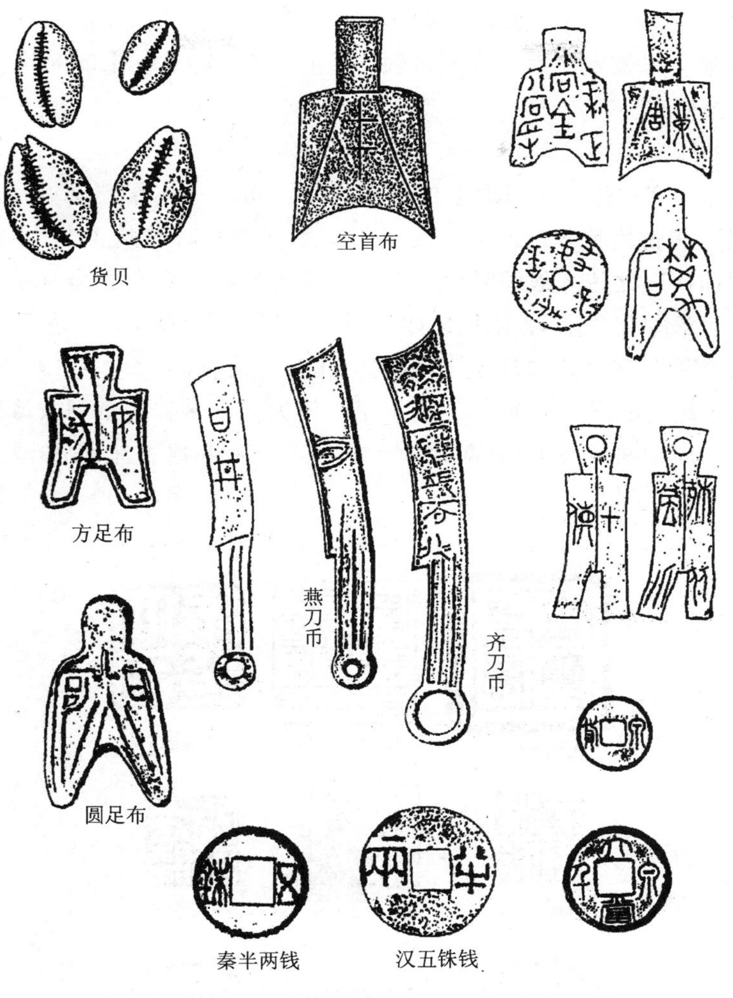

图 204　货币文字

出土的货币上一般铸有地名，或货币的重量。钱文多出自铸工之手，字形简化趋势十分明显，反映了民间习用的字体（见图 205）[①]。由于刀布出土多，发现 800 多个单字，已考识出 300 余字。

关于介绍古钱的书很多，汇集最全的是丁福保的《古钱大辞典》（上海医学书局 1983 年版）。辑录古钱文字的专著是商承祚等编的《先秦货

① 图 204 货币文字采自唐石父《中国古钱币》，上海古籍出版社 2004 年版。

币文编》（书目文献出版社 1983 年版）、张颔《古币文编》（中华书局 1986 年版）和唐石父的《中国古钱币》（上海古籍出版社 2004 年版）等可资参考研究。

④玺印文字

玺印文字，指刻在印章上的战国文字。玺，古亦作“鉨（xǐ）”。由于“玺”在古代是印在泥上，故“玺”字下边古时“从土”。沿用至今尚有“印泥”之说。战国时代，玺是印章的通称，到秦始皇称帝时才把皇帝的印章专称“玺”，臣民的印章叫“印”。因为皇帝的“玺”是玉刻的，故“玺”字改为“从玉”，并有“玉玺”之称。

据记载，战国之前就有“玺”了，但为数不多，有个别收藏殷商之物者。人们常将先秦的印章称为“古玺”，大多数古玺是战国时代的遗物。

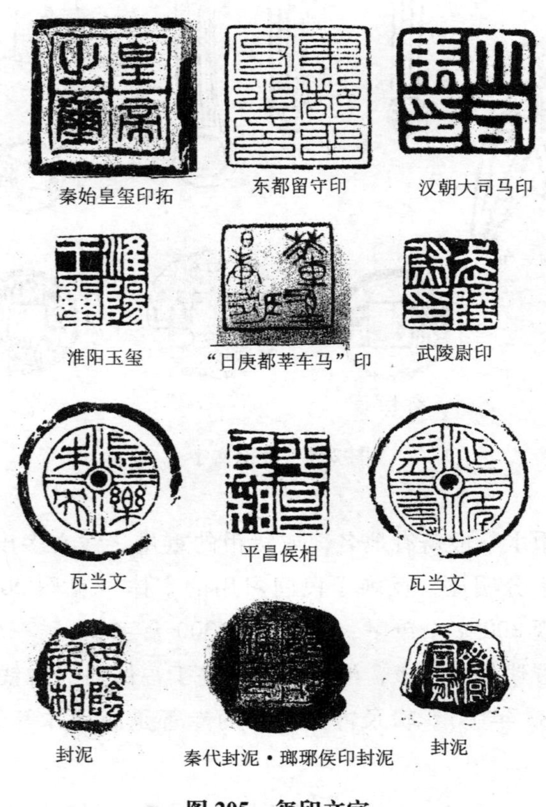

图 205　玺印文字

古玺有阳文（即朱文）、阴文（即白文）之分。

古玺文字则分为两大类：一类是玺印，包括官印和私章两种：官印，即官玺，是用来证明上自皇帝下至各级官员的身份和权位的，传世印章多是官印；私章，亦称私玺，最初是制陶者标记信用的，后来用到商业交易上代表个人信用的姓名，再后来才发展到政府人员的大量应用上。此外还有成语、吉语等表示祝愿的玺印，即瓦当文字（见图 205）。

另一类则是“封泥文字”。所谓“封泥文字”，也是玺印文字。古代文书传递，多是写在两块木牍上，然后将两块木牍的字面朝里叠起来，用绳子捆上。为了防止传递时被人私拆，在绳索打结处用泥封住，其上再加盖印章，叫作“封泥”。上面的文字就是印文。封泥出土很多，其上文字是应用中的印玺，其文字更有价值（见图 205 末行三字）。

古玺面积小，为了印面布局美观古朴，常常将字的偏旁移位，重新组合穿插，结果笔画省减，部件讹变，所以古玺文别具一格，不同于日常文字。

研习古玺文字，有罗福颐主编的《古玺文编》（文物出版社 1981 年版），收字最全，凡 2773 字，及其《汉印文字徵》（文物出版社 1981 年版），还有吴幼潜的《封泥汇编》（文物出版社 1981 年版），收战国、两汉之封泥凡 1115 字。均可资参阅。

⑤古陶文字

顾名思义，系指保存在古代陶器上的文字。但是，古代带有刻画符号的陶器可以上溯到新石器时代。那些符号虽有不少发现，尚不能确认为文字。商周时代的陶器上也发现一些刻文，但数量不多。因此，这里所谓古陶文字是指战国时期刻或印在陶器上的文字。

战国陶文的大量出土，始于晚清时期。这些陶器大多是日常生活用具的豆、区、釜、盆之类，所附文字也大多为人名或地名。这些人名或地名，无疑是指制陶工人或制陶的地点。其文字具有商标性质，以示信用，建立信誉，以利陶器推销。所以，陶文属于民间通行的俗体文字。仅以 1977 年河南省登封县告成镇为例，发掘出土的陶器较多，也较重要。出土陶文多属齐、燕、韩等国，有印模和刻画两种。印模陶文较多，有如玺印文，有官印，也有私人印章。而刻画陶文较少。一字者为多，两字以上至十几字者也有（见图 206）。

赘

子表里人

楚城迁蕈里

图 206　陶文

古陶文字的搜集整理，到清朝末年才开始，已编辑出几部字典。其中金祥恒的《陶文编》（艺文印书馆 1964 年版）收字较全，正编收 498 字，还有高明《古陶文汇编》（中华书局 1990 年版）、顾廷龙《古陶文舂（nǐ）录》（上海古籍出版社 2004 年版）、刘钰《秦陶文新编》（文物出版社 2009 年版）可资参阅。

图 207　侯马盟书

⑥玉简文字

玉简文是指用毛笔直接写在玉片上或竹简上的文字，是手写的真迹。这是有别于上述五种文字的。如今传世珍贵的玉简文资料主要是盟书。盟书，是古代用以盟誓的言辞。《周礼·司盟》郑玄说："盟者，书其辞于策，杀牲取血，加书于上而埋之，谓之载书。"古时亦将盟书称为"载书"。由于出土的盟书多为玉质，故连其文字称为"玉简文"。盟书，1949 年前后均有出土。考古工作者在山西、山东、河南、湖北、湖南等地发掘出（含盗掘的）大量的春秋战国乃至西汉早期盟书，都是手写真迹。其中 1965 年 12 月于山西侯马市晋国遗址出土的东周时的侯马盟书五千多件，可识的600余字。距今2400余年，字是用朱红色写在玉片上，内容是记载晋范氏、中行氏反对赵简子失败之后，被株连的人表示拥护赵简子的盟誓。其盟书的质料为玉片，形多呈尖首、平足的长条匕首状，其文字显示的是春秋末年、战国初年韩、赵、魏等国日常通用字的原貌（见图207）。

1982年，在河南省温县还出土了温县盟书，是用毛笔写在石片上的墨迹，与上述侯马盟书时代接近；字体接近简帛文，笔势起重收轻，形如蝌蚪；异体繁多。属于春秋末年晋国文字，可视为六国古文之代表。

传至今日的盟书不多，有山西文物工作委员会著录的《侯马盟书》（文物出版社1976年版）和张颔的增订本《侯马盟书》（山西古籍出版社2006年版）可学习研究。

总之，六国文字的一个共同趋向，就是逐渐适应书写的生理习惯，逐渐使线条平直化、弧形化并笔画化了，呈现为隶书化的发展趋势。若要进一步全面、系统、深入研习战国文字，目前仅有何琳义的《战国文字通论》（中华书局1989年版），2003年江苏教育出版社再版本值得研究参考。

2. 秦系文字

所谓“秦系文字”，当涵盖春秋时期、战国时期和秦统一中国后三个时期的秦国文字。文字学家通常亦称秦国文字为“西土文字”，而把东方六国文字称作“东土文字”。这是就地处方位来称谓的。

地域是决定秦文字成为汉字正统的重要因素。春秋战国文字的变化，是以西周都城镐京为中心的，距离镐京越远的地域文字变化越大，这是规律。因此，到了战国时期，同出一源的东方六国文字发生了较大的地域性变体。而秦国地处西僻，本来距西周就近，又在周平王东迁后，移都于今之凤翔县附近的“雍”地，不仅袭占了西周的故地，而且承继了西周的文化。因此，春秋战国时期的秦文字没有发生像东土文字那样的变异，而和西周的文字是一脉相承的。与此同时，各方面发展强大起来的东方六国文字却因地域和文化等缘故，发生了横向的空间变异。鉴于“文字异形”的弊端，秦统一六国后，采取了“罢其不与秦文合者”的“书同文”的举措，以秦之篆书为基础，由李斯规范与统一全国文字。秦以后的汉字演变，也是在规范后的小篆及其日常书写形式——古隶的基础上发展的。因此，可以说秦文字起着上承西周文字传统，下启汉魏的作用。从这个意义上说，秦系文字的研究，较之六国文字更为重要。

所谓“篆书”，是指其笔画圆转匀称的书写而呈线条的一种字体。它是从商周两代文字发展来的，是从春秋、战国到秦汉之间秦国和秦皇朝所使用的一种文字形体。它是从写法上得名的。《说文·竹部》：“篆，引书也。”段注：“引书者，引笔而著于竹帛也。”故引，是“引申拖长”之意。当时，已用毛笔写字。为了把字写得整齐，需要把笔画的长短、疏密、布白配搭匀称，一笔一画要引长来写，以构成一个完整的形体，所以叫“篆书”。

篆书，分为两类。文字学家一般把春秋战国时期秦国的通用文字习称为“大篆”，而把秦统一六国之后规范了的秦文字叫作“小篆”。

（1）大篆（即籀文）

大篆系指春秋、战国时期秦国所通用的文字，是秦始皇统一文字后对籀文的称谓。当时，本无“大篆”之称，由于秦统一之后出现了由李斯等人“省改”“史籀大篆”而规范了的“小篆”，与之相对称为“大篆”。实则小篆亦并非皆是李斯等人“省改”“史籀大篆”的产物，而是春秋战国秦之篆书演变的结果。此时期的秦国遗物及其上面的文字可证[①]。因此，全然言小篆是大篆的“省改”不尽确当。

许多学者把籀文、石鼓文、诅楚文以及秦武公时的秦公钟、秦公镈和秦景公时的秦公簋上的文字视为典型的大篆。下面，我们分别加以介绍：

①秦国金文

春秋时期，秦国的铜器铭文传世无多，现已出土的只有秦公钟、秦公镈和秦公簋。秦公钟，1978年于陕西省宝鸡县太公庙村出土。其铭文跟西周晚期金文很接近，字的笔画明显线条化。它们的区别是，秦国金文字形规整匀称的程度有了提高（见图208），战国时期的秦文字的正体继续沿着这个方向发展。

---

① 见阴法鲁等《中国古代文化史》（1），第161—162页。

图 208　秦公钟及其铭文

秦公簋在民国初年出土于甘肃省天水，属于春秋中晚期时器，盖铭 53 字，器铭 51 字，共 104 字。据郭沫若考证，为秦景公时器。文字虽显错落，然结字整齐遒劲，不失西周遗风（见图 209）。

图 209　秦公簋及其铭文

战国时期秦之铜器铭文，出土较早的有“大良造鞅方量”和“大良造鞅戟”。前者之上有纪年文字，是秦孝公十八年（前 44），商鞅担任“大良造”时为统一秦国度量制度而颁发的容量为一升的标准器。其上铭文出于铸工之手，字形工整，接近民间俗体。由于此物图版锈掩严重，只好以摹本示意（见图 210）；后者亦为同时代遗物，反映的也是民间俗体。作为民间俗体的秦系文字，已经趋于直线化、笔画化乃至隶书化。

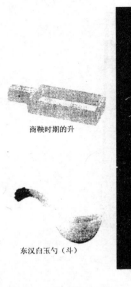

商鞅时期的升

东汉白玉勺（斗）

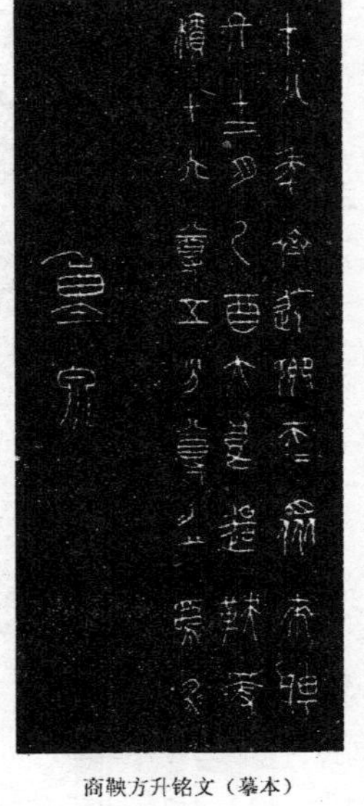

商鞅方升铭文（摹本）

大良造鞅造

图 210

②籀文

籀文，传说是西周末年周宣王（前 827—前 782）时的史官籀所编《史籀篇》里的文字，故名。当是春秋战国时期秦国通用的文字。关于什么是籀文，历来争论很大，其说不一。《汉书·艺文志》记载：“《史籀》十五篇。”班固自注云：“周宣王太史籀作大篆十五篇，建武（即东汉光武帝年号）时亡佚六篇矣”，又云：“史籀篇者，周时史官教学童书也，与孔氏壁中古文异体。”《说文·叙》亦云：“及宣王太史籀著大篆十五篇，与古文或异。”据《汉书》和《说文·叙》所云，可知“籀”，即史官之名，籀文即大篆。

但是，许多学者认为籀文并非周宣王时的文字。近代王国维认为籀文是春秋战国时代的秦国文字。他在《观堂集林》卷五《史籀篇疏证序》中说：“此篇首句盖云‘太史籀书’，即太史读书之意，故后人称为《史籀篇》。班、许以太史为史官，籀为人名，甚误。”卷七《战国时秦用籀文六国用古文说》又详细地论述了这一观点。唐兰认为籀文是春秋到战国时的文字。他在《中国文字学》一书中认为周宣王乃周元王之音误，史籀即《汉书·古今人表》中春秋、战国之际的史留。而上海博物馆所藏鼎的铭文中确有“史留”之名，此鼎乃周厉王十九年之标准器。经何琳仪《战国文字通论》一书考证，史留即史籀，认为周厉王在位 37 年，宣王在位 46 年，史留有可能在两朝为官①。裘锡圭说王、唐的“意见不一定正确”②。

① 何琳仪：《战国文字通论》，江苏教育出版社 2003 年版，第 35 页。

② 见阴法鲁《中国古代文化史》（1），第 162 页。

既然《史籀篇》为太史籀所编，其所用字体当与晚周金文相同。而《说文》中的重文是据《史籀篇》残存的9篇收录的223个籀文，却与春秋、战国时代秦国的金文和石鼓文接近。这说明经过历史上多次辗转传抄、刻印，已失《史籀篇》之原貌，也说明《说文》中的籀文是在周金文的基础上发展演变出来的字体，和周金文是同一体系的文字。其笔画圆转，字形整齐匀称，有些字有复叠笔画，见图211。

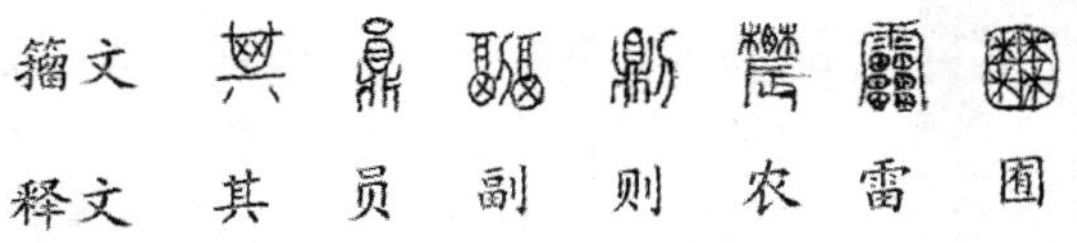

籀文

释文　其　员　副　则　农　雷　囿

图 211

这些字都是由西周金文发展成为大篆的，因此，所谓籀文就是后世的大篆。可以参阅徐文镜《古籀汇编》（武汉市古籍书店1980年版）、释文，探源多有创见者有王美盛《籀篆字源研究》（齐鲁书社2009年版）。

③刻石文字

刻石文字，也叫碑碣文字。刻石曰“碑”，圆形之碑曰“碣”。《说文》：“碣，特立之石也。”这是具有代表性的秦国文字。先秦常见的是在戈、磬等器物上的石刻文字。唯器物上的刻石不多，大规模地专为记事的刻石则始于秦代。具有代表性的刻石文字有三种，分别介绍如下。

A. 石鼓文

石鼓文，指古代最早、最著名的一种刻在石鼓上的文字。石鼓，顶圆高脚底平，像馒头形。前人说像鼓，故称为“石鼓”。原来立在秦国雍城（今陕西凤翔县）南面的三畤原上。唐朝初年在陕西天兴县（今宝鸡市）南20里处的三畤原出土。后来几经迁移，今保存在北京故宫博物院。石鼓高约1米，直径约60厘米，共10个。其中第8石鼓已经剥蚀得不见字了；其余9个石鼓上的字也磨损残脱了一大半。每个石鼓上都刻一首歌颂田猎游乐的四言诗，故又称为“猎碣”。按原石计算当有600余字，现存北宋拓本491字，而今仅存321字。

关于石鼓的制作年代，历来未能定论。唐代人认为是周文王或宣王时之物；宋人认为是秦始皇以前之器。近代学者从各方面研究考证，公认是春秋战国之间的秦国刻石。当代学者王美盛认为，时在春秋末期，

图 212　石鼓文

即周景王二十年（前 525）。李学勤先生给予认可，说："推定石鼓文的年代，仍须同其中历史事实的考证相结合，王美盛先生……由此入手，所获结论是在上述范围之内（指春秋中期后段到晚期）。我觉得这并非偶然，而是他熟悉与石鼓文有关的各种问题，多年寝馈其中的结果。"石鼓文笔画圆转，粗细均匀，更加线条化；字形整齐规矩、大小一致；结体方正严谨，排列整齐，气韵浑厚，保存了金文繁叠的痕迹。这些都同籀文相似，典型地显现了春秋战国之间庄重的秦国文字（见图 212）。

关于石鼓文研究比较全面、深入的著作有郭沫若《石鼓文研究》（科学出版社 1955 年版），徐宝贵《石鼓文整理研究》（中华书局 2008 年版）和王美盛《石鼓文解读》（齐鲁书社 2006 年版）。

B. 诅楚文

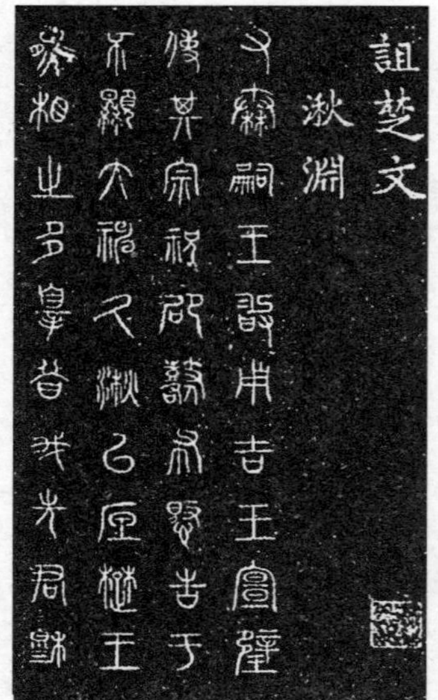

图 213　诅楚文

诅楚文，是战国中晚期之交秦国的石刻文字。诅楚文是比较重要的秦国的刻石文字之一。其内容是秦王祭祀天神祈求克制楚兵，故后世称为"诅楚文"。当时，可能是每祭一神即刻一石，然后埋在祭神之处。北宋年间发现了三块这样的石刻，每块刻石有 300 多字。巫咸刻石，出土于北宋仁宗嘉祐年间的陕西凤翔县开元寺；湫渊刻石，于北宋英宗治平年间出土于甘肃省固原之湫祠遗址；亚驼刻石，藏于洛阳刘忱家，来源不明。三石除所祀神名各异之外，文句基本相同，故以所祀神名分别称为《巫咸文》《大沈厥湫文》和《亚驼文》。由于原石亡佚，如今只能看到摹刻本。据郭沫若《诅楚文考释》认为是秦惠文王后元十三年，即楚怀王十七年（前 312）的遗物。多数学者也是这样认为的。传世诅楚文是后人法帖中的摹本，可能有失原石文字风格。但是其字体仍与籀文、石鼓文接近（见图 213）。石鼓文和诅楚文是研究春秋战国时期秦文字的重要资料。

C. 刻石文

秦始皇统一中国后，曾多次东巡泰山、琅琊、芝罘、碣石、会稽、峄山等地。每到一处便要树碑刻石，以宣扬秦国的文治武功。秦二世时又在各处刻石上加刻一道诏书。这些石碑刻字据说都是丞相李斯所书，字体是最典型的标准小篆。这是我们研究秦代小篆的最好资料。然而如今原物几乎都已毁坏，只残存《泰山刻石》（10 字）、《琅琊刻石》（拓本 13 行，模糊不清，只保存二世诏书部分）、《峄山刻石》（只见摹刻本）（见图 214、图 215、图 216）。

图 214　泰山刻石

图 215　琅琊刻石

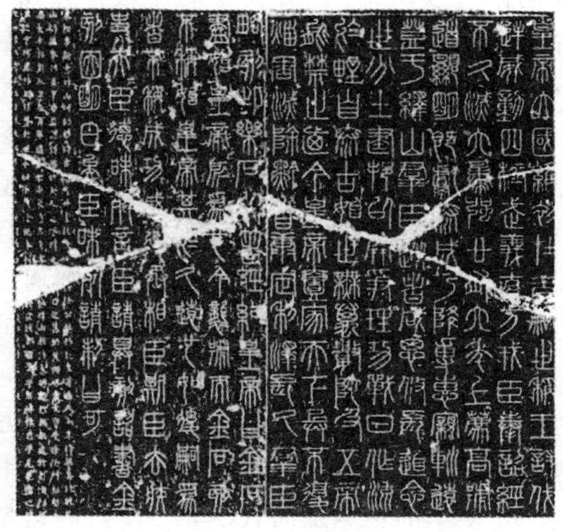

图 216　峄石刻石

从流传下来的刻石及其拓本来看，小篆形体的特点是：笔画横平竖直，粗细相同，圆转刚劲，给人一种简洁明快、端庄典雅之美；结构平稳凝重，疏密匀称，一丝不苟；纵长的笔画却无横画托底之字，上密下疏，显得飘逸舒展，给人柔中寓刚、爽朗俊健之感；章法布局整齐匀称，竖成行，横成列。

（2）小篆

①小篆及小篆的形成

小篆是秦始皇统一六国之后，实行“书同文”政策而颁布全国通用的标准字体，故又称“秦篆”。小篆之称是与大篆相对的，是秦始皇统一文字的结果。

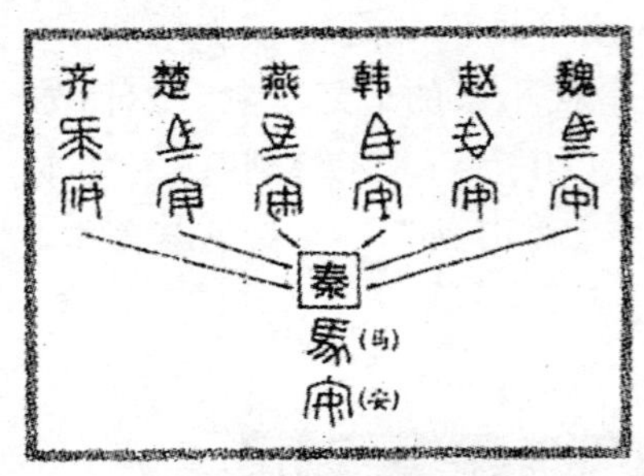

图 217　秦王朝发布统一的文字

秦王嬴政二十六年（前 221），统一中国后始称皇帝，建立了中国历史上第一个专制的封建帝国。为了巩固其政权，加强中央集权统治，鉴于战国时代造成的“言语异声，文字异形”的严重状况（见图 217）影响其政令推行，便下令统一文字。

许慎在《说文解字·叙》中概述了秦国统一文字的历史过程：“秦始皇帝初兼天下，丞相李斯乃奏同之，罢其不与秦文合者。斯作《仓颉篇》，中车府令赵高作《爰历篇》，太史令胡毋敬作《博学篇》，皆取史籀大篆，或颇省改，所谓小篆者也。”许氏这段话，说明秦始皇接受了李斯统一文字的主张。首先废除六国文字中一切与秦文不同的异体、俗体之字；其次，由于秦国当时所用大篆也不统一，便责成李斯等人在秦文的基础上，“或颇省改”，并广泛搜集民间的通用字进行整理加工，然后把李斯等人分别编写的《仓颉篇》《爰历篇》和《博学篇》作为小篆的标准字体，以学童识字课本的形式颁发全国，作为典范，推行使用。因此，小篆并非李斯等人创制出来的，而是他们整理、加工、简化、统一的产物。其中不少字的写法，在秦统一文字之前就已经存在和应用了。例如，前述“秦金文”一节时提到在秦孝公十八年商鞅方量上的铭文就有 3 行 32 字，与小篆形体完全相同，但比秦统一文字之时却早了 123 年；又如距秦统一尚有 90 多年的秦惠王时代（前 312）的诅楚文，绝大部分字与小篆相同，仅以其中 318 字的《大沈厥湫文》，只有 15 字不同于小篆；还有秦统一前二三十年的现存于日本的秦国《新郪虎符》跟秦统一后的《阳陵虎符》的字形和书体基本一致。请分别试阅下面各图之文（见图218）。

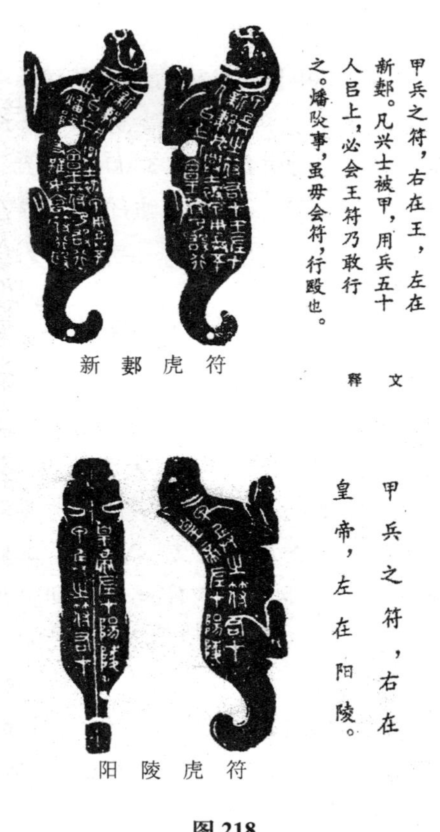

甲兵之符，右在王，左在
新郪。凡兴士被甲，用兵五十
人㠯上，必会王符乃敢行
之。燔隊事，虽毋会符，行殹也。
甲兵之符，右在
皇帝，左在阳陵。

新郪虎符

释文

阳陵虎符

图218

其中40余字，完全如同标准的小篆。又前者称秦王为“王”，后者称“皇帝”，足见时代之别。王国维在《秦新郪虎符跋》中据以考亲“为秦併天下前二三十年之物”。此外，前面举述的长沙楚帛书，甚至金文中都有一些如同小篆之字。因此，小篆是在春秋战国秦文字的基础上逐渐形成的，李斯等人只能是进行搜集、整理、选择、加工或者作某些简化，使之定型化、标准化的结果。这是古今中外文字发展的历史事实。正如王凤阳先生所言：“文字是沿着来自民间，规范于庙堂的路线，曲折发展的，这才是字形发展的规律。”[①] 总之，有了小篆之名，才有了秦统一前的篆书变为“大篆”之称。因此，从大篆到小篆的发展演变，其间没有截然的时代界线。

②小篆标准形体的由来

作为小篆的标准字体，是由李斯等人分头编写的《仓颉篇》《爰历篇》和《博学篇》等，都是用小篆书写的四言韵语，作为学童启蒙的识字课本颁发全国，推行开来。汉初将这三篇合併，断60字为一章，凡55章，统称为《仓颉篇》。三书合并起来是3300字。到了东汉，又将《仓颉篇》和西汉扬雄的《训纂篇》、东汉贾魴的《滂喜篇》合为三卷。以《仓颉篇》为上卷，《训纂篇》为中卷，《滂喜篇》为下卷。晋人合称《三仓》。唐代以后亡佚。

现今能见到的标准小篆，除了《说文》等传世文献保留下来的9353个小篆之外，还有世传为李斯书写的秦代刻石。秦始皇为了“示强服内”，巡游天下，每到一地都要立石铭功，秦二世各地巡游时又在始皇刻石上加刻诏书及其随行官员姓名。都是标准小篆的真迹。可惜而今只有“泰山刻石”和“琅琊台刻石”的残石存字，其他刻石之字迹皆荡然无存，以及兵器、量器、符节、简帛、陶文、币文、玺印等出土资料两种，可资参考研究。标准小篆还有北师大汉字与信息研究所的光盘版《北师大小篆字库》。

③小篆形体的特点

如前所述，小篆的笔画圆转匀称，线条粗细相同，字的大小划一，呈长方形；结构统一，写法固定，不仅简化了形体，废除了大量异体字，淘汰了合文，规范了字形；而且统一了偏旁，固定了偏旁的位置，减弱了图画性，使汉字走上了抽象化、线条化和符号化的途径，奠定了“方块汉字”的基础，保留了汉字寓意于形的本质属性。小篆作为正体古文字的终结，不仅消除了长期以来“文字异形”的状态，而且结束了数千年来古文字纷纭杂陈、异体繁多的混乱局面，达到了字有定型的目的。郭沫若在《古代文字之辩证的发展》中赞扬秦始皇“书同文”的政策说：“废除了大量的区域性的异体字，使汉字更进一步整齐简易化了。这是在文化史上的一项大功绩。”

---

① 见王凤阳《汉字学》，第137页。

④小篆产生的意义

小篆这一形体的确立和推行，在我国历史上是第一次卓有成效的汉字统一运动；在我国文字发展史上具有重大的意义。它对增强文字的社会职能，促进社会经济、文化的发展，维护民族的团结和国家的统一，无不起到极为有益的重大作用。另外，小篆是古文字通向今文字的桥梁。是我们借以研究与考释古文字、探求文字的渊源关系极为重要的文字资料。

（3）瓦当文字

瓦当文字，指秦汉时期大量刻制使用在宫殿、官署等古建筑上的文字。瓦当，又叫瓦头。即在筒瓦前部圆形瓦头上使用文字的装饰。形制多用十字形双线栏格把瓦当头面分成 4 个部分，中心有一个圆圈，圆圈内有个大黑圆点。其上的文字是小篆或隶书，笔画流畅，疏密得体，极富装饰性。其内容大多是“上林万岁”“千秋万岁”“长乐未央”“延年益寿”等祝福性的吉语，也有许多见其宫殿或官署的名称，如“英山宫”“兰池”“樱桃传舍”等。字数不等，多则十几字，少则一二字。瓦当文字一直使用到明清时代的宫殿、官署的古代建筑上。宋代李好文《长安图志》说：“瓦当皆仰……俗谓之筒瓦。……其面书吉祥语，或宫殿门观之名……篆文皆遂势诘诎为之。”自清代以来，学者收集著录，编有《周秦汉瓦当》《秦汉瓦当图》和程敦《秦汉瓦当文字》（乾隆四年刊）等（瓦当文字用篆书，故排在这里）。

（4）秦隶

秦隶，又称“古隶”或“左书”，是秦王朝时期所使用的一种简单便捷的速写体、应用体。晋朝卫恒《四体书势》云：“隶书者，篆之捷也”（篆，指大篆，下同），说明隶书是小篆的简捷写法。《汉书 · 艺文志》云：“是时（按：指秦）始建隶书矣，起于官狱多事，苟趋省易，施之于徒隶也。”《说文 · 叙》亦云：“是时秦烧灭经书，涤除旧典，大发隶卒，兴役戍，官狱职务繁，初有隶书，以趋约易。”晋 · 卫恒《四体书势》又云：“秦既作篆，奏事繁多，篆字难成，即令隶人佐书，曰隶字。”按班固、许慎等人的说法，隶书起于官狱奏事繁多的需要；“施之于徒隶”，意思是使用隶书的人是徒隶，或认为隶书为隶人所造而得名。其实，隶书为民间所创。由于大篆写来耗时费力，人们为了求简，便造辅助性字体，故称“左书”。左者，佐也，左书即“佐助篆书”之意。《说文 ·

叙》云："佐书即秦隶书。"《说文》又云："隶，附着也。"这说明，隶书是相对篆书而存在的。篆书是官方用于比较隆重场合的标准字体，如记功、刻石等；隶书则是民间或下级书吏们所用的辅助性字体，用在一般场合，如文件、书籍等。

但是，相传隶书是秦始皇使下杜人程邈所创，史书上也多有记载。卫恒《四体书势》就说："下杜人程邈为衙狱吏，得罪始皇，幽系云阳十年。于狱中作大篆，少者增益，多者损减，方者使员（圆），员（圆）者使方，奏之始皇。始皇善之，出以为御史，使定书。或曰邈所定乃隶字也。"其实，隶书早在六国时期的民间已经萌芽，到战国晚期的秦国就已经初步形成。为了书写快捷，秦人"将篆书（大篆）的曲线条变为直线条，圆转的笔画变为方折，纵势字形变为横势"，再去掉篆书的繁复笔画就成为未臻成熟的典型秦隶（古隶），而不是小篆。1975 年 12 月在湖北云梦县城西部睡虎地区秦墓出土竹简 1100 多支，其墨迹"就是早期的隶书"。从图 219[1] 的墨迹中我们不难看出：简文保留了篆书的痕迹，但已融篆、隶于一体，拙中见巧，古中含新，是未臻成熟的早期隶书。还可以看到简文中的"马、若、行"三字是篆书的写法；有隶书写法的"姓、或、律"；还有带有波磔的隶书写法"以、一、入、户"。可见，秦隶已有了明显的波磔，逆入横出的横画和点的运用都有明显的增加，运笔浑厚而丰满。这表明秦隶是一种半篆、半隶的字体。它是从篆书脱胎而变为隶书的一种过渡形体，故兼融篆隶之美。

图 219　睡虎地秦简

况且任何一种字体都不可能是一人所创，而是众人所为，并逐渐为社会所约定俗成的。据考证，1980 年于四川青川县郝家坪出土的战国时期秦国木牍，写于秦武王二年（前 309），多是秦之古隶（见图 220），但它比秦统一天下要早 80 多年。可见，隶书并非程邈所创和小篆之演变。再说秦国历来严格施行"物勒工名"制度，历年各地出土的战国时代秦国的兵器、漆器和陶器上文字的笔画省减、直多弯少的简体字，皆出于工匠之手，就已是隶书的雏形。作为小吏的程邈，在狱中也只能对照大

① 图 220 取自王凤阳《汉字学》，第 135 页。

篆将他搜集到的简体字进行整理、加工而已。

此外，颜之推《颜氏家训·书证》云："开皇二年五月，长安民掘得秦时铁称权，旁有铜涂、镌铭二所……其书兼为古隶"，说明秦权上的字是古隶（见图221）。还有前已举述过的马王堆帛书，还有秦铜量上的诏版（见图222），以及漆器、陶器上的部分文字，虽然比大篆草率，却也无疑都是秦隶。

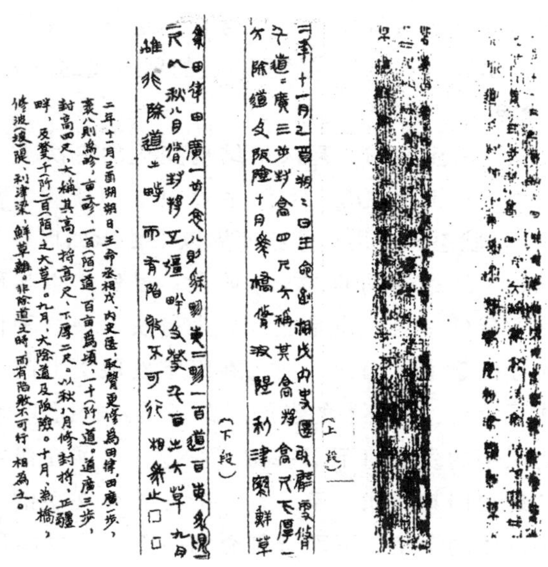

图220　青川　秦木牍

图221　秦　嵌铜诏铁权

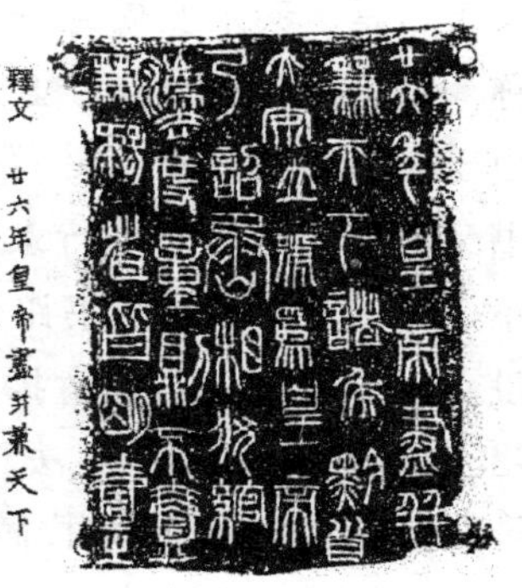

图222　秦　铜量诏版

秦隶的特点有四：

①字形大小不一，参差不齐，一般取决于字的笔画多少。（见图 223，下同）

②字形笔画化。变小篆圆转形的线条为方折平直的笔画。

③字形结构方块化。但布白不匀称，仍保留着篆书的笔意痕迹。

④摆脱了汉字象形的特点，实行了符号化。秦隶的产生，在汉字发展史上是一次重大变革，秦隶是古文字演变为今文字的转折点，基本上脱离古文字象形的特点，逐渐走上了符号化的道路，具备了今文字趋于简易的特征。因此秦隶的产生具有承前启后的划时代的意义。

（四）两汉文字

如前所述，从篆书到隶书，是汉字结构变化的一次大飞跃，是古今汉字的分水岭。由于秦王朝在历史上仅存 15 年，只统一了汉字，结束了“字无定型”的混乱状态，它用小篆给商周以来传承的以象形为基础的汉字作了总结，结束了线条勾勒的古文字阶段；虽然产生与形成了朝着笔画组合方块空间发展的秦隶，但是还没有来得及发展这种代之以小篆而标志于今文字阶段的隶书。因此，秦代在汉字发展史上起了承前启后的作用，为篆书作了总结，为隶书的发展开辟了道路；而汉朝则继往开来，推行了隶书，为汉字的发展打下了基础。所以，汉朝在汉字发展史上是一个极为重要的历史时期，隶、草、行、楷各种今文字的书体兼备，达到与完成了汉字形体的定型。下面分别介绍一下“今文字阶段”的隶书等各种字体。

1. 汉隶

汉隶，是承秦隶发展起来的而为汉代通行应用的一种正式字体。汉隶又称今隶，是与秦隶或古隶相对而言，到东汉末年又称“八分”。

由于隶书简易，便于书写而适应社会需要，西汉统治者对简便适用的隶书又熟悉，便普及推行隶书。秦篆虽未废除，但实际生活中很少应用。不过，西汉早期的隶书跟秦隶一样，仍残存着许多篆书的痕迹，书体还没有明显的形制，随意挥书，不拘一格，为手写体。1972 年山东银雀山出土《孙子》《孙膑兵法》等4900 多枚竹简，1973 年12 月湖南长沙马王堆三号汉墓出土了 66 枚简牍，这些竹简木牍上的字体显示出直接继承了秦隶的传统，既残存着篆书的笔意，又有汉隶波磔与草书、行书的连笔，也可见出楷书之源头。说明汉初是秦隶和汉隶的交替时期。

至西汉中期，即汉武帝或武帝晚期到汉宣帝之际为汉隶的成熟期。这时的隶书已经盛行，非但用于日常文书，连器铭等庄重场合也采用规范化的隶书。隶书从此由草率的书体变为成熟的正规文字。敦煌出土的《流沙坠简》（见图223）和内蒙古居延出土的汉简（见图224），就是趋于成熟的隶书。结构横平竖直，呈现蚕头雁尾、波势挑法以及上仰之笔势。1973年于河北省定县和1979年于青海省大通先后出土的西汉后期的汉简，都是成熟的隶书。

图223 敦煌《流沙坠简》

图224 居延汉简

到了东汉桓、灵二帝之时，隶书已经完全成熟而定型，成为官方法定标准字体。东汉是立碑刻石成风的时代。这一时期虽有金文、砖瓦文和玺印文传世，但最有代表性的是碑刻文字。传世的汉代碑刻200余种，出名的有：笔画瘦劲而有轻重变化，结构疏中见密、斜中有正，一字重出而有各不雷同的《礼器碑》（永寿二年，156）；横平竖直、蚕头雁尾、左右对称的《熹平石经》（熹平二年，175）；笔画略圆、笔势柔美、结构精巧、神态妩媚的《曹全碑》（中平二年，185）；还有笔画坚实、间距紧凑而不局促，结体取横势，纯用方笔，四周平满、规矩朴茂，已具魏代楷书意味的《张迁碑》（中平三年，186）等。分别见图 225、图 226 和图 227。

图 225　熹平石经　　图 226　曹全碑　　图 227　张迁碑

其中最能代表东汉时标准隶书字体的是汉灵帝熹平年间刊刻的《熹平石经》。据说是汉灵帝命蔡邕把《周易》《尚书》《鲁诗》《仪礼》《春秋》《公羊传》和《论语》写好，刻在 46 块石头上，立在洛阳太学（当时最高学府）门外，作为标准字体，供天下学者校正传钞本之讹误。实际上起到了规范文字的作用。原刻石有 20 万余字，现存仅 7000 多字。其书体堪称发展到顶峰的标准隶书。

东汉标准隶书的特点是：字的结体呈扁方形；横画收笔时往往上挑，呈上仰捺脚之式；往右下方的捺画也都呈略上挑的捺脚，向左下方的斜撇收笔时一般也要略向上挑；先竖后横的曲笔时亦大都上挑，且幅度较大；收笔时上挑的仰式横画，往往呈一波三折之状，较长的捺画也呈这样笔势（见图 226）。这就是隶书的所谓“波势”“挑法”。这种类型的隶书，汉、魏之际的人称它为“八分”。由于这种汉隶讲求波势挑法，蚕头雁尾，一波三折；结构平整美观，布局稳重匀称，所以八分字是一种美化了的隶书，标志着汉隶的成熟，故又称为“今隶”。

综上所述，如果说秦隶唯求简易，那么汉隶则讲究波势挑法，美观工整，字有棱角。汉隶以笔画组字取代了篆书用线条组字的方式，从根本上改变了汉字的面貌。即彻底改变了从金文到小篆的以圆转线条为特征的书写风格，消除了篆书所遗留下来的象形意味。如果说西周晚期金文变填实的肥笔为线条的笔画，是汉字脱离图画性走向符号化的第一个里程碑的话，那么，隶书的产生则是汉字发展史上的第二个里程碑。

从篆书到隶书的变化，文字学上叫“隶变”。隶变不但改变了汉字的书写风格，而且引起了汉字形体结构的变化。从甲骨文、金文演变到小篆（约460年），称为古文字阶段；从秦隶的产生到汉隶的形成和使用是今文字阶段的开始，亦称“隶楷阶段”（历经2200年）。从古文字到今文字，汉字的形体结构发生了很大变化，但从汉隶演变为楷书，只是书写风格不同的字体转变，形体结构却没有根本改变。所以，“隶变”是字形结构变化的一次划时代的大飞跃、大变革，奠定了现代汉字形体结构的基础。了解隶变对汉字结构的影响，对正确分析汉字结构很有帮助。隶变对篆书形体结构的改造方法，可以归纳为以下六点：

（1）变篆书曲线或线条为平直方折的笔画

使字形方正，笔画平直，不再象形。这是隶变最重要的方法。

（2）变篆书的同一形体的偏旁为不同形体的偏旁

在篆书里不论在什么位置上都是同一形体的偏旁，但在隶书里随着所在位置的不同，却异化成若干不同的形体，使字形结构跟原来的形体相差甚远。例如“心”字，在左为“忄”（快、慢），在下为“⺗”（恭、慕）；“火”字在上为“⺍”（光），在下为“灬”（赤）或为“灬”（魚、烈）或为“土”（黑），在左下角为“小”（尉）等。

（3）变篆书中的不同偏旁为同一偏旁

原本形体不同的偏旁，由于求简，省略或归并混成同一形体了。例如从舟的“服”、从肉的“腹”、从月的“朗”、从丹的“青”，隶变后都变成“月”旁。又如：

（春）　　由艸和屯变来。

（奉）　夫　由収和丰变来。

（舂）　夫　由収和午（杵）变来。

（奏）　夫　由収和屮变来。

（泰）　夫　由収和大变来。

这种偏旁的混同现象，在隶书里同楷书一样，是相当普遍的。

(4) 变篆书繁复的构形为简易的汉隶形体

有人叫做“省并”或“省略”。即把篆书的几个偏旁合并起来或省去篆书的一部分，变作简单的笔画结构。例如：

（寒）　将茻省并作无意义笔画结构“𡗗”。
（書）　将“者”字省并作“曰”。
（無）　省并了整个字的笔画。
（纍）　汉隶省略了“畾”字为“田”。
（霍）　汉隶省略“雔”为“隹”。
（曹）　汉隶省去了一个“东”字，另一个改为“亩”。

前三个字是省并，后三个字是省略。

(5) 变篆书为面目全非的笔画结构

一般学者称为“讹变”。这种隶变主要表现在偏旁部首上。例如：

仌——冫　（冰、冽、冻、冷、寒）
——刂　（利、剑、刘、割、到）
——辶　（远、近、道、巡、进）
——上为罒　（詈、罪、罵、置）

在特定的形体上的讹变较多，隶变后面目全非。例如：

——布　从巾父声（声符“父”讹变作“𠂇”）
——　从戈才声（声符“才”讹变作“土”）
——年　从禾千声（整体讹变）
——更　从攴丙声（整体讹变）
——叟　从宀从又从火（上部讹变）
——善　从羊从誩（下部讹变）

理解与掌握汉字形体的这类隶变，对于我们辨识一些特殊汉字的所属部首很必要。只有掌握了它们的部首，才能按其部首去查检工具书。

（6）变篆书的形体风格为隶书的书写风格

篆书形体呈长方形，隶变后改为扁方形；篆书笔画匀称、粗细相同，而隶书笔画有粗有细，有波势挑法，横画与长捺呈微波起伏之状，即“一波三折”“蚕头雁尾”。起笔形如蚕蛾之头，收笔捺角有似大雁之尾。

总之，隶变后的汉字构形简易，书写方便，提升了书写速度。在汉字发展史上是一次最剧烈的变革，为隶书向楷书的转变奠定了基础。不过，隶变使一些汉字变为不象形的象形字了，使汉字“见形知义”的形义联系大为减弱。为了强化构形寓意，就在那些形义脱离的字上，加注形符或声符，以解决见形知义、知音的困难。这样，势必造成形声字的大量增加。因而，汉代出现了大量的形声字，跟汉字形体的隶变是不无关系的，而且隶变又促进了形声字的发展。

2. 草书

人们日常写字总是习惯于追求简易、追求迅速，所以在下层知识界中就孕育着一种简便快捷的新字体。草书就是这样一种特定的手写体应运而生的。草书是在汉代形成的。但人们对“草书”二字的界定却其说不一：一种认为“草书是正式字体的快写体”；一种说“草书是对本体的一种简便快捷的写法”；一种认为“草书是为了书写简便快捷而产生的一种今文字字体”；还有的说“草书的形体比较潦草”等。总体来说，这四种界说没有错，但不全面，不周延。从逻辑概念来说，定义应该周延地反映事物的本质属性。上举四说的侧重点各异：前二说意思相同，强调了草书书写之“快”，和相对于“正式字体”或“本体”而言，不明确；第三说强调的是，草书属于“今文字字体”和草书产生的原因，喧宾夺主；第四说只见讲了草书的形体特征，未能揭示草书的功用，就词解词。难道作为一种字体的草书，就是“草率、潦草”之意吗？然而，这确是一类对“草书”的理解与界说。不过，是对“草书”广义的书面解释罢了。因而，我们认为，草书是汉代形成的主要用于打草稿或通信等一种隶书的辅助性的速写字体。东汉崔瑗在《草书势》中说：“草书用于卒迫。”可见草书是由速写隶书而来，而得名的。唐代书法理论家张怀瓘说：“章草即隶书之捷，草书亦章草之捷也。”可见，草书先有章草，而后才有今草。

草书的形成，在战国时代就开始了，秦文字演变中跟后来“草书”

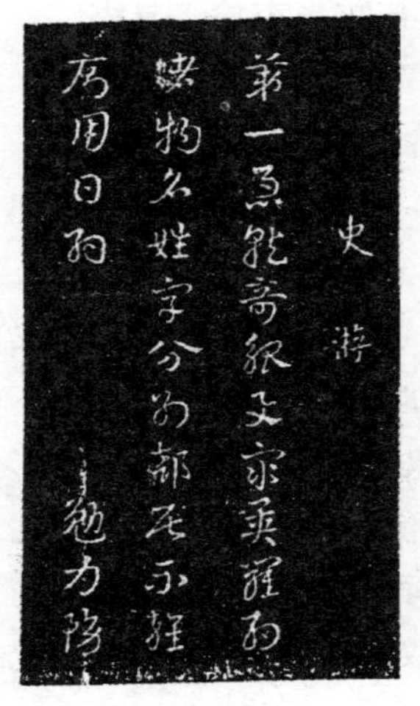

图 228　史游《急就章》（章节）

相同的草率写法（如“止”旁写作“乙”之类），作为隶书的俗体继续使用；加之一些新出现的草率写法。裘锡圭说：“草书就是在这些新旧草率写法的基础上形成的。”又根据居延汉简的记年号之简，其中宣帝、元帝时的汉简有些字体有浓厚的草书意味，成帝时有些汉简（如阳朔元年简）的字体已经是相当纯粹的草书，认为草书形成的时代为西汉晚期，这是可信的。因为东汉时代，隶书已成为正规文字，日常书写的草率隶书已成为新的手写体。东汉许慎《说文解字·叙》云：“汉兴有草书。”可证。

隶书有草篆、草隶、稿草、章草、今草和狂草等多种，其中主要是章草、今草和狂草三种。下面分别予以介绍：

（1）章草

章草，是由秦隶发展而来的汉隶书写潦草的辅助性速写字体（见图228）。章草命名的由来，历来众说纷纭：

①因东汉章帝所好而得名。唐韦续《五十六种书》云：“章草书……因章帝所好，名焉。”张彦远《书法要录》云：“章草本汉章帝书也。”

②用章草写奏章而得名。唐张怀瓘《十体书断》云：“杜度善草，见称于章帝，上贵其迹，诏使草书上事；魏文帝也令刘广通草书上事。盖因章奏，后世谓之章草。”

③由对“章”字解释而得名。认为“章”就是“程式”“法式”之意。章草，就是合乎程式、法式的草书。

④因西汉元帝时，史游作《急就章》而得名（见图228）。

以上四说，唯①说可信，理由较充分；其他三说，纯属臆测，皆不可从。

章草与今草不同，其特点是：

①笔画虽然连写，但仍然独立成字；

②保留着汉隶的仰俯、波势的形态；

③横画仍然上挑，撇、捺的起止仍带隶书意味；

④字形依然扁平，但每个字只有一种草体写法；

⑤字体尽管简易潦草，也容易认识。

章草始于西汉，盛行于东汉和西晋，延续到东晋的中叶，中兴于元、明时期。从山东银雀山竹简和长沙马王堆帛书中，可见章草萌芽于西汉前期；从居延汉简和武威汉简写得潦草的字迹中，可知西汉出现了章草。

古代著名的章草书法家及其作品有西汉史游的《急就章》、汉章帝的《千字文断简》、东汉张芝的《秋凉平善帖》、三国吴皇象的《急就章》、晋索靖的《月仪章》、晋陆机的《平复帖》、晋王羲之《豹奴帖》、王献之的《七月二日帖》、唐褚少良的《黄帝阴符经》，以及元赵孟頫的《急就章》等。其中杜度[①]是我国第一位著名的章草书法家。据说由于他章草写得好，汉章帝特准他草书上奏。他的出现标志着章草的形成。三国吴皇象向杜度学习书法，写过一篇《急就章》可称为章草的代表作。

（2）今草

今草，在“章草”的基础上，逐渐去掉了章草中俯仰波势挑法而形成的一种比章草更草的速写字体。章草为今草的形成起着导源的作用。从《居延汉简》及大量简牍的书法来看，章草在西汉已经形成，同时“今草”从隶书草化中也就孕育而出，其形成当在章草之后。裘锡圭先生说：“大约从东晋时代开始，为了跟当时的新体草书相区别，称汉代的那种草书为章草。新体草书相对而言称为今草。”[②] 可见，“今草”之名是为区别“章草”而言的。

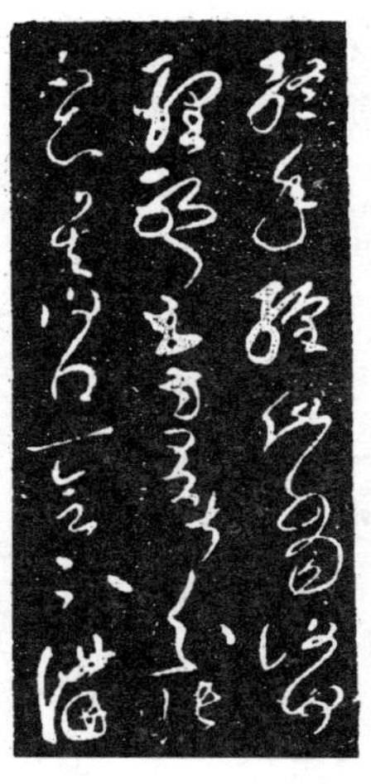

图 229　张芝《冠军帖》（今草）

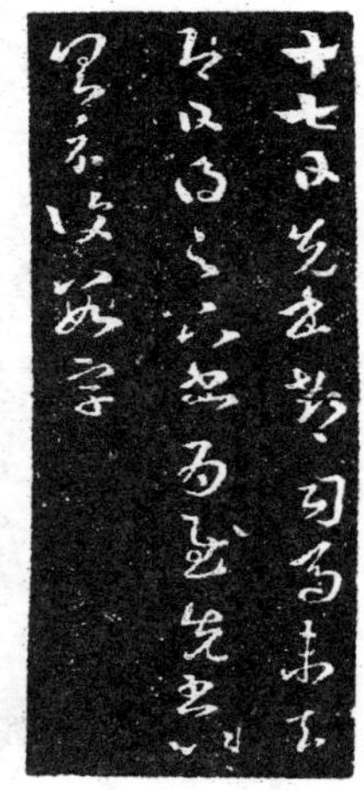

图 230　王羲之《十七帖》

相传“今草”为东汉末年的张芝（？—约 192）所创，

① 晋代卫恒《四体书势》：“汉兴而有草书，不知作者姓名。至章帝时，齐相杜伯度号称善作篇。”杜度，字伯度。作篇，指写章草字。

② 阴法鲁等：《中国古代文化史》（1），第 127 页。

后世称张芝为“草圣”。唐张怀瓘《十体书断》卷中云：张芝“尤善章草书，出诸杜度、崔瑗。龙骧宝变，青出于蓝，又创为今草……精熟绝妙，冠绝古今。”可见，张芝在向杜度、崔瑗学习章草书法的基础上，不但超过老师杜、崔，而且又创今草，且他的今草精妙高超（见图229）。由于他既善于章草，又精于今草，故史有“草圣”之称。

传说张芝写草书要比写楷书费时间。他每逢用楷书给朋友写信时，最后总要写上“因为忙来不及草书，请原谅!”等语，可见他的草书毫无潦草之意。

但是，在汉代“今草”尚未普遍通行，广泛行世并至顶峰时期的是晋代，最著名的今草家是王羲之（321—379）、王献之父子。晋代已经出现了楷书，王氏父子用楷书或行书笔法改造张芝今草写法，形成了一种别具一格的今草，后世称为“新草”。如王羲之《十七贴》（见图230）。

今草跟章草的区别，亦即“今草”的特点：

首先，用唐代张怀瓘《十体书断》卷上的话说，则是“章草之书，字字区别。张芝变为今草，如流水速，拔茅连茹，上下牵连；或借上字之终而为下字之始，奇形离合，数意兼包，若悬猿饮涧之像，钩锁连环之状，神化自若，变态无穷”。这里把今草同章草之别说得清清楚楚。同时，也说明了今草的特色。关于今草的特点，《十体书断》又云：“字之体势一笔而成，偶有不连，而血脉不断……世称一笔书者，即此也。”这说明今草笔画连带，字字呼应相连，有如一气呵成之势，概括起来，今草的特点是：

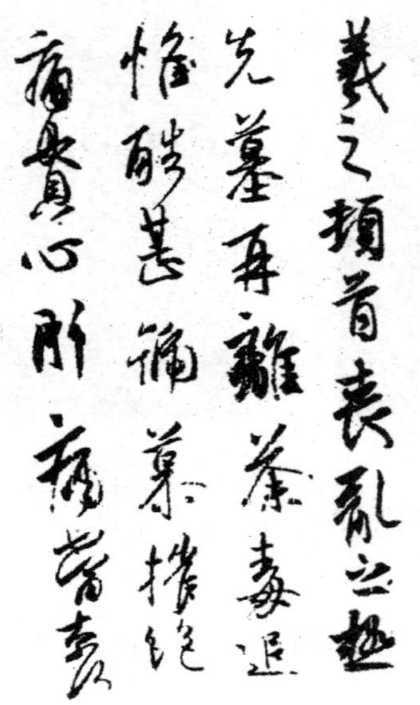

①一字之内笔画勾连不断，字与字间也互为牵连。

②字形或大或小、或长或扁、或方或圆，自由灵活。

③笔画、写法简化，书写起来速度快。

④同一字有多种写法。据说王羲之写自己的名字“羲”字，就有30多种不同写法。

⑤今草难学、难写、难认，不便交际、

图231　王羲之《丧乱贴》

应用，只能作为艺术品，供人们欣赏。

传世今草作品，以王氏父子今草帖居多而著名。王羲之的有《丧乱帖》《得示帖》《初月帖》《十七帖》等（见图 231）；其子献之，五六岁即习书法，深得其父叹赏，以之必成大名。后书名追踪其父，并称“二王”。其传世书迹不多，著名者有《洛神赋即玉版十三行》《中秋帖》《鸭头丸帖》《地黄汤帖》《东山帖》《江州帖》等。此外还有智永的《千字文》、怀素的《论书帖》（见图 232）等典型作品。

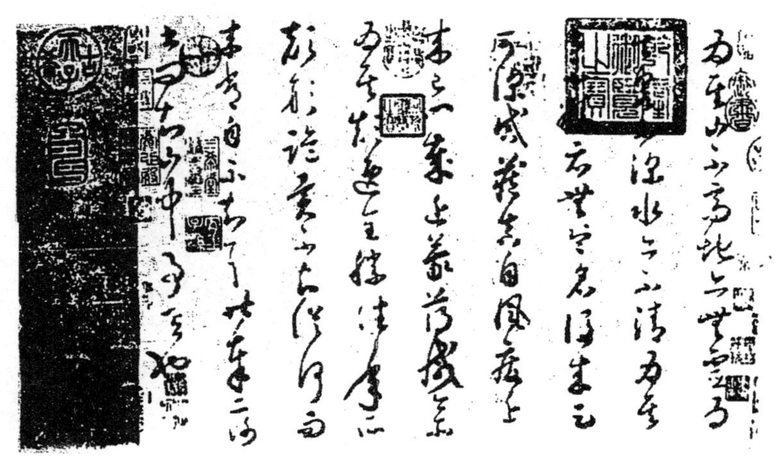

图 232 怀素《论书帖》

（3）狂草

狂草，也叫大草，是唐代在今草的基础上产生的一种比今草更加潦草的字体。相传是唐代张旭所创。唐张怀瓘《十体书断·张旭》有云：张旭“饮醉辄草书，挥毫大叫，以头揾于水墨中，天下呼为张颠。醒后自视，以为神异，不可复得”。于是世有“张颠”之称。其后，唐代有高僧怀素，继承张旭的狂草笔法风格，故有“以狂继癫”之说。二人皆嗜酒，好狂饮，醉酒后奋笔疾书，如醉如颠。世称张旭为“张颠”，怀素自号“醉僧”，故世有“癫张狂素”之称。

狂草的特点是：任意增减笔画，滥借偏旁；不拘字之大小、行距，随意书写；如行云流水，龙飞蛇舞，上下勾连；人之为体，千姿百态，难寻规律，甚至有时一笔到底，一气呵成（参见图 240 王献之《中秋帖》）。

由于狂草字形诡奇，运笔疾速狂放，故名。然而难以辨识，完全失去交际的功能和价值，只能作为一种纯书法艺术品，供人们欣赏而已。

典型的狂草作品有：唐代张旭的《古诗四帖》《肚痛帖》（见图233），怀素的《自叙帖》（见图234）等。

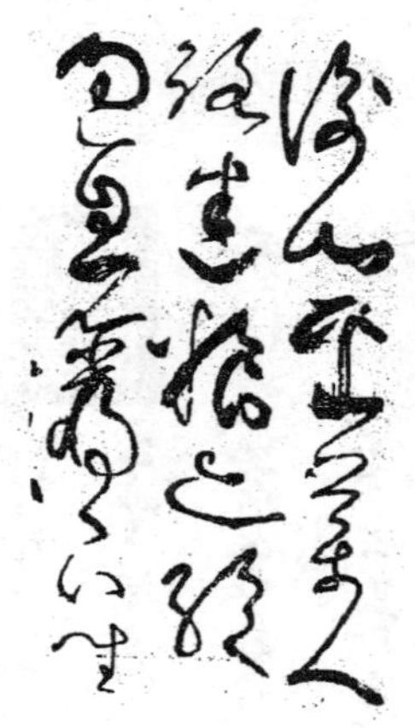

图233　张旭《论书四帖》　　**图234　怀素《自叙帖》**

3. 行书（上）

行书是介乎今草和楷书之间的一种字体，产生于东汉末年。据载是东汉晚期桓、灵二帝时代（187—189）刘德升创造的。晋卫恒《四体书势》云："魏初有钟（繇）、胡（昭）两家，为行书法，俱学之于刘德升。"唐张怀瓘《十体书断》云："行书者，后汉颍川刘德升所造也。"宋《宣和书谱·叙论》亦云："自隶法扫地而真几于拘，草几于放，介乎两者之间行书有焉。爰自东汉之末有颍川刘德升者，实为此体，而其法盖遗简易，相间流行，故谓之行书。"以上引书三代所载，可知刘德升不仅是行书之所创者，而且为行书名家以及行书产生的缘由、命名和时代。

行书始于东汉，盛行于魏晋。由于"它既有楷书便于认记的优点，又有草书便于书写的飘逸俊秀的特点"，所以直到今日都是我们日常写信、记录、记账、打文稿等应用最广泛的一种字体。

关于行书的特点以及它跟今草、楷书的区别，古代一些书法论著已经说得非常清楚，这里就不再征引了。概括起来，行书没有严格的书写规则，近楷不拘，近草不放；笔画简易、连绵，各字独立。写得规矩一点，接近楷书，或称为“真行”或“行楷”；写得放纵一点，接近草书，叫作“草行”或“行草”。所以，行书的价值，好写易认，魏晋以后，便成为人们日常生活的主要书写形式。这是汉字书体演变的结果，是人们在汉字书写中避难就易，避繁趋简所决定的。

行书虽为刘德升所创，然刘氏时代，今草尚未行世。自然他所创之行书跟我们今天所见之行书不会一样。而刘氏行书的墨迹又没有流传下来，所以我们无法知道早期行书字体是个什么样子。

若想见识所谓早期的行书字体，只能从魏初曾跟刘德升学习过行书书法的钟繇和胡昭的早期书法作品来看。现存钟繇字帖中最早的行书作品，据说是《墓田丙舍帖》，而此帖又经王羲之的临本摹刻，失真与否且不论，仅就是否“行书”，还在争论之中。裘锡圭先生认为“法帖所载作风跟后来的行书无别的钟繇行书不可信”，而认为“楼兰遗址”出土署名“济逞”和“超济”的书信上的字体（见图236）“是早期的行书”。又以今传王羲之的行书中比较古拙的《姨母帖》（见图236）与“济逞书信字体相似”为证①，请对照图235和图236。

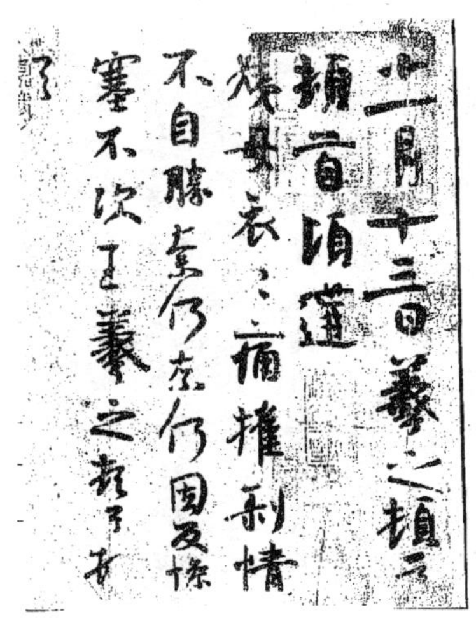

图235　王羲之《姨母帖》

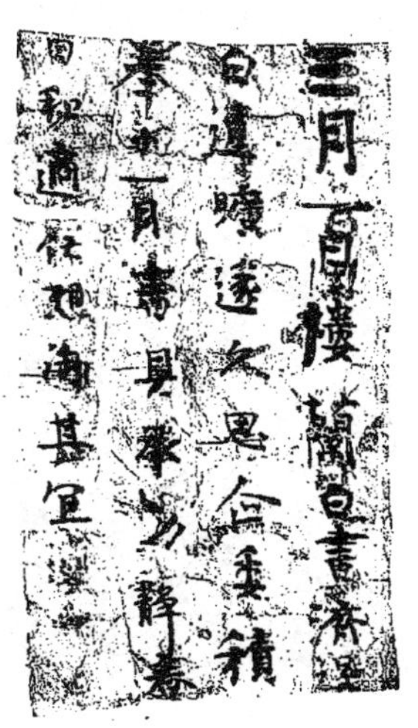

图236　楼兰遗址出土书信

① 阴法鲁等：《中国古代文化史》（1），第174页。

（五）魏晋文字

1. 行书（下）

汉魏以来，篆、隶、草、行、楷各种书体都出现了高水平的书法家，如汉蔡邕的隶书、张芝的草书、刘德升的行书、钟繇的楷书。秉承汉魏书风，研习与擅长书法者亦越来越多。尤其在行、草方面成就较高。这就为王羲之等人的行、草书奠定了基础。魏晋时期，由于各种书体的发展，笔、墨、纸、砚的制作更加完善，日渐精良，种类繁多。书写工具质量的提高，在客观上，为书法家们充分发挥其艺术才能提供了物质保证。而且晋朝正式设置了“书博士”，以钟（繇）、胡（昭）为法，教授子弟[①]。又规定擅长书法者可授官职，因而研习行书书法盛行开来。东晋的书法也繁荣起来，形成代代师承相传，如钟繇书法传至卫夫人[②]；卫夫人传至王羲之；羲之传献之；献之又传羊欣……这是东晋书法家继承前代优秀书法艺术最为优越的一面。《十体书断》说：“晋世以来，工书者多以行书著名……尔后，王羲之、献之并造其极焉。”于是历代书法名家辈出，王羲之、王献之、王珣，虞世南、欧阳询、褚遂良、颜真卿、柳公权、李邕，苏轼、黄庭坚、米芾、蔡襄等，都是行书大家。他们所流传下来的行书法帖也最多。其中古今公认的行书典范作品是王羲之的《兰亭序》（见图237）。

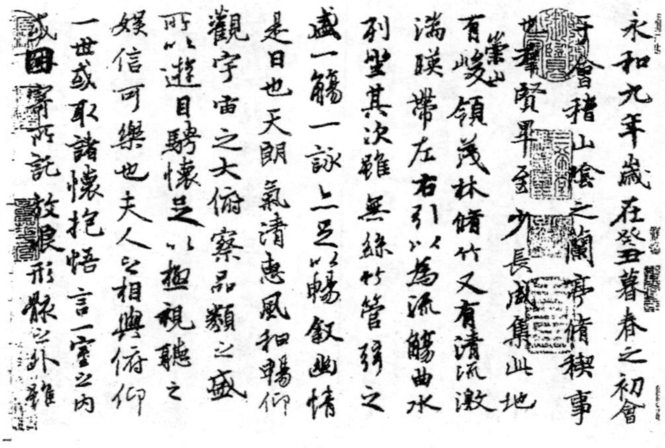

图237　王羲之《兰亭序》

① 《晋书·荀勗传》：“（勗）领秘书监……又立书博士，置弟子教习，以钟、胡为法。”

② 卫夫人：晋卫恒之从妹。卫恒善草书，著有《四体书势》。

据载，唐太宗李世民酷爱王羲之的书法，派人各处寻找，后得此帖，尤为珍赏。曾命人摹成副本，分别赐给诸王及大臣。又命欧阳询、褚遂良等人临写。传说李世民死后，遵照他的嘱咐，将《兰亭序》真迹作为殉葬品埋在昭陵。因此，真迹已经失传了，我们看到的都是临摹本或翻刻本。《兰亭序》墨迹神清骨秀，潇洒流畅，是王羲之的代表作，后人誉为“天下第一书”。其摹刻本由于临写、摹刻者的书法功深底厚，也不失精妙清秀、气韵生动、笔法传神之欣赏珍藏价值。有诗云：“此书虽向昭陵朽，刻石犹能易万金”可证。

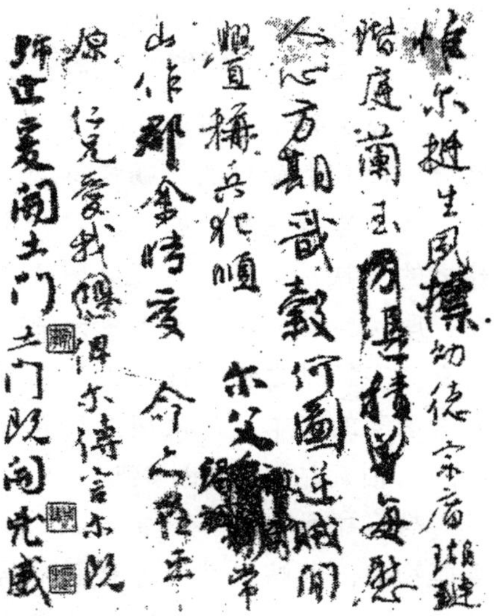

图 238　颜真卿《祭侄季明文稿》

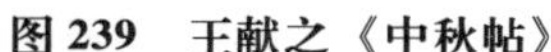

图 239　王献之《中秋帖》

图 240　王羲之《快雪时晴帖》

颜真卿的《祭侄季明文稿》(见图238)，哀思如潮，奋笔疾书，姿态横生，笔势飞动，一气呵成，被后人誉称“天下行书第二”。王献之的《中秋帖》(见图239)，自始至终一笔而下，几乎字字相连，气势贯通，极其生动自然。畅快淋漓，气势磅礴。清杨守敬说：“此帖如火着画灰，连续无端，如不经意，所谓一笔书，天下子敬第一帖也。”王羲之的《快雪时晴帖》(见图240)，现藏台北故宫博物院。其行笔流畅，厚实生动；其用笔多裹锋中行，线条圆劲而富有弹性；结体秀美中又有气宇轩昂之势，被称为“王羲之行书精品”。其《兰亭序》虽为唐人冯承素的摹本，然最接近其真迹，神完气足，不逊真迹。他的侄子王珣的《伯远帖》(见图241)是王珣唯一的传世真迹。此帖在清朝灭亡后，与《中秋帖》一起流出宫外，1949年后国家以高价收回，现藏故宫博物院。此帖以其行笔秀丽峭劲，自然流畅，结字左右开张，疏密有致，毫无雕琢造作之痕迹，被清朝乾隆皇帝所看中，连同他所喜爱的王羲之父子的《快雪时晴帖》和《中秋帖》收集起来，并称为“三希”，放在一个宫殿里名为《三希堂》，意思是存放三种“稀世之宝”之处。此外，还有王羲之的《丧乱帖》，唐欧阳询的《张翰思莼帖》，可为“行楷”的代表作品，(见图242)。唐陆柬之的《文赋》、李邕的《李思训碑》，宋米芾的《蜀素帖》，明董其昌的《行草书卷》等，也都是典型的著名行书作品。

2. 楷书

楷书上承两汉，下启隋唐，在文字形体发展演变中是最后形成和定型的一种字体。楷书，笔画平直，点画清晰，结体端庄，字形方正，所以又称为“正书”“真书”。楷书的“楷”，是规范整齐，可为“楷模”的意思。“楷书”之称与“楷法”相同，曾用以指称“八分”。唐张怀瓘《十体书断》卷上“八分”条说：八分“本谓之楷书，楷者，法也，式也，模也。孔子曰：‘今世行之后世，以为楷式。’故凡有法度之书，皆可称‘楷书’”。(《法书要录》卷七)。可见，楷书，本来不是某种字体之名，而是指可作楷模的字或有法度的字，都可以称作楷书。

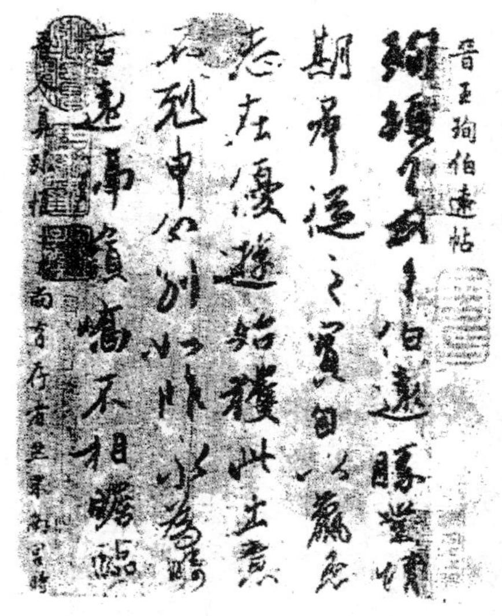
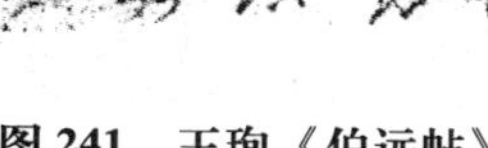

图 241　王珣《伯远帖》

图 242　欧阳询《张翰思莼帖》

到了魏晋时代，由于“八分”字工整，便把它称为“八分楷法”或“楷法”。至于楷书又称“正书”“真书”或“隶书”，是南北朝至唐代时为了区别，把正书、真书与行书、草书相对而言，把隶书与八分相对而言的。到了唐宋以后，“楷书”的含义大概就是今天我们所说的楷书了。由于楷书好写易认，一经形成，迄今1800多年来，一直沿用到现当代。

但是，楷书产生于什么时代，由什么字体发展而来，又为何人所创？众说纷纭，历来说法不一。有曰“汉末”者，然“汉”有西汉、东汉之别，含混不清。一般认为楷书是由“隶书”发展演变来的，自然指西汉，这是多数学者的观点，并且对楷书的产生作了似乎很合道理的解释：在汉代隶书，草书都很盛行，重要的碑刻和书籍用隶书，一般的简牍多用草书。但隶书有波势挑法，写来耗时费力；草书虽然写来方便快捷，却不易辨认，所以出现了楷书。

与此说略有所不同的一种提法是：“隶书在经过章草发展为今草的同时，沿着另一条线索发展为楷书”，并举东汉“熹平元年陶瓶镇墓题字”（见图243）“已是一种稚拙的楷书”①，为例佐证。其实，此说也是在说

① 见熊绍庚《书法教程》，第13页。

明楷书是由隶书直接发展而来，然而这“另一条线索”是什么？既然是“沿着”，意味着楷书之前还有什么？不明确。不过，“熹平陶瓶题字”上的墨迹倒可以看作是早期的楷书作品。

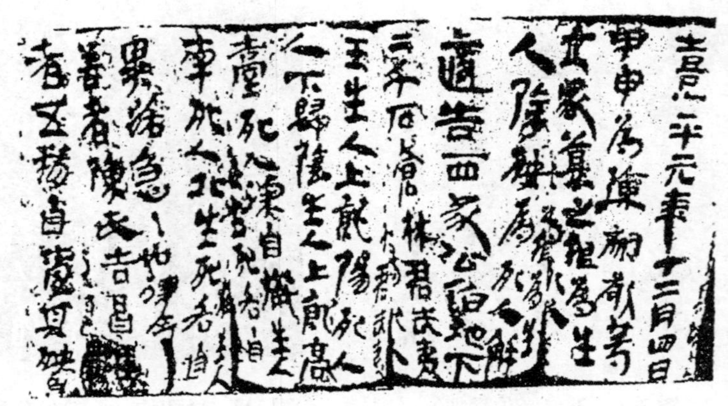

图 243　熹平元年陶瓶镇墓题字

其三说：“楷书是在行书的基础上形成的”[①]。而行书产生于东汉，盛行于魏晋。那么，楷书形成的时代自当在东汉至魏晋之际。楷书由行书发展而来，这是可信的。本书将“行书”列于“楷书”之前，就是这个道理。既然行书介于草书与楷书之间，那么，去掉“行书”的连笔和笔画的省减而实行“行书楷化”，即横平竖直，笔画没有勾连就是楷书。从我国 50 年代汉字简化的原则之一“草书楷化”，也可以证明楷书是由行书演变而来。如学、书、为、乐、东、门、尽、归等字。此外，从钟、王之楷书脱胎于行书亦可为证（详后）。

至于楷书为何人所创，不仅有传说，还有神话。郦道元《水经注》中就有一则王次仲创制楷书的神话传说，说秦始皇命他前来谒见，他三次拒见，始皇大怒，令人用囚车运他来咸阳，不料半路上王次仲之头从囚车中掉在地上，变成一只大鸟飞走了，两只翅膀变为两座大山。这纯属无稽之谈，秦行篆隶，何来楷书。只能说明秦始皇残害读书人而已。

后来，又说王次仲不是秦代人，于东汉末年始作楷书。晋卫恒《书

---

① 阴法鲁等：《中国古代文化史》（1），第 174 页。

势·上》云：“上古王次仲，始作楷法。”羊欣《采古来能书人名》亦云：“上古王次仲，后汉人，作八分楷法。”然皆无确据，不可置信。

据载楷书当为三国之际魏人钟繇创立。宋《宣和书谱·正书叙论》云：“降及三国钟繇者乃有《贺尅捷表》，备尽法度，为正书之祖。”正书，即楷书。这里言楷书为钟繇所创。诚然，楷书的产生是有群众基础的，可能不是一个人所为。正如世传程邈造隶书，张芝造草书，王次仲造楷书一样，不可尽信。但是，应该承认，钟繇在楷书的产生与形成过程中作出了率先垂范的贡献。他的精湛的书法成就，与他青少年时期刻苦学习是分不开的。他尝谓其子钟会云：“吾精思学书三十余年，行坐未尝忘此，常读他书未能终尽，惟学其字，每见万类，悉书象之。若止息一处，则画其地，周广数步；若在寝息，则画其被，皆为之穿。”[①] 可见他学习书法的刻苦和坚强的毅力与执着的精神。

钟繇书法师承于曹喜、蔡邕、刘德升。他擅长隶书、行书、楷书各种书体，尤以楷书见长。因此，他被后代尊奉为“楷书之祖”，与王羲之并称为“钟、王”的赞誉是不无道理的。

综上所述，楷书萌芽于西汉末年，形成于东汉至魏晋之际，成为主要字体于南北朝，真正成熟于隋唐，沿用至今，成为历代正式使用的规范字体。

宋代《宣和书谱·正书叙论》云：“西汉之末，隶字刻石间杂以正书。”可见，西汉末年，楷书已经萌芽。明人孙（kuàng）《书画跋跋》亦云：“余尝谓汉魏时，隶乃正书，钟、王小楷乃隶之行书。”足见楷书形成于汉魏，且早期楷书被视为行书的分支。从三国吴凤凰元年（272）的《谷朗碑》（见图244）看，其字杂以篆、隶、行、楷四体，到唐代开元年间的《开元石经》才当为楷书的标准字体。

图244　吴《九真太守谷朗碑》（部分）

① 见唐代蔡希综《书法论》。

如今，有案可稽的最早的楷书书法家乃三国魏钟繇，传世最古的楷书作品是他的《宣示表》（见图245）、《贺捷表》《力命表》（图245）和《荐季直表》（见图247）等。宋《宣和书谱》称赞他的《贺捷表》是“备尽法度，为正书之祖”。这些作品虽经历代翻刻，但仍能显示出早期楷书的风貌。

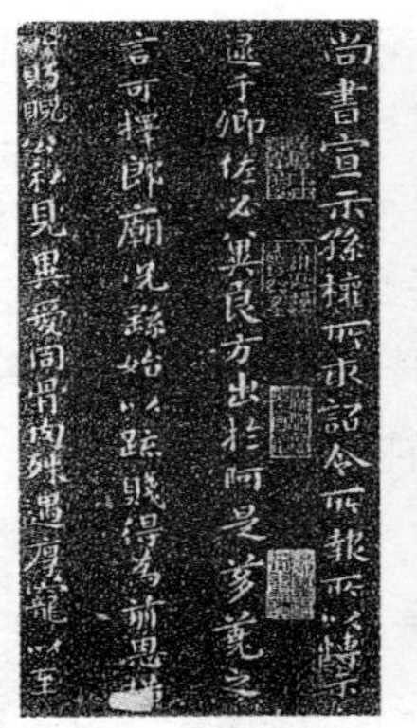

图245　钟繇《宣示表》　图246　钟繇《力命表》　图247　钟繇《荐季直表》

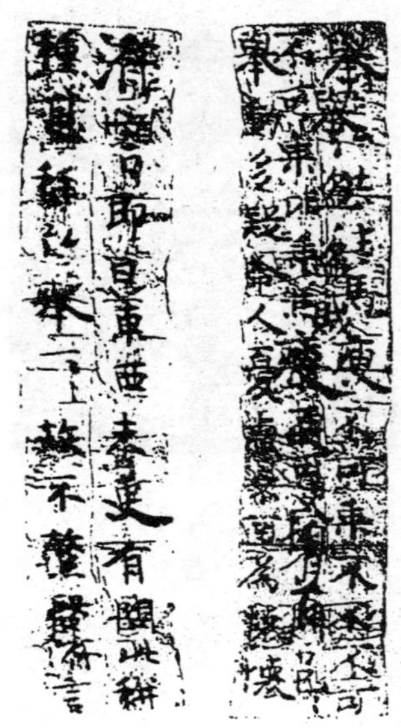

图248

关于楷书是从“行书”演变来的。裘锡圭先生认为《宣示表》等帖的字体就是脱胎于早期行书的。他说，“把比较规整的早期行书写得端庄一些，把早期行书里已经出现的横画收笔用顿势的笔法普遍加以应用，再增加一些捺笔和硬钩的使用，就会形成《宣示表》那样字体”。并举钟繇的《墓田丙舍帖》为例，说它比一般时期行书更接近楷书。又举给皇帝上书等郑重场合把字写得比平时所用行书更端庄些，就形成了初期的楷书。裘氏所言极是。还有上面提到的三国吴的《九真太守谷朗碑》杂以篆、隶、行、楷四体（见图244），就显出早期楷书的风格特征。不能根据魏晋时代碑刻所用新隶书和当时的人一般也用这种字体，就否认行书和楷书的并存。同一时代可以有不同的字体存在，不同的场合和用途可选用不同的字体，古今皆然。从商周的甲骨文与金文，秦代的篆书与古隶，汉代的隶书与小篆直到现当代，哪代不是如此？尤其是当代字体外加各种美术字，就有七八种之多。至于魏晋时的碑刻只用新隶书或八分字，是用字保守的反映。因此，魏晋时代楷书与新隶书同时并存是自然的。“楼兰遗址”出土的魏晋时代的字纸，不仅可以看到其上的行书，而且可以看到跟“钟王”书体相似的早期楷书（见图 248）。可见，魏晋时代不仅已有楷书，而且证明“钟王”的字帖也是可靠的。

继钟繇之后，到了东晋，王羲之承钟、卫（夫人）遗规，变通汉魏书风，将草、行、楷几种新字体发展、推向艺术高峰，被后人誉为“书圣”。其传世之作有《乐毅论》《黄庭经》等。代表楷书发展时期风格的有其子王献之的《洛神赋十三行》（见图 249）等。可见，楷书已形成于魏晋。但是，楷书并未广泛应用开来，只在文人学士阶层中使用，一般人仍用新隶体或介于其与早期行书之间的字体。这从已出土的晋代古书和佛经抄本可以看到。值得注意的是，东晋有些碑刻上的新隶体，并不能代表早期楷书的风格。如《爨宝子碑》（见图 250），其字体与前引《谷朗碑》不同，用的是新隶体却带八分笔意，又不自然。

图 249　王献之《洛神赋十三行》

图 250　《爨宝子碑》

到了南北朝时代，楷书通行，成为主要字体。在“钟王”楷体的基础上，由新隶体演变成一种楷书。这种楷书的结体和笔法保留了新隶体一些痕迹，有仿古的色彩，略带八分的意味，字形比“钟王”楷书古拙。如北魏《张猛龙碑》（图 251）、《张玄墓志》（图 252）、《元倪墓志》（图 253）。由于这种楷书在北魏的碑刻墓志中长期使用，通常称为“魏碑体”。

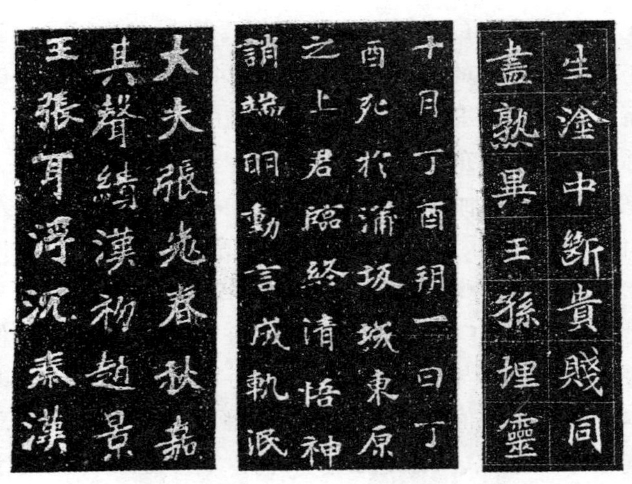

图 251　《张猛龙碑》　图 251　《张猛龙碑》　图 253　《元倪墓志》

代表完全成熟楷书风格的是唐代碑刻。唐代彻底停用了南北朝时楷书中带有隶意的“魏碑体”，把楷书推向成熟的高峰。楷书名家迭出，所谓“初唐四家”的欧阳询、虞世南、褚遂良和薛稷，后又出现了颜真卿、柳公权等，各成一体，世称“颜、柳、欧、赵（元赵孟）”楷书四大家，即所谓颜体、柳体、欧体与赵体。他们各自以其独特的风格把楷书推向书法的顶峰。正如历史学家范文澜称道的“初唐的欧、虞、褚、薛，只是二王书体的继承人。盛唐的颜真卿，才是唐朝新书体的创造者”。[①]

颜、柳、欧、赵四体，各具风格特色。颜体宽宏舒阔，雄厚遒劲（见图 254）；柳体瘦硬挺拔，清劲豪健（见图 255）；后世将颜、柳并称“颜筋柳骨”。欧体风骨俊峭，法度森严（见图 256）；赵体点画遒美，结体妍丽（见图 257），越时（五代与宋）500 年，能同欧、颜、柳齐名并称。唐代楷书之所以能够取得总结性的成就，是楷书自身经过几个世纪

① 见范文澜《中国通史简编》（修订本），人民出版社 1965 年版。

的孕育和必然结果。不仅完成了楷书字体的笔画匀称，字形明晰、端庄秀丽、简单易写的方块定型，而且唐代书法家的作品奠定了通行现代汉字楷书的风格，成为我国历代正式应用和习字所用的规范文字，也是当代图书报刊印刷用字的主要字体。

图 254　颜真卿《金宝塔碑》

图 255　柳公权《玄秘塔》

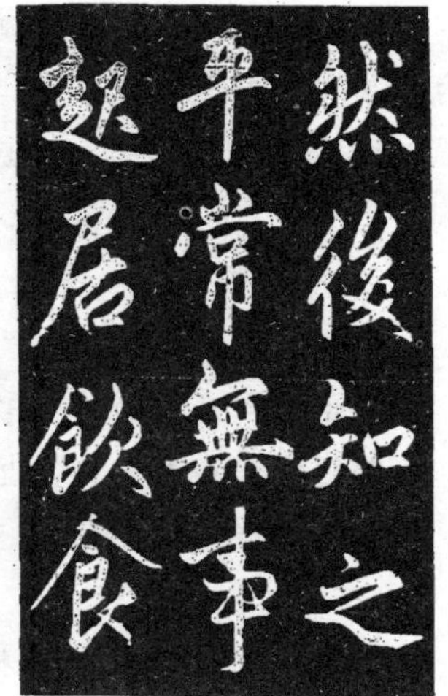

图 256　欧阳询《九成宫醴泉铭》　　图 257　赵孟《寿春堂纪》

唐代不仅成就了一批楷书大家，也不乏行书、草书名家，除了欧、颜、柳之外，陆柬、李邕、张旭、怀素等人均有杰出的成就。

思考与练习（四）

一　汉字字形变化的主要内容有哪几方面？

二　解释下列名词术语：汉字的形体、字体、秦书八体、八体六技、古文字、今文字、甲骨文、金文、籀（大篆、小篆）、古文，“四堂”及其主要成就，讹变、分化、同化。

三　为什么说从篆书到隶书是汉字发展史上一次最重要的变革？

四　汉字形体演变经过哪些阶段？古文字和今文字是怎样划分的？

五　为什么说繁化和简化是相反相成的？举例说明。

六　甲骨文是怎样发现的及其第一个发现者是谁？甲骨文研究取得哪些成就？如何考释古文字？

七　试述占卜材料的整治和卜辞的程序。

八　概要地掌握甲骨学知识，如“龟甲文例”与“牛骨文例”。

九　甲骨文的形体特征如何？在文字学上有什么价值？

十　为什么说甲骨文是俗体，金文反而是正体？

十一　简述西周金文的特点，金文跟甲骨文形体的异同。

十二　掌握战国时期齐、燕、楚、秦、鲁等国金文的形体特点，“文字异形”的结果和影响是什么？

十三　六国文字可以分为哪些类别？六国古文难以辨识的原因是什么？

十四　什么叫篆书？什么是大篆、籀文、石鼓文、诅楚文、刻石？研究大篆、小篆的资料有哪些？

十五　小篆及其由来，简述小篆的形体特点及其产生的意义。

十六　秦隶的特点和秦隶的产生在汉字发展史上的意义。

十七　隶书是怎样形成的？隶变表现在哪些方面？汉隶跟秦隶的区别是什么？

十八　什么是草书？草书是怎样形成的？草书分为哪几种？它们的各自特点是什么？

十九　为什么产生行书？行书分几类？为什么说行书有很大的实用

价值？

二〇　什么是楷书？为什么产生楷书？

二一　一般认为楷书是由隶书演变来的，我们却说楷书是由行书发展来的？你怎么看？

第五章　六书而三书　无矩不成方

——汉字的结构论

江山图　　师舜通　作

尽管六书理论已相当陈旧，但决不能轻易抛弃，应当吸收其中的精华，和历代学者的研究成果，在其基础上加以创新和提高。

——高　明

由二元化表达机制构成的三书说，既吸收了传统六书说的优点，又区别了造字表达机制与借字表达机制的不同。造字表达机制属于结构机制，借字表达机制属于转换机制。

——何九盈

汉字的结构，是指汉字的形体结构。对汉字形体结构的分析，可从不同的角度着手，但角度不同所达目的也不同。我们所讲的汉字结构，既不是对汉字结构的通俗解释，如立早章、弓长张、土也地、白勺的之类，也不是汉字信息处理中曾提出的“纵列结构、横列结构、包围结构和穿插结构”四种组合方式。我们讲的是汉字造字法的结构。

所谓“造字法的结构”，就是从造字方法这个角度去分析汉字的构造。如“章”字，从造字结构分析，《说文》云：“章，乐竟为一章。从音、从十。十，数之终也。”这就是说，“章”是由“音”和“十”两个字符组成的一个字，表示“乐曲演奏完了”这个本义。

那么，为什么要研究汉字的造字结构呢？这是因为古汉字属于表意法文字，当初造字时，先民是根据一定意义来造的，不是随便或根据其他目的造的。即使是表音法的汉字，如象声词呜、哗、唰、咯、咚、唧、咪等字也得加个意符“口”，使这类字有表意的功能。诚然，也有根据读音造字的（如在“鸟”字上加音符“奚”而成“鷄”字，加“凡”而成鳳字），但这种情况较少。因此，汉字的造字结构，就同字义发生了紧密联系。

如前所述，汉字有3300多年的历史了，现代的汉字大多是古代造的。研究汉字的造字结构，能够了解字的最初的本义（如上举“章”字），以便通过对汉字的结构分析，深入理解汉字的意义，了解汉字的文化含义，以便正确地运用汉字，掌握词义，读懂古书，继承文化遗产，了解汉字体系等。

从汉字产生以来，传统文字研究的主要内容及其成果就是汉字的造字方法。掌握汉字的造字方法，是分析汉字结构的捷径，了解字义的依据，考证文字的管钥。但是，汉字的造字方法，不是先天就有的，而是汉代人根据汉字结构的组成方式，分析了大量汉字的结构组成规律，归纳总结出来的六种条例，即所谓“六书”。

第一节　关于“六书”说

“六书”是我国古代研究汉字的一种理论，即古人根据汉字的结构归纳概括出来的关于汉字的六种所谓造字法则。对汉字结构的解说，早在春秋时期就盛行解说文字的风气。古籍中有许多记载：《左传·宣公十二年》：“夫文，止戈为武。”又《宣公十五年》：“故文，反正为乏。”又《昭公元年》：“于文，皿虫为蛊。”《韩非子·五蠹》：“自环者谓之厶，背厶谓之公。”《说文》引“通人说”孔子的“牛羊之字，以形举也”，“视犬之字，如画狗也”，“黍可为酒，禾入水也”，“一贯三为王”，等等。这虽然不一定是孔子所言，却很可能是当时流行的文字说解。这种说解逐渐增益发展，到了汉代便成为研究汉字的理论——六书说。

一　传统的“六书”说

“六书”这一名称，最早见于战国时期《周礼·地官·保氏》：“保氏掌谏王恶，而养国子以道，乃教之六艺：一曰五礼，二曰六乐，三曰五射，四曰五驭，五曰六书，六曰九数。”“六艺”是周代教育贵族子弟的六种学科。其中的“六书”是关于汉字教学的科目，不是后来六书的理论。直到西汉末年，古文经学家刘歆才在《七略》中列出了六书的细目。关于六书细目的记载主要有三家：

班固（32—92）　采录于刘歆（？—23）《七略》的细目，在其《汉书·艺文志》说：“古者八岁入小学，故周官保氏掌养国子，教之六书，谓：象形、象事、象意、象声、转注、假借、造字之本也。”

郑众（？—83）　郑玄（127—200）为《周礼》作注，引郑众的话说：“六书：象形、会意、转注、处事、假借、谐声也。”

许慎（54—125）　《说文解字·叙》云：“周礼八岁入小学，保氏教国子，先以六书。一曰指事，指事者，视而可识，察而见意，上下是也；二曰象形，象形者，画成其物，随体诘诎，日月是也；三曰形声，形声者，以事为名，取譬相成，江河是也；四曰会意，会意者，比类合谊，以见指撝（huī），武信是也；五曰转注，转注者，建类一首，同意相授，考老是也；六曰假借，假借者，本无其字，依声托事，令长是也。”

图 258　许慎像

从班固、郑众、许慎三家的六书细目来看，是不同的。其一，班固、郑众二人只录了六书的名称，而许慎则分别为六书下了定义，作出界说、举了例字。其二，三家各自对“指事、会意、形声”三书所用名称不同，所列次第也不同。名称不同，说明三家对“指事、会意、形声”三种造字法的特点含义理解和认识有差异；次第不同，则反映三家对“六书”中这三书产生的先后顺序的看法不同。名称和排次的不同，这是历来争论不休的问题。后世研究六书的学者，大都按照朱宗莱的说法，采用许慎六书的名称和班固六书的排次，即象形、指事、会意、形声、转注、假借。

关于六书的次第排列，现代的著名学者钱玄同和黎锦熙两位先生根据甲骨文和金文研究的最新成果提出了新的观点，认为六书产生的先后顺序应该是指事、象形、会意、假借、转注、形声。这一观点是有道理的。关于六书的排序，尽管迄今尚未定论，然许慎跟班固、郑众不同，首列“指事”、次以“象形”，是符合先民由简而繁、由粗而工的认识过程和造字过程的。不难想象，先民在原始渔猎生活中，首先碰到的就是剩余猎物需要记下的简单数目问题。正如刘熙《释名·释书契》云：“契，刻也，刻识其数也。”这些表数的刻画记号，数量有限，孤立存在，没有音读，不能写词记言，只起标记作用。后来，有些可能被初始文字吸收为“指事”字的。所以先有指事，后才化简为繁，勾画出较工细的“象形”字是合乎事物发展逻辑的。而且先贤早有论及。王鸣盛在《六书大意》中说：“愚考郑首列‘象形’……但许以‘指事’为首，与郑作‘处事’不同。许举‘上’‘下’二字为说……一目了然，毋庸拟议者。推此而言，则‘一、二、三’等亦是指事，指事当居首矣。”由此，他又结论说：“此指事为制字之本，断无先之者也。”黄侃在其《说文略说·论六书起源及次弟》中也说：“指事之字，当在最先”，“是故象形之字，必不得先于指事”。因此，我们认为，指事法当居“六书”之首。至于转注、形声列于假借之后，也是合于造字的时序的。

如前所述，当用指事、象形、会意法不足以满足记录汉语需要时，先民则大量使用同音替代的假借法，解决“有词无字”的难题。甲骨文、金文中假借最多可证，但假借的结果造成“一字表多义”“一词借多字”的混乱。为求区别，便在假借字上加注形符或声符，或采用“形、声合成法”构造形声字。因此，形声字产生在假借字之后。而转注与形声则“异源而同构”，二者都含音和义成分，区别于：形声的形符只表意义范畴，声符表示谐声；转注的义符表示“同义相受”，音符表示“同义音转”①。

① 见向光忠《文字学刍论》，第70页。

尽管对六书的名称和排次的理解和看法不同，却是同出于刘歆一家之说，即同一师承的不同变体。前面已述班固本于刘歆的六书名目和排次，郑众之父郑兴是刘歆的学生，而许慎是刘歆再传弟子贾逵的学生，而贾逵之文贾徽是刘歆的学生。因此，他们的解说都来源于刘歆。虽然名称次第不同，内容却是基本一致的。这是汉代古文经学家建立的关于汉字构造的理念。

值得注意的是，比较文字学的研究者近年来发现，古代西亚的楔形文字和北非的圣书字也符合“六书”造字的原理。这就突破了历来认为“六书”只是汉字所独有的造字方法的观念。周有光指出：“六书有普通适用性”，“利用六书进行比较文字学的研究，不仅了解了汉字以外各种文字结构，也提出了对汉字结构的了解，并且使六书原理得到丰富和发展。还能由此帮助完善文学类型学的研究，认清汉字在人类文字史上的地位。”（见其 1998 年语文出版社出版《比较文字学初探》，第 167 页）所以，他提出的东巴文的六书和方国瑜在《纳西象形文字谱》中提出的东巴文的十书，都是在许慎“六书”框架下建立起来的。就连史上我国少数民族的壮字、契丹字、西夏文、女贞字、越南的喃字、日本的倭字，也都是仿“六书”而出之。

二　如何看待“六书”说

“六书”是汉代学者根据古代文字的形体构造对汉字所进行的分类。也就是说，世间先有了汉字，后来才有“六书”的理论。

“六书”理论在汉字的发展进程中，成为整理与规范汉字，创造新字的理论根据；同时，也是研究汉字，考释古文字，寻本溯源的桥梁。从这个意义上讲，“六书”理论起到促进与推动汉字发展的作用。因而，“六书”说的提出在汉字发展与研究史上具有划时代的意义和不可低估的功绩。“六书”不仅是古文经学家们为了解读经书而大量分析归纳古文字工作的结晶，而且开辟了科学地认识汉字，研究汉字构形的正确途径，使杂乱无章的字群有了条理，使人们对汉字形体的感性认识提高到理性的认识，达到了在当时来说能够科学说解字形的水平。这种开创性的成就造福了后代，不仅具有实践的功效，而且富有理论导向的价值，成为文字学研究的宝贵遗产。这是“六书”的成就，应该给予历史的肯定，应该继承和发展它。但是，不能因此而就迷信“六书”说，唐兰指出，六书是汉代人对文字构成的看法，并不能反映汉以前古汉字的结构。他指出："六书从来就没有明确的界说，个人有个人的说法。其次，每个文字如利用六书来分类常常不能断定它属于哪一类？单就这两点说，我们就不能信仰六书，而不去找别的解释。"[①] 所以，应该以科学的精神和发展的眼光来看待"六书"的理论。

既然"六书"是汉代的产物，那么它就必然受到时代的局限。当时甲骨文尚未出土，只有篆书和六国古文，势必受到文字材料的局限；当时汉语单音节词占优势，字、词不分，造成认识上的局限；而且文字的研究者当时是为了解经而研究文字，不是为了文字的理论而研究的，这就受到目的的局限。因此，"六书"说的要害就是这些局限，其反映的是汉代学者的观点和学术成就。当然我们也就不能全然奉之为通古贯今的理论。

最早认为，象形、指事、会意、形声四类为造字法者，是明代赵古则，他在《六书本义·六书本义纲领》中说："故六书初一曰象形，文字之本也。次二曰指事，加于象形者也。次三曰会意，次四曰谐声，合夫象形指事者也。次五曰假借，次六曰转注，侂（讬）夫四者之中者也。"意思是说，转注、假借寄托在象形等四书之中（见台湾商务印书馆影印文渊阁《四库全书》本，1986 年版）。

明代杨慎在《六书索隐》中提出"六书象形居一，象事居二，会意居三，象声居四……四象为经，假借、转注为纬，四象有限，假借、转注无穷也"。这就是杨慎提出的"四经二纬"说，为清载戴所本。因此，到清代，戴震承杨说受到启发，在其《六书论》中明确地将其概括为"指事、象形、会意、形声四者，造字之本也；转注、假借二者，字之用也"。这就是后来《说文》大家段玉裁、桂馥、王筠等都采用的"四体二用"说。把转注、假借归为"用字"之法，突破了古文经学家共同认为的，即班固提出的"六书者，造字之本也"的论断与理念。

因为单纯地从字形结构出发去索求本义，是属于文字学的静态分析，对解读经典不足敷用。文字一旦写入文章就同词义发生了联系，受词义引申变化的支配，属于应用语言学范畴的内容。所以，转注、假借是应用文字学的产物，是文字学同语义学结合的结果；就当时的许慎来说，

① 见唐兰《中国文字学》，第 75 页。

其观点则是“结构文字学”同转换机制的“应用文字学”相结合的产物。

尽管许慎生活在一个汉语单音节词占优势、字词不分的时代，受到时代和材料的局限，使其昧于“文字学”和“语用学”的结合，但是，他在理论上能提出六种造字方法，并作了界说，举了例字，也当给予历史的肯定和公允的定位。虽然许氏运用韵语界说，定义含混不清（如转注），不仅在《说文解字》9353 字的字义说解中，把一些字的引申义误作了本义（例从略），而且致使千百年来的后代学者猜测性的理解，歧说纷纭，莫衷一是。但是，值得注意的是，既然许氏研究文字的目的是解经，那么，他在实践中并非把“六书”都当作造字法来看待的。这从他对《说文》所收 9353 字的具体说解中，我们发现无一直接释作转注字或假借字的，全部分析为“象形、指事、会意、形声”。不仅如此，而且在《说文·叙》中把为“转注”“假借”举的例字“考老”和“令长”，也分别归于会意和形声了。即“考，老也，从老省，丂声”；“老，考也……从人、毛、匕”。释“考”为形声字，释“老”为会意字。又“令，发号也。从亼、卪”，于字会意；“长，久远也。从兀从匕，亡声”，于字形声。

表面看来，许慎的“六书”造字理论同其字形分析的实际相脱节而矛盾，是自乱其例。由此招来历代文字学家的质疑和指责。其实，我们认为，这正是许慎暗示人们汉字的实际造字法只有四种；转注、假借并非造字之法，与分析字形结构无关。

从许慎为“六书”举的例字关系来看也是不同的。前“四书”的“日月”“上下”“武信”“江河”，都是二者相对的并列关系，每个字都可以单独印证其界说（定义）。而“转注、假借”二书的例字“考老”“令长”则不然，它们之间不是并列关系，而是相互依存的互注引申关系，不能单独印证其“转注”或“假借”的定义，是从二例字之间的意义关系来证明其定义的，即《说文》：“老，考也”；“考，老也”。“假借”的例字也是这样：借命令之“令”表现县令的“令”；借长老之“长”表县长的“长”。而且例字之间的字义都是引申关系，如“考”，是从“老”引申出来的；从其产生来讲，先有“老”字，而后才有“考”字，《说文》“考，从老省”可证。可见，许慎在选择“转注”和“假借”的例字时是绞尽脑汁的，说明其例字之举是别有用意的。明白了“转注”“假借”二书例字的体例，就理解了许慎是着重从意义的引申关系和假借关系来举例的，同例字的形体结构是没有联系的。[①]

综上所述，许慎虽然在理论上把造字条例分为六种，实际上却把前“四书”视为造字方法；从所举例字存在逆引申关系来看，则朦胧地把后二书“转注”“假借”看作语义应用的表达条例。这不仅符合许慎治《说文》正是结合文字结构分析与文字应用分析以达到解经的目的，而且也证明了后代学者研究“六书”的成果——所提出的“四体二用”说的可信性。所以，分清“六书”和“四书”是必要的。

三　“六书”的局限性

六书的局限性，可以从以下四个方面来看。

（一）表达方式不当

许慎采取韵文方式给六书下定义，前后又用对句。如“建类一首，同意相受”，“首”和“受”押韵（古音同属幽部）。定义内容受到形式的限制，影响定义的明确性。这是后人对“转注”众说纷纭的主要原因。

（二）所举例字太少

由于形式限制，每一书所举例字太少，影响后人理解定义。如指事字，只举“上、下”二字为例，只代表几类指事字中的一类，概括不了全部指事字的类型；又如只举“令、长”二字为“假借”的例字，代表不了纯粹借音的假借，反映不了假借的本质。

（三）所举例字不准确

许慎以“武、信”为“会意”的例字不当。不但代表不了那些“同体会意字”，而且以“止戈为武”为会意字的例字，不合“武”字的造字本义；以“人言为信”的“信”为会意字例字，也不确，甲骨文和唐兰先生都释“信”为形声字，从言人声。信，金文“从口、人声”可证。信，金文作㐰，从口，人声，亦可证。

（四）六书本身的不足

六书是汉代学者据篆书对汉字形体所作的分类。这一分类基本符合汉字的实际，但并不能将所有汉字都包容进去。也就是说，有些汉字的结构无法全用六书解释。早在宋初，徐铉校订《说文》时后附 28 字：亹、个、暮、熟、捧、熬、徘、迴、腰、呜、慾、揀、俸、鞦韆、影、

---

① 参见王凤阳《汉字学》，第 350—354 页。

斌、悦、蓺、著、墅、蓑、赜、爨、鞋、矗、麇、池。徐铉说："左文28字，俗书讹谬，不合六书之体。"徐铉以"字书所无""不知所从""无以下笔""本作某""《说文》无""经史所无"等由，把这些后起字视为与"六书"条例不合。其实，除了"个"字以外，其余各字都可以用六书解之。陆宗达却认为"不仅如此，'六书'之说，实际上可以作为一切汉字字形分析的条例"。且举以"伞"为繖的后起字，象形；以"凹凸"为指事字；以"椢"的后出字为籦，会意字等字为例。[①] 按陆氏之说，此条当不为"六书"的局限，那么像简化字楷书的"个、汉、刁、为、车、乍"等字当归"六书"的哪一书呢？

四　对"三书"说的评介

如前所述，由于"六书"说存在着某些含混不清的弊端和局限性，两千多年来，学者对六书理论做了许多研究和探索，试图完善汉字的构造理论，发展汉字的造字方法以改进传统的六书理论。其中影响最大最深远的是现代的文字学家唐兰先生，他在1934年出版的《古文字学导论》中批判了"六书"理论，提出了汉字构造的"象形""象意""象声"的三书说，并为其"三书"作出界说，下了定义，举出例字。他说："象形文字是（画）出一个物体，或一些惯用的记号，叫人一见就能认识这是什么……名与实合，所以我把它叫作'名'。"[②] 在1947年出版的《中国文字学》中又重申了其定义，并强调，它一定是独体的、名词的，除本义外，无别义。又说："象形文字分做三类：一是属于人身的形，可以叫作'象身'（如首、目、口、足等）；二是自然界一切生物和非生物的形，可以叫作'象物'（如虎、马、鸟、日、月等）；三是人类的智慧的产物，可以叫作'象工'（如弓、网、车、舟、一）。"[③] 唐氏认为象形文字包括独体的象形字和《六书》中一部分指事字。"象意文字，不仅画出一个物体，而且由物形的变易增损，或综合两个以上的物形，来表示某种状态，可以由读者去意会的，物象杂之谓文，所以我把它叫作'文'。"后来强调，不能一见就明白，而要人去想。"象意文字的范围，

---

① 见陆宗达《说文解字通论》，北京出版社1981年版，第67—68页。

② 唐兰：《中国文字学》，上海古籍出版社2001年版，第66页。

③ 同上书，第94—95页。

包括旧时所谓‘合体象形字’，‘会意字’，和‘指事字’的大部分，所以和原来的会意字迥然不同。”如见、休、牢、逐、伐、旦、朝、木、朱、亦等。“形声文字以有声符为特点，字者孳乳而生，所以我把它叫作‘字’。”“这三种文字的分类，可以包括尽一切中国文字，不归于形，必归于义，不归于意，必归于声。”在其后来的《中国文字学》中又重申了这一观点，并着重补充说“形意声是文字的三个方面，我们用三书来分类，就不容许再有混淆不清的地方”。

唐氏的三书说，突破了传统的“六书”理论，对汉字结构的理论研究具有启迪性的创新作用。然而，由于其三书说是初创，在分类和界定的解释上，尚有粗疏不尽严谨之处；在文字体系上抛开图画文字阶段的存在，只用“象形、象意、形声”三种造字法来概括汉字的全部历史，是不符合汉字发展史实的。因为唐氏所说的“图画文字”并非作为文字体系的一个阶段，指的是六书中的象形字和象意字。他说：“第一是象形文字，第二是象意文字。这两种是属于上古期的图绘文字。”[①] 这样，只注意到汉字的形体演变的历史联系，却忽略了“文字的体系性和文字体系之间的质变的观念”[②]。结果就导致了他所认为的“文字学本来就是字形学”[③] 的错误观点，并且他所界定的象形字与象意字的定义也不甚清楚，在实践中难以把握界限，而且象形字也属于表意字。

继唐兰之后，张世禄在1941年出版的《中国文字学概要》中把汉字构造理论概括为“写实法、象征法和标音法”三种造字法则。而陈梦家在1956年出版的《殷墟卜辞分类综述》一书中按着文字发展的过程把汉字分作“象形、假借、形声”三种类型。他说：“象形、假借、形声，并不是预设的三种造字法则，只是文字发展的三个过程。汉字从象形开始，在发展与应用的过程中变作了声符，是为假借字；再往前发展而有象形与假借之增加形符与音符的过程，是为形声字。形声字是汉字发展的自然的结果。”他认为，象形字应该包含唐兰“三书”中的象形、象意字，实际上是包含许慎“六书”中的象形、指事、会意和无声符的转注字；

---

① 唐兰：《中国文字学》，上海古籍出版社2001年版，第94—95页。

② 见王凤阳《汉字学》，第291页。

③ 见唐兰《文字学要成为一门独立的科学》，《人民日报》1956年10月6日。

认为假借字必须列为汉字发展中的一个类型；认为形声字是包含许慎“六书”中的形声字和有声符的那些转注字。由此可见，陈氏的三书说将假借纳入作为一书，较唐兰先生的三书说更为合理一些，也更贴近汉字发展和应用过程中的实际情况。

故陈梦家的“三书”说提出之后，许多学者纷纷发表了意见。其中影响较大的是1988年裘锡圭先生在《文字学概要》中肯定了陈梦家的分类，但是把他的“象形”改为“表意”，因为“象形”不能涵盖全部表意字。他说：“三书说应把汉字分为表意字、假借字和形声字三类。”又据其“三书”所用之偏旁分别命以新的名称。他说：“表意字使用意符，也可以称为意符字。假借字使用音符，也可以称为表音字或音符字。形声字同时使用意符和音符，也可以称为半表意半表音字或意符音符字。”并认为假借也应该包括“本有其字”的通假字，不应该只局限于“本无其字”的假借。

这就是跟唐兰“三书”说不同的新“三书”说。其区别在于分类标准的不同：唐兰是用结构方式分类，“假借”不是结构问题，当然不包括在内；陈、裘二氏是用汉字表达类型分类，自然包括用字的“假借”。“假借”在使用过程中发生了表意功能的转换，属于借字表达的问题。因此，只有以汉字类型和表达方式分类，“表意、假借、形声”三者才可以相提并论。否则，假借跟表意、形声根本不是同一层面的问题。

根据汉字表达方式分出来的类型，何九盈先生在2000年出版的《汉字文化学》一书中也赞同把汉字分为“表意、假借、形声”三种类型。但是他的“理论根据和层面划分，与唐兰、陈梦家都不同”。他的“三书是建立在二元化的表达机制之上的。即造字表达与借字表达”。他把“造字表达”分为表意与形声两类。即：

表达方式：① 造字表达：表意类、形声类
　　　　　② 借字表达：假借类

这样，“由二元化表达机制构成的‘三书’说，既吸收了传统六书说的优点，又区别了造字表达机制与借字表达机制的不同”。“造字表达机制属于结构机制，借字表达属于转换机制。这两种机制上的特点构成了汉字的系统性、整体性和灵活性。”① 1957年刘又辛在《从汉字演变的历史看文字改革》（见《中国语文》1957年5月）一文中提出“形意（后改为表形）、假借、形声”三书说，其“表形”这一概念迂曲，不如“表意、假借、形声”三书明确。总之，新“三书”说较之“六书”说简要、科学、合理，界说较清楚明确。但是，有些汉字“六书”涵盖不进去的，“三书”说也包容不了，如个、为、生、刁、乒、乓、孬等。因而，“三书”理论仍未最后定论，亦未普遍施之以应用，尚待进一步深入研究，以期臻于完善，学界认可。虽然“三书”说尚存缺陷，但抛开“六书”，另立新说，精神可嘉。尤其是何九盈先生从“二元化的表达机制”和层面划分上对“三书”理论作了新的深入阐述，发展了新“三书”说。这对建构汉字新的科学理论体系，无疑将起到积极的推进作用。

第二节　汉字的构造

汉字的构造，是指传统的“六书”。关于“六书”，汉代三家，只有许慎为六书分别加了界说，下有定义，举出例字，才使六书得到了完整的表达。他运用六书理论，分析了9000多个汉字结构，写成了我国第一部汉字研究巨著《说文解字》，使六书理论得以极大的发挥，成为近1900年来研究汉字的信条。后世讲汉字结构的人大多沿用许慎的说法。但由于他对六书的界说不是十分明确，又是据小篆之形作解，《说文》中未能把每个汉字都归属于六书中的哪一书。要想真正理解古汉字结构，必须了解许慎六书说解的原意。下面根据许慎的说解，以小篆为基础，结合甲骨文、金文的形体，兼采比较通行的说法和不同的观点，进行说明和评述。

一　象形

象形字，又叫“表形字”。《说文·叙》云：“象形者，画成其物，随体诘诎，日、月是也。”许慎的意思是说，象形字，就是画出客观实物的形体，随着客观物体的外部形状曲折变化它的笔画，日、月就是这样造出来的字。

---

① 见何九盈《汉字文化学》，辽宁人民出版社2000年版，第180—181页。

象形字是由图画发展来的，起初和图画的区别甚微。它的发展过程，就是逐渐减少图画性而增强它的符号性的过程。甲骨文比起图画来，形体是简约的。因此，象形字往往是用图画的手法描绘出来形状的轮廓或它的特征部分。

不同的象形字产生的时代先后也不同，但总的来说，象形文字是文字发展初期的产物。甲骨金文的比重大一些。后来许多象形字由于成为构造形声字的偏旁部件而被代替，未被代替的象形字经过隶变，也变成不象形的象形字了。如日、月、山、川、艸、木、牛、羊等。根据楷书来分析象形字是很困难的，而象形字又是构成指事字、会意字、形声字的基础，是整个汉字体系的基本符号或部件。

象形字源于图画，但象形字不是图画，它是记录语言中的词或语素的，有一定的音读和意义。这是象形字跟图画的根本区别。

段玉裁在《说文解字注》卷十五上云："有独体之象形，有合体之象形。"以此，象形字有两类。其实，还有一种只画出物体之特征部分的象形字。所以象形字可分为三类。

（一）独体象形字

有人也叫"象形正例"或"整体象形字"，这种象形字所描绘的是物体的整个轮廓或物像。例如：

日　甲骨文作，像太阳的轮廓。《说文》："日，实也。太阳之精。"

月　甲骨文作或，像月牙。月圆时少，缺时多，故取上下弦之月形，以别于"日"。《说文》："月，阙也。太阴之精。象形。"

山　甲骨文作，像峰峦起伏的山形。《说文》："山、万物有石而多，象形。"

川　甲骨文作，像流水之川形。《说文》："川，贯穿通流水也。"

艸　甲骨文作，像草丛形。《说文》云："百草也"。

木　甲骨文作，像一株树形。

人　甲骨文作，像侧立之人头、臂、身、腿之形。

女　甲骨文作，像女人敛手屈身施礼的女子之形。

行　　甲骨文作𠦪，像四通八达的十字路口之形。

車　　甲骨文作[illegible]，像有辕、轮、车厢和座位之形。

舟　　甲骨文作[illegible]，像舟、船之形。《说文》："舟，船也。"

鼎　　甲骨文作[illegible]，像古代的鼎形。

皿　　甲骨文作[illegible]，像盛饭菜的器皿之形。

龍　　甲骨文作[illegible]，像头上有冠，张着大口，有身、尾的龙形。

虎　　甲骨文作[illegible]，像身带花纹张开大口的虎形。

燕　　甲骨文作[illegible]，像张开翅膀欲飞的燕子。

鼠　　小篆作[illegible]，像张口露出利齿的老鼠之形。

萬　　甲骨文作[illegible]，像张开两只长爪拖着长尾的蝎子形。

象　　甲骨文作[illegible]，像长着长鼻子的侧视大象之形。

这些象形字就是经过简化的实物图形。它们所代表的词就是所象之物的名称，明显、直观、易认。

（二）合体象体字

有人称为"衬体象形字"或"象形变例"。有些事物形状很难单独画出来，或单独画出来意义不明显，或容易跟相类的物体混同，先民造字时便把跟它相关的物体一同画了出来。例如：

眉　　甲骨文作[illegible]，像眼睛上有眉毛，眼睛是为了衬托眉的形状而画出来的。

须　　金文作[illegible]，像人脸上长有胡须之形。须的本身特征不明显，以头、身和面颊作陪衬。

瓜　　金文作[illegible]，小篆作[illegible]，瓜特征不显，就把瓜所依附的瓜蔓也画了出来。

果　　甲骨文作[illegible]，果实形状易与别的字混，就把所附着的树形也画了出来。

聿　　甲骨文作[illegible]，笔的形状不显易混，就用相关的事物"手"作衬托，表示手执的是笔。

血　　小篆作，血意义不显，画出与其相关的器具，表示血在容器内。

牢　　甲骨文作，里边的“羊”是相关的事物。

这类象形字所记录的词都是代表具体事物的名词。一般来说，不能拆开；拆开后，一部分成字，表示该字的意义范畴；另一部分不成字，代表具体事物的“形”。

（三）特征象形字

有人称之为“局部象形字”。先民造象形字时，为了简便，为了区别，有时只画出物体中最有特征的部分以代表事物的整体。这就是造字时只取事物特征的象形字。有些则是汉字书写时简化的结果。例如：

取牛头之象代牛之全身，舍去牛身和四肢。

取羊头之象代其全身，舍去羊身和四肢。

像脚形，取三趾代五趾。

像脊椎之形，只取两节以赅全部。

短尾鸟之形，只取头和翅膀，省其爪。

这三类象形字之中，第一类数量最多，产生的时代也最早；第三类数量最少。

由于客观事物千差万别，复杂的事物，形体难画；相似的事物，难以区别；抽象的事物，无形可象。所以，据清代文字学家王筠的统计，在《说文解字》所收9353字中，象形字只有364个，占总字数的4%。但是，象形字是汉字造字的基础，用象形符号来表意创造汉字是最基本的方法，会意字、形声字和一部分指事字都是在象形字的基础上产生的。所以，掌握了象形字，也就等于掌握了汉字的基本构件。

象形字，是一种表形的文字，因此，用“象物之形”的方法造字有很大的局限性。不用说抽象意义无形可表，就是具体的事物，也不是都可以“形象”法造出来的。例如犬与狼、鸟与鸡与凤、马与骡、隹与雉、鹿与麋、斤与斧等。可见，象形法造字不能满足记录语言的需要，只好由表形向表意发展，于是就产生了指事和会意等造字方法。

二　指事

指事，是用抽象符号指示事物意义的一种造字方法。《说文解字·叙》云："指事者，视而可识，察而见意，上下是也。"意思是说，指事字，一看就可以认识画的是什么，仔细观察之后才能发现它表示的所造字的意义。上、下二字就是用这种造字方法造出来的。

按照许慎的定义，指事字同象形字的区别是：象形字表示具体的事物，重在像事物之形；指事字表示无形可表的或意思抽象的事物，重在用抽象符号指示字义所要表达的事物。指事字同会意字也不同，会意字是由两个或两个以上象形符号组成的合体字；而指事字和象形字一样，是不能拆开的独体字。

在"六书"中，指事字造字法造的字数最少。以《说文》所收9353字为例，据王筠统计，指事字只有129个。后来几乎未造指事字。

指事字可以分为四类。

（一）纯符号性的指事字

这类指事字应该说是初民由于生活的需要最早创造的。例如：

一二三四　甲骨文作一 = 三 亖，金文亦然。六国古文作弌弍弎，表示数。古人积画为字表示事物数目。自古以来，没有变化。

上、下　甲骨文作二、=或[glyph]、[glyph]，用短横在长横之上表示抽象义："上"，用短横在长横之下表示"下"；怕其与"二"混同，甲骨文用下画上仰，短画在上表"上"；用上画下俯，短画在下表"下"。这样跟数字"二"就不相混了，以显示先民的造字意图。

△（jí）用三条直画相交，表示"集合"的"集"义，Δ是"集"字的初文。《说文》："Δ，三合也。从入一，象三合之形。"

丩（jiū）　甲骨文作[glyph]或[glyph]，金文作[glyph]。用两条曲线勾连，表示二事物纠缠在一起之意，后来加形符"糸"，繁化为形声字"纠"。

厶　小篆作[glyph]。《说文》："厶，奸邪也。韩非曰：'仓颉作字，自营为厶'。"段注："公私字本如此，自营为厶，六书中之指事也。"

叕（zhuì）　小篆作[glyph]，用曲线相牵连，表示事物连缀在一起。后来加形符"糸"，繁化为形声字"缀"。

（二）在象形字上加指事符号的指事字

本　金文作或，是象形字，“○”或“一”是加在象形字“木”上的指事符号，表示树根所在部位。《说文》：“木下曰本”。

末　金文作，小篆作，在“木”的上端加指事符号，表示树梢之所在。《说文》：“木上曰末”。

朱　甲骨文作，金文作，小篆作，中间的点或横，表示这是一棵红心树。《说文》：“赤心木，松柏属”。

刃　甲骨文作，小篆作，在刀口上加一点，表示刀锋所在部位。

寸　小篆作，《说文》：“寸，十分也。人手却一寸动脉谓之寸口。”在象形字上加一短横指示寸口意。

厷　甲骨文作，在从肩到肘的部分上加一弧形指事符号，指示人的胳膊从肘到肩的一段部位。《说文》：“厷，臂上也”。

甘　甲骨文作，口中的一小横，指示口里含有甜美的食物。

亦　甲骨文作，在人的两臂下的两点，指示腋下的所在部位，即胳肢窝，是腋的初文。

孔　金文作，在“子”上加一符号，指示婴儿的囟脑门儿。

牟　小篆作，上加“乙”符号，指示牛叫时出的声音和气。后来加“口”繁化为形声字“哞”。

芈　甲骨文作，上面加的符号“∨”，指示羊叫时出的声音和气。后来加“口”繁化为“咩”。

馽（縶）　小篆作，在马腿处加上指事符号“○”，指示绊住马腿。后来另造一个形声字“縶”代之。

（三）改变原字的书写方向以指示新的意义的指事字

爿（pán）　与“片”相反，甲骨文作，像床形。小篆把它竖了起来作。本来是劈开的木头的一半儿。后来加表做床的材料“木”而繁化为形声字“牀”字。故爿是牀的初文或叫古字。

𠂢（pài）　与“永”（）相反，小篆作，指示水的支流，是派的本字。《说文》:“𠂢，水之衺（xiè）流别也。从反永。”

𠫓（tū）　小篆作[illegible]，形似倒[illegible]（子），或作[illegible]，是古文[illegible]的倒形，即“突”的本字。《说文》:“𠫓，不顺忽出也。从倒子。”

叵　不可为叵，是“可”字的反写而成。

夨（cè）　甲骨文作[illegible]，金文作[illegible]，指示倾斜的头，吴字原来从夨口。《说文》:“夨，倾头也。从大，象形。”

县　倒[illegible]之形，小篆作[illegible]，原义是断首倒悬之意。

（四）用形象的方法来指示抽象的概念

一般来说，用形象的方法造的是象形字，但有些事物是以其形指示其性质等抽象的概念。例如：

京　甲骨文作[illegible]，像高丘上有建筑物之形。小篆作[illegible]，《说文》:“人所为绝高丘也。从高省，丨象高形。”用高丘之上有建筑物指示人工所为之意。

高　甲骨文作[illegible]，像台观高之形。用台观之高来指示抽象“高”的概念。《说文》:“高，崇也。象台观高之形。”

齊　甲骨文作[illegible]，[illegible]像三株排列整齐的禾穗，以此指示抽象义“整齐”的概念。《说文》:“齐，禾麦吐穗上齐也。象形。”

尤　甲骨文作[illegible]，用一断指表示抽象义“罪祸”。屈原《离骚》:“进不入以离尤兮，退将复修吾初服。”《说文》:“尤，异也。从乙，又声。”

内　甲骨文作[illegible]，用“人”在“冂”里指示抽象的“内”义。

这类指事字跟象形造字原则不同，乍看像某些具体事物之形，但不明其义，需仔细察看才能看出它们的抽象意义。而这正合“视而可识，察而见意”的法则，所以，把它们单独归为一类指事字。

如前所述，指事字在《说文》中共收129个，占《说文》所收字总数的1%多一点，说明用指事的方法，不可能造出大量的新字，不能满足记录语言的需要。所以，必须另寻新的造字方法，这就导致会意字和形声字的产生。

三　会意

会意字，是用两个或两个以上的象形符号组合在一起，表示一个新的意义。许慎的定义是“会意者，比类合谊，以见指撝，武信是也”。他的意思是，会意字，是把两个以上的字组合在一起，会合它们的意义，以表示所组成的新字的意义，武、信二字就是这样造出来的字。

所谓“会意”，有人也叫它“象意”。其实，这两个名称的含义是不同的：把“会意”视为象形阶段的造字法是不正确的，应该把小篆以前的文字叫“象意”是恰当的，因为秦代之前用会意法造的字是罕见的；反之，把隶书以后的文字看作“会意”是比较适当的。正如唐兰先生所云：“……这种会意字，在秦以前的古文字里，简直就没有看见过。……许氏把‘会意’放在‘形声’后，显然，他认为这种方法是后起的。”唐氏的意见是有道理的。而且，许慎为“会意”所举例字“武、信”也是不恰当的。唐兰说：“在会意字下，许氏所举的例字是‘武、信’，‘止戈为武’，见于《左传》；‘人言为信’，见于《谷梁传》，似乎是很有根据的。但从现代眼光看，这种说法是错误的。古文字只有象意，没有会意。象意字从图画里看出它的意义的。‘武’字从戈从止，止是足形，我们绝不能把它当作‘停止’的意义，因为停止的意义在图画里是没有的。‘武’在古文字里本是表示有人荷戈行走，从戈形的图画，可以生出‘威武’的意义；从足形的图画里，可以看出‘步武’的意义，可是总不会有‘止戈’的意义。至于‘信’字，只能是从言人声的一个形声字。”①

唐兰的分析是正确的。许慎认为“武”字的含义就是“止、戈”二字的会合，就是“停止争斗”的意思。“停止争斗”是用兵的最终目的，可能反映了春秋时代人们对“武”字的理解，却不合“武”字的造字本义。武字，甲骨文作，人荷戈去征伐之意。而“人言为信”，是强调古人要言而有信的一种观念；再说“信”字并不是会意字，而是形声字。信，金文作，从口人声，或作，从言千声，可证。

按照许慎的定义，会意字的创造，有两个原则和要求：第一，必须由两个或两个以上的字符组合而成；第二，合成后的新字必须表示一个新的意义。

---

① 唐兰：《中国文字学》，第71—72页。

从会意字的组合情况来看，可以分为三类，这就是同体会意字、异体会意字和连读会意字。

（一）同体会意字

同体会意字是由两个或两个以上的同一形体的字符组合而成的字。例如：

从　《说文》："相听也。从二人。"

比　《说文》："密也。二人为从，反从为比。"

珏　《说文》："二玉相合为一珏。"

棘　《说文》："小枣丛生者，从并朿。"

友　《说文》："同志为友。从二又（手），相交友也。"

炎　《说文》："火光上也。从重火。"

步　《说文》："行也，从止㐅相背。"

多　《说文》："重也。从重夕。夕者，相绎也，故为多。重夕为多，重日为曡。"

森　《说文》："木多貌。三木为森。"

淼　《说文》："大水也。从三水。或作渺，亡沼切。"

聶（聂）　《说文》："附耳私小语也。从三耳。"

轟（轰）　《说文》："群车声也。从三车。"

㗊（jí）　《说文》："众口也。从四口。"

茻（mǎng）　《说文》："众草也。从四屮。"

按偏旁的组合形式，又可以把"同体会意"分为四小类：有人把前四例叫作两体结构的"并列式会意字"；把五例至八例叫作两体结构的"重叠式会意字"；把九例至十二例叫作三体结构的"品字式会意字"；把后二例叫作四体结构的"并列重叠式会意字"。此虽成说，大有标新立异之嫌，不足取也。

需要注意的是，会意字必须是两个以上的字的意义的组合。有些字虽然是由两个以上同体字符组成的，但是在意义和读音上没有发生变化，仍与组合前的字音义无别。这只是同字异体，不是会意字。因为虽然"比类"，却不能"合谊"，"以见指撝"，不符合定义标准。例如：

[illegible]《说文》："二余也。读与余同。"

屾 《说文》："二山也。或说同山。"

鱻《说文》："二魚也。"

𠧪（tiáo） 《说文》："草木实垂。卤（tiáo）卤然，象形。"

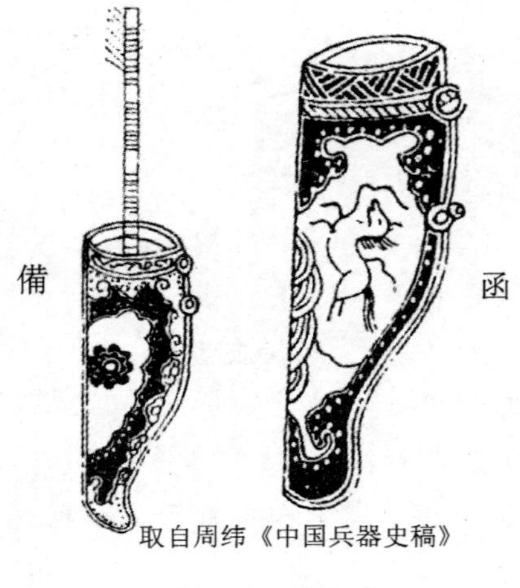

取自周纬《中国兵器史稿》

图 259 備与函

（二）异体会意字

由两个或两个以上不同形体的字符组成的会意字。例如：

休 甲骨文作，像人依在树旁休息。《说文》："休，息止也。从人依木。"本义是倚木休息。

及 甲骨文作，表示后边的人用一只手抓住前边的人。《说文》："及，逮也。从又从人。"本义是追上、赶上。

男 甲骨文作，表示用耒在田间劳动的人。《说文》："男，丈夫也。从田从力，言男用力于田也。"本义是男人。

婦 甲骨文作，表示女人手执笤帚从事家务劳动。帚即笤帚。《说文》："婦，服也。从女持帚，洒扫也。"本义是女人。

備 甲骨文作或，从矢、从矢器，会意为象装箭的袋子（见图 259），这是本义。箭袋中能盛许多箭，故引申为"具备"义，《说文》训为"备，具也"。正是引申义，非本义。但是"备"原指箭袋子，是人们所不知道的。

函 甲骨文作，像袋中装着一支箭，旁边的小耳是悬挂的鼻儿。金文作，只是把手移到右上方（见右图），其实是箭囊（也叫箭壶，箭藏在壶内）。小篆作，形体嬗变，看不出袋中装箭的样子，讹变成现在"函"的写法。因此，"函"的本义是指箭袋子，引申为铠甲之义，如柳宗元《晋问》："函人之甲。"因为箭是装在"函"之内，于是由"装箭"引申为"包含、包容"之意，《汉书·叙传上》："函之如海。"函由"包容"义又引申为"封套"，如书套即称为“书函”。由书函引申为信封，吴质《答东阿王书》：“发函伸纸。”由信封又引申为书信，《三国志·魏书·刘晔传》：“每有疑事，辄以函问晔。”现当代有公函、来函等称，皆是。

兵　甲骨文作[illegible]，双手持斤（斧子），表示武器。《说文》：“兵，械也。从廾持斤，并力之貌。”本义是兵器，武器。

刑　甲骨文作[illegible]，象人在牢狱（阱）中，金文作[illegible]，把人误作刀，小篆作[illegible]，隶作[illegible]，楷书作刑。《说文》：“刑，罚罪也。从井从刀。”本义是罚罪。

涉　甲骨文作[illegible]，表示两足趟水过河。《说文》：“涉，徒行厉水也。从水从步。”本义是趟水过河。

取　甲骨文作[illegible]，表示以手割取左耳。《说文》：“取，捕取也。从又从耳。《周礼》：‘获者取左耳。’司马法曰：‘载献聝。聝者，左耳也。’”

初　甲骨文作[illegible]，《说文》：“初，始也。从刀从衣，裁衣之始也。”本义是裁剪衣服的开始。

莫　甲骨文作[illegible]，日落在草莽之中表示傍晚。《说文》训：“莫，日且冥也。从日在茻中。”本义是傍晚。

舂　甲骨文作[illegible]，双手持午（杵的初文）在臼上，会意为捣米。《说文》训为：“舂，捣粟也。从廾持杵临臼上。”

監　甲骨文作[illegible]，表一人低首对水盆照面。古时，无镜子，人们用水照面，后来出现铜镜，于是加金旁成为形声字“鑑”。“监”字便用为“监视”义。

沬　甲骨文作[illegible]，会意为人散发两手捧水洗头之貌。古时，沬与沐一字无别。隶变后成为从水、未声的形声字了。

暴　篆作[illegible]，太阳出来了，双手捧米到太阳下来晾晒。《说文》训：“暴，晞也。从日，从出，从廾，从米。”本义是晒米，引申为晾晒。这个意义后来加“日”符成“曝”来担任。

（三）连读会意字

由两个或两个以上的字符连读（暗示字义）成字的会意字。如小大为尖、上下为卡、山石为岩、大力为夯、少力为劣、合手为拿、出米为粜、入米为籴、老至为耋、木四方为楞、西土瓦为甄等。

会意字的特点是：合体字，必须是由两个以上的字符组成的，否则，不是会意字（如象形字的瓜、果；指事字的刃、交）；组成后新字必须表示一个新义；会意字没有标音部件，纯属表意文字。

会意字的结构方式，是通过对两个或两个以上的字符进行各种各样的排列组合来构成一个个代表新词的符号。这种排列组合的方式非常灵活多样，所以，组合成的会意字的数量比象形字、指事字多。在《说文》收字的总数中有1167个，占其所收字总数的12%还多。但是，由于语言要表达思想，反映客观事物的复杂性，只用象形、指事和会意三种方法造字，是不能满足记录语言的需要的。为了克服这三类字没有标音的缺陷，以便更好地记录语言，先民就用“增形以示义”，加声以表音，逐步地向表音法方向发展，于是又产生了“表音法”的形声造字法。

四　形声

形声是用表意的形符和表音的声符组合而成的一种造字方法。其特点是一半表意，另一半表音。可见，形声字是由两部分组成的。表意的形符也叫意符或形旁，表音的声符也叫音符或声旁。许慎的定义和举的例字是：“形声者，以事为名，取譬相成，江河是也。”他的意思是：用一个表示事物类别的字符作为形符，表示所造字的意义范畴；再选一个跟所造字发音相同或相近的字符作声符以表示所造字的读音，来跟形符组合成新字，江、河二字就是这样造出来的。

（一）形声字产生的途径

形声字产生的途径，请参阅第三章第四节“表音法文字及其发展”部分。这里归纳为四种构造形声字的模式。

1. 在表意的象形字、指事字和会意字上加注声符而组成的形声字

崩　在象形字山上加声符朋而成，从山朋声。

资　在象形字贝上加声符次而成，从贝次声。

匈　在指事字勹上加声符凶而成，从勹凶声。

導　在指事字寸上加声符道而成，从寸道声。

暨　在会意字旦上加声符既而成，从旦既声。

趙　在会意字上加声符肖而成，从走肖声。

不过，用这种方法构造出来的形声字数量不多。

2. 为明确本义而在本字上加注形符组成的形声字

采　《说文》训为：“捋取也。从木从爪（手）。”在“采”上加意符“扌”（手）而由会意字组成形声字採，表示本义摘取。

孚　《说文》训为：“卵孚也。从爪从子。”在“孚”上加意符“人”而由会意字组成形声字“俘”，表示本义是战争中活捉的敌人。

它　甲骨文作、，上是足，下是蛇，会意为以足踏蛇之意。在“它”上加形符“虫”而由会意字组成形声字，本义是蛇。

州　甲骨文作，中间象水中的陆地之形，本义是水中陆地。当州字用作行政区划等义之后，又加形符“水”，构成形声字“洲”，表示本义。

这种途径产生的形声字数量多。

3. 用原有形声字作声符，可以组成新的形声字

撻　《说文》训为：“乡饮酒，罚不敬，挞其背。从手达声。”而“達”字，从辵，羍声。

蒔　《说文》训为：“更别种。从艸时声。”而“時”字，从日，寺声。

憬　《说文》训为：“觉寤也。从心景声。”而“景”字，从日，京声。

爤　《说文》训为：“孰也。从火、蘭声。”而“蘭”字，从艸，闌声。

4. 变换形声字的偏旁，也能产生新形声字

汉字经过隶变、楷化之后，形体固定，一般不宜变换；有些即使变换了，其速度也是缓慢的。

偏旁变换，包括两种类型。

（1）形符和声符的位置互换，又分两类

①形符和声符的位置互换之后，造成音义相同的异体形声字。如：

夠——够　峰——峯　慚——慙　和——咊

裡——裏　慚——慙　脇——脅　鞍——鞌

婦——⿰帚女　驷——⿰四马　氊——氈　慚——慙

②有时由于形旁和声旁位置的变换，形成了不同的新形声字，音义截然不同。如：

吟≠含　召≠叨　怡≠怠　晾≠景

晖≠晕　枷≠架　纹≠紊　陪≠部

这类形声字的出现，为汉字的发展开拓了一条广阔的道路，后代形声字的创造大都用此种方法。

（2）改换形声字的形旁或声旁

由于形声字在社会发展和应用过程中表意或表音或书写的需要，将其偏旁加以改换。按形旁和声旁之别可分两类。

①为了准确表义或便于书写而改换形符。例如："鎗"字，古为金属所制，故从金。《说文》："鎗，钟声也。从金倉声。"古有扎鎗、烟鎗等。现代武器的"枪"，从木，因为枪壳是木做的，所以改为"从木"。又如"礟、砲"，由于古代是用石头做炮弹发射，故从石，而近代以来用火药发射炮弹，故改为"火"旁，作"炮"。其他如：

脣——唇　婬——淫　盃——杯　煖——暖

懽——歡　嘆——歎　燄——焰　谿——溪

耽——躭　徧——遍　謌——歌　秔、稉——粳

覩——睹　諠——喧　齩——咬　煇、暉——辉

②为了准确表音或书写方便而改换声旁，分三种。

A. 由于语音的发展变化，原来声符表音不准而改换。如：

遼——辽　塊——块　襯——衬　膚——肤

補——补　蘋——苹　態——态　遲——迟

戰——战　運——运　達——达　竄——窜

B. 由于书写不便而改换声符。如：

釁——衅　鐵——铁　趕——赶　溝——沟　憐——怜

鑽——钻　邇——迩　亂——乱　邊——边　薦——荐

C. 由于既表音不准又不便书写而改换声符　如：

嗁——啼　邨——村　搤——扼　遲——迟　態——态

徵——征　纖——纤　釀——酿　賓——宾　遞——递

这是从古至今形声字产生的途径之一。但是在过去，这种新产生的形声字，往往被斥为俗字，难以正式通用；而今这类改换形声字偏旁造出的形声字，符合汉字简化的原则要求，所以一律成为合法的正式通用文字。

另外，形声字的形符在另外一些字里可以作声符。如“彡”在“形、修、彰、彫、彩”等字中是形符；在“杉、衫、钐”等字中却做了声符。又如“土”在“坤、地、坡、基、垣、堂、坦、坎、培、坏、垢”等字中是形符；而在“吐、钍、杜、肚、牡、徒”等形声字中却是声符。

以上，从形声字产生的途径来看，用形声方法创造新字，不仅造字方法简单便利，而且能够以形表意，以声标音，适应记录语言的需要。形声法是汉字造字法的一个重要发展。为汉字的发展开辟了一条广阔的道路，成为后代造字的主流，代表着汉字发展总趋向。形声字在甲骨文中占 20% 左右；而在《说文解字》中占 82%；在《康熙字典》中占 90%；在《新华字典》中占 90% 以上。由此可见，形声字具有强大的生命力和繁衍力，在汉字系统中处于很重要地位。在现当代，许多新出现的名词，大都是用“表音法”的形声方法创造出来的。

（二）形声字的结构形式

所谓“形声字的结构形式”，是指形声字的形符和声符的所在位置。

其所在位置，可分为两类。

1. 形声字的基本结构形式，有六种

（1）左形右声　　值、培、谈、唱、玩（最多）

（2）右形左声　　鸠、锦、期、刊、战

（3）上形下声　　草、室、空、旱、界（次之）

（4）下形上声　　烈、妄、想、剪、常（较少）

（5）内形外声　　闻、鳳、岡、辨、赢（最少）

（6）外形内声　　闺、围、匣、固、匈

2. 形声字的特殊结构形式，有十一种

（1）形符在左上角　　荆、聖、雜

（2）形符在左下角　　雖、疆、颖、载、岛

（3）形符在右上角　　匙、题

（4）形符在右下角　　强、佞、赖、滕、務

（5）声符在右上角　　近、赶、徙、徒、爬

（6）声符在右下角　　旗、寐、房、病、簸

（7）声符在左下角　　氧、氢、氨、氮、氖

（8）形分左右，声夹中间　　衢、楙、樹

（9）形夹中间，声分左右　　辮、随、游

（10）形分上下，声在中间　　衷、歲、裹

（11）形在中间，声分上下　　莽、哀、器

以上关于形声字结构形式的分类较细，例字多少不一。例字少者，表明该类形声字较少。掌握形声字的分类，有利于把握形声字的构造，加深对字义的理解，尤其有助于辨别部首，从而查寻工具书。汉字的部首复杂难辨，是形符和声符的配合复杂所致。前面所列十七种声符同形符配合的形式，就是汉字结构组合的规律。了解与掌握这些规律是很重要的。否则，无从辨识汉字的形符和声符，也就无法识别部首，无法确认形声字。即便确知某字是形声字，也难以确定出哪是形旁，哪是声旁。

（三）所谓“多形多声”的形声字

如前所述，形声字是由一个形符和一个声符组成的，可是在同一时间里许慎《说文解字》中却有“一形二声、二形一声、二形二声、三形一声、四形一声”等分析说法，这是不正确的。因为形符既然是表示意义和类属的，意义在同一时间里也只能有一个，类属也只能有一种；同

理，声符是表示读音的，那么同一个字就不应该同时有两个声符。因此，形声字都应该是一形一声的。《说文》中的多形声字，只能视为许氏说解之误而已。下面，举例来看。

梁　《说文》："水桥也。从木、从水，刅（chuāng）声。"（同"创"，即两刃刀）周代金文中习见"刅"字，（即"梁"之初文）或用为姓氏，或借作稻粱之粱。梁，显然是从木，汈（liáng）声。许氏却以为"梁"二形一声，是错的。

𠷎（chóu）《说文》："谁也。从口，𠃬、又声。"依许氏为一形二声。然金文𠃬作[illegible]，象田畴曲折之形。𠃬是个象形字。后来，加声符"又"而成𠷎，故为一形一声字。

竊　《说文》："盗自穴中出曰竊。从穴，从米，禼（qiè）、廿皆声。"依许氏为二形二声。其实，竊字从穴，[illegible]声，即一形一声。

寶　《说文》："珍也。从宀、玉、贝，缶声。"许氏分析为三形一声。甲骨文作[illegible]，房屋里有贝有玉等珍贵财物，于字为会意字。后来加声符"缶"，成为"从[illegible]缶声"的形声字。

㝷　《说文》："绎理也。从工、口、又、寸，彡声。"被许氏视为四形一声的形声字。其实，"绎理"是后起义，其本义应是八尺。尋，是个会意字，两臂伸直为一尋。后加形符"彡"繁化为"从彡，尋声"的形声字，即一形一声。尋为会意字是一个整体，不应再分解。

从以上各例字的结构分析及文字本身的历史结构证明，"多形多声"的形声字是不存在的。因为它不符合形声字的理念和结构规律，后加的义符或声符，应该把它看作一个整体用作新形声字的形符或声符。

（四）省形省声的形声字

形声字的形符和声符都是现成的字充当的。这样造出来的形声字，有的形体繁复，有的结构不匀称或者不合理。为了字形的简化和结构匀称合理而省略形声字的形符或声符的笔画。

1. 省形的形声字，不多。可分两种。

（1）省去形符繁复的一部分。例如：

晨　《说文》："房星为民田时者。从晶，辰声。晨，曟或省。"将形符"晶"，去"二日"而省为"日"。

瓢　《说文》："蠡也。从瓠省，票声。"即省去形符"瓠"字一部分"夸"。（蠡：通劙，剖开）

（2）省去形符的一部分，空出位置来安置声符。例如：

考　《说文》："老也。从老省，丂声。"省去形符"老"字的"匕"，安上了声符"丂（kǎo）"。

亭　《说文》："民所安定也。亭有楼，从高省，丁声。"即省去形符"高"字的"口"安上"丁"字做声符。

2. 省声的形声字，较多。可分为三种。

（1）省去声符繁复笔画的一部分。例如：

家　《说文》："居也。从宀，豭省声。"即省去了声符"豭"字中的"叚"字部分。

哭　《说文》："哀声也。从吅（xuān），獄省声。"去掉了"犾"（音 yín，义狗叫声）旁，只留下"獄"字中的"犬"字。

（2）省去声符的一部分，空出位置安置形符。例如：

産　《说文》："生也。从生，彦省声。"即省去彦字中的"彡"字。

岛　《说文》："海中往往有山可依止曰岛。从山，鳥省声。"即隶变后省去"鳥"字下四个点，安置上"山"字。

（3）形符跟声符共用部分笔画或偏旁。这类形声字不多。例如：

齋　《说文》："戒洁也。从示，齊省声。"齊和示共用中间的"二"。

黎　《说文》："履黏也。从黍，利省声。"即左上角的"禾"，是形符跟声符共用的部分。

省形省声是形声字中的客观存在现象，是汉字由繁趋简发展的结果。一般是不会影响形声字的表意和表音规则的。不过，有些字省形或省声之后，影响到表义或表音了，如前面举的“家”字，声符“豭”省为“豕”就不表音了。又如“茸”（从艸，聰省声）、“榮”（从木，熒省声）、“潸”（从水，散 sàn 省声）等。

（五）亦声的形声字

所谓“亦声字”，是指那些后起的分化字，即其声符具有表义示源功能的形声字。这也是形声字的一种，属于兼类现象。有些学者叫它“会意兼声字”。《说文》注以“从某从某，某亦声”。故名“亦声”字。

亦声字的产生，是词的孳乳分化，造成“一词表多义”“一字表多词”的现象。为了区别，就在本字之上加注形符而成分化字。这些分化字就是早期形声字的主要来源。其声符就是原来的本字，所以除了标音，还有表义示源的作用。例如《说文》所释：

牭　四岁牛。从牛，从四，四亦声。

返　还。从辵，从反，反亦声。

娶　取妇也。从女，从取，取亦声。

婚　妇家也。礼娶妇以昏时，妇人阴也，故曰婚。从女，从昏，昏亦声。

姻　婿家也。女之所因，故曰姻。从女，从因，因亦声。（因，甲骨文作囡，草席）

这种亦声字，有人称为“会意兼形声”字。其实，要从汉字发展的总趋势来看，其仍是形声字。否则等于承认了“二形一声”的“多形字”的合理性。

（六）形声字的功能及其局限性

如前所述，形声字是由形符和声符两部分组成的。形符的功能是表义的，声符的功能是标音的。所以，分两方面来说。

1. 形符表示与本义近似义，即表其字的意义类属或范畴，不能表示具体义以《说文》“斤部”所属字来看：

斤　斧子的一种。《说文》训斤为：“斫木也，象形。凡斤之属皆从斤。”“凡斤之属皆从斤”一句是说，凡是从斤旁的字，其意都与斧子有关系，指的就是意义范畴。请看下面各例。

斨　方孔的斧子。《说文》：“方銎斧也。銎（qióng），装柄的孔。从斤爿声。《诗》曰：又缺我斨。”又《七月》：“取彼斧斨，以伐远扬。”

所　象声词，伐木声。《说文》：引“《诗》曰：‘伐木所所。’”今本《诗·伐木》作“伐木许许”。“所所”“许许”，古音同（所，山母鱼部；许，晓母鱼部）。

斯　劈开。《说文》训为：“析也。从斤其声。《诗》曰：‘斧以斯之。’”意思是：用斧子避开它。

新《说文》训为：“取木也。从斤，辛声。”《诗·七月》：“采荼（tú）薪樗，食我农夫。”意思是：採苦菜吃，砍臭椿烧，给我们农奴吃。

又如《说文·水部》字：

漠　北方流沙也。一曰清也。从水，莫声。

滔　水漫漫大貌。从水，舀声。

涓　小流也。从水，肙声。《尔雅》曰：“汝为涓。”

演　长流也。一曰水名。从水，寅声。

沦　小波为沦。从水，仑声。

渊　回水也。从水，象形。左右岸也，中，像水貌。（甲骨文作[illegible]）

洌　水清也。从水，列声。《易》曰：“井洌寒泉食。”

浦　濒也。从水，甫声。（即水边）

渎　沟也。从水，卖声。一曰邑中沟。

津　水渡也。从水，聿声。（指渡口）

泝　逆流而上……从水、㡿（chì）声。

潦　雨水大貌。从水、尞声。

以上各例，形符从水，只表示跟水有关的各种意义。形符并无直接表意作用，只是给形声字划定了一个大致的意义范围，不能根据形符了解其字的具体意义。形符与其字义完全相同的形声字只是极少数。如父与爸、母与娘、舟与船等。有些形符相同的字意思并不相同，上举各例皆是。有时形符相同，甚至意思完全相反，如推与拉、快与慢、远与近、沿与溯等。所以，据形符难以推断出形声字的具体的本义。

有些形声字的形符，由于社会的发展、客观事物的变化和人们观念的改变，其意义大大削弱，不但连表示范围的类属不能表示，甚至完全丧失了其表意作用。如镜、瓶、笔、牆等；有些形声字的形符，则由于词义的引申或文字的假借，使原来的形符丧失了表意功能。如张（开弓）、理（治玉）、校（古木制的刑具）、检（书签）、较（车上横木）、難（鸟名）等；有些形符则用得不知所以，令人难以理解。如笑、哭、虹、玫瑰等字。

2. 声符的标音和表意功能及其局限性

（1）声符的标音功能

声符是我们用以判断一个合体字是形声字还是会意字的重要标志，但必须以古音为依据。这是就一般情况来说的，并不完全可靠。因为即便是造字之初，声符和读音完全相同的形声字，也只是一部分。如“任”从人壬声、“仕”从人士声、“漠”从水莫声等。由于语音的发展，在造字时代是谐声的，到现当代却未必谐声了。何况大部分形声字在造字时代，声符与其所在形声字读音就不是完全相同的，只是大致谐声。因此，判断一个合体字是否形声字必须以古音为依据。如今，许多形声字的声符非但不能准确表音，甚至已失去标音功能。如：

恰——合声　都——者声　等——寺声　尷尬——监介声
移——多声　说——兑声　埋——里声　侘傺——宅祭声

（2）声符的表意功能

声符的表意示源作用，前面在“亦声字”部分已经叙述了。这里，再从声符的形体和语音两方面来看它的表意功能。

①声符的形体表意

这是指以表意字（象形字、指事字或会意字）为声符，再加上形符而组成的形声字。如：

云——雲 止——趾 其——箕 州——洲
四——驷 厷——肱 朱——株 丩——纠
取——娶 韋——圍 莫——暮 古——诂

这些形声字都是以前者为声符的，而这些声符的古文字形体都是独立成字而表意的。当它们转作形声字的声符之后，仍然具有表意功能。第一行“云（像云回转形）、止（像足形）、其（像簸箕之形）、州（像水中陆地）”为象形字，当它们作了形声字声符之后仍表示原来的意义；第二行“四、厷、朱、丩”为指事字，作了形声字的声符后，仍表示其原来意义；第三行“取、韦、莫、古”为会意字，亦然。不过，形声字的声符以其形体表义只是一小部分。

②声符的语音表意

声音是语言的物质外壳。语言是通过声音来表达意义、传达信息的。作为记录语言符号的形声字，其声符既有表音的功能，往往也具有表意的作用。从同源字来看，由同一声符得声的字，其义往往也是相同或相近的。举几个例子来看：由“尧”字得声的形声字，都有“崇高”的意思。《说文》训曰：“峣”，山高貌；“翘”，尾毛也；“趬（qiāo）”，举足也；“饶”，饱也。又如：由“兑”得声的形声字往往有“分析、解开”之意。《说文》训曰：“说”的本义是解释，含有分析、解开之意；“脱”，本义是消瘦，含有消解体肉之意；“蜕”本义指蝉、蛇之类动物解皮脱壳之意；“悦”的本义是高兴，含有“舒解、开心”之意。

如果严格来说，从声符的本质上看，其表意的功能，跟它的形体无必然联系，只跟它的语音有关。如由“農”得声的形声字多有“浓厚”的含义。《说文》云：濃（露多也）、襛（衣厚貌）、獳（犬恶毛也）、穠（花木繁盛）、醲（厚酒也）。而“農”字本义是耨（音 nòu，锄草）田除草，没有“浓厚”意。

因此，可知纯形声字中有一部分声符是表义的。据此，北宋王圣美最先提出：“凡字其类在左，其义在右。如木类其左皆木。所谓右文者，如‘戋，小也’，水之小者曰浅；金之小者曰钱；歹之小者曰残；贝之小者曰贱。如此之类，皆以戋为义也。”（《梦溪笔谈》卷十四）语言学史上称之为“右文说”。后来王观国、张世南等也提出了类似“右文说”的观点。

王观国在《学林》卷五中说：“盧（盧或简化为卢或户）者，字母也。加金则为鑪，加火则为爐，加目则为矑，加黑则为黸。凡省文者，省其所加之偏旁，但用字母，则众义该矣。亦如田者，字母也。或为田猎之畋，或为佃田之田。若用省文，惟以田字该之，他皆类此。”王氏所谓字母，是具有构形能力的声符，不以“右文”为限。其举例带有“字族”的性质。

张世南《游宦纪闻》卷九：“自《说文》以字画左旁为类，而《玉篇》从之，不知右旁亦多以类相从。如‘戋’有浅小之意，故水之可涉者为‘浅’，疾而有所不足者为‘残’，货而不足贵重者为‘贱’，木而轻薄者为‘栈’。‘青’字有精明之义，故日之无障蔽者为‘晴’，水之无混浊者为‘清’，目之能明见者为‘睛’，米之去粗皮者为‘精’。凡此皆可类求。聊述两端，以见其凡。”张氏云“青”有“精明”之义，无据。

我们认为，“右文”说在一定范围内揭示了形声字声符的表意功能和规律。如：从“多”得声的形声字有“盛大”义。《说文》云：“哆（chǐ），张口也”，《诗》“哆兮哆兮”，毛传：“大貌”；侈，掩脅也，《左传》“于臣侈矣”，注“奢也”；袳（音 chǐ，大度），有大度也；炵（音 chǐ），盛火也。

又如：《说文》训：“乔，高而曲也。”故从“乔”得声的形声字都有“高而曲”之意：侨，高也；桥，水梁也；峤，山锐而高也；娇，姿态也；骄，马高六尺为骄；矫，揉箭箝也；蹻，举足行高也；轿，肩舆。

然而，宋代王安石却把“右文说”无限夸大，他说：“滑，水之骨；坡，土之皮”，闹出许多笑话来。“右文说”在清代受到批判。1949 年后也一度被冷落。不过，一些学者则认为“右文说”有它合理的一面。我们认为“右文说”适用于一部分形声字，但不能一概而论。如以“戋”为声符的字并非都有“小”意或“浅小”之意，即以《说文》所释：栈，棚也；饯，送去食也；笺，表识书也；践，踏也；諓（chàn），善言也；等。

须知，了解与掌握声符的表意作用，有助于确认某些汉字的本义。

如福祐的“祐”字，其声旁是“右”，甲骨文作ㄡ字，像侧视的右手之形，本义为右手。卜辞借作保佑的佑或福祐的祐。右，《说文》训曰：“手口相助也。”故“祐”，《说文》云：“助也。从示，右声。”可知祐的本义是天神给予的帮助。如此通过对声符表意的分析，可以理出字的本义。

③声符表音的局限性

关于声符不能准确标音，前面有所论及。这里，首先从丁西林在其《现代汉语及其改革的途径》中的统计数字来看，一本普通字典收录“手（扌）”部作形符的形声字共有334个，其中声韵不合的82个，声合韵不合的25个，韵合声不合的67个，声韵合而声调不合的52个，声韵调全合的87个，声符不是现行汉字的40个。总体来看，有四分之一的字，声符同所在字读音相同，有50%以上是不合的，还有一部分声符是一般人所不识的。按照丁氏的定量分析，可以从三个方面来看声符的表音的局限性。

其一，由于语音的发展，古今语音的变化，同一声符表示不同的读音，或同一读音可用不同声符。如《新华字典》：“诗、痔、侍、恃、峙、特、待、等”用同一声旁“寺”，读音却不同；“低、敵、荻、递、缔”，都读 di，却用了不同的声旁。

其二，由于汉字形体的演变，有些声符变形了，或是省形、隶变后原来的声符看不出来了。如《说文》：在：从土，才声；布：从巾，父声；贼：从戈，则声；更，从攴，丙声；截：从戈，雀省声；疫；从疒，役省声；珊；从玉，删省声；童；从䇂，重省声。

其三，有些形声字的声符能找出来，但由于现代不单用，一般人仍然读不出来。如：“托、捐、搵、掇、搨、摘”等字中，“乇、肙、昷、叕、𦐇、啇”。

鉴于形声字声符标音不准等复杂情况，切记“秀才识字读半边”的教训，不能把“玷污”读作 zhānwū；把“鹿茸”读作 lùěr；把“深圳”读成 shēnchuān；把“一丘之貉”的“貉”读成 gè 等。这是从声旁语音误读方面来说的；再从形式上来看，由于形声字的形符和声符既没有一定的标志，又没有固定的位置，且同会意字都是由两个以上的字符组成的。二者形式上没有区别，这就要我们不仅不能按“右文说”去“读半边”，而且要将形声字和会意字区分开来。如：

沐——休　涙——泪　救——牧　陡——陟　嶽——岳

前者都是形声字，后者都是会意字。实践中易于混淆，辨别的方法是：如果字中有一个偏旁跟该字的读音相同或相近，那么，这个字就是形声字；如果组成某个字的两个以上的偏旁都不与该字的读音相同或相似，而且能够联合起来会意出或显示出一个新的意义来，就是会意字。

总之，形声字的产生，使汉字的性质发生了根本变化，由表意文字过渡到表意兼表音的"语素—音节文字"，是汉字发展到"表音法"的新阶段。3300 年来，形声字不断地增加，如今达到 90% 以上，成为汉字的主流，尤其是成为现当代造字的主要方法模式。因此，了解形声字的结构及其性质，对掌握汉字具有重要意义和作用。但是，形声字是汉字运用"表音法"发展的结果，不是"声化"，也不是表音文字，而是表音法文字，因为形声字不是单纯标音的。从其本源看，缘起于"增形以示义"，"形声之始出，非为表音，而为示义"；"加声以表音别形"，兼顾"形""声"结构相配，功能"义""音"兼备：以形表义，以声表音的两个层面的作用，故为"形声"。

形声和转注的区别与分辨：虽二者都由义、音两个部件组合而成，但各自功能不同。形声是源于原字组合的"增形以示义"区分"同音异义"词而孳乳为新形声字的方法；转注则是标记"同义异音"词分化的结果。如"考"，受义于"老"而表"寿终"，音则转若"丂"。又如"詠""羕"，二字都由"义、音"两个部件组成，都受义于"永"，篆作𣱵，《说文》："永，水长也"，但"詠（咏）"增形"言"或"口"，音却仍读"永"，是为形声字，归于"言"部；而"羕"虽受义于"永"，但音转若"羊"，便与"永"为一组转注字，属于《说文》的"永"部字。①

五　转注

许慎为转注下的定义和举的例字是："转注者，建类一首，同意相受，考老是也。"由于这个定义含混不清和所举例字除了"考、老"之外，《说文》中再没有标出一个转注字来，因此，历代学者众说纷纭，莫

① 详见向光忠《文字学刍论》，第 126 页

衷一是，迄今尚未有定论。学者争论的焦点是：“建类一首”的“类”和“首”何指？字类、声类，还是义类？“一首”的原意是什么？是部首吗？于是就出现了影响较大的“同部说”“互训说”“同义说”和“引申说”等。从唐宋到现当代，对“转注”的解释者，不下数十百家。从形、音、义角度来看，主要可以归纳为三种主张。

（一）形转说

有人称之为“主形派”。最早提出此说者是唐朝裴务齐在《切韵序》中说：“考字左回，老字右转”；北宋陈彭年在《广韵》中也提出“左转为考，右转为老”。这是从笔画走向回转来解释转注的，毫无意义。宋元之间戴侗在其《六书故》中也提出了以转变字形书写方向为转注也是无稽之谈。到了五代时期，南唐徐锴在《说文系传》中根据考老同部认为，凡是可以跟形符互训的形声字就是转注。他说：“建类一首，同意相受，谓‘老’之别名，有耆、耋、寿、耄、孝，子养老是也。一首者，谓此‘孝’等诸字皆取类于‘老’，则皆从‘老’；若‘松柏’等皆从木之别名，皆同受义于‘木’，故皆从木。”到了清代，江声发展了徐锴的观点，他在《六书说》中认为：“立‘老’字为部首，即‘建类一首’，考、老同意，故受‘老’而从老省。老字以外，如耆、耋、考之类，凡与‘老’同意者皆从‘老’省而属于‘老’，是取一字之意以概数字，所谓‘同意相受’。”

可见，形转说者以为“类”就是部首，“首”即指某类字所从的部首。意思是说，“建类一首”即用同一个义符作部首；“同意相受”，即同一义符的字，意义是相同的。所以可以“相受”。这就是以徐锴和江声为代表的主形派的观点。其实，同形不一定同意；相反，同一义符的字，大多数是意义不同的。因此，形转说的主张，只适合“建类一首”，却不能解释“同意相受”。如果把同一部首的字都视为转注字，那么《说文》中的每一部的字岂不都成了转注字吗？这显然是不符合事实的。

（二）义转说

有人称之为“主义派”，其代表人物是清代戴震和段玉裁。他们认为，凡是可以“互训”的字就是转注字。戴震说：“转注之云……犹云互训云尔。转相为注，互相为训，古今语也。”（见《戴东原集·答江慎修先生论小学书》）段玉裁发扬师说，以同义之字展转相互为训，或数字同训为一义叫转注（见《说文解字注》）。他们以互训为转注，不仅混淆了训诂与文字两种不同范畴的概念，而且只能解释“同意相受”，不能说明“建类一首”。张行孚讥讽他们是“建类一足”。未能对转注字产生的原因及其形义特点作出分析。

（三）声转说

声转说，亦称“主声义派”，以近代章炳麟为代表。他极力反对主形派，提出“类即声类”，“首”即“语基”（《国故论衡·转注假借说》）。语基，即指语根或根词。“考老同在幽部，其义相互容受，其音小变；按形体或枝别，审语言本同株，虽制殊文，其实公族也。”意思是说，考、老声类相同，“老”字是先产生的根词，“考”是由“老”派生的，故而音义相同的是转注字。按照章氏的观点，“建类一首，同意相受”，就是由同一语源派生出来的声音相转而意义相通的字，就是转注字。从语源和语根索解转注，很有见地。然而，把文字跟语言混为一谈，言之不当；从本音和变读作解，实为谬释，亦不可取。还有推究到语源及语根的“主源说”。

这些说法不合许慎转注定义的原意。章氏抛开字形，单纯地从音义两方面索解转注字是片面的，因为“建类一首”不是指字音，而是指字与字之间的形义关系。诚然，章氏能够从字义变化引起形体变异，而孳生出同根词音义相通的一些新的同源词来，即从语言和词汇关系上解释了文字的孳生现象，比起形转说和义转说，是一个进步。至于是否有必要将文字孳生问题同转注混为一谈还有待研究。

综上所述，“三说”都暴露了他们的主观片面性，不管是看重形体还是抛开形体，或只着眼于音义，都不能解释“建类一首，同意相受”。

我们认为，从许慎为“转注”所举的例字来看是煞费一番心思的。如前所述，许慎在《说文》9353字的分析说解中，只见“象形、指事、会意、形声”四书，未见“转注、假借”二书。这就充分表明“转注、假借”并非造字之法。又据“四体二用”之说，可知，许慎在为“转注、假借”二书所举例字自当跟前“四书”有别。考、老作为转注的例字，是悉心选择的。转注的例字之间是相互依存的互释关系。这就涉及字形的应用及其所记词的形体变化。这样，就回答了许氏为什么选择了形声字“考”和会意字“老”作为转注的例字。这不仅因为在许慎看来，转注不是造字法，而且因为任何单个字的形体无法显示转注的含义。又因为单个字的形体分析只能说明自身构造，不能说明例字间的互注关系。

而考、老则可以表达这种关系。因为从字源上说，“老”是先产生的，“考”是后分化出来的。“考”是从“老”引申出来的。“老”的本义指70岁，《说文》和《离骚》王逸注并云“七十曰老”，而“考”的本义是“寿考”，即寿终。段注：“凡言寿考者，此字之本义也。”《释名》和《离骚》注并云“父死曰考”。可见考、老的引申关系。因为人一般是由老而寿终（考）的。这种引申过程就叫转注。但是，同一字（词）无法显示其引申义，就用另一个既能显示引申义又有分化关系的“考”字。而且在应用上考老之间也存有引申关系。如《礼记·曲礼下》云：“寿考曰卒”，孔疏：“寿考，老也。”《史记·老子韩非列传》：“老子者”，《正义》：“老者，考也。”所以转注的例字为“考老是也”，应理解为“考在应用中引申为老，老引申为考就是这样的例字”①。这就是说许慎已经意识到“转注”为用字之法，故选择存有引申关系的“考老”二字作为可以互释的成组的例字来举的，这可能就是跟前“四书”不同的举例方式。后人由于不明许氏为转注的举例方式而其说不一。因此，“建类一首”，是指部首相同的两个字在字的应用中发生分化的结果；“同意相受”，是说在应用中意义上存在引申关系的两个字可以互释，像考老这样的字就叫“转注”。但“转注”本身并不产生新字。

最后，应当指出，对待转注字，应持慎重态度，不能把凡有互训关系的两个字都看作转注字。尽管转注字之间有同义关系，但不等于说，同义的二字就是转注字。比如：主张“义转说”的戴震说“凡是可以互训的字，就是转注”，他说“转注者，犹言互训也。数字同义，则用此字可，用彼字亦可”。于是，戴震就把《尔雅·释诂》中“初、哉、首、基、肇、祖、元、胎、俶、落、权舆，始也”看成转注。其实，互训者，不都是转注字，因为转注与互训“各有特定所指”，转注属于文字范畴，互训是训诂的概念，判然有别。还有同义的假借和同作第一人称的“我”讲的“吾、予、卬、台”等，都不是转注。尚有，不能把联绵字和分化字都视为转注。有人将《说文》中凡是音同义同的字都误认为是转注字，找出200多组转注字来，诸如：“琵琶”“婵娟”“缱绻”“蝼蛄”“崑崙”“朦胧”“蹉跎”“琱琢”“菡萏”“玿琜”“逍遥”“逢迎”等；葆——蕃、敃——敄、更——改、倚——依、刑——刭、颠——顶、客——寄、

① 见王凤阳《汉字学》，第354页。

逆——迎、芬——芳等。因为联绵字的特点之一是有多种写法，两个字只表音节不表意；分化字是由于一字写多词或表多义，为了区别，加注偏旁而成的。总之，扩大化转注是错误的。不过，向光忠认为："转注是为同义词造字的方法"①，值得研究。

六　假借

关于假借在第三章第四节"表音法文字及其发展"中，从汉字发展的角度已作了较详的介绍，请参阅。假借可分为两类。

（一）本无其字的假借

假借，是指语言中有些词有音无字，借用既有的同音字来负载它们，这种以不造字为造字的方法，就叫"假借"。

许慎为假借下的定义和举的例字是："假借者，本无其字，依声托事，令长是也。"意思是说，语言里有些词，本来没有负载它们的专用字，依照它们的读音，借用一些已有的音同或音近字来表示它们的意义，令和长就是这样的例字。

假借字的产生，是由于社会的发展和人类思维的进步，对客观事物的认识不断深入，语言中的新词不断增加。这些增加的新词，需要文字来负载和指称它们。可是，用象形、指事、会意三种造字方法不能满足负载新词的要求；再者语言中的词越来越多，如果每个词造一个字，那么字的数量就会太多不便使用；另外，有些只有抽象义或语法意义的词难以据意造字。所以只好借用已有的音同或音近的字来负载"本无其字"的词，这就是"假借"产生的原因。

本无其字的假借字的类型，就其产生和发展情况可以分为四类。

1. 久借不归的假借字

这种假借方法的使用最早，在词多字少的甲骨文时期就大量使用了。假借的唯一条件是音同或音近，借字和被借字之间毫无意义联系。一字被借之后，便成为假借义的专用字，不再归还，只好在被借字上加注形符以表示其本义。这类被借字多是常用词。如：

主　甲骨文作，小篆作，从（灯），从（火苗）。故《说

① 向光忠：《文字学刍论》，第47页。

文》云："灯中火主也。"即主的本义是灯上的火焰（灯芯）。因为灯芯是灯的主体，故借为"宾主"的"主"，"主人、君主、主要、主导"等义的"主"，与主的本义毫无关系。但久借而不归，便在"主"字上加"火"而成形声字"炷"，表示"主"的本义（见图258）。

新　《说文》训为："取木也，从斤，辛声。""取木"即"伐木"，甲骨文"新"作[illegible]，象用斧砍柴之状，故本义是柴薪。借为新旧之新，与被借字本义毫无关系。后来加"艸"成"薪"，表示"新"的本义，而"新"字成为被借表新旧之"新"的专用字。

又如：

云——雲　气——氣　舍——捨　网——網
且——祖　其——箕　求——裘　莫——暮
然——燃　孰——熟　队——坠　县——悬
卷——捲　表——錶　回——迴　复——復

2. 借而又归的假借字

这种假借方法的使用也是很早的，在古代文献中多见。分为两种情况。

一种是改换被借字的形符，为借义另造新字。如：

说　《论语·学而》："学而时习之，不亦说乎？"句中"说"字，表示"喜悦""高兴"是假借义。为了区别，改言旁为"忄"旁而为借义另造新字"悦"字。

又如借奔赴之"赴"为"告丧"之"赴"（借字），后来改"走"旁为"言"旁，为借义另造新字"讣"字，等等。

另一种是在被借字上加形符另造新字表借义以归还本字。如：

《左传·宣公二年》："子为正卿，亡不越竟，反不讨贼，非子而谁？"其中的"竟"字，本是"终竟"之竟，句中借为"边境"之

“境”。为了区别，加“土”旁，为借义另造“境”字。其句中的“反”字是“颠倒”之义，借为“回来”，为加区别，后来加“辵”旁，另造“返”字，表示借义。

又如：

采——菜　内——纳　弟——悌　昏——婚
田——畋　禽——擒　解——蟹　與——歟

以上两类假借，一是为被借字的本义另造了新字，二是为假借义另造了新字。假借本是用字之法，其本身不能造字，但是由于假借，避免混淆，促进了新字的创造。就这个意义来讲，假借便是造字法了。另外，如果从假借字和被借字的产生先后说，二者是古今字的关系，即例中前者是古字，而后者是今字。由假借而产生了大量的形声字（今字）。

3. 借义行而本义废的假借字

有些字被假借后，它们的本义不为一般人所知而湮没了，其假借义反而通行开来。这类假借字对阅读古书来说，不成为障碍。如：

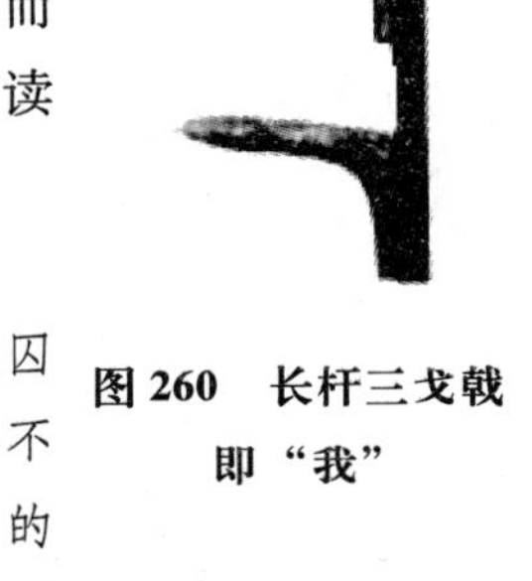

图 260　长杆三戈戟即“我”

校　《说文》训为：“木囚也”（指古代囚犯人的一种木制的刑具）。这是校的本义，并不为人所知。可它假借为“校人”（古代管理马的官）、“学校”“校勘”“校对”“校官”等义却通行开来。

醳（shì）本义是苦酒，一曰醇酒。假借为“释”，《史记·张仪列传》：“张仪已学而游说诸侯。尝从楚相饮。已而楚相亡璧，门下意张仪，曰：‘仪贫无行，必此盗相君之璧。’共执张仪，掠笞数百。不服，醳之。”其本义消失了。又如：

我　甲骨文作[illegible]、[illegible]，本义是古代一种长柄三戈戟的兵器之形。借为第一人称代词，一直延用至今。借义行而本义废矣。（图 260）一说是锯齿兵器。

而　甲骨文作，像胡须之形。《说文》训为："颊毛也"。本义是胡须。借为连词或第二人称代词，沿用至今。借义行而本义废矣。

權　《说文》训作：“黄花木也。”本义是树名，“开黄花的树”。借为秤锤，表“衡量”义，引申为“权力、权衡、权且、政权”之权。

焉　《说文》云：“焉鸟。黄色，出于江淮。象形。”本义是鸟名。借为代词、疑问代词、兼词和语气词。

4. 本义和借义并行的假借字

这类假借，是说一字被假借之后身兼二职：其本义并未湮没，仍在使用；其假借义也在通行。如：

耳　《说文》训为：“主听者也。象形。”这是从耳朵的功能来释其本义的，借作语气词（罢了）之后，其本义和借义同时并用至今。

夫　《说文》训曰：“丈夫也。”本义指男子，借为指示代词或语首助词、句尾语气词后，本义和借义仍同时并用。

之　甲骨文作或，从止（脚），从一（某处），会意为人从某地到某处去，本义是往，到……去。金文作，故说草长出地面。故《说文》训作：“出也。”借为代词、连词或助词后，本义和借义并行。

烏　金文作，《说文》云：“孝鸟也。”本义是乌鸦。借为疑问代词“乌有”，如“乌人此高也。”本义和借义并行。

则　《说文》云：“等画物也。”段注：“等画物者，定其差等而各为介画也。今俗云，科则是也。”科则，即指政府按田地类别、等级而定出田赋的标准，这是本义。引申为法则、法律、原则、效法等。借为连词后，并行至今。

又如：

汝（本义水名，即汝水。借为第二人称）、会（本义会合，借为会计）、率（本义是捕鸟毕，借为率领、效率）等。

为了区别，这类假借字的本义和借义读音往往不同。如上举的“会、率、行”等例。再如许慎为“假借”所举的例字：

令 《说文》训曰：“发号也。”本义是命令，借为县令之“令”，令长之“令”。

長 《说文》训为：“久远也。”按：甲骨文作、，象形，本义指头发长，引申为长短之“长”，长远之“长”，长处、优点、擅长；借为县长之“长”，长老之“长”。这里“长”字就得两读。

需要说明的是：像“令长”这种假借，被视为引申假借，认为县令的“令”和县长的“长”是由号令的“令”和头发长的“长”展转引申出来的，因为假借和被假借之间有着意义上的联系。

以上，我们讲了四种假借字：前两种由于假借引起新字的创造，如果没有假借的促进，是造不出来这些新字的；后两种是没有为新词再造新字，仍用原有的字形。有时一个字兼职书写两个词，这就是不造字的造字。故而假借被认为是造字法。

假借的使用，突破了字形的限制，扩大了汉字的应用范围，解决了记录有音无字的语言困难。

假借字的特点：

（1）假借字比形声字出现得早，形声字产生之后，仍然在大量地使用假借字。即便是现当代也是如此，如新词的指称，外国的国名、地名、人名等。

（2）假借字使用的早。卜辞里的大部分是假借字。越古的文献里，假借字越多。卜辞或铜器铭文或古书之所以难读，假借是主要原因之一。

（3）假借字是“借他字以当此字之用，其读法依乎其借字之音”；假借没有创造新字，但假借后却引起了造新字的结果（如前述的一、二两种），而且造出来的字都是形声字。

（4）假借的使用，造成了同形、同音、异义的矛盾。这是就“本无其字”一类的假借来说的。

（二）本有其字的假借，即通假

由于以古音的相同或相近为前提条件，故又称“古音通假”。指某些词本来已有指称它们的专用字，但由于秦始皇焚书，汉初人们凭记忆口耳相传和方言的差异等种种原因，书写的人未用本字，却用了与之音同或音近的另外一个字，日久相传，因而流行开来。为了区分这两类假借，就把后者称为“通假”。在通假中，借用的字叫通假字，被代替的字叫本字。如《诗经》中两处提到周族始祖姜嫄生后稷时平安无事：《周颂·宓宫》作“无災无害”，而《大雅·生民》却作“无菑无害”。后者是借“菑”作“災”，这就是“木有其字”的假借。又如《离骚》：“皇览揆余初度兮，肇锡余以嘉名。”借“锡”为“赐”；《诗·鄘风·柏舟》：“之死矢靡它”，借“矢”作“誓”；《史记·廉蔺列传》：“然与臣坐，顷之三遗矢。”借矢作“屎”等。

通假现象是个比较复杂的问题。古书中为什么“本有其字”而不用呢？按照东汉郑玄的说法是：“其始书之也，仓卒无其字，或以音类比方假借为之，趋于近之而已。”（见《经典释文·叙录》）郑氏的意思是说，古人著述时仓卒之间忘记了本字，就用了一个音同字代替了本字。就像今人写了别字一样。

但这又跟今天写别字的性质不同。古代没有正字法，写了不规范的字，社会也不干涉；而现代要求严格，写了不规范的字，不合法。由于汉代之前没有印刷术，文化知识的传播、各种主张的宣传只能靠口述、手写，加之汉字难记，书写要求不严，同音字又多，为了简易省事有意无意之中写了别字，是常见的。其中有些通假字流传开来，再加上师承、学派等关系，渐渐沿袭而成习惯。但是，汉代以后，书写要求渐趋严格起来，人们注意在书面上区分同音字。唐宋以后，除了民间用字之外，一般不再使用通假字了。只是文人在其著作中沿用，认为这是典雅的表现。

不过，我们认为通假字的使用，主要是由于汉字表音功能增强，因为汉字具有“以音配词”的功能。既然“本无其字”的词可以借同音字表示，那么，同理，“本有其字”的词也就未尝不可以借同音字表示。一旦反复使用，时日一久，自当形成用字习惯。如果从古籍使用通假字的频率来看，“本有其字”的假借可分为两类。

（1）借字与本字互相通用

这是“古音通假”中最常见的一种现象。不同时代不同作者的作品中有的用借字，有的用本字，即借字和本字同时并行。看下面例子。

维莫之春，亦又何求？（《诗·周颂·臣工》）
终风且曀，不日有曀。（《诗·邶风·终风》）
上贤以崇德。（《礼记·王制》）
子路曰：“君子尚勇乎？”（《论语·阳货》）
无有作好，遵王之道。（《尚书·洪范》）
身自持筑臿，胫毋毛。（《史记·秦始皇本纪》）

以上两句一组，共三组例。第一组“又”与“有”二字通用，可以互换，其义不变；另外“上”与“尚”二字是“崇尚”义，可以通用；“无”与“毋”，也可以通用，二字是“不要”之义。又如：

由——犹　叛——畔　伸——信　早——蚤　栏——兰　氓——萌
峻——骏　修——脩　与——予　屎——矢　疲——罷　拒——距

（2）通假字被本字借用

这种通假字，本字很少用或未有通行，而借字一直通用至今。如“卒”，《说文》：“卒，隶人给事者。”本义是隶役，后指士兵。借为“猝”，表“突然、急促”之意。《方言》：“猝，谓急促也。”《说文》：“猝”字下，段注：“古多假卒字为之。”

百川沸腾，山冢卒崩。（《诗·小雅·十月之交》）
卒然问曰。（《孟子·梁惠王上》）
野彘卒入厕。（《史记·酷吏列传》）
五万兵难卒合。（司马光《赤壁之战》）

又如：借锡为赐、借僇为戮、借霸为伯、借填为镇、借强为彊、借粗为麤、借鲜为尟、借罪为辠、借草为艸、借来为徕等。这一类通假字，最终取代了本字，从古一直通行到今天，一般没有成为读古书的障碍。后者是本字，其中有的是后造的，有的是固有的，但有些本字却没有流行，如彊、麤、鱻、臯、艸、徠等字就罕见了。因此，古书中有时用了本字，人们反而不懂了。如“彼候人兮，何戈与祋（殳）。”（《诗·曹风·候人》）句中的“何”字，甲骨文作[illegible]或[illegible]，用的是本字，表示担负，却容易被误认为是疑问代词。这是当予注意的。

通假字在古籍中用得最多，又很复杂，且与古今字、异体字存在着复杂交叉关系，因此如何辨别通假字直接关系到能否正确理解古书。清代王引之说：对于古书中的通假字，“学者改本字读之，则怡然理顺；依借字解之，则以文害辞”（见《经义述闻·通说下》）。所以，必须从通假字和被通假字两个字的音、形、义关系着手考虑和辨别。

所谓“音”，是指从古音上去辨别通假字，这就需要掌握古音的声韵，坚持音同或音近才能通假的原则。即看通假字二字的声母和韵部是否音同或音近。

所谓“音同”，是指“同音通假”的二字的声母和韵部完全相同。如《左传·隐公元年》：“庄公寤生”，“寤”之所以通“牾”，是因为二字都是疑母、鱼部字，是双声叠韵通假。有时，古音相同而现代不同了，就得考察古音。《礼记·学记》：“不陵节而施之谓孙。”“孙”通“逊”，二字均为心母、文部。

所谓“音近”，是指“音近通假”，即通假字和本字声母相同而韵部相近或声母相近而韵部相同。如《三国志·吴书·孙綝传》：“以亮罪状班告远近”，班（帮母、元部）通“颁”（帮母、文部），属于“双声通假”，表“发布”义；而《礼记·儒行》云：“虽危，起居竟信其志”，句中“信”（心母，真部）通“伸”（书母、真部）二字声母相近而韵部相同，故为“迭韵通假”，郑笺：“信，读如屈伸之‘伸’，假借字也。”此外，还有通假字和本字的声母和韵部都比较相近的，称为“声韵相近通假”。如《论语·阳货》：“阳货欲见孔子，孔子不见，归孔子豚。”“归”（见母、微部）通“馈”（群母、物部）。又如“蚤”（精母、幽部）通“爪”（庄母、宵部）、“迟”（定母、脂部）通“至”（章母、质部）等。

总之，除了声符相同的通假之外，通假字跟被通假字（本字）没有形体上的联系，只凭声韵相同或相近这一条件，如上举各例。再如《汉书·晁错传》：“鸟兽毳毛，其性能寒”，又《西域传下》：“不能饥渴”，“能”通“耐”，均是泥母之部，形异通假。又如《诗·豳风·七月》

“八月剥枣”中的“剥”[peǒk]之所以可借为“攴”[phǒk]，只别于声母的全清和次清；《荀子·天论》“寒暑未薄而疾”中的“薄”[bǎk]通“迫”[peǎk]只别于声母的清浊，这是声近韵同之例。

关于假借字的音同、音近规律，段玉裁在《六书音均表》中说：“假借取诸同部（指韵部）者多，取诸异部者少。”怎样判断同部与否？他则指出，声符相同必定同韵。如止、沚、芷、齿同韵；以、矣、涘、俟同韵。古人在分析通假字时，往往片面，有的强调韵部，有的侧重声类。我们认为应当声韵并重，不宜偏废。

以上，是说从古音上寻求联系。遇到通假字时，可查唐作藩先生编著的《上古音手册》(江苏人民出版社 1982 年版)。

所谓“形”，是指与通假字有直接关系的声符和声符字。如前所述，通假字和被通假字许多在字形上没有联系，但大多数通假字和被通假字的音同、音近关系在字形上也表现了出来。[①] 如：

(1) 通假字为被通假字（形声字）的声符：方通旁、包通苞、可通何、保通葆、敝通弊、莫通暮、卬通昂、共通供等；

(2) 通假字（形声字）为被通假字的声符字：苞通包、葆通保、弊通敝、仍通乃、傍通旁、匪通非等；

(3) 同声符的形声字相通假：顺通训、问通闻、帖通贴、厕通侧、畔通判、填通镇、辨通辩通辦、靖通静通净、决通诀通缺、说通悦通脱等。

前两类情况不同。第一类按清戴震说是后起的增偏旁字（《答江慎修论小学书》）；焦循认为是以简代繁。其中有的通假字是本字，如莫、卬、共等。第二类则是以繁代简，与第一类相反，说明古人使用通假字只取音同、音近不考虑字形。这类通假字数量最少，但识别起来困难。如 1972 年银雀山汉墓出土竹简中有“胜夜战不胜夜战”七字简文。其中“夜”字讲不通。在 1982 年《语文研究》第一期上朱德熙和裘锡圭的文章里谈到“夜”是“亦”的假借字（夜本来是由“夕”和“亦”两个偏旁组成的形声字，“亦”是它的声旁）。“胜亦战，不胜亦战”，是说打得赢要打，打不赢亦要打。

以上所讲通假字都与声符相关。段玉裁在《古音十七部谐声表》

① 参见曹先擢《通假字例释》，第 224 页。

（《六书音均表》）中定出1521个声首。曹先擢先生强调声首分析，要建立在正确分析字形的基础之上，并提出三点注意。

（1）注意基础声旁尤为重要，指出段氏谐声表第一部之误，即把“止声、齿声、寺声、时声”并列，其实“齿寺”以止为声符，“時”以寺为声符，“止”是基础声符；第五部把“父声、甫声、尃声、浦声”并列亦误，其实“甫”以“父”为声符，“尃、浦”二字以“甫”为声符，“父”是个基础声旁；

（2）由于语音的发展，同声旁并非都同部。如“乃”（之部）、“仍”（蒸部）；“立”（缉部）、“位”（物部）；“赖”（月部）、“懒”（元部）；“求”（幽部）、“裘”（之部）等；

（3）正确辨别字形。他举勝、賸从朕，朕从灷，郭沫若认为是“赠”字。曹氏说“明乎此，勝、賸、朕、曾都在‘蒸’部就容易理解了”①。

所谓“义”，是指从意义上发现疑难，根据上下文意来分析判断。如果某个字在句中讲不通或与上下文意无关时，就证明该字是通假字，并应作通假字处理。如：

> 《诗·豳风·东山》：“有敦苦瓜，烝在栗薪。”其中“栗”字讲不通，郑《笺》：“栗，析也。”孔《疏》：“借栗为裂。”

又如：

> 《后汉书·寇恂传》：“陛下当班布臣之所坐，以解众论之疑。”班，本指以刀分玉之意，从上下文来看，显然跟句意无关，便可确定“班”在句中是通假字；又据“班”字与“布”字相邻结合为动词，便知“班”通“颁”。

从意义来辨别通假字，字义单纯者易辨，如“蚤”通“早”；但字义复杂者就不易辨识了，如“依”通“隐”，有多个义项，这就需要查工具书或古人注释。还要注意字义的发展，陶渊明《五柳先生传》：“先生不知何许人也？”这里的“许”通“所”，指处所、地方。但“所”的这个

① 见曹先擢《通假字例释》，河南人民出版社1985年版，第224页。

意义现在不单独使用了，所以理解起来困难。

以上是从音、形、义三方面来介绍辨别通假的道理和方法的；下面讲一下辨别通假尚需注意例证问题。[①]

语言文字是具有社会性的。自然，通假字的使用也是具有社会性的。这就要求在辨别通假字时要注意例证。仅凭孤证，就认为某字通某字是不可靠的；确定“某字通某字”，必须找出充分的例证来。通假不是一种孤立的个别的用字现象，而是一种因袭沿用、约定俗成的用字现象。某字通某字，常常在一篇文章中、一部书中或许多书中反复出现。从中找出其他例证，作为自己判断的根据。这样的例证一般包括两种。

一种是“同文例证”。即从古籍中找出通假字与被通假字（本字）相同的用例。如“信”通“伸”：《周易·系辞下》：“尺蠖之屈，以求信也。”又在另外的古籍中找出相同的用例证明：《孟子·告子上》：“今有无名之指，屈而不信，非疾苦害事者也。”《三国志·诸葛亮传》：“孤不度德量力，欲信大义于天下。”马中锡《中山狼传》：“狼信足先生。”这些句中的“信”字都通“伸”，可见“以信通伸”，非属偶然。

另一种是“异文例证”。即通假字与被通假字（本字）在一部书或两部书的同一句话中同一个词用字不同所形成的“异文”。如《汉书·张陈王周传》云“外填抚四夷诸侯”，而《史记·陈丞相世家》说“外镇抚四夷诸侯”。可见在同一句话中“填”通“镇”。（镇：颜师古云：安也。）又如《史记·刺客列传》：“此臣之日夜切齿腐心也”，而在《战国策·燕策》的同样一句话里作“拊”，证明“腐”通“拊”，“拊心”即捶胸。《诗经·伐木》：“伐木许许”，《说文》却引作“伐木所所”。证明“许”通“所”。因此“异文”是我们用以辨别、确定通假字的材料根据之一。

不过，通假字的使用，与上述“本无其字”的假借一样，造成了与之相反的异形、同音、同义的矛盾，并非一种理想的用字方法。然而在上古文献里，假借字数量很大。戴震说：“六经字多假借。”（《六书音均表·序》）因此，不明假借，仅从字面上去理解古文，势必会误解古人的原意。

① 见曹先擢《通假字例释》，河南人民出版社 1985 年版，第 224 页。

第三节　形体演变对汉字结构的影响

要想深入地理解与掌握汉字的结构，还必须了解形体演变对汉字结构的影响。3300年来，汉字经历了甲骨文、金文、大篆（籀文）、小篆、隶书、草书、行书、楷书的发展，形体发生了一些变化，因而引起了结构的诸多变化。这些变化，可以从以下五方面来看。

一　形体演变引起汉字结构的异变

汉字从甲骨文到金文除了体态不同之外，其结构没有大的变化。到了小篆虽然基本上保持了甲骨金文象形的特点，但由于小篆形体定型，要求形体整齐匀称，于是引起某些汉字的结构发生了很多变化。例如：本义为罚罪的“刑”字，考甲骨文“死”字作□，像人卧棺中之形。但甲骨文已另有死字，不宜释作“死”；囚当是从□演化而来①，像人关在牢中。到了金文作□，把人移到□外；小篆则把人讹化为“刀”，且□内又加上一点儿，作□，指事水在其中，当为水牢；楷书又把□讹变为“开”，“刀”变为“刂”，形体全非。这就是由于字体演变而使其结构变异，从会意变为形声结构。

又如旌旗之“旗”，从㫃其声。㫃，金甲文作□，是一个独体象形字。《说文》：“旌旗之游，㫃蹇之貌。”为了适合小篆的“整齐匀称”的要求，把不可分割的整体□分作两部分作□，楷书作㫃。凡是从㫃的字，如“旂、旗、旄、旌、旛”等都与旗帜义相关。至于一些在甲骨金文中的会意字，隶变之后，却看不出会意的意味了，例不枚举。

二　有些字的同一偏旁在不同形体里的变异

有些字的偏旁在甲金篆文中不论它在什么位置上，其形体结构都是相同的；由于字体的演变，它们在另一些形体里因其所处部位不同而形体结构也不同。例如在甲金篆文中“水”都作□或简化作□，没有其他写法；而在隶书、楷书中，“水”旁则因部位不同而在左作“氵”（沐浴）、在上

① 见赵诚《甲骨文简明辞典》，中华书局1999年版，第365页。

作“兴”（如益）、在下作“水”或“氺”（如浆泰黍）四种写法。

又如：“心”旁在篆书中不管在什么部位都作[illegible]，而在楷书中则不然。在左作“忄”（如快慢）、在下作“心”或“⺗”（如忠、志、恭、慕）。“手”旁，甲骨文中不管在什么部位都作“[illegible]”，如[illegible]（爲）、[illegible]（及），在金文和篆书中则作“[illegible]”，如[illegible]（有）、[illegible]（射）“[illegible]”或（[illegible]），如[illegible]（得）、[illegible]（掌）、[illegible]（拈）、[illegible]（腁），“[illegible]”，如[illegible]（采）、[illegible]（奚）。

三　有些字的不同偏旁在不同的字体里混同

某些字的偏旁在篆书里形体本来是不同的，但在楷书中却混而为一。例如：[illegible]、[illegible]、[illegible]、[illegible]等，到楷书里鸟的两足、馬的四腿和尾巴、魚的尾巴象“火”等都变成四个点儿。又如舟、肉、月三个偏旁到隶书、楷书中都变为“月”。

四　用不同的形体区别形体相近的字

日和曰二字来源不同，“日”是象形字，“曰”是会意字。在隶书中容易混同，因为隶书要求横宽呈扁形，就用封口与不封口来区别，日作曰，曰作[illegible]。王和玉字，在甲金文中均作三横一竖，易混，故用三横距离等同与否加以区别：王作王，玉作王。到了晚期隶书和楷书才采用加点的办法来区别之。另如汩与汨，白与白（自）二字亦然。

五　形体演变的过程就是笔画简化的过程

汉字形体的演变跟汉字结构的简化是同步进行的。这就是说，某种字体取代了另一种字体的过程，就是笔画结构简单地代替笔画繁复的过程，因为汉字发展的总趋势是由繁趋简的。例如：甲骨文“星”作[illegible]，金文和小篆并作[illegible]，楷书作“星”；金文“雷”作[illegible]，小篆作[illegible]，楷书作雷；小篆“原”作[illegible]，隶楷作“原”。至于隶书打破了古文字的结构，草书打破小篆、隶书、楷书的结构等就不在此赘述了。

第四节　行款对汉字结构的制约

行款的书写方向古今是不同的。自古以来，汉字的书写基本是自右而左，由上而下的竖行书写的。汉字行款自左而右的横向书写，在大陆始于1956年，然而港、澳、台仍然是自右而左的竖行书写。

殷商时代的甲骨文，行款是比较随便、自由的。有左行的，也有右行的，甚至同一片卜辞也是这样，请参见本书《甲骨文选读》中《令雨》的行款；有的虽然是自右而左、从上而下书写的，但须按照由下而上的顺序读其卜辞，如《旦至食日》和《我受年》等版卜辞行款。不过，多数版片卜辞是由上到下、自右而左书写的，只是行款还未固定下来。

到了两周的铜器铭文时代，除了像《陈》《齐大宰盘》等由左而右的书写行款之外，汉字在两周时期自上而下、由右到左的书写行款已经完全固定下来。一直沿用到20世纪60年代初。古代的行款对汉字的制约和影响如下。

其一，由于汉字右起左行、直行书写的影响，早在甲骨文时代，为了由上而下地书写方便和行款的整齐划一起见，就把一些在图画文字阶段横向宽的竖起来书写。例如（图261）：

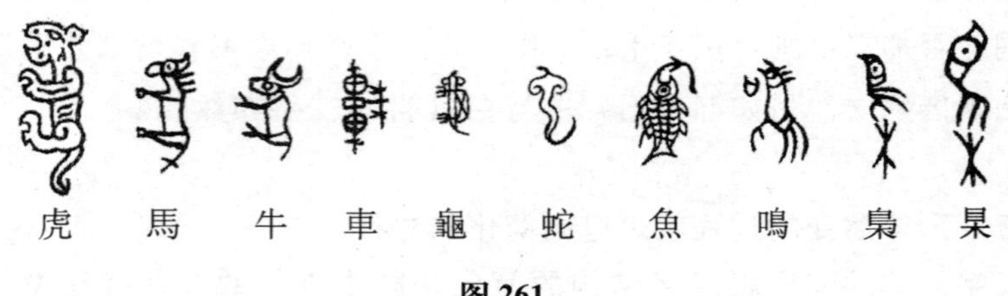

图261

汉字中动物词、植物词和人体词等名物字由于行款的制约和影响，在甲骨文时代几乎都要竖起来书写，似乎成为汉字书写的一种规律。但由于甲骨文的形体和行款毕竟是没有约定俗成，所以尚有少数字尽管是横向宽，跟直书不谐，还是横着写。如（趾或韋）、（虹）、（车）等。

其二，对少数横向过宽的字则省去其形体结构的一部分，使之与行款相合。例如金文戎作（父乙簋），像人一手执戈一手执盾，会意字，省去中间的人形而成（盂鼎），隶楷变作戎。又如（一期/前 8202）省作（一期/戬 40.13）、金文（子鐳，美铜器集录 A116）省作（藏 169.3）、（一期/乙 8498）省作等。

其三，对极少数的横宽或竖长影响行款整齐的金文，则干脆废弃了。如图 262 容庚《金文编》中所收录的：

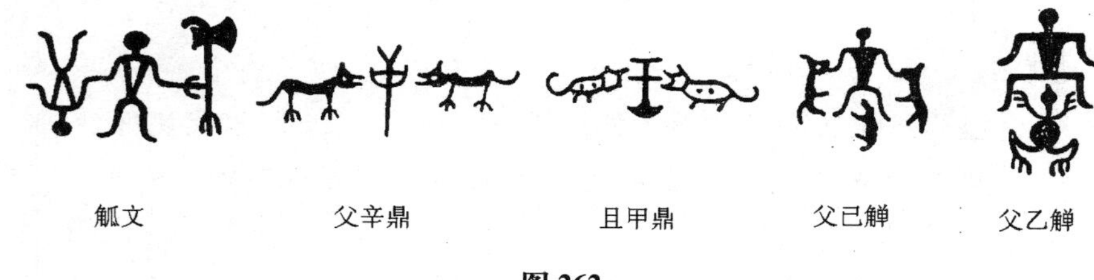

觚文　　父辛鼎　　且甲鼎　　父已觶　　父乙觶

图 262

其四，小篆则要求字呈长方形，且笔画匀称、行款整齐，而隶书则需要求扁方形。所以为适应行款的要求，使部分小篆形体为上下组合结构，而隶楷则呈左右横列结构式。如：

——群　　——虹　　——裡　　——蜘

——裙　　——鞍　　——蚊

行款的这种影响是有一定的限度的，只是对于某些字而言，不是对所有纵向组合的篆书都适用的。有些字则没能变为横列结构。如果变了，就成为另外一个字了。如：

忘≠忙　　衾≠衿　　棗≠棘　　晕≠晖

紊≠纹　　愈≠愉　　拳≠拱　　袭≠袛

有些字虽然纵写很长，但也没能变为横列结构，只好保持上下组合的形态了。如聳、聾、爨等字。

其五，对一些形体纵向特长的字，在右起左行的直行书写的小篆里尚可适应行款的要求；但在扁方形的隶书行款中却破坏了竖书的行款的整齐划一，于是就被后起的同音形声字所取代了。例如：

麢　《说文》：“大羊而细角。”被形声字“羚”取代使用。

⿱殹骨　《说文》：“髀（大腿）也。”被形声字“股”取代使用。

釁　《说文》：“血祭也。”被“衅”取代使用。

⿱⿲弓者弓鬲　《说文》：“孚也。”被形声字“煮”取代使用。

觱　《说文》：“羌人所吹角屠觱以惊马也。”被形声字筚取代使用。

𧕴　《说文》：“蚍蜉大螘也。”被形声字“蚍”取代使用。

鬱　《说文》：“木丛生者。”被形声字“郁”字取代使用。

其六，行款的整齐划一，导致“合书”逐渐消亡。

合书，也称“合文”。如前所述，合书是指将二字二音或二字二音以上合写在一起，貌似一字；实际是表示两个音节符号的双音词或某两个词符号的拼合。甲骨文居多，金文次之，小篆以后极少。

从内容上说，不是随便两个字都可以拼合的，它有一定的内容范围。分为：

（一）数字合书者：□（五十）、□（四百）、□（二千）、□（三四）、□（五月）、□（十二月）等；

（二）殷先公先王名合书者：□（小甲）、□（大乙）、□（祖乙）、□（武丁）、□（母辛）等；

（三）方国名合书者：□（人方）、□（刀方）、□（小方）□（土方）、□（井方）等；

（四）常用术语合书者：□（上下）、□（上帝）、□（示癸）、□（小臣）、□（今夕）等。

如果从形式看，合文有四种拼合方式：

（一）左右并合式：（大甲）、（小癸）、（羌甲）、（司戊）、（祖辛）等；

（二）上下组合式：（小子）、（司辛）、（八千）、（三人）、（五十册）、（无疆）等；

（三）内外包容式：主要指殷商铜器铭文的合文。（见图 263）①

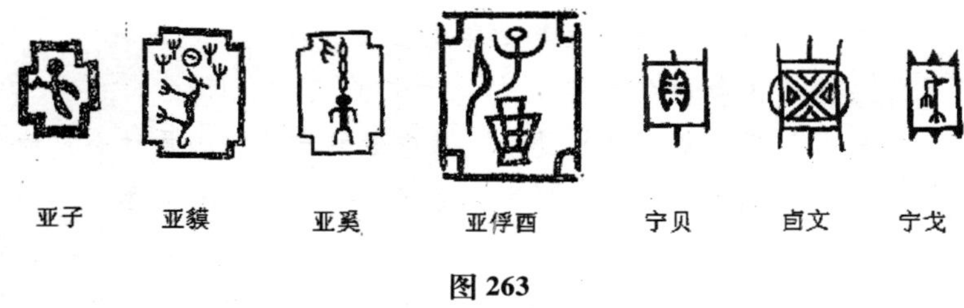

亚子　亚獏　亚奚　亚俘酉　宁贝　卣文　宁戈

图 263

（四）左右上下组合式：（十二月）、（十三月）、（十四月）、（武王）、（辛亥贞）。

上举这类合文材料，诸家著录甚多。如《甲骨文编》、容庚《金文编》、高明《古文字类编》等，故此仅择如上几例，以资参考。从中不难见出，这些左右排列式多于上下组合的合文，在行款比较自由的甲骨文中尚可存在；而在行款逐渐整齐划一的金文里却受到了限制，所以，它们被废弃了，只容上下两个符号组成的合文。至于“内外包容式”的铭文，更碍于行款的整齐划一而被逐渐淘汰了。

行款的整齐，从铜器铭文的行款和字数也可以看出来。如《虢季子白盘》上的铭文，共 8 行，每行 13 字，每字的大小相同、字与字的距离相等，而且横行、竖行也都比较整齐。还有《小臣艅犧尊》《利簋》《大盂鼎》《乍册旂觥》《㝬簋》等篇铭文行与字莫不整齐划一。还有按照事先画好的方格写字的铭文就更为整齐，在此就不举述了。

总之，字形和行款整齐化的结果，要求每个汉字符号必须是一个方块，每个方块必须跟上下左右的方块字之间保持基本整齐一致。因此，

① 这些包容的合文皆取自容庚《金文编》。

从秦代小篆到汉代的隶书又废弃了“上下组合”式的合文。合文的消亡，反映了行款对汉字结构的制约与影响。

思考与练习（五）

一　什么是汉字的结构？研究汉字结构的意义是什么？

二　六书理论的形成、确立及其作用。

三　许慎为六书下的定义及其所举例字是什么？

四　你认为应该如何看待传统的“六书说”？

五　“三书”说的提出者都是谁？其中最科学的一种是什么？为什么？

六　为什么说象形字不是图画？象形字可分几种类型？各举五例说明。

七　指事字、会意字的分类如何？有人把会意字看成“象意”字，你怎么看？

八　试述形声字形符和声符的功能、位置及其局限性，以及四种构形途径模式。

九　为什么说“多形多声”的说法是错误的？

十　声符的表义功能与王圣美的“右文”说的异同。

十一　学术界对“转注”的看法分歧较大，你如何理解？

十二　假借字产生的原因及其种类、特点是什么？为什么说假借不是造字法？你怎么看？

十三　什么叫做“通假”？通假产生的原因有哪些？应该怎样辨别通假字？辨别通假字要注意什么问题？

十四　举例说明字体演变对汉字结构的影响有哪些方面。

十五　举例说明行款对汉字结构的制约和影响有哪些。

十六　何谓“合文”？从合文的内容和形式上说，各分几类？举例说明。

十七　分析下列汉字的形体结构，并指出它们各字属于六书中哪一种造字法及其各自的本义是什么。

天　人　高　大　好　责　孔　景　闻　亦

来　向　伐　共　保　布　刑　兵　解　的

年　腾　歲　更　贵　青　颖　我　锦　章

第六章　言者意之声　书者言之记

——古书的用字论

圣人之制字，有义而后有音，有音而后有形，学者之考字，因形以得其音，因音以得其义。治经莫重于得义，得义莫重于得音。

——段玉裁

古字所衍生之今字，都是“形”“声”结构：今字之为后起字，乃是古字添加示义偏旁而成。

——向光忠

由于俗语词常常使用一些俗别字和音近字作为书写符号，单从字面看，觉得莫名其妙，但是如果能够找出它们代表的正字或本字，便冰释雾散。讲汉代以前的叫做假借，讲唐宋以后的叫替代字。

——郭在贻

文字是写词记言的。但由于汉字非一时一地一人所造，不同时代、不同地域、不同的人，在古书用字中，却往往一个字有两种以上的书写形式，我们后人阅读时理解的困难。《左传·僖公二十三年》和《国语·晋语四》并载："（晋公子重耳）过卫，卫文公不理焉，出于五鹿，乞食于野人，野人与之塊。公子怒，欲鞭之。"句中的"塊"字，一般释为"土块"，故重耳怒。其实，塊本作"凷"，从土从凵，凵是筐里装着食物之意。如果不懂凵的意思，就会以为野人给重耳的是土块。《史记·晋世家》云："（重耳）饥而从野人乞食，野人盛土器进之。"可证。意思是野人把食物装在土筐里给重耳。因此，我们应该理解并掌握某些汉字在使用中的特殊用法和规律。古书中常见的特殊用字现象，主要有古今字、异体字、假借字、通假字和繁简字以及形似字。

第一节　古今字

古今字，又叫"区别字"，或称"分别文""分别字"是指同一个词古今书写符号不同。字是写词的，但是汉字发展的数量满足不了词增长的需要。因此，在上古词多字少的情况下，就出现了词义引申和文字分化，一字兼表多义，增加了义项，一个字顶几个字使用。例如"要"字，除了有"需要、要求、重要、要挟"之意外，在上古表示"腰部"义，贾谊《治安策》："一胫之大几如要"的"要"，后来写作"腰"。在表示"腰部"义上，"要"字先出，是古字；"腰"字后造，为今字。"要"和"腰"就是一组古今字。再如"说"字，有"说话，游说"等义，又表示"喜悦、高兴"义。《左传·僖公三十年》："秦伯说，与郑人盟。"其中"说"字，后来造"悦"字表示"高兴"义。在这一意义上，"说"是古字，而"悦"是今字。"说"和"悦"是一组古今字。这二例说明，在本字"要"字上增加形旁"月"，而成今字"腰"；在古字"说"上改变"言"旁为"心（忄）"旁而成今字"悦"。这是从历时对应关系上来称古今字的。因此，大多数古今字的形成，都是在古字上加注表意的形符或改变古字表意形符的结果。

从古今字的形体构形模式上来看，今字的产生可概括为四种方式。

（一）以古字为声符，在古字上加注表意的形符而成今字。如《论语·学而》："弟子入则孝，出则弟。"句中的"弟"，后来今字写作"悌"；

又《孟子．滕文公上》："布帛长短同，则贾相若。"句中的"贾"，后来今字作"價"。同例尚有：

其——箕　冯——憑　共——供　竟——境　昏——婚　属——囑　禽——擒　厶——私

知——智　反——返　县——悬　内——纳　益——溢　孙——逊　景——影　坐——座

这一类古今字，除了"一对一"的对应关系之外，由于古字兼义较多，也有"一对几个今字"的。如：

厤→歷曆　复→復複　干→乾幹榦　辟→僻避嬖劈壁譬……

（二）改变古字表意的形符。如《论语·学而》："学而时习之，不亦说乎?"句中的"说"字，后来改"言"旁为"心（忄）"旁，今字作"悦"；又《周易·包牺氏之王天下也》："包牺氏没，神农氏作。"句中的"没"，后来改换形符作"殁"。同例尚有：

赴——讣　错——措　没——殁　閒——間　监——鉴　但——袒　詠——咏　张——胀

綵——彩　徇——殉　唱——倡　振——赈　隔——膈　敛——殓　徹——澈　……

这类改换形符的古今字，跟"假借"有着不可分割的关系，在今字未造出来之前，其一字多用的"古字"，实际上是"本无其字"的假借；"今字"产生之后，这种"假借"在数量上减少了。

（三）古字的形符、声符全换的今字，古今二字没有构形的相承关系。如《诗·大雅·大明》："大任有身，生此文王。"句中的"身"（怀孕），后来的今字作"娠"；又《汉书·儒林传·毛公》："（鲁）徐生以颂为礼官大夫。"句中的"颂"字，读róng，仪容的意思。《说文》："颂，貌也。"段注："颂，仪也。古作颂貌，今作容貌。古今字之异也。"

《汉书》中这句话的意思是：徐生凭着仪容做了礼容大夫。故“颂容”为古今字。同例尚有：

瞿——惧 伯——霸 戰——颤 谊——義 罢——疲 北——败 吕——膂 嬗——禅

戲——麾 要——邀 不——柎 凡——盤 亦——腋 西——栖 阳——佯 伏——孵

这一类古今字的数量不多，但是其古今字的意思费解，当注意体察。

（四）对古字稍加增损变异而构成今字。如《论语·卫灵公》：“卫灵公问陈于孔子。”句中的“陈”字，后来今字作“阵”；又《左传·隐公元年》：“请京，使居之，谓之京城大叔。”句中“大”字后来做“太”。同例尚有：

刀——刁 不——丕 巳——已 勾——句 毋——毋 荼——茶 閒——間 坏——坯 ……

这类古今字数量很少，属于同源分化关系。

从古今字各自记录的意义关系来说，也可分成三种情况。

（一）古字表示本义，今字表示其古字兼有的引申义。如《荀子·大略》：“……所以辟君也。”句中“辟”字，本义是法或君、后，也指王后、皇后；其引申义是“回避”，故造今字“避”表示引申义。又《诗·大雅·大东》：“周道如砥，其直如矢。”句中“道”字，本义《说文》：“道，所行道也。”段注：“道之引申为道理，亦为引导。”故后来造个今字“導”字，表引申义。《论语·学而》：“道千乘之国。”句中的“道”今字为“導”。

（二）古字表示本义，今字表示古字的假借义。《荀子·七患》：“心无备虑，不可以应卒。”句中“卒”字，本义是“隶卒”，假借为“忽然、突然”。为了区别，后造个“猝”字表假借义“突然”。又《廉蔺列传》：“廉颇老矣，尚能饭否？然与臣坐，顷之三遗矢矣。”句中“矢”字，本义是箭，假借为“屎”。屎就是后造的表示粪便的今字。

（三）古字表示引申义或假借义，今字表示本义。如扬雄《羽猎赋》：

“丞民乎农桑。”句中丞字，甲骨文会意为“像一个人掉入陷阱而被人手拉住之形”，本义是拯救，引申为辅佐、帮助。由此称此义的职官为“丞相”。后加注“手”旁造个今字“拯”表示丞字的本义。又如《墨子·兼爱》中“昔者楚灵王好士细要。”句中要字，本义是腰，假借作“要求、要请、要挟”等义。后来加注形符“月”，表示本义“腰”，而“要”只表假借义了。

关于学习与辨识古今字，有以下几个值得注意的问题。

（一）古今字的产生和形成，是一个具有历时对应关系的以字表词（义）的历史发展过程，不能把一些没有与其对应关系的却出现早的字称作“古字”。如“百、千、万、且（祖）、匕（妣）、生、人、鸡、犬、豕、爲、牛、羊、马”等字说成“古字”，同时，也不能把“猹、铀、钚、钍、氕、氘、氚”等字出现最晚的字称为“今字”，因为“今字”是为了区别词义而造的产物。

（二）两个字表示同一事物或行为，没有任何区别，尽管出现的时间有先后，也不是古今字关系，而是异体字关系。如《荀子·天论》：“日月递炤。”句中的炤（zhào）字是先产生的，而“照”字是后造的，都有“照耀”义。又《天论》中“祅（yāo）怪不能使之凶”。句中的“祅”先出，而“妖”后造，都是“妖怪”义。故二例都是异体字。同例尚有许多，如伞繖、菸烟、药藥、汙污等，此不赘述。

（三）古今字和异体字的区别。古今字不仅产生的时间先后不同，且今字只表示古字的一部分词义，古今二字读音也有些不同；异体字产生的时间也有先后，但异体字之间读音、意义和用法完全相同，在任何情况下都可以互相代替使用。

（四）对待古今字的态度，应该从古今字的关系上去了解古今字的词义，因为古今字是历史形成的一种不同用字的现象，从而使用“今字”；反对弃今用古的“崇古”风气，写信、作文章故意搬弄古字，制造理解困难。如章炳麟的《秦政纪》就把“肺腑”写成“肺府”。“府”是古字，在此费解。后世许多作家写作时好用古字。这样一来，古今字和通假字就混同了。应该了解，先秦作品中，存在古字、今字并存共用的现象，这是因为后人习惯把古代文献中的古字改为今字，古今字的历史面貌出现了某些混乱的状况。

第二节　异体字

异体字，又叫“异形字”，许慎在《说文》中亦称“或体”或“重文”。所谓“重文”有二义：（1）字书中所列与通行字相重的异体字。《说文》以小篆为主，而列古文、籀文和小篆的另一形体于其下，谓之“重文”；（2）二字连用，后字不重写，用某种符号代替，亦称“重文”，如《北海相景君铭》：“再命虎将，绥元 = 兮。”“ = ”代“元”为重文。

异体字，指同一个词的书写形式不同。如“塊”与“凷”、“淚”与“泪”、“嶽”与“岳”、“险”与“崄”、“秕”与“粃”、“韤、襪、韈”。这类两个或两个以上形体不同而读音和意义完全相同，在任何情况下都可以互相代替使用的字，就叫“异体字”。由于汉字非一时一地一人所造，加之构字方式较多，产生众多“同词异形”的字是很自然的。早在甲骨金文中就存在大量的异体字，据统计《甲骨文编》中收集了 32 个暮字、41 个豕字、50 个牢字、50 个凤字、50 个龟字、52 个出字、59 个羌字，《金文编》中收集射字 14 个、家字 30 个、寿字 103 个、考字 107 个。战国时期造成“文字异形”，秦始皇的“书同文”主要是“废止异体字”，然后统一归并的结果，仍有一些保存在小篆中的异体字。所以，我们现在所看到的异体字是各个历史时期所积累下来的。如以“杯”字为例：（1）桮（见于东汉《说文》）、（2）杯（见于梁代的《玉篇》），（3）盃（见于宋代的《集韵》）是异体字。可见，异体字跟古今字、繁简字不可截然分开，它们是相互交叉的。从它们出现的先后顺序看是“古今字”的关系；从它们各自笔画多少看，又是“繁简字”的关系。

异体字的产生，跟社会生产关系的发展以及人们对客观事物的认知相关。起初由于“杯”是木做的，故从木做“杯”；后来由于生产的发展，改为其他材料和陶冶方法制作，从器皿作用造字，便产生了从皿不声的“盃”字。但由于“杯”通行已久，便使用“杯”字，而不用桮和盃字了。

由于异体字只是区别于形体构造的方式，故其构造方式有五种。

（一）用不同的造字方法产生的异体。如：

埜——野　羴——羶　果——菓　災——烖　乃——迺

凭——憑　岩——巖　罪——辠

仙——僊　躰——體　笔——筆　伞——繖　泪——淚　嵩——崧　灶——竈　……

这类异体字每组前者为会意字，后者为形声字。

（二）用相同造字法产生的异体形声字，可分为四种：

（1）　形符相同而声符不同的异体形声字。如：

蚓——螾　烟——煙　线——線　裤——袴　踪——蹤　笋——筍　妒——妬　汙——污

吃——喫　药——藥　擔——担　柏——栢　掛——挂　砧——碪　糧——粮　……

（2）　形符不同而声符相同的异体形声字。如：

謌——歌　覩——睹　盃——杯　徧——遍　绔——袴　婿——壻　阱——穽　忻——欣

歎——嘆　齩——咬　躶——裸　谿——溪　脣——唇　鷄——雞　翫——玩　……

（3）　形符和声符都不同的异体形声字。如：

邨——村　夥——伙　剩——賸　迹——蹟　蹚——趟　頫——俯　愬——訴　视——眡

（4）　形符或声符位置变动的异体形声字。如：

够——夠　峯——峰　畧——略　襍——雜　羣——群　慙——慚　裡——裏　滙——滙

闊——濶　咊——和　秋——烁　朞——期　胷——胸　稾——稿　槩——概　……

（三）由古代的简体字和繁体字形成的异体。如：

旧——舊　无——無　国——國　礼——禮　杀——殺　乱——亂　启——啓

（四）由民间的俗体字和正体字形成的异体。如：

万——萬　坟——墳　氷——冰　吴——呉　栢——柏　灯——燈　吃——喫　从——從

众——衆　果——菓　冊——册　献——獻　皷——鼓　坤——堃　村——邨　……

这类异体字，每组的前者是俗字，后者是正字。

（五）由篆文隶定而形成的异体，这类不多。如：

亾——亡　矦——矦　亯——享　並——竝　最——冣　春——萅　前——歬

年——秊　乘——椉　臀——臋　雍——雝　丐——匄　珍——珎　……

异体字是一种自然的历史现象，产生的原因很多，我们只讲了五种。这是汉字的表意性和特点决定的。每个历史阶段都会出现一些异体字。重要的是，我们要学会辨别异体字，本着“形异而音义相同”，在任何情况下都可以互代使用的原则，去分析辨别某些成组的汉字。如果它们在形、音、义和用法上发生变化，就不是或不再是异体字了。具体可从三方面来看。

（一）某些字组在一定时期内其音、义和用法完全相同则是异体字，后来如果字义和用法有所分工了就不再是异体字了。如：

（1）君子喻于义，小人喻于利。（《论语·里仁》）

（2）乃使人与秦吏行县乡邑，告谕之。（《史记·高祖本纪》）

（3）低头独长叹，此叹无人喻。（白居易《买花》）

(4) 若肯发一手谕，必能退却。(孔尚任《桃花扇·修札》)

前二例“喻”和“谕”在秦汉时期都是“诏谕，晓谕”的意思，可以互用，是一组异体字；第三例到了唐代“喻”字专指“晓谕”义，而例四“谕”字专指上对下的“诏谕”，二字分工不同，就不再是异体字了。

(二) 某些字组只是现代读音相同，而古音和义都不同，不是异体字。如“於”和“于”，“於”古读 wū，是叹词，有时候作名词，如於菟(tú)，老虎之别名；或作古地名用，如：商於（wū）。而“于”作介词和姓。二字古时读音和意义都不同，故不是异体字。

(三) 某些字组，虽然古今同音，同义，但义项却不等，亦不能视为异体字。如“沽”和“酤”音同，都可用作“买酒”或“卖酒”义，但“沽”还可指买或卖其他之物。《论语·子罕》：“子贡曰：‘有美玉于斯……求善贾而沽诸?’”句中“沽”则指找一个好商人卖出美玉。而“酤”字从“酉（酒）”只指买卖酒，不含他义。故沽与酤二字不是异体字。同例尚有：

遊游　實寔　置寘　唯维惟　雕凋彫　採綵彩埰

(四) 某些字组音同，义同，但义项有些不同，不可视为异体字。如“预”和“豫”都有“事先、安乐”之意。《仓颉篇》：“预，安也。”《玉篇》：“预，乐也。”《尚书·金縢》：“王有疾，弗豫。”但“豫”有“游乐”之义。《诗·小雅·白驹》：“逸豫无期。”还有“犹豫”义。这是“预”字所无的义项，故它们不是异体字。此类例不多。

综上可见，异体字是文字发展中一种历史的自然共时现象，它的存在有害无益，只能增加学习者和使用者的负担。因而，1955 年 12 月公布了《第一批异体字整理表》，废弃了 1055 个异体字。然而，古籍中异体字的存在是既成事实，为了继承文化遗产，读古书还是要学习和了解的。

第三节　假借字

此处从略，见本书第三章第四节和第五章第二节汉字的构造。

第四节 通假字

此处从略，见本书的第五章第二节汉字的构造。

第五节 繁简字

繁简字是指繁体字和简化字的合称。从笔画多少来说，同一个字有两种或两种以上的写法，笔画多的叫繁体字，笔画少的叫简化字。这是从笔画的多少来区别繁简字。

汉字的繁化和简化，在汉字的发展史上是一对既互相矛盾又互相依存的辩证过程。没有繁化就没有简化。否则，汉字就无从发展。故繁简字发展的总趋势则是简化，即“常用趋简”。这是规律。其实，从某种意义上说，繁简字也可以算是“异体字”。这种异体字，是汉字在其发展演变过程中“常用趋简”规律所造成的。简化趋势的结果必然形成简化字。

汉字的简化，自从文字产生以来从未间断。早在商周时代，汉字的繁简已是普遍现象，打开《甲骨文编》或者《金文编》举目皆是，例不复举。汉代金石文已把“壽”简作“寿”，“禮”简作“礼”，“質”简作“质”；魏晋以后，把“亂”简作“乱”，“德”简作“悳”，“啓”简作“启”等，这类被减少了笔画的汉字统称为“简体字”，不叫“简化字”。因为“简化字”有特定的历史含义，通常指1956年1月，我国政府公布的《汉字简化方案》中所规定的那些简化汉字。该《方案》共简化了2238个汉字，淘汰了2264个繁体字，为人们识字、写字提供了极大方便。

1964年3月，文化部、教育部、文改会《关于简化字联合通知》又做了一些补充规定和局部调整。凡未列入上述两个文件的简体字（包括历代出现的简体字），一概当作异体字或俗体字。1977年，文改会公布的《第二次汉字简化方案（草案）》所收853个简化字，1986年经国务院批准，停止使用。其中流行于民间者，只能算是俗体字。

古代文献典籍是用繁体字书写的，为了继承古代文化遗产，有必要认识和掌握繁体字。否则，只靠简化字是无法读懂古书和古注的。即使用简化字排印的古书，也不能对繁简字之间的对应关系视而不见。

繁体字和简化字的对应关系有三种情况。

（一）大多数的繁体字和简化字都是一对一的关系，如：

糴——籴　寶——宝　繭——茧　罷——罢　莊——庄
壘——垒　歡——欢　灑——洒

只有少数几个繁简字是一对二或一对三或一对四的关系，如：

坛——壜壇　汇——滙彙　干——乾幹榦　台——臺檯颱
并——幷並併竝

（二）简化字是古书中的简体字或是本字。如：

1. 古代异体字：礼禮　村邨　妒妬　群羣　弃棄
2. 古今字：气氣　舍捨　启啓　　网網　采採
3. 古时通用的：夸誇　荐薦　踊踴　众眾　烟煙　从從　……

（三）繁简字之间意义无关，只因读音相同或相近而采用笔画少的同音字，实为假借，如：

虫　蟲（虫　音 huǐ，后作“虺”，本为毒蛇，古书很少单独使用；而蟲音 chóng，意为昆虫。二者无意义联系，借“虫”作蟲）

后　後（后本指天子或帝后、皇后，如《左传·僖公三十二年》中的“夏后皋”就是指“夏天子皋”；而後则指前后、落后之“後”。二字意义迥别，由音同借“后”为简化字）

丑　醜（丑只是地支中的第二位，与醜字的相貌难看毫无意义联系。只由于音同假借而采用“丑”为简化字）

谷　穀（谷本是“山谷”，而穀是“庄稼和粮食的总称”，毫无意义关系，只是同音假借“谷”作“穀”）

郁　鬱（郁本指古地名“郁夷”，还有有文采、香气浓之意，而鬱本指树木丛生、茂盛，二字毫无意义联系，只是同音假借“郁”作“鬱”）

吁　籲（吁是晓母魚部，义为叹词，叹息；而籲为以母宵部，与吁音近假借，意为“要求而呼喊”，借“吁（xū）”作“籲”）

最后，谈谈汉字的简化方式，可以归纳为十种。

（一）用古简体字。如：

雲云　從从　電电　聖圣　網网　捨舍　採采　禮礼

（二）同音替代者。如：

鬥斗　後后　醜丑　隻只　穀谷　臺台　韆千　齣出

（三）改换偏旁者。如：

呌叫　樸朴　歡欢　擬拟　腦脑　燈灯　跡迹　鹼硷

（四）变形声字为会意字。如：

淚泪　竈灶　笔　嶽岳　體体　巖岩　漢汉　烖灾

（五）草书楷化者。如：

爲为　書书　樂乐　當当　學学　東东　門门　歸归

（六）保留繁体字一部分。如：

飛飞　廣广　廠厂　務务　墾垦　鑿凿　滅灭　馀余

（七）符号代替者。如：

戲戏　對对　辦办　兒儿　風风　鳳凤　鷄鸡　趙赵

（八）重造形声字。如：

擁拥　億亿　態态　認认　遠远　竊窃　藝艺　懺忏

（九）无理据的假借。如：

借虫（huǐ）毒蛇　作蟲（chóng）　借吁（xū）作籲（yù）

借厂（hǎn 山崖，人可居）　作廠（chǎng）　借广（yǎn 依山崖建的房屋）　作廣（guǎng）　借亦（yì）作（luán，乱，治）

借朴（pò/piáo）　作樸（pǔ）等

（十）合并同音字。如：

曆歷→历　鐘鍾→钟　滙彙→汇　獲穫→获

寧甯→宁　盡儘→尽　係繫→系　復複→复

乾榦幹→干　臺檯颱→台　幷並併竝→并

总之，简化汉字的目的，主要是减少汉字笔画和归并同音字和异体字，以减少字量，易认便写，减轻负担，方便使用。然而，简化字并不合乎汉字的理据性，不便于字理分析，不能分析出汉字的文化含义。如简化字“汉”“头”“为”“灭”“飞”“专”“历”等字，不便归部查询，其形体不便称说，尤其无法看出它们各自的文化含义。旧时的简体字被视为俗字，不能用于出版物；1956 年，经过国家正式确认和公布，才得到合法地位，正式用于出版物。

第六节　形似字

汉字数大量多，构形复杂。其中“形似字”很多。这对阅读古代文献典籍尤为重要，又不为一般著作所述，必须对其辨识清楚，做到准确辨认，分清各字之间的差别，方能正确理解古籍的真正意义。

所谓“形似字”，也叫“形近字”，指两个汉字，往往其形体只有很微小的差别，稍不注意就会混同而误识的字。如：

①（屈原）“于是怀石，遂自投汨罗以死”。（《史记·屈原列传》）

②“汩余若将不及兮，恐年岁之不吾与。”（屈原《离骚》）

例中的“汨”（mì）和“汩”（gǔ）只是右旁略有宽窄的形别，即日与曰的不同，稍不注意就会读错或写错。又如：

③“臣乃市井鼓刀屠者。”（《史记·信陵君列传》）

④“于是遣于巿（fú）发童男童女数千人入海求仙艸。”（《史记·秦皇本纪》）

句中“市”与“巿”二字形似，但写法不同：“市（shì）”上边是一点，而“巿（fú）”是一竖与巾上横交叉而下。此例④写的是徐福东渡为秦始皇求长生不老药的故事。

⑤唐朝有个口蜜腹剑的宰相叫李林甫，他读《诗经》的时候，就把“有杕（dì）之杜”一句读成“有杖之杜”，成为千古笑料，他把“大”误读为“丈”了。

⑥“夫击甕扣缶弹筝搏髀而歌呼呜呜快耳者，真秦之声也。”（李斯《谏逐客书》）

⑦“普天之下，抟（tuán）心揖志。”（《史记·秦始皇本纪》）

⑧“摶（搏）扶摇羊角而上者九万里。”（庄子《逍遥游》）

例⑥中的“搏髀”是“拍大腿”，指打拍子；例⑦“摶心揖志”是统一思想，集中意志的意思。二字混同，意思就不通了。但“搏”与“摶”在例⑧中，二字都可讲得通，但意思却不同：

“扶摇”和“羊角”都是“旋风”或“飓风”之意。一般都写作“搏”，这句话意思是“大鹏用翅膀拍打着旋风直上九万里”。如果写作“摶（bó）”，意思则是“大鹏环绕着旋风直上九万里”。意思完全不同了。

据说，清代的文字学家朱骏声认为这里应该是“搏”字，因为禽鸟用爪取物叫“攫”（jué），以翼击物叫“搏”（bó）。毛泽东写《念奴娇·鸟儿问答》时用了《庄子》中这个寓言，词句是“鲲鹏展翅，翻动扶摇羊角”。从用了“翻动”这个词来看，好像也用的是“搏”而不是“摶”字。

从上述可见，古代典籍中常出现这种“形似字”，如：

晋代葛洪在《抱朴子·遐览篇》中谈到古书不易通读的原因，曾经引过当时一则谚语：“书三写，鲁成鱼，帝成虎”（帝，亦作“虚”）。这则谚语告诉我们：由于古书在不断地传抄中“形似字”很容易混误。又如：

⑨“烽火连三月，家书抵万金”。（杜甫《春望》）

⑩“且说赵王于华屋之下，抵掌而读”。（《战国策·秦策》）

例⑨中“抵”字多一点，当“顶”或“当”讲；例⑩中的“抵”字下无点，“抵掌”就是“击掌”的意思，即拍手鼓掌，鼓励苏秦和赵王谈话投机。而二字形似，易读错写错。

因此清代大训诂家俞樾在《古书疑义举例》中谈到形似字现象时说：“学者少见多怪，遇有古字而不能识，以形似之字改之，往往失其本真矣。今略举数字为例。其，古文作亓……《国语·吴语》：‘伯父多历年以没其身’”，语意甚明。因“其”字从古文作亓，学者不识，改作“元”字，“以没元身”，意不可通矣。……君，古文作𪞶。《国语·晋语》：“楚成王以君礼享之”，谓以国君之礼享之；下文“秦穆公飨公子，如飨国君之礼”，正与此同。因君字古文作𪞶，学者不识，改为“周”字。

此外，情况相同之例尚有：

冷：与“热”相对；泠：音 líng，水名或轻妙貌。

氾：音 fàn，同泛；汜：音 sì，无水的沟渠。

圮：音 pǐ，义为毁；圯：音 yí，义为桥。

底：音 dǐ，根底；厎：音：古 zhù，今 dǐ；义为“致”或“平”。

治：治理、法治；冶：音 yě，陶冶。

库：库府，仓库；厍：音 shè，姓。

戕：音 qiāng，义为“杀”；牂：音 zāng，系船的大木桩。

鍚：音 yáng，马头上的饰物；錫：音 xī，金属的一种。

臾：音 yú，片刻；叟：音 sǒu，老者，老头。

兒：音 ér，儿子；皃：古貌字，面貌，容貌；

段：事物，时间的一节、一截；姓；叚：音 jiā，常作声符。

旱≠旰：都由日和干构形组成。旰，音 gàn，义为晚。

垢≠垕：都由土和后构形组成。垕，音 hòu 即厚。

衿≠衾：都由衣和今构形组成。衿，音 jīn，义为衣襟；衾，音 qín，义被子。

翌≠翊：二字都读 yì，但也不同：翌是明天、明年；翊是帮助、辅佐。

总之，这些形似字，值得我们日常读书或用字撰文或电脑打字时，多加注意，不能读错，也不能写（或打）错，否则，将贻误他人。

思考与练习（六）

一　举例说明什么是古今字、异体字、繁体字。

二　怎么区分古今字、异体字和繁体字？

三　举例说明古今字产生的途径是什么。

四　今字产生的方式有哪些？异体字产生的方式有哪些？举例说明。

五　繁体字和简化字对应关系有几种？举例说明。

六　举例说明汉字简化方式的种类。

七　指出下列各组字之间是古今字或异体字或繁简字的关系。

乃迺　反返　后後　景影　贾價　　馀余　慶庆　俛俯

竟境　饑饥　醜丑　偪逼　躶裸　　徧遍　磥磊　暱昵

八　注意“形似字”的读写与运用。

第七章　字林唯汉字　点画演姿容

——汉字的书法论

古人云：“字为人之衣冠。”
鲁迅说：“写字就是画画。”

书法技巧，执笔要指实掌虚，运笔要腕自如，用笔要中锋铺毫，点画要圆满周到，结构要横直相安、意思呼应，分布要错综变化，疏密得宜，全章贯气等。

——舒　同

凡作字，须熟观魏晋人书，会之于心，自得古人笔法也。欲学草书，须精真书，知下笔向背，则识草书法不难工矣。

——黄庭坚

古人曰：“字为人之衣冠。”鲁迅先生则更加一语中的地比喻说：“写字就是画画。”有人说：“艺术是生命的反映”，“中国是书法的故乡”。故所谓“书法”，就是美化文字的艺术，即写字的规律和法则。现代国中著名的书法家舒同说：“书法技巧，执笔要指实掌虚，运笔要腕自如，用笔要中锋铺毫，点画要圆满周到，结构要横直相安、意思呼应，分布要错综变化，疏密得宜，全章贯气等。”这就十分具体地指出并强调了学习书法的要领和原则要求。而古代大书法家黄庭坚则从学习书法如何入手的角度和先后过程作了明确的指示和导向。这既是他学书的深刻体会，又是极其宝贵的学书经验。

第一节　楷书的书写方法[①]

楷书是写好各种字体的基础。要想练就某种书体，首先必须从楷书入手，了解与掌握楷书的书写方法。

一　习字（含以下六种字体）的要求

习写楷书等各种字体都要讲究“写字的姿势、执笔和运腕”的规则。

（一）写毛笔字的姿势

写字时，不管“坐式”还是“立式”，都要做到：头正、身直、臂开（双臂齐平，自然张开）、足稳（即小腿松弛，自然分开，双脚平放于地，足掌着地与臀部成三个支点，以维持上身稳定）。（见图 265、266）[②]

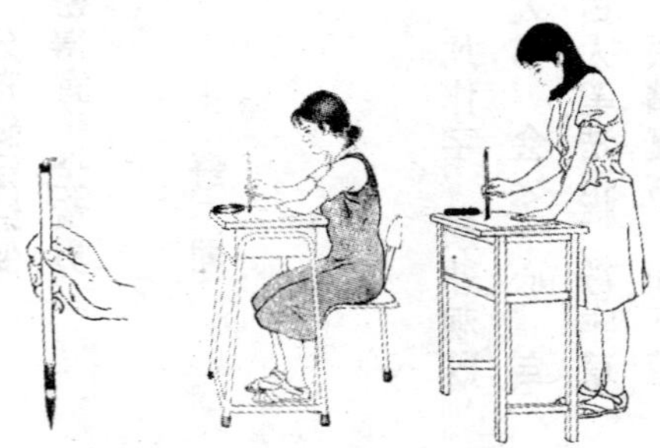

图 264　正确的执笔法　图 265　正确的写字坐式　图 266　正确的立式书写

① 详见熊绍庚《书法教程》，华东师范大学出版社 1991 年版，第 42—54 页。

② 图 266、图 267 取自熊绍庚《书法教程》，第 47 页。

（二）执笔

很重要。康有为说："学书有序，必先能执笔。"（《广艺舟双楫》）这说明执笔要做到既"稳"（拿笔要稳当，要拿紧）又"活"（用笔回旋运转灵活），采取按（用大拇指上端按住笔杆内侧）、压（用食指前端压住笔杆外侧，与拇指内外配合捏紧笔杆）、勾（用中指勾住笔杆左外侧，中指从左前侧朝掌心方向用力）、格（即挡住，用无名指指甲根部挡在笔杆右侧，无名指有从掌心往左前方推挡的作用力）、抵（即垫托，用小指紧贴在无名指的下面，对无名指起辅助作用）五指执笔法。达到掌握"指实掌虚，杆直腕平，松紧适度，高低相宜"的四项执笔要领的目的。（见图 264）①

（三）运腕

即运用腕力写字的方法。初习字者，常常以指运笔，手腕僵硬麻木。针对这一弊病，宋姜夔说："不可以指运笔，当以腕运笔，执之在手，手不主运；运之在腕，腕不主执。"（《续书谱·用笔》）手指力小，只在手腕控制范围内起微弱的辅助作用。"故欲运笔，必先能运腕"，"腕力遒时字始工"。运腕有三法：①枕腕法：手腕放在桌面或左手背垫在右腕下。活动范围小，腕力受限，只能写小字；②提腕法：右肘着桌面，手腕提起。活动轴心在肘，仍受限，只适合写中等字；③悬腕法：即腕平肘悬。活动轴心在肩，腕力无阻，运笔自如，适合写大字或行书、草书。

二　楷书的笔法（也叫用笔）

了解了写字的正确姿势，掌握了执笔、运腕的基本方法与要领，还要掌握用笔的方法。这里谈谈楷书的"用笔"问题。

书法的关键，在于用笔。大书法家赵孟頫指出："书法以用笔为上。"（《兰亭十三跋》）可见用笔的重要性。这是因为书法的点画都是直接从用笔而产生的。

笔法，通常也叫运笔或用笔。所谓笔法，是指书写任何点画运笔的原则和控制点画线条的手段。关于笔法的方法，从以下六方面作以简要介绍。

（一）关于起笔、行笔和收笔

任何一种点画的书写都要经过这三个过程（见图 267）。所谓"起笔

① 取自欧阳中石、徐元闻《书法教程》，高等教育出版社 1995 年版，第 34 页。

图 267

要逆入，行笔要涩行，收笔要紧收”，就是这三种运笔方法的原则手段。

所谓“逆入”，指下笔时笔锋要从相反方向逆锋入纸，随即转锋行笔。露锋起笔的点画书写，即逆势下笔。这样用笔有力。切忌顺笔平拖，直来直去。

所谓“涩行”，本是草书的一种笔法，指行笔须藏锋，古人叫“屋漏痕”。

即书写者人为地阻碍笔锋运行，又克服了这种阻碍而前行。相反，信笔而过，墨不入纸，点画无力。

所谓“紧收”，写横画时，向右行笔，到尽处笔锋向左回收；写竖画时，笔到尽处，笔锋向上回缩收笔。这样写，笔画含蓄浑厚有力。

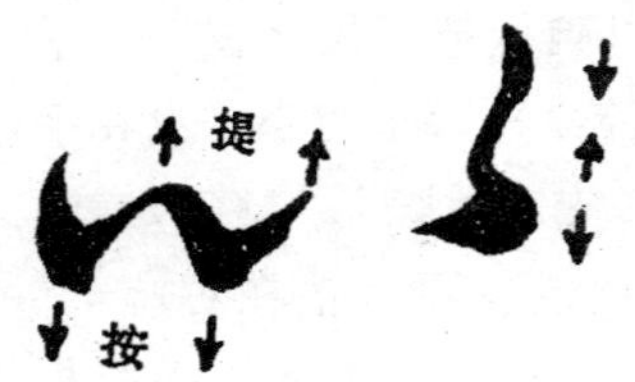

图 268

（二）关于提笔和按笔

所谓提笔，是相对于“按笔”而言的，指在垂直方向由下往上用笔，写出来的点画线条细匀；按笔，与“提笔”也是相对而言的，指在垂直方向由上往下用笔的动作，写出来的点画粗浓（见图 268）。要求做到“提中有按，按中有提；才提便按，才按就提”。这种笔锋的转换、点画的轻重、粗细的迅速连贯变化，都靠提、按的配合作用。用得好，写出的点画轻重分明，活跃生神，富有节奏和情感；切忌平按直拽，不分轻重，呆板生硬。

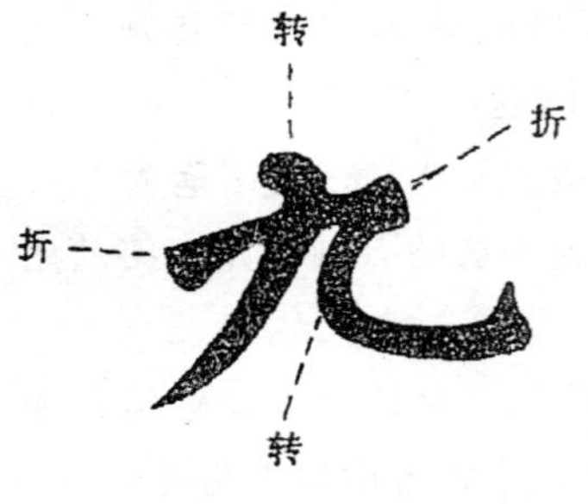

图 269

（三）关于转笔与折笔

“转笔”是指在起笔、收笔或行笔转折处，不停笔，用力均匀，顺势旋转笔锋，写出的点画圆浑而没有方折棱角。

“折笔”是改变笔锋的运行方向。所谓“折锋”，跟“转锋”差不多，只是在起笔、收笔或行笔的转折处，要顿笔折锋，才能写出方正有棱角的点画。因此，转锋写出的点画不露棱角而成圆笔；折锋写出的点画方正有棱角的方笔。二者是在书法外形呈现出的基本形状，是区别书法风格的重要特征。（见图 269）

（四）关于疾笔与徐笔

所谓“疾笔”与“徐笔”，是指笔锋速度的快与慢而言。不同的行笔速度写出的点画效果不同。所以，疾笔与徐笔在书写时应有机配合，才能收到理想的效果。但行笔的快慢，不能一概而论，要以点画、字体而定。通常是，写撇要比捺快些，写竖比横慢些；写隶书要比篆书（含甲文、金文）快些，写楷书要比草书、行书慢些。不过要灵活地掌握与运用行笔的快慢速度，过徐则失神气，过速则失笔势。初学者应宁徐毋速，欲速则不达。

（五）关于中锋与侧锋

中锋，也称“正锋”，是指行笔时笔杆要直，笔锋要正，使笔尖常在点画中心运行，使墨汁均匀渗开。这样写出的点画才能圆润壮实，有立体感。中锋笔法多适用于篆书和楷书。

所谓侧锋，也叫“偏锋”，即行笔时，笔锋偏在点画的一侧，或由侧而归中，或由中而转侧，或一侧到底。这样写出来的字跌宕多姿，富有变化。行书、草书常用这种笔法。

应该说明的是，中锋、侧锋两种笔法是相互依存的。没有侧锋，就无所谓中锋。但历来书法家都强调中锋而要求笔笔中锋；力避侧锋而视侧锋为“败笔”。然而行笔实践中难以做到。从书写效果看，如果中锋与侧锋配合运用得好，反倒能够增强笔法对比的艺术效果（见图270）。因此，著名古文字学家商承祚说：“强调中锋这个禁区，应该打破。”（《我在学习书法过程中的一点体会》）

图 270

藏锋

露锋

图 271

（六）关于藏锋与露锋

藏锋，是指笔锋隐而不露，即笔锋包藏在点画之中。亦指逆锋起笔，中锋行笔，回锋收笔。《太平御览》引唐徐浩《论书》云：“用笔之势，特须藏锋，锋若不藏，字则有病。”宋代姜夔《续书谱·用笔》云：“笔正则锋藏，笔偃则锋出。”前者强调藏锋的重要性，后者指出用笔时笔杆要直。

所谓露锋，是指所写点画的笔锋要露出来。如“竖、撇、捺、勾、提”等笔画收笔处都要露笔锋（见图271）。宋代姜夔说：“露锋以纵其神。”指出露锋的作用在于显出人的精神。

关于藏锋与露锋，在书写中要处理得巧妙恰当。姜夔说：“不欲多露锋芒，露则意不持重，不欲深藏圭角，藏则体不精神。”（《续书谱·用笔》）姜氏是说，该藏则藏，该露则露，要处理得恰到好处，写出来的字，才能圆转刚劲，饱满生神。

欲达此目的，在当代众多书法家中，当首推20世纪70年代末，由国务院总理签发的中华人民共和国国务院任命的唯一的专职书写员田英章先生。

他3岁随父兄始学书法，主攻欧阳询楷书，兼习王羲之、颜真卿、柳公权、米芾、赵子昂、成亲王、黄自元、潘龄皋、华奎等名家诸体之长，故他的书法，功底深厚，技艺超群。他用笔端庄舒朗，蕴涵丰富，结体严谨自如，意态大方。沉雄中多有飘逸之感，潇洒中更具清劲之姿。积40年之寒暑，终成其自家书风。自1977年始，他先后5次获得国内外书法大赛一等奖。其中一次以一幅楷书荣获全军书赛前茅，因以调任国务院之书写员。1988年获得日本写研新印刷字体竞赛最高奖。1990年获世界的多个国家参加的日本国际印刷字体竞赛，获世界最高奖。1991年，获得15个国家参加的国际书法展世界文化艺术金奖，以及出版的书法字帖和教学录像带等40余种。为书坛长者刮目，使同龄学者所望尘，在中青年中竖起一面坚持正统书风、靠功力取胜的旗帜（一夫语）。因此，如果说古代王羲之的《兰亭序》被誉为“天下第一行书”的话，那么，笔者认为田英章则是当代中国第一楷书家。自然，下面关于楷书的书写方法，主要是介绍和推荐田氏的观点和超群的楷书技艺。

图272

三　楷书点画的写法

点画是构成汉字的最小单位，也是组成汉字的基本要素。点画写得好坏，直接关涉字的形体美否。正如王羲之所言如果一点写不好，就好比美女瞎了一只眼睛；一画写得不当，就好比壮士断了一条胳膊。田英章也说：“不懂得点画的形状、形态和行笔方法，就根本不能谈论书法。”“基本笔画的练习与把握，是一个书家终生为之奋斗的事。”① 可见，要写好楷书（含其他各体）首先必须练好点画。

点画是汉字书法造型的基础，而且汉字本身又具有造型美的因素，因为汉字是源于“依类象形”，“随体诘诎”，又“博采众美，合而为字”的。写出来的字，能否给人以美感是至关重要的。为此，古代先贤从数万个汉字中，选择一个能够代表汉字“点、横、竖、撇、捺、钩、挑、折”八种基本笔画的字，这就是一直流传至今的所谓“永字八法”之说(见图272)。“永字八法”的用意是，要书写者注意练习“笔画的形态、笔画的行笔、笔画的力度和笔画的神韵”。我们要切实把握住这四点，融会贯通，在实践中坚持不懈地进行刻苦的摹写、临帖等练习。这是初学者必经的习字过程。下面，我们以“永字八法”为主，增益减损，主要就田先生点画的写法分别予以解读。可参见田英章“行书”的笔法，两相对照，更易掌握。

（一）点法

在楷书中，据说，有10种之多，分别介绍之。

1. 右点　用处多，写法难度大。要一笔写出“三角一肚”之形，不准用回笔带出“角”和“肚”，要不肥不瘦，摆正位置。(见图273)

图273

2. 左点　多用在左边，书写难度小，也要呈“三角一肚”，一笔写成，但不严格。必要时收笔出锋。(见图274)

① 见田英章《毛笔楷书笔法教程》，北京体育大学出版社2002年版，第3页。

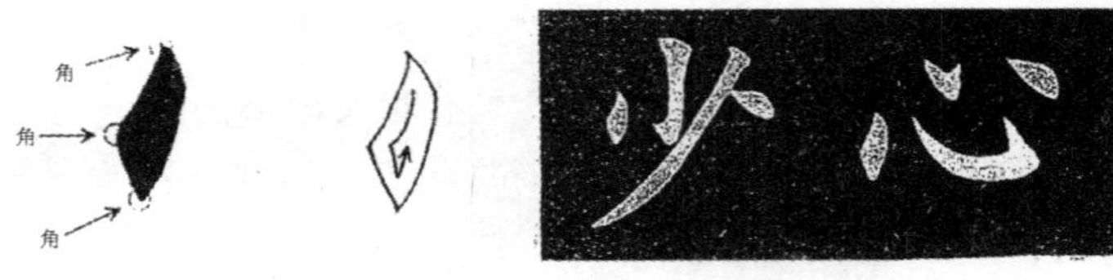

图 274

3. 仰点　将右点或左点写成平势，向右上挑出锋，便成。多用于“以、心、必、为”等字。(见图 275)

图 275

4. 横点　起笔出锋，收笔勿重，把右点写成一短横，使之稳重、典雅而丰满，但不是所有右点都要写成横点。(见图 276)

图 276

5. 上竖点　为了增加右点的分量，使全字稳重端庄，突出楷味，把右点写成入笔藏锋，上粗下细，收笔不露锋的短竖。(见图 277)

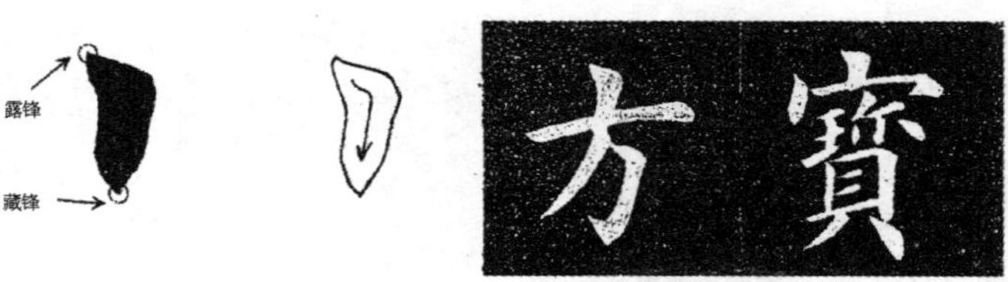

图 277

6. 下竖点　入笔露锋，上细下粗，收笔不出锋。(见图 278)

图 278

7. 竖撇点　在点画中是一种特定的写法，把写法的位置写成一小撇。如“商”的第 4 笔，“六”字的第 3 笔。(见图 279)

图 279

8. 小点　有些字往往用几个小点，因此写时要注意它的大小、角度、位置和呼应关系。(见图 280)

图 280

（二）横法

横画是字的体骨，要写得坚正有力，起止、长短适宜。横的形态因字而异：有的分为平横、凹横、细腰横和左尖横 4 种。而田氏分为长横、中横、提横、左尖横、小横 5 种。

1. 长横　是习字的第一笔，是写好其他笔画的基础。它的起笔、收笔、行笔角度和粗细变化如图 281 所示。一般是左低右高，中间稍细。

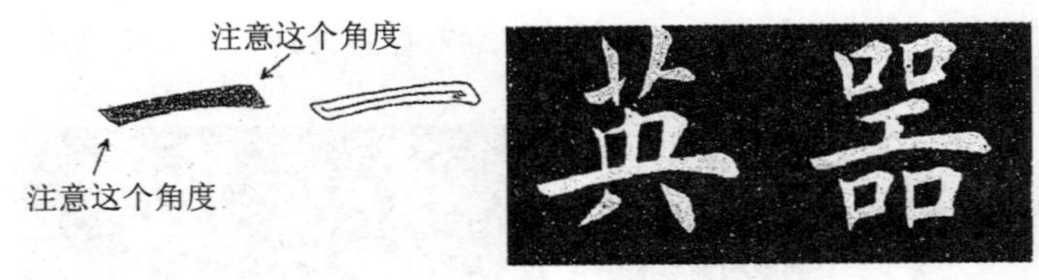

图 281

2. 中横　用处多，在所组字中起支架、衔接作用，要写得粗壮、饱满和庄重，在不同的字中有不同的抗肩角度。（见图 282）

图 282

3. 左尖横　入笔露锋，收笔稍重，不强调顿笔，以显得清劲俊秀。（见图 283）

图 283

（三）竖法

又名“弩”，有引弩待发、无穷之力，竖画如骨，在字中有支撑之力。故要写得刚劲挺拔。直中有曲，不能过直，过直失力。竖，有人分“垂露竖、悬针竖、左弧竖、右弧竖”等 7 种，而田氏分为“粗头竖、长垂露竖、短垂露竖、左垂露竖、右垂露竖、小竖、左短竖、大悬针竖、小悬针竖”9 种。

1. 粗头竖　要写得上粗下细，但不出锋，藏锋收笔。其用处极广，多用于跟横画穿插之中。（见图 284）

图 284

2. 长垂露竖　并不都是垂直的，通常在左侧向左倾斜，在右边向右倾斜。只有用在中间才是垂直的。（见图 285）

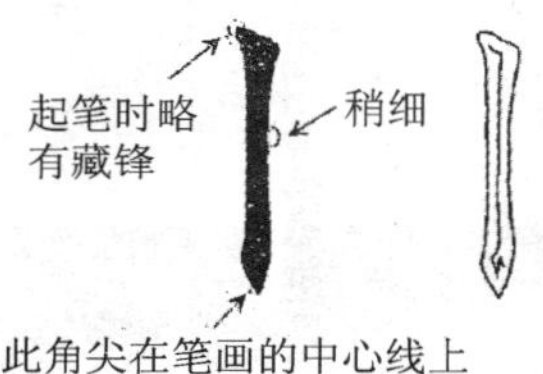

图 285

3. 短垂露竖　藏锋入纸，其长短、粗细视需要而定。其用处极多，通常也起支架作用。（见图 286）

图 286

4. 左垂露竖　写时稍向左倾斜，上细下粗，垂露收锋。多用于“亻、彳、阝”等偏旁上。（见图 287）

图 287

5. 右垂露竖　写时稍向右倾斜，故名。常与左边的一撇略成八字形，保持字的重心，稳健庄重。（见图 288）

图 288

6. 悬针竖　不分长短大小，都是垂直的。多用在字的中间，露锋收笔。不可多用。（见图 289）

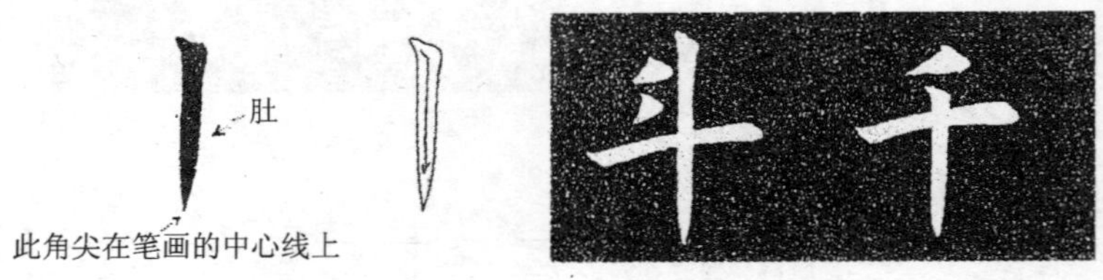

图 289

（四）撇法

如写悬针竖一样，下笔峻利，行笔迅速，出锋轻捷，力到笔尖，务求舒展生动。正如王羲之所言："撇不宜缓，缓则钝。"但也不宜过急，一往不收，以免头重脚轻。撇，有的分为"直撇、弧撇、平撇、细腰撇、短撇、粗腰撇"7 种；而田氏分为"长撇、左中撇、竖撇、尖头撇、左长撇、短撇、中撇、曲撇、弯头撇、横撇、钩撇、小撇"12 种。

1. 长撇　细于短撇，写来不难，入笔藏锋造成"脖"形，以免得越细形成"肚"状。收笔出锋。（见图 290）

图 290

2. 中撇　入笔藏锋，收笔出锋，“肚”不太突出，要写得饱满、厚重。多用于字的左边“亻”“彳”等偏旁中。（见图 291）

图 291

3. 竖撇　为适应字形与间架结构之需，先竖行笔，到一定位置转笔撇出。此画用处极多。（见图 292）

图 292

4. 短撇　一般用在字的上部，技法跟撇点相同，但写来比撇点略长一些，为了避免呆板，造成一种呼应的流动感，把“右点”变写成一短撇。短撇虽短，笔力却不减，当心行笔走向。（见图 293）

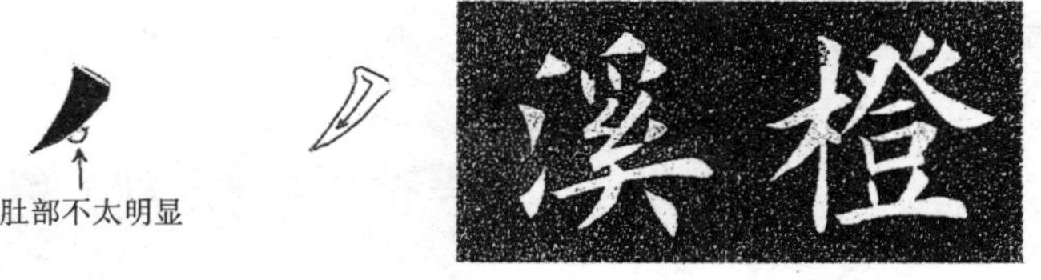

图 293

5. 钩撇　本是行书笔法楷化而保留在楷法里。它是在写竖撇的末端一带而形成一种固定的笔法小钩。（见图 294）

图 294

（五）捺法

传统把捺叫“磔”，磔也叫波，即“一波三折”，故磔之称是从捺的写法而来。捺画难写，写捺画时，起笔要束紧，颈部要提起，捺处要铺满，拓波开。下笔宜轻稍急，边行笔边按，波势出锋。王羲之说：“捺不宜迟，迟则失力。”但也不能太快。捺有直捺、短捺、弧捺、平捺 4 种；田氏分作直捺、长捺、平捺和反捺 4 种。下面分别加以介绍。

1. 直捺　它的书写难度较大，其走向、粗细、长短，对一个字写得成功或失败，往往起决定性作用。它常跟撇相互对应使用。（见图 295）

图 295

2. 长捺　较为难写，它不只要求角度准确，长度合适，粗细适当，还要求在飘逸、流畅、俊秀之中有遒劲、雄强之感。（见图 296）

图 296

3. 平捺　跟长捺写法相同，形状相似，只比长捺稍平一些。（见图

297）

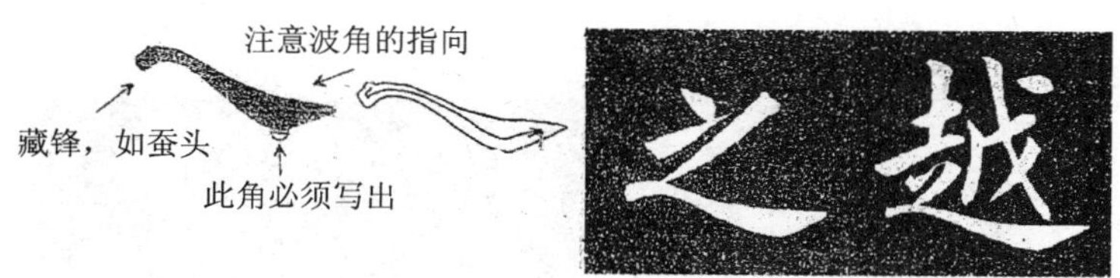

图 297

4. 反捺　为了避免一字之中两捺雷同，或追求某种艺术风格，将其中一捺笔写成反捺。捺要一笔写成，起笔出锋，收笔有棱角。（见图 298）

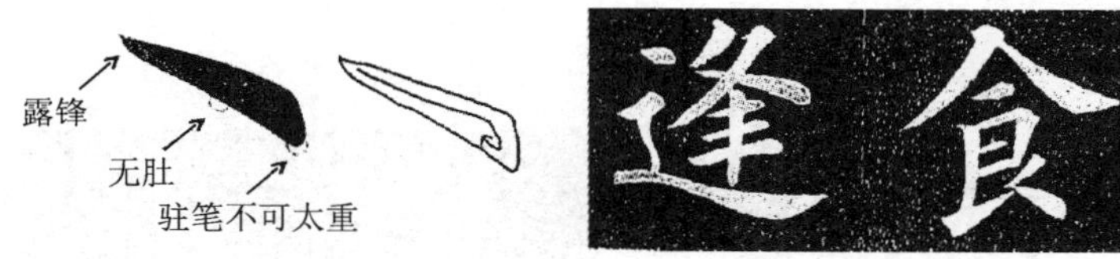

图 298

（六）钩法

传统名“提”，训“趯”，有“趯起”的意思。用以喻“钩”的写法，好比钩是踢脚，力注于脚，快踢急收。钩有“竖钩、横钩、斜钩、卧钩、弯钩”等；而田氏分作直钩、弧弯钩、高钩、仰钩等 28 种之多。

1. 直钩　亦称“竖钩”，在楷书中比较难写。难在提钩上，应“跪笔弹锋”，不能勾描，顺着笔向，一笔写成。钩身不可太粗太长。（见图 299）

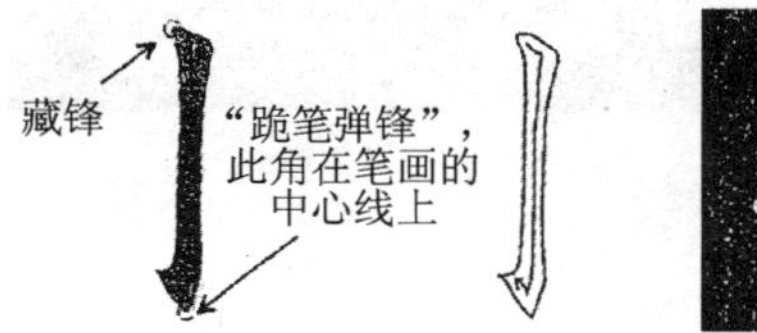

图 299

2. 弧弯钩　竖笔略带弧形，提钩应当呈平势，内圆外方，钩身稍大，功忌一笔挑出，外漏飞白。（见图 300）

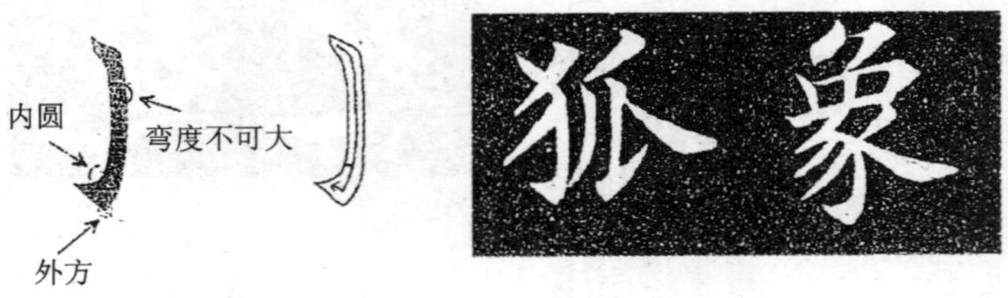

图 300

3. 竖弯钩（含高钩）　露锋竖笔入纸，中锋下行渐细，至弯处转横笔渐粗，至钩处直挑向上，内圆外方。高钩只是竖长横短些。（见图 301）

图 301

4. 仰钩　露锋起笔，露锋收笔，一笔而成。难于角度和引笔的力度。多用于“心、必、和心底”之字。（见图 302）

图 302

5. 斜钩　难写，要注意。写得好，极见神彩，显得格外舒展流畅。写时，要拉长，加强力度，控制弯度。（见图 303）

图 303

6. 斜弯钩　也叫凤钩，因为多用于“凤、风”之类的字，盖称楷书中最难写之一画，故写时，要心平气和，切忌急躁，测量好弯度与位置，一气呵成。（见图 304）

图 304

7. 小斜弯钩　行笔时，要注意角度和弯度，粗细是相对的，要写得遒劲、圆润、饱满、流畅。可与“6. 斜弯钩”对照比较。（见图 305）

图 305

8. 右弯钩　注意竖转横时不可僵死生硬，也不可没有一点棱角；挑钩时要内圆外方，锋尖直上。（见图 306）

图 306

9. 散钩　为了表现“铁画银钩”的艺术特点，竖画不能僵直，挑钩不能太尖，取其潇散、洒脱之意。（见图 307）

图 307

（七）挑法

又名“提”，即从左下方斜向右上方挑出并顺势出锋的点画。一般分为长挑、短挑和平挑 3 种；而田氏把短挑放在“点画”中称作“提点”，把“长挑”放在“横画”中称作“提横”，没有言及“平挑”。这是体例问题，不妨碍习写练笔。下面仍按田氏的写法来介绍。

1. 短挑　又名“短提”因结字的需要，将一点写成一提。提画收锋的长短，因字体的风格和书写者的好恶不同而不同（见图 308）。多用于“冫、氵”等偏旁的下面一画。

图 308

2. 长挑　又名“长提”虽长，但不可写得太长，一般用它于“土、扌、虫、纟”等旁的左下方，过长了影响该字右边笔画安排以及整字的中宫（即核心）收紧。（见图 309）

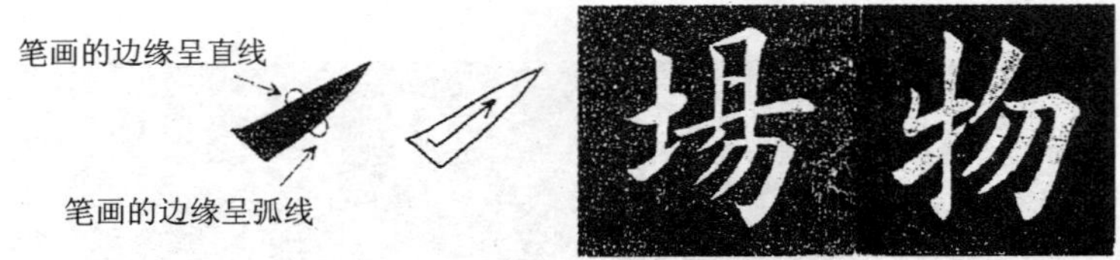

图 309

3. 平挑　又名“提横”跟“长挑”相似，只是稍平一些，写时可出锋也可不出锋。多用于“正、足、或、國、盛、動”等汉字中（见图310）。田氏帖中未讲到“平挑”。

图 310

（八）折法

折是由横和竖转折或由竖和横转折而形成的笔画形态（见图 311）。有人把“折”分作“横折、竖折、撇折”3 种。这里，取田氏之例说。

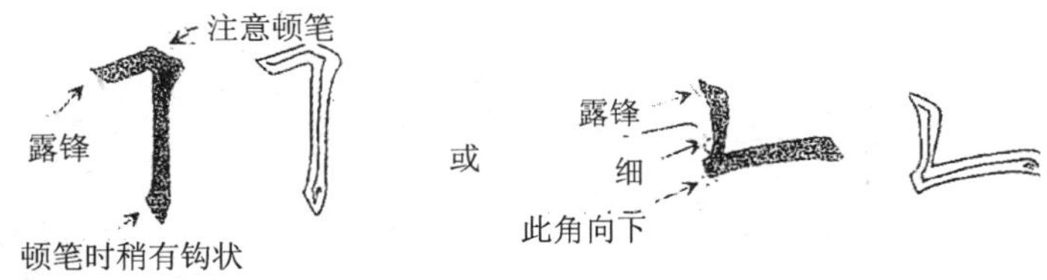

图 311

1. 横折（即方折）　露锋入笔，横笔一般不作抗肩，较平；竖笔垂直，不用悬针，垂露收笔。（见图 312）

图 312

2. 短横折　指横短竖长，竖画转折向左靠，略呈弧形，垂露收笔。为了其清秀劲挺，笔画较细。（见图 313）

图 313

3. 小横折　入笔不出锋，顿笔无疙瘩，笔画不可太细，呈短促而坚定之意。(见图 314)

图 314

4. 大横撇折　与小横折相对而言。在拐弯处，向上提笔，再顿笔。转折的角度视需要与否而定。(见图 315)

图 315

5. 小横撇折　视字形需要，横笔可长可短，可粗可细。(见图 316)

图 316

6. 撇折　由短横长撇组成。横笔可以一笔带过，不可太长，一气呵成。（见图 317）

图 317

7. 竖横折　藏锋入笔，藏锋收笔。为了表现字的坚定有力，转折处为直角。（见图 318）

图 318

8. 小撇横折　视其需要，可以一笔而成。但撇画要短促。（见图 319）

图 319

以上介绍了八种基本点画形态及其写法的基本要领，以使读者有个大概的了解。需知有些点画由于在字中所处位置不同，其形状也不同；且由于书家风格流派不同，即便是同一点画，写法也不同。在此不可能一一说明，因帖而异。这里介绍的主要是手迹。

四　楷书结体的安排与组合

结体，亦名“结字”或“间架结构”，指书家根据个人审美能力和一定的方法，将点画有机地组合成字。结体合理与否，是决定一个字写得成功或失败的关键。因此，隋唐以来，许多书家学者做了专门研究。诸如隋代智果的《心成颂》、唐比较著名的有欧阳询《结体三十六法》、明李淳《大字结构八十四法》、清黄自元《间架结构摘九十二法》等。这些论述，虽未失参考价值，但并不适用。不是过于简略，不易理解；就是重视迭矩，难于记忆；或就字论字，未能很好概括；况且汉字数以万计，构形各异，就其书法艺术结体的内部变化规律来说难以类聚而纳入某种模式，因为汉字的构形和书法艺术结体是属于文字和艺术两个不同层面和范畴的。即便是同一个汉字在不同书家的笔下往往写出的也形态各异。所以，用类聚方法来归类概括楷书的艺术结体是不科学的。书法史上尚未有能独树一帜的书法家把自己的书法创作纳入某种现成的模式（依欧阳中石说）。

不过，书法是汉字的书写艺术，汉字的结体是点画的组合。纵观历代书法家的作品，其结体虽有不同的风格和特点，但个性总是寓于共性之中。因此，还是可以归纳出若干共同的法则与规律的。这里，以楷书结体 28 法①为主，参以其他书家之说，概括如下 29 种之法。

汉字被称为“方块字”，其实，在书写实践中并不方正，没有任何一个汉字被书法家写成真正的方形，即便是“口”字，也不能例外。诸如修长、扁平、欹斜、高低、大小、宽窄等，下边分别例证之。这是“依字取势”之必然②，否则抛开汉字字形特点，一律取以方正，都写成上、下或左、右平齐，撑满方格，就会“失势”。

1. 本为修长

在通常应用中，一般得把字写成长方形，不得写成平扁形。（见图 320）

---

① 见《毛笔楷书结构教程》，北京体育大学出版社 2002 年版，第 3—30 页。

② 同上。

图 320

2. 本为扁平

汉字中本为扁平的字为数不多，但要写作扁平，不得写长，如曰、罒、皿、之、以、回等。（见图 321）

图 321

3. 以斜为正

字形虽斜，但取势要正，不能以正取正。这样才能不失重心，令人反觉为妙。（见图 322）

图 322

4. 上正下斜

凡上下结体之字，务求当正则正，当斜则斜。斜而不失重心，正而不致呆板。尤须上正者垂直，使其以撑其势。（见图 323）

图 323

5. 上斜下正

这种形貌的汉字许多。上斜不失重心，下正而不呆板，上下呼应，揖让顾盼，神态贯连。（图 324）

图 324

6. 左高右低

左高右低，亦称“左扬右抑”，不能写成左低右高，而且左高右低的字不多。（见图 325）

图 325

7. 左低右高

与“左高右低”相反，汉字中“左低右高”者多，不能写成左高右低，一般写成左收（小）右放（大）或左窄右宽。（见图 326）

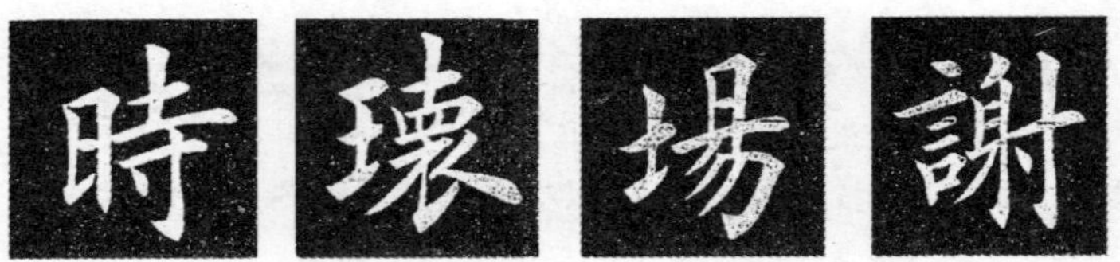

图 326

8. 上宽下窄

也叫“上展下收”。上宽（展）盖尽下面，取势端正，以扬其精神；

下窄（收）以示其凝重稳定。说：“运笔要先急后缓，当急不急，是为涩滞；当缓不缓，是为飘浮。”（见图 327）

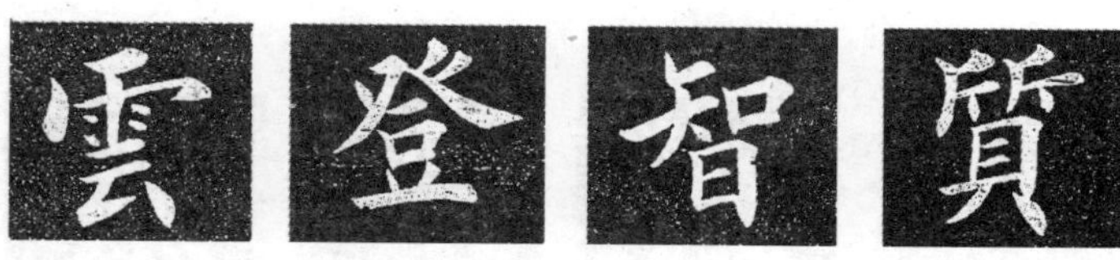

图 327

9. 上窄下宽

上窄下宽，亦称“上收下展”，其与上宽下窄（即上收下展）两者乃结体之字必择其一。说：“上边的点画要收写，下面的点画要松展。”切忌写得头重脚轻。（图 328）

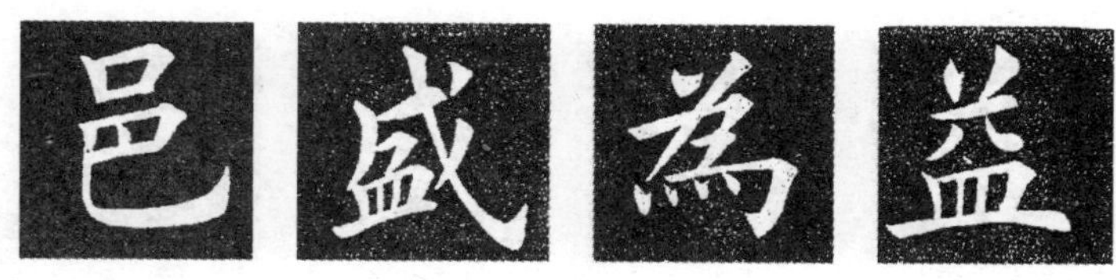

图 328

10. 左大右小

左大右小，即左旁宽大，右旁窄小，切记这类字，不可写成左小右大或左右等宽，如若这样，写出的字“失势”。这类汉字为数甚少。（见图 329）

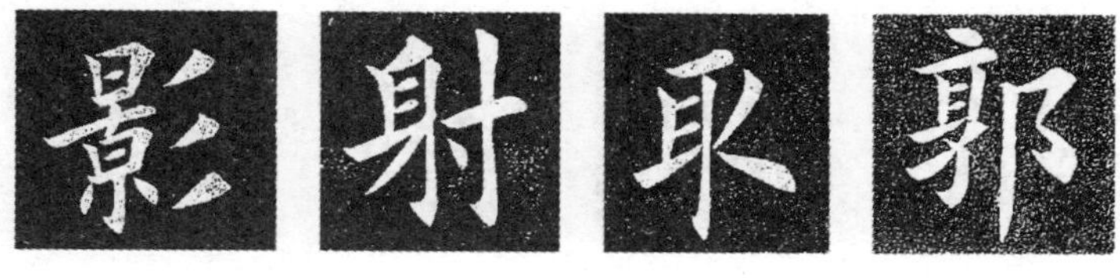

图 329

11. 左窄右宽

这类汉字较多，也叫“左收右放”，左窄（收），是让位于右。在取势时，须注意左矮右高，不要写成左右齐平或左右等宽。（见图 330）

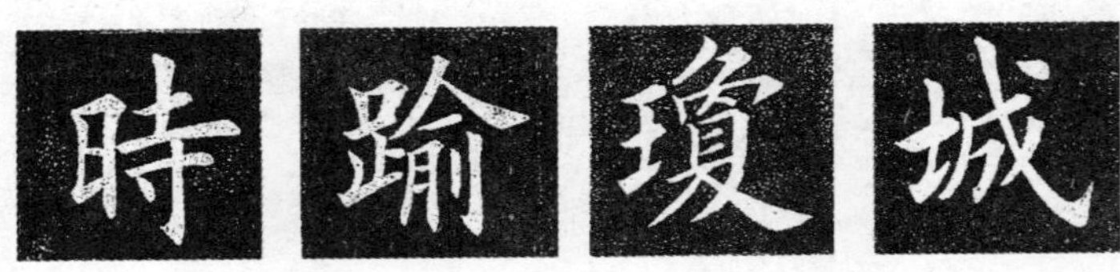

图 330

12. 左右等宽

把“左右等宽”称作“对等平分”。意思是左右结体两部分高低、宽窄相同，虽双方呼应，但各占一方。（见图 331）

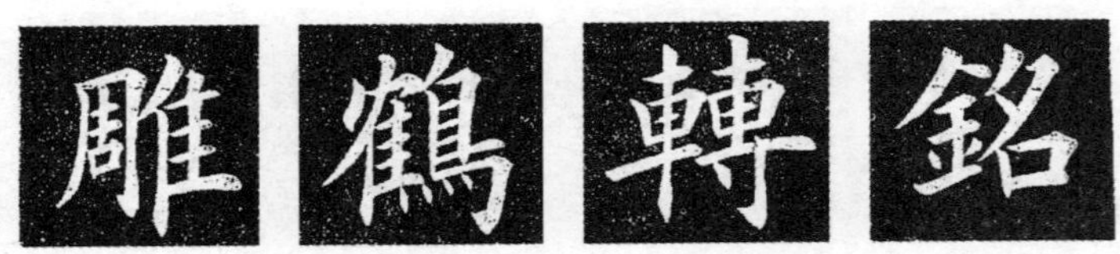

图 331

13. 三部呼应

三部者，是说这类字是由三个部件组成的。三个部件要写得相互朝揖顾盼、避就相递。如果是横列的构形，中间要正，左右者呈拱揖之状。切忌字身肥大，各不相让。（见图 332）

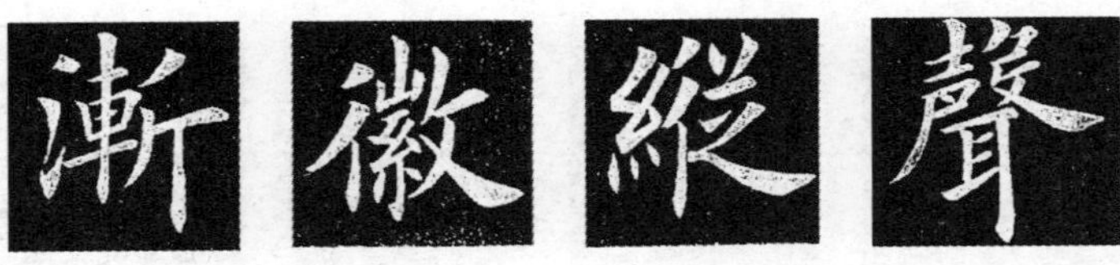

图 332

14. 大小不同

亦称“大小独具”，是指汉字本有大小之别，一般笔画较多的字要写得大些，笔画少的字要写得小而略粗一些，以使字间长短、大小、宽窄错落，各尽其态，显得活泼生趣。田英章说：“须知，大字非小字放大，小字非大字缩小。即使一篇之中，是其大字不可令小，是其小字复不可令大，自然天成，非人意所能为。”（见图 333）

图 333

15. 疏密相间

按照单个汉字形貌的不同特点，书写时要注意有的汉字点画应疏远，有的则要紧密，形成鲜明对比，才能增强书法艺术效果。邓石如说：“字画疏处可走马，如：引、以；密处不使透风，如钟、誉。常计白以当思，奇趣乃出。”（见图 334）

图 334

16. 左右对称

凡有撇捺的字，要左撇右捺对称均衡，否则字的重心不稳。未写捺之前，先想好捺的位置，捺的长短轻重，要按撇的长短而定，而且撇捺要呼应顾盼，笔意相连。（见图 335）

图 335

17. 斜抱穿插

左右结体之字，最怕离散，要互相顾盼。田英章说："形虽斜而体势不倒，貌虽偏而重心不移。双肩合抱，互带穿插，鳞羽错落，呼应曲直。斜势中应有一番韵律，合抱中更具几分精神。"（见图 336）

图 336

18. 内紧外松

楷书结字的关键，是外散其形而内聚其力，即收紧中宫，各个点画或部件才能有机地环抱团聚。所谓中宫，即整字的重心（核心）。重心处于"中宫中心点的略微偏上、偏左的一个小范围内"。（见启功《书法概论》第三章《结字》）从而安置字的点画疏密虚实，增强体势立体感，避免呆板，生发神韵。（见图 337）

图 337

19. 上下居中

一个字最上面的点画要写在该字正中间，且要具有怡人的神态。唐太宗论笔法时曰："夫点要作棱角，忌圆平，贵通变。"田英章说："不作棱角，便不精神，知其通变，便知位置。首点者，当以龙睛凤眼之姿，高山坠石之态，安居全字中心之上，高瞻远瞩，志气平和，是为首点技法之要诀。"（见图 338）

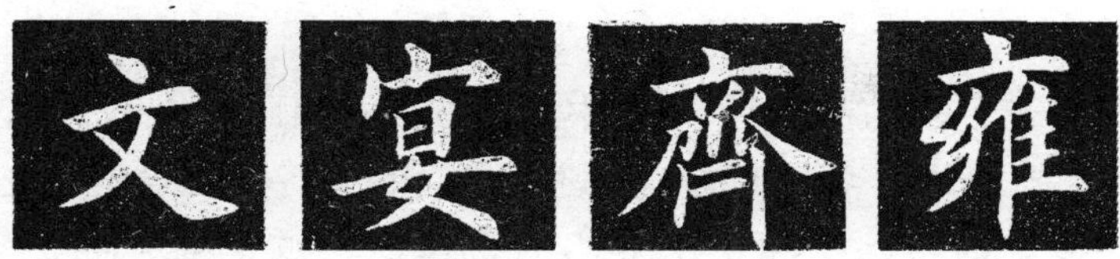

图 338

20. 点竖对直

此指上有点、下有竖的字，应点和竖对直，以保证重心垂直状态。田英章说："点竖直对，有在字中间者，有在字之左右者。所以直对，是为重心垂直相对，万不可偏侧。此法应先思后书，目测位置，手后随之。"（见图 339）

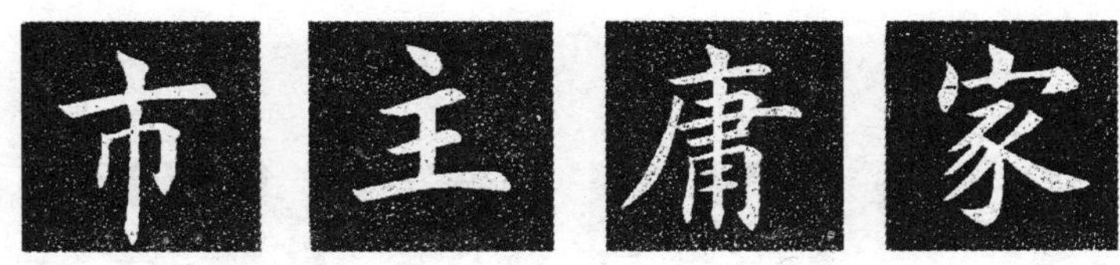

图 339

21. 横斜竖倾

初学书法时，总有人说要"横平竖直"，这是极大的误解。平与直是相对的，楷书的结体绝无"横平竖直"可言。起笔和运笔过程中，都有轻重、粗细的变化。横画总是倾向右上方（即左低右高），竖画则向左或向右偏斜。一切横竖不论长短，都有所倾斜。这样才能得势，显出生机勃勃的神态。（见图 340）

图 340

22. 同画变态

同画变态，是指结体时，对字中相同方向和相同点画作出适当处理，或变化其形态，或改变其走向，以避免雷同和平行，使点画在变化中呈现出参差错落的错综美和层次分明的整体美。如“奉”字5个横画、“慧”字9个横画、“無”字3横4竖4点、“家”字的3撇等，其长短、粗细、曲直和走向，在起笔的位置、笔道的走向都应或大或小地加以区别。否则，不加任何变化，等距离、平齐并列起来，就十分机械呆板，毫无灵气。如此结字，正如王羲之指出的“若平直相似，状若算子，上下方整，前后齐平，此不是书，但得其点画耳”。（王羲之《题笔陈图后》）因此，常见的同画应该变态的有以下几种。

（1）两点、三点、四点变态者

点画的书法结字中至关重要，不可疏忽。田英章说：“两点以上者要顾盼通变，首尾意连，彼此呼应。”（见图341）

图341

（2）横画等距变态者

凡是三横以上的横画之间没有点、撇、捺的，不但间距要相等，而且横画的宽窄、长短、粗细要依字形变化，不能一律。（见图342）

图342

（3）竖画等距变态者

凡是三竖以上的竖画之间没有点、撇、捺的，不但其间距要相等，

而且竖画的长短、粗细、宽窄，要视字形而变，不可一律。（见图 343）

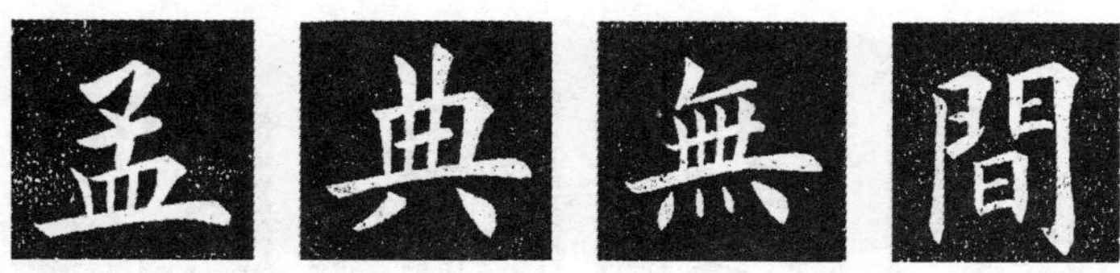

图 343

（4）一字之中重撇变态者

清冯武《书法正传》云："一字之中，亦有重笔，不可不变。"田英章说："书贵变而不离其本，字虽尚新而不背其源。"其写法是"应发笔不同，指向不一，或收或纵，或扫或送。鳞羽参差，错落有致。"呈长短参差之态。（见图 344）

图 344

（5）一字之中重捺变态者

为了避免雷同、呆板，一字之中多捺，有些捺画要改为点。（见图 345）

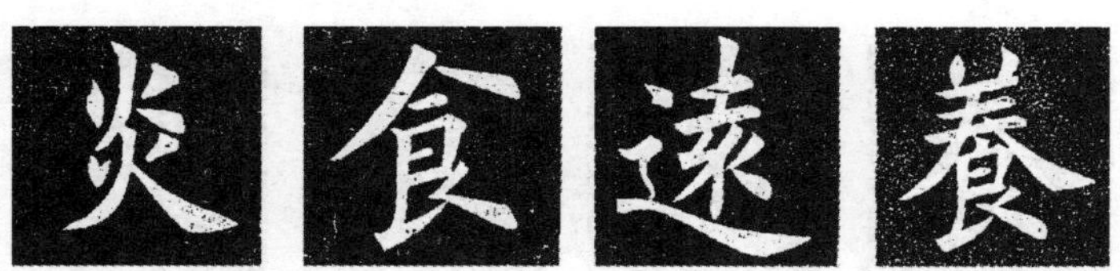

图 345

23. 字中主画

字中必有一画为主，余画是宾。主画是字的重心，有如脊梁；宾画犹附其血肉。说："主笔者，不可长有余而短不足，须引笔至尽处，则字

有凝重之态；又不可强过弩而韧不够，宜圆锋达妙镜，则字有飘逸之姿。”（见图 346）

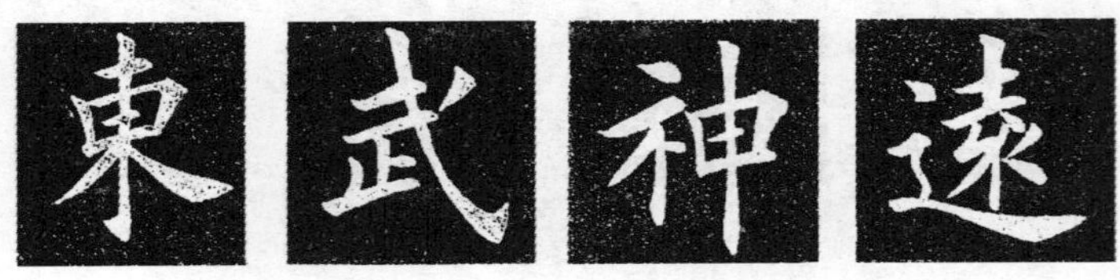

图 346

24. 中竖对正

一字之中有两竖者，均上下对直，以示字之重心。田英章说：“对正之法，是以重心为准，如两笔僵直，难有神韵。”（见图 347）

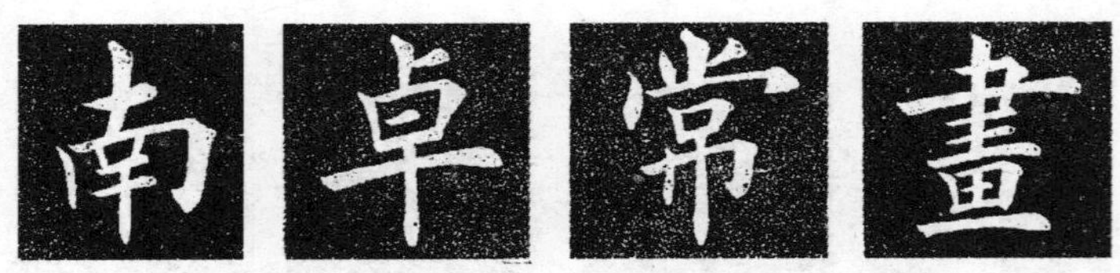

图 347

25. 中竖偏右

中竖应垂直劲挺。不管悬针、垂露、有钩、无钩，屈体弯身是大忌。说：“中直……尚须稍有偏右，以化呆板。”（见图 348）

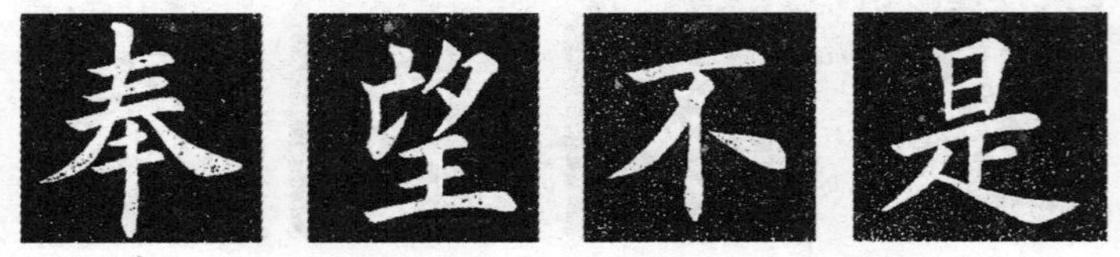

图 348

26. 下竖位偏

竖在字的下方，并非全都居中，偏于左者少，偏于右下者多，不居中，不可强为，强为失去重心。田英章说：“底竖笔锋所指，必有所向，

察之要精，观之要细，以全局定其位置，以字势定其形态。”（见图 349）

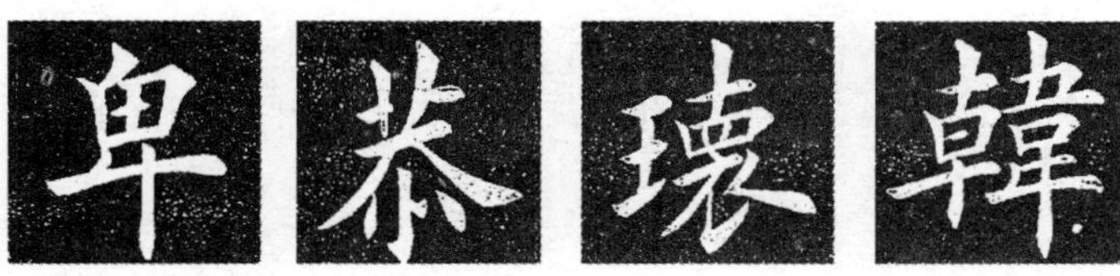

图 349

27. 钩提如匕

清代包世臣说：“钩为提者，如人之提脚，其力初不在脚，猝然引起，而全力遂注脚尖，故钩未断不可作飘势挫锋，有失提之义也。”田英章说：“楷法中，钩身不宜长，长则无力，立锐利锋藏，宜短促而坚挺。犹如匕刃，短而尖，硬而锐。古人云：‘提峻而势生。’再有，一字之中如有多钩，必须化减。”（见图 350）

图 350

28. 牵丝相连

牵丝，指笔势往来牵带痕迹显现在两画之间者。清蒋和《书法正宗》云：“字无一笔可以不用力……即牵丝使转亦皆的力，力注笔尖以平出之。”田英章打比方说：“笔画是筋骨，牵丝为血脉，真行虽别，法度同一。”说明笔锋虽断而意相连，更见其力。（见图 351）

图 351

29. 点画省变

古人为了楷书美观，往往省变笔画。但我们不得类推自造。元陈绎曾云：“太繁者减除之，太疏者补续之，必古人有样，乃不用耳。”（见图352）

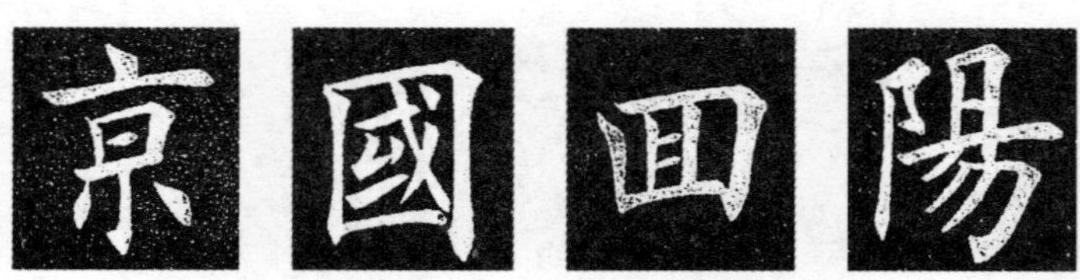

图 352

以上介绍了29种楷书结体的写法，实际是34种，主要是讲述楷书的风格和特点，基本揭示出楷书结体的一般原则和规律，为初学者认识和学练楷书的结体提供了入门的知识和技能。要想尽快提高自己结字的水平，必须通过对前人法书的临摹，把握其方法和技巧，把前人的经验变成自己的体会和能力，才能做到心手欢畅合一，写好字。

古人有云：“书法无他秘，只有笔法和结字单。”（详见二十八般《钝吟书要》）要学好楷书，必须在这两方面勤学苦练，狠下功夫。

可作楷书的字帖很多，据自己喜好选帖。除了传统的颜、柳、欧、赵之楷书以外，当代田英章《毛笔楷书笔法教程》（北京体育大学出版社2002年版），还有电脑中的楷书。

第二节　甲骨文的书写方法[①]

甲骨文以其平直方折、瘦硬刚劲、挺拔峻锐、古朴秀美的造型，已经成为当代广大群众所喜闻乐见的精巧的文化艺术品。为了帮助大家学习与掌握甲骨文的书写技巧，下面从五个方面介绍其书写方法。

一　甲骨文是用刀刻或写成的，其笔画平直方折瘦细。如今用毛笔

① 由欧阳中石、徐元闻《书法教程》改写，图353、图354、图355亦取自该书第132—133页。

书写，则有软硬之殊、刚柔之别。如何能够写出刚劲挺拔、古朴劲锐的甲骨文所特有的风格形态？这就要以笔法摹习刀法，掌握用笔如刀的技巧，做到“刀中见笔、笔中见刀”，用柔软的毛笔写出刚劲挺拔、富有线雕力感的书法线条来，不仅是写好甲骨文的基础，而且可以帮助我们在临习或创作其他字体的作品过程中，避免或克服笔画疲软、肥弱等毛病。

二 甲骨文的直线居多，不论横画、竖画、斜画大都尖起尖收，中间略显粗壮。临习中行笔要爽利斩截，不宜太慢，稍有迟疑，笔画就难以保持匀净健捷的美感。甲骨文的“点”，实际上就是缩短了的直线，写法也基本相同。转折要有棱角，以方折为主。转折或断为两笔来写，为保留刀刻的意味，也可偶尔仿效。曲线可用圆转回环之形，但要与尖、细、瘦、硬的直线相协调，不能粗拙乏力。

三 甲骨文的笔画安排，要行笔自如，书写便当，也可遵照“由上而下”“从左到右”的一般书写规律。为了保持甲骨文字结体的特殊性和某些刀刻的效果，也可以“由下而上”“从右到左”运笔书写。参见和领会《甲骨文选读》各篇的笔法、笔势、结体和章法布局。

四 甲骨文的书写，要注意每一个字整体结构特征，照顾笔画之间，部分之间的配合照应关系。准确把握其中对称结构，要精心布局。对那些居于字的中心部位或决定整个字体势的主要笔画，要用心写得意态完足。对应点画或平行，或穿插，或密聚，或疏散，都要安排得恰如其分，饶有风韵。

五 学写甲骨文不能只注意单字的临摹，还要整段或整篇地临摹，以领会其章法之妙，这有利于提高章法艺术的修养。须知，书法要讲究章法艺术。学习与掌握甲骨文的章法，对其他字体的创作也是有裨益的。

学习甲骨文字体的书很多，除了《甲骨文合集》等著录书之外，主要有徐谷甫、濮茅左《商甲骨文选》和本书甲骨文选读等。

第三节 金文的书写方法①

金文的书写方法同甲骨文、小篆的写法有相似之处，所以，除了要注意金文字体风格特征之外，还可以借鉴甲骨文和小篆的写法。不过，

---

① 由欧阳中石、徐元闻《书法教程》改写，图 353、图 354、图 355 亦取自该书第 129—130 页。

金文也有其自身的一些书写方法和规律，要注意掌握。

一 掌握活笔法

“活笔法”是指要细心观察、领会金文各种笔画安排和布白过程中包含的丰富的笔法。只有理解了具体笔法，才能在临写时得心应手，在实践的基础上掌握用笔规律。“活笔法”，还包含着用笔的轻重、疾、徐等笔势的发挥和变化。只有在临写中领会笔势的感受力和表现力，才能写出金文的神采，才能全面提高书法修养和创造能力。因为金文的笔画形态比较丰富，粗细、利钝、曲直的对比富有变化，与其相应的笔法也就多种多样。单纯地运用藏锋、圆笔、中锋等主要笔法，是表现不出金文风格各异、复杂多变的点画和结构形态的。

二 临写金文时，要从整体考虑

不论大小、欹正、长短、粗细，都必须自然、巧妙，千万不可一律。因为金文的结体，诡形殊制，自然万象，即使比较匀整的结体，也随势生形，错落有致。

三 注意金文的行款安排

只有掌握金文内在的疏而有序、繁而不杂、纵而能紧、齐而不板的节奏变化，才能在有限的空间里，显出金文独有的气势与风格。

四 要注意区别与把握不同时代和不同风格的金文特征。

不仅要从文字结构上加以识别，还必须在用笔、点画、结体等各方面表现出来。不得把不同时代、不同风格的字杂凑在一起。

总之，金文的书写方法，可参见《金文选读》各篇铭文字迹。

第四节 小篆的书写方法[①]

篆书，作为一种传统的书法艺术，将永载中国文化艺术宝库。它以

① 由欧阳中石、徐元闻《书法教程》改写，图 354、图 355、图 356 亦取自该书第 131—133 页。

匀圆整齐的线条，庄重典雅的风格，独特清秀的形体，令人百看不厌、喜用乐见。人们亲切地称它为“梅花篆字”，而且常常用来题写书画、匾额和篆刻。书法家也常常用它写成条幅，供人欣赏收藏。那么，如何学写篆书呢？

若想习篆，首先要了解小篆的独具特点。然后找来许慎的《说文解字》和沙青岩的《说文大字典》（天津古籍书店印行）等作为底本临摹习帖。总的来说，要做到：笔画疏密相间，线条粗细一致，整齐划一，字形匀圆修长。

具体来说，可从以下方法来学习、摹仿、临帖。

一　小篆只有“直画”和“弧画”两种笔画，要始终保持粗细一致（见图 353）[①]。直画包括“横”与“竖”，都要藏锋起笔，中锋行笔，回锋收笔；弧画最具特色，形式变化多样。都要以中竖为轴，用笔相背（或相反），环抱内聚的方式运笔方向，写得匀圆婉转，顺畅自然。起笔、收笔都要用藏锋，行笔用中锋。每一弧画相对应的转折处，要保持曲度圆转相同，互相对称。

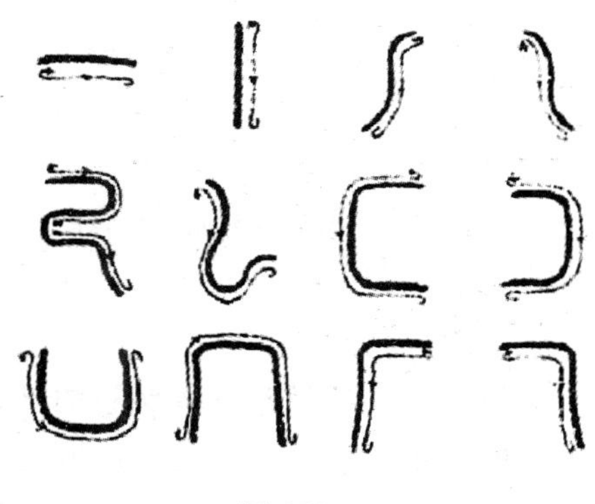

图 353

二　弧画有时得用两笔写成，连接处不能露出痕迹（见图 354）。多处回环的弧画有时要分三四笔才能写成，同样要写得婉转自然，如出一笔。这是篆书所特有的接笔的技巧。只有反复练习，才能掌握。接笔的方式没有严格规定，同一弧画或由弧画构成的同一偏旁、文字往往有不同的接法。有些环曲不太长、曲度不太大的弧画，也有不用接笔的而一次写成的。因此其笔顺也有所不同，照图 354 练习。

① 由欧阳中石、徐元闻《书法教程》改写，图 354、图 355、图 356 亦取自该书第 131—133 页。

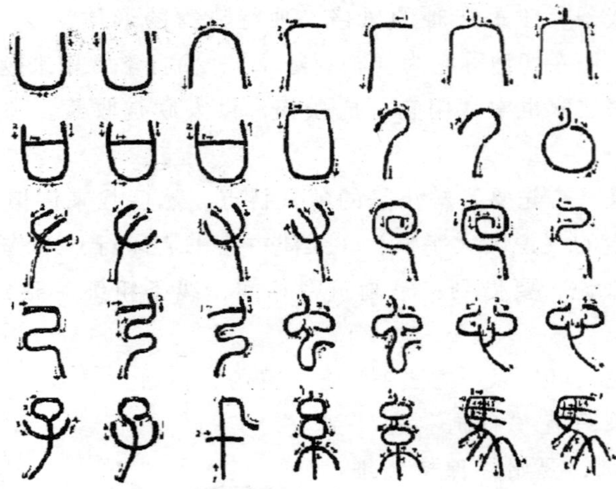

图 354

三　小篆的笔顺与楷书不同，虽然没有严格的统一规定，但也不能随心所欲，必须以运笔便利、笔势流畅为原则。要借鉴前人的经验和通行的方法（见图 355）。

四书写时要深入领会小篆的结构特征，注意疏密、虚实、布白的安排，更要注意笔画之间或对应部分之间的匀称、和协和圆满。要做到这一点不容易。只有坚持不断地临帖摹写，才能日有所进，逐渐提高。

图 355

五　学会小篆的写法，对甲骨文、金文的学写大有好处。不管是识别古文字、驾驭篆书的书法规律，还是掌握书写技巧，都是必要的合理途径。

小篆的临帖摹写，主要有《说文解字》中的字头，还有《北师大光盘版小篆字库》字形标准。还有康殷的《说文解字部首》（荣宝斋，1980年）比较标准。练好了《说文》540部首的写法，就等于掌握了小篆的写法，因为540部是组成汉字篆书的全部部件。

第五节　隶书的书写方法

（一）隶书从总体上要写成横向宽的扁方形，不能写成长方形或四方形

（二）要注意领会和把握运笔中提、按的运用和变化

除了首先要掌握中锋和藏锋等基本笔法之外，提、按的用笔是最重要的。提、按能使隶书笔画有粗、细之分，而且它的转换与配合是使波势产生韵律美感的重要因素。提、按用笔有上下幅度的不同，也有快慢轻重变化与配合的不同。另外，隶书的方圆写法，与提、按有关。一般是"方用顿笔，圆用提笔"。方圆的变化在隶书中是很生动的，因此，更显出提、按的重要性。

（三）基本笔画的写法①

1. 横画：包括平画和波画两种。平画指没有波势的横画，不能有俯仰，要保持水平之状。写时要逆锋起笔，中锋折笔向右行笔，回锋收笔（见图356）。波画是呈起伏波磔形态的横画，是隶书特有的笔画，向左逆入并稍下顿，再提笔向右行笔，收笔时先下按，再提笔向右上角出锋。波画写出后要呈"蚕头雁尾"之状，这是隶书的特征。一个字中只能安排一个波画，不能多用。因为"雁不双飞"（见图357）。

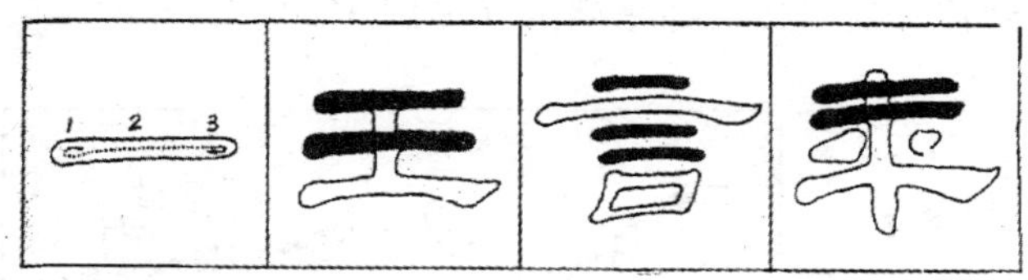

图356　平画

① 图358—365隶书各图均取自熊绍庚《书法教程》，第129—130页，改写。

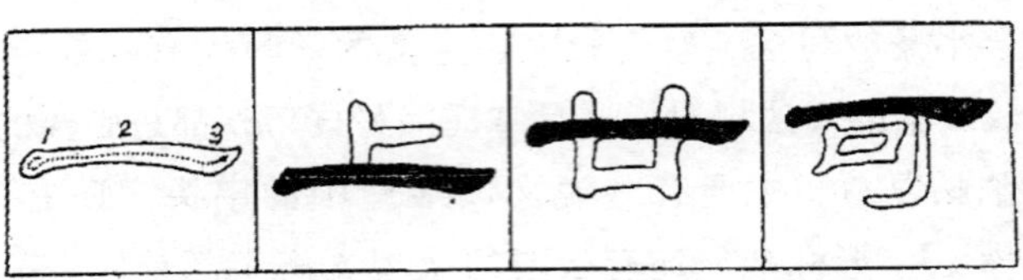

图 357　波画

2. 竖画：起笔逆入向上，转锋向下行笔，回锋收笔（见图 358）。

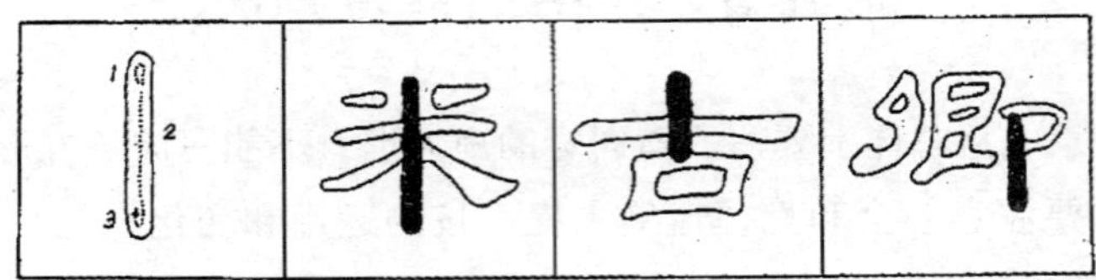

图 358　竖画

3. 撇：有长短之分，撇尾有出锋和不出锋之别。藏锋逆入，转锋向左下行笔，收笔略驻，向左出锋叫尖尾撇；回锋笔在收笔时要向上抽笔出钩。如转锋收笔则成圆尾撇（见图 359）。

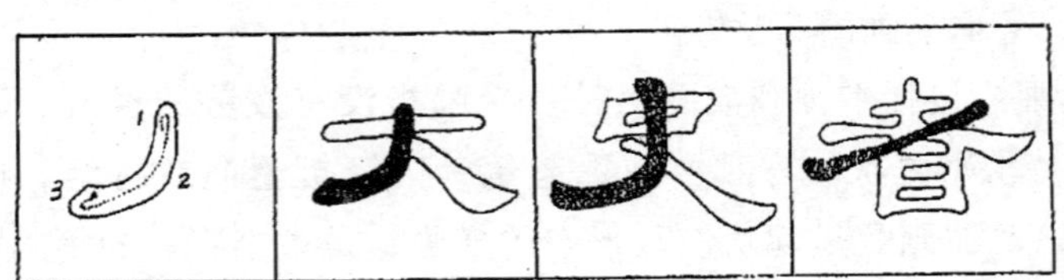

图 359　撇画

4. 捺：有平捺、斜捺，写法都是藏锋逆入，转锋向右下行笔，由轻而重下按，到捺脚处略顿，抽毫挑出（见图 360）。

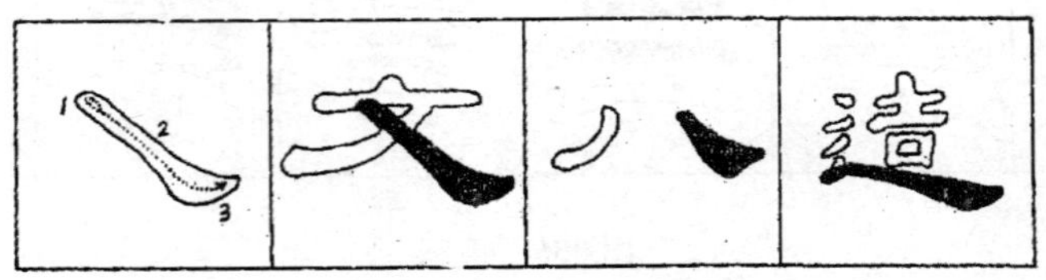

图 360　捺画

5. 点：形态多种，有圆点、方点、平点、侧点，有带撇的，也有带捺的，轻重不同，姿态各异。写法一般是逆锋起笔，转锋行笔，回锋收笔。撇点、捺点收笔外挑。姿态不同的点，出锋方向有细微变化，要仔细观察，妥善处理（见图361）。

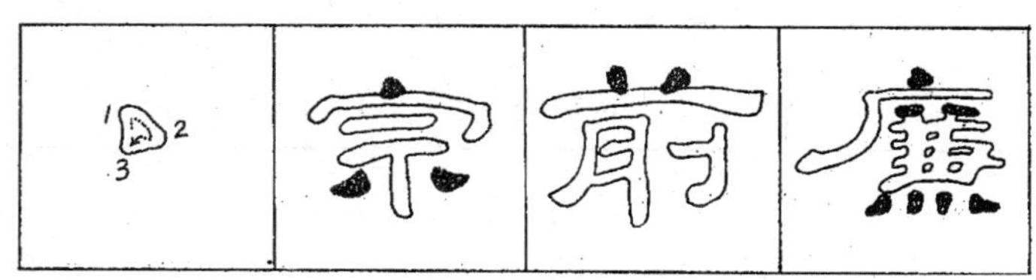

图361 点画

6. 勾：一般出勾较长，呈弯曲之状。逆锋起笔，转锋向下行笔，渐渐向左或向右转弯，收笔或回锋，或稍驻提锋（见图362）。

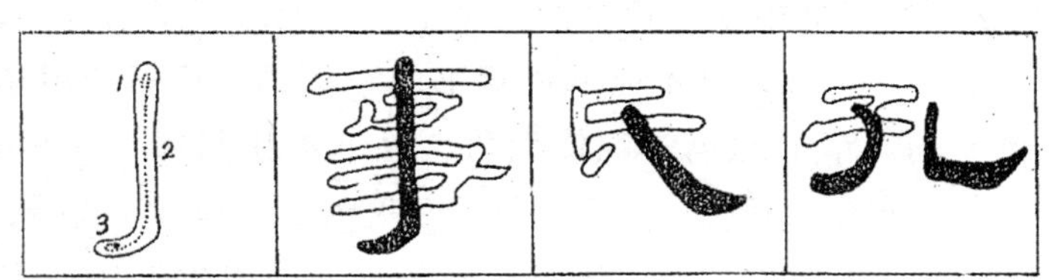

图362 钩画

7. 折：平画行笔到转折处，提笔顺势转锋下行，就成横折。有时要分两笔写成，接笔处要保持连贯，不能脱肩。不能用楷法顿笔成斜角。圆转就一笔写成，巧妙地运用提、按可收到圆润流畅的效果（见图363）。

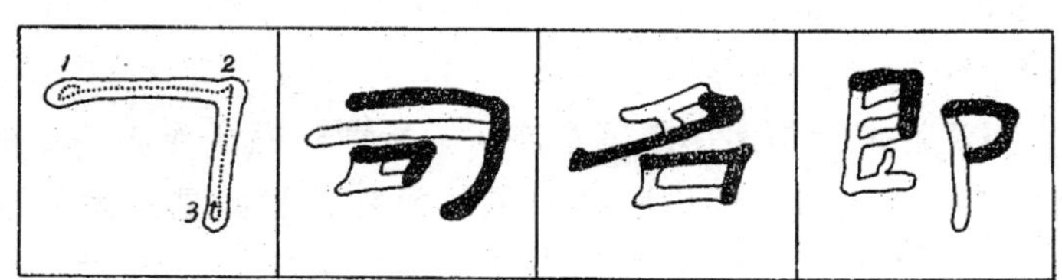

图363 折画

8. 挑：逆锋起笔，转锋向下略顿；提笔向右上方挑去，出锋稍快，力到尖端。隶书的挑法，有时可以写成水平状（见图 364）[①]。

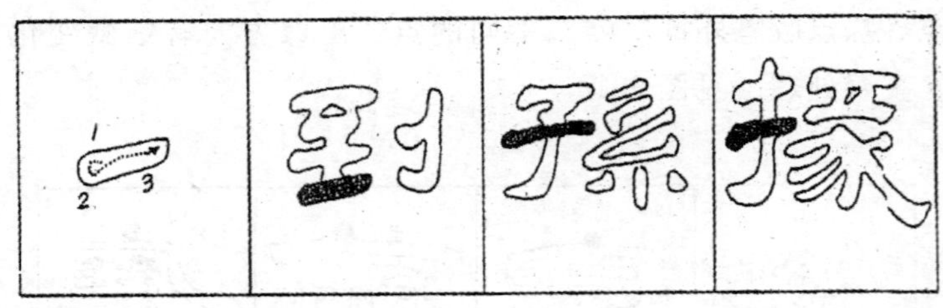

图 364　挑画

第六节　草书的书写方法[②]

由于隶书的书写速度慢、耗时费力，人们图快就产生了草书，故草书的书写应该是：

（一）必须在练好楷书、行书的基础上，才能进行草书的书法学习。不经过一番笔法的历练，是不能掌握草书的写法的。草书的用笔跟一般篆、隶、楷不同，草书起笔需顺锋而落，收笔不作回锋，或顺势出锋，或乘势带出。转折处用圆转，不取方势。参见图 234 张旭《古诗四贴》。

（二）关于点画的连笔和字间的连笔。草书运用连笔比行书更为频繁。一笔连成一字，或一行字一笔连下来习见。要把握行笔时笔画与牵丝间的轻重、粗细，连笔不宜用得过多。应在笔势得到充分发挥时就势用连笔，以表现钩环盘旋中的一股活力。如果没有笔势的贯注，就只能是“行行如縈春蚓，字字若绾秋蛇”。笪（dá）重光在《书筏》中指出：“人知直画之力劲，而不知游丝之力更坚利多锋。”细若游丝的笔画之所以比粗重的点画更“坚利多锋”，就是它来自迅疾流转，不可阻遏的笔势。参见图 230 张芝《冠军帖》。

（三）要注意把握与运用断笔意连法。所谓断笔意连法，是指断笔之间仍要显出笔势的力量。即笔断仍有笔势贯穿，靠的是意态的承接与呼应。若断犹连，虚实互应。变断为连是构成草书的重要方式，书写中的

① 图 358—图 365 隶书各图均取自熊绍庚《书法教程》，第 131—133 页，改写。

② 见欧阳中石、徐元闻《书法教程》，第 144 页。

连绵与断笔意连是构成草书的特征。因此在书写中容易出现连笔无力的现象，也容易出现滥用连笔的情况。所以即使顺应笔势的连绵，也要有断笔配合。笔断意连能够更加使节奏变化富有鲜明对比的表现力，能够更加充分发挥抒情寄意的功能。参见图 235 怀素《自叙贴》。

（四）要注意与把握行笔快慢的节奏。书法家告诉我们，缓于前才能急于后，急之后又须缓来应之。此一缓又为后之急提供了可能。因此，不能一味急，也不能一味地缓。一缓一急要交替变化。从而形成运笔的节奏。须知，急要有限度，不是快速运笔就有气势。快而没有慢的配合，行笔就没有节奏；慢而没有快的配合，同样也没有笔势。所以，学写草书，掌握快慢是很重要的。参见图 233 怀素《论书贴》。

（五）注意草书的蓄势与出势的配合。蓄势与出势互为条件，密不可分。只有通过二者的交替才能得到草书笔势的完美表现。不可以光放不收。草书笔法的藏与露、顺与逆、提与顿、方与圆、快与慢等交替变换，都跟笔势的蓄与出有关。此外，结体的顾盼、呼应、开合、疏密等安排，也起重要作用。起笔后左右往返，数字连绵，甚或一再盘旋，然后纵然放笔，便能获得有如万丈瀑布，一泻千里的笔势效果。蓄势同样也能产生巨大的感染力。参见图 230 张芝《冠军贴》。

（六）草书要求顺应笔势，结体变化无穷。一字有多种写法，多字写法相似，造成了识别的困难。因此，学写草书者必须首先认真学习识别草字，逐字记忆所临习的草书字帖。还要通过对比，分类掌握其变化规律。《草诀百韵歌》和王爱世《中华草书精编》（修订本，济南出版社 2011 年版）可资参考。

第七节　行书的书写方法

由于行书是介于草书和楷书之间的一种体式，所以学习行书，必须建立在写好楷书的基础之上。楷书，含有可作“楷模”的意思，法度谨严，结体端庄工整，有规矩可学。从楷书入手，摸熟了楷法，就是练好行书的基本功。因为从字体的相互关系来说，行书是楷书的一种快写体，其笔法和结构跟楷书大同小异。古人说“真书如立，行书如行，草书如走”（走即跑）。这个比喻，形象地体现了楷书、行书、草书三体的各自特点，又充分地说明了三者之间的区别与密切关系。这就告诉我们，如果没等学好楷书就学行书，就好比人还未学会站立就要行走必然跌跟头一样，结果事倍功半，是学不好行书的。只能“以楷入行”，打好楷书的功底，再学行书。尽管行书千姿百态，变化万千，其实还是有规律可循的。典型的行书体式，当以王羲之的被誉为“天下第一行书”的《兰亭序》（见图365）为例，从其变化无穷的点画、十分精到的用笔和婀娜多姿的结构三个方面反复仔细观察，经常认真临摹，掌握其行书的特点与书写要领。

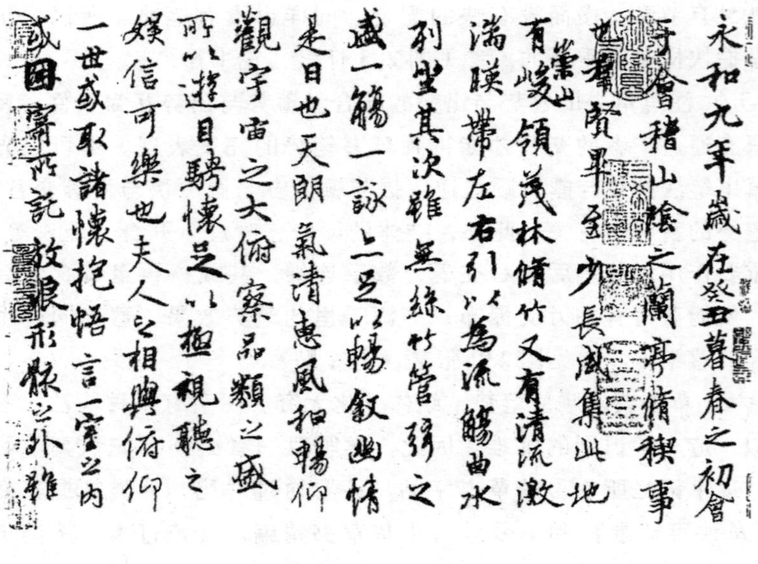

永和九年歲在癸丑暮春之初會于會稽山陰之蘭亭脩稧事也羣賢畢至少長咸集此地有崇山峻領茂林脩竹又有清流激湍暎帶左右引以爲流觴曲水列坐其次雖無絲竹管弦之盛一觴一詠亦足以暢叙幽情是日也天朗氣清惠風和暢仰觀宇宙之大俯察品類之盛所以遊目騁懷足以極視聽之娱信可樂也夫人之相與俯仰一世或取諸懷抱悟言一室之内或因寄所託放浪形骸之外雖

图365　《兰亭集序》

一　变化无穷的基本笔画[①]

行书的笔画、也称“点画”，跟楷书相同，也分八种。即点、横、竖、撇、捺、挑、钩、折等。其点画特征是由它的用笔特点决定的。掌握了行书的用笔特点，是写好行书点画的基本功。所以，学写行书点画时，必须注意它的用笔特点。

（一）点法

点是构成汉字的第一字素，又是汉字之源。凡是横、竖、撇、捺等

① 点法以下各法所用例字字形之图，皆取《兰亭序》唐摹本原迹复印。

笔画无不始于点。行书跟楷书相同，有各样的点，但变化更大。点虽各异，但用笔方法相似。点的写法，王羲之曰："每作一点，常隐锋而为之。"又云："点之形成各有其形，或如蝌蚪，或如瓜瓣，或如鹗口（钩状），或如鼠矢（屎）。"故点之形状方向不一：有分上点、下点、左点、右点、左上点、右上点、左下点、右下点八种者；有分短点、长点、平点、斜点、多点等十五种点之多。这里，仅以短点、长点、平点、出锋点和多点为例，说明点的一般写法。

1. 短点：露锋入纸，向右下一按。（见图366）

图 366

2. 长点：轻轻落笔，露锋入纸，顺势下按，回锋收笔或微微出锋，与左边笔画呼应。（见图367）

图 367

3. 平点：顺笔一顿，取横势，收笔含蓄，与下笔意连，略如小短横。（见图368）

图 368

4. 出锋点：顺势一顿，收笔出锋，承接下一笔势。但出锋不宜过长。(见图 369)

图 369

5. 多点：指两点水、三点水和四点底等。写这类点，要有断有连，有仰有俯；既要呼应，又有变化。(见图 370)

图 370

两点水的“况”，上点出锋带起下点；下点转锋提笔挑出，呼应上点。上下承启分明。三点水，上点带下，中点出锋向下行笔，折锋挑出。除了“湍流”二字，还有“清、激、浪”（见图 366）。四点底，横连三点，如波浪起伏，除了“無、亦”，“然”也如此；也有将四点简化为一横者，“爲”字即是。行书有时候将“彳”（双人旁）连写成三点水，例中的“後、得”二字就是这样（见图 370）。

（二）横法

横是构成汉字的第二字素。楷书的横较为平直，行书的横长短、粗细、仰俯、有无出锋、露锋等变化很大。讲究平中有曲，曲中见势。王羲之曰："横画之法不得缓，缓则不紧。"卫夫人、欧阳询皆谓："横如千里浮云，隐隐然其实有形。"故横画有分八种或九种者不等。这里分为"露锋横、带锋横、上挑横、下挑横"四种为例，说明横的一般写法。

1. 露锋横：轻轻落笔，笔锋外露，回锋收尾。(见图 371)

图 371

2. 带锋横：落笔时带上一点笔锋，长短粗细变化自然；中段轻提，渐行渐按；回锋收笔，或顿笔向右下出锋。(见图 372)

图 372

3. 上挑横：为了跟下一笔形成笔势上的呼应连贯，行笔至末端，笔锋向左上挑出锋。(见图 373)

图 373

4. 下挑横：为了呼应下一笔，行笔至末端，顿笔向左下带出小的笔锋。(见图 374)

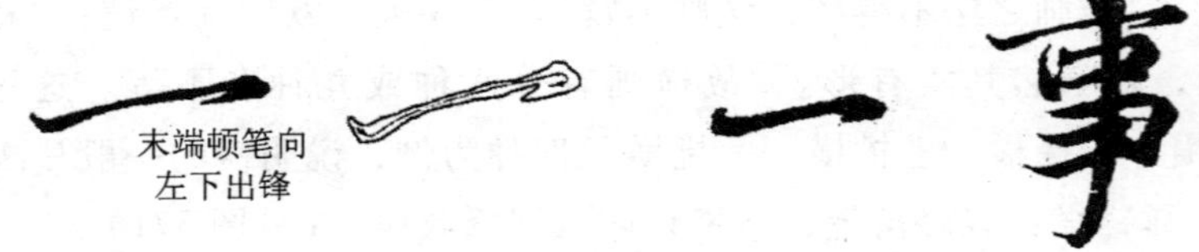

图 374

（三）竖法

竖是构成汉字的第三种字素。因为书写时，笔管与笔尖两端皆逆偃向上，然后尽力下行，势如引弩发矢，故名竖。竖之写法，王羲之曰："不得急，宜卓把笔，笔头先行，笔管须卓立，竖傍则曲也……"竖状有直有弧，形式不一。故有分八体者。这里，仅以悬针竖、垂露竖、带锋竖三种为例，说明竖的姿态多样，富于变化。

1. 悬针竖：起笔逆锋，中锋行笔，收笔末端出锋如针尖。（见图375）

图 375

2. 垂露竖：切锋起笔，中锋行笔，送到、送足笔锋，收笔略作回锋，使笔画形态饱满。（见图 376）

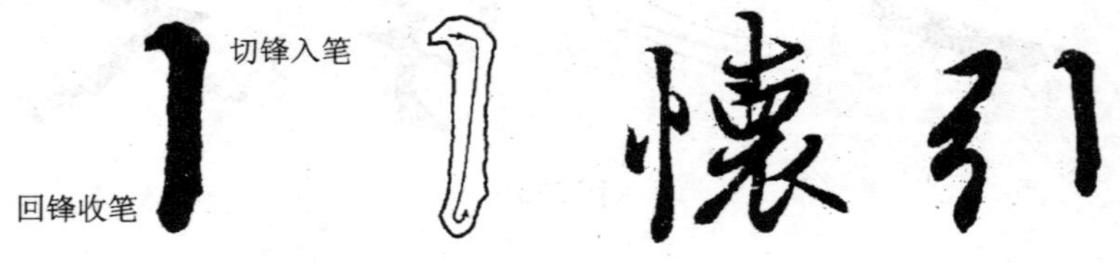

图 376

3. 带锋竖：起笔带一点笔锋，运笔迅疾多变，如写竖撇，收笔好比

遇上障碍，末撇带出一点小锋。（见图 377）

图 377

（四）撇法

撇是构成汉字的第四种字素。行书之撇和楷书相似，仅收笔处有所变化。王羲之曰："撇不宜缓，缓则钝。"柳宗元曰："掠左出而锋轻。"撇有分八种和十一种者不等。这里，只分三种，以赅一斑。

1. 短撇：落笔露锋，略顿折锋迅疾向左撇出，形成短促有力的尖端。（见图 378）

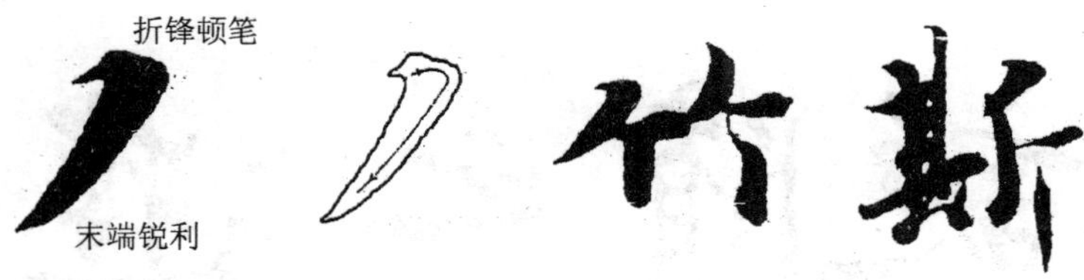

图 378

2. 长撇：逆锋落笔，稍顿转锋取势向左下徐徐行笔，逐渐提笔出锋。（见图 379）

图 379

3. 竖撇：笔画上段如写竖画较直，逐渐向左下弯曲撇出，竖长撇短。

（见图 380）

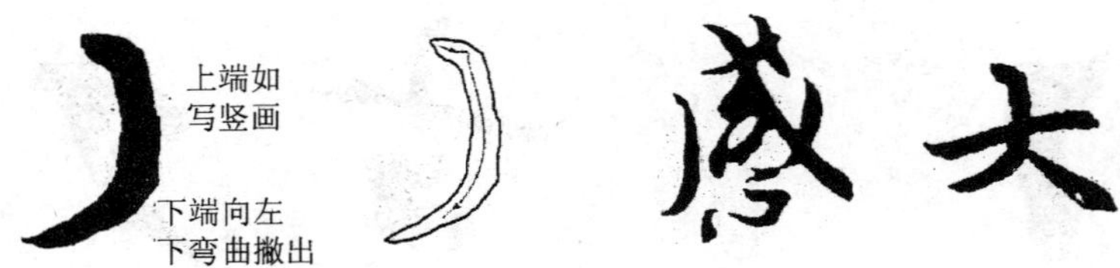

图 380

（五）捺法

捺是构成汉字的第五种字素。行书捺跟楷书不同，楷书捺呈一波三折，写速较慢；行书捺写速较快，变化多样。捺之书法，王羲之曰："捺不宜迟，迟则失力。"欧阳询曰："一波常过三笔。"意谓形如波浪起伏。捺有多种。这里只介绍平捺、斜捺、反捺、回锋捺四种。

1. 平捺：藏锋入纸，笔势自右而来，按笔向右下行笔，徐行徐按，提笔向右平出，捺脚尖圆。（见图 381）

图 381

2. 斜捺：顺锋入笔，向右下行笔，由轻渐重，捺前稍顿，然后提笔出锋。（见图 382）

图 382

3. 反捺：有两种：一是带锋入纸，迅疾重按抽锋出笔，果断有力，如”足、之”；二是提笔向左下行笔，如写长点带出钩来，如“故”。（见图 383）

图 383

4. 回锋捺：下笔较轻，行笔至捺端时，随即缓缓提笔回锋，较为含蓄。（见图 384）

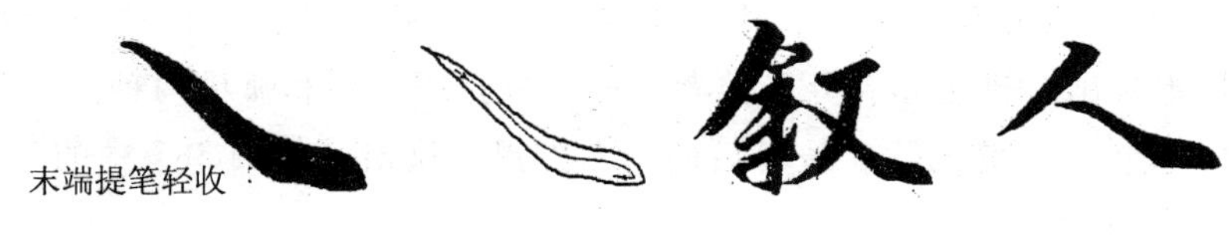

图 384

5.

（六）钩法

钩是构成汉字的第六种字素。钩的形成多样。王羲之曰：“钩如长空之新月”，“钩如劲松倒折，落挂石崖”。然皆是钩之侧面之形，故名。行书的钩变化丰富，不拘一格，随势而变，有的不明显，有的夸大，形态颇多。这里只介绍竖钩、竖弯钩两种。此外，尚有横钩（如宙字）、心钩（如惠字）、戈钩（如咸字）等十来种，不作介绍了。

1. 竖钩：露锋下笔如竖画，行笔至作钩处，提笔向左下钩出。（见图 385）

图 385

2. 竖弯钩：起笔如竖画，向下行笔转弯呈圆形，渐行渐按，行笔至钩处稍停，调锋，向正上方或左上方迅疾钩出。（见图 386）

图 386

（七）挑法

挑是构成汉字的第七种字素。挑，也叫“啄”。挑之书法，王羲之曰：“啄不宜赊（长也），赊则失势。”唐太宗曰：“啄须卧笔而疾罨（掩）。”意思是由钝而至锐，应疾速书之。即露锋入笔，重按转锋后向右上方提笔挑出。挑法亦有分八种者。这里只介绍直挑和弧挑两种。

1. 直挑：逆锋向下，按笔后向右上方提笔挑出。如图 387 中的“将、抱”二字左旁的直挑。

图 387

2. 弧挑：露锋入纸，轻快地行笔向右上方挑出，成一弧形。如图 388 中的“盛”字左下一画。

（八）转折法

转折是构成汉字的第八种字素。转折是两种笔画的连写。转画写速较快，折画写速较慢。转折的弯曲角度，有分八种者。王羲之曰：“回角不宜峻或作棱角。”意思是行书拐弯处不应用方折，应多用圆转。这里，只讲转画和折画。

1. 转画：入纸向右行笔，笔势略向右上斜，轻提笔锋，顺势转锋而下。如图 365 中第七行的“觞、畅、情”字和第十八行中的“犹”字。

2. 折画：逆锋下笔，转锋提笔右行，转弯处，顿笔折锋，向下中锋行笔，回锋收笔。(见图 388)

图 388

以上，我们对行书的基本笔画特征和写法，从八个方面作了较详细的说明和介绍。之所以这样详细，是因为这八种笔画是构成汉字行书的基本部件；行书较其他各种字体用场广泛。由于行书可变性大，书写自由，便捷快速，已成为人们生活和工作中应用最广泛的一种字体。即便是在电脑普及的今天，行书也不失其用。例如：学生的笔记、作业，教师的备课、板书，财务的记账，合同的签署，文件的签发，传讯的笔录、法庭的记录等。永远不可以打字替代之。

二　十分精到的用笔

行书的用笔，基本跟楷书相同，但由于行书快捷，笔画变化较大，其用笔跟楷书又同中有异。故学写行书，既要以楷书笔法为基础，又要注意到行书的用笔特点。就《兰亭集序》（见图 365）的用笔情形来看，可概括为五种用笔特点。

（一）露锋居多

藏锋与露锋在行书中二者兼用。但起笔、收笔以露锋居多，因为露锋起笔点画生动活泼，且露锋收笔又便于勾挑和转换（见图 389）。“坐”字中的“二人”就是露锋起笔和收笔；“言”字的一横起笔和“之”字的收笔都是运用露锋。

图 389

（二）圆笔为主

行书用笔有方圆之分。即“方笔者凝重沉着，圆笔者萧散超逸”。二者各有其长：行书为了书写便捷，用笔多以圆转代以方折；或方圆兼用，以圆笔为主，以方笔为辅。以达到方中有圆，圆中寓刚，刚柔相济，遒劲有力（见图390）。

图390

（三）提按分明

提、按是行书的常用笔法。由于行书写速较快和书者的感情作用，提、按变化较大，轻巧灵动，写出的笔画粗细则殊，给人以闲适而较强的节奏感（见图391）。

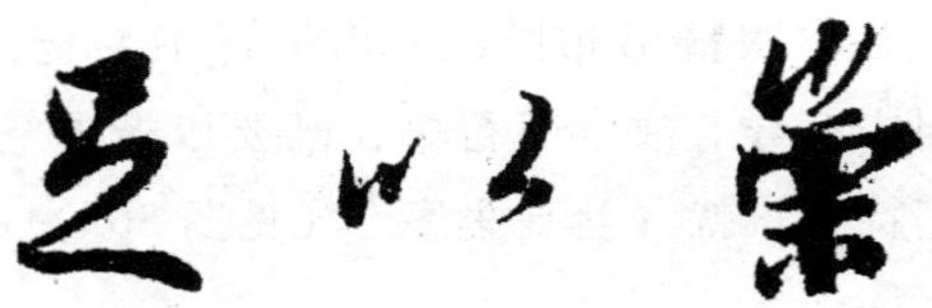

图391

（四）偶用空画

行书跟楷书笔画相同，都用实笔，而《兰亭序》中却偶尔有些字出现了空画（见图392），但画空而意不断。

图392

（五）省变点画

行书，为了书写便捷美观，往往省变点画。如“类、骸、趣、惠、哉”（见图393）。

图 393

三　婀娜多姿的结构

行书的结构，比起楷书端庄、工整的结体就更加灵活多变、婀娜多姿。但它又遵循了楷书结构的一般规律。只是其结体更有诸多讲究，归纳起来，主要有以下七方面特点。

（一）点画呼应

为把行书笔意写得多姿，活泼美观，就得注意字的点画之间的内在关系的协调和配合。欧阳询曰：“字之点画，必得应副相称而后可。”（见欧阳询的《结字三十六法》）意思是说，行书的点画，必须做到或开或合，或仰或俯，或向或背，相互呼应才可以（见图394）。

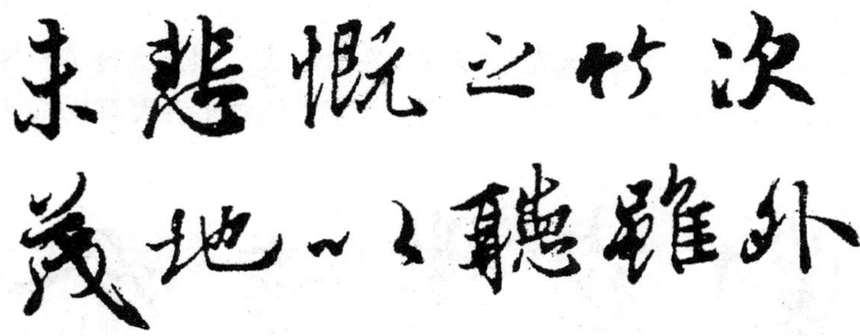

图 394

两点呼应的“未悲”二字，笔断意连的“慨、之”二字，左顾右盼的“竹、次”二字，牵丝相连的“茂、地”二字，上下俯仰的“以、听”二字，向背适宜的“雖”（相向：左旁向右，右旁向左）、“外”（相背：左旁向左，右旁向右）二字。以上各例无一不皆具相称、呼应、顾盼之妙。

（二）疏密相间

学行书务求处理好汉字点画的繁简疏密之间的关系。如何处理行书一字之中结构的疏密关系？正如邓石如所言：“字画疏处可走马，密处不使透风，常计白以当黑，奇趣乃出。”这就是行书点画疏密处理的妙处。例如“引、以”二字中间疏“可走马”；“無、激”二字中宫紧密而外部舒展；“興、樂”二字上密不透风，而下疏“可走马”等，疏密形成鲜明对比，才能增强书法艺术效果（见图 395）。

图 395

（三）大小有别

行书不同于楷书，它要求书写时字与字的长短大小，宽窄错落，迎让有别，各尽其态，方显得活泼有趣（见图 396）。例中“观、兰、带、尽、喻”等字长而大；“丑、日、古、宙、内、山”等字则短而小。而“喻、叙”二字却迎让有致；“稧、殊”二字等左窄右宽，“形、列”则左宽右窄，“诸、虽”二字左右旁等宽；“当、宇”二字上宽下窄，“妄、气”又上窄下宽，“叙、觞”二字又左长右短和左短右长。因此，行书长短大小，宽窄迎让的一般规律是：笔画少者小而短而窄，笔画多者大而长而宽。

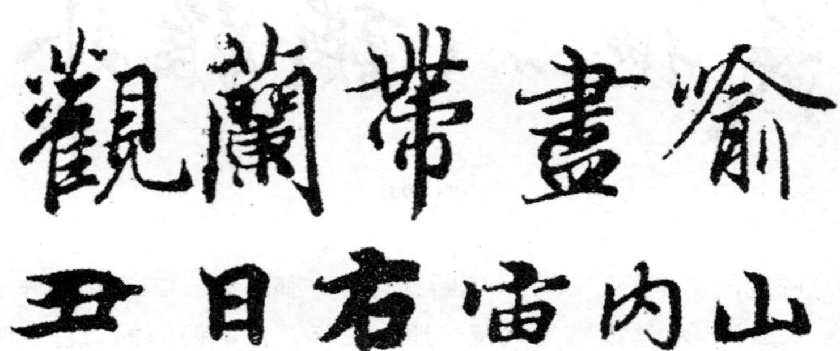

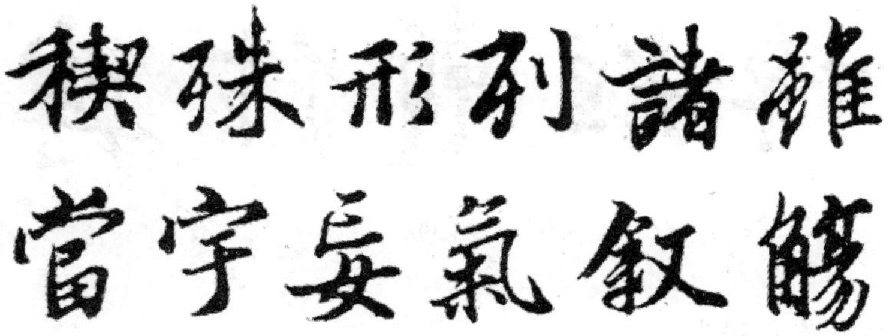

图 396

（四）粗细不一

这也是行书有别于楷书之处。行书要求字的内部笔画粗细不一，以显示主次相间呼应。一般是笔画少的部分较粗，笔画多的部分较细。如例中的“刀、乁（jǐ）、金、礻”旁较粗，以稳定字的重心。有时，字与字之间笔画粗细不同，亦多是笔画少者较粗，笔画多者较细。图 395 中“观、兰、带、尽、喻”等字皆细，而“丑、日、右”笔画较粗；此处的“察、清”亦较细（见图 397）。

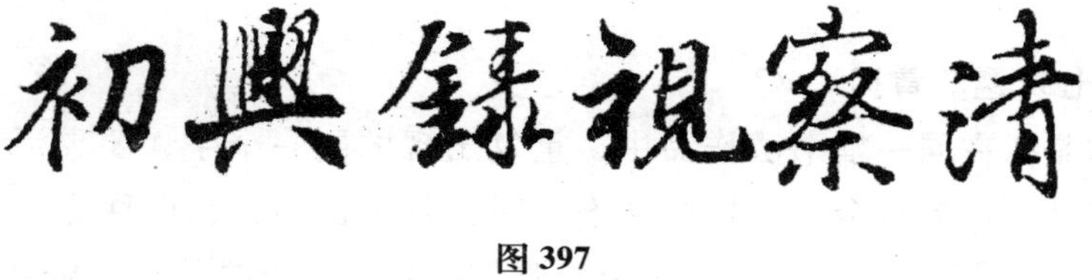

图 397

（五）以攲为正

楷书尚且忌讳“上下方整，前后齐平”；而行书又往往打破楷书横平竖直、端正工整的布局；在攲侧中求得字的重心平稳，以攲侧为平正，变板滞为活泼。即将字的一部分写成向左或向右攲斜，一部分平正。如图 398“悼”字以左攲右侧稳定重心；“短、暂、作”三字则左旁向右攲侧，右旁平正以稳定重心；“與”字向右斜，虽失重心但在上下字中却显得活泼而不板滞。

图 398

（六）布白得当

布白是写好各种字体的重要技法。布白得当就是要将没有笔画的空白处，当作有笔画处安排处理，做到笔画与空白处理得疏密相间（见图399）。须知，欣赏书法不仅要看点、画的布局和结构的安排，更重要的是要看“布白”如何，名家重在“布白”。

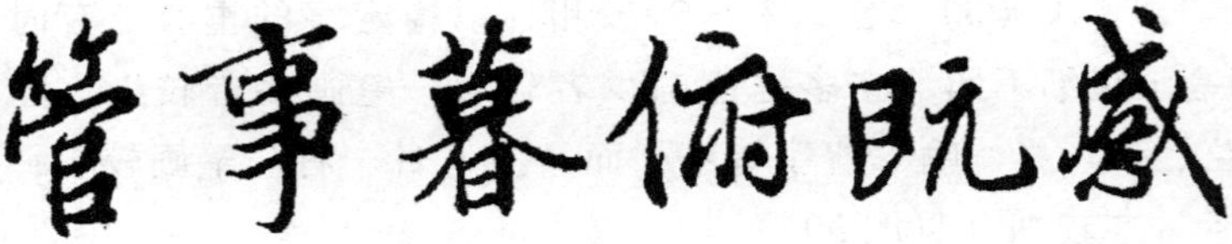

图 399

（七）避免雷同

这是指在同一幅书法作品中，重复出现的同一个字，要灵活构造字形，将其写得各自全然不同的形态。叫作避免雷同，也可称为“同字异形”或“变同为异”。这样，才能增强作品新颖善变的灵气，显出书写者的艺术才能。《兰亭序》共有 20 个“之”字，其形态无一相同。又如七个“所”字（见图 400），这七个行书“所”字，写法各有变化，绝不雷同，还有两个“盛”、三个“事”、四个“为”、五个“怀”、七个“一”等亦各自杂然纷呈、均所不同，请参阅前面图 364。

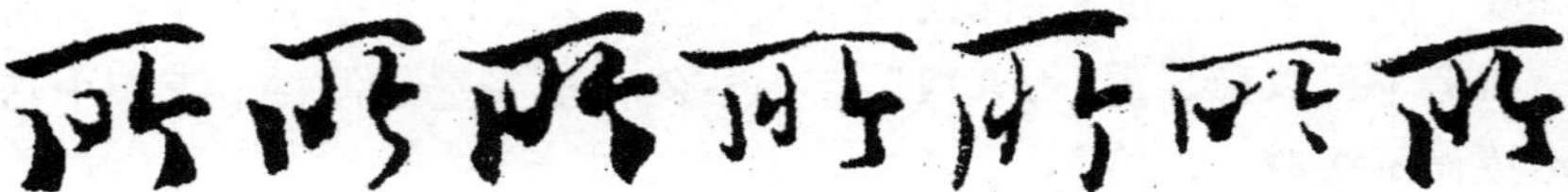

图 400

以上，只是行书的基本技法。由于行书有许多流派，故各派皆有各自独特的风格。只要我们掌握了行书基本的笔画、用笔和结构布局的特点，再选好字帖，照范字风格临习便可以了。

行书字帖更多，依自己兴趣选帖，除了张敏的《王羲之兰亭序书法要诀》（湖南文艺出版社 2005 年版），主要应临习田英章《毛笔行书笔法标准教程》（军事科学出版社 2009 年版）和其《毛笔行书笔法结构标准教程》和《毛笔行书笔法章法标准教程》等，值得学习。

思考与练习（七）

一　要写好楷书需要讲究哪四个方面？用笔的六种方法是什么？

二　解释“运腕、藏锋、露锋、侧锋、中锋、逆锋、转锋、疾笔与徐笔、提笔与按笔、布局与布白”等书法术语。“楷模”是什么意思？

三　学写甲骨文要注意些什么？

四　什么是金文的“活笔法”？

五　为什么学写金文要“从整体考虑”“行款安排”和“时代的特征”？

六　学写篆书总的要求是什么？怎样写小篆的“直画”和“弧画”？

七　什么是隶书的“一波三折”？所谓“波式挑法”是什么意思？

八　为什么隶书的一个字只能有一个“波画”？如何写隶书的“横、竖、撇、点、勾、折、挑”？

九　学写草书要注意什么？有几点？

十　写行书的基础是什么？注意行书的“笔画、用法、结构”三大关键问题。

第八章　克明剖结体　字里有乾坤

——汉字的文化论

从剖析汉字入手，透过表层呈静态的构形释义，进入古人那种动态的哲学、伦理内核，就会发现无与伦比、生动而奇妙的深层岩浆。

——北京文字学专家　唐　汉

中国汉字本身就是一部中华民族文化的百科全书。

——中国社会科学院　郑若葵

注：左下插图取自《于丹心得全集》扉页，中华书局2007年版。

汉字，是汉民族所独创的书写符号体系，是博大精深的文化载体，深奥莫测，凝结着华夏民族的文化特征，源远流长。

“文化”一词的最初含义是“文治教化”。肇始于西汉刘向的《说苑·指武》：“圣人之治天下也，先文德而后武力。凡武之兴，为不服也，文化不改，然后加诛。”意思是说，古代圣人治理天下，先用礼乐教化，然后使用武力。武力的施行就是为了征服那些不服的民族，如果经过文治教化，还不能改变他们的态度，就加以杀戮。这里所谓“文化”就是指“文治教化”，但这一含义并不为一般人所了解。

后代对“文化”一词含义的界定，众说纷纭，莫衷一是。许多学者各持一说，不一而足。有言文化一词外来者，有言泛指一般书本知识者，有言识字并运用文字的能力者，有言考古学的用语者，有言泛指人类社会的一切活动者①，有言只指人类为精神财富活动者②，亦有言人们在社会历史实践中所创造的物质财富和精神财富的总和者，有言文化指人类从消极适应自然，到积极支配自然，进而征服自然而创造物质文明和精神文明的全部成果者，有言“凡是人类创造的都可以是文化”者，还有言指衣、食、住、行者，等等。近年何九盈教授认为：“文化有四个方面的内容，即物质文化、精神文化、社会文化、语言文化。”从内容和范围作了概括界定，值得参考。③

据说，关于文化含义的界说，早在1952年就有人统计，竟达160余种。据2012年8月22日《参考消息》报称：“世界上关于文化的含义有260余种之多。”这说明，人们对文化这一概念的内容、范围及研究目的的理解，便因人而异，各自为说了。

如果概括起来，并参资以大型工具书和有关论著，一般认为文化的哲学定义有广、狭两种：广义地理解，指人类在社会历史发展的实践过程中所创造的物质财富和精神财富的总和；狭义地理解，特指社会的意识形态（即精神财富），包括哲学、宗教、科学、文学、艺术、道德、风俗、习惯等一切经过人类努力所取得的结果之综合体，以及与之相适应的宗法制度和组织机构。本章所用的“文化”概念，取其前者。

---

① 见［美］人类学家C. 克普柯亨·W. 凯利《文化的概念》。

② 见［英］人类学家E. B. 泰勒《原始文化》。

③ 见何九盈等《中国汉字文化大观》，北京大学出版社1995年版，第5页。

文化，是一种历史现象。每一种社会都有与其相适应的文化，并随着社会物质生产的发展而发展。作为意识形态的文化，则是一定社会的政治制度和经济体制的反映，又给予巨大的影响和作用于一定的政治和经济制度。

文字是先民在原始社会晚期创造的，创造文字的目的是记录语言。语言（指有声语言）的产生标志着人类已经从动物界最后分化出来了；文字（指书面语言）的产生则是人类社会从原始野蛮的蒙昧时代进入文明时代的标志。每个民族文字创造的时间不同，但是每个民族文字都是该民族文化的一部分。汉字是汉民族文化的一部分，因为“凡是人类创造的都可以是文化”[1]。汉族的先祖在长期的社会实践中创造了汉字。经过漫长的岁月，才形成了能够完整地负载汉语的文字体系。所以，汉字产生的历史悠久，属于自源文字。汉字的创造是一件了不起的大事，传说仓颉造字的时候，动天地，泣鬼神。《淮南子·本经训》有云：“昔者仓颉作书，而天雨粟，鬼夜哭。”这虽不足信，却说明创造文字在古人心目中的重要地位和文字对人类社会的重要性。

据考古资料显示，汉文化起源的历史要比汉字更为久远。汉字作为汉文化的载体，对汉文化的传播和发展起了巨大的促进作用。

第一节　以人为本的汉字

以人为本，是指汉字的创造，是以人为基本出发点的。即从人的耳、目、口、鼻、手、足、首、身等人体各部器官出发的。一切事物的存在，也都是从人的所闻、所见、所触、所嗅、所感出发的。因此，汉字是以人的一切感知器官创造的：表闻以耳，表见以目，表触以手，表言食以口，表味以舌，表行以足等，都以人的感受为准造字。例如，据人所容易了解的动物——（牛）、（羊）、（虎），就以其头造字；而人所未见过又是所崇敬的龙凤则画出其体全貌为字，作。一切动物的耳、目、口、鼻、足、趾、爪、牙等，都用人的耳、目、口、鼻、足、趾、手、牙之形为字，却不用驴耳、猪目、鸡口、象鼻、熊足、鸭趾、

① 谭家健《中国文化史概要》初版序。

虎牙等形造专字。在甲骨金文中所有动物的耳目口鼻爪足，都以人为本体模拟周围事物，画成人的各部器官之形。甲骨文“马和鹿”作[illegible][illegible]，《毛公鼎》“马”作[illegible]，《盂鼎》作[illegible]，《克钟》作[illegible]，金文马头多画成人目之形。各种禽兽的发声，除了为牛“牟”、羊“芈”造了专用字外，马嘶、羊咩、犬吠、猫咪喵、鸡鸣喔喔、鸟叫喈喈、龙吟、虎啸、狮吼、狼嚎等拟声词无不加人之“口”造字。① 不仅如此，就连兽类的雄雌两性也是用表示人的祖妣之“且匕”为字的。据郭沫若《甲骨文字研究》释曰：“祖妣者，牡牝之初字也”，并释“且”“可省为⊥”，“以匕为妣”。人以“⊥”（祖）为男性生殖器，以“匕”为女阴的象形，其根据是：甲骨文牛雄性为[illegible]（前 1. 20. 5），雌性为[illegible]（后 1. 25. 10）；羊雄性为[illegible]（存下，797），雌性为[illegible]（佚 678）；豕雄性为[illegible]（乙 8810），雌性为[illegible]（甲 280）；等等。

从人的感知器官来说，中国古代先民的创世观，在中国的神话传说中得到了丰富的体现，除了盘古开天地、女娲造人之外，还有“盖天说”。认为天像一个斗笠，地像被覆着的盘子。天在上，地在下，日月星辰随着天盖而运转，其东升西没是远近所致，不是没入地下。对宇宙的结构，认为“天圆地方”，所谓“日月盈昃，辰宿列张”的天体是圆形的。其实“天”字的创造，也是从人出发的。天，甲骨文作[illegible]，金文作[illegible]，是象形字，取像人正面站立之形，凸显人的头部。《说文》云：“天，颠也。从一大。”天即人的头顶。从天的构词来看，也是视天为人的，诸如天人、天公、天爷、天父、天子、天女、天妃、天后、天姬、天心、天生、天思、天恩、天笑、天怒、天泣、天监、天聚、天授等赋天以人的性别、思想、行为等特征。这是中国传统哲学的最基本观点“天人合一”观念的反映。地字也是如此。《说文》

图 401　连云港将军崖岩画

① 见姜亮夫《古文字学》，浙江人民出版社 1954 年版。

云："阳为天……阴为地……从土也。"《说文》又云"女阴也。象形"。小篆作[illegible]。其实，许说非是。"也"是"匜"的初文（见前"金文的载体"的"匜"字的解释）。

草木也是这样，用人之称或人身之部件命名：人参、猴头、香菇、木耳、卷心菜、仙人掌、红心木、亲情树、相思树等。《尔雅·释草》：虉（yì）曰绶、茢（liè）葴（zhēn）曰豕首、苻曰鬼目、蘮（jì）蒘（rú）曰窃衣、蓘（gǔn）曰雀弁、傅曰横目、蘵（jiān）曰百足、藫（tán）曰石衣；《尔雅·释木》：女桑、枞（cōng）松叶柏身、桧（guì）柏叶松身；《尔雅·释虫》：蠸（quán），舆父；蚬（xiǎn），缢女；蚍蜉（蚁）……其子蚳（chí）；《尔雅·释鱼》：鳣，短鼻口；比目鱼、美人鱼、娃娃鱼等。

图 402　内蒙古阴山岩画

从以上所引《尔雅》，可见草、木、禽、兽、虫鱼等一切事物，都是用人之所有表示它们的名称，却不用它们的特征去表示，因此，我们说汉字的创造是以人为基础的。这是从全部汉字的整体结构和意象来说的，是从人的角度来看事物的，是从人的器官功能来感知客观事物的。

那么，为什么先人创造文字要以人为基础，要从人出发呢？这是因为万物之中人为贵：人是宇宙的主宰，世间的主体，万物之灵；字是人造的，自当以人为本，不该以物为主。文字起源于图画，从与汉字产生有关的古代岩画来看，也可以证明先民以人为本的思想。图 401 是 1979 年 11 月在连云港锦屏山马耳峰南麓将军崖发现的新石器时代石刻岩画①的一部分。据推测，可能是东夷人的遗址。据说画中所画是社稷神，记载东夷人的崇拜。而社稷即土神和五谷神，却都画成了具有耳、目、口、鼻的人首之形。图 403 内蒙古阴山岩画也是这样：将太阳、始祖和五谷也都画成了人的面孔。这就突出了人在宇宙中的主体地位和作用。我国岩画分布很广，

① 见《连云港将军崖岩画》，《文物》1981 年第 7 期。

据调查推测，遗留岩画的民族有羌、吐蕃、大月氏、匈奴、鲜卑、契丹、蒙古、东夷、壮族、苗族、布依族等二十多个民族。以中原为中心，四周的民族多有岩画遗存和发现。其中多显示出人是主体和主宰。虽然岩画还不是文字，大多是艺术创作，但也不能排除其中记事的部分，当属图画文字的前身。

第二节 汉字是社会生活文化的反映

汉字是社会发展到一定阶段的产物，又随着社会的发展而发展的。当然，汉字应该是社会存在的反映。否则，汉字就没有存在的价值和意义，所以文字是依附于社会而存在的。

所谓汉字是社会生活文化的反映，是指汉字以其组织结构反映当时的社会存在的史实。我们通过字形结构分析，便可以了解某字在一定的社会背景下所反映出原始社会存在的文化含义。例如：

图 403 算筹（筹码）

教 甲骨文作[illegible]，《说文》云：“教……从攴从孝”，是一个会意字；实则“教”是一个“从攴，孝声”的形声字。从攴，是手持戒尺杖具表示教授督责的方式；“孝”字上从“爻”，是算筹形（见图 403）[①]，表示教授的内容；下是“子”，即学童。故“教”字的文化意思是：学童在手执鞭杖的先生严厉教导下从事学习。《说文》云：“教，上所施，下所效也。”《礼记·经解》：“入其国，其教可知也。”从“教”字的结构看，反映出原始或封建社会的“师

① 图 403 选自丁义诚等《全解汉字》，新世界出版社 2009 年版，第 5 页。

道尊严”的教育制度，存在着强制的惩罚手段。所谓“不打不成材”可能由教字而来。

册　象物字，甲骨文作□或□，金文作□，小篆作□，甲、金、篆形近似，象编串起来的竹简之形（见图 196）。故册的本义是简册。《尚书·多士》云：“惟殷先人，有册有典。”册，就是殷代的书籍。用作竹简木片之物叫“简牍”，其片数多少不定，少则三四片，最多达六片；穿连竹木片的绳子或皮条称作“编”。由编和简牍组成“册”，这便是我国最早的书籍。古人读时展开，不读就卷起来，用皮带等物捆起来放着。

东汉许慎说；“册，符命也，诸侯进受于王也。其札一长一短，中有二编。”这是许氏在《说文》中对册字的结构分析和解读，但他把册字讲成“符命”，非也；“符命”是册的引申义。“符命”是古代帝王在封赏诸侯时，事先把《命辞》写在简上，编成“册”的样子。在宗庙举行封赏仪式时，由史官宣读《命辞》，然后将符命（即册）交给诸侯收藏，作为受封赏的凭证。因为“符命”跟“册”相似，可以把“符命”也称“册”。古有“册封”之说可证。

由于社会的发展，出现了纸张，把文辞写在纸上，装订成书便称作“册”。现当代把字量大的书分几本或藏书多少都称“册”。如王力主编《古代汉语》（中华书局）就分第一、第二、第三、第四册，某高校藏书达千万册，还有“花名册”“毕业纪念册”等。

“册”字作为科学、文化和知识的载体，记录了中华文明，颇受先民重视。先民对“册”的构形形象地映现了书籍的特点，表明了我国远在3300 年的殷商时期就有了穿连成“册”的书籍（参见图 197）。这就是“册”字的文化含义。

典　由于先民对“册”字的重视，又创造出一个含有庄重之意的“典”字。典，甲骨文作□，上边像穿扎起来的竹简，下边像双手之形，会意为双手捧简，此简即重要的文献书籍。金文作□，双手变作丌。《说文》云：“典，五帝之书也。从册，在丌上。尊阁之也。”在许慎看来，典是圣人五帝等写的书，丌是用来放置典籍的几案。把五帝的著作放在几案上，是非常庄重神圣的。孔安国《古文尚书序》云：“少昊、颛顼、高辛、唐尧、虞舜之书谓之五典。”（少昊等是古代帝王）古人把帝王或重要人物所写之具有指导意义的书叫“典”。由此引申出凡是具有指导性和典范性的著作都冠以“经典”之称。传统的诗经、尚书、礼经、乐经、春秋和论语、孟子、中庸、大学都被视为“经典”之作。

“典”字的创造反映出先民重视书籍和文化知识，从而表现了中华民族爱好书籍、崇尚文化的优秀品格和传统美德。

祭　会意字，甲骨文作，象手持带血滴的鲜肉；又作或，象手持鲜牲之肉放在T（即示）前，《说文》云：“祭，祭祀也。从示，从手持肉。”祭字有杀牲之意，古人迷信，崇尚鬼神，把祭祀视为生活中的大事之一。要祭祀，就要杀牲。字中的“”或“”是牲肉，“”或“”，象牲的血滴，“”是祭祀者的手，“T”或示是祭台，放肉之处或神主，故祭字是由手、肉和示三个部件组成的会意字。小篆作，手持肉奉献于神主祭台T（示）上，这是古代祭祀习俗形象而真实的写照。《诗·豳风·七月》：“四之日其蚤，献羔祭韭。”（韭：酒的借字。）《论语·八佾》：“祭如在，祭神如神在。”从祭字的构形，我们可以了解原始社会的祭品只是鲜肉和酒；而后代祭品内容大变，不只是酒肉，还有鲜花、水果、糕点、花圈等都可作祭品。

每个时代的物质条件，是当时社会存在的反映。上列多数汉字，在造字时使用哪些表示物质的偏旁，不用哪些偏旁，取决于当时社会的物质条件。因而，通过汉字的形体结构，可以了解与认识当时社会物质文化存在的情况。

作为文化载体的汉字，每个汉字都是一部文化史。因为汉字是负载历史之本，即历史文化登堂入室的阶梯。我们从汉字的构形和演变中可以窥探出几千年的华夏历史、人类的形成和繁衍生息的轨迹和历程。著名教授姜亮夫先生在其《古文字学》中说：“文字里面有史影。”

下面，我们来看看汉字是怎样记录社会生产，反映人类生活的。

一　从汉字看原始人类的渔猎生活

对于人类社会之始是一种什么样生产关系的社会学术界尚有争议，但这不是本书所要讨论的问题，而是属于史学问题。不过，我们认为，当是渔猎时代。何以为证呢？

在公元前一万七千年到公元前一万年，内蒙古呼和浩特东北的大青山前丘陵地区就是一个旧石器早期制作场。考古发现，“黄土上端，有一层黑色垆土。厚厚的石片、石器、石渣层，分布在黄土和黑土中间。研究表明，这是一座石器制造场的遗址。出土有砍斫器、尖状器和刮削器等，用以扒兽皮、刮兽肉等，解决人们衣食问题”。证明旧石器时代，已有较高水平的石器制作。作为工具用的一个最原始的金文，是斧形的工具工（《矢簋》）。

新疆北部的阿勒泰和塔城的尔塔拉等一些地段，有多处距今约一万七千年的岩画。在天山以北的岩画中，经常可见牛、马、羊、犬、鹿、熊和鸟类等飞禽走兽，还有打猎的场面（见图404）。尼勒克县的夏草场岩壁上，就刻着一个猎人拉弓搭箭，瞄准正在逃避的野鹿，而三只猎犬跟着主人奔驰追捕。所以，人类在旧石器时代主要的社会生产是渔猎。

约一万年以前，初民开始步入中石器时代，这是向新石器时代过渡的转折期。从地质年代说，是属于冰后期，但其发展不平衡，中原地区已经完成了转型而进入了新石器时代，边远一些地区仍然停留在中石器文化的时代。气候比旧石器时代变得暖和了。但人类仍然靠采集植物果实、打鱼和狩猎生活，还没有发展到农业和畜牧业。

图404　新疆阿尔泰山原始社会时期的动物岩画和民族文字

阴山许多远古岩画产生于新石器时代。阴山山脉和内蒙古大草原是匈奴人祖先的发源地。阴山岩画的时代最早，数量最多，分布最广，艺术性也最高。所以，阴山岩画是我国远古猎牧文明的一面镜子。岩画中出现了20余种动物，有虎、豹、狼、黑熊、野猪、野马、野驴、羚羊、黄羊、牦牛、鹿、狐狸、兔等。初民在阴山天然的大牧场狩猎，有单人猎、双人猎和围猎等行猎方式。行猎场面十分壮观，猎人们全神贯注，面临危险的生死搏斗，有的还画着出猎前的人高举双手，向神祈祷，保佑他们出猎平安顺利。傍晚猎手们拖着猎物，回到车辆和穹庐中开始享用行猎果实。岩画中有一种图形，就是穹庐帐篷的象形符号，初民用山中木材制作弓箭、帐篷和车辆。岩画中还可以看出初民已经崇拜宇宙间的太阳神（分别见图 405 和图 406）。

图 405 内蒙古阴山岩画围猎图

因此，我们认为人类原始的社会形态是渔猎时代。郭沫若用摩尔根的理论，证明中国古代有过渔猎时代。所以从文字可以探讨历史，汉字是社会生活的反映。郭沫若用甲骨文研究历史，于 1930 年出版了《中国古代社会研究》可证。

图 406

作为原始渔猎生产工具（见图 407 –1），除了上举工字似的斧形石器之外，还有鸟（畢）、魚（网）、（弓）、（矢）、（射）等甲骨文字，在渔猎时代的字很少。从渔猎的对象来说，有或（彘），像野猪腹中中矢之形，（獐）、（兕）、（鹿）等。

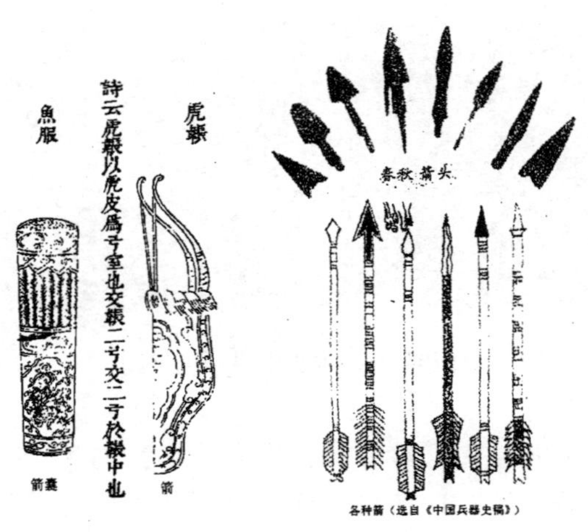

图 407 –1

此外，就是《金文编》中收录的用斧干所猎获野兽的图画文字（见图 407 –2）。除了以上所列各字之外，反映渔猎生活的字，甲骨文中还有：（羅）、（漁）、（罴）、（買）、（冢）、（罗）、（冕）等，都可为古人渔猎生活之证。甲骨文中“宝”作或，从玉，证明古代有过石器时代；从贝，证明古代有过渔猎时代。1933 年，我国第一次在河北武安县磁山遗址发现公元前 5400 年之前的鱼类、蚌类、龟类、鸟类和鹿类的骨骼，就是有力的物证。

父癸爵　　父巳觶　　父辛鼎　　且甲鼎　　爵

图 407 –2

另外，从甲骨文中“兽、獸、狩”三个字，也可以看出原始渔猎的对象和狩猎的方法：

嘼（兽），金文作（《师寰敦》）或（《师寰敨》），篆作。《说文》云：“兽，㹌也。象耳、头、足内地之形（㹌：畜牲）。古文兽下从内。”兽，本指禽兽，后来繁化为“獸”字，而“兽”字就不再使用了；汉字简化时恢复为本来的“兽”字，而今不用“獸”字了。

其实，獸是捕捉禽兽的意思。甲骨文作（京津4410）、（铁149）、（铁36.3）各形。《诗·小雅·车攻》：“搏獸于敖”，郑笺：“獸，田猎，搏兽也。”所以“獸”，就是初民打猎捕捉禽兽的活动。

狩，与獸同义。《水经注》引《诗·小雅·车攻》则作“搏狩于敖”，何休《公羊传》注：“狩犹獸也。”可见狩、獸都指“打猎”。

但是，獸和狩是两种不同的打猎方法。《说文·犬部》：“獸，守备者也。”“狩，火田也。”

守备，是指初民打猎时，在陷阱里设下捕网，把野兽引诱到陷阱中，然后用网缚束野兽来捕捉。《周礼·天官·兽人》：“时田则守罟”，郑注：“备兽触攫”，意思野兽入网后，必然用角触网，用爪攫网，仍可破网而逃。所以，猎人要守在网旁，防备野兽逃跑。这就是用陷阱设网捕猎的方法。

火田，即利用火打猎。也就是用火焚烧野兽生活的森林山薮，迫使野兽逃窜，猎人们再用石块攻击，把野兽逼向悬崖峭壁，坠落而死。这就是“火田”的狩猎方法。《诗·郑风·大叔于田》对这种田猎有记载：“叔在薮，火烈具举。襢裼暴虎，献于公所”；“叔在薮，火烈具扬”；“叔在薮，火烈具阜”（薮：草木丛生处，易燃烧）。

古人把耕地叫“田”，把打猎之处也叫“田”，所以耕地，打猎都叫“田”（畋，是田的分化字）。田，就是“界域”之名称。《毛诗故训传》曰：“战不出顷，田不出防。”可见，田、顷本是界域的名称，故狩猎也叫“田（畋）猎”，从“獸、狩”两种不同的打猎方法，已经可以具体说明初民以狩猎为生的原始生活。

二　从汉字看原始人类的畜牧生活

原始人类由采集、游猎生活过渡到畜牧业生活，是人类社会发展的一大进步。初民在游猎过程中逐渐了解了某些动物的特性，就把狩猎中活捉的某些动物留下豢养起来。从而了解某些动物的习性，经过驯养可以供人所用。再经过同类动物的繁殖就发展成畜牧业经济，为农业生产提供了畜力条件。

圈养动物当是初民游牧生活后期的方式。这从甲骨金文中的（家）、（寫）、（牢）、（宰）、（鹿）、（圂）等字，均可映现出初民豢养牲畜的历史文化镜象。

《左传·僖公十九年》：“古者六畜不相为用。”所谓“六畜”，即《周礼·天官·饍夫》中所言之“饍用六牲”，郑注：“六牲，马、牛、羊、豕、犬、鸡也。”这六种动物之名字在甲骨文中习见。所谓“六畜”，即指把它们饲养起来；所谓“六牲”，即指把它们杀了用以祭祀等。其中牛、羊、猪三牲是祭祀之常物，即所谓“太牢”“少牢”。1933 年，在河北武安县磁山出土的公元前 5400 年之前的鸡、猪、犬和牛的骨骼，可证磁山人在饲养家畜。

上古时代草原很多，为由圈养动物到放养动物，在客观上提供了天然物资条件。由“牛”字派生出的“牧”字，恰好反映了初民的放牧生活。牧，甲骨文作，象牧人手执鞭子放养牲畜的样子。《说文》云：“牧，养牛人也。从攴从牛。”牛在牧字中代表所有牲畜。

由于牛在六畜中的地位突出，所以《说文》收了 51 个由“牛”孳乳出来的字。其中“物”字从牛，盖指世间一切事物。《说文》云：“物，万物也。牛为大物，天地之数起于牵牛，故从牛，勿声。”

羊，在六畜中主要是供给人们膳食的（见《说文·羊部》“美”字条）。羊肉味道鲜美，自古而然。羊以其肉、皮、毛和乳汁奉献人类，又性情温和，尤为初民所钟爱，并视之为美好品格和吉祥的代表。《说文》云：“羊，祥也。”正是由“羊”所构成的“羔、养、善、美、羌、祥、義、群”等字的文化含义所在。因此，经过长期驯养而驯服的牛羊等家畜，就成为人类生活之大用了。

由于牧畜经济的发展，语言中也就产生了一个“畜”字（词）。《说文·田部》：“畜，田畜也。《淮南子》曰：‘玄田为畜。’”畜与兽古时同音，都读作 xiù，《唐韵》皆作“许救切”，可见“畜”是“兽”的派生词。由“兽”孳乳为“畜”，显示了人类能够把野兽驯养为家畜，并变成生产力，反映了人类在征服大自然的斗争中跨出了一大步，是一次大飞跃。那么，何以见得家畜是由野兽经过驯养的结果呢？关于这个问题，陆宗达先生在《说文解字通论》中作了很好的说明和论证。他用《说文·牛部》的“犪（rǎo），（牛柔谨也）”和《手部》的“扰（烦也）”两个音同义通的字作了解释，他说：“扰是犪的手段，是扰犪的结果。古书多通用‘扰’字。”引《周礼·夏官·服不氏》：“掌养猛兽而教扰之”，郑玄注：“扰，驯也。”证明猛兽变为家畜必须经过驯扰这一手段。然后用《韩非子·说难》：“夫龙之为虫也，可扰狎而骑也”，今本却作“可柔狎而骑也”，说明扰与柔义同，可见“牛柔谨”即“牛扰谨”。证明“犪是扰的结果”。又引《周礼·夏官·职方氏》有“六扰”，郑注：“六扰，马、牛、羊、豕、犬、鸡。”《尔雅》却谓之“六畜”，说明“畜”亦名“扰”。犪字从牛，表示牛在六畜中地位突出。①

由于畜牧经济的发展，牲畜的生产繁殖，收获颇多，又可以交换，所以在畜牧部落中最早出现私有财产，产生了私有观念，反映这一社会生活状况的文字，是由“畜”这一词义的发展，孳乳出一个“蓄”字，《说文·艸部》训：“蓄，积也。”本指谷物、蔬菜等植物的积存，后又泛指其他东西的累积、储藏，又引申为“积累财富”以及“储蓄”等义，因此，“蓄”字的产生是当时畜牧经济发展的文化反映。

三　从汉字看原始人类的农耕生活

原始畜牧业经济的发展，促进了向农业生产的过渡。初民在长期采集劳动生活中，逐步熟悉了某些植物的特性及其生长规律，便采下某些植物的种子，渐渐地用种植的方法使之长出禾谷之类的农作物。于是开始了原始的农耕劳动生活。

关于中国原始社会最早的农具，1963 年在山西怀仁县鹅毛口村附近，发现了公元前 6000 年至前 3000 年 2 万平方米的一处石器制造遗址。发掘出来的石器除了有大砍斫器、三棱大尖状器等之外，特别引人注目的是一些石锄头、石斧头和石镰刀等。这是中国最早的农具，是中国初民开始经营农业的证据（见图 407），生动地表明一万年前我们祖先就是扛着这样一些原始的农具“日出而作，日入而息”，逐步脱离了单纯的狩猎生

① 见陆宗达《说文解字通论》，第 160 页。

活，迈出了历史上关键的一大步。

从种植禾谷来说，最有力的证明是，1933 年第一次在河北武安县磁山遗址发现磁山的 80 个窑穴中，腐朽的粮食粟到处堆积着，有的厚达 2 米高，而出土的农具则有石斧头、石镰刀、石铲子、石磨盘等。那么，人类原始农耕的方法是什么样呢？

图 408　穿孔石斧

我国古代神话传说神农氏是农耕方法的创造者，古书多有记载。《春秋元命苞》云："神农生三辰而能言，五日而能行，七朝而齿具，三岁而知稼穑般戏之事。"《淮南子·修务训》云："于是神农氏乃始教民播种五谷。相土地之宜，燥湿肥墝（音 qiāo，干硬，不肥沃）高下，尝百草之滋味、水泉之甘苦，令民知所避就。当此之时，一日而遇七十毒。"《礼记·祭法》则说："厉山氏，炎帝也，起于厉山。或曰有烈山氏。"所以传说中的神农氏，据清代汪中在《述学》里考证，又名烈山氏。可见，"烈山"就是放火烧山，即《孟子》中所言"烈山泽而焚之"，目的是烧毁草木，驱逐野兽，开辟荒田以播种五谷。所以，原始最初的农耕方法始于火耕，炎帝、烈山氏之名也是源于此。

甲骨文中的"焚"字作[甲骨文字形]，从林从火，会意为以火焚烧林木之象，反映了原始先民初始的农耕方法。《说文·火部》："焚，烧田也。"又《田部》："畱（liú），烧种也。"即烧去山上草木而后下种，叫"火种"。段注："谓焚其草木而下种，盖治山田之法为然。"

農，甲骨文作（前 5.47.6）从林、从辰，是“农”的初文。从林，表明远古时，初民生活在山林之中，在林边垦荒之意；从辰，辰是垦荒之犁形的农具，故“农”字，反映出远古初民开荒耕种稻谷的情况。《左传·襄公九年》有载：“其庶民力于农穑。”

烧治出的山田，需要耕耘。耕，从耒（农具），犁也；从井，指井田，将地开发成井字形，故耕是翻土播种。《说文》云：“耕，犁也。”与此相关的是一个“爲”字，甲骨文作，图画性很强，像以手牵象之形，古有“役象以助劳”之说可证。传说舜耕于厉山时，就使用象。服象耕田，是古代最早、最艰难的农耕之事，故引申为涵盖一切的动词“作为”。“爲”字，记载了原始社会有过把大象作为役畜来使用的，“象耕”的文化历史的事实。

与农耕有关的另一个字是“作”，甲骨文作（京津 70 版）或（掇 2.3.4.6. 反），即乍，是“作”的初文。《说文·人部》训曰：“作，起也。从人从乍。”姜亮夫先生认为“历来释者皆未得其真”，提出“作所从之或，即耒之初写，或是人字的变形。”于是他说“……初耕以来，乍则为深耕以象犁矣。”又据《尚书》《史记》说：“东作、南譌，皆指农事”，并引《汉书》应劭注：“东作，耕也”和《孟子》赵岐注：“治农事也”等，得出“作”，“为农耕”。① 此说可从。今有“耕作”“深耕细作”之语可证。

犁　《广韵·齐韵》：“犁，耕也。”《集韵·齐韵》：“𥝤，《说文》：‘耕也’，或亦省作犁。”从牛，说明已是牛耕，显示野兽的被驯服。同时，从人以犁耕，说明了先秦农夫称为“黎民”的文化原因。

到了周代，为了提升农业生产率，实行“耕田轮换制”。于是，产生了一个“趄（yuán）”字。《说文·走部》：“趄，趄田，易居也。”所谓“趄田”，即指古代按休、耕之需要分配的土地；所谓“易居”，段注：引《周礼·大司徒》云：“不易之地，家百亩”，叫上田；“一易之地，家二百亩”，叫中田；“再易之地，家三百亩”叫下田。《公羊传》何休注：“上田，一岁一垦；中田，二岁一垦；下田，三岁一垦。肥饶不得独乐，墝（qiāo）埆（què 土质坚硬，不肥沃）不得独苦。故三年一换主。易

① 姜亮夫：《古文字学》，浙江人民出版社 1984 年版，第 77—78 页。

居，指财均力平。”周礼之制：得三等田者，彼此相易。今年耕上田百亩，明年耕中田二百亩之百亩，再明年耕下田三百亩之百亩；又明年而仍耕上田百亩。如是乃得有休一岁、休二岁之法，故曰三岁更耕。“趄田”，《左传》作“爰田”，《国语》作“辕田”，所以，“爰、辕、趄、换”四字音义相同。这样，一个“趄”字，就反映了古代轮换耕种制度的一种使民得以财均力平的农耕文化方法。

古代随着农业的发展，农耕技术也在不断提高。先民又发明一种新的耕种方法，即把田地表层干硬的土翻过来，切断蒸发水分的毛细管，保护土壤中的水分，以便耕种，叫作“襄”。《说文·衣部》：“襄，《汉令》：解衣耕谓之襄。”段注：“此襄字，所以从衣之本义，惟见于汉令也。”解衣耕，是“襄”的本义，只用于汉令。“衣”指地表层，非指衣服。这种耕种方法，就是后来的“保墒法”。有如我国 20 世纪 60 年代政府要求北方农民秋冬时节的“秋翻地”。所以，从“襄”字，可以看出春秋时代的先民就已经掌握保墒耕作技术与方法了。

耕地是需要计算土地面积的。从历代的不同用字，可以看出耕地面积的计算单位的演变及其作用。

井　《说文》云：“八家一井。象构韩形。”段注：“《风俗通》曰：‘古者，二十亩为一井’，孟子曰：‘方里而井，井九百亩，其中为公田’。此古井田之制。因象井韩而命之也。”孟子的意思是说，把一大块耕地，以横竖各两条线分成相等的九小块，周围八小块由农夫个人耕种，叫作“私田”，收获归己；中间一块称为“公田”，由耕种私田的农民集体代为耕种，收获归公家所有，以充当农民的赋税。这就是西周所实行土地国有化的“井田制”。井田即八家共用一井。《礼记·王制》：“方一里者，为田九百亩。”即一方里为一井，一井九百亩。《汉书·刑法志》云：“提封万井”，即以“井”为土地面积核算单位。所以，从井字，我们可以了解古代“井田制”文化的面积单位及其内容和由来。

晦（亩）和畦（qí）二字作为春秋时代的土地面积单位的反映，《说文·田部》云：“晦，六尺为步，步百为晦。”段注：秦田二百四十步为亩，秦孝之制扩大了亩的面积；汉因秦制，亦二百四十步为亩。又《说文·田部》：“畦，田五十亩曰畦。”五十畝即五垧地。

顷　作量词，指一百亩的土地面积。《玉篇·页部》：“顷，田百亩也。”顷，反映了战国初，魏文侯为了尽耕地之力，废除“井田制”，实行耕地田亩集中制，以兴修水利，历史上首次把“顷”作为耕地面积核算单位。《汉书·食货志》云：“是时，李悝（kuī）为魏文侯作尽地力之效，以为地方百里，提封九万顷。”可证。提封，即堤封，亦即堤坝。

“提封”即堤封，积土壅水，指兴修水利。“提封九万顷”，即兴修水利九万顷。李悝的改革，既消除了不能尽地力之用的“休田”和“趄田”的消极轮作耕田方法，又创造了大兴水利的条件。

兴修水利，引水灌溉，是发展农业生产，提高单位面积粮食产量的重要举措。古人深明这个道理，并付诸实践。许多汉字反映了这一文化史实。

𡿨（quǎn）小篆象人为之细小水流，即涓流。《说文》云：“𡿨，小水流也。《周礼·考工记·匠人》：‘匠人为沟洫（田间水流），枱（sì），同耜，指犁铧，广五寸，二𡿨为耦，一耦之伐（贾公彦疏：此两人耕为耦，共一尺。一尺深者叫甽，甽上高土谓之伐。伐，发也，以发土于上，故名伐也。），广尺深尺谓之𡿨。倍𡿨谓之遂，倍遂曰沟，倍沟曰洫，倍洫曰巜（kuài）。甽（quǎn，田边水沟），古文，从田从川。畎（quǎn），（田间的水沟），篆文𡿨，从田，犬声。六畎为一亩。’”又云：“巜，水流浍浍（kuài）也。方百里为巜，广二寻，深二仞。”又云：“川，贯穿通流水也。《虞书》曰：浚（jùn，疏通）𡿨巜距川。言深𡿨巜之水会为川也。”从“𡿨”“巜”和“川”三个字看，说明古人已经注意到水利的毛渠、支渠和干渠的配套灌溉关系。

疇　已经耕作的田地。《说文》：“疇，耕治之田也。从田，象耕屈之形。”其古文作𠃬，显示弯曲交错的沟洫之状。

堰　挡水的低坝。《说文》未收此字。《集韵》：“堰，障水也。”考《水经注·河水》：“（元城）县北有沙丘堰。堰，障水也。”据《华阳国志·蜀志》记载，秦昭王时，蜀郡太守李冰父子于四川灌县泯江修筑举世著名的又是历史上最早的水利工程——都江堰。这是一个防溃、灌溉、航运三位一体的综合性的水利工程。都江堰之所以取名为“堰”，是由于岷江水流过急，故以堰之障蔽洪流之义名之。其法使岷江分流为内、外二江，新造内江把洪水引向成都平原东北干旱地区，进行灌溉，以减轻岷江（外江）下游洪水的压力，不致发生洪涝灾害。实际是以支流分洪，缓解水势，变江流成为干渠、支渠的方法。它的建成，使四川平原变成天府之国，永远造福于中华民族。

渠　《说文·水部》训“水所居也”，据《史记·河渠书》载：秦王政元年（前246），韩桓惠王为了削弱秦之国力，命水利专家郑国赴秦修渠；秦令郑国主持开渠，西引泾水，东入洛河，渠长达300余里。后来，秦王发现了韩国的意图，欲诛郑国，郑国以“渠成亦秦之利”相说，免其死罪。历时10余年渠成，灌溉秦国400余万亩，使秦“关中为沃野，无凶年，秦以富强，卒併诸侯，因以命名曰‘郑国渠’”。

男　人是农业生产的主要因素。古代耕作的主要是男性，所谓“男耕女织”。男，甲骨文作（前8.7.1）从田、从，即耒，古代农具，以耒耕田之意，田中有耒曰男。《说文》：“男，丈夫也。从田从力，言男子力于田也。”所以，男字，映现了原始从事耕耘劳动是男人之事。

耤　古有“耤（jiè）田”之说，《说文·耒部》：“耤，帝耤千亩也。古者，使民如借，故谓之耤。”耕耤同义连用。耤，甲骨文作，表示古人持耒耕田之象。耤田，是说每年到仲春元辰时节，古代天子率三公、卿、诸侯躬临耤田（征用民力耕种之田），象征性地先行破土耕耘，以示春耕之始。天子秉耒三推，登台以观；三公五推，卿、诸侯九推，终亩于时。故“耤”字记载了这一历史文化史实。

蓺　今曰种，古曰蓺。树蓺同义连用，《孟子·滕文公上》云：“后稷教民稼穑，树蓺五谷。”艺（蓺），甲骨文作，像人双手持禾苗栽种之意，种植。《集韵·祭韵》：“埶，《说文》：‘种也’，或作蓺。”另外，从汉字从“禾”旁之字之多，也可见出原始社会依靠农业生活的文化情况。仅《说文·禾部》收禾部字就达120个之多。其中的“稼”字，是禾之秀实为稼；“穑”字，谷熟可收为穑；“利”字，是以刀割禾（五谷）之象，表示农业收割之情；“年”是人荷禾谷收藏之象，显示出秋收之状。《说文·米部》收与米相关的字44个，表示古人懂得粮谷应去皮壳而食，且吃法多种。请看下面各字：

臼　篆作，《说文》云：“舂也。古者掘地为臼，其后穿木石。象形。中，米也。”臼字记载了初民制米器具“臼”这种物质文化的形制，作用及其先后制作材料的沿革与方法。古人初掘地为臼，因土软，又用木头做臼，仍不好用，后来又用石头凿臼，以至于用铁做臼等。

舂　《说文·臼部》云：“捣粟也。从廾持杵临臼上。午，杵省也。古者，雝父初作舂。”舂字，再现了古人制米之法，及此法“舂”字之由来。

臿（chā）　篆作𦥑，从臼从干。从干，像以干在臼里捣去谷皮之意。《说文》云："臿，舂去麦皮也。从臼干，所以臿之。"段注："干，犹杵也。"许氏直接说明"臿"这种工具的文化作用。总之，许多汉字从不同角度记载了初民农耕社会生活的各种文化境象。

四　从汉字看原始人类的蚕织生活

当农业生产发展到奴隶社会之后，先民不仅要吃饭，而且要穿衣，这就产生了养蚕织丝的客观需要。

中国是世界上种桑、养蚕、织丝最早的国家。传说是黄帝之妻嫘祖发明了养蚕织丝。还有天驷龙精、马头娘、菀妇人、寓氏公主、西陵氏始养蚕等传说。蚕的饲养之最早时间，据考古发掘，是在公元前3200—前2300年于太湖地区的良渚文化。原始野生蚕中种类很多，有的栖生于桑榆，有的栖生于柘、椿，有的栖生于橡栎。起初，先民采集野生的蚕茧，缫丝织物；后来，发明了纺织技术，先民便开始了人工养蚕生涯。

蠶（蚕）　甲骨文作𧌒（后上28.6），象身有斑纹之虫形。后来繁化为蠶，上象两个张口要行食的幼虫之形，下是两个老化了的蚕虫形，中间是一个茧壳，现出食叶、吐丝、结茧之状，显示出人工饲养蚕虫的文化的特征。

丝甲骨文作𢆶（燕51），象两束丝。《说文》云："丝，蚕所吐也。"《诗·卫风·氓》云："氓之蚩蚩，抱布贸丝。"可证。

浙江钱山漾遗址出土的残绢片，就是家蚕丝织成的。还有江苏吴县草鞋山遗址马家浜文化出土的织物残片，原物距今约4000年（见图409），均可为证。再从甲骨金文中从"糸"的绝、奚等47字之多，

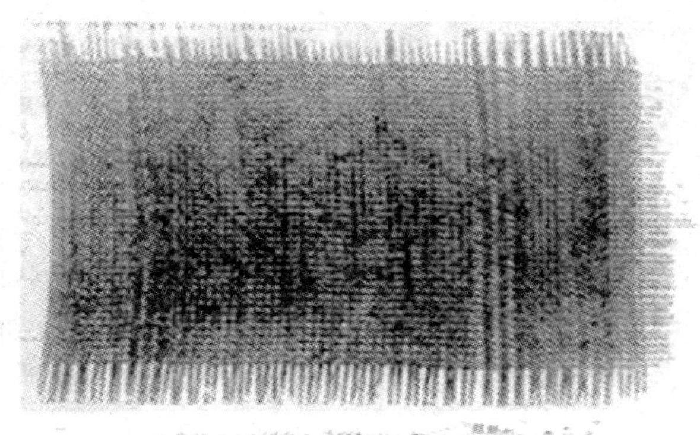

图409　马家浜文化层出土的织物残片

亦可反映了当时社会蚕丝生产的文化事实存在。

䕩　《说文·糸部》训为“蚕衣也”。蚕衣，指蚕在变蛹之前吐丝所做的茧壳。段注：“衣者，依也。蚕所依曰蚕衣。蚕不自有其衣。”

缫（sāo）《说文》训为“绎茧为丝也”，意思是把蚕茧放进滚开的水里，抽出来就是丝了。这就是缫丝的过程。

繀（suì）《说文》训为“著丝于筟（fū）车也”，即纺车上的收丝器具，亦即把丝收在纺车的收丝器上。收丝，是缫丝的一道工序。筟，筳也。段注：“筟、繀，丝筦（管）也。筟车，即繀车，繀车，即缫丝车，有收丝的转轮，故名。”（见图410）

图410　汉墓壁画——纺车图

叀（zhuān）卜辞作□、□，象古代收丝用的纺砖之形。《说文》训：“叀，纺叀。”所谓“纺叀”，是一种收丝的工具。清徐灏《说文注笺》云：“叀，即古专字，一曰纺砖。纺砖所以收丝，其制以瓦为之。”有《诗·小雅·斯干》：“乃生女子，载寝之地。载衣之裼，载弄之瓦”，毛传：“瓦，纺砖。”用以纺线。叀，甲骨文又作□，金文作□，小篆作□，三形类似。金文跟甲文基本相同，只是将手（又）移到右下角，小篆从寸，乃沿袭金文而来，寸是手的一部分，义为手。故三形都像用手转动纺砖纺线之状（见图411）。上是两股坯线，由于纺砖的连续旋转，捻成了一股线。叀（專）的本义就是纺锤，《类篇·土部》训：“塼，纺锤。”可证。但叀的本义湮没了，代之的是塼字，而专表示它的假借义了。

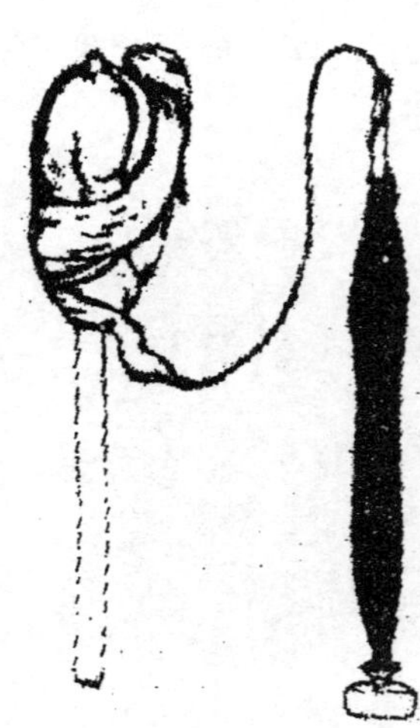

图411　纺专

纺　《说文》训为：“网织也”，非是。段注：“纺，纺丝也。”即将丝、麻纺成线（见图

410）。亦即丝织品。《晋书·吴隐之传》云：“家人绩纺，以供朝夕。”意思是说，妻子纺线织布，供给一家人的日常生活。

經　《说文》训为“织也”，指纺织不确。段注：“织之从（纵）丝谓之经。”纵丝即纵线。经从糸（即蚕丝），巠声。《毛公鼎》：“经”作巠，上面三条曲线是织布的纵线，下面是织布撑线用的工字形的器具。刘勰《文心雕龙·情采》云：“经正而后纬成”，意思是说，经线位置排正之后才能穿插纬线，织成布帛。引申为南北走向为“经”，东西走向为“纬”。如地球的“经线”和“纬线”。《周礼·考工记·匠人》云：“国中九经九纬”，意思是说，国都内有九条南北走向的路，有九条东西走向的路。从而引申出地理学上的“经度”和“纬度”。如果没有“经”，就不会有“纬”，故“经”是主要的。因而中医把人体的血气循环的主要通路也称为“经”，所谓“经络、经脉”等。《素问·阴阳别论》云：“人有四经十二纵。”后来，把能指导人生行为规范准则之类的书或名士之著也称为“经”，诸如“经典、五经、六经、十三经、佛经、圣经、道德经”等。在古代“经”还有“治理”之义，如“经世济民”。又由于“经”有“经常或规律”之意，甚至把妇女每月一次的例假称为“月经”。

緯　《说文》云：“织横丝也。”即织布梭上的横线。段注：“经在轴，纬在杼。……杼，（织）机之持纬者也。”杼，俗称织布梭子。

織　《说文》云：“作布帛之总名也。”段注：“布者麻缕所成，帛者丝缕所成。作之皆谓之织……经与纬相成曰织。”（见图412）[①] 意思是说，用经线和纬线交叉的方法，将纱或线制成布、绸等织物。

图412　织女像

① 图411选自左民安《细说汉字》，九州出版社2008年版，第101页。

《诗·大雅·瞻卬》："妇无公事，休其蚕织。"又《木兰诗》："唧唧复唧唧，木兰当户织。"其实，"制作布帛"意是从"经、纬"意聚会而来。戠，金文作𢦏（《免簋》），是"織"的初文，即"戠"从音、从戈为会意字。从音表示击鼓进军；从戈是武器，会意为"聚会"之意。经纬聚会而成布帛。铭文假戠为织，《免簋》："易（锡）戠（織）衣。"

不难见出，以上七字，记载了先民如何从养蚕、收茧、缫丝、纺线，到把蚕丝制成布帛的手工业生产过程。

古代的手工纺织，除了丝，就是麻了。所谓"八月载绩"（《诗·豳风·七月》），毛传："载绩，即丝事毕而麻事起矣。"

汉字作为直观目治载体，对麻织的生产程序也有所记载和反映。这从《说文》收字中亦可得到说明，古代制麻需要三道工序。

朩（pìn）《说文》："分枲（xǐ 麻也）茎皮也。从屮、八，像枲之皮、茎也。"段注："从屮，像枲茎；八，像枲皮。两旁者，其皮分离之象也。"其实，就是剥取枲（麻）茎上之皮。皮，即麻皮。麻皮是极细微的纤维，《春秋解题》："麻之为言微也。"需要制麻者把细微的纤维依次接起来，这一动作就叫"㰰"。

㰰　《说文》训曰："绩所缉也"，就是绩麻成线的意思。王筠《说文句读》云："缉、绩一义……先缉为单线，今谓之麻捻；再绩为合线（两股合成），今谓之麻线，故曰绩所缉也。"绩麻成线，这是第一道工序。

缉　《说文》训："绩也"，即把麻搓捻成线。亦即在比次相续之处（接头处）两手搓捻在一起，使之不散开。这是第二道工序。

绩　《说文》训为："缉也"，此训与"缉"之训"绩也"形成"转注"。段注："绩之言积也，积短为长。"《诗·陈风·东门之枌（fēn）》："不绩其麻，市也婆娑。"（意思是姑娘放下大麻不用绩，市场里面舞翩翩。）即把一根根短线接在一起，纺织成长线。《左传·昭公元年》："子盍不远绩禹功。"绩，继也，即接续之意。这是第三道工序。

麻　纺成线缕之后，需要搓灰去垢，水漂洗涤，晾晒等程序。下面一些汉字则反映了这些工序。

練　《说文》："湅缯也"，段注："湅（liàn）者，瀐（jiǎn）也；

澗者，淅也；淅者，汰米也。”许氏以“湅”释“练”，说明湅、练音义相通，即洗去灰垢。

湅　《说文》：“澗也”，段注：“《周礼·天官·染人》：凡染；春暴练。郑注云：暴练，练其素而暴之。按此练当作湅。”“暴练”的意思是先去灰垢，再以水冲刷，然后晾晒。所以，湅麻，就是用楝（liàn）木灰或贝壳做的灰搓后，再用水漂盝。《周礼·考工记》：“清其灰而盝之而挥之”，即指此法。这就叫“湅”。故“湅”，就是用水等去掉麻织品灰垢的方法。

澗　《说文》：“淅也。”段注：“从简者，柬择之意也。从析者，分别之意。”所以，澗是用水先洗涤；澗麻，澗是去其杂质而求其纯。这就是制作麻缕最后的一道工序。

此外，反映古代手工业生产的汉字，还有染色、制革、酿酒、造车、造船和建筑等，这里便不予介绍了。

五　从汉字看古代陶器及铜器的制作

远古初民有了衣食之后，需要盛装衣食之器物。于是自然要制作陶器、铜器等物。

1977 年在河南新郑县裴李岗文化遗址，发现了公元前 5500—前 4900 年的村落遗迹，其南部有窑穴、陶窑。证明先民已经懂得烧窑制陶。其 1 号陶窑的结构属于横窑穴，仰韶文化的横窑穴似乎就从此发展而来。从保留下来的陶片看，裴李岗人烧制的陶器属于泥质红陶，质地比较疏松，表皮容易脱落，说明技术还比较低下。其代表性陶器图 413。

在各种遗址发掘中，最能体现仰韶文化特征的是彩色陶器。主要类型是手工制作的泥质红陶和夹砂红陶。泥质陶上有彩绘，一般是在陶器外壁上部用黑色绘出几何图案或植物、动物花纹。这些图案花纹是记事符号还是文字，尚有争议。

仰韶文化的早期代表，当是约公元前 5000—前 4500 年西安半坡遗址，出土的形状多姿多彩的陶器（见图 414）。

1978—1982 年，在甘肃秦安县邵店村东大地湾遗址，发现公元前 5200—前 4800 年的仰韶文化早、中、晚三期的文化遗存，表明仰韶文化早期遗存属于西安半坡类型（见图 415）。

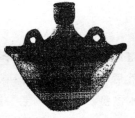

图 413　裴李岗陶器

船形彩陶壶（半坡遗址发掘）

鱼纹彩陶盆（半坡遗址）

图 414

大地湾文化中的代表性陶器
——三足圆底彩陶钵

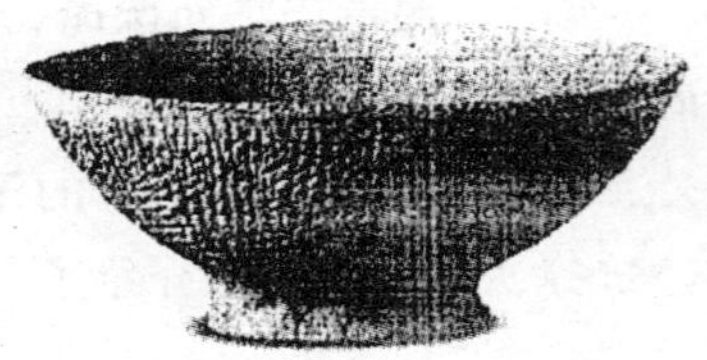

大地湾文化出土的绳纹红陶圈足碗

图 415

反映这些陶器生产的炉灶和制作的汉字很多，请看：

窯　今作“窑”，《说文》训为：“烧瓦灶也。”即烧瓦器的炉灶叫“窑”。

坄（yì）《说文》训为：“陶灶窗也”，段注：“《穴部》曰：窗者通空也。烧瓦器之灶上必有通孔，谓之坄者，其火荧然而出也。”即窑的通气孔。一说砖瓦窑的烟囱。二说皆通。

坏（坯）《说文》云：“……一曰瓦未烧。从土，不声。”段注：“今俗谓土坯……坯者，凡土器未烧之总名也。”按：未烧制的砖瓦叫“坯”。

㲄（kòu）《说文·缶部》训曰：“未烧瓦器也”，即陶坯。

瓦　《说文》：“土器已烧之总名也。”意谓制成的陶器总称。

匋　《说文·缶部》：“瓦器也。从缶，包省声。古者昆吾作匋。案《史籀》读与缶同。”即匋、缶音同。

缶　《说文》：“瓦器，所以盛酒浆。象形。”据“匋”字“包省声”和“《史籀》读与缶同”，可知“匋”与“缶”本为一字之异体。或

“缶”加声符“勹”而成匋。

甄　《说文·瓦部》云：“甄，陶也。”段注认为，陶，在此为动词，制陶之义。“匋者，作瓦器也。董仲舒曰：‘如泥之在钧（钧：制陶的转轮——引者注），惟甄者之所为’，《陈留风俗传》曰：‘舜陶甄河滨。’”据段注则知，“甄”是制作陶器之意，而且许氏以“匋”释甄，则“匋”亦为制作陶器之意。又《诗经·大雅·緜》：“陶復陶穴”，《正义》引《说文》：“匋，瓦器灶也。”则烧瓦器的炉灶也叫“匋”。故甄字是制作陶器，后借为姓氏。

综上可见，一个“匋”字，却记载了古代制作陶器的工具，制作陶器的方法和制成的陶器。一字而三意。

《周礼·考工记》中的“陶人”“旊（fǎng）人”，则是周代从事手工生产制造陶器的奴隶（工匠）。古代制成的陶器很多，基本满足了当时人们生活之用。诸如：豆（古食肉器也）、爵（古酒器）、甇（wǎn，豆饴也）、缸（瓦也）、罄（器中空也）、罃（yīng，备火长颈瓶）、罂（小口大腹的陶器）、罐（器也）、甑（蒸饭的炊具）、瓮（小口大腹的陶器）、瓴（líng，古代盛水的瓦瓶）、瓯（小盆也）、盆、鬲（古代一种陶制或铜、铁制的炊具，形似鼎，足中空而弯曲）等。

人类在新石器时代的日常生活用具主要是陶器。如前所述，属于仰韶文化的半坡村已出现了彩陶，且出现了形似鼎形的“鬲”。而到了殷商时代，陶器又发展为釉陶，从前许多日常生活用具，奴隶主贵族们已改用青铜制作了。这反映此种器皿原料的变化，是上古生产与文化发展的一个飞跃。从陶器制作发展为青铜器生产的相互关系，可从古代音义相同的“鬲”和“鼎”二字来看。

鬲　前已举述。考之《说文》卷三下：鬲“鼎属也。实五觳，斗二升曰觳。象腹交文，三足。……䰛，鬲或从瓦。䥶，《汉令》鬲，从瓦，厤（lì）声。”据许氏说解“鬲或从瓦”，则知为陶器。《尔雅·释器》云：“鼎，款足者谓之鬲。”郭璞注：“款足，曲脚。”又《汉书·郊祀志》亦云：“鼎空足曰鬲。”均可证。

鼎　甲骨文作《说文·鼎部》云：“鼎，三足，两耳。和五味之宝器也。昔禹收九牧之金铸鼎荆山之下……易卦巽木于下者为鼎，象析木以炊也。籀文以鼎为贞字。”据许氏说解中有“昔禹收九牧之金铸鼎荆山之下”之语，又古以铜为金，则知鼎为青铜所制。

鬲、鼎二器关系，除了形似之外，音义皆同（古双声，齐青对转）。据《史记·楚世家》云："今子将以欲诛天下之共主，居三代之传器，吞三翮（lì）六翼，以高世主，非贪而何?"索隐："翮，亦作䰛，同音历。三翮六翼，亦谓九鼎也。空足曰翮。六翼，即六耳，翼近耳旁。"既知"三翮六翼"是指禹之九鼎，那么便知"三翮"即三个鬲，"六翼"即六个两侧有两耳的鼎。如此，则鼎为共名；而空足者为鬲，即陶器，亦即以鬲为此类器物之最初的大名。①

远古初民认识并运用金属制作出各种铜器，是在公元前2000年的齐家文化的人们（因以甘肃广河县齐家坪遗址而命名）。他们普遍应用的冶炼技术，为商、周时代青铜文化奠定了基础。1978年在甘肃武威县娘娘台遗址出土的刀、凿、锥等红铜器，经过冷锻、锤击的痕迹非常明显。出土器物表明，齐家文化的冶铜和锻造技术都达到了较高水平。不但能利用单一金属冶炼出红铜，而且能用多种金属冶炼出青铜。如在青海贵南县朵马台出土的铜镜是我国目前发现最早的铜镜（见图416）。制镜程序相当复杂，包括制镜范即制模、浇铸、刮削、研磨、抛光、开光等工序，刮削前还要热处理。铜镜是一种合金铸件：铜占65%—70%，锡占22%—25%，铅占3%—8%。铜镜的大量制作是在冶炼技术较成熟的战国，制镜工艺相当成熟并达高峰期是在汉唐时代，宋代以后则渐趋衰落②。下面一些汉字可以反映以上文化情况。

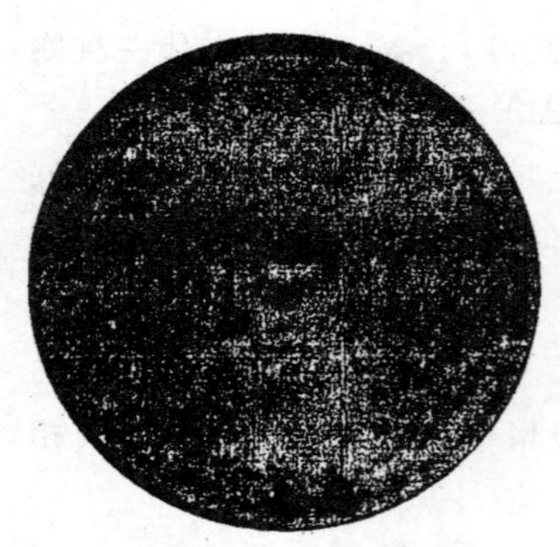

我国迄今所知最早的铜镜，发现于齐家文化遗址中。

图416

金　在上古时期含括"金、银、铜、铁、锡"五种金属。《说文》云："金，五色金也。黄为之长，久霾不生衣（不产生腐蚀的外层），百炼不轻。从革不违（顺从人意，变成器物，不违背本性代表西方物质），西方之行，生于土。从土，左右注，象金在土中形。"一个"金"字，反映了所含种类、颜色、矿产、五行之一、特点以及土

① 见陆宗达《说文解字通论》，北京出版社1981年版，第169页。

② 见赵向标《图文中国通史》，第50—51页。

旁两点字形构造等。金文作[illegible]，从土，今声。从土表示矿物在土中，今声的“A”表示覆盖，两点是金块。

锻　《说文》：“小冶也”，段注：“小冶，谓小作鑪韛（鼓风吹火的皮囊），以冶金。”故“锻”字，记载了用小火匠炉，把某种金属放进炉中烧红，再行椎打成所需之器形的过程。《尚书·费誓》有云：“锻乃戈矛。”

镕　铸造器具的模型，即模子。《说文》云：“镕，冶器法也。”《董仲舒传》：“犹金之在镕，惟冶者之所铸。”颜师古注：“镕，谓铸器之模范也。”即铸造工具的模型。

鑄　从金，指把金属熔化成液体，倒入所造的范模（即翻砂成的模型）内，经冷却后成所造器具的过程。《说文》云：“铸，销金也。”铸，金文作[illegible]（《芮公鼎》）。李孝定《甲骨文字集释》按：“金文铸字多见，均为会意字。……上从两手持倒皿，中贮销金之液，两手持而倾之范中也，下从皿，则范也。中从火，像所销之金。”《国语·齐语》：“美金以铸剑戟”，韦昭注：“铸，冶也。”所以，“铸”字反映了先民已掌握了冶炼铸造技术的文化。

上举四字，反映了上古时期先民不仅发现了金属矿藏，而且懂得了冶炼、铸造的方法过程。从前述齐家文化朵马台出土的铜镜看，其所用合金、冶炼、制作、工艺水平，均可证明远在夏代我国已有青铜器及其制造。另有陶弘景《刀剑录》云：“夏禹子启以庚戌八年铸一铜剑，长三尺九寸。启子大康岁在辛卯三月春铸一铜剑”之语，亦可为证。然仅据《司母戊鼎》等出土之器，认为我国青铜器之制造始于商，恐非是。

锡　古称“青铜”，即青色之金。《说文》云：“锡，银铅之间也。”徐锴《说文系传》：“银色而铅质也。”《周礼·夏官·职方氏》云：“其利金锡竹箭。”郑注：“锡，镴也。”（镴，即锡和铅的合金）今属化学元素之一，符号为 Sn。纯锡为银白色，富有延展性，在空气中不易起变化，多用以镀铁、焊接金属或制造合金。“锡”是“铤”的孳乳字（古韵，锡在“锡部”，铤在“青部”，锡、青对转）。

铤（dìng）　一种含有铜铁成分的矿石。《说文》：“铤，铜铁朴也。”（朴：未加工的矿石——引者注。）铤作为一种矿藏，冶烧之后具有坚硬、劲力和挺直的性能，故名。因此，制成田器、兵器，比石器轻巧、灵活、耐久、锋利，用起来省力、效率大，是工具发展的一大进步。《盐铁论·

图 417 春秋时期的蟠龙纹铜器

殊路》云：“干越之铤不厉，匹夫贱之。”

从原始工具原料变化来说，由石器而发展为青铜缶，说明了工业生产和古代文化的飞跃发展。如图 417 所示，春秋时期的蟠龙纹铜缶。至于铁器的出现和利用，那是战国时的事。铜与铁古音双声。《说文》云：“铁，黑金也。”

六 从汉字看中国古代的科学技术

我国是世界上最早从事农耕生活的国家。农业生产要求有准确的天时运行、寒暑节候、观测天象、掌握地理及数理等经验和知识，所以先民在殷商时代就了解并掌握了天文、历法等科学技术，甲骨刻辞就有了某些星名、日食和月食的记载。古人的天文知识相当普及。明末清初的学者顾炎武说：“三代以上，人人皆知天文。‘七月流火’，农夫之辞也；‘三星在户’，妇人之语也；‘月离于毕’，戍卒之作也；‘龙尾伏辰’，儿童之谣也：后世文人学士，有问之而茫然不知者矣。”①

上述内容，除古代经传古籍有所记载之外，某些汉字也有所负载。

天 据甲骨金文之象，是象形字，本指头顶，天在人头之上，故又引申为天空和天地之“天”。《诗经·唐风·绸缪》：“三星在天”，又《荀子·天论》：“天有其时，地有其财。”还指大自然，《荀子·天论》：“天行有常，不为尧存，不为桀亡。”又指最重要或根本的事物，《汉书·郦食其传》：“王者以民为天，而民以食为天。”甚至封建礼教所宣传的“天子”“子以父为天”“妇以夫为天”等。这些都反映了古人“天人合一”的哲学文化观点。

日 甲骨金文本像太阳之形。但作为天象之一的“日”，并非只指人人皆知的太阳的出没，昼夜交替的周期为一“日”，而且记录了古人用圭表测日影而定冬至（即一年之中正午日影最长之日）和夏至（一年之中

① 见顾炎武《日知录》卷三十“天文”条。“七月流火”见《诗·豳风·七月》，“三星在户”见《诗·唐风·绸缪》，“月离于毕”见《诗·小雅·渐渐之石》，“龙尾伏辰”见《左传·僖公五年》。

正午日影最短之日）等节气。现代农民所谓“冬至长，夏至短”就是这么测定出来的。在殷商时期的甲骨文中，除了有完整地用天干地支记日之外，一日之中还有不同的纪时专名：天明前叫“昧”，六点左右称“明”“旦”或“旦明”；八点左右为“朝”“大采”“大食”；中午是“中日”；下午四点左右为“小食”；四点以后是“郭兮”；黄昏叫“小采”；黄昏以后叫“昏”或“夕”等天文学的文化含义。

月 作为天象之月，据古人观测，月有“阴晴圆缺”。月圆与缺之间的周期为 29.5 日，即以月相变化的周期为一个“月”。古时人们对月相变化称呼有不同的名称：

夏历每月初一叫“朔”，因为这天夜里，月球运行到太阳和地球之间，跟太阳同时出没，在地球上看不到月光，故这种月相叫“朔”。《左传·桓公十七年》：“冬十月朔，日有食之。”即冬十月初一有日食出现。

夏历每月初三叫“朏（fěi）”。《说文》：“朏，月未盛之明。”《周书》曰：“丙午朏”，徐灏注：“月朔初生明，至初三乃可见，故每月初三曰朏。”即每月初三的代称。

夏历每月十五日叫“望”，即地球运行到太阳和月亮之间，当太阳从西方落下时，正好是月亮从东方升起的时候，在地球上看到月亮呈圆形，故这种月相叫“望”。《释名·释天》云：“望，月满之名也。”每月十六日叫“既望”，因为过了十五就是十六。

夏历每月最后一天叫“晦”。《说文·日部》：“晦，月尽也。”《左传·成公十六年》：“陈不违晦”（谓楚军布阵不避晦日），杜预注：“晦，月终，阴之尽。”

商周时期，还有“魄”或“霸”之称。朱骏声《说文通训定声·豫部》：“魄，假借为霸”，指月亮将出或将没时的微光。《法言·五百》云：“月未望则载魄于西，既望则终魄于东。”李轨注：“魄，光也。”

古人有“月相纪时法”，按照月亮接受光照的时间分为初吉、既生魄、既望、既死魄。即，将每月四分：一曰初吉（初一至初七或初八）《诗·小雅·小明》：“二月初吉”，毛传：“初吉，朔日也”（朔日：吉祥）；二曰既生魄（初七或初八至十五或十六）；三曰既望（十五或十六至二十二或二十三）；四曰既死魄（二十二或二十三至二十九或三十）《逸周书·世俘》云：“维一月丙午，旁生魄……二月，既死魄。”此外，“哉生魄”指初八，“哉死魄”指二十三。

以上是作为天象的“月”所记录或反映的文化含义。

歲　星名。古人迳称为“岁”或岁星，岁星即木星。《说文·步部》云：“岁，木星也。越历二十八宿，宣徧阴阳，十二月一次。从步戌声。律历书名五星为五步。”

许氏说解，是讲天文、历法的。岁星是太阳系五大行星（金木水火土）之一。古人为了观测日、月、星的运行，以“黄道”（即从地球上观太阳一年中运行的轨道）附近的二十八个恒星群为标志（即二十八宿），当岁星行经黄道环绕周天，这就是许氏所说的“越历二十八宿”；古人又把黄道附近的一周天，分为 12 等份，由西向东名曰：星纪、玄枵（xiāo）、娵訾（zōuzī）、降娄、大梁、实沈、鹑首、鹑火、鹑尾、寿星、大火、析木十二次，因为岁星在星空中绕行一周约 12 年。从地球上看，每年行一次，这就是许氏所说“十二月一次”。古人观测到岁星的运行是有规律的，即每年运行一个天次，所以可以用来纪年。岁星如果运行到某次，就叫“岁在某某”。《左传·襄公三十年》云：“于是岁在降娄。”又《国语·晋语》云：“君之行也，岁在大火。”这就是所谓“岁星纪年法”。

年　甲骨金文均作形，从禾从人，会意为人背着成熟的禾谷，表示收成。《说文·禾部》：“年，谷熟也。”所以，“年”的概念，最初大约是由于庄稼成熟而形成的。如果说“禾成熟”是春耕、夏耘、秋收、冬藏的周期，那就是地球围绕太阳一周的时间，现代叫作“太阳年”。一个太阳年的周期约为 365.25 日，为了计算方便，就在三个“平年”（354 日）后，置一个闰年（366 日）。《尚书·尧典》：“朞（一周年）三百六十六日。”这种计算方法，是以太阳年为单位的，故称“太阳历”，简称“阳历”。如果按朔望月为单位计算，一个月约为 29.5 日。为计算方便起见，平年 12 个月，以 30 日为大月，以 29 日为小月，一年中有 6 个大月，6 个小月，共为 354 日。因为月亮古称“太阴”，故这种纪日方法叫“太阴历”，简称“阴历”。

岁和年的概念是不同的。“岁”，表示从今年的某个节气（如冬至）到明年同一节气之间的时间：“年”，则表示自今年的正月初一到明年正月初一之间的时间。所以，岁和年是有分工的。《周礼·春官·大史》云：“正岁年以序事。”此岁、年并举，表示义同，意思是“修正岁年的时差，制定历日次序的事情”。

閏　指闰月之年，也属于古代历法问题。《说文·王部》：“闰，余分之月，五岁再闰。……”由于中国古代采用了“阴阳合历”。“阳历”以太阳为准，地球环绕太阳公转一周为一岁，365.25 日；而“阴历”以太阴为准，月球围绕地球时一圆一缺为 1 个月，29.5 日，12 个月为 1 年，只有 354 日。阳历比阴历多出 11.25 日。这样，就会造成阴历和阳历的错乱，而季节、时令是随着太阳的运行而变化的。如果单纯以月之晦朔为准，则每年的季节、时令势必要逐年比前一年后移 11.25 天，致使农业阴历的春天不开花，秋日不结果的危害。所以，为解决阴历与阳历、历法与季节时令的矛盾，古人采取“置闰”的办法，把每年阳历比阴历多出的 11.25 日累计起来，待几年后积累成 1 个月左右，置一闰月。这就是许氏所谓“余分之月”。《谷梁传》云：“闰月者，附月之余日也，积分而成于月者也。”闰月一般是 29 日或 30 日；闰月一般是加到“平年”（354 日）中的；被加进闰月的年份叫“闰月年”（383 日或 384 日）。起初是 3 个平年闰 1 个月，但这样还余 4.75 日，于是采取五年闰两次，这就是许氏所谓的“五岁再闰”。五年二闰还有余日，所以后来又采用十九年七闰的办法。于是解决了阴阳历的矛盾，置闰的方法也越来越精密。因此，闰或置闰反映了我国古代历法科学的文化成就。

而“闰”字的构形，之所以“从王在门中”，正是古代一种社会习俗的形象映现。古代每年秋冬之际，天子要举行“告朔之礼”。这时“天子居宗庙”里，把来年的历书颁发给各诸侯王，按《周礼》，天子“闰月居门中，终月也”。即闰月时天子（王）要住在门里，直到月末，所以“从王在门中”。

工　《说文》训为“巧饰也。象人有规矩。”段注：“饰、拭，古今字。……巧饰者，谓如⿰巾憂（dūn）人施广领大袖以仰涂而领袖不污是也。惟熟于规矩乃能如是。引申之，凡善其事曰工。”张舜徽认为：“工，乃涂饰之器，象形。”陆宗达说：“即工为一切方圆的法度”，即木工用以画直线的工具。

巨　《说文·工部》云：“规巨也。从工，象用手持之。榘，巨或从木矢。矢者，其中正也。𠃑𠂆正古文巨。”金文巨或作[illegible]或[illegible]、[illegible]，从口工或象人持巨之形。工与巨本为一字，后分化为二：工，即曲尺（矩）之象形；巨加口以区别，象人以手持工（矩）。后来人、工分开，手的一部分⊃却附在工上变成巨。因“夫”（人之象形）与“矢”形近，故隶变讹作

"从矢、巨声"，人持工之意遂失。小篆之巨或是亚省，或是𢀜之省，至于"巨"的异体字"榘"乃"从木矩声"的晚出字。因此，巨是木工所用的曲尺工具，陆宗达说："规巨就是法度……纵横折矩为'勾''股'。"所以，"巨"字记载了我国古代数学用以计算的工具和方法。

在医学方面，春秋是中国医学的发生期。虽然那个时代的医学资料遗存不多，而且散在一些古籍中，却也出现了一些无愧于中国古代医学技术高度发展的甚至是不可逾越的举世名医，诸如世传春秋时期能够使人起死回生的扁鹊就是中国方剂学的鼻祖，是中国最早的名医；还有秦国的名医医缓、医和；东汉末年世界上第一个发明全身麻醉药并施行剖腹手术的杰出医学家华佗等。同时，1973 年在长沙马王堆三号汉墓中发现的多种医书，这和晚于这些医书的世传的保存在《汉书·艺文志》中的《内经·素问》，都是我国宝贵的医学文化遗产，为中国医学的发展提供了许多极为珍贵的资料。有关人体、经络、病症、治疗、针灸、草药等，也保留在某些汉字中。举些汉字来看：

腠　指人皮肤上的纹理，引申为皮下与肌肉之间的空隙。《仪礼·乡射礼》："宾俎脊胁肩肺，主人俎脊胁臂肺皆离。肺皆离，皆右体也，进腠。"郑玄注："腠，理也。"腠理，中医指皮下与肌肉之间的组织。《韩非子·喻老篇》："扁鹊曰：'君有疾在腠理，不治将恐深。'"可证。

膏　《说文》训"肥也"。心尖的脂肪叫膏。古代中医称人的心脏下部为膏。《左传·成公十年》云"居肓之上，膏之下"。杜预注："心下为膏。"

肓　古代医学家指心脏与膈膜之间。《说文》："肓，心上鬲下也。……《春秋传》曰：'病在肓之下'"，段注：本作"心下鬲上也"，并注："'上''下'各本互讹……今依《左传音义》正……鬲上肓，肓上膏，膏上心。"所以，膏肓的部位，是在心脏之下，横膈膜之上。因而所谓"肓"即指心脏和膈膜之间，所谓"病入膏肓"就是病得无法救治了，《左传·成公十年》云："公疾病，求医于秦。秦伯使医缓为之。……医缓至曰：'疾不可为也。在肓之上，膏之下。攻之不可，达（杜注：针也）之不及，药不至焉。不可为也'。"这段话记述的是晋侯獳（nòu）的病情严重和秦国名医医缓的诊断。其中的"肓"字，杜预注："鬲也。"所谓"鬲"，即横膈膜的"膈"，指人腹内两腔膈上的薄膜叫肓。《内经·素问》："肓之原地臍（qì）下。"又"膻（shān）中"。膻中，中医学名词，即人胸腹间横膈膜。膜，《说文》："肉间胲膜也"，即上述所说的膏肓的部位。古代又有"内脏以鬲为界"之说，鬲上心肺等是清洁的，鬲下胃肠等是污浊的。这就是鬲膜遮蔽浊气的说法。《素问·灵兰秘典论》："膻中者，臣使之官，善乐出焉。"王冰注："膻中者，在胸中两乳间，为气之海。"可见，古人对人体内脏"膏肓"部位的精辟分析，说明我国远在秦代先民就已经掌握了人体生理组织，显示出的医学文化水平。

醫　金文作[古文字]，从医、从殳、从酉。从医，表示装矢的箭袋子；从殳，表示被兵器击伤；酉是酒的本字，即用以治病之物。三者会意为以酒类之物治疗武器击伤之处。《说文》："醫，治病工也。……酒，所以治病也。《周礼》有医酒。古者巫彭初作医。"许慎释医为治病的人，此乃引申义也。医的本义是治疗。《周礼·天官·医师》："聚毒药以共（供）医事"，可证。酒是最早的兴奋剂和麻醉剂。故，《汉书》称为"百药之长"。从最初单纯用酒治病，发展到后来制造药酒，足以证明酒在医药发展史上的重要地位。"醫"字反映了上古时以酒类之物治疗兵器之伤的史实。一说，医，从匚，从矢，本义是盛箭的器具，这是就古"医"字而言的。就繁体"醫"字则非也。

砭　指锐利的石针。即古代治病刺穴位用的石针，《素问·异法方宜论》："其病皆为癰瘍，其治宜砭石。"王冰注："砭石谓以石为针也。"又指用石针刺穴位治病。《说文》："砭，以石刺病也。"即用石针刺穴位治病。《新唐书·则天武皇后传》云："帝头眩不能视，侍医张六仲、秦鸣鹤曰：'风上逆，砭头血可愈。'"可证古代治病用的石针也叫砭。《战国策·秦策二》："扁鹊怒而投其石"，高诱注："石，砭；所以砭，弹臃肿也。"这是说砭治的病类。《汉书·艺文志》："而用度箴石汤火所施"，颜师古注："石谓砭石，即石箴也。古者有病则有砭，今其术绝矣。"可见，砭字反映了我国在新石器时代就发明了针刺疗法。

殷　甲骨文作[古文字]，金文作[古文字]，正反无别。于省吾说："殷字从身从支，象人患腹疾用按摩器以治疗之。"左民安说："左边站着一个挺腹的人，右边一只手拿着一根针往人身上刺，表示医治之意。"本义是治疗（病症），引申为正定。《尚书·尧典》："以殷仲春。"从字形来看，殷字反映了古代用针刺方法治病的景象。

蠱　甲骨文作[古文字]，从虫从皿，象皿中有虫之貌。古人认为是腹内中

图 418　河姆渡遗址出土的蚕纹象牙雕小蛊

(zhòng) 虫食之毒。《说文》云："蛊，腹中(zhòng) 虫也。"段注曰："腹中虫者，谓腹内中虫食之毒也。"这是引申义。最初是指"陈谷中所生之虫"，叫蠱（见图 418)。《左传·昭公元年》："于文，皿虫为蛊，谷之飞亦为蛊。"杜注："皿，器也。器受虫害者为蛊，谷久积则变为飞虫，名曰蛊。"《尔雅·释器》云："康谓之蛊"，邢昺疏："康，米皮也。一名蛊。"汉王充《论衡·商虫》亦云："谷虫曰蛊，蛊若蛾矣。粟米饐热生蛊。"故蛊引申为"腹中虫"，即害人之毒虫。所以《周礼·秋官·庶氏》云："庶氏掌除毒蛊。"郑玄注："毒蛊，虫物而病害人者。《贼律》曰：'敢蛊人及教令者，弃市'。"这说明蛊是一种人工培育的毒虫，通过饮食患病，无不吐血而死。秦汉之前已有畜养蛊害人者。至于说晋侯"是谓近女室疾，如蛊"。等妖蛊、蛊媚、巫蛊等皆有"诱惑、欺骗"之意。故生活中常用蛊惑一词。由于人们不明蛊为病症，从皿代表食物之意，对蛊字做了一些穿凿附会的解释。

瘛（chì）　《说文·疒部》云："小儿瘛瘲"，师古云："即今痼病。"亦即小儿痉挛，抽搐，俗称"抽风"。《素问·玉机真藏论》："病筋脉相引而急，病名曰瘛。"治疗小儿抽风病，可参之马王堆三号汉墓出土的《五十二病方》"婴儿瘛"条，俱言其症状和治疗方法。

藥　能够治病的植物，后来泛指可治病之物。《说文》云："药，治病艸。"《玉篇》："药，《说文》曰：'治疾之草总名。'"《周礼·天官·疾医》云："以五味、五谷、五药养其病。"郑玄注："五药，草、木、虫、石、谷也。"《神仙传·刘根》："草木诸药，能治百病。"

治病之草之所以名曰"藥"，是来源于芍药之"药"，并含有"调和"之意。据马王堆三号汉墓出土的《五十二病方》云："屑勺药，以□半杯，以三指大捽（zuó）饮之。"句中有"芍药"一词，且知无疑是指药草。可见，汉代之前已有芍药，芍药可作调和饮料的佐料。从而我们能了解药草与食物的关系。中医所用之姜、桂、乌梅和黄芪等，既可用为药物的调和，也可用为食物的调和。食物的调和叫"厤"，治病草的调和叫"药"。药具调和之意，还可以"剂"字为证。今中医所开处方称每付药为一剂，古医书作"齐"。"齐"有约束、限定之意，故齐指多少味药物及每味药数量的总和。《周礼·天官》之“酒齐”“酱齐”“饮齐”均指制作成的饮食的品物和数量，是配药和配制食物同名。《五十二病方》常常把搅拌药物叫“和”，就是“调和”之意。此犹今之称煎中药时，将所用水量和药剂加以搅和均匀，亦即调和之义。[①]

药与藥，音同而形义有别：药，即白芷，俗称“香草”其根入药；藥，才是治病的药草总名，简化后合并为药。

七　从汉字看中国古代社会的等级差别

由于原始社会渔猎、农牧、陶织经济的发展，生产的物质逐渐地多了起来，除了氏族部落成员们生活消费之外，尚有剩余，于是就产生了贫与富、公与私的差别和阶级的分化。这种差别和分化的由来时代久远。这从远古的墓葬可以看出。1977 年于河南新郑县多处遗址中的裴李岗遗址发现了早在大约公元前 5500—前 4900 年的裴李岗文化。在氏族墓地发现 114 座墓穴都是呈长方形的浅竖穴。除了一座是两人合葬外，其他的都是单人葬。但死者都有随葬的陶器制品或其他物品，少的 1 件，多的有 14 件，贫与富的区别已经显示出来。而裴李岗文化是我们已知的华北地区最早的新石器时代文化。[②]

1959 年在山东泰安县大汶口遗址，发掘出在公元前 2800—前 2500 年大汶口晚期墓葬群。墓葬排列的集中和分散，反映出氏族之间的亲疏关系。男女合葬的比重，越到后期越多，可能是父权制度确立后的夫妻合葬或妻妾的殉葬；还有一种厚葬墓是专门为保护氏族利益而死的人使用的。随葬品的多寡越到后期越加悬殊，而且男人多生产工具，女人则多是纺轮。证明“男耕女织”的社会分工已经确立。随葬猪下颚骨是当时的风尚，“猪颚骨”的多少成为衡量财富占有的标尺。随葬的“獐牙勾形器”则是权力和地位的象征。表明大汶口文化晚期，不仅已经出现了严重的贫富分化，而且孕育着等级的差异和阶级的萌芽。[③] 说明原始氏族社会已经逐渐走向解体而代之以奴隶社会的即将出现。

作为社会发展到一定阶段产物的汉字，必然要反映人类社会实际生

---

① 见陆宗达《说文解字通论》，第 185、188、191 页。

② 见赵向标《图文中国通史》，第 19 页。

③ 同上书，第 32 页。

活的各个方面。在人类社会发展的不同阶段，由于人与人的社会关系及其各自所处的政治、经济地位不同，必然会产生不同的社会制度和不同的生产关系。而社会制度和生产关系的发展变化，也必然要在同期的文字上反映出来。

贫　缺少钱财，即缺吃少穿。《说文·贝部》云："贫，财分少也。从贝，从分，分亦声。"从贝，表示财物；从分声，含有"分散"之意。财物分散了，每份必少，故曰贫。《尚书·洪范》："六极……四曰贫。"孔传曰："困于财。"《庄子·让王》云："无财谓之贫。"贫与富相对。

富　金文作，从宀，畐声。从宀表示家庭；畐，甲骨文作，象容器之形。《说文》云："富，满也。从高省，象高厚之形。"所以《说文》又云："富，备也。一曰厚也。"故"富"字含有财物丰厚之意，《易·系辞上》云："富有之谓大业"，韩康伯注："广大悉备，故曰富有。"又《庄子·天地》："有万不同之谓富。"《礼记·曲礼下》云："大飨不问卜，不饶富。"郑玄注："富之言备也，备而已，勿多于礼也。"这是说，富当来之正道。《论语·述而》说："不义而富且贵，于我如浮云。"孔子向人们阐明了富之有道之理，以警示不择手段致富之徒。

后　甲骨文毓作（前 1.35），（前 2.25.3），左上侧是人，右下角是倒子形。王国维谓像妇女产子之形。生育是母性的本能，在母系社会时代，人们知母不知父，所以母氏成为部落的主宰和最高统治者。郭沫若说："后当是母权时代女性酋长之称，……母氏最高之德业为毓，故以毓称之也。"（见郭氏《卜辞通纂》247 页）金文作（《商尊》）。《说文》云："后，继体君也。像人之形。施令以告四方，故厂之，从一、口。发号者，是后也。"按：本指被选为部落联盟首领的继承人。氏族社会没有阶级压迫，首领都是推选的。传说中的五帝就是这样选出的部落联盟的首领。禹死后，部落推选出部落联盟的首领本来是"后益"，但三年后，后益禅让给禹的儿子启。于是启做了禹的继承人，称为"夏后氏"，建立了国家，向奴隶社会过渡。却遭到了代表旧势力的有扈氏的反抗。《尚书·甘誓》记载有夏后氏启讨伐有扈氏的战事："用命，赏于祖；弗用命，戮于社。"祖，标志着家天下；社，反映了土地私有。祖和社，就是启所建立的暴力统治。那么，何以知道"继体君也"就是部落联盟首领的继承人呢？段注云："后之言後也，开创之君在先，继体之君在後也。”《尔雅·释诂》云：“后，君也。”后，从人从口，指人以口发号司令。《易·姤》：“后以施诰四方也。”《楚辞·离骚》云：“昔三后之纯粹兮，固众芳之所在”，王逸注：“后，君也，谓禹、汤、文王也。”《左传·僖公三十年》亦云：“其南陵，夏后皋之墓也。”（夏后：夏的国君。皋：人名，是夏桀的祖父。）后来，后又指王后或皇后，《礼记·曲礼下》：“天子之妃曰后”，郭氏说：“毓字变为后，后义后，限用于王妃，亦犹其音义之孑遗矣。”又《后汉书·郭皇后纪》：“后叔父梁，早终。”总之，后，均指有地位、有权势，能够发令治人之人。

帝　甲骨文作（粹 1128）、（甲 779）等诸形，本是花蒂之帝。甲骨文用为天帝之帝，即居于一切之上的主宰者，亦即上帝。关于帝字的卜辞，多至几百片，主要内容有三：（1）支配自然界，如风、雨、雷、电；（2）给人间授福降祸，如年成、灾害；（3）人间的所作所为，实则商王之所作所为要上帝允许，如建筑、祭祀、战争等。因此，上古把上帝视为宇宙的创造者和主宰者。《礼记·孔子闲居》注：“帝，天帝也。”《荀子·强国》注：“帝，天神也。”上帝有至高无上的权力，于是天上有上帝、天帝、玉皇大帝，人间便有“三皇五帝”。因为“帝”是至高无上的权力的象征，后世就有殷商晚期的帝乙、帝辛，秦代的嬴政自称始皇帝。由此历代相因一直到清朝都称“皇帝”，并自命天子等，此借天神之力以巩固私有的“家天下”的世袭制度，维护独尊而统治万民。皇帝是最高的一国权利的象征和统治者。正如《说文》所言：“帝，王天下之号也。”《左传·僖公二十五年》：“今之王，古之帝也。”现在国外仍有以其版图大或拥有殖民地之国家称帝者，如“大英帝国”等。

君　甲骨文作（后下 13.2），从口，尹声。从口，表示发号施令；尹声的“尹”，本为手执笔之形，含有治理之意；从口，反映出君者独秉大权发号施令之意。《说文》：“君，尊也。从尹，发号，故从口。，古文象君坐之形。”段注：“君，治也。尹亦声。”君是古代国家最高的统治者，身份地位尊贵。古代行“亲亲”（家族以父家为中心）、“尊尊”文化之礼。故许说“君，尊也”。但是在上古时期，君是大夫以上据有土地的各级统治者的通称。《仪礼·丧服》：“君，至尊也。”郑玄注：“天子，诸侯及卿大夫有土地者皆曰君。”首先称帝王，《礼记·表记》：“以敬事其君长”，孔颖达疏：“君谓天子。”其次称“诸侯”，《诗·大雅·假乐》

云："穆穆黄黄，宜君宜王"，孔颖达疏："君则诸侯也。"又《国语·周语上》："夫事君者，险而不怼"，韦昭注："君，诸侯也。"再次称大夫。清顾炎武《日知录》卷二十四："《春秋传》中……亦有卿大夫称为君者，庄十一年楚斗廉语屈瑕曰：'君次于郊郢，以御四邑。'襄二十五年：郑子产对晋士庄伯曰：'成公播荡，又我之自入，君所知也。'"此皆指大夫。

王　甲骨文作（乙3.217）、（乙3380）、（甲3358）、（前1.2.2）等演进之形，金文作（《小臣系卣》）、（《盂鼎》）。王之构形，甲骨金文各时期形体有别，故学者各据一形，众说纷纭。《说文》云："王，天下所归往也。董仲舒曰：'古之造文者，三画而连其中谓之王。三者，天、地、人也。而叁通之者，王也。'孔子曰：'一贯三为王。'"吴大澂认为"王"象地中火喷出之形；董作宾说，祖甲时造王字运用了联想字下面一横本为地，上面加一横代表天，作，让王字"顶天立地"，以示王之尊严。徐中舒认为象人端拱而坐之形；吴其昌、林沄则认为王在造字之初为斧钺之形，当是。

《说文》是据后起篆书字形为说，非王之本义；所引两家之说，亦不符"王"造字本义。甲骨文"王"字"横不定三画，竖亦不定为一"，故其说不确。赵诚释作"象无柄的斧钺，即斧钺之头刃，朝下放置之形，以象征权利"。结合初期甲骨金文之形看，比较符合"王"之本义，因为古代武力可以征服一切，用斧钺来表示王者身份和权势，接近情理。可见，王，本当指帝王，即古代最高统治者之称。秦嬴政以后改称"皇帝"。《尔雅·释诂》："王，君也。"又《六书故·疑》进一步说："王，有天下曰王。帝与王，一也。"《左传·僖公二十五年》："今之王，古之帝也。"《诗·小雅·北山》："溥天之下，莫非王土；率土之滨，莫非王臣。"均可为证。但秦汉以后改称皇帝，"王"便成为最高封爵。《六书故·疑》云："周衰，列国皆僭越名分和规定号自王。秦有天下，遂自尊为皇帝。汉有天下，因秦制称帝，封同姓为王，名始乱矣。"王，便指诸侯王。《正字通·玉部》："天子伯叔兄弟分封于外者亦曰王。"《汉书·百官公卿表上》："诸侯王，高帝初置。"王，由最高之称降为诸侯之称。

侯　甲骨文作，从厂，从矢。会意。厂，象张布之形，即箭靶子；矢是箭头。射箭与人有关，故小篆在上面加了一个屈身的人，作。故侯字的本义是箭靶（见图 419）。清徐灏《说文注笺》云："侯制以布为之，其中射鹄，以革为之，所射之的也。"《诗·齐风·猗嗟》："终日射侯，不出正兮"，朱熹注："侯，张布而射之者也（图 418：侯）。大射则张皮侯而射鹄，宾射则张布而射正（正：靶的中心）。"《周礼·天官·司裘》云："天子大射则共虎侯、熊侯、豹侯，射其鹄；诸侯则熊侯、豹侯；卿大夫则共麋侯：皆射其鹄。"郑司农曰："方十尺曰侯，四尺曰鹄。"这是讲"侯""鹄"的各自尺寸之大小。《小尔雅·广器》则云："射有张布谓之侯。侯中者谓之鹄；鹄中者谓之正。正，方二尺；正中者谓之槷（槷：箭靶的中心），槷方六寸。"侯，又借指古代所设五等爵位的第二位。《周礼·王制》："王者之制禄爵，公、侯、伯、子、男，凡五等。"（图 420[①]：古代社会等级图）后来通称掌权者。《史记·陈涉世家》："王侯将相宁有种乎？"可证。

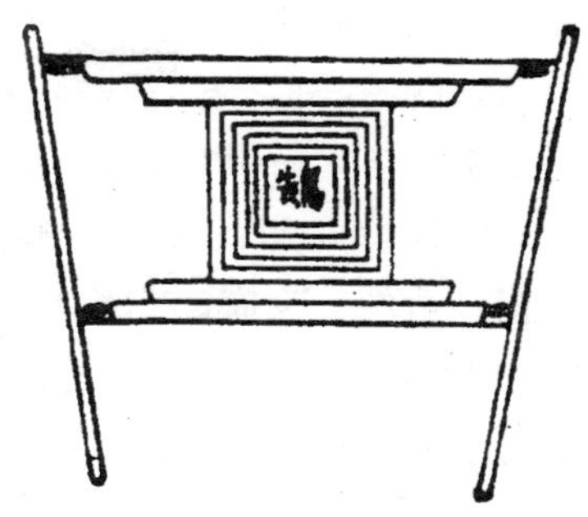

图 419 侯

卿　甲骨文作□（前 4.21.5.5），象二人相向就饮食之形。卿是饗的初文，本义是飨食。假借为古之公卿之卿。《说文·卯部》："卿，章也。六卿：天官冢宰，地官司徒，春官宗伯，夏官司马，秋官司寇，冬官司空。"段注："此以叠韵为训。《白虎通》曰：'卿之为言章也。章，善明理也。'周礼之六卿，《周礼》：即'治官之属，太宰卿一人；教官之属，大司徒卿一人；礼官之属，大宗伯卿一人；政官之属，大司马卿一人；刑官之属，大司寇一人；其一则事官之属，大司空卿一人也。'"卿，借作官名，指古代天子及

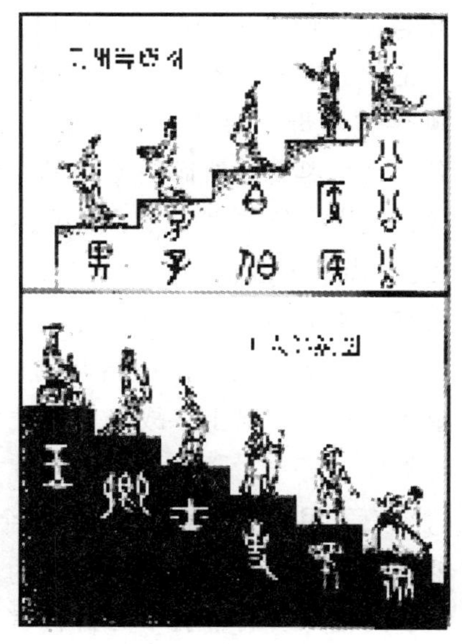

图 420　古代社会等级图

① 图 419 选自牟作武《中国古代文字的起源》。

诸侯所属的高级官员之称呼。始于夏代初。《尚书·甘誓》："大战于甘，乃召六卿。"即《邾公釸钟》："用乐我嘉宾，乃我正卿。"又《左传·庄公二十二年》云："五世其昌，并于正卿（正卿：上卿）。"

汉代设九卿，汉置正卿有太常、光禄、太仆、卫尉、延尉、鸿胪、宗正、司农、少府。北魏在正卿之下还设少卿。《国语·楚语上》云："晋卿不若楚，其大夫则贤，其大夫皆卿才也。"又《礼记·王制》："诸侯之上大夫卿，下大夫，上士，中士，下士，凡五等。"郑玄注："上大夫曰卿。"后世历代相沿袭，直至清末始废。

士 《说文》："事也。数始于一，终于十。从一从十。孔子曰：'推十合一为士。'"按许说，士是会意字，由一与十组成。"一"是数中个位最小的，"十"则是个位数中最大的数，会意为学一知十的人是聪明有能力的，故"士"指能事其事之人。可以讲得通。但是，金文"士"作，既不从十（金文十作），也不从一。许氏据小篆之形界说，虽通，恐非是。就"士"最早的金文之象，疑为斧钺之形，与"王"之形相类，是权利的象征。故为职官名。《貉子卣》："王令士道归（餽）貉子鹿三。"又《礼记·王制》云："诸侯之上大夫卿、下大夫、上士、中士、下士凡五等。"《尚书·尧典》："帝曰：'皋陶、蛮夷猾夏，寇贼奸宄（guǐ），汝作士，五刑有服。'"传："士，理官也。"理官即刑官。又《管子·八观》："卿母长游，里母士舍。"注："士，谓邑宰也。"总之，士为职官名，文献习见。然而铭文中的"士道"属于哪一种士？则尚待研究。古代也泛指一般之官。《子璋钟》："用乐父兄者（诸）士。"诸士犹言百官。《尚书·多士》孔颖达疏："士者，在官之总号，故言士也。"《诗·大雅·文王》："济济多士，文王以宁。"均是其证。现当代军中有士官、上士、下士、卫士；还指具有一技之长者、骑士、斗士、武士、画士、拳士、护士、谋士、战士、医士、将士、烈士，学位有学士、硕士、博士等。

吏 甲骨文作（甲40），金文作（《盂鼎》），甲骨金文"吏"的形体无别，皆为手持捕捉禽兽的长柄干形，会意为掌握狩猎之器或记录猎获物之人。后来引申为古代官员的通称：春秋以前指一切大小官员的通称；战国以后只指低级官员之称。《说文》云"吏，治人者也"。恰是引申义。且《说文》说"从一，从史"实误，古文字"吏、事、史"本为一字，后分化为三，实本义相类。比方狩猎在原始社会是人类生活中的大事情。既是大事，就要有组织者和管理者。所以这三字属于同源分化字，其引申义应该是相同的，即指官员。《利簋》："易（赐）又（有）事利金。"（有事利：官名），《左传·成公二年》："王使委于三吏"（三吏：指三公：司徒、司马、司空）。又《国语·周语上》："百吏庶民"，韦昭注："百吏，百官也。"李斯《谏逐客书》："吾闻吏议逐客。"（吏：指朝廷大臣们。）此乃指春秋以前，"吏"指大小官员；战国以后，则指低级官员。《战国策·齐策》："王曰：'善'，乃下令：群臣吏民，能面刺寡人者，受上赏。"又《史记·滑稽列传》："（西门豹）即使吏卒共抱大巫妪投之河中。"均是其证。

以上，我们举述了不同历史时期的不同等级的统治者。可见等级差别森严。随着氏族社会的解体，阶级社会的开始，统治者为了巩固自己的统治地位，维护他们自身既得的权益，便对贫穷的臣民百姓进行剥削与压迫，形成了严重的贫与富、官与民的阶级对立。作为阶级对立的另一方则是被奴役，被剥削、被压迫、被统治的人们。

女　甲骨文作，象形表意字。象侧立俯首敛手曲膝而跪之形，表示女子"温顺服从"之意。反映出"女"字产生在母系社会已经解体，父系社会已经开始的时代，女人的社会地位极为低下。《说文·女部》："女，妇人也。象形。"段注："男，丈夫；女，妇人。"《易·序卦》云："有天地，然后有万物；有万物，然后有男女；有男女，然后有夫妇。"唐代张籍《离妇》诗云："为人莫作女，作女实难为。"反映出在父系社会，男人掌握经济大权，女人只从事家务，身份地位低微，受制于男人。许、段二氏以妇训女，妇又可训为服，服有服从，服役之义。所以陆宗达说："从语言角度看，女字古音奴（《三体石经》'怒'古文作。女、奴同音），则女即古奴隶的奴字。"① 此说可从。

始　金文作或，从女从厶，会意字；加"口"繁化，从女，台（yǐ）声。《说文》训曰："始，女之初也。从女，台声。"从女，意谓女能生子；台是以的古文，取作始的声符。故始的本义是生孩子。《易·乾卦》："大哉乾元，万物资始。"（乾元，指天）许氏所谓"女之初"，便是生育人类的本能之意。生，为一切事物之始。"女之初"，说明女性是人类的始祖，神话"女娲造人"之说可证，还有人类社会最早出现的是

① 见陆宗达《说文解字通论》，第208页。

母系氏族社会亦可证。故始字源于女性生殖义。故以始字具有开端、起始、开始等引申义，《老子》：“千里之行，始于足下。”始字便成为万事万物伊始的专用字。始字的由来彰显出深远的文化含义，映现了中国古代人类社会发展的踪迹。

姓　甲骨文作或，从女、从生，会意。金文作，从人，从生。从人与从女意思相通。姓字，最早见于秦刻石《诅楚文》，意谓女人所生为姓，生而有姓。但远古时代，姓与氏标志着族别和血缘关系，是有区别的，是分开使用的。在母系氏族社会，都从母姓，姓起于女系，故从女；氏起于男系，即男子称氏。《通志·氏族略序》云：“三代（指夏、商、周）之前，姓、氏分用为二，男子称氏，妇人称姓。氏所以别贵贱，贵者有氏，贱者有姓无氏。”这后三句话，说明人类不是一开始就有姓的，姓是后赐的。《左传·隐公八年》说：“天资建德，因生以赐姓。”故姓字从生。生，表示人的出生。生要靠女人，所以“女”字则表示人生的由来。《说文》云：“姓，人所生也。”可见，姓字的最初的文化含义就是女人生孩子（见“始”字条）。这是女性的本能。因此，从女、从生的姓字，记载并反映了先民群婚的文化习俗。所谓群婚习俗，先民建立以氏族母性的族外婚，禁止族内男女婚配。即一个族内女人可以同时跟外族许多男子保持婚配关系。这种群婚制的结果，使孩子只知其母不知其父，保持母亲的血统，跟母亲姓。直到现代，“姓”字仍保持着“家族”的文化含义，中国的姬、姒、妊、妫等古姓，都是母系氏族社会“姓”的遗存。

氏　甲骨文作像人臂提物，金文作，小篆作，手提之物升到臂中间；人形变异，变为线条拉长，成为一横，失去人形。氏是“提”的古字，二字音近；氏与提古为一字，氏含“根基”义。手提物下坠，故又与低、底义近。故本义是根底，姓氏之“氏”是假借。最早是贵族作为宗族系统的称号。上古时，同姓贵族的分支叫“氏”，如春秋时期掌握鲁国朝政的孟孙氏、叔孙氏和季孙氏三大家族。古代史上，氏曾是男性氏族酋长的标记；而氏族酋长的产生又往往跟土地、权利分配相关，故常常以氏称古代传说中的地名、国名、朝代和人物。如炎帝的后代以封地称吕氏、申氏、许氏、封氏、高氏、崔氏、卢氏等，又神农氏、伏羲氏、夏后氏等。在学者姓后加氏表示尊重。如左氏（左丘明）、许氏

（许慎）、段氏（段玉裁）。旧时，对已婚妇女也称氏，如《左传·隐公元年》中的“姜氏”。古代对少数民族支系也称氏，如鲜卑族就有慕容氏、拓跋氏、宇文氏。东周以后，“男称氏，女称姓”的界限逐渐消失，氏变为姓。汉代不论男女都称姓，于是姓氏无别，开始了“姓氏合一”的局面，直至现当代。

奴　甲骨文作（新3013），从女，从又。从女，表示女人；从又，表手。会意为以手操作之女人，古时罪人入官供役使者叫“奴”。《说文》：“奴，奴婢。皆古之罪人也。”《周礼·秋官·司历》云“其奴，男子入于罪隶，女子入于舂稾”，郑玄注：引郑司农曰：“今之为奴婢，古之罪人也。……奴，从坐（定罪）而没入县官者，男女同名。”即奴隶。（舂稾：指女奴所从事的家务劳动。舂，即捣米；稾，即烧柴做饭。）《史记·季布列传》有：“布为人所略卖，为奴于燕。”（略卖即掠卖。）又《汉书·食货志下》：“私铸作泉布者，与妻子没入为官奴婢。”后来多指男性为奴。

奴隶的来源，依陆宗达说①，有三：（1）氏族社会末期用女儿作抵债，即奴婢。根据是：奴字分化为“帑”。《说文》：“帑，金币所藏也。”《诗经》有“乐尔妻帑”，毛传：“帑，子也。”由此可知女儿与抵债有关。（2）战争的俘虏。俘虏包括掠夺来的非作战的男俘、女俘。在氏族社会时期，男俘或为祭品，或为食品（汉代尚有烹刑，即煮人而食）；女俘则为婢或妾。在奴隶社会，则以男俘为生产工具。（3）本族中的犯罪者。即原为小奴隶主因触犯大奴隶主而变为奴隶。《左传·昭公三年》晋国大夫叔向在向齐国晏婴叙述晋国走上衰败时，原来一些大臣因获罪而灭族，因灭族他们的后代都沦为奴隶，曰：“栾、郤、胥、原、狐、续、庆、伯，降在皂隶。”（皂隶：在官府里担当差役的奴隶。）所以，奴字，是用手掠夺来的俘虏。

臣　甲骨文作（菁3.1），象竖起的一只眼睛之形。金文作（《毛公鼎》），与甲文略同，正反无别。古时下人见主人时必屈身低首，从侧面看，目是竖起来的。《说文》：“臣，牵也。事君也。象屈服之形。”杨树达的《臣牵解》：“臣之所以受义于牵者，盖臣本俘虏之称……因俘人数不一，引之者必以绳索牵之，名其事则曰牵，名其所牵之人则曰臣

① 见陆宗达《说文解字通论》，第463页。

矣。”《周礼·少仪》：“臣则左之”，郑玄注：“臣，谓囚俘。”孔疏：“臣，谓征伐所获民虏者也。”《吴越春秋·勾践入臣外传》：“越王勾践与大夫种、范蠡入臣于吴。”郭沫若《甲骨文字研究》说：“（甲金文）均象一竖目之形，人首俯则目竖，所以‘象屈服之形’者，殆以此也。”可见，臣之本为战俘，又沦之为奴隶、奴仆之称。《广韵·真韵》：“臣，男子贱称。”《尚书·费誓》：“臣妾逋逃”，孔传：“役人贱者，男曰臣，女曰妾。”可见，臣、妾都是奴隶。《周礼·天官·冢宰》云：“八曰臣妾”，郑玄注：“臣妾，男女贫贱之称。”

妾　甲骨文作（粹218），金文作（《克鼎》），甲骨金文“妾”字上面有刑刀，表示有罪受刑；下面是一俯身屈服而跪的女子。《说文》：“妾，有罪女子，给事之得接于君者。从䇂（辛），从女。《春秋传》云：‘女为人妾，妾不娉也。’”于省吾说：“古文字于人物之顶上每加▽、、等形，即䇂字，在人则为头饰，在物则为冠角类之象形。”妾上从或，疑即有罪者之标识。当为女奴隶。《尚书·费誓》：“窃马牛，诱臣妾”，孔传：“诱偷奴婢。”又“臣妾逋逃”，孔传：“役人贱者，男曰臣，女曰妾。”臣妾连用，更见义同。《战国策·赵策三》云：“是使三晋之大臣，不如邹鲁之仆妾也。”（见图421）

图421　妾

童　金文作（《毛公鼎》），这是金文中童字构形最复杂的一个字形，由䇂（辛）、目、东、土四个部件组成。其实，童字应该是从辛东声。从辛，表示有罪，故童字本是有罪为奴的男子。《说文》：“男有罪曰奴，奴曰童，女曰妾。”《易·旅》：“丧其童仆。”童仆连用，其义相同。《汉书·货殖列传》：“童手指千”，师古注引孟康曰：“童，奴婢也。”清代汪中《述学·释童》谓古代奴隶必受髡钳之刑而为奴，髡是剃掉头发，钳是在脖子上戴上铁环。直到已是封建社会的汉代仍有髡钳之刑。《史记·张耳陈余列传》：“逮捕赵王，贯高与客孟舒等十余人，皆自髡钳，称王家奴。”可证。不难见出，童字最初是奴隶之称。后来，专指未成年的奴仆。晋李密《陈情表》：“内无应门五尺之童”，就是指“家童”，还有“书童”“牧童”“童养媳”等。童、妾二字映现了古代沦为奴仆的境况。

民　甲骨文作（乙118），金文作（《盂鼎》），是一锥形之器刺入人左目之象。郭沫若《甲骨文字研究》说：“（周代彝器）作一左目形，而有刃物以刺之。”“周人初以敌囚为民时，乃盲其左目以为奴徵。”意思是说，奴隶主把战俘刺瞎左眼强迫其劳动，使之成为奴隶。称这种瞎了左目的奴隶为民。《说文》：“民，众萌也。[古文]从古文之象。”梁启超《太古及三代载记》说：“因其冥昧，亦谓之民。”自注：“民之本义为奴虏。”萌通氓，故“众萌”可谓“众氓”，氓又与甿同。氓训民，甿可训为田民。田民，即被奴隶主强迫在农田劳动的奴虏。为防其逃，又械其足。见《说文》古文民之形。可见，民字，记载了古代残暴地阶级压迫和奴隶主的残酷统治之罪证。

眾　甲骨文作[甲骨文]（前 7.30.2），金文作[金文]（《昌鼎》），甲骨金文“眾”字方向相反，但正反无别。眾字上面是太阳，下面三个人。三表多，象许多农奴在烈日下劳作之形。全文眾上是“目”表监视奴隶劳动的人。据历史所载，商周时期从事农业劳动的都是奴隶，故谓。《说文》训为“众，多也”。疑非本义，当是引申义。《书·汤誓》：“格，尔众庶，悉听朕言”，“众庶”连用，义同。《诗·周颂·臣工》：“命我眾人，庤乃钱鎛。”（庤：储备；钱鎛：两种农具名，泛指农具。）可见眾字记载了在奴隶社会，奴隶主强迫奴隶们在烈日下从事艰苦的农耕劳作的情形。

奚　甲骨文作[甲骨文]（甲 783），金文篆文形近。从爪，从系，从大，会意。从爪，表示手；从系，是绳索；从大，表示人。会意为一只手用绳索捉来了一个奴隶。《说文》训为“奚，大腹也。从大，[𦃃]省声”，非是。罗振玉认为，奚的本义是罪隶，“故从手持索以拘罪人。其从‘女’者与从‘大’同，《周官》有女奚，犹奴之从女矣。”① 故奚之本义是指女奴隶。《周礼·天官·冢宰》云：“奚三百人”，郑玄注：“……或曰：奚，宦女。”孙诒让《正义》：“《春官·叙官》注云：‘奚，女奴也。’可证”。用手捉住女奴隶，反映古代阶级压迫情况。

妥　甲骨文作[甲骨文]（乙 8722），金文与甲骨文略同。从爪（手），从女，会意。从爪，在跪着的女人之上，显示出制服女奴以求安之像。《汉书·武五子传》云“北州以妥”，《说文》无此字。段注：“妥，安也。”此为通常之说，认为“从爪女，以手抚女有安抚之意”。试问谁以手抚女？又

① 见罗振王《增订殷墟书契考释》，东方学会印本，第 23 页。

为何抚女？字形无以显示，故无据。此虽无文献之佐证，然奴隶主只有制服女奴，才得以安定，道理明矣。否则，被压迫、被虐待者也会反抗。

总之，随着奴隶社会的产生，人类社会必然会出现贫与富、官与民、统治者和被统治者的差别，卜辞中的文字也必然要反映出这些差别。甲骨文、金文的学者之许多著述，已经作了相当完备的解说和文化的阐释，可资参阅。这里仅举数例，以见一斑。

八　从汉字看中国古代社会的残刑酷罚

人类社会有了阶级，就有了阶级压迫。统治者为了维护其统治，采取了各种毒辣的手段，残酷地镇压那些反抗者。如果从“阶级斗争”这一角度来说，中国历史就是一部杀气腾腾、血雨腥风的杀人如麻的血泪史。统治者惨无人道的手段，触目惊心的刑罚，是无所不用其极的。文字是负载社会历史的工具，甲骨金文中的某些象形字或会意字乃至形声字，常常形象地反映了古代社会的阶级压迫的情况，特别是反映了自商代中叶以来的历代商王对广大庶民群众的凶狠的践踏和残忍的刑杀，胜过人间地狱，骇人听闻（见图 422）。

商代文字所见的刑罚

（幸）	幸就是古代的手铐、脚铐
（执）	把双手用“幸”铐起来
	把脚用“幸”铐起来
（圉）	圉就是关人的监狱
	把人活埋在地穴内
（劓）	用刀把鼻子割掉
（伐）	用戈把头砍掉

图 422

尼　甲骨金文无尼字，小篆作，从尸，从匕。匕是人字之反文。像一个人坐在另一个人的脊背之上（依于省吾说）。据于氏考《汉书·叙传》谓汉成帝屏风上有“画纣醉踞妲己”之语，说纣王醉酒之后，伸出两腿盘踞在妲己的背部，即商纣王坐在妇人背部。所以，“尼”字反映了古代人压迫人而践踏人格的历史文化境像。

夰（tào），见《篇海》。甲骨文作（乙 3843），像一个人骑在另一个人的头上（依于省吾说）。于氏据《后汉书·井丹传》：“桀驾人车”之瞿中溶《汉武梁祠堂画像考》说“画夏桀骑在二妇人的背部”，以证汉人所画是有来历的。所以，奊字反映出在阶级社会里，统治者“骑在人头上作威作福”，这句话来形容残暴的阶级压迫的来历和事实。

服　《说文》：“服，用也。从舟，𠬝（fú）声。”许解迂曲，非本义。甲骨文作（一期粹474）或（五期林1.24.5），金文作（周早期《盂鼎》），与前甲骨文相似。就甲骨金文看，左边是一个跪着的人，右边是一只手，表示制服了跪着的人。甲骨文的第二形和金文的左边加了一个“舟”字，表示把被制服的人押上“舟”（船）带走之意。故服的本义当是制服或降服，《韩非子·二柄》有云：“夫虎之所以能服狗者，爪牙也。”引申为服从、驯服、顺服，《论语·为政》：“远人不服而不能来也。”宋王安石《上蒋侍郎书》：“天下之人，孰不惮执事之威名，服执事之德望。”由信服、佩服又引申出从事、服侍，《论语·为政》：“有事，弟子服其劳。”由服侍又引申为衣服、服装。由衣服又引申出穿（衣服），王充《论衡·语增》：“服五彩之服。”由穿又引申为“佩带”，李斯《谏逐客书》：“服太阿之剑。”等等。总之，“服”字含有在阶级社会中统治者用种种手段压服或制服被剥削者的社会现实。

係　甲骨文作（续2.18.7），从人从系，会意。像用绳索捆缚人的颈部。《史记·秦始皇本纪》：“子婴即系颈以组。”捆绑是引申义。《国语·越语上》：“若以越国之罪为不可赦也，将焚宗庙，係妻孥……”

執　甲骨文作（前5.36.4），从幸从人，会意为像人跪着，双手被戴上手铐之状。反映了古代拘捕犯人之像。《说文》：“執，捕罪人也。”《左传·襄公十九年》：“执邾悼公，以其伐我故。”又《韩非子·外储说下》：“卫君欲执孔子，孔子走，弟子皆逃。”可证。

以上几例是反映古代统治者对人身的践踏和蹂躏，这是轻的；严重的是古代刑罚的残酷、种类之多，无所不用其极。刑罚作为一种制度文化，始于商代。其残忍性在上古时代超乎人们的寻常想象。见以下各字：

髡　形声字，剃发之义。《说文》：“髡，剃发也。从髟，兀声。”但髡字，在古代却是一种刑罚。即剃去受刑者的头发。这是由剃发引申出来的引申义。剃去人家头发或胡须，古今都是对人格的侵犯和侮辱。

劓（yì 劓）　甲骨文作（藏250.1），从刀从自。会意为像以刀割去受刑者鼻子之状。《说文》训：“劓，刑鼻也。”《广雅·释诂》训为：“，断也。”王念孙《广雅疏证》：“断鼻曰劓。”故此字，反映了古代一种割去受刑者鼻子的刑罚。见于《周礼·秋官·司刑》："劓罪五百。"《易·睽》："其人天且劓。"陆德明《释文》云："截鼻也。"又《新唐书·吐蕃传上》："其刑虽小罪必抉目，或刖、劓。"均可证。抉目，即剜去眼珠之刑。

天　人的头顶。《说文》："天，颠也。"但在古代，天也是一种带有终身被侮辱的刑罚，即在所谓受刑者的额头上刺字。亦称"墨刑"《集韵·先韵》："天，刑名。黥凿其额曰天。"《易·睽》："见舆曳其牛掣，其人天且劓。"陆德明《释文》云："天，黥也。"《水浒传》中的林冲、杨志等都受过天刑。

刵（èr）　甲骨文作，从刀，从耳，会意为像古代割去受刑者耳朵的一种刑罚。《说文》云："刵，断耳也。从刀，从耳。"《玉篇·刀部》："刵，截耳也。"《书·吕刑》："杀戮无辜，爰始淫为劓、刵、椓、黥。"《新唐书·列女传·楚王灵龟妃上官》："将自劓刵，众遂不敢强。"

刭　甲骨文作，从刀，从首。会意。象以刀砍去受刑者头之意；金文作，与甲骨文相类；小篆作、，失形，变异。《说文》训："刭，刑也。从刀，巠声。"段注云"小罪聅（音chè，以箭穿耳之刑），中罪刖，大罪刭，刭，谓断头也。"《左传·定公四年》："（左司马戍）谓其臣曰：'谁能免吾首？'吴句卑曰：'臣贱，可乎？'……句卑布衣裳，颈而裹之，藏其身，而以其首免。"杜预注："司马已死，颈免其首。"可证。"刭"字记载了古代砍头之刑罚。砍头之"刑"，一直沿用至清代。

剐　甲骨文作，从刀，冎声；金文作，从刀，冎形稍变；承甲骨金文而来，小篆作，本为割肉离骨之意。引申为古代一种残酷的死刑。即用刀一块一块地分割受刑者的肢体，最后再割断他的喉咙致其死亡，即所谓"凌迟处死"。这是处以极刑中最残酷的一种非人道的刑罚，而剐字则记载了这一史实。《古今小说·沈小官一鸟害七命》："张公谋财故杀，屈害平人，依律处斩，加罪凌迟，剐割240刀，分尸五段。"这种死刑（凌迟）一直沿用至清代。

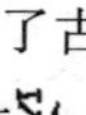

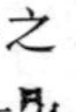

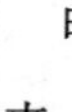

剥　初文作，左边是人，右边是刑刀，中间是手持被剥下带有血滴的一张人皮。而甲骨文作，从刀、从卜，《甲骨文编》说："说文剥字之或体从卜，作。此与之同。"象刀刻卜字之形，是剥的异体字。

剥，甲骨文还作，从刀，从杀。金文作，从刀，从录，小篆作，与金文同。从刀，即有割裂之意，而录有脱落之意。《左传·昭公十二年》："君王命剥圭以为鏚柲。"由此引申为剥皮。《诗·小雅·楚茨》："或剥或亨（烹的本字）。"自然，可以转指剥人皮了，或煮人皮，残酷至极。

醢　从酉，声，为形声字。《说文》训为："醢，肉酱。从酉、。"许氏释为会意有误。本义是肉酱。又，古代有一种把受刑者杀死剁成肉酱的酷刑。《吕氏春秋·行论》云："杀梅伯而醢之，杀鬼侯而脯之。"脯，此指将鬼侯做成肉干。

椓（zhuó）　古代宫刑，也叫"淫刑"即割去男子生殖器。《说文》："椓，击也。从木豖声。"从木，表示用木具枷掉生殖器。又《集韵·觉韵》："斀，《说文》：'去阴之刑也。'"《书·吕刑》（同上）。孔传："截人耳鼻，椓阴黥面。"孔颖达疏："椓阴，即宫刑也……郑玄注：'椓，谓椓破阴。'"割去了生殖器的男性叫椓或阉人。《诗·大雅·召旻》："昏椓靡共，溃溃回遹。"意思是说，被割去生殖器的阉人不再供职，乱施邪辟太猖狂。郑玄笺："昏、椓，皆阉人也。"之所以说椓是宫刑，是因为"椓"字的声旁"豖"，甲骨文作或二形，像猪，但有所不同：前者在猪腹下有一笔跟腹部相连的"丶"，表示没有被阉割生殖器的公猪，叫"豭"，甲骨文也作。《说文》："豭，牡豖也。"而后者猪腹下的一画离开了其腹部，像被阉割去生殖器的公猪，也叫"去势"。故用于人身上就叫"宫刑"。最初，宫刑的对象，是指犯有奸淫之罪的男子和女子。男犯叫"去势"，女犯叫"幽闭"。不论男和女，你的生殖器犯罪，就割去你的生殖器以为报复。后来，宫刑专指对男人。甲骨文有一个字，左为男人生殖器，右是施予宫刑的刑刀，象以刀去势。后世历代，宫廷的太监都受过此刑，但并不是犯罪，帝王们为了护佑其王妃们而采取非人道的一种残酷的统治手段。故"椓"字，记载了历代王宫灭绝人性的历史事实。

刖　甲骨文作（粹 1223）或（前 6. 55. 5），从刀，从肉或从人，从锯，象以刀或锯断人足之状。锯足是古代一种残忍的酷刑。于省吾说，甲骨文中有字……象持锯断人之足。”[1] 刖，从刀、从月（肉），会意为以刀断足。而《说文》训为“刖，绝也。从刀，月声。”意“刖”，为“断绝”，疑非是。考《玉篇·刀部》：“刖，断足也。”《左传·庄公十六年》：“杀公子阏，刖强鉏。”杜预注：“断足为刖。”《韩非子·和氏》：“王以和氏为诳，而刖其左足。”也叫“剕刑”其实，刖刑，周代以前叫“膑”刑。

膑　古代一种剜去膝盖骨使人终身瘫痪的酷刑。《周礼·秋官·司刑》云：“刖罪五百。”郑玄注：“刖，断也。周改膑作刖。”考《玉篇·肉部》：“膑，去膝盖。刑名。”《荀子·正论》：“詈侮捽搏，捶笞膑脚。”（詈 lì，；捽 zuō，揪；搏，手击也；捶、笞，皆杖击也。）又《史记·孙子吴起列传》：“膑至……则以法断其两足而黥之，欲隐勿见。”“断其两足”，即挖去孙膑两腿的膝盖骨，就是膑刑，孙膑由此名膑，刖、膑二字记载了古代统治者为了他们的一己之利而令人终身致残的酷刑。

烹　本指烧煮。见于《左传·昭公二十年》：“以烹鱼肉。”杜预注：“烹，煮也。”引申为古代用鼎镬（大锅）煮人的酷刑。《战国策·赵策三》：“鲁仲连曰：‘然吾将使秦王烹醢梁王。’”《史记·高祖本纪》：“齐王欲烹郦生，东走高密。”又《项羽本纪》云“当此时……项王患之。为高俎，置太公其上，告汉王（指刘邦）曰：‘今不急下，吾烹太公。’汉王曰：‘吾与项羽……约为兄弟，吾翁即若翁。必欲烹而翁，则幸分我一杯羹。’”（急下：赶快投降。太公：刘邦的父亲）均是其证。烹字记载了古代极为残忍的酷刑。

伐　甲骨文作（前 7.15.4），金文跟甲骨文形相似，从戈从人，会意为以戈砍头之象。《说文》：“伐，击也。从人持戈。”不确。击刺，不是本义，而是引申义。均据孔传、郑玄之训而误。李孝定谓象戈刃加于人头，是也。甲文另有（京津 3102），金文有（《父辛觚》），均像以斧钺砍头之状。可为“伐”字记载砍头之意的旁证。砍头之刑一直沿用到清代乃至现代。

磔　古代典籍通作“矺”。古代分裂所谓受刑者肢体的一种非常残暴的刑罚，即车裂。《说文》：“磔，辜也。”段注：“辜，罪也。掌戮杀王

[1] 见郭沫若《甲骨文字释林》，中华书局 1979 年版，第 7 页。

之亲者辜也。注：‘辜之言枯也’……按：凡言磔者，开也，张也，刳其胸腹而张之，令其干枯不收。”《荀子·宥坐》云：“吴子胥不磔姑苏东门外乎！”杨倞注：“磔，车裂也。”《后汉书·董卓传》（吕布）说：“恨不得磔裂奸贼于都市，以谢天地。”李贤注：“磔，车裂之也。”据《史记·李斯列传》所云：李斯即遭车裂之刑。一说腰斩，弃市。此刑极为惨烈，不堪忍睹。而磔字记载了此刑。

总之，古代酷刑名目繁多，不能一一举来；仅列上述各字，足以反映出古代惨不忍睹的各种严刑酷罚了。此外，还有“大辟”“腰斩”“炮烙”“五马分尸”“点天灯”等酷刑，自当理解，便不予赘述。还有古代的避讳（公、私）和明清时的文字狱。朱元璋多疑，嗜杀，他出身寒微，当过和尚，偷过东西，他设立“表笺祸”，凡冬至、元旦、万寿（皇帝生日）三大节庆典，要人上表祝贺。杭州徐一夔的贺表说：“光天之下，天生圣人，为世作则。”其中“光、生、则”三字让朱元璋大怒：光，剃发也；生，僧也；则与贼音近，因此就把徐氏杀了。清代顺治元年，第一次乡试，发现中举的人中有人把“皇叔父”写成“王叔父”（指多尔衮），就把主考官革职治罪。年羹尧因把“朝乾夕惕”写作“夕阳朝乾”而被治罪，等等。

第三节　汉字是古代传统文化的载体

自古以来，汉字就跟中国的传统文化紧密地联系在一起。作为表意文字，跟拼音文字不同，它以其自身的构形为载体，显示其丰富的文化含义，反映出汉民族的文化特征。这在象形字和会意字等象形意味浓厚的古汉字中表现得尤为突出。在第二节中，我们引述的汉字中，已经充分地反映了我们汉民族某些方面的传统文化含义，但那是从“汉字是社会存在的反映”这一角度出发论证的。这一节，是从汉字作为载体自身构形角度而言的。形似表里，相辅相成。

一　记载先民繁衍生殖文化的汉字

父　甲骨文作（铁 196.1），金文作（《父癸鼎》），正反无别，从又（手）持石斧或棍棒之像，象征权威。《说文》：“父，从又举杖。”郭沫若说：“父乃斧之初文。石器时代，男子持石斧从事操作，故孳乳为父母之父。”（《甲骨文字研究》）《释名·释亲属》：“父，甫也。始生己也。”《易·序卦》：“有夫妇，然后有父子。”《诗·小雅·蓼莪》：“父兮生我，母兮鞠我。”（鞠：生）父字，记载了氏族社会之后手拿石斧打猎或从事农业生产劳动的人叫父；也显示了在父系社会里父权的威势。即所谓“严父”。

母　甲骨文作（前8.4.7），金文相似。像女人跪坐之形，中间两点是乳房之像。《说文》云：“母，牧也。从女，象怀子形。一曰象乳子也。”许氏以牧释母乃声训，意为像养牛一样哺育子女。考段注：“以《广韵》引《仓颉篇》云：‘其中两点者，象人乳形。’”母，本指母亲。《诗·邶风·凯风》：“有子七人，莫慰母心。”又《日月》：“父兮母兮，畜我不卒。”《韩非子·六反》：“母之爱子也，倍父。”从甲骨金文字形看，上身直立，两手交叉，跪着的女人，充分表明妇女在殷商时代已经处于被压迫被奴役的驯服地位。

祖　甲骨文作（前1.9.6），金文作（《盂鼎》），故且（《说文》作则古切），是祖的初文，形象男子生殖器。唐·玄应《一切经音义·六九》引北魏顾野王曰：“祼，脱衣露袒也。”可证，因此，祖（且）的本义当指男性生殖器。男女交合是人类繁衍生育之始，胎儿是父亲之种子植入母体后形成的。母亲只是为儿女发育提供了一个场所，就像一粒植物种子植入大地可以生长一样。于是“且”（祖）便成为以男性为主的生育观念的凝聚物。先民把男性生殖器（且）作为祖先的象征进行生殖崇拜的习俗因此而产生。又由这种原始生殖崇拜供奉生殖器，逐渐演变为祭祀祖先之所（即祖庙）。故“且”象征人类的祖先，受人祭祀，后人加注“示”旁成为“祖”字（有祭祀之意）。《说文》却云：“祖，始庙也。”许氏认为祭祀始祖的庙是初始本义。其实祭祀男根才是祖的原始意。

姐　篆作，从女且声。古义是母亲的别称，汉代人称母为姐。考《说文》：“蜀谓母曰姐。”《广雅·释亲》：“姐，母也。”又《广韵·马韵》：“姐，羌人呼母。”可见，称母为姐的习俗，至少在上古方言中是存在的，姐字中的且，是男性的生殖器，是女性做母亲生育的先决条件。女性生殖儿女是男女交合的结果。这就是创造“姐”字的初始文化含义。反映了先民对人类生殖科学的认识。既然上古称姐为母，那么，怎样称姐呢？是以“姊”为姐之称的。《说文》云：“姊，女兄也。”可证。后来在发展中，姐的本义逐渐让位于“母”字，引申为比自己年长的同父母所生的女子。①

孕　甲骨文作（佚586），像子在女人的腹中孕育之状。《说文》云：“孕，怀子也。从子，从几。”本指怀胎。《庄子·天运》云：“孕妇十月生子。”《易·渐》云：“夫征不复，孕妇不育”，王弼注：“非夫而孕，故不育也。”又《国语·鲁语上》：“鸟兽孕，水虫成。”韦昭注：“孕，怀子也。”“孕”字记载了人类繁衍生息的文化历史，禽兽亦是如此。人类由此绵续也。

字　作为会意兼形声字，从子在“宀”下，子亦声。从宀表示在室内，从子，子声亦有孳乳之意。金文作（《父已觯》）、（《余义钟》），小篆与金文略同。《说文》：“字，乳也。”段注：“人及鸟生子曰乳。”所以，字是在屋里生孩子之象。《广雅·释诂》训“字，生也”。王充《论衡·气寿》云：“妇人疏字者活，数乳者死。”怀孕，也叫字。《易·屯》云：“女子贞不字，十年乃字。”“字”的构形，记载了室内生子的传统生育文化习俗。

育（毓）作为会意字，甲骨文作（前1.35）、（前2.25.3），从人，从倒子之形。从人，表示母体；从倒子，表示刚出生的幼子。“育”字记载了妇人生孩子的情景。而金文却作（《班簋》），左边的人形变为母形，倒子头下三点，是生子时的养水和血液，显得更加逼真，这就是“毓”字。其实，“育、毓”二字音义相同，形异是同源分化的结果。其本义是生子。《易·渐》云：“妇孕不育，失其道也。”又《诗·大雅·生民》：“载生载育。”此“生”“育”并称，皆为生孩育子之意，现代汉语有双音词“生育”可证。

子　作为象形字，甲骨文作（前3.4.1），像婴儿头顶上长着头发；中是婴儿头囟，因为婴儿的特点是头囟未闭合，所以凸出头囟部分；下是身足之形。甲骨文或简作或；金文作（《利簋》）；或简作、、等形，跟甲骨文相似，皆本为婴儿之象。《诗·小雅·斯干》：“乃生男子”，又“乃生女子”。《荀子·劝学》云：“干、越、夷、貉之子，生而同声，长而异俗。”《列子·汤问》：“子又生孙，孙又生子。”而

① 祖、姐二字的文化含义，详见郑若葵《解字说文》，第186、190页。

《韩非子·说林上》："卫人嫁其子。"（子：指女儿。）后来，借为对男子的尊称。如孔子、孟子、庄子、老子、荀子等，又借为古代的五等爵位之一，即公、侯、伯、子，男。所以，一个象形字的"子"，不仅画出了初生孩子的主要生理特征，而且负载了古代用以称谓和官爵名的文化功能。

孫　作为会意字，甲骨文作（后下14.7），从子，从系。从子，表示生育孩子；从系，表示持续不断。金文作（《班簋》），金文幺下有"小"。其实，幺与系古为一字，写成楷书皆为"系"（丝），义相同。所以，孙字记载了人类生存繁衍，子孙接续不断，代代相传的生殖文化史。故《说文》云："子之子曰孙。从子，从系。系，续也。"孙，即儿子的儿子。《尔雅·释亲》："子之子为孙。"《列子·汤问》："虽我之死，有子存焉；子又生孙，孙又生子；子又有子，子又有孙。子子孙孙，无穷匮也。"（匮：尽）

好　作为会意字，甲骨文作（前7.30.4），金文作［《妇好瓿（hù）》］，甲骨金文子与女易位，无别。皆是从女，从子，会意。女指母亲，子指婴儿，故本义是女人抱子。甲骨金文构形"女大子小"可证。引申为男女结合为好，结合为一对夫妻，提高性感，显示生育能力，反映出古代部落生存的基本条件是生殖繁衍。《诗·周南·芣苢》："采采芣苢，薄言采之。"这是一首情诗。芣苢，即车前子，中草药材之一。据说有益于促使生育之效。中国古代有过生殖崇拜，因为生殖是维系人类社会存在的重要因素。越是远古时代，繁衍越是重要因素。因为当时人少，讲究人丁兴旺为好。一说本为"王妇名"，如武丁之妻"妇好"。

保　甲骨文作（铁15.2）、（乙7782）、（甲编334）等，金文作，从人，从子，会意为象父母背孩子之状。故"保"的本义是背孩子。唐兰释"保"字为"……抱者怀于前，保者负于背……"《说文》："保，养也。"引申为养育、抚养，《国语·周语》云"以保于百姓者也"，晁错《论贵粟疏》说："虽慈母不能保其子。"又引申为守住、保护、保全。《孟子·梁惠王上》："百姓之不见保，为不用恩焉。"《左传·哀公二十七年》："乃先保南里以待之。"

孝　金文作（《𢑴且丁卣》），象戴发伛偻老人。篆作，象一个年轻人背着自己的老母（或父）之状，以表尽孝老人之义。《说文》：

“孝，善事父母者，从老省；从子，子承老也。”《论语·学而》：“孝悌也者，其为仁之本与?”李大钊《由经济上解释中国近代变动的原因》说：“牺牲个人的第一步，就是尽孝。”孝字记载了子女对父母尽孝道的深厚亲情关系。

童年时，父母背着子女，唱着儿歌：“背背驮，卖猪猡……”这是父母背儿女唱的逗乐歌，使子女倍感安全、温暖和满足。父母老了，子女背起他们的晚年，是天理昭然。孝的方式很多，从衣食奉养，生活上的服侍，“父母在，不远游”，到继承先人之志，居丧、守孝、不歌等，皆是。

棄（弃）作为古代“弃婴”的载体，甲骨文作（后下21·14），从子、从双手、从其（簸箕），合体会意为像双手持簸箕，将初生的婴儿丢弃。故棄的本义是抛弃婴儿。《说文》训：“弃，捐也。”引申为抛弃（一切事和物）。《韩非子》：“弃私家之事。”《左传·宣公二年》：“弃人用犬，虽猛何为?”

其实，弃字的深层文化含义，首先是记载了上古时期“弃婴”的文化习俗，原因有二：一是弃长子，即食元子，认为长子不是亲生骨肉，怕权利和财产被他人继承所取；二是孩子出生时不顺利（如难产），认为不吉利的婴儿要抛弃，如《诗·大雅·生民》：“厥初生民，时维姜嫄。……履（踩）帝武（足迹）敏（大脚趾）歆（歆然而动，即怀胎）……时为后稷。”这段话是说，有邰氏的女儿姜嫄踩上巨人的大脚指印而怀孕，生下了周朝的先祖后稷，认为不吉祥，就把后稷抛弃了三次：第一次抛到狭窄的街巷里，牛羊来喂养他；第二次抛到平原的树林里，正赶上有人伐树，不便弃置；第三次抛到寒冷的冰上，有鸟张开翅膀盖着他。后稷啼哭不止，姜嫄以为神奇，才把他抱回抚养成人，取名叫“弃”。这就是周的先祖，教民稼穑五谷的人。

弃字还记载了古代对罪大恶极之人的严惩方式，即在闹市把他处死，并把尸体暴露街头示众，以警示众人的手段，叫作弃市。在古典文学或史籍中常见。《史记·秦始皇本纪》说：“有敢偶语《诗》《书》者，弃市。”

弃字还有“弃世、弃学、弃甲归田、弃暗投明、舍去、弃妇、弃权”等意；由离开又引申出“背叛”等意。《左传·宣公二年》有“弃君之命”可证。

二　记载先民日常生活文化的汉字

除了前述初民在渔猎、畜牧和农耕生活所举的例字之外，尚有许多记载先民日常生活文化的汉字。分别举一些例字来看。

（一）汉字与生活时空环境

人类生活的大环境是什么？恐怕无人察觉和问津。实际上人类由古迄今是生活在时、空两大环境之中，然而人们并没有深层的领会和感受。我们先来讲“时间环境”，它包括“宇、宙、年、岁、春、夏、秋、冬、月、日、时、分和秒”等字的文化含义。这里我们只讲“春、夏、秋、冬”四个表示时间的抽象概念的汉字，“年、月、日”等字在其他章节已经谈过了。

春　作为会意兼声字，甲骨文作（菁10.7）、（拾7.5）、（铁227.3）、（粹1151）等诸形，从林或从、从日、从屯，屯亦声。金文作（《蔡侯残钟》），从艸，无从木者，然古文字中从木、从不别。小篆作，与金文同。春为一年四季之首，古有“一年之计在于春”之说，古代造字者为了凸显春季的重要，体现春的特点，取用“从艸木、从日、从屯”这三个物象，会意为“春”这个新的意象，以表现春阳渐旺，气温转暖，艸木破土而出之状，大地青青，正值五谷萌芽而出之时。因而，“屯”是构成“春”字的基础部件。屯，甲骨文作（甲2815）、（后下15.10），像植物种子初生的根芽之状；金文作（《颂簋》）、（《虢叔钟》），像种子萌芽破土而出，《说文》：“屯，从中贯一。一，地也。”说明种子已含人工的成分，见出“春”字跟农业生产的联系，所以“屯”是春的希望，没有屯，就没有春。意味着造字者所处时节已进入了农耕之期，表现出“他们对阳光、种子、树木”特有的关心。这才是“春”字的深层的文化含义。

夏　金文作（《秦公簋》），小篆作，二形近似，象人首、手、足俱全之形。上面的“页”是人的头和脸，臼是人的双手，下面（夂）像足。清代朱骏声说“像人当暑燕居，手足表露于外之形。”（《说文通训定声》）《说文》训为“中国之人也”，即“华夏”族。《周官·大司乐》云：“凡乐事以钟鼓奏九夏。”所谓“九夏”，言夏之大。故夏有

“大”义，《尔雅·释诂》和《方言》卷一并云“夏，大也”，《诗·权舆》毛传：“夏，大也。”又《独断》云：“夏为太阳，其气长养。”此谓处于四时之春、秋之间的夏季，太阳烈照，万物借以生长壮大。《尔雅·释天》亦云“夏为昊天”“夏为朱明”“夏为长赢”可证，意思是说，广阔的天空，太阳气赤光明，照耀着草木生长茂盛。夏由“大”引申为人居的大屋。《诗·秦风·权舆》：“于我乎！夏屋渠渠，今也每食无余。”意思是，唉，我呀！过去住的是宽敞明亮的大房子；如今呀每顿饭没剩余（夏屋，即大屋）。《楚辞·哀郢》说：“曾不知夏之为丘兮”，玉逸注：“夏、大殿也”，洪兴祖补注曰：“夏，大屋。”这个意思，后世作“厦”。杜甫有诗云：“安得广厦千万间”，“广厦”即高大屋子。今有“某某大厦”等名称。另外，与民生相关的由“夏”字构成的词就有夏至、立夏、仲夏、盛夏、夏锄、夏粮、夏收，还有夏季天热，不爱饮食，形容消瘦叫“苦夏”；夏热休息叫“歇夏”；夏季也叫“夏令”，组织青少年学生到异地度假叫“夏令营”；成语有“夏葛冬裘”（说随着时令气温变化而改变衣着）、夏炉冬扇（比喻不合时宜）、夏雨雨人（比喻及时给人以帮助）、“冬寒抱冰、夏热握火”（用冷上加冷，热上加热、比喻人要刻苦自励）、“冬日可爱、夏日可畏”（比喻冬季温和可爱，夏季炎热，指《左传》中赵衰像冬天的太阳，给人以温暖；而赵盾像夏季的烈日，威严可怕）。不难见出，一个表时间环境的夏字，竟然含有这么多关于人生吃、穿、住等文化现象。①

秋　卜辞作，象蟋蟀之形；甲骨文作（一期乙 47414）、（四期掇 1.435），象蟋蟀形，下或是火，上是接触须，背有羽翼，用来秋天鸣叫的。郭沫若说：“以秋季鸣，其声啾啾然，故古人造字，文以象其形，声以肖其音，便借以鸣之季节曰秋。”秋，小篆作，《说文》训曰：“禾谷熟也。从禾、省声。，籀文不省。”段注：“其时万物皆老，而莫贵于禾谷，故从禾。”“禾谷熟，正好与春从屯相对，春种秋收，乃农事两个重要季节，春、秋是农民进入五谷收成的写照。”秋天太阳偏西，气温转凉，草木凋零，正是收割之时。

秋，之所以“从火”，可从《诗·豳风·七月》“七月流火”来了

① 参见《语林·趣话》(1)，四川辞书出版社 2003 年版，第 358 页。

解。毛传曰："火，大火也。"大火，星名。"流火"即"大火开始西沉"。陈奂《诗毛氏传》云："流火，火下也。火向西而下，暑退将寒之候也。"大火西下，标志秋天开始了，收获季节到来了。

秋之所以"从蟋蟀"，是因为蟋蟀鸣叫，标志着秋天特点，也可从"七月在野，八月在宇，九月在户，十月蟋蟀入我床下"《七月》来理解。七月、八月、九月三个月是整个秋天，蟋蟀与农夫相处。陈奂说，"盖古者在野有庐，在邑有室，春夏居庐，秋冬居室，故豳人历叙其由外而内，由远及近，于蟋蟀以纪候焉尔"。

总之，古文"秋"字取像于禾、火、三个意象构成，其发展经过是：第一阶段"秋"用借音字（蟋蟀）代表；第二阶段地上蟋蟀和天上大火代表秋；第三阶段加上了"禾"字。这样，秋的文化含义，就由自然名称（蟋蟀）转换成社会名称的"同态关系"，大火、蟋蟀、禾稼三者之间在"秋"这个时间平面上确立了"等价法则"。①

冬　甲骨文作（菁2.1），金文作（《颂壶》），小篆作，三形各为前形之讹变。董作宾说，"新出土的《三体石经》古文冬字亦作，知系的讹变，而又是的讹变。"《说文》训曰："冬，四时尽也，从仌、从夂。冬，古文终字。古文冬从日。"这是在告诉我们：冬是一年四时中最后一个季节，但这是冬的假借义。甲骨金文冬字下的两个圈或两个点是丝或绳的结头，表示终结之义。故冬是"终"的初文，表示一年的终了。宋玉《楚辞·九辩》云："秋既戒以白露兮，冬又申之以严霜。"意思是说，白露告诫人们秋天到了，严霜告诉人们冬天来了。汉代语言学家王逸在《九思》中说："冬夜兮陶陶，雨雪兮冥冥。"这是说，冬季的夜间多么漫长啊，天色昏暗，雨雪飞扬。《尸子》云："北方者，伏方也"，按：伏有隐藏义，《广雅·释诂》云："伏，藏也。"北方为太阳隐藏之所，于时为冬，乃万物收藏之季，故《汉书·律历志》云："太阳者，北方。北，伏也。阳气伏于下，于时为冬。"意谓冬季是农业收藏的季节。

综上所述，可见古文字"春、夏、秋、冬"四个字正合于《淮南子·本经训》所云"四时者，春生、夏长、秋收、冬藏"之意，而这一

① 见何九盈《汉字文化学》，第94页。

切都是太阳按照循环所出现的自然现象。因此，四时也正是人类生活的时间环境。

以上，就是我们人类生活在回环往复、永无休止的“时间环境的”一些汉字。下面，我们来介绍一些负载人类生活“空间环境”的汉字。人类生活的最大空间就是“〇”，即宇宙。

〇是一个封闭形的符号，不是汉字，因为汉字是笔画组成的，而“〇”无法分析笔画，一举而成。但《新华字典》《现代汉语词典》等却收了“〇”，故有人叫它“准汉字”。因为它具有汉字功能，又不同于一般的汉字。它来自印度数码——阿拉伯数码。我们采用“〇”是吸收外来文化的一种现象。世界上的文化是互相影响和相互促进的。阿拉伯数码中最重要的符号是“〇”，美国科普作家——阿西莫夫在其《数的趣谈》中说：“从第一个数字符号开始记数，到想出一个表示‘无’的符号，竟占用了人类大约5000年的时间。”所以，我们不能小看“〇”。“〇”的用场大矣，它是个多音符号，有五种读音：

（1）读“零”。在数学上作为数的空位，表示“无”的意思。

（2）读“洞”。《易经》有“〇白洞、黑洞”之说；火车站调度或警方对讲机都呼作“洞”，如“一〇三七九”呼作“幺洞三拐九”。

（3）读“圈”。清代科举考试，殿试考官见到好的答卷，便在卷面上画个“〇”，最好的卷子画八个〇，便是压卷之作；作文，老师在精彩的语句旁画些“〇”表示精彩生动之意等。

（4）读“环”。如奥运会的五环旗、花环、耳环、滚铁环等。

（5）读“圆”。几何课，用圆规画的圆圈。还有一些球形的东西称圆，如汤圆、圆球、圆圈等。

可见，“〇”的用场、作用、文化含义是非常广泛的。但是，在中国的起用是较晚的。据说，1892年，从美国人狄考文与邹立文二人合著的《笔算数学》才正式采用阿拉伯数码。20世纪以后才在世界各国广泛应用，“〇”这才正式进入汉字系统。

古时候，常把“〇”作为一种音韵符号使用，如《康熙字典》中用“〇”作为字母切韵。“〇”用得最多，要数章回小说《镜花缘》，其第三十四回用了682个“〇”。

“〇”是个吉祥物，含有美好、成功、欢快、喜悦等意，如花好月圆、阖家团圆、民族团结等，然而，这里我们要说的不是“〇”的这些文化含义，而是人们可能并未意识到的：我们人类是生活在“○”的环境之中。

天上的太阳、月亮、星星，整个天体银河系中的星辰，脚下的地球等无不是圆的，不论是公转还是自转，无不围绕“○”的轨迹运行。就连植物的孢子、动物的卵子，胎生或者卵生也都是从圆形而来。吃的米面是从圆形的粮食而出，穿的布匹、衣服也是从棉团和蚕茧而成，用的锅、碗、瓢、盆等器皿也无不是圆的；就连人类所乘的牛马车、汽车、火车、飞机、轮船和所用的火箭、军舰等，若没有圆形的轮子，就不能转动；人们凭借视觉观察到的事物运动的变化，循环往复，不是大圈套小圈，就是环环相扣或者圈圈成连环。对圆形的物体或者图案称环，如耳环、花环、滚铁环、奥运会的五环旗等。古有“天圆地方”之说。其他□△◇▽等之形状，也是根据需要从“○”转化的。因此，可以说，人类离开圆形的事物，就无以存在和生活。①

一　甲骨文、金文、小篆、隶书、楷书同形，均作一横。“一”是取像“算筹”之形而创造的指事字，古有“积画为字”之说；或者是从初民记数符号或陶器刻画符号吸收而来。作为自然数，它是最简单、最小的个位整数，是数字的开始，《广韵》云：“一，数之始。”当时，先民经过长期的比较、探索，采用抽象的一横创造出来的。所以古人特别崇敬这个发明，认为这个符号含有十分深奥的道理。认为一是万物之本，一切事物都是从一开始的。《老子》第四十二章云：“道生一，一生二，二生三，三生万物。”东汉许慎《说文》亦云：“惟初太始，道立于一，造分天地，化成万物。”老子和许慎说的“道”，指的是“宇宙的本源”，意思是说，在盘古开天地之前，天下是一个混沌的整体，有如鸡子，天地未分，万物皆无。经过一万八千年，天地始分（徐整《三五历纪》）。所以一切事物、一切道理都是从“一”开始的，因此，“一”字是一个伟大的数字，记载了人类生活的大环境——宇宙的本源。

二　跟“一”字一样，是个指事字。甲骨文、金文、小篆、隶书和楷书写法基本一致。“二”的创造与“一”相同，用刻画的两横，表示自然数的“二”。《论语·公冶长》：“赐也，闻一以知二。”作为数字“二”是这样，“二”的文化含义又有“匹敌、不可比，第二，二心、不专一、

① 参以林成滔《字里乾坤》，第639—647页。

不一致、背叛”等意。这里，暂不论；要说的是“二”的另外的文化含义，并不为一般人所知，它的文化含义当指天和地。根据中国创世说——“盘古开天地”的神话传说记载：“天地之初，混沌如鸡子，盘古生其中。”（徐整《三五历纪》）盘古“左手执凿，右手持斧，或用斧劈，或用凿开，自是神力，经一万八千岁之久而天地乃分，（阴阳）二气升降，清者为阳上升为天，浊者为阴下降为地，自此而混沌开矣。”盘古死，身体化为日月星辰，山川草木、人兽珠玉等（《开辟衍形》《绎史》），这是文学创世说。还有哲学创世说可证，《老子》云：“道生一，一生二，二生三，三生万物。”东汉许慎说：“惟初太始，道立于一，造分天地，化成万物。”（《说文解字》）这是符合阴阳两仪、四象、五行、六爻等八卦之说的。

据载地球的形成经过了46亿年。这说明天地由“一”造分出来，经历了一个极其漫长的岁月，是合乎天地形成的实际的。而400万年前的人类居于其间，即生存在“二”的空间，故“二”是人类生存的最大宇宙空间环境。

三　跟“一、二”相同，也是自然数中的指事字，记号字。甲、金、篆、隶、楷各体都作三横，表三个数。作为数字，三和其他数目字一样，没有什么特殊之处。但是，中国人却偏爱“三”和“三”的倍数，古今皆然。从“三人行，必有我师焉”“孟母三迁”、大禹“三过家门而不入”、“三折肱知为良医”，到现当代的“三株口服液”“三精口服液”“三九软膏”“三九胃泰”；还有“三光（日、月、星）”“三伏”“三军”“三餐”“三生有幸”（指佛教说的前生、今生和来生）、三杰（张良、萧何、韩信）、三友（友直、友谅、友多闻，友便辟、友善柔、友便佞）等。

随着社会的发展，人的思维进步，“三”字表多，不够用了，就加倍，二三得六、三三见九、三四一十二、六变九、九变十二（十二生肖）、十二变三十六（三十六计）、九牛一毛、十八罗汉（实际是三十六），不论是《西游记》中孙悟空的七十二变，唐僧取经的八十一难，还是《水浒传》的一百单八将，都是三的倍数。中国人偏爱三和三的倍数，确实是一种独特的文化现象。

尤其是一百零八这个神奇的数字，跟中国传统文化有着密切的联系，带有神秘的色彩。古有许多传说，还有文献记载，说“一百零八”代表

"吉祥如意""至高无上""能驱除人生一切烦恼"等意。

这就是为什么每逢除夕之夜，北京的大钟寺、苏州的寒山寺、杭州的南屏晚钟在零点时都要敲响一百零八次。据明代学者郎瑛《七类稿》解释："扣一百零八声者，一岁之意也。盖有十二月、二十四气、七十二候（古以五日为一候，每月六候，三候为一节气，二十四节气共七十二候）加起来是一百零八，正合此数。"这是巧合呢。还是神秘？令人深思莫解。

为什么佛教也常常用一百零八这个数？据佛教人士说，人有一百零八种烦恼，敲一百零八下，可以消忧解愁，所以，佛教有一百零八尊佛像法身，代表一百零八个菩萨。于是在佛教生活中，敲钟、念经、拨动佛珠都是一百零八遍，象征着对佛教的心意虔诚。

古代建筑上，也讲究一百零八这个数。拉萨大召寺殿廊的檐角上排列着雕刻精湛的雄狮、伏兽一百零八个；青海塔尔寺大经堂内，有直径一米的巨柱一百零八根；北京天坛下层的栏板是一百零八块；祈年殿每层的石栏也是一百零八根；沈阳东陵的台阶是一百零八磴：这都是古代建筑十分讲究的神秘数字。

为什么作家著书也用这个数？北京雍和宫法轮殿内，放着大藏经一百零八部；《水浒传》中的梁山好汉也是一百零八个（实际是36个）；曹雪芹的《红楼梦》书中的"情榜"人物也是一百零八个，难道这是巧合吗？（以上参见林成滔《字里乾坤》，第639—650页）不仅如此，就是现当代也讲究一百零八这个数字。2006年烟台举行的"国际果蔬会"，用一百零八个苹果组成一个偌大的"寿"字。

但是，笔者认为"三"的文化含义远远不止于此，"三"字的深层文化含义在于它的三画。"三"是天、地、人的象征符号：上画和下画代表天和地，而中画是人类居于天地之间之意，人类顶天立地而成为宇宙主宰，万物之灵。这正是老子所说的"二生三"的文化含义。这是自然发展的辩证法，合乎事实道理，不容置疑。

宇　作为形声字，金文作（《墙盘》），小篆作，从宀，于声。从宀，代表房屋或空间；于声含有"迂回，围绕"之意。故宇的本义是房檐。由房檐引申为房屋，《史记·秦始皇本纪》说："各安其宇。"围绕房盖儿四周叫檐，《易·系辞下》云："上栋下宇，以蔽风雨"，这是说房檐的作用。由围绕房盖四周的房檐引申为天下，上下四方，指所有的空间，贾谊《过秦论》："振长策而御宇内"可证。"上下四方"的所有空间为"宇"，即人类所居之广大宇宙空间。故"宇"字记载了大自然提供给人类休养生息、繁衍生存的空旷辽阔的生活空间环境。

宙　作为形声字，甲骨文作[甲骨文字形]（乙 763），从宀，由声。段注："从宀，为天地矣"引《易经》上栋下宇，故"宙之本义谓栋，一演为舟舆所极、覆，谓舟车由此至彼，而复还此，如循环然。故宙字从由。再演为往古来今"。从宀有人居之意。王念孙《广雅疏证》："凡言宇、宙者，皆居之义也。"《玉篇》亦云："宙，居也。"又引申为"古往今来"，指所有的时间。《淮南子·齐俗训》："往来古今谓之宙。"那么，"宙"字何以从房之"栋梁"演变（引申）为"往古来今"之意呢？这是因为表栋梁的"宙"，在中国传统起脊坡顶房子的最上部，起到承受和支撑整个房屋建筑构架的巨大作用，这是决定房屋安全与否的关键构件，被先民看作持久庇护他们居住安全的关键。《易·大过》有言曰："栋桡（音 náo，不结实）……藉用白茅，无咎。"高亨《周易注》说："栋桡则将折，栋折则屋顷，居家则受害，出外则免祸。"所以建房要举行隆重的上梁仪式，要在脊梁上挂彩红、贴八卦、贴祝词联语、鸣放鞭炮等，无非表示先民既对所建居处坚固耐用的物质依托，又是先民对长住久安生存之殷切企盼。故"宙"字记载了"往古来今"的文化含义。直至现当代建造房屋仍要鸣放鞭炮，便是这种文化习俗的延续和遗存。

图 423　伏羲女娲图

天　甲骨文作[甲骨文字形]，金文作[金文字形]，小篆作[小篆字形]。取象人正面站立之形，乃象形字，小篆将人头变为一横。许慎《说文》云："天，颠也。至高无上，从一大。"按许说，天的本义是头顶，是正确的，俗有天灵盖之称。但把天的构形，释为"从一大"，非也，因为甲骨金文是造字初之形，许氏就篆书释为会意字，不妥。由天指"头顶"引申为"天空"，《诗·唐风·绸缪》："三星在天"。天空的形成是自然现象，故又引申为大自然，《荀子·天论》："天行有常，不为尧存，不为桀亡。"作为大自然的天，从古至今赐予人类阳光、雨露、天时、节候，以延续人类的生存繁衍，使人们懂得天对人生至关重要。故曰“王以民为天”“民以食为天”。作为天相之天，乃浩气所称，形同斗笠，筑起寥廓的苍穹，覆在人类之巅，赋予生灵不尽的生息活动空间。

地　小篆作[篆字]，从土，也声。从土，表示大地由土组成；“也声”，象征女阴，孕育万物之所。故地的本义是大地。跟天相对，所谓“天覆地载”，构成无穷的辽阔平台，供人类等万物生殖繁衍，生存养育之所，《管子·形势解》云：“地生养万物。”意思是说，地载万物，万物方得以生存也。

人　甲骨文作[古文字]（后上17.7）、[古文字]（铁191.1），金文作[古文字]（《散盘》），小篆作[篆字]（籀文）。各形稍异，但皆像侧面站立之人。《说文》：“人，天地之性最贵者也，此籀文（指上例小篆），象臂胫之形。”故人的本义是“万物之灵”者。那么，人由何而来？有二说，皆述于兹：一曰女娲抟黄土造人（见图423）：此乃神话传说。据《太平御览》引《风俗通义》说：“俗说天地开辟，未有人民，女娲抟黄土做人，剧务，力不暇供，乃引绳于泥中，举以为人”，“女娲祷祠神，祈而为女禖（古代求子所祭之神），因置昏（婚姻）。”意思是说，女娲向神祇祷告，祈求做女性的媒人，于是发明了男婚女嫁的婚姻习俗，以繁衍人类。另外，女娲不仅是人的创造者，婚姻的发明者，而且也是自然灾害的治理者，即“女娲补天”。女娲造人反映了母系氏族社会存在的信仰和观念。①

图424

二说人是由古类人猿进化而来的。能制造工具并能使用工具从事生产劳动和能说话的高等动物。《列子·黄帝》给人进一步下了具体定义说：人“有七尺之骸，手足之异，戴发含齿，倚而趣者，谓之人。”这就界定了人与动物之别。人

① 以上见林成滔《字里乾坤》，第648—660页。

是群生动物，所以每个人都是生活在周围的环境之间的群体中。这就是把“天、地、人”作为“汉字与生活环境文化”介绍在此之故。

國　甲骨文作（藏 117.3），从戈，从口（wéi）。从戈代表武器；从口表示封疆的边界。会意为持武器守卫疆土之意。金文作（《班簋》）或（《保卣》），口字下面多出“一”，代表土地。隶、楷后变作“或”，“或”是最早的“國”字（见图 424[①]）。《说文》：“或，邦也。从囗，从戈，以守一。一，地也。”意思是士卒拿着武器守卫疆土。“或”字被借无定指代词后，又加形符“囗”而造“國”字。“或（國）”是夏王朝所建最高王国的政权机构，下面是部落联盟所演变的方国。各个方国臣属于王国政权。方国版图范围就成为先民的生活区域。夏王朝对其下有功的臣子，官吏或王族，按照他们功绩的大小，又分封为大大小小的许多诸侯国。《说文》：“国，邦也”，段注：“邦国互训，浑言之也。”《易·师》：“开国承家，小人勿用。”孔疏：“若其功大，使之开国为诸侯。”《战国策·齐策四》：“孟尝君就国于薛”，薛，即孟尝君的封国疆域。

家　甲骨文作（京津 2152），从宀，从豕，会意。从宀，表示房屋；从豕是猪。古人架木为屋，人居屋上，猪居屋下，故从宀、从豕会意为家庭（见图 425）。《说文》：“家，居也。”《周礼·地官·小司徒》云：“上地家七人。”郑玄注：“有夫有妇然后为家。”《墨子·尚同下》却云：“治天下之国，若治一家。”上古先民的畜牧业，是从养猪开始的。可见猪对人的重要性，猪在古代成为家庭财富的象征，反映出我国古代养猪致富的历史文化传统，也反映了豕从野生发展到家养，是畜牧业发展的标志之一，证明人类养猪已有数千年历史。一说，“家”是豭（xiá）的分化字，《说文·豕部》说：家“豭省声”。豭是公猪，代表雄性之物，男性也叫豭。所以“家”字记载了母系氏族社会时期没有婚配制度的“夜访制”的两性关系。即施行成年男子“夜往晨归”制，到另一氏族的女人处过夜。晚间，找不到地方过夜的男人，被本族人视为无能，本氏族人看他不起，不准他到房屋中住宿过夜。以上关于“家”字

汉瓦当中的“家”

图 425

① 图 424 取自牟作武《中国古代文字的起源》，第 318 页。

之文化含义，各说言之成理，当为可信。

室　甲骨文作（甲 161），金文作（《何兽》），甲骨金文形相类，从宀、从至，至亦声。从宀，表房屋；从至，表人所安止之所。《说文》："室，实也。从宀、从至，至，所止也。"徐锴《说文系传》云"室……至声。室、屋皆从至，所止也"。段注："凡所居皆曰室。"故室的本义是居室。指内室，玄应《一切经音义》云："户外为堂，户内为室。"意思是人所休息安眠之处。卜辞则用作宗庙祭祀之所，如"丁巳卜，虽小臣制以匄于中室。"又血室，"贞：酒［枋］于血室亡尤"。

（二）汉字与生态环境

人类的生存不仅需要一个安定和谐的社会，而且需要一个平衡的生态环境。所谓生态环境，指各种生物之间、生物和周围环境之间极其复杂的相互制约而保持平衡的关系。即生态本身就是为了维系人类生存而保持跟其他生物与环境平衡的形态，不得破坏这种平衡形态，否则，人类将无以维系正常生活。比如 2007 年太湖蓝藻污染了太湖水，弄得当地人饮用不到太湖清澈之水。2011 年夏，巢湖又出现了较大面积的蓝藻集聚，安徽省有关部门立即进行清除工作。先民深知生态关系到人类生活的道理。故在他们创造的汉字中，记载了生态文化含义。仅举数例，以见一斑。

人类生存的基本条件就是"衣食"，民以食为天嘛。而衣食的供给，在于风调雨顺。雨多了造成水灾，无雨又成为旱灾，都会影响粮食收成。故先民造了"旱"和"涝"二字，以记录并警示人们，预防旱涝灾害。

旱　形声字，从日、干声。《说文》："旱，不雨也。从日，干声。"从日，表示日光炎烈，干声有表意示源作用，含有干燥无水之意。故为天久不雨而成灾，直接影响人生第一需要。《诗·大雅·云汉》："旱既大甚，则不可推。"意思是，天久晴不雨，旱情严重，灾害难除，是可怕的。

涝　从水劳声，是形声字。涝，水名，又名潦水。从水，表示雨多；劳，表示用力过度，故劳声含有雨水"过多"之义。涝，本指雨多成灾，淹没庄稼。《三国志·魏志·郑浑传》有云："郡界下湿，患水涝，百姓饥乏。"总之，旱涝之灾害都会给人类造成生命财产的极大损失。这是自然界的不平衡，但也有人为的因素，比方现代工业的发展，机动车辆排气，建筑灰尘，战争频发，炸弹爆炸，核武器实验等放出巨大的热量，工业发展使地球转暖，空气干燥，环境的污染，不能不说，也是造成干旱生态不平衡之因素，也是当今雾霾的起因。

从我国北京、长春、济南等地遭受“沙尘暴”来说，就是生态环境不平衡所致。一些人乱砍滥伐，造成草木缺少，水土流失，水少沙多，风起尘扬，唯沙落下，如不彻底根治，后果不堪设想，楼兰古国成为沙漠就是教训。“沙，水散石也。从水，从少，水少沙见。”所以胡耀邦生前，号召植草种树，改造沙漠，以保持生态平衡。《汉书·匈奴传》：“幕北地平，少草木，多大沙。”幕北，即漠北，指内蒙古高原大沙漠以北地区。

水是人等一切动植物的第一生命。而“漠”字，从水，莫声，合为形声字。“莫声”含有否定性的“没有”之意，故无水之地叫漠，即沙漠。有楚辞《九思·疾世》：“逾陇堆兮渡漠，过桂车兮合黎”（逾：越过。陇堆、桂车、合黎、皆为地名）为证。沙漠是生态不平衡之地。先民造“沙、漠”二字，可记载事实和警示后人，要改造沙漠，植树造林，使生态平衡，造福人民。

滥　雨水多而泛滥成灾。《说文》：“滥，泛也。从水，监声。”从水、表示水的流动；监声，含有“向下看”之意。合起来是指水量越出故道向低处滥流成灾。《孟子·滕文公下》有云：“当尧之时水逆行，泛滥于天下。”故有“大禹治水”之说。战国有郑国为秦修渠，战国有蜀郡太守李冰父子筑“都江堰”，现代有毛泽东“根治淮河”等。都是为了生态平衡和民生。近年来我国南方水患频发，严重威胁人民生命财产安全。故先民造“堰”字，表示“水来土堰”之意。

堰　挡水的低坝。从土，表示土筑水利工程；匽声，含有“低靡”之意。《水经注·河水》云：“（元城）县北有沙丘堰。堰，障水也。”谓古代的水利工程，如都江堰。堰字的创造，告诉人们：堰既可以防范水患，又能造福后人。

堤　沿江河用土石等修筑防水患的建筑工程。《说文》云：“堤，滞也。”意谓筑堤，使水积留不通。又《广韵·齐韵》：“堤，防也。”堤、堰的修筑都是防水患于未然，维护生态平衡的环保措施。

此外，动物之间、动物与植物之间也有生态平衡的问题。动物中之最强大者，莫过于老虎。《说文》云：“虎，山兽之君。”甲骨文作（余17.1），金文作（《召伯簋》），像头大、巨口、身、足和尾之形。利牙巨口，表示是食肉动物，所以自然界的獐、狍、野鹿、野猪、山羊等动物，从种类到数量必须与老虎等肉食动物保持平衡，弱肉强食。同时，大自然也必须提供给食草野生动物以充足天然草原。我国政府开始注意分级保护动物：麻雀能吃农田中的害虫，便由20世纪60年代的“四害”被解放出来而被人看作益鸟；猫头鹰能扑食田鼠。国家设置各级环保机构或部门，提倡“植树造林，绿化祖国”，以便造出一个绿色的生态环境。就是古人所创造的一些“花草树木”等也是汉字文化的延续和发展。

先说草类的汉字。

屮（chè），甲骨文作（京津4007），象草形。《说文》云：“屮，艸木初生也。丨，象出形，有枝茎。”

艸（草），战国作，像两株草。《说文》：“艸，百芔也。从二屮。”

芔（huì），类推甲文为，像三株草。《说文》：“芔，艸之总名也。”

茻（mǎng），草莽之“莽”本作，像一堆草，即草丛。《楚辞·怀沙》说：“草木莽莽”即草木茂盛样子。

如果把这四个字滋乳发展连接起来，则→→→，是由一棵草逐渐演进为草丛。这充分显示出先民要青草蔓延连片、覆盖大地，为人类营造出一个绿色家园。这就是古人创造并赋予这四个字的文化含义。

再来说树木。

木，甲骨文作（库226），象有根、干、枝形的树。《说文》训：“木，冒也。冒地而生东方之形。从屮，下象其根。”《诗·周南·汉广》证曰：“南有乔木，不可休思”。

林，甲骨文作（京津5566），象并列二树之形，《说文》：“林，平土有丛木曰林，从二木。”

森，甲骨文作（后下3.2），从三木，象很多树木之形，即森林。《说文》云：“森，木多貌。从林，从木。”

如果把这三个字按着孳乳发展之序排列起来，则是→→，由一棵树演变到森林，显示出先民要广泛植树，使之成为盖满大地，绿化其生活环境。这便是木、林、森三个字含有的文化之意。故植树造林，方为造福于民（以上参见宋洪昌《发现汉字之二·汉字了与生态》戊子年七月廿三日）。

草木是各种动物或所食来源或栖身之所，若无艸木，食艸动物得饿死，靠森林生存的动物要绝种，因为无以藏身而生存。所以必须保持动植物的生态平衡。植树造林种植花草，不仅为人类美化了环境，造福人民，同时也是保护动物生存环境的必要空间。其中有些艸木开花结果，既可供蜜蜂采花粉酿蜜，又可提供人类食用，保养身体，增进健康。这就是一些汉字反映出来的生态文化的意义。因此，发展生态，有利民生，自古而然。

3. 汉字与婚嫁文化

夫　甲骨文作（铁77.3），金文作，甲骨金文同形，从人，从一，一像簪形，见图426。古时童子披发；男子到20岁时，为成年人，要束发加冠，举行“加冠之礼”，称为“丈夫”。《说文》：“夫，丈夫也。从大，从一。一以象簪形也。周制：以八寸为尺，十尺为丈，人长八尺，故曰丈夫。”“丈夫”是成年（20岁）男子的称呼，《诗·秦风·黄鸟》：“维此奄息，百夫之特。”又《孟子·梁惠王下》云：“内无怨女，外无旷夫。”（旷夫：光棍男子）夫与女对言，可见非指配偶。

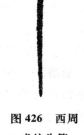

图426　西周虎纹头簪

笄　古代女子15岁时，要举行笄礼，给女孩子绾起头发，别上簪子以固发，表示已到成年，称为笄年，可以许嫁。同上述男子20岁举行加冠之礼一样，都是古代先民生活的一种文化习俗。考《国语·郑语》云：“府之童妾未及既龀而遭之，即笄而孕。”韦昭注：“女子十五而笄。”又《玉篇》：“笄，女子许嫁而笄。”《仪礼·士昏礼》：“女子许嫁，笄而醴之，称字。”郑玄注：“许嫁，已受纳征礼也；笄女之礼，犹冠男也。”《礼记·内则》云“十有五年而笄”，郑玄注：“谓应年许嫁者。女子许嫁，笄而字之；其未许嫁，二十则笄。”

媒　小篆作，从女，某声。从女，表示媒人，某声，含有“谋合”之意。《说文》云：“媒，谋也。谋合二姓。”意思是说，媒是谋合两家婚姻的人，故媒的本意是媒人。《诗·卫风·氓》：“匪我愆期，子无良媒。”媒字记载了旧时“父母之命，媒妁之言”父母包办的婚姻习俗，婚姻不能自主的历史事实，于是造成了“梁山伯与祝英台”等无数青年男女的婚姻悲剧。如今的“介绍人”实乃媒人的遗存。但不像旧时代那样逼婚罢了。

嫁　小篆作，从女，家声。从女，表示女子的所为，所谓“男大当婚，女大当嫁”；家声，含有“女以夫为家”之意。故嫁的本义是“女子归到男家做配偶”，即女子结婚出嫁。《说文》云：“嫁，女适人也。”又《诗·大雅·大明》云：“自彼殷商，来嫁于周。”古代女子超过十七岁未嫁，父母是犯罪。《国语·越语上》有载曰：“女子十七未嫁，其父母有罪。”可见，旧时女孩嫁否，其权在于父母，女孩自身并无权力。所以，嫁字，记录并反映了父母包办的封建婚姻制度和男尊女卑的不合理性。

婚　《说文》：“婚，妇家也。礼，娶妇以昏时，妇人阴也，故曰婚。从女，从昏，昏亦声。”从女，表示女子出嫁；从昏，指黄昏之时，《周礼》规定“娶妇以昏时”。故古代必于黄昏嫁女。送女出嫁是本义，所以女家叫婚，《白虎通·嫁娶》：“昏时行礼，故谓之婚也。”一说，到了父系社会，以男为主，女从男居，出现了抢婚的劣俗。清赵翼《陔馀丛考·劫婚》：“村俗有以婚姻……不谐而纠众劫女而成亲者，谓之抢亲。”从昏衍形为婚字可证。可见，男子抢婚必于昏夜人定之时取之。婚字记载了古代曾有过抢婚的劣俗。

婦　甲骨文作（乙8713），金文作（《令簋》），从女，从帚，会意。从女，表示女人；从帚，是扫除工具。考《说文》云：“妇，服也。从女持帚，洒扫也。”《释名》亦云：“妇，服也。服家事也。”所谓“家事”，就是担当家务劳动。服务于家事者，当是已嫁之女子也。婚后女人叫“妇”。《正字通》云：“女子已嫁曰妇”，故妇的本义是已嫁人的女子。《易·蒙》云：“纳妇吉，子克家”，孔疏：“妇，谓配也。”配指婚配。《诗·卫风·氓》：“三岁为妇，靡室劳矣”，意思是说，做你家媳妇三年，没有不做的家务劳动。可见，出嫁的女人，要服侍丈夫，操劳家务，承担繁重的家务，而且还要夫唱妇随。这就是妇人不能自主，所谓“嫁鸡随鸡，嫁狗随狗”。这就是“妇”字的文化含义。

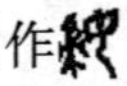

妻　甲骨文作（丙205）或（佚181），金文形同，篆作。甲骨文上有插簪的头饰，表示女到成年；下是女子跪地之像，头上一只手表示抓住女子之意。小篆之形更显示出抓住之意。古人抢婚方式有两种：（1）强抢，即把战败部落的女子抢来为妻；（2）暗抢，即把白天在外面巡视看好的女子趁其夜深人静不备之时抢来为妻。《仪礼·昏礼》：“士娶

妻之礼，……必以昏者，阳往而阴来。”可见，妻字的构形显示了古代确有过野蛮抢婚文化的劣俗。

妾　作为会意字，甲骨文作（前 4. 25. 7），金文作（《克鼎》），二形相类。从辛（辛）、从女。从辛，表示有罪；从女，指女人。会意为有罪的女人，古时有罪者就会沦为奴隶，《说文》可证：“妾，有罪女子，给事之得接于君者。”故妾之本义是女奴。古时，男人在正妻之外所娶的女子叫“妾”。旧社会多妻制，有财势者“三妻四妾”，帝王们可有“三宫六院七十二嫔妃”之说均可证。“妾”在社会或家庭中的地位很低贱。其一，《说文》引《春秋传》说：“妾，不娉也”，意思是说，不送“聘礼”，因为古时结婚前要先下聘礼的。如同当今的“订婚”。其二，旧时丈夫把妾称为“小妻”或“侧室”“偏房”。从称呼和住处可知，妾在家庭中是没有任何权利和地位的。《战国策·齐策》有云：“臣之妻私臣，臣之妾畏臣。”“私”是“偏爱”，“畏”是“惧怕”。这里，将“私”和“畏”对举，可知妻和妾的地位不同，权势不同。由于妾的身份地位低下，“妾”引申为谦辞，对丈夫称“妾”，对皇上称“臣妾”等。

妃　作为形声字，甲骨文作（前 4. 24. 1），金文作（《陈侯午錞》）。甲骨文从女，已声。金文已与女易位。从女，表示女子，本指男性的配偶，特指王妾曰妃，《说文》：“妃，匹也。从女，已声。”段注：“……人之配偶亦曰匹。妃，本上、下通称，后人以为贵称耳。”上古百姓之妻也可叫妃，但《礼记·檀弓》有云：“舜葬于苍梧之野，盖二妃未之从也。”又太子、诸侯之配偶也称妃，《新唐书·礼乐志八》：“皇太子纳妃。……亲王纳妃。”由于阶级之别森严，旧时将人分作三、六、九等，一般百姓之妻不得称妃，专用于权贵者的配偶之称，大夫妃、太子妃、王妃、皇妃皆是。

（四）汉字与服饰文化

在古代，同一事物往往因为其部位、身份、地位不同而名称也不同。古书中把一切遮体之物，都叫“衣”。头上戴的叫“头衣”，上身穿的叫“衣”，下身穿的叫“裳”或“绔”（kù）、“裈（kūn），脚上穿的叫“足衣”。

1. 头衣①

古代文献中称为“元服”，因为“元”的本义是人头。《礼记·士冠礼》云：“月令（指好月份）吉日始加元服”，可证。头衣，分为“冠、冕、弁、帻、胄”等（见图 426）。

冠　作为古代贵族男子到 20 岁时要举行加冠之礼，简称“冠礼”；同时起“字”，表示长大成人了。从此，人们按成年人要求他。加冠之前，先要把头发束起来盘到头顶，用一块叫的整幅的缁帛将发髻包住，戴上冠，然后还要用笄或簪从左右穿过冠圈把发髻固定。（笄和簪是同一事物，先秦叫“笄”，汉代以后叫簪。）而冠和帽子不同。冠，有个冠圈套在发髻上，上面有一根冠梁，从前到后扣在头顶上。冠的作用是把头发束住，是一种装饰。冠圈左右有丝绳叫“缨”，在下巴之下打结，把冠固定在头上。打结剩下的部分垂下来，叫“緌”，也是一种装饰。冠是贵族男性的常服，该戴没戴是无礼的，即使皇上不冠，也可以不见他（见图 426）。

冕　作为古代天子、诸侯、大夫祭祀时所戴的最尊贵的礼帽，其形制是：头顶冠圈的上方装有一块长形的木板叫“延”，木板前低后高，呈下俯之状，故称“冕”；套在周围的一圈布叫“冠圈”，两侧各有一个小孔，是插簪之处。木板的前端和后端各挂着一串串的小玉珠叫“旒”；冠圈两侧各悬一块小玉石，正对耳孔，叫“纩”（kuàng），悬挂玉石的丝叫“紞”（dǎn）。天子之冕 12 旒，设旒 12 玉；诸侯 9 旒 9 玉；卿及上大夫 7 旒 7 玉；一般大夫 5 旒 5 玉。汉代以后，只有皇帝才能戴冕，有旒，故人们用冕旒称代皇帝。王维有诗：“万国衣冠拜冕旒。”（见图 427）

弁　作为古代贵族所戴一种尊贵的头衣，分“皮弁、韦弁、雀弁”三种。用白鹿皮做的叫“皮弁”，由几块三角形皮革缝合而成，类似后代的“瓜皮帽”，每道缝中嵌以五彩玉石，称为“綦”（或作琪）。《诗·卫风·淇奥》云：“会弁如星”，“会”，指弁缝；“如星”，比喻弁缝中闪光的玉石，顶部会合处叫“邸”。“韦弁”是用红色柔皮做的。“雀弁”是用红中带黑的革做的，因色与雀头相近而得名（见图 427）。

① “头衣”及图 426 各图，均取自谭家健《中国文化史概要》，第 543 页。

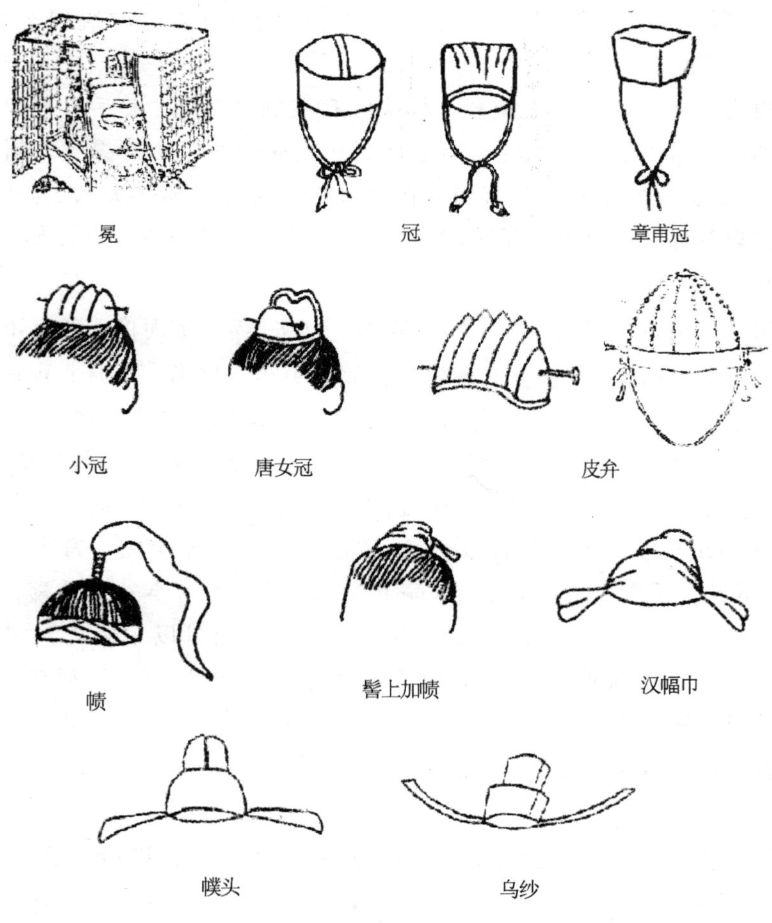

图 427　古代头衣示意图

髫　指不戴冠、不束发、头发自然下垂的童子。《后汉书·伏湛传》云“髫发励志，白首不衰”，李贤注：“髫发，谓童子垂发也。”《桃花源记》：“黄发垂髫，并怡然自乐。”皆是。

帻　作为载体是说古代平民不能戴冠、冕、弁，只能用一块青褐色头巾把发髻包上叫“帻”，故称为“黔首”或“苍头”。蔡邕《独断》云：“帻者，古之卑贱执事不冠者所服也。”服：在此用如动词，是“戴”之意（见图 426）。

陌头　平民另一种头衣，类似陕北农民用白毛巾包头，在前额打结。

又写作“帞头”或者“鞨头”，《列子·汤问》说：“北国之人鞨巾而表”。又称“络头”，“缲头”或绡头、帩头，《陌上桑》：“脱帽著（露）帩头”，可证。

幞头　乃“陌头”之音转，幞头除在前额打结外，脑后扎成自然下垂的两脚；后来取消了前结，后面两脚用金属丝衬以木片撑起，叫“展角幞头”，为文官所戴；两脚向上在脑后相交叫“交脚幞头”，为武官所戴。因幞头通常用青黑纱所做，故称“乌纱”，后世俗称“乌纱帽”（见图426）。

胄　作为古代军士保护头部的载体，金文作，上面像头盔，下面是代表头部的眼睛（目），会意为保护头部的头盔。楷书：从月，由声。月（帽），由声，有凭借义，凭借胄保护脑袋。《说文》：“胄，兜鍪也。”段注：“古谓之胄，汉谓之兜鍪，今谓之盔。”兜鍪取名于其状如鍪。鍪，古代一种炊具，圆底、敛口，边缘翻卷。《淮南子·汜论训》：“古者有鍪而绻（quǎn）领以王天下者也。”高诱注：“头着兜鍪帽，言未知制冠也。”可见，这个鍪还不是战盔。辛弃疾《南乡子》：“年少万兜鍪，坐断东南战未休。”这才是战盔（此代称“士卒”）。后世以“甲胄”或“介胄”连言，杜甫《垂老别》：“男儿即介胄，长揖别上宫。”须知：古时戴头盔见尊长是不敬的，故要“免胄”。《左传·僖公三十三年》，秦师路经周的北门，左右免胄而下，表示致敬。

2. 体衣

初　作为表示裁衣的开始义的载体是会意字，甲骨文作（前5.39.8），金文作（《何尊》），二形略异，从刀，从衣，是合体象形会意字，象用刀剪裁衣服之形，故初的本义当为剪裁衣服，引申为开始。然《说文》云：“初，始也。从刀，从衣，裁衣之始也。”笔者以为许说是引申义。吴其昌《金文铭象疏证》说：“初民无衣，大抵皆兽皮以刀割裁而成，衣之所出于刀，是初义也。”故“衣”字，记录了自古至今衣服的制作的第一道工序是要裁剪的这一文化传统。即便是当代，服装的制作也是这样，成为一种文化传统。

衣　作为载体是象形字，甲骨文作（萃.85）、（后上31.1），金文作（《昌壶》），甲、金文字形相像，也称独体象物字，象上衣形，上是衣领，中间两侧开口处是衣袖，下象两襟对掩之形。故衣的本义是

“上衣”。《说文》：“衣，依也。上曰衣，下曰裳。象覆二人之形。”段注：“依者，倚也。衣者，人所以倚以蔽体者也。”《诗·齐风·东方未明》云：“东方未明，颠倒衣裳。”又《邶风·绿衣》云：“绿衣黄裳。”“衣”和“裳”对举，且以颜色词别之，是谓不同之证，“衣”是上衣。引申之，泛指衣服的总称。《诗·豳风·七月》云：“无衣无食，何以卒岁？”又《庄子·盗跖》云：“不耕而食，不织而衣”的“衣”，皆指“衣服”。卜辞中衣与殷通用，合祭称“衣祭”，即殷祭（《甲骨文编》，第355页）。“甲辰卜，贞：王宾求祖乙、祖丁、祖甲，康祖丁，武乙衣，无尤。”（后上20.5）

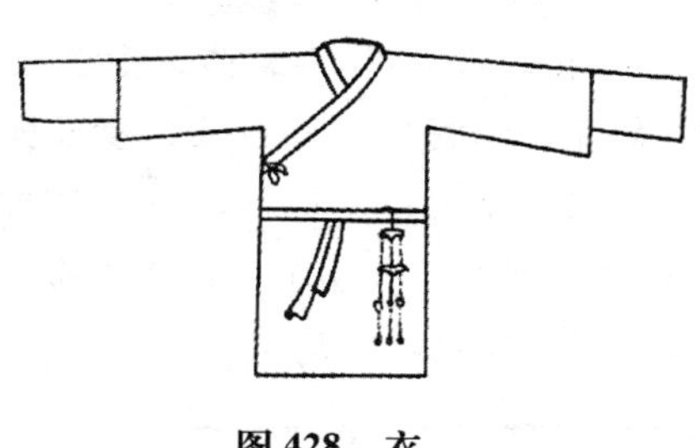

图428　衣

褐　作为载体的后起形声字，小篆作，从衣，曷声。用兽毛或粗麻制成的衣服，指短衣。《说文》训：“褐，粗衣。”《诗·豳风·七月》云：“无衣无褐，何以卒岁？”衣与褐对举，足见二者不同，各有所指。《孟子·滕文公上》云：“……曰‘否，许子衣褐’”赵岐注：“……曰粗布衣也。”故“褐”的本义指粗布短衣。鲁迅在《且介亭杂文·病后杂谈之余四》说：“国画呢？方巾长袍，或短褐椎髻。”褐，是贫苦者穿的常服。所以引申为卑贱的人。《左传·哀公十三年》云：“旨酒一盛兮，余与褐之父睨之”，杜注：“褐，寒贱之人。”由于“布衣”是机织的，较细，为读书人但还未做官者的常服，故谓之“布衣之士”，便成为贫民的代称。又由于“褐衣”呈黄黑色，故又指黄黑的颜色，即所谓“褐色”。如今曾经成为“劳改犯”所着衣服之色，这可能是表低下的文化传统吧。

襦　作为短上衣、短袄的载体，《说文》有训：“襦，短衣也。”《穀梁传·宣公九年》：“陈灵公通于夏征舒之家（家指夏征舒之妻），公孙宁、仪行父亦通其家，或衣其衣，或衣（贴身穿）其襦，以相戏于朝。”襦分为长、短两种：长的到膝盖以上；短者到腰，叫“腰襦”或“小襦”，为贫贱者所穿。《孔雀东南飞》云：

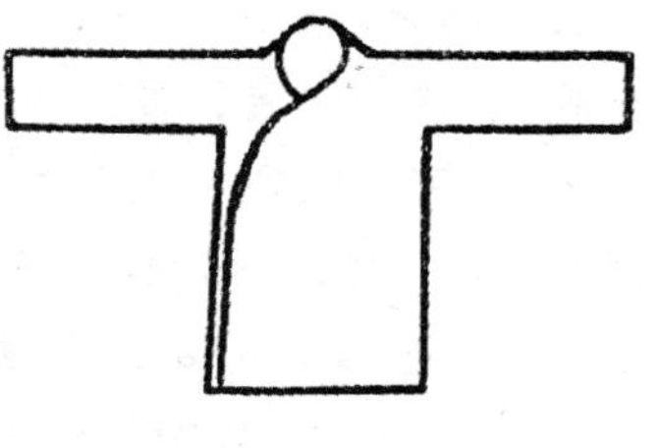

图429　襦（短袄）

“妾有绣腰襦，葳蕤自生光。”

裋（shù）作为载体，指贫贱者所穿的粗布长襦，《汉书·禹贡传》：“家赀（同资）不满万钱，妻子穅豆不赡，裋褐不完。”

襌（dān）与袷（jiā）二字作为载体，单层的上衣叫“襌”；双层的上衣叫“袷”（夹），也叫“複”。刘熙《释名·释衣服》云：“有里曰複，无里曰襌。”可证。

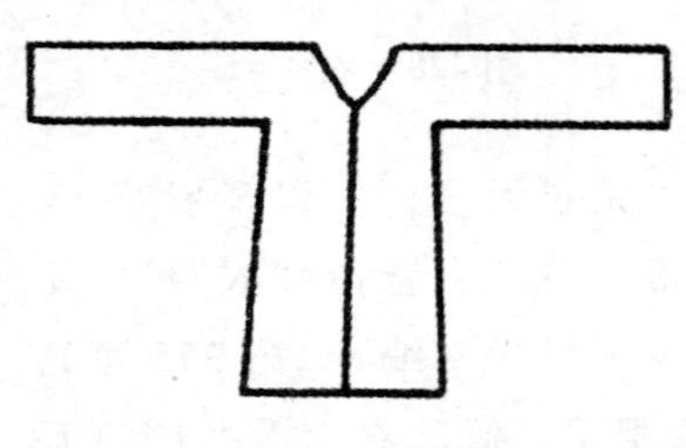

图 430　深衣（亵衣）

衷　作为载体的形声字，本指内衣。后来写成“中衣”，《说文》训：“衷，里亵衣。”即贴身穿的衣服。故从衣，中声。由于贴身穿，演为“衷心”之意。

亵　作为载体，本指贴身穿的上衣，叫“亵衣”，类似“汗衫”。司马相如《美人赋》曰：“女乃弛其上服，表露出其亵衣。”由于是贴身穿的衣服，引申为“亲近”“轻慢”等义。因为是贴身穿的衣服，亲近而不庄重，如“亵渎”。(如右图)

深衣　与“襦”相对，指上衣和下衣连在一起，垂到踝（huái）部，类似今天的连衣裙。《礼记·深衣》云“短毋见肤，长毋被土”，可证。然“襦”为一般人（含女仆）平时所穿；“深衣”则是“士”阶层以上者的常服，庶民的礼服。

裘　作为载体，本指御寒之服。甲骨文作[illegible]（后下 8.8），金文作[illegible]（《又卣》)，甲金文变异。甲骨文是独体象物字；金文中间多了一只手，标示字音，成为形声字。但甲骨文、金文外形相似，皆象毛朝外的皮衣之形，即皮裘。《说文》训为：“裘，皮衣也。”故裘的本义是毛朝外的皮衣。但“毛朝外”，不雅观。故国君或贵族在举行朝祭之礼或接待外宾时，外面要再罩上一件与颜色相宜的裼衣。《礼记·玉藻》说：“君衣狐白裘，锦衣以裼之”，“君子狐青裘、豹袖，玄绡裘以裼之”，“犬羊之裘不裼”。说明国君和贵族要衣狐裘，还要加裼衣；庶民衣犬羊之裘，不加裼衣。《诗·豳风·七月》云：“取彼狐狸，为公子裘。”又《周礼·玉藻》云：“君之右虎裘，厥左狼裘。”可见，古代身份、地位的森严、等级差异，连服饰都要加以区别。同时也说明上古时代，初民猎获野兽确有“食其肉，穿其皮”的生活习俗。

袍　有夹层，中间絮有乱麻或棉絮的长衣，有似今天的棉大衣。《急就篇》卷二师古注："长衣曰袍，下至足跗。"（跗，音 fū，脚背）唐宋以后，男子常穿袍，女子常穿裙。这便是袍字所记载的传统服饰文化习俗。

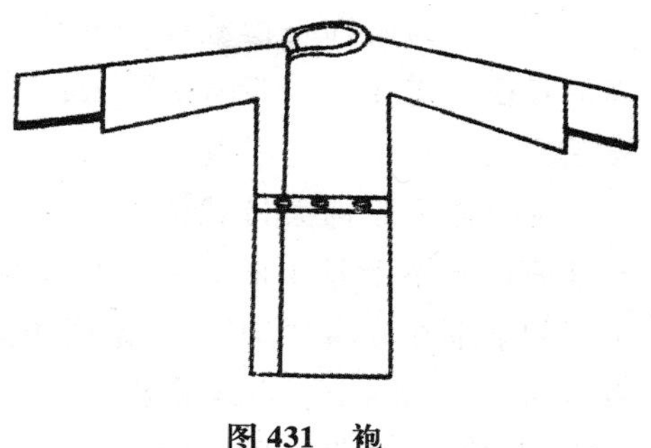

图 431　袍

襺　作为古代一种用丝绵絮的御寒保暖的轻便袍衣。《说文》云："襺，袍衣也。从衣，繭声。"《左传·襄公二十一年》说，楚申叔装病，"方暑，阙地下冰而床焉，重茧之裘，鲜食而寝"。邢昺疏："襺，袍之别名。"陆德明《释文》也说"襺，绵衣也。"

衽　作为服饰文化衣襟载体的形声字，从衣，壬声。从衣，指古代衣襟之称。汉族之衣，古代是左襟右掩；右襟左掩为异服，叫"左衽"，是蛮夷之服式。《论语·宪问》云"微管仲，吾其被发左衽矣"。左衽，又代称远方的敌人，又《陈书·宣帝纪》云"虽左衽已戡，干戈载戢"。

卒　作为奴隶服饰文化载体，甲骨文作（2.811）、（前 4.6.3），从衣，从，会意为象衣服上有纹饰之形，本义是有纹饰的上衣。金文作（《口外卒铎》），象衣服之形，且衣襟上有一斜画以区别非一般人所穿之衣服。即古代奴隶之人所穿的一种衣服。由此种衣服引申指古代供人驱遣劳役之人，《史记·河渠书》有云："悉发卒数万人穿凿漕渠，三岁而通。"后来，又泛称士兵为"卒"，《左传·隐公元年》云："大叔完聚，缮甲兵，具卒乘，将袭郑。"

袂　作为服饰衣袖载体的形声字，从衣，夬声。从衣，表示古代人对"衣袖"之称。《晏子春秋·内篇杂下》有云："张袂成阴，挥汗成雨"，古时袖长而宽大，所以"张袂成阴"。古籍中有"长袖、修袖、广袖、大袖"等说法。毛泽东词《蝶恋花》中不还有"寂寞嫦娥舒广袖"之句么。

袪　作为服饰袖口载体的形声字，从衣，去声。从衣，袖口的专称。本义是"袖口"，《诗·郑风·遵大路》有："掺执子之袪兮。"又《春秋传》云"披斩其袪"，也指"袖子"，《说文》有训："袪，衣袖也。"也引申为动词，撩起，举起。《吕氏春秋·达郁》云："袪步堂下。"高诱注："袪步，举衣而步也。"还有分开，除去等意。

裾　作为服饰长摆载体的形声字，从衣，居声。从衣，指上衣后下面的长摆，《汉书·邹阳传》云："饰固陋之心，则何王之门不可曳长裾乎？"

绅　作为服饰大带载体的形声字，从糸，申声。从糸，表示古时上衣外面还要系上丝织的大带，即士大夫束在衣外的大带，在腰前打结，余下的下垂部分叫"绅"。《论语·卫灵公》云"子张书诸绅"。也指称束绅的人，如绅士、乡绅等名词。

上古由于身份不同，大带也有分别：诸侯、大夫扎素丝带；士，则用漂过的洁白的丝加黑边的丝带；后世又有饰以金玉的所谓金带、玉带等，《礼记·玉藻》云："叁（三）分带下，绅居二焉"，"凡侍于君，绅垂"。又因为绅下垂，可以提起往上写字，如上举《论语》云"子张书诸绅"。后代引申凡系长带者就叫他"绅士"，也指有财势者，土豪劣绅等。

绶　作为印绶的形声字，从糸，受声。从糸，指古代系帷幕或印绶的丝带。系帷幕的，如《周礼·天官·幕人》云："幕人，掌惟幕幄帟绶之事"，意思是说，幕人是掌管"张设在帷幄中座上用以承接尘土的小幕"一类的事务。所谓"印绶的丝带"，即指用以兼系玉饰和印章的丝带子。又《史记·蔡泽列传》：有云"怀黄金之印，结紫绶于要"（要：即腰）。古代为官者，均把官印系于腰间的丝带上，即所谓的"印绶"。

裳　作为下衣的形声字，从衣，尚声。从衣，指"下衣"，古代叫"裳"。裳，最初是由前后两片布做成的：前片三幅，后片四幅。前后两片不连在一起，穿时才系在一起。两片布间的缝隙用"衽"来遮掩。后来的裙子、裤子等都被称作"裳"。

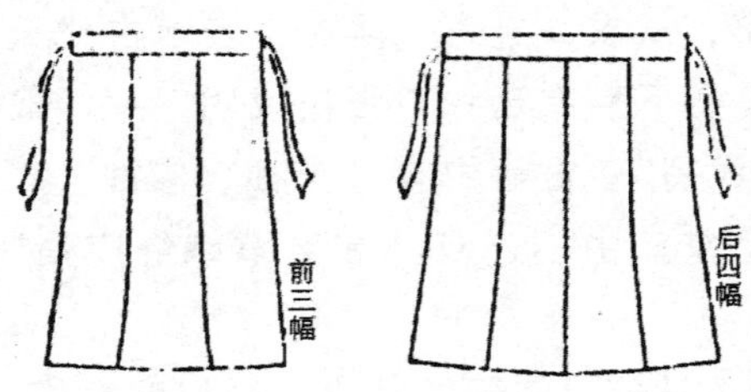

图432　裳　采自《三礼名物通释》

裤　作为下衣的形声字，从衣，库声。从衣，泛指"下衣"。古作"绔""袴"或"裈"。古人的"绔"没有后裆，只有裤筒，有似套裤，又称为"胫衣"，即护腿。"纨绔"即为有钱者所穿的细生绢做的衣裤，故指称富贵而不务正业的贵族子弟为"纨绔子弟"。杜甫诗有云："纨绔不饿死，儒冠多误身"之句，表明不同的处境。

裈（kūn）又叫"穷绔"，跟今天的裤子相似；有裆之裈叫"犊鼻裈”，即今之短裤、裤衩，其形似犊鼻二孔，故名。《史记·司马相如列传》有云：“相如身自著犊鼻裈，涤器于市。”为贫贱者所穿。又《北史·刘昼传》云：“小孤贫……常闭户读书，暑月唯著犊鼻裈。”即俗称“犊鼻裤”。

3. 足衣

足衣，指鞋、袜之类。古人的鞋有屦、履、舄、屩、屐、鞮、鞵等名称，分述如下：

屦 作为足衣鞋的载体，指用葛、麻、草、皮、丝等制作的鞋，分别叫葛屦、麻屦、草屦、皮屦、丝屦等。屦，是书面语；履，是口语。革屦为贱物，古人常用“脱屦、弃履”喻事之易或对事轻视。《淮南子·主述训》有云：“尧举天下而传之舜，犹却行而脱屦也。”草鞋又叫“躧”，又作“屣”，“跐”是“屣”的古字。

舄 作为足衣木底鞋载体，指鞋底下面再加一层木底，以防水浸湿。《周礼·天官·屦人》郑玄注：“复下曰舄，禅下曰屦。”意思是用革或木所制的不沾湿的双底鞋叫“舄”，用葛皮所做的单底鞋叫“禪”。

屐 雨天穿的木屐。鞋底前后各有一块横钉的约一寸宽的木块，将鞋底垫起来，以防泥水沾到鞋上，故称“木屐”。《急就篇》师古注：“屐者，以木为之，而施两齿，所以践泥也。”又《南史·谢灵运传》：“(灵运）常着木屐，上山则去其前齿，下山则去其后齿。”可证。齿，即鞋底木块上刻的齿纹，用以防滑。木屐，而今的日本人还有穿木屐的习惯。

鞮（dī） 作为足衣生皮鞋的载体，从革，是声，是最早用生皮做的皮鞵。鞵是鞋的古字。《说文》云：“鞵，生革鞮也。”南北朝以后，鞵，成了“鞋子”的统称。

鞾 作为足衣皮靴，从革，指皮靴。古代已有，据说是胡地传入的，多见于汉以后的文献。《南史·武兴国传》有云：“其国……言语与中国同，着乌皂突骑帽，长身小袖袍，小口袴，皮鞾。”又《新唐书·李白传》亦云：“（白）常侍帝醉，使高力士脱靴，力士耻之。”当今之靴分皮靴（高筒）和防水的塑料靴子。

韈 又作韤。古代袜子是用熟皮做的，故“袜”字从“韦”或从“革”。后世我国北方农民用布做布袜子，故“袜”字又从“巾”，作“幭”，这是古袜字的遗存。按古礼，入室登席必须脱袜，否则对上不敬。

《左传·哀公二十五年》有云："（卫侯）与诸大夫饮酒焉，褚师声子袜而登席，公怒。"后世又有丝织品织的"丝袜"，称作"罗袜"。袜子，分为男袜和女袜两种，女人穿的袜子，叫坤袜。

4. 佩饰

古人的配饰多种多样，不能一一举来，主要有以下几种。

玉 作为佩饰载体，是最重要的佩饰。《礼记·玉藻》说："古之君子必佩玉"，因为玉贵重，为统治者专有，标志佩者之身份；还因为上古玉被附会为道德、吉祥等色彩义。有杂佩的珩、璜、琚、瑀、冲牙等。

珩，一种古时女人的佩饰，上面是横着的玉，下面用三股丝绳穿过珠子，中间一根在半截处穿着"瑀"，下面系着一块两头尖中间大的"冲牙"，另两股丝绳的半截处，各系一块长方形的玉叫"琚"，末端各系着一块半环形的玉叫"璜"，缺口相对，身子一动，冲牙就碰撞璜，发出"叮咚"之声。正如《礼记·玉藻》所言："行则鸣佩玉。"

还有含有寓意的环形玉叫"环"，和有缺口的环形玉"玦"，为妇人所戴。以及有寓意的"佩弦""佩韦"，弦在弓上以绷紧为常，韦是柔软的皮子，古人用以自戒。《韩非子·观行》说："西门豹之性急，常佩韦以自缓；董安之性缓，常佩弦以自急。"

帨 作为形声字从巾，兑声，古人的一种佩巾。《诗·召南·野有死麕》云："舒而脱脱兮，无感（撼）我帨兮"，毛传："帨，佩巾也。"帨，饰物的佩巾，有似如今的手帕。王念孙《广雅疏证》训曰："巾者……亦有所饰物。"

觿（xī） 本是一种用骨角做的锥形的工具，用以解结的；可能是游牧民族生活的遗存，古人把它当作佩物。《诗·卫风·芄兰》有云"芄（wán）兰之支，童子佩觿"。既然"觿"为童子所佩，那么"觿年"即指童年。"觿"，也泛指饰物。韩愈《寄崔二十六立之》曰："愿君恒御之，行止杂燧觿。"燧，是借日光取火的用具，即后世的火镜，在此则是饰物。"燧觿"连用义同，可知觿也是一般人的佩物。

容刀 作为古代的一种佩饰。犹如《诗·大雅·公刘》曰："维玉及瑶，鞞（bǐng，刀剑鞘）琫容刀。"郑玄注："进玉瑶容刀之佩"，后世称"容刀"为"佩刀"。《释名·释兵》云："佩刀，在佩旁之刀也。或曰容刀，有刀形而无刃，备仪容而已。"容刀，实为装饰之物。

（五）汉字与穀物文化

我国从古至今是以农业为主的国家。所以，一直以粮食为主食，即所谓黍、稷、麦、菽、麻等“五穀”，加上“稻”便成“六穀”。先秦以来的诗文中常常描述到这些农作物。因为“民以食为天”，如若不知道这些作物的文化含义，就无以深入理解古典诗文，以及它们对人生的重要意义。

黍　作为合体象物字，甲骨文作[illegible]（前 4.39.7），象黍形，从水，从黍，会意。本义是黍子，黏谷。北方人叫黍子。碾成米叫“黄米”，状如小米稍大，圆粒、性黏，可酿酒。《说文》云“黍，禾属而黏者也。以大暑而种，故谓之黍”。孔子说：“黍可为酒，禾入水也。”卜辞用其本义，“癸卯卜，亘贞：我受黍年。”（铁 248.1）

稷　俗称“谷子”。其性耐干旱，适合我国西北地区种植，去皮即成小米，是古人最重要的口粮。《说文》：“稷，五谷之长。”意思是说“五谷之总名”。这是由它对人们生活的重要性决定的。古人以稷为谷神；“社”为土地神。社稷，是“国家”的代称。

麥　作为谷物载体，甲骨文作[illegible]（京津 3457）或[illegible]（前 4.40.7），正反无别，从来，从止（脚），会意为秋收成熟的麦子。从来，本指麦子，独体象物字。甲骨文作[illegible]（家 790）或[illegible]（后上 6.5），象一颗麦子之形，有根、叶、茎、穗。而麦从夊（止），是来去之来。由于古音“来”属之部，“麦”职部，音近，古人颠倒，借表麦子的来为往来之来。《说文》云：“麦、芒谷，秋种厚薶（埋），故谓之麦。……从来有穗者，从夊。”许说“麦”是会意字，其实麦是“从夊、来声”的形声字，都可通。麦的本义应为“小麦”，因大麦叫“麰”。《诗·魏风·硕鼠》曰：“硕鼠硕鼠，无食我麦”，可证。小麦，是上古我国主要粮食作物之一，但没有“黍、稷”地位高。又《周颂·思文》则曰：“贻我来牟，帝命率育。”“来，牟”连用对举，说明非一物，而是同类有别：来，即麦；牟：即麰的本字，麰即大麦。《孟子·告子上》云：“今夫麰麦，播种而耰之。”（耰，把土弄碎。）如今小麦成为主食。卜辞用作本义。“……月一，正日食麦……”（后下 1.5）

菽　从艸，叔声，形声字。从艸，表示属于艸本植物；叔声，用手拾豆为叔。《说文》：“叔，拾也。从又，尗声。”从又，指右手；尗声，含有豆类之义。故菽的本义是大豆，也是豆类的总称。《左传·成公十八年》有言曰："周子有兄而无慧，不能辨菽麦。"杜预注："菽，大豆也。"大豆是主要油料作物。又朱骏声《说文通训定声》也云："菽者，众豆之总名。"叔，卜辞用为伯叔之叔（《甲骨文编》第122页），是假借。

麻　金文作，会意字，从厂（hǎn），甲骨文厂作（后下14.8）、（前8.8.1），正反无别，象山崖形；山崖有石，又象石形。故本义是山崖。《说文》："厂，山石之厓岩，人可居。象形。"故"厂"表示房屋，金文下面是从麻杆上扒下的麻皮，故麻字，会意为在屋扒麻之意，故被治之物也叫麻。麻，是麻类植物的通称。麻，皮坚、呈纤维状，可纺织成布做衣。《诗·曹风·蜉蝣》说："麻衣如雪。"古为"布衣之士"所穿。麻籽叫"苴"，可食充饥。而今以之为油料作物，有"麻籽油"，北京人用之做食油。

稻　作为谷物载体，甲骨文作（乙4567），独体象物字。金文作（《春秋曾子》），金文跟甲文异形，从禾，舀声，形声字。从禾，指禾谷之类。舀，上面是手，下面是舂米之器"臼"，会意为用手、臼，舂米之象。林义光《文源》说："（古字）象获稻在臼中将舂之形。"故"舀"声含有"舂米"之意。稻，是一年生草本植物，分为水稻和旱稻两种，通常指水稻。子实叫"稻子"，去壳叫"大米"。是我国重要粮食作物之一。《诗·豳风·七月》："八月剥枣，十月获稻。"根据性质不同特征，又分为糯稻，粳稻、籼稻。古人以黏者（糯米）为稻，不黏者为"秔"。故黏者为"稌"。《说文》训："稻，稌也。"

粟　作为谷物载体，甲骨文作（粹1574）、（后上7.10），象结满禾粒之形，独体象物字。商承祚《殷虚文字类编》说："当为粟之本字。"本义是结满了穗实的谷子。《说文》："粟，嘉谷实也"即黍的籽粒。《诗·小雅·黄鸟》："交交黄鸟，无集于榖，无啄我粟。"去了壳是"小米"。后来，粟成为粮食的通称。《史记·项羽本纪》："章邯围巨鹿，筑甬道而输之粟。"今为北方人主食之一。

粱　作为谷物载体，金文作（《曾伯簠》），小篆作，金文、小篆形近似。从米，㓷声。从米，表示米类之物。《说文》训："粱，米名也。"朱骏声《说文通训定声》："按，即粟也。"《篇海·米部》说：

"粱，似粟而大，有黄、青、白三种。"粱是稷的良种，《诗·小雅·黄鸟》："交交黄鸟，无集于榖……无啄我粱。"其籽实为细粮，精美的饭食。古籍常常"粱肉"并称。《左传·哀公十三年》："粱则无矣，粗则有之。"粗，指粗粮，如高粱。孔疏："食以稻粱为贵，故以粱表精。""黄粱"就是其中一种。杜甫《赠卫八处士》说："夜雨剪春韭，新炊间黄粱"，即比小米粒大些的黄米。北方畜牧地区，如东北的白城地区的大赉、镇赉等地，早饭就是一把炒米加一杯奶茶。

禾　作为谷物总称的载体，甲骨文作[甲骨文]（后下 33.5），独体象物字，象上有垂穗、叶，中有主干，下象根。金文作[金文]（《昌鼎》），跟甲文相似。本义是禾谷。《说文》："禾，嘉谷也。二月始生，八月而熟，得时之中，故谓之禾。"禾，本来专指稷，后来成为粮食的通称。《诗·豳风·七月》："十月纳禾稼，黍稷重穋（lù），禾麻菽麦。"前个"禾"泛指庄稼，聂夷中《田家》诗："六月禾未秀，官家已修仓。"（秀：吐穗开花）后个"禾"指稷。再后"禾"又成稻的专称。卜辞用本义："辛卯卜，求禾甲三牛。"（粹 858）

以上我们讲述了汉字与所记载的粮食作物的种植、特性和用处等等。有了粮食，才能解决民生的生死攸关的大问题。所以，下面就单个汉字来介绍一下饮食问题。

（六）汉字与饮食文化

人类自古至今是靠饮食维系生命的。否则，断无生存的可能。故首先了解一下"饮""食"二字的文化含义。

飲　作为饮食载体，是象事字。古代饮料分为酒、浆两类。先说酒，从酉从水，会意字，甲骨文作[甲骨文]，从酉是酒坛，从水是酒。古诗词中有"酒兵"一词，谓酒能消愁，唐彦谦《无题》诗："酒兵无计敌愁肠。"还有"酒人"一词，指喝酒的人，《周礼·天官·酒人》却指"掌管酒的官"。

飲　甲骨文作[甲骨文]（铁 648）、[甲骨文]（菁 41），象人俯首张口伸舌向酒坛饮酒之形。故本义是饮酒。《说文》："㱃，歠，义为喝酒也。从欠，酓声。"卜辞亦用作本义。"贞：王㱃有老。"金文作[金文]（《㠱中壶》），跟甲文形略异，从欠，酓声。从欠，表示张口进酒。《诗·小雅·无羊》："或饮于池。"又引申为饮料，《周礼·天官·酒正》："辨四饮之物：一曰清、二曰医、三曰浆、四曰酏。”饮，又是饮食的统称。《战国策·秦策一》：“张乐设饮，郊迎三十里。”浆，作为饮料，有“六饮”：水。浆、醴、凉、医、酏。水是饮料之首，包括酒（琼浆玉液）、米做的酸汁、米醋、豆浆、米汤等，醴是甜酒，凉是冷饮，医是酸梅汤，酏是稀粥。

食　作为饮食文化载体，甲骨文作（乙1115），金文作（仲义昱簋），金文构形略同甲骨文。上象倒口之形，下象盛满食物的器皿之形，上下合起来会意为像张口吃食物的样子。林义光谓“食，从A（倒口）在皀上。皀，荐熟物器也。象食之形”。《诗·魏风·硕鼠》：“硕鼠硕鼠，无食我黍”，故食的本义是吃。卜辞：用作本义，食是动词。“……月一正，日食麦。”卜辞中的“日食”“月食”也是“吃”义（详见本书前面《甲骨文选读》“月有食”）。后来食作“蚀”。

但是，关于食的本义，学术界看法不一。如若把“A”视为古“集”字；从皀米谷的馨香，即亼与皀，会意指“集合馨香的米”。那么，“食”的本义是饭食。《玉篇》云：“食，饭食。”《周礼·天官·膳夫》：“膳夫掌王之食饮膳羞。”郑玄注：“食，饭也。”《说文》训“食，一米也。从皀，亼声。”许氏以为“食”为形声字，故他的解形释义均不确。当是由名词“饭”引申出动词“吃”。成语有“民以食为天”“饥不择食”“丰衣足食”等，可见，“食”，显示出饮食维持人类生命的重要性。俗话说：“人是铁，饭是钢，一顿不吃饿的慌。”

飯　作为食的载体，金文作，小篆作，二形相似，从食，反声。《说文》训“饭，食也”。从食，表示食物；反声，有“反复咀嚼”之意。故饭的本义是吃饭。段注：“食之者，谓食之也，此饭之本义。”宋辛弃疾《永遇乐·京口北固亭怀古》：“廉颇老矣，尚能饭否？”饭，又由“吃饭”引申出名词“饭食”。《孟子·尽心下》：“舜之饭，糗茹草也。”由饭食又引申出“喂养”或“给……饭吃”之义。《庄子·田子方》：“百里奚爵禄不入于心，故饭牛而肥。”又《史记·淮阴侯列传》：“有一漂母见信饥，饭信。”信，即韩信。饭信，给韩信饭吃。

菜　作为副食载体，金文作，小篆作，二形相类。小篆将金文右上方的两棵艸，移到上面去了，皆谓从艸，采声。从艸，表示草本植物；采声的“采”，上边手（爪）形，下边是木，会意为用手采摘可食的植物或其籽实。《说文》训：“菜，艸之可食者。”段注：“古多以采为菜。”

因此，“采”是菜的初文。可知古时，菜的本义是采摘可食的草本植物。《国语·楚语下》：“庶人食菜，祀以鱼。”《小尔雅·广物》云：“菜谓之蔬菜。”上古菜不包括肉、蛋，只指蔬菜；宋代以后，才把肉、蛋包括在菜内，把蔬菜、蛋、肉、鱼等副食品煎、炒、烹、炸后也称菜，如川菜、鲁菜、东北菜等。

即　作为就食载体，甲骨文作[illegible]（簠典99）、[illegible]（前6.52.3），金文作[illegible]（《盂鼎》）。金文与甲骨文基本相同，象器皿盛满食物，右象人形，会意为人在食器前就餐之状。本义是就食（餐）。《说文》：“即，就食也。从皀，卩声。”许氏解作形声字，非也。当为从人（卩），从皀的会意字。《易·鼎》云：“鼎有实，我仇有疾，不我能即。”意思是说，鼎中有食物，妻子有病，不能同我一起吃。高亨《周易古经今注》：“此用其本义也。”

餐　作为餐食载体，古鉩文作[illegible]，小篆作[illegible]。古鉩文从水，篆文从食，二形迥异。但小篆也作[illegible]，从水，与鉩文近似。《说文》训作：“餐，吞也。从食，[illegible]声。湌，餐或从水。”按：从食，表示吃；[illegible]，含有“残穿”之意，因为吃饭要咀嚼食物，故从[illegible]声。因此餐的本义是吃。《诗·郑风·狡童》曰：“维子之故，使我不能餐兮。”汉枚乘《七发》云“此甘餐毒药，戏猛兽之爪牙也。”李白《北上行》诗也说：“草木不可餐”，均是其证。引申为名词“饭食”，如早餐、一日三餐等。故餐字记录了人类赖以生存的饮食方式。

饔飧　由于古人每日两餐，就产生了饔、飧二字。饔：从食，雍声，于字形声。从食，指饭食，上午的饭叫正餐（上午八、九点），饔有调和熟食之意，现做现吃；飧：从夕从食，于字会意。从夕表晚上（此指下午三四点），下午的饭不是正餐，故飧指在正餐剩菜剩饭的基础上做成简易的饭菜。所以，由“饔”可推知“飧”不是现做的；由“飧”可推知“饔”不是晚饭。后来（指现当代），由于饮食文化的发展变化，每天改为“三顿饭”，晚饭做得也不简单，也很丰盛。“饔”和“飧”就失去了代表性，只用“餐”“饭”或“宴”加上“早”“午”“晚”来指称。于是，随着这种文化的改变，相应的词也发生了变化，相应的字在应用上也发生了变化。如今，饔飧二字不再行用了，成为死字。

饗　作为用酒肉款待宾客的载体，甲骨文作[illegible]（前4.21.5），金文作、，与之相似，小篆作，从食，从郷，会意为两人跪坐相向餐食之状。《诗·豳风·七月》："朋酒斯飨，曰杀羔羊。"毛传："飨，乡人饮酒也。"《说文》也训作："飨，乡人饮酒也。"又《小尔雅·彤弓》云："钟鼓既设，一朝飨之。"郑玄笺："大饮宾曰飨。"《公羊传·庄公四年》："夫人姜氏飨齐侯于祝丘"，何休注："牛酒曰犒，加饭羹曰飨。"故知"飨"字记载了自古至今人们用酒肉饭食款待宾客的礼仪传统。

既　作为食毕载体，甲骨文作（铁 974）、（铁 161.1），正反无别；金文作（《保卣》）、（《师虎簋》）。金文跟甲骨文相像，从人，从皀，即左边是盛食物之器皿，右边象人在食器之前把头转了过去，表示食毕。故"既"字本义是吃完了饭。《说文》训："既，小食也。从皀，旡声。"许氏以为形声字，恐非是，"旡"是人张口之像。"既"又引申为尽、完。《公羊传·桓公三年》说："既者何？尽也。"《淮南子·精神训》："精神何能久驰骋不既乎？"又引申为"已经"之意，《韩非子·外储说下》："三军既成阵，使士视死如归。"到了小篆作，讹变，"食器"和"人"都不像了。故"既"字记载了古人就餐食毕的情形。

以上八个字介绍了一般饮食文化的概况。下面就一些与饮食相关的汉字文化内涵，具体详述一下古人的食制、食物制作和吃法等。

古代的食制：先秦两汉时期的人是两餐制：早饭叫"饔"，在上午8—9点；晚饭叫"飧"在下午3—4点；总餐曰餐。《说文》训"餐，吞也。"段注："吞，咽也。"吞，就是"吞吃"。《诗·郑风·狡童》云："维子之故，使我不能餐兮。"又《诗·魏风·伐檀》："彼君子兮，不素餐兮。"

上古时期，先民的主食做法和吃法，由于用杵、臼等器皿舂制，不易制作，很少吃面食。通常的吃法是将粮食煮粥或炒干粮。

糗（qiǔ）作为上古主食吃法之一的载体，把米麦炒熟成为干粮叫"糗"，也叫"糇"或"糒"。《尚书·费誓》："峙（储备）乃糗粮"，又《诗·大雅·公刘》云："乃裹糇粮。"《史记·李将军列传》云"大将军使长史持糒醪（l？ o）遗广"。意思是大将军让长史把包好的干粮送给大将军李广。

糧　古籍中的"粮"，都指"干粮"。《庄子·逍遥游》云："适千里者，三月聚粮。"《周礼·地官·廪人》："凡邦有会同师役之事，则治其粮与食。”郑玄注：“行道曰粮，谓糒也。”这里将“粮”和“食”分说，可见其义不同。《汉书·严助传》云“丁壮从军，老弱转饷。居者无食，行者无粮”。是其证。

饼　古代的饼不是烙的，而是把米或麦捣成粉末状加水团成的，煮着吃。《世说新语·容止》云：“何平叔（名晏）……面至白，魏明帝疑其傅粉，正夏月，与热汤饼，既噉（同啖），大汗出，以朱衣自拭，色转皎然。”用米粉做的又称餈，《说文》：“饼，面餈也。”

餈　以糯米为主要原料做成的稻饼，也叫糍粑。《说文》训：“餈，稻饼也”，段注：“以稬（同糯）米蒸熟，饼之如面饼曰餈。”

饵　用米粉做成饼状的糕饼，《说文》：“饵，粉饼也。”又《周礼·天官·笾人》：“糗饵粉餈”，郑玄注：“合蒸曰饵，饼之曰餈。”云南如今尚有米粉做成的“饵块”，当为其遗存。

饡　用带汁的肉浇饭。《说文》云“饡，以羹浇饭也”。又《楚辞·九思·伤时》有云：“时混混兮浇饡，哀当世兮莫知。”王逸注：“言如浇饭之乱世。”有如维吾尔族“抓饭”。

上古时代，肉食主要是牛、羊、猪，还有狗。其吃法分为炙、脍、醢、脯、羹五种。

炙　即烤肉，来源于远古游牧生活的野餐。分为两种：烤鲜肉叫“炙”，烤干肉叫“燔”。《诗·小雅·瓠叶》：“有兔斯首，燔之炙之。”郑笺：“柔者（鲜肉）炙之，干者燔之。”可证。

脍　指切细的鱼和肉。《论语·乡党》：“食不厌精，脍不厌细。”成语有“脍炙人口”，“脍炙”连言，《诗经》有载：“炙兔鲤脍”，可证烤肉、生鱼片的吃法甚古。

醢　用肉或鱼、蜃等水产品做的酱。《说文》训：“醢”为“酱”。做法：先把肉做成干肉，然后铡碎，用酒曲、盐搅拌。再用好酒渍装在酒坛里密封起来，经过百日始成。另外，古代把犯人剁碎的酷刑也叫“醢”。

脯　即指干肉，也叫“脩”。牛、鹿、田豕等动物都可以做成“牛脩”“鹿脯”等食品。脯与脩义同，古以十脡脯为一束，故有“束脩”之说。《论语·述而》云“自行束脩以上，吾未尝无诲焉”。脡脯：条状的干肉。

羹　指带汁的肉。即用肉加五味调料煮成。《说文》云：“羹，五味和羹。”《左传·隐公元年》：“小人有母……未尝君之羹，请以遗之。”

（七）汉字与居住文化

远古时代，人民少而禽兽众。为防禽兽虫蛇之害，初民最早住在树上，所谓“构木为巢”，即“巢居”。不但能够避免禽兽之害，还可以防备洪水之患。《孟子·滕文公下》云：“当尧之时，水逆行，泛滥于中国（指中原一带），蛇龙居之，民无定所，下者为巢，上者为营窟。”（下者：指低地的人，上者：指高地的人。）古人的居住分为巢居、穴居和宫室。

1. 巢居

构（構）　作为远古居住载体，是形声字。《说文》云：“构，盖也。从木，冓声。杜林以为椽桷字”。（椽桷：支撑房顶的椽子。）据许说，“构”本是盖屋之义，并引杜林之语作证。但构，从“冓”得声，考甲骨文冓作（前 1.40.5）、（后下 13.5），从二鱼，或从彳、从止，会意为象二鱼相遇之形，或从彳、从止，有相互进行之意。本义是遇到。卜辞用为本义，“其莫不冓雨”（粹 695），故甲骨文中有“冓”，无“構”。而“冓”是“遘”的初文，《说文》训：“遘，遇也。”冓，金文作（《冓斝》），形生讹变，鱼形不显。而《说文》训“冓，交积材也。象对交之形。”说明“構”字亦有“对交”之义，因为“構”从木，冓声。声符“冓”有“表义示源”作用，既然冓的本义是“两鱼相遇”，就有“对交”之意。这从冓得声的“媾”字是“交互为婚姻”和表示“遇见”义的“覯、遘”二字都可证明。

因为“遇见”就有“相交”意。“構”形符又从木，表示初民用木枝在树上架巢而居，并有书证，《韩非子·五蠹》云：“构木为巢以避群害。”《说文》：“構，蓋也。……杜林以为椽桷字。”《玉篇》训構：“架屋也。”《尚书·大诰》云：“厥子乃弗肯堂，矧（况且）肯構？”孔传：“子乃不肯为堂基，况肯構之屋乎？”意思是，他的儿子不肯去打地基，何况是盖房子呢？《淮南子·泛论训》高诱注：“構，架也。谓之材木相乘架也。”故“构”字，负载了在洪荒的远古时期初民为了防避禽兽侵害有过在树上巢居的时代。

巢　作为巢居的载体，小篆作，下边是树木，木上像三只鸟和鸟窝。合起来表示鸟栖息于树巢上。《说文》有训：“鸟在木上曰巢，在穴曰窠。”窠：音 kē，鸟兽的巢穴。故“巢”字本指“鸟窝”。《易·旅》：

“鸟焚其巢。”

如上文对“构”字所述，上古时，初民为防禽兽之害，而于树上巢居，《韩非子·五蠹》云：“有圣人作，构木为巢以避群害，而民悦之，使王天下，号之曰‘有巢氏’。”《风俗通·丘部》云：“尧遭洪水，万民皆山栖巢居，以避其害。”可见，初民巢居不但能避免群害，亦能防水患。

但是，冬季巢居太冷，因此，初民冬天只好住到洞穴里（见图432）①。《礼记·礼运》有载：“昔者先王未有宫室，冬则居营窟，夏则居橧巢。”（营窟：即营造的洞穴；橧：音 zēng，义为“构架”。）

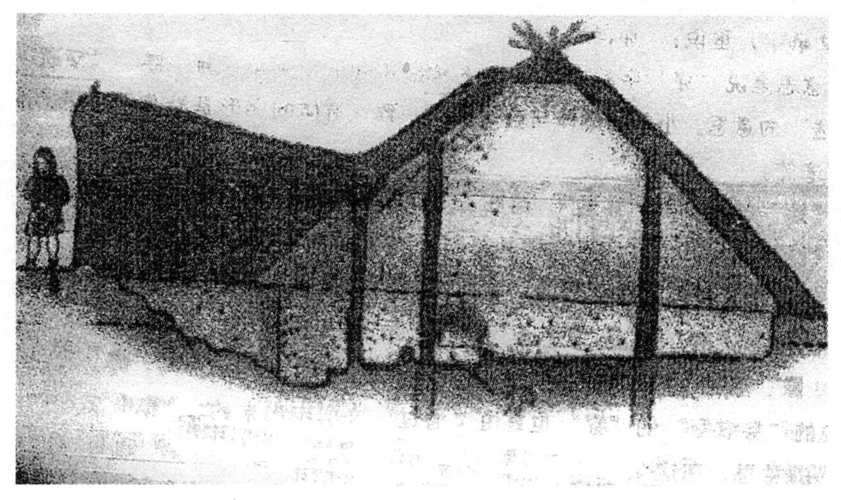

图 433　原始居住洞穴示意图

古人树上架屋巢居不是没有可能的，就是在今天，不是也有树上架屋子的吗？湖南省桃江县大栗港镇兴坪村 63 岁的村民熊玉虎就在 15 米高的树上建了一座房子，有厨房、厕所、水塔、电视柜等生活设施，应有尽有（见图 434）②。此房，最多同时进去了 18 个平均体重 120 斤的成年人。就是一例。此前，也有过报道在树上搭屋做旅馆的事实。

2. 穴居

① 图 432 取自骈宇骞《中华字源》，第 51 页。

② 见 2010 年 12 月 18 日《烟台晚报》“国内新闻”栏目。电视台也曾播放过这一新闻。

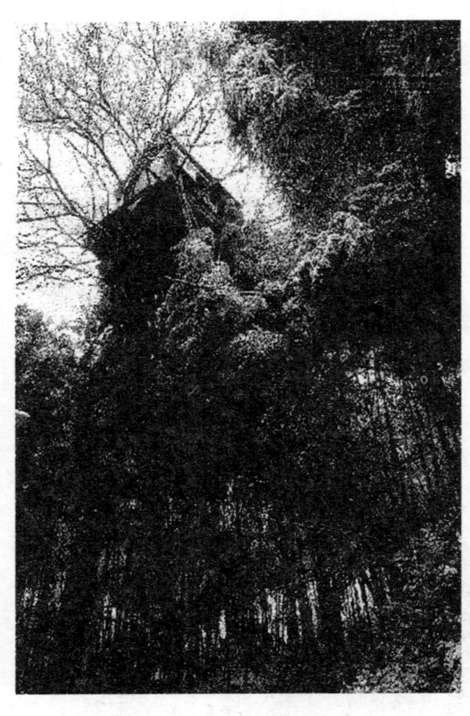

图 434

穴　作为远古穴居营造的载体，最早人工挖掘的山洞，有似今天的窑洞。金文“空”从穴作𥤢（古鉥文），小篆作𥤢，二形相似，象土室或岩洞。《说文》训“穴，土室也”。《诗·大雅·绵》云“古公亶父，陶𥨫陶穴，未有家室”。郑玄笺：“凿地曰穴。”又《易·系辞下》云“上古穴居而野处，后世圣人易之以宫室”。可见，上古先民有过穴居之俗，延至现当代，成为传统。应该看到，古人从地上乔迁巢居，后来又回到地上，这是一大进步。于是产生了“乔迁”一词，便成为如今的祝贺语“乔迁之禧”。

𥨫　在平地上累土掏洞而居，也叫“覆”。《诗·大雅·绵》云：“古公亶文，陶覆陶穴，未有家室。”郑玄笺：“覆者，覆于土上。”又见《礼记·月令》有云：“其祀中溜”（音 liù，义房檐滴下来的水，或房檐上接雨水的长槽）孔颖达疏：“若平地则不凿，但（只）累土为之，谓之为覆，言于地上重复为之也。”《淮南子·泛论训》也说：“古者民泽（择）处𥨫穴。”均可证，𥨫字记载了古人曾在地上堆土造洞而居的文化史实。

窟　在平地下面挖地为穴，即洞穴。《战国策·齐策四》云：“狡兔有三窟。”《左传·襄公三十年》有云“郑伯耆酒，为窟室，而夜饮酒，击钟焉。朝至，未已”的记载。杜预注：“窟室，地室。”又《昭公二十七年》：吴公子光刺杀吴王僚时“伏甲于堀（窟）室而享王”。故“窟”字记载了先民冬季在平地上挖洞而居的文化习俗。而今的地下室、地道、地铁、地下商场、地下宫殿等都是这一习俗的遗存和发展。

上述“穴、𥨫、窟”三字（见图 427）都有“洞穴或土室”之意，但又有营造之别：穴，是最早向地下挖掘的土室，《说文》：“穴，土室也。”𥤚，是在地上堆土向旁掏洞而成，《说文》云“𥤚，地室也”。朱骏声《说文通训定声》云：“凡直接穿曰穴，旁穿曰𥤚，地覆于上故曰𥤚也。”如果在平地之下掏洞则叫窟，有似现代挖的“防空洞”，其两侧仍可掏成宽的“土室”。故三者营造的形制有别，用《礼记·月令》孔颖达疏可概括之“古者窟居，随地而造。若平地则不凿，但累土为之，谓之为𥤚，言于地上重复为之也。若高地则凿为坎，谓之穴”。总之，统而言之无别也。今陕北等地习居窑洞，乃成传统。

3. 宫室

广（yǎn）作为上古屋居的载体，金文作 或 或 （《散盘》），象物字，象起脊依山崖建造的房屋侧视之形，省去了靠山崖的一堵墙形。《说文》训“广，因广为屋，象对刺高屋之形”。徐灏注笺：“因广为屋，犹言傍岩架屋。此上古初有宫室之为也。”宋李诫《营造法式·总释上·宫》云：“因岩成室谓之广。”由“广”组成的字大都跟房屋或场所有关，如店、府、库、庭、庐等。因此，广字，形象地负载了上古时期的先民由穴居走出来，就岩崖造屋而居的文化习俗。这是先民居住环境的改善与发展。

宀（mián）作为上古房居的载体，甲骨文作 或 ，象起脊的房屋之形。《说文》训为“宀，交覆深屋也”。段注：“古者屋四注，东西与南北，皆交覆也。有堂有室，是为深屋。”此为古代民宅的一种格局模式。凡是由“宀”组成的字，其意都与房屋相关。如“宅、宇、宙、室、家、宫”等。故“宀”字记载了先民已经懂得建造房屋以栖身，此乃汉民族定土而居之始。这是人类生活史上的一大进步。

宫　作为上古房屋的通称，甲骨文作 或 ，金文作 ，甲骨金文形相类，从宀、从吕。从宀，表示房屋；从吕，象二室相连之形，会意为房屋的通称。《易·系辞下》云“上古穴居而野处，后世圣人易之以宫室”。《尔雅·释宫》训“宫谓之室，室谓之宫”。《易·困》云：“入于其宫而不见其妻，不祥也。”又《韩非子·难二》：景公过晏子宅曰：“子宫小，近市，请徙宫豫章之圃。”可见，古时不论贵贱，其住房都可以称“宫”。秦汉以后，专指帝王所居之所。《史记·秦始皇本纪》：“作宫阿房，故天下谓之阿房宫。”又北京的故宫、沈阳的东宫等都曾是帝王之所。如今把人民文化娱乐之所称为“宫”，还“宫”于人民。如“文化宫”“少年宫”等。从“宫”字称谓沿革，反映出历史上有过阶级对立的森严性，连住房的名称都不同。

阙　作为古代建筑之一的载体，指古代宫门外左、右两个高大的楼台，中间是通行的路，形成的缺口，故名阙；又两边高大的楼台，可用以瞭望、守卫，故又名“观”。《说文》训云：“阙，门观也”，《尔雅·释宫》亦训云：“观谓之阙”，并有诗为证，《诗·郑风·子衿》云：“挑兮达兮，在城阙兮。”毛传曰：“挑、达，往来相见貌。”闻一多《通义》说：“盖城墙当门两旁筑台，台上设楼，是谓观，亦谓之阙……城阙为正面夹门两旁之楼。”又宫廷内独立的用来观望的高大宫殿也叫“观”。《史记·廉蔺列传》：“今臣至，大王见臣列观。”列观，指一般的宫殿。意谓秦王接见相如的规格太低，秦之理亏。

殿　从殳，本指“击打”的声音。《说文》训：“殿，击声也。”因为“从殳”，段注曰：“……假借为宫殿字。”先秦泛指借为高大房屋的通称，秦汉以后叫“殿”。多指帝王受朝理事之所，或供奉神佛的庙宇的高大建筑。《战国策·魏策四》：“……苍鹰击于殿上。”是谓不祥之兆。“殿堂”连言，殿指高大者。《御览》卷一七五《居处部》引“殿，堂之高大者也”。因为殿就是堂，大堂可称为“大殿”。引申为“断后的军队”，叫作“殿军”。

臺（台）榭　作为历代帝王用土石筑高台，来登高远望；在台上用木结构建造的类似后代的亭子叫“榭”，有顶有柱而无墙，用以练武或检阅。《楚辞·招魂》云“层台累榭，临高山兮”。古之台榭，实际是供统治者游玩嬉戏之所，《左传·宣公二年》云“（晋灵公）从台上弹人，而观其辟（避）丸也”可证。

廊庑　堂下四周所建的屋叫廊。《汉书·司马相如传》云：“高廊四注”，师古注曰：“廊，堂下四周屋也。”庑，亦堂下周围的屋子。《说文》：“庑，堂下周屋”，意思是指堂下东西墙旁边的屋子，有顶无墙而有围栏。廊庑的建筑很讲究，反映了古代富贵之家居所的豪华。

堂　作为古代房内结构的载体，金文作坣，从土，尚声。从土，表示土质建筑；尚，有高意。故堂是建筑在高台上的殿。《荀子·儒效》：“诸侯趋走在堂下”，堂在最前面，堂的东西两面墙叫“序”；堂的南面有两根木柱分别叫“东楹”“西楹”；堂前有东阶、西阶；堂，平时是待客之所；由庭上堂有台阶，叫“陛”。客走西阶，主行东阶，因为古以左为尊。堂的地面与台的侧面相交的边棱叫“廉”。“廉”必方正，引申喻人品方正。世有“廉正”“廉洁”之意。

室　作为古代住宅结构中占有重要地位的载体，甲骨文作，从宀，从至，至亦声。从宀，表示房间；从至，表示止息。《说文》云“室，实也。从宀，从至。至，所以止也”。《释名·释宫室》亦云：“室，实也。人物实满其中也。”室在堂的后面，入室必先由户到堂，登堂必历阶而上，故《论语·先进》曰：“升堂矣，未入室也。”成语有“登堂入室”之说，比喻“造诣高深”的程度，因为入室喻指最高境界，登堂仅次于入室。堂、室之间，偏西有牖，偏东有户（门）。户、牖之间叫“扆”（音 yǐ，屏风），是堂上最尊之处。室的北墙上有窗户叫“向”，《诗·七月》云：“穹窒熏鼠，塞向墐户。”室左有东房，室右有西房，各有跟东堂、西堂相对的门。

塾　作为旧时专指私人教书之所，处于古代住宅四周有围墙，南面围墙中间是正门。正门左右两间“暗屋”叫“塾”，也叫“门堂”。指古代民间私设教读的房屋，如私塾、家塾、村塾。《礼记·学记》有云“古之教者，家有塾，堂有庠”。庠，古时乡学之称。即如今“学校”之称。

屏　古时住宅大门内的照壁，也叫“萧墙”。《论语·季氏》云“吾恐季孙之忧，不在颛臾，而在萧墙之内也”。此“萧墙”一词，指宫廷内部。

庭　作为形声字，从广，廷声。从广，表示房屋；廷，有“广平”之意，即“厅”。《诗·大雅·抑》：“洒扫庭内。”大门之内叫“庭”，引申为院子。《诗·魏风·伐檀》云：“胡瞻尔庭有县貆兮。”仆从们只能在庭中活动，不能登堂。由庭到堂的路叫“陈”，也叫“堂途”。《诗·小雅·何人斯》云“彼何人斯，胡逝我陈”。逝：走在。

闺（閨）　作为从门，圭声的形声字。从门，指宫中特设的小门。其形上圆下方如圭玉，故从“圭声”。它设在门、堂之间，相当于后世的“二门”。其内是主人起居之处，故内宅曰“闺”，特指女子居住的房间，故有“闺房、闺阁”，住在其内的女孩，称为“闺秀、闺女”等。《世说新语·贤媛》云：“顾家庭妇清心玉映，自是闺房之秀。”

隅　作为从阜，禺声的形声字。从阜，表示大土山；禺，含有“区域”之意，故隅字本指（山水）弯曲的边角之处。《说文》训“隅，陬也”。陬，乃“角落”之意。《尚书·益稷》说“帝广天之下，至于海隅苍生”。引申为室内有四个角落：《论语·述而》：“举一隅，不以三隅反，则不复也。”考《尔雅·释宫》：“室之四角，各有专名。”西南隅叫“奥”，光线尤暗，是祭祀之处，是尊位。《礼记·曲礼上》云“夫为人子者，居不主奥”。西北隅叫“屋漏”，是烧火做饭、洗浴之处。东北隅叫“宧”，《说文》训“宧，养也”，故“宧”为进食之处。东南隅叫“窔”，光线幽暗，考《仪礼·既夕礼》：“埽室”（埽：音 sǎo，今作扫。埽，古“埽工”所居专用字）。《诗·东山》：“洒埽穹窒，我征聿至”（聿，古助词，用在一句话的开头），意思是说，洒扫屋子，堵鼠洞，我出征的丈夫就要到家了。故“窔”，当为“洒扫工”住的地方。

（八）汉字与交通文化

1. 汉字与步行

古人的步行是根据“礼”的要求，从速度和处所不同来使用不同的汉字表示的。考《释名·释姿容》从步行的“速度”解释说：“两脚进曰行，徐行曰步，疾行曰趋，疾趋曰走。”考《尔雅·释宫》则从“处所”来说：“室中谓之时，堂上谓之行，堂下谓之步，门外谓之趋，中庭谓之走，大路谓之奔。”下面就单个汉字文化含义加以说解。

步　甲骨文作，从止、𣥂，会意为两只脚一前一后走路，罗振玉说：“步，象前进时左右足一前一后行。”故步的本义是“走路”。《说文》云“步，行也。从止、𣥂相背”。又《尚书·武成》：“王朝步自周，于征伐商。”古人把两脚各向前迈出一次叫“步”，迈出一只脚叫“跬”，即半步。《荀子·劝学》：“不积跬步，无以致千里。”考《释名》：“徐趋曰步……务安祥也。”是指慢悠悠地走。

行　甲骨文作，象十字路之形，是象形字，本义是路。《诗·豳风·七月》：“遵彼微行。”然《说文》说：“人之步趋也”，非本义，是引申义“行走”。因为路是供人行走的，故《论语·述而》说：“三人行，必有我师焉。”但“行”比“步”快，如果“行”与“步”对称时，步是“徐行”。古人把“走”叫“行”，而把“跑”叫“走”，这是应该注意的。考《淮南子·人间训》：“夫走者，人之所以为疾也。”《尔雅》则说：“堂上谓之行，堂下谓之走”，意思是堂上地方小，当小步慢走；堂下地方大，当大步快走。而中庭谓之走，是说中庭即庭中，地方开阔，可以跑。

时（時）　从日，为“日行走”的载体，甲骨文作（前 6.43.6），金文作（《中山王方壶》），二形近似，是从日，寺声的形声字。本是一只脚离开原地的样子，表示行走，故“时”的本义指“日行走”，《山海经·海外北经》：“夸父与日逐走。”上文引《尔雅》说：“室内谓之时”，其句中“时”字，似乎难以理解。考《玉篇》引《尔雅》作“室中谓之跱”，考《广雅·释诂》：“跱，止也”，又《广韵·止部》曰：“跱，同峙”，《说文》训“峙，躇也”，段注：“此以躇释峙者，双声互训也”，朱骏声《说文通训定声》说：“峙、躇双声连语也，不前也，亦作踟蹰”，可知“峙躇”是犹豫不前之意。故“峙、跱”同“时”，音近义通，室内地方狭小，故“室内谓之时”，是“往复走动”之意。即从“日行走”引申出来的意思。

趋（趨）　是从走，芻声的形声字。从走是跑，芻是牲畜吃的草。故“刍”有“多而短”之义。趋的本义是疾走。《论语·微子》：“孔子下（车），欲与之言，趋而辟之。”趋，是古人一种礼仪，见了尊长行走要趋，表示恭敬。《论语·季氏》：“（孔子）尝独立，鲤趋而过庭”，这是孔鲤对父亲孔子行趋礼。但不同身份的人，有不同的趋法。趋分为“徐趋”和“疾趋”两种：《礼记·玉藻》云：“君于尸行接武，大夫继武，士中武，徐趋皆用是；疾趋则欲发，而手足毋移，圈豚行，不举足，齐如流。”这里是说，在祭祀祖先时，国君要行徐趋接武之礼。武，是脚印。接武，指后脚尖紧接前脚跟。《战国策·齐策四》云“左师触龙言愿见太后……入而徐趋……”触龙是大夫，他的徐趋当为“继武”。“继武”指“不举足”，即脚跟拖地而行，即后足足尖同前足足中齐平，表示对君后的尊敬。《礼记·曲礼上》云“先生与之言则对，不与之言则趋而退”。这是士的徐趋，用的是“中武”，接后脚尖与前脚跟要留有一定的距离。地位越低，步子越小。

疾趋，则要用前脚掌着地小步快走，即手足毋移，不能摆臂，像跃进似的。《礼记·曲礼上》：“遭（逢）先生于道，趋而进”，孔疏：“此言路上与师长相逢之法，拱手见师而起敬，故疾趋而进之也。”

阶（階）作为形声字，从阜，皆声。从阜，有“高山”之意；皆，有“相同”之义。故本义是堂下的台阶。每级台阶距离相等，故从皆声。《尚书·大禹谟》：“舞干羽于两阶”，古人登台阶，上堂时，前脚上一台阶，后脚并上去，然后前脚再登下一台阶，后脚再并上去，如此往复。《礼记·曲礼上》：“主人先登，客从之，拾级聚足，连步以上。”郑注：

“谓前足蹑一等，后足从之并……连步，谓足不相过也。”如果一足登一台阶而上，叫“历阶”，是失礼的行为。只在紧急情况下才能用“历阶”。《史记·平原君列传》：“毛遂按剑历阶而上。”

奔　作为会意字，金文作[金文]（《盂鼎》），从夭、从三止，会意为像摆动双臂快跑之貌。《说文》训：“奔，走也。从夭，贲省声。”许氏以为“贲省声”的形声字，疑非也。当为会意字。从夭，象人上下摆动双臂快跑之状；下从三止（足）助动，表示疾走之状。故奔的本义是快跑。《诗·小雅·小弁》：“鹿斯之奔，维足伎伎。”（伎：音 qì）毛传说“舒貌”。《释名》训为“奔，变也。有急变，奔赴之也”。意思是说，出现了紧急情况的走法。如“奔丧”“奔命”。

2. 汉字与车马

古代车的种类很多。由于所用材料、形制和用处的不同，名称也不同。古籍中常见的有以下几种。

车（車）　作为交通工具的载体，泛指车的总称。车，是中国最早发明的交通工具之一。传说黄帝时代就懂得造车，古有“奚仲作车”之说可证。甲骨文作[甲骨文]（铁 114. 1），金文作[金文]（《盂鼎》），二形相似，象二马拉车之形。金文中，方者为舆（即车厢），两侧圆者是车轮，轮外一小横为车辖，中长横者为车轴，长直者是车辕，前横者为衡（横），衡的两边为軶。前引甲骨文是省变之形。《说文》云：“车，舆轮之总名。夏后氏奚仲所造。象形。”段注：“……惟舆称车，以人所居。故《考工记》曰：‘舆人为车。’”《诗·秦风·车邻》：“有车邻邻，有马白颠。”不过，须知：上古时代车一般专指“战车”而言。《左传·隐公元年》有“命子封帅车二百乘以伐京”之语可证。后来，车便成为陆地上有轮的交通工具。《史记·秦始皇本纪》：“车同轨，书同文。”后世车的种类逐渐多了起来（见图 434）。

古代凡大夫以上为官者，外出都要乘车，以示与世人不同的身份、地位和派头，彰显其权势、资格。《论语·先进》有载：“颜渊死，颜路请子之车以为之椁，子曰：以吾从大夫之后，不可徒行也。”战国以前的交通工具，主要是马车，马车也常作战车。先秦诗文中说马就有车，说车包括马，通常是车马“连及”。《论语·雍也》云：“赤之适齐也，乘肥马衣轻裘。”乘肥马，即乘肥胖的马拉的车。《楚辞·国殇》云：“车错毂兮短兵接”，车，即马拉的战车。古时，多是一车四马，所驾叫“驷”。

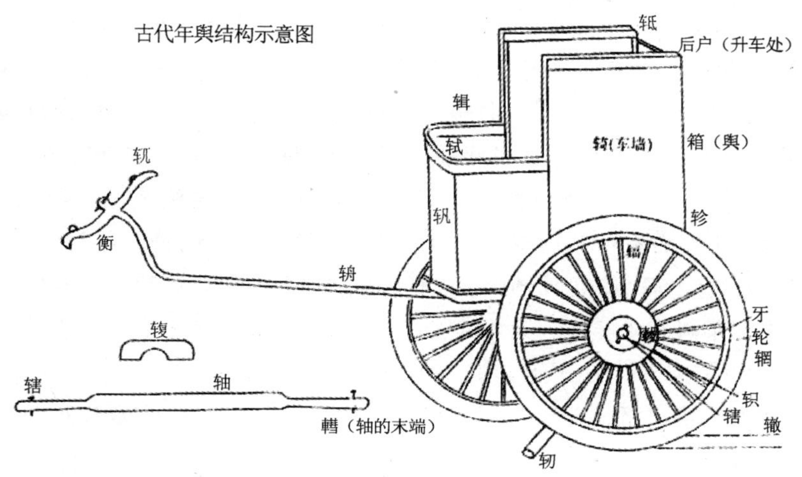

图435　古代年舆结构示意图

《论语·颜渊》有“驷不及舌”。中间驾辕的两匹马叫“服”；左右两匹马叫“骖”。《诗·郑风·大叔于田》云“两服上襄，两骖雁行”，上襄：昂首之貌；两骖，指左右两侧拉套的马。《楚辞·国殇》：“左骖殪兮右刃伤。”也有两马驾一车的叫“骈”，三马拉一车的叫“骖”。《汉书·平帝纪》曰：“亲迎立轺（yáo，小马车），并（骈）马。”又《诗·小雅·采菽》：“载骖载驷，君子所届”，届：义为“至”。后代还有驾六马者为皇帝所乘之车。下面从车的种类、用途和部件加以说解。

辇　作为本指人力拉的车子，汉代以后特指帝王所乘之车。《说文》训：“车，挽车也。从车，从扶（bàn，两人）在车前引之。”段注：“谓之挽以行之车也。”吴大澂《古籀补》云：“象二人挽车形。”（挽：牵引，拉）《汉书·霍光传》：“王入朝太后还，乘辇欲归温室”，是其证。车、辇等发明，显示出先民的聪明智慧和创造力。

路　作为车子，从足，各声，通“辂”。特指天子、诸侯所乘之车。《释名·释车》训：“天子所乘曰路，路亦车也。谓之路者，言行于道路也。”《诗·小雅·采薇》云“彼路思何？君子之车”。又《魏风·汾沮洳》：“彼其之子，美无度，殊异乎公路。”毛传：“路，车也。”公路：即公车。

轩（軒）　作为古代专供大夫以上的官员所乘坐的车子。古鉥文作，小篆作，二形相似，从车，干声。从车，表示车的形制；干，含有“杆”义。故“轩”指辕上设有横杆，前顶高后顶低的车厢有帷幕的小车。考《说文》训：“轩，曲辀藩车”，意思是轩，有穹隆曲上的辀辕，而厢后有围蔽的车。段注：“谓曲辀而有藩蔽之车也。”曲辀，朱骏声《通训定声》云：“其辀穹隆而上。”藩车，徐灏《段注笺》：“藩，蔽也。”盖车之左右有窗，后有藩蔽而虚前面。《左传·闵公二年》：“卫懿公好鹤，鹤有乘轩者”，杜预注：“轩，大夫车”，孔颖达疏：“车有藩曰轩。”藩，即棚蔽或帷幕。又《哀公十五年》：“太子与之言曰：‘苟使我入获国，服冕乘轩，三死无与。’”杜预注：“轩，大夫车。三死，死罪三。”故从“辇、路、轩”三字，可见古代等级差别森严，把人分作三六九等，连乘车都有分别。

辎　作为辎车，是一种有帷盖的车，又名“衣车”，可以寝卧。《史记·孙子吴起列传》：“而孙子为师，居辎车中，坐为计谋。”但更多时是用于载物，故多为军用，载器械、粮草等物资，称为“辎重”。《史记·淮阴侯列传》云“从间路绝其辎重”，间路即小路。

传（傳）　作为传车，是古代驿站所备的车马，用以传递消息、法令和接送客人的车子。先秦时把传车叫作“驲”。《尔雅·释言》训曰：“驲、遽，传也”，郭璞注：“皆传车、驿马之名。”《左传·文公十六年》：“楚子乘驲，会师于临品”，杜预注：“驲，传车也。”又《成公五年》说：“晋侯乘传召伯宗”，杜注：“传，驿。”按：驿，传车。

轏　又作“栈”，即栈车。是一种用竹木条编舆的士乘坐的轻便车子。《左传·成公二年》云“逢丑父寝于轏车中，蛇出于其下，以肱击之，伤而匿之”。由于此车舆是竹木条所编，竹木条之间有缝隙，故蛇出其下。又《诗·小雅·何草不黄》：“有栈之车，行彼周道”，意思是说有一辆竹木大车，在那大路上奔跑。栈车，一说“役车”。周道，朱熹《诗集传》说：“大道也。”

辒　作为古代工人卧息之车，《说文》训曰“辒，卧车也”。辒车，是一种有帷幕和窗子的卧车，按气温开闭窗子，可以调节车内温度。《韩非子·内储说上》云：“吾闻数夜有乘辒车至李史门者，谨为我伺之。”后来，用作“丧车”，常与辌连用，即辒辌之车。《汉书·霍光传》云：“载光尸柩以辒辌”，师古注：“辒辌，本安车也，可以卧息。后因载丧，又去其一……而合二名呼之耳。”可见辒、辌原是两种车子，由于后人专以载丧，而叫辒辌车罢了。《史记·秦始皇本纪》云：“棺载辒辌车中”，徐灏注笺：“凉与辌同。析言之，或并呼曰辒、曰辌。”《楚辞·招魂》云“轩辌既抵，步骑罗些”，意思是说，轩车辌车都已经到达，步行和骑马的随从列队听命（些：楚辞语气词）。

轿（轎）　篆、隶、楷均为从车，乔声。从车，表示车的一种；从乔声，含有“高而曲”之意。合起来是古代行山路用的一种轻便的小车。《广雅·释诂》：“轿，䡅也。”王念孙疏证：“轿之言乔，之言卬，皆‘上举’之意也。”《集韵·宵韵》：“轿，竹舆。”《汉书·严助传》：“舆轿而隃（逾）岭”，师古注：“服虔曰：‘轿音桥，谓隘道舆车也。’臣赞曰：‘今竹舆车也，江表作竹舆以行，是也。’”后世又将肩抬走山路的轻便小车，叫作肩舆或轿子。宋司马光《涑水纪闻》说：“尝欲往老子祠，乘小轿过天津桥。”如今旅游登山仍有乘肩舆者。古代还有一种车厢四面带帷幕的，用骡马拉着走的车，叫“轿车”。现在发展为有固定的金属车棚供人乘坐的小型汽车也叫轿车。从“轿”字内涵的演变，见出轿车由粗俗到精美舒适现代化交通工具的史影。

舆　是车厢，《说文》训曰“舆，车舆也”。舆，形似左右宽，前后窄的长方形的厢子，能容三人并排站乘。古人乘车是站着的。《礼记·曲礼上》说：“妇人不立乘。”可见，男子皆立乘。一车三人，尊者在左，御者居中，车右在右。车右也叫“骖乘”。如果国君或主帅在车上则居中，御者在左。《左传·成公二年》：“邴夏御齐侯，逢丑父为右”，“晋解张御郤克（主帅），郑丘缓为右”。右，即车右。车右，在车中负责守卫和推车的士卒。

轸　古代车厢底部四面的横木。由于其很矮，站乘者不能凭倚。车厢后面的横木中间留有缺口，供登车用的。

轼　也作“式”。车厢前面另设有一比轸高的横木可供手扶的叫“轼”；车厢左右两边的立木之间的木，可以凭倚叫“輢”。段注：“舆之在前者曰轼，在旁者曰輢。”故此有三面，其形如半框，亦作“式”。式的作用除了保证立乘者站稳之外，还表示对人的尊敬或同情。《淮南子·修务训》云“段木干辞禄而处家，魏文侯过其闾而轼之”。这是君对段木干伏轼表敬；《礼记·檀公下》说：“孔子过泰山侧，有妇人哭于墓者而哀，夫子式而听之。”这是伏式表示关心同情。在战争中轼可以登高远望察看敌情。《左传·庄公十年》曹刿“下视其辙，登轼而望之”。

绥 作为车上把手的载体，甲骨文作[illegible]（缀合 268 正）或[illegible]（前 5.19.1），二形相反无别。皆从手，从女。卜辞以妥为绥。从手，表示手的动作。《说文》训：“绥，车中把手也。从糸，从妥。”会意为古时乘车用以拉手的绳索。《论语·乡党》说：“孔子升车，必正立执绥。”绥，即车上所设保护人身安全的拉手。

盖 作为车盖，用一根插在轼中间的木头支撑开，形似打开的伞，用以遮日避雨，不用时，可以取下来。因为“盖”为车所专用，故有“冠盖”，指宦官或者官员。又《战国策·魏策四》云：“齐楚约欲攻魏，魏使人求救于秦，冠盖相望，秦救不出。”班固《两都赋》云：“冠盖如云，七相五公。”例句中的“冠盖”代称古代官员或使者。

茵 作为车厢里铺的席子，《说文》有训：“茵，车重席也。”《诗·秦风·小戎》云“文茵畅毂”，毛传：“文茵，虎皮也。”泛指席垫。《仪礼·既夕礼》云：“加茵用疏布”，疏布，即粗布；畅毂，长毂。

帷 作为车厢四周的帷幕，《说文》云：“在旁曰帷。”有帷之车是妇女所乘之车。《史记·滑稽列传》云“为治斋宫河上，张缇绛帷，女居其中”。如果不用车盖，帷上加顶叫“幔”。《墨子·非攻下》：“幔幕帷盖，三军之用。”

辀 作为车辕的载体，《说文》训：“辀，辕也。”古代车辕是用一根直木做的，其两端曲而向上，有一横木叫“衡”（横），衡上拴着卡在马颈上半圆形的夹子叫“轭”。《庄子·马蹄》：“加之（指马）以衡轭，齐之以月题”，月题，即马额上的饰物。车辕的后端连在车轴上。连接衡和车辕起固定作用的木做的插销叫“輗”，也叫“軏”。古代牛拉的车叫“大车”，马拉的车叫“小车”。大车上的叫作“輗”，小车上的叫作“軏”。《论语·为政》有云：“人而无信，不知其可也。大车无輗，小车无軏，其何以行之哉?”轭上的弯曲处叫“軥”，軥很小，紧贴马颈。（见图 429）

毂 作为车轮中心有孔的直径一尺左右的圆木，乃用以穿轴的。《说文》云：“毂，辐所凑也。从车，𣪊声。”“辐所凑”，即辐条聚集在毂的周围，辐条的另一端安在车辋上（汉代以前叫“牙”，《释名》说：“关西曰鞣”）。使车辋和车毂成为一个整体的车轮。车轮装在车轴的两端。毂外的轴两端有孔，金属做的“辖”横插在车轴两端的孔里，防止车轮脱落。辖，即车键。《说文》训："辖，键也。"《汉书·陈遵传》云："取客车辖投井中，虽有急，终不得去。"辖是管车行的，故引申为"管辖、管理、管束"等义。但"辖"的本义却湮没了，不为一般人所知了（见图429）。俗话叫：东档棍。

轨 两个车轮之间的距离叫"轨"，即车辙。《说文》训"轨，车辙也"。《礼记·中庸》云："今天下车同轨，书同文，行同伦。"又《孟子·尽心下》："城门之轨，两马之力欤？"

轫 停车时支撑在车轮下，防止车轮转动的横木。《说文》训："轫，碍车也。"徐锴《系传》："止轮之转，其物名轫。"又《字汇》说："去轫，轮动而车行。"故去掉轫，车开始出发叫"发轫"。《楚辞·离骚》云："朝发轫于苍梧兮，夕余至乎县（xuán）圃。"（县圃，神话中地名，在昆仑山上。）

以上是讲述车的构造、部件、名称、作用和车上设施等以及拉车的马，由于所在位置不同而其名称也不同。下面二字是掌控或驾驭拉车的马的物件和手段。

衔 作为会意字，从行，从金。从行，表示骑马或驾车跟行走有关；从金，表示是金属所制。会意为"衔"是"马勒铁"，俗名"马嚼子"，用以掌控马的行动。《战国策·秦策一》："伏轼撙（zǔn）衔，横历天下。"意思是说，扶着车前的横木，勒紧马嚼子，纵横驰骋天下。"衔"是放在马嘴里的一段铁链，两端跟缰绳相连，故称缰绳为"辔"。衔辔相连处，有一长条形的东西叫"镳"。古诗文中常以镳概衔，刘向《九叹·离世》云："断镳衔以驰骛兮。"此镳、衔对举分说，而成语"分道扬镳"则是以镳概衔的。镳上系的铜铃叫"銮"。

策 作为形声字，从竹，朿声。因为是竹做的，故从竹；朿，指有棘刺的树，含有"刺激"之意。故"竹"做的马鞭子叫"策"；"革"做的叫"鞭"。《礼记·曲礼上》云："君子将驾，则仆执策立于马前。"又《左传·宣公十五年》云："虽鞭之长，不及马腹。"故有表示督促之意的"鞭策"一词。

3. 汉字与舟船

舟 作为水上交通工具的载体，甲骨文作（前7.21.3），金文作（《舟父丁卣》）或（《舟簋》），小篆作，象船形。《说文》："舟，船也。古者，共鼓、货狄刳木为舟，剡（音yǎn，义为削）木为楫，以济不通。象形。”扬雄《方言》说：“舟，自关而西谓之船，自关而东或谓之舟。”《诗·邶风·二子乘舟》云：“二子乘舟，泛泛其逝。”（共鼓、货狄为黄帝、尧、舜时期的人。）

船　作为水上交通工具总称的载体，《说文》云：“船，舟也。从舟，铅省声。”许慎将舟、船互训，表明其义相同。其实，不尽然。作为水上交通工具，作用是相同的。但就其产生先后、形制和所用木料等是不同的。古有“独木为舟”之说，应该是先有“舟”而后有“船”。最初的舟是用天然中空的粗大木头充当的，名之“俞”；船是战国之后，是人工用木板制作的舟，叫“船”。船是人类水上主要运输工具的总称。《庄子·渔父》云：“有渔父者，下船而来。”

舸　作为大船的载体，《方言》卷九说：“凡船大者谓之舸”，晋左思《吴都赋》云：“弘舸连轴，巨槛接舻”，五代马缟《中华古今注·孙权船舸》云：“时号舸为赤龙，小船为驰马。”均可为证。

航　作为两船相并方舟的载体，从舟，亢声。篆作斻，从方，亢声。《说文》训：“方，并船也。”象两舟相并之形。故从方与从舟义通。亢声的“亢”是指人的颈部，《说文》训：“亢，人颈也。”人颈连接头与身，故亢声有“连接”意，因而“航”指两船相并的方舟，《说文》云“航，方舟也”。又《淮南子·泛论训》云“古者大川名谷，衡绝道路，不通往来，乃为窬木方版以为舟航”，高诱注：“舟相连为航也”（窬音 yú，义中空），可证。后指渡水叫航，扬雄《交州箴》说：“航海三万里。”

舫　作为两船相并的载体，从舟，方声。方声亦含“并船”之意，故舫指称并联的两船。《尔雅·释言》训：“舫，舟也”，郭璞注：“并两船。”又《战国策·楚策一》云：“舫船载卒，一舫载五十人”，鲍彪注：“舫，并船也”，即两船相并叫“舫”。

艇　《说文》新附：“小船也。从舟，廷声。”从舟，表示舟的类别；廷，与“梃”音近，梃本指木板。故艇是一板之舟，即轻便的小船。《淮南子·俶真训》云：“越舲蜀艇，不能无水而浮”，高诱注：“蜀艇，一版之舟。”唐刘长卿《送张十八归桐庐》：“归人乘野艇，戴月过江村。”今有游艇、救生艇、橡皮艇。也指大船，如潜水艇、登陆艇，核潜艇等。

艦　作为大型战船的载体，是后起字，《说文》所无。从舟，表示舟的类别，監，与“檻”音同，“檻”本指关牲畜或野兽的栅栏，故監亦有“间隔”之义。“艦”是有“板屋的船”，板屋是内外相隔的，故从“監声"。《释名·释船》云："上下重版曰槛，四方施板以御矢石，其内如牢槛也。"所以，舰是指大型的战船。《三国志·周瑜传》云"刘表治水军，艨艟斗舰，乃以千数"。今指海军用的船舶：军舰、主力舰、巡洋舰、驱逐舰等。

以上各字负载了先民在水路运输工具上的发明创造及其智能。

（九）汉字与丧葬文化

死 甲骨文作（乙 105）或（前 5.41.3），左边是双腿被绊上绳索的人面朝上躺着，以示死亡；右边像人跪拜在尸骨之旁，表示生者悼念死者。金文、篆书形体与甲骨文相类。《说文》训曰："死，澌也。人所离也。"段注："澌，……尽也。……人尽曰死。"《论语·先进》云"未知生，焉知死？"死字，负载了人死后，活人要举行悼念活动的传统民俗文化。

弔（吊） 作为守卫尸体的载体，甲骨文作（甲 1870），金文作（《弔尊》），二形基本相同，从人持弓，会意，象人背着弓箭之形。相传古代曾有过"人死天葬"的习俗，即老人死后，用柴薪裹以尸体，投到荒野之中。因尸体常常被禽兽撕掠吃掉，儿女不忍父母如此惨状，就背着弓箭守卫在尸体之旁，往往人单势弱，抵御不了禽兽，于是亲友邻里也背上弓箭协助守卫尸体。《说文·人部》有云："弔，问终也。古之葬者，厚衣之以薪，从人持弓，会殴禽。死者裹以白茅，投于中野，孝子不忍见父母为禽兽所食，故作弹以守之。"这就是古代追悼死者的一种方式。后来，由此又发展为孝子要在长者墓旁造屋守陵三年以尽孝道，成为传统。父母死后，其子要在墓旁造屋守孝三年。据《论语》所载，孔子死了，其弟子子贡守陵期间，他与父母、妻子、儿女不见，生活非常艰苦，为后世作出行孝的榜样。《玉篇·人部》云："弔生曰唁，弔死曰弔。"《庄子·至乐》："庄子妻死，惠子弔之。"如今人死"弔唁"就是由此而留下的传统文化习俗。因汉字简化把"弔"字废而归并为音同义别的"吊"字。于是现在写成"吊唁"，即"纪念死者，慰问活人"的仪式。如今的"追悼会"就是古人这种习俗的遗存和发展。因此，弔字的构形负载了我国春秋时期有过人死天葬的文化习俗。这从"葬"字的构形也可以得到证明。

葬 甲骨文作（后下 20.6），从、从，会意为为防备死人诈尸，一人双腿被绊上了绳索躺在床上，义为死人。小篆作[illegible]，《说文》训曰："葬，藏也。从死在茻中。一，其中，所以荐之。"《易》曰："古之葬者，厚衣之以薪。'"人死，掩埋尸体叫"藏"。《礼记·檀弓上》说："葬也者，藏也；藏也者，欲人之弗得见也。"说明上古时代，人死后，将尸体用柴草厚厚地包裹起来，投到荒野的草茻之中，就叫"葬"。许慎所谓"从死在茻中"，正是古代"天葬"的力证。茻：草莽。一：表示用来垫着尸体的草席。荐：草席。衣：动词，包裹之意。薪：柴草、柴禾。"葬"字构形所显现的就是"天葬"。由于"天葬"尸体易于被野兽撕掠吃掉，后来先民便将尸体埋在地下，改为土葬。正如《易传》说："后世圣人，易之以棺椁，盖取诸大过"，意思是说，后代圣人教百姓用内外双重棺椁替代。大过卦，中间四个阳爻，外侧两个阴爻，相当用土地埋葬。于是，土葬就成为华夏子孙几千年来的一种丧葬传统文化习俗。

窆（biǎn）指把装有死人的棺椁下到墓穴中。《说文》云："窆，葬下棺也。从穴，乏声。"《周礼·地官·乡师》亦云："及窆，执斧以涖匠师。"郑玄注引郑司农云："窆，谓之葬下棺也。"《后汉书·独行传·范式》："既至圹，将窆而柩不肯进。"故"窆"就是下棺土葬，反映了我国汉族自古至今的土葬传统的风俗习惯。如今虽火化，而后多数仍土葬。当代，又发展为"海葬"。

三　记载先民意识形态文化的汉字

关于先民思想意识的汉字，在渔猎、畜牧和农耕生活部分，已经列举了许多字例。这里，再举些来看。

示　作为古人思想意识载体，《说文》云："天垂象，见吉凶，所以示人也。从二（古文上）；三垂，日月星也。观乎天文，以察时变。示，神事也。"示，是一个合体指事表意字，楷书由"二"和"小"两个字符组成。二，是"上"的古字。即"上天"；下面"小"，小篆作小，指日、月、星，即许氏所谓的"三垂"。"二"和"小"合起来的"示"字所显示的文化含义，即古人的思想意识是：上天通过日月星的排列构成某一种天象，以表现出吉凶的征候给人看。所以，而今"示"有"显示、指示、表明、表示、示范、暗示、提出"等意。

社　作为表示土地神的载体，会意字。《说文》云："从示、土。"从示，表示神；土，即"土地"之意。故社字显示出古人以为土地神。《春秋传》云："共工之子句龙为社神"，社神即土地神。又《左传·昭公二十九年》云"共工氏有子曰句龙，为后土，后土为社"。后土，即古人对土神或地神的称谓。

祝　作为会意字，表示祈祷的载体，甲骨文作[古文字]或[古文字]，从示从兄(zhù)。从示，表示神祇；兄，上是口形，下边是人跪之形。会意显示出人跪在神祇前用口祈祷。郭沫若认为"祝"象跪而有所祷告之形。《战国策·赵策》云："祭祀必祝之。"

神　金文作[古文字]（《克鼎》）、[古文字]（《宁簋》）、[古文字]（《伯或鼎》），有从示与不从示之别。不从示，作"申"，申象天空闪电之形，申与电古为一字。古人认为天空的打雷闪电是天神所为，威力无比，加示于申，衍为"神"。可知，申是神的初文。《说文》云："申，神也。"神，即天神，《周礼·春官·大司乐》云："以祀天神。"《说文》："神，天神也。"故神字，记载了先民崇尚鬼神的思想意识。这是迷信，不当为是。

福　作为先民祭神求福之载体，《说文》云："福，祐也。从示，畐声。"许氏据篆文释为形声字，非也。甲骨文福作[古文字]（铁 34.4）又作[古文字]（前 4.23.3），是会意字，左上部是个"示"字，右上方是酒樽形，其下是一双手，会意为：双手捧着酒樽放在"示"（神主）前祭祀。罗振玉《增订殷墟书契考释》曰："（甲文）象两手奉尊于示前，或省双手等……即后世之福字。"因此，福字是先民迷信用酒祭神求福的镜象。福也有保佑意，如福佑、福祉。

天　作为"头顶"之象的载体，本来是象形字，甲骨文作[古文字]（甲3690），金文作[古文字]（《毛公鼎》），象正面站立的人形。但是，《说文》谓：天，"从一大"，以为会意字，则非也。此为汉代人之"三统"说思想的表现，即"天大、地大、人亦大"。《汉书·律历志》曰："故历数三统：天以甲子，地以甲辰，人以甲申。"又《陈宠传》注：谓"三统为天元、地元、人元也"，这是错误的。"天"是象形字，指人的头顶。今俗称"天灵盖"可证。其实，天也指"大自然"，不以人的意志为转移的客观必然性。《易·系辞上》："乐天之命，故不忧。"《荀子·天论》："天行有常，不为尧存，不为桀亡。"皆表现了古人朴素的唯物主义思想。这是正确的一面。

元　作为人头的载体是象形字。甲骨文作[古文字]（甲 3690），金文作[古文字]

（《父戊卣》），突出了人的头部。甲骨文因系刀刻，易为直线条，不便刻圆画，故在上加一短横，表示头部。《说文》："元，始也。从一，从兀。"释义解形皆不确。考《尔雅·释诂下》训："元，首也。"《左传·僖公三十三年》云："狄人归其元"，杜预注："元，首也。"《孟子·滕文公下》："勇士不忘丧其元。"故天、人、大、卩等偏旁通用。冠、髡、秃、寇皆从元，都与人头有关，可证。

天与元的区别是：天（正面之人），地位崇高；元（侧面之人），地位低下。因此，天、元的意象不同："天"引申为"至高无上"，可与"上"互释，大王，可称为"天王"；上帝可称作"天帝"。《论语·泰伯》"唯天为大"，又《礼记·学记》曰："大时，不齐"，孔颖达疏："大时，谓天时也。"卜辞"大邑商"，又作"天邑商"，"大甲"亦作"天甲"（大甲：商王名）又"乾为天为君"天与君可作等义词相训，太子即天子，皆为此意。而"元元"则指百姓（庶民），"元士"指普通战士。《礼记·王制》："天子元士"，《战国策·秦策一》："制海内，子元元，臣诸侯。"《后汉书·光武帝纪上》云"上当天地之心，下位所归"，李贤注："元元，谓黎庶也"，黎庶，即指老百姓。"元"引申为"开始""第一位"之义。《说文》云"元，始也"。元年、元月、元旦皆是。但许慎所释"始也"是引申义。

帝　本是花蒂之蒂的载体，《说文·上部》："帝，谛也。王天下之号也。从丄（古文上），朿声。"许氏释义析形皆误，帝今归"巾"部；但"帝"与巾字无意义联系。"帝"之本义是花蒂之"帝"，即蒂之古字。甲骨文作[古文字]（粹1128），金文作[古文字]（《井侯簋》），皆象花蒂之形，可证。花蒂能开花结果，繁衍不息。故引申为能生千万物者，尊称为帝。古人迷信，在初民的思想意识中认为"帝"是天神——居于一切之上的主宰者。《荀子·彊国》："百姓贵之如帝，高之如天"，《书·吕刑》："上帝监民"，《列子·汤问》："操蛇之神闻之，惧其不已也，告之于帝"，皆是其证。后来统治者借天神之威，自称为天子、帝王或皇帝。所以，《左传·僖公二十五年》云："今之王，古之帝也。"《三国志·诸葛亮传》："将军即帝室之胄。"因此，许氏之"帝……王天下之号也"是后代的事情了。

禘　本是帝之孳乳字，从示，帝声。罗振玉说："卜辞中帝字亦用为禘祭之禘。"（《增订殷墟书契考释》）既然天神谓之帝，因此祭祀天神即谓之禘。《尔雅·释天》："禘，大祭也。禘为王者之大祭。"郭璞注："五年一大祭。"又"祭天曰燔柴"，朱芳圃说："古者祭天，燔柴为礼。礼记祭法，燔柴于泰坛，祭天也。"（《释天》）持此说者认为，"帝"本象积柴之形。所谓"燔"，焚烧之意。即点燃木柴，火光熊熊，象征天神之威灵。《论语·八佾》："子曰：'禘自既灌而往者，吾不欲观之矣。'"这反映了先民迷信而崇拜天神，宣扬天神是宇宙的主宰和万物的创造者的思想意识。与"帝"字相关的，还有一个"不"字。

不　本为花萼的载体，甲骨文作[甲骨文]（佚 54）、[甲骨文]（甲 1565），金文作[金文]（《大丰簋》），而形皆像花萼有根之形（即花的蓓蕾）。《诗·小雅·棠棣》云"棠棣之华，鄂不韡韡"。郑笺："承华者曰鄂。"（鄂：通萼；韡韡：光艳貌。）《说文》云："不，鸟飞上翔不下来也。从一，一犹地也。象形。"许氏析形释义皆误。不，铭文常用作"丕"。《大丰簋》："不（丕）显考文王。"万物生长都是由小到大，故不（丕）引申为大。考《尔雅·释诂》："丕，大也。"《说文》："丕，大也。"不、丕一声之转，本为一字之分化。不，在《诗》《书》及金石文多通"丕"（清翟灏《尔雅补郭》）。《诗·周颂·清庙》："不显不承"，在《孟子·滕文公下》便作"丕显""丕承"。另从不（丕）的分化字"肧"，又可作"胚"，亦可证。由于卜辞将"不"借为否定副词，"王不冓雨"（京 3853），"子不其㞢（有）疒（疾）"（前 4.32.2）。为了区别本字（不）和假借字，在"不"下加一横作"丕"。凡是从"不"或"丕"者，皆有"未成物（形）者或光明、伟大之意。诸如：坏（pī），未烧的砖瓦陶器，《说文》："坏，瓦未烧。"《后汉书·崔骃传》："参差同量，坏冶一陶。"李贤注："坏，土器之未烧者。"胚，初期发育的生物体。魾，未有加工的鱼块；芣，盛草也；嚭，大也；蚍蜉，大蚂蚁等。

虹　本为彩虹，甲骨文作[甲骨文]（菁 4.1），象雨后日出，天空出现的彩虹之形，为独体象形字。小篆作[小篆]，从虫，工声，成为形声字。彩虹在天空呈弧形，有如虫身蜷曲，故从虫。虹的出现是一种自然现象，雨后，由于太阳光线跟水蒸气相映，空中出现的"红、橙、黄、绿、青、蓝、紫"七色彩晕。《礼记·月令》："虹始见，萍始生。"天上出现彩虹，本来是一种自然现象。先民却认为这种现象的产生是上帝为了某种目的而创造的，预示着某种征兆和吉凶，所以卜辞有"设虹于西"（前 7.7.1）。

还认为虹有生命，甚至是某种神物的化身，所以卜辞又有“出虹自北，饮于河”（菁4）。后来，人们认为虹是双头的龙从上天下到人间来吸水，是神物，大人常常告诫孩子不能用手指指点，否则烂指头，便成为延续至今的习俗。可见，商代人对虹的观念比现在丰富得多。据说战国以后，虹分雄雌，含义比商代还要丰富。

鬼 本为虚无之物的载体，甲骨文作（乙6684）或（京津2852），金文作（《鬼壶》），二形相类，像一个畸形的人，头特别大。古人迷信，以为人死变鬼，其形貌丑恶。《说文》据小篆立说：“鬼，人所归为鬼。从人，象鬼头。鬼，阴气贼害，从厶。”考《礼记·祭义》：“众生必死，死必归土，此谓之鬼。”《易·睽》则夸大其言说：“见豕负塗，载鬼一车。”《左传·文公二年》：“吾见新鬼大，故鬼小。”《墨子·节葬下》：“其大父死，负其大母而弃之，曰：‘鬼妻不可与之处。’”杜甫《兵车行》：“新鬼烦冤旧鬼哭，天阴雨湿声啾啾。”这些记载都反映了古人迷信鬼神的思想意识。引申为狡诈，不可捉摸。《韩非子·八经》：“其用人也鬼。”行为不正、怕人发现就说“鬼鬼祟祟”，暗中使坏伤人叫“鬼蜮伎俩”等。凡从鬼的字都与灵魂、精灵有关。如魂、魄、魔等。

古人迷信鬼神的存在，这是问题的一方面；但是不信鬼神的古人亦大有人在。除了春秋战国时期的荀子认为“天”是大自然而著《天论》之外，还有东汉王充撰写的《论衡》、南朝齐梁之际的范缜的《神灭论》以及萧琛等，都是杰出的唯物主义哲学家或无神论者。王充在《订鬼篇》中直截了当地指出：“凡天地之间，有鬼，非人死精神为之也，皆人思念存想之所致也。”在其《论死篇》中又说：“人死，精神消灭，不会变鬼。”凡此诸论，均雄辩地驳斥了当时普遍流行的人死变鬼的迷信思想。齐梁之际，南朝君臣崇奉佛教，宣扬教义，而范缜盛称无佛。天监六年（507），梁武帝会同大僧正释法云（僧侣领袖）发动论客王公朝贵60余人，发表了75篇文章来驳斥范缜的《神灭论》，但谁也未能驳倒他。

四 记载先民聪敏才智文化的汉字

发明创造是人的天性。先民聪敏才智的成果不可胜数。除了举世皆知的“四大发明”之外，我国古代在数学、物理、化学、农学、天文、地理、生物、医学、建筑、冶金、机械、手工业、纺织、陶瓷、交通工具等各种科学技术领域有上百种的发明创造，均是居世界领先水平的突出成就，充分显示了华夏先民的聪明才智。而汉字的发明创造则是先民智慧的最突出的表现和结晶。这里，仅就单个汉字所含文化意象，加以阐述说明，以彰显先民的智慧和创造力。

火　作为火的载体，甲骨文作（后下9.1），象火焰上蹿之形。金文没有独立的火字。考《说文》云："火，毁也。"《尚书·盘庚上》则说："若火之燎于原，不可向迩，其犹可扑灭？"《论衡·言毒》："若火灼人。"（灼：烧）火，是初民的重大发现。相传在远古时代，燧人氏发明。他用钻子钻木，木由于摩擦生热而爆出火星。于是初民将火种保存下来。这就是所谓的"钻木取火"。对此，学者多有记载：汉徐乾《中论·治学》云："燧人察时令而钻火。"清袁枚《新齐谐·燧人钻火树》云："教燧人皇帝钻木取火，以作大烹。"现代的鲁迅在《南腔北调集·火》中说"但是，钻木取火的燧人氏却似乎没有犯窃盗罪"。唐代罗隐《两同书·理乱》亦云："若伯益凿井，燧人钻木。水火之利，于今赖之。"虽系传说，但是摩擦生热的物理现象还是科学的、可信的，总比认为由于古时一次霹雳闪电，烧死禽兽，初民尝了觉得好吃而保留了火种，却无科学根据之臆说，要可靠一些。诚然，不论哪种说法，有了火的发明，对人类由粗野地生食而过渡到文明地熟食，都是历史的一大进步。另外，由于火及其火光吓跑为害于初民的禽兽从而获得安全感，以及给人类自古及今带来光明、温暖、动力等，对人类繁衍生息至关重要。

監　作为俯视照面的载体，甲骨文作（佚932）或（宁沪1.500），金文作（《应监甗》），甲骨金文相似。左边是一个盛满了水的器皿，右侧站着一个低首下视的人：象一人俯身睁大眼睛从水里照看自己的面容。故《说文》云"監，临下也"。考林义光《文源》云："監即鑑之本字，上世未制铜镜时，以水为監。"唐兰在《殷虚文字记》中亦云："象一个人立于盆侧，有自监其容之意。"郭沫若在《两周金文辞大系考释》中说："临水正容为监，盛水正容之器亦为监。"可见，监之本义明矣。上古时代，未有金属之镜，先民便想出以水为镜的办法，不能不说是聪敏的。对此，古籍亦有记载。《尚书·酒诰》云："人无于水监，当于民监。"（人：指人君）唐皮日休《祝疟疠文》："被之者，始若处冰监，复若落炎井。"可证。

沫　作为就皿洗面的载体，甲骨文作（后下12.5），左边放着一

个盛水的器皿，右边一个俯身面对着盛水的器皿，象人披发就皿洗面之意。《说文》训："沬，洒面也。"罗振玉《增订殷虚书契考释》亦云："象人散发就皿洒面之状。"司马迁《报任安书》："然陵之一呼，士无不起，躬自流涕，沬血饮泣"，李善注："言洗血在面如盥颒（huì）也。"又《汉书·律历志下》据史曰："甲子，王乃洮沬水，作《顾命》。"师古注："洮，盥手也；沬，洗面也。"反映了先民具有洁面、卫生、自重的心态。

陷　本为以阱陷人的载体，甲骨文作[甲骨文字形]（乙8716），或简作[甲骨文字形]，象人掉进陷阱之状。金文作[金文字形]（《宗周钟》），象一个被捆绑的人扔进坑中。二形近似，皆从人，从凵。凵，像坑坎。甲骨文中的四点是陷入于坑中时溅起的尘土。"臽"，是陷的初文。卜辞用为"陷人以祭"的祭名，实则当是陷阱。考《说文》："臽，小阱也。从人在臼上。"初民在渔猎时代，于山林之中挖深坑以陷野兽的一种狩猎方法。这应为最初义，因为初民在温饱不继的情况下，不可能先有祭祀，当为陷兽以维持生命。

弋　作为显示先民智慧的载体，甲骨文作[甲骨文字形]（前2.27.5），金文作[金文字形]（《农卣》），象木橛挂有物形。《说文》："弋，橛也。……象物挂之也。"古人射猎禽兽，为了节省箭头，就想出来用系有绳子的箭射猎，不管射中与否，还可以拽回带绳子的箭来，再用。《玉篇·戈部》："弋，缴射也。"《诗·郑风·女曰鸡鸣》有证："将翱将翔，弋凫与雁。"郑笺："弋，缴射也。"孔疏："缴射，谓以绳系矢而射也。"《庄子·应帝王》："鸟高飞以避矰弋之害。"《淮南子·原道训》："强弩弋高鸟，走犬逐狡兔。"弋字，显出先民的聪明智慧。

取　作为显示古人聪明，取左耳报功领赏的载体，甲骨文作[甲骨文字形]（前1.9.7），从又（手）持耳，象手里拿着割下来的耳朵。古代作战，往往以割取对方战死者左耳来统计战果，以便报功请赏。狩猎也是如此。《说文》云："取，捕取也。从又，从耳。《周礼》'获者取左耳'，《司马法》'载献聝'。聝者，耳也。"《周礼·夏官·大司马》云："（狩）大兽公之，小禽私之，获者取左耳。"郑玄注："得禽者，取左耳，当以记功。"《左传·僖公二十二年》云："且今之勍者（勍者：强者），皆吾敌也。虽及胡耇，获则取之，何有于二毛？"此法方便易带，见出古人之聪明才智。

铸（鑄）　凸显先民创造力的载体，前已举述。在夏代，先民就已懂得并掌握了青铜器铸造技术，充分显示出先民的创造能力。

灋　先民利用廌兽助人判案表示聪慧的载体，金文作（《克鼎》），会意字。从水，水是向低处流的，表示自上而下的执法判案要公平如水；从廌，指上古传说有一种独角的神兽叫解廌，能分辨是非曲直，用角触那个无理者。齐庄公用地裁定臣子壬里国和中里缴一起难案，让他们各自读诉状，未等中里缴读完，解廌就用角顶倒了他。庄公认定壬里国胜诉。这种判案方法，当时，世界各民族都用过。先民能够利用廌兽协助断案实非易事，可谓聪明之至。今之警犬的利用有如廌兽之遗存。

五　记载客观事物发展变化文化的汉字

许多汉字形体的演变也反映出客观事物的发展和变化。请看以下各例。

罪　本指古人捕鱼的竹网。《说文》训云："罪，捕鱼竹网"，《字汇补》亦云："罪，捕鱼器"，所以"从网"。表示犯法的罪字本作"辠"，从自，从辛，是个会意字。从自，指鼻子；从辛，指古时刑具（平刃铲刀）。会意为以刑刀（辛）铲鼻之刑。然秦始皇认为"辠"字像似"皇"字，便下令将辠改为"罪"，即《风俗通》云："秦始皇以为辠似皇，故改为罪"，而成为从网，非声的形声字。这就把本指犯罪之"辠"变作本指捕鱼竹网之"罪"，足见皇权之大了。但是，罪字从网，非声，意谓以法网制裁为非作歹之人，倒也情真意切。

镜　如前所述，远古时期没有金属之镜，初民以水为镜，故作"監"；到了公元前2000年前后，先民发现并运用铜器，齐家人便制作了铜镜（见图416），于是加形符"金"，表示用金属所制，构成形声字"鑑"。《新唐书·魏征传》："以铜为鉴，可以正衣冠。"到了现代，用玻璃涂上水银制作的照人用的器皿作"镜"。从監到鑑再到镜，反映了事物的发展，更显示出先人对万物认识的聪敏和深入。

杯　古代作为杯子的载体，小篆从木，否声，为形声字，作"桮"，表示与口有关。隶变之后，笔画化，"否"变为"不"，因为否与不声义皆近。杯是木制的饮水（酒）器，故从木。《庄子·逍遥游》云："覆杯水于坳堂之上，则芥为之舟。"又由于杯属于器皿之类，故杯又从皿，不声，作"盃"。《汉书·项籍传》云："必欲烹乃翁，幸分我一盃羹。"故杯在古籍中有这三种写法，反映了“杯”字形体演变所含不同的文化含义。同时也记载了先民据客观事物的发展变化而适时造字。

欢（歡）　最早借表“马和乐”的“欢”作“驩”。唐玄应《一切经音义》卷十六引《三仓》云：“驩，此古欢字”，段注：“古假驩为欢字。”由表“马驩”借以表人。《左传·昭公四年》云：“寡人愿结驩于二三君”，又《史记·廉蔺列传》云：“且以一璧之故，逆强秦之驩，不可”，可证。后来，先民以为人之欢乐发于内心，就造了一个从心旁的专用字“懽”，《说文》：“懽，喜欢”，段注：“懽，意有所欲也”，懽与驩音义皆同。《吕氏春秋·本味》云“不谋而亲，不约而信，相为殚智竭力，犯危行苦，志懽乐之，此功名所以大成也”。先民又认为喜乐发于心而表现于口，故又造一个从欠、雚声的形声字“歡”：《说文·欠部》曰：“歡者，喜乐也”，又《尚书·洛诰》亦云：“公功肃将祗歡。”意思是说：你的任务是迅速而认真地尽力主持正事。孔传：“公功以进大，天下咸敬乐公功。”“欢”字形体的演变，反映了先民随着心态的不同变化而造字的情形。

坂　作为最先的坂字作“阪”，从阜，反声。阜，大土山，指不平的大山坡。考《说文》训曰：“坡者曰阪”，《龙龛手鉴·阜部》云“阪，大坡不平也”。《诗·秦风·车邻》云“阪有漆（树名），隰有栗”。《汉书·蒯通传》云：“必相率而降，犹如阪上走丸也。”日本地名大阪作“阪”亦可证。因为大山（阜）是由土石堆积而成的，故改“阜”旁而为“土”旁作“坂”。音义皆与“阪”同。《说文》未收坂字。《山海经·中山经》云“邛崃险峻，其坂九折”。唐元稹《当来日大难行》亦云“当来日，大难行，前者坂，后有坑”。（坂：斜坡。）斜坡与山有关，故又造出一个从山，反声的“岅”字来。汉扬雄《羽猎赋》：“殷殷轸轸，被陵缘岅。”《宋书·毛修之传》：“始登一岅，岅甚高峻。”可见，“岅”是后起的异体字。反映出古人造异体字视角的着眼点的不同变化。

炮　最初作“礮”，是因为古代以马拉的机械车兵器发石，靠机械力量将大石块发射出去，攻击敌城，故从石，俗称“砲”。《集韵·效韵》：“礮，机石也。”潘兵《闲居赋》云：“礮石雷骇，激使虻飞。”后来又用车抛石，《集韵》又：“䡊，飞石车。”由于火药的发明，宋人开始用炮来发射装有火药的弹头，故演变为从火的“炮”。其实，炮是古时的一种烧烤方法，读 páo。《诗·小雅·瓠叶》可证：“有兔斯首，炮之燔之。”意思是把小白兔，用泥包上放到火上去烧吃。所以，“炮”，从火，从包，包亦声。为了减少药的毒性和副作用，提高药的效力，对药材的加工方法，叫“炮制”。但“炮羊肉”却要读 páo。因此，和炮弹的“炮”是同形异义字。

袜 最早的载体皆以皮制之，故从韦或从革。考顾炎武《日知录》云：“古人之袜，大抵以皮为之。”韦和革，统言不别，泛指皮子；析言有别，韦指熟皮，革是生皮。故“袜”字，古代从韦或从革或从皮，蔑声，作“韤”或“韈”或“𰦡”。《说文》：“韤，足衣也。”小篆“袜”字变为从衣，蔑声，作“襪”。从衣，表示衣服之属，即布线为之，如布袜、线袜，又作幭，从巾，蔑声，有轻视之意。《释名·释衣服》：“襪，末也，在脚末也。”《说文》训襪：“足衣也”，穿在脚上的衣服，比起衣裤来是次要的，故从蔑声。今简化为“袜”。从袜子的形体演变，反映了制袜质料的发展与变化。

鞋 汉代以前的载体，叫“屦”，用草、麻编制而成。《说文》：“屦，履也”，段注：“自汉以前皆名屦。”《周礼·天官·屦人》云：“屦人掌王及后之服屦”，服：在此为动词，穿也。《庄子·寓言》有“脱屦户外，膝行而前”之语。汉代以后叫“履”，《说文》：“履，足所依也”，《小尔雅·广服》：“在足谓之履。”又名“屩”，《释名·释衣服》云：“屩，草履也。”草鞋为平民所穿，贵族只做丧服用。《史记·平准书》：“（卜）式乃拜为郎，布衣屩而牧羊。”后来又出现了木制的“屐”，即木头鞋。《急就篇》卷二，师古注：“屐者，木为之，而施两齿，所以践泥。”《晋书·谢安传》：“不觉屐齿之折。”再后来，发展为“鞮（dī）”是古时用皮制的鞋，即皮鞋。《说文》：“鞮，革履也。”高筒者为“靴”。革鞋、麻鞋、木鞋、丝鞋、布鞋、皮鞋等，反映质料、形制的差异与发展变化。此外，尚有许多字例，不予举述了。

六 记载事物新陈代谢文化的汉字

所谓“新陈代谢”，则指某些汉字随着所负载的事物的消亡而消亡了，某些汉字则随着所记载的新事物而产生了。任何事物的变化与发展，都不能离开这个规律。汉字也是这样，即为了所负载新事物而产生，随着所负载的旧事物的消亡而消亡。

（一）随着旧事物的消亡而被废弃的汉字

汉字在3000多年的历史发展演变过程中，除了形体结构的演变和某些异体字被废弃之外，许多汉字由于其所负载的事物的消亡而成为死字，不再行世，只保留在某些大型的字词工具书里。仅举数例简述如下：

笄　作为汉代以前盘头别发用的载体，《说文》训："笄，簪也。"特指古代女子15岁时所行成年之礼而用，表示女子到成年，可以许嫁。汉以前叫笄，汉以后叫簪。

弁　古代一种比较尊贵的帽子，为贵族所戴的头衣。

胄　古代士卒作战时所戴的头盔，秦汉时叫"兜鍪"，后代又叫"盔"。如头盔、钢盔。

旒　古代皇帝所戴的礼帽前后的珠玉串。

襦　古人穿的短上衣或者短袄。

衽　古代衣襟，《说文》训："衽，衣襟也。"汉族古时以右掩襟为正；左衽为蛮夷之服式，被视为异服。

褐　上古时为贫民所穿的上身短衣，是麻、毛编织的，很粗糙。当时"布"是机织的，比褐细微。布是读书而未做官者所常穿的，故称为"布衣"之士。达官贵人衣"帛"。

裾　古人上衣后面的下摆（即飘带），叫作"裾"。《释名·释衣服》云："裾……亦言其在后常见踞也。"可见，裾长得曳（拖）地。

笏　古代大臣上朝时拿的手板，后来又写作"手版"。即君臣早朝相见时，大臣用以记事或指指画画，不用时插在腰间。

糗　上古人的主食吃法，把炒熟的米麦再碾成粉。即炒米粉或炒面或干粮。《尚书·费誓》云："峙（储备）乃糗粮。"

饡　上古另一种吃法，《说文》云："以羹浇饭也"。羹是带汁的肉，则饡类似今天的盖浇饭、维吾尔族的"抓饭"。

炙　《说文》训："炮肉也。从肉在火上"，即烤肉吃法。炙的做法很多，仅《释名·释饮食》就列有脯炙（干炙）、釜炙、脍炙、**脂**炙、貊炙等。今被"烧烤"二字所取代。

脍　切细的肉，《释名·释饮食》云："细切肉令散，分其赤白异切之，已乃会和之也。"《论语·乡党》云："食不厌精，脍不厌细。"

醢　肉酱，古人一种吃法，《说文》云："醢，肉酱也。"水产品还可做鱼醢、虾醢、蜃（蛤蜊）醢等。其制法是：先将鲜肉做成干肉，再剁碎，然后用酒麯、盐搅拌，并用好酒浸泡起来，密封在坛子里，经过百日而成，作工之细，工序之多，可知其味之美。

胾（zì）　切成大块肉，《说文》训："大脔也"（脔：肉块）。

馹　古代驿站专用传递消息或法令的车。《尔雅・释言》云："馹，遽，传也。"郭璞注："皆传车、驿马之名。"先秦叫"馹"。

辇　先秦时用人拉着走的车子，《说文》训曰："辇，挽车也。从车，从㚘在车前引之。"指二人在车前拉着。秦、汉以后，专指帝王、后妃坐的车子。

以上举述各字只保留在古籍或工具书中，在现代书面语中基本都随着它们所记录的事物而消亡了，成为死字。这类死字成千上万，打开《说文》或《康熙字典》等举目皆是。今天均被废而不复用了，但研习传统文化会常见的和使用的。

（二）随着新事物的产生而创造的汉字

新字的创造，从古至今，历代都有，但创造新字的起因并不相同。如前所述，有为区别同音词而造新字者，如莫—暮、暴—曝、帝—蒂、益—溢等；有为不表音字增加声符而造新字者，如自—鼻、亦—腋、吕—膂、汓—泅、泪—淚等；有为方言读音不同而造新字者，如自关而西谓之船，自关而东谓之舟；自关而东谓之矢，江淮之间谓之鍭，关西曰箭；猪，北燕、朝鲜之间谓之豭，关东或谓之彘或谓之豕，南楚谓之豨，其子或谓之豚等。还有因分化而造新字者，如："又"（手）分化出"左、右"二字，"兵"分化出"乒乓"二字，"足"分化出"疋、足"二字，"不"字分化出"丕、伓、肧、坯、抔、盃、芣、魾、歪、奀（瘦小）、⿱不多（多）、甭、孬、⿱不明（暗）、⿱不老（同仙）、⿱不父（义父）、嫑"等。

除了上述原因之外，新字的创造，主要是为记录语言的需要，因为文字是语言的书写符号和载体。随着社会的发展和社会生产、生活、文化、科学各方面的发展，表示新事物的新词不断地出现。于是要求新的符号载体来负载代表它们，因此，新事物的出现和新词的产生是创造新字的主要原因。这种新字，除一小部分非形声字之外，大部分新字都是一形一声的结构形式。

由于远古初民的渔猎生活，语言中就产生了一系列有关渔猎生活的词，于是到了上古时代，就造出了代表这些词的字，诸如：

罔　先民用麻绳编织成的捕鱼或鸟兽的工具。《说文》云："网，庖牺氏结绳以渔。"《易·系辞下》云："作结绳而为网罟，以佃以渔。"由于网是用绳索而织，故又加糸（mì）创造出"网字"。

罘　本为捕兔子的网。《说文》云："罘，兔罟也。从网不声。"《礼记·月令》云："（季春之月）田猎罝罘、罗网、毕翳馁兽之药，毋出九门。"罘：兔网。后来借为地名"芝罘"。

罟　作为猎网总名的载体，《说文》训："罟，网也。从网，古声。"《广雅·释器》云："网谓之罟"，王念孙疏证曰："此网鱼及鸟兽之通名"。《易·系辞下》云："作结绳而为网罟，以佃以渔。"均是其证。

畢（毕）古时田猎用的一种长柄网。《说文》训曰"毕，田网也"。段注："谓田猎之网也。"《礼记·月令》郑玄注："小而柄长谓之毕"，等等。

还有田猎所用弓矢等工具之字，以及渔猎的对象所涉及的鹿、豖、兕、獐等各种禽兽名称的用字等。又如：

古人以铜为金，故两周以后，产生了大量从金的字，如錞、铎、鑪、铭、锺、铸、鋈、镬、镐等。

镜　秦代所造之字，甲骨金文未见。现代用玻璃一面涂上水银而成，故从金；竟与鉴音近，故为竟声。鲁迅《坟·看镜有感》说："现在流传的古镜们，出自冢中者居多，原是殉葬品，这说明并不是如今之镜。"

的　作为明亮的载体，甲骨金文中所无，只见于小篆。故当为秦代所造之字。篆作旳，从日，勺声。意为明显、鲜明。《说文》："的，明也。"《易》曰："为的颡。"朱骏声《说文通训定声》："俗字作的，从白"，宋玉《神女赋》："朱唇的其若丹。"又指箭靶的中心：众矢之的，有的放矢。引申为确实，白居易说"的应不是别人来"。今假借作助词，读 de。表领层或定语。

贯　作为穿钱币的载体，甲骨金文未见，只见于篆文；又秦时方实行金属货币，故知为秦代时所造之字。篆书从贝，毌声。从贝，表示货币；毌是穿钱贝所用的绳子。秦时货币中间有孔，可用绳穿起来，穿钱贝之绳曰贯。《史记·平准书》云："京师之钱累巨万，贯朽而不可校。"（校：数）可证。

讣　未见于甲金篆文，只见于隶书，可见当为汉代所造之形声字。从言，表示告诉之意；卜，是占卜。古时人死必占卜出殡、下葬时日，故卜与死相关。讣是告丧、报丧、讣告。这些意思原本是"赴"的本义，被借为“奔赴”等义之后，为区别而造了“讣”字。《玉篇》云；“讣，告丧也”，《论衡·书虚》云：“齐乱，公薨，三月乃讣”，均可证。

盔　只见于隶书，又秦汉战士所戴曰“兜鍪”，故知盔字当汉代以后所造。即戴在头上，护首之物、头盔、钢盔之类。

曌　唐代女皇帝武则天为了显示自己的神威，以曌代“照”，为自己名字造字。意思是以天为法，日月当空。之后，有人改日月为二目字，说她目空一切，胆大包天。684 年 9 月，徐敬业等以匡扶庐陵王为名，起兵扬州，骆宾王草《讨武曌檄文》为证。

龑（yǎn）　南汉国君刘岩为自己名字造的字，取《周易》“飞龙在天”之意。意在喻己，如龙飞天，总揽一切。

搭　未见甲金篆隶之文，当为唐代所造之字。《集韵》：“搭，击也。”《北史·李彪传》云：“南台中取我木手去，搭奴肋折!”又《字汇》训：“搭，挂也。”白居易《石楠树》曰：“伞盖低垂金翡翠，熏笼乱搭绣衣裳。”

抬　未见甲金篆隶之文，只见《宋元以来俗字谱》，作“擡”。而《通俗小说》《金瓶梅》则作“抬”。《西游记》第三回：“猴王渐觉酒醒，忽抬头观看。”

碟　亦未见于甲金篆隶之书，只见楷书，从石，枼声。古曰“盘”，如“铜盘”当为宋代所造，扁浅圆座的盛食物的小盘。《水浒传》第 37 回：“庄客收了碗碟，自入里面去。”

烫　未见甲金篆隶之文，只见楷书，从火，汤声。当是清代所出之形声字，从火表示高温；从汤声本指沸腾之水。烫指被火或高温灼伤而痛。《红楼梦》第三十五：“宝玉自己烫伤了手，倒不觉得；却只管问玉钏儿：‘烫了哪里了？痛不痛？’”

惦　未见甲金篆隶之文，只有楷书，从心，店声。当是近代所造之字。从心，表示心理活动；店与惦声近义通，心有“上下悬念活动”之意。《中华大字典》：“惦，俗以思念为惦记，挂念。”《红楼梦》第八十二回：“累你二位惦着。”

现代，除了根据需要继续创造新字之外，汉语从西方语言中吸收了许多音译词，为其造了一些新字。例如：从汉代起，来自匈奴的“骆驼、琵琶”，来自西域的“狮、琉璃”，来自佛教梵语的“佛、袈裟”，来自西藏的“喇嘛、糌粑”；现代，来自英国的重量单位“磅、吨”等。还有柠檬、咖啡、啤酒的“啤”字，甚至直接将“OK、CT、SOS”等当作汉字来使用。此外，为翻译西方化学元素而造了“氢、氛、硒、钼”等103个专用汉字。

需要说明的是，前面我们对十多个汉字作了断代说明，没有十足把握。因为没有确凿的资料依据。截至目前，我国尚无一部《汉语断代大字典》或《汉语断代大辞典》。这是我国学术界面临的一项重大而艰巨的科研课题和历史任务。编纂这种字典或词典的关键，即困难之所在是给每一字（或词）作出产生年代和某义使用时间的界定。这就要求编者既要对每一字词作出纵向追踪的历史研究，也要作出横向比较的共时研究。而汉字历时之久远，数量之庞大，词义之纷繁，又没有记载某字或某义产生于何时的专门资料，其操作起来的难度是可想而知的，只能以有文字记载的卜辞、铭文和历代古籍及现代书刊为资料去一一研究考证。然而我国古籍又浩如烟海，如果没有深厚的阅历，博览群书，博通古今的功底也是难以负此重任的。

总之，形声字的文化功能表现在音符层面和义符层面，如温庭筠《商山早行》：“鸡声茅店月，人跡板桥霜”的10字中8字是形声，全诗是一幅形象化的早行图。鸡从鸟取意，声从耳取意；茅从草取意，店从广（音 yǎn，义房屋）取意，跡从足取意表示脚印；板、桥从木取意，桥用木板架成；霜从雨取意，不等于雨，而雨和霜与水蒸气、冷空气有关。诗中描写了动物、植物、住房、天文、气象、木桥及活动其间的人。字形结构提供了模糊的意象，强化了语言的表现力和形象化。①

研习汉字文化的资料，目前最全和精到的书有《中国汉字文化大观》（北京大学出版社2002年版）和何九盈的《汉字文化学》（辽宁人民出版社2001年）二书，值得学习参考。还有曹先擢《字里乾坤》（语文出版社1992年版）和臧克和《说文解字的文化阐释》（湖北人民出版社1995年版）。

思考与练习（八）

一　“文化”一词最初的含义是________，最早出于××·××的

① 见何九盈《汉字文化学》，第294页。

《 》。

二 谈谈你对文化这一概念的理解和看法。

三 为什么说汉字的创造是以人为本的？试举例子以具体说明。

四 举例说明汉字是社会生活的反映。

五 分别举例从汉字看原始人类的渔猎、畜牧、农耕生活。

六 分别举例说明从汉字看原始人类纺织、陶器、铜器等生产与制作。

七 解释“天、朔、朏、望、晦、魄或霸”和“年、岁”等字的文化含义。

八 举出令我们自豪的古代名医及其发明，理解“膝、膏、砭、蛊、药”等字的医学文化含义。

九 古代的等级或阶级差别是怎样形成的？简述有哪些个汉字记载了这些差别的文化含义？

十 你能举出哪些汉字反映古代被压迫的人群？

一一 从哪些汉字可以看出古代的残刑酷罚？

一二 汉字作为载体，反映了那些方面传统文化？试举例分别言之。

一三 举例说明汉字为什么要消亡和创新？其规律是什么？

第九章　百年议改革　国人书同文

——文字的改革论

文字必须改革，要走世界文字共同的拼音方向。

——毛泽东

当前文字改革的三项任务，就是：简化汉字、推广普通话、制定并推行汉语拼音方案。

——周恩来

汉字的罪恶，如难识、难写，妨碍于教育的普及、知识的传播……

——钱玄同

今日救支那之第一要策，在废除汉字。

——吴稚晖

汉字不灭，中国必亡。

——鲁　迅

「汉字落后」，是长期套搬印欧语文模式得出的结论。

——《汉字文化·创刊词》

古梅白鹰　　陈之佛　作

文字的改革，从清朝末年算起，已经历时一个世纪了。其间始终存在着改革与反改革的两种不同的看法，双方争论的焦点是汉字的简化和走拼音化道路的问题。由于汉字的简化是汉字发展中的总趋势，所以一直是以改革者的意见为主导方面，兼借政府力量进行的。文字改革的结果是简化汉字同拼音字母并存并行。这是应予肯定的。

但是，回顾文字改革的百年历程，也必须正视百年文字改革的失误。尤其是文字改革的指导思想上的失误。19世纪末叶以来，我国一些志士、学者，错误地把当时中国的落后归罪于汉字的繁难，即所谓汉字难认、难读、难写、难记、难用。他们认为“汉字落后”，影响科学、教育的普及，影响人才的培养，拉长了成才的时间，鲁迅曾说“方块汉字真是愚民政策的利器，不但劳苦大众没有学习和学会的可能，就是有钱有势的特权阶级，费时一二十年，终学不会的也多得很”[①]。因而有些人粗暴地提出了有失理据的“废除汉字”的行动口号。于是为了普及科学教育，缩短成才的时间，富国强民，就掀起了以“汉字拼音化”为目标的汉字改革运动。汉字相继经历了汉字拼音、教会罗马字、切音字运动、注音字母运动、国语罗马字运动和拉丁化新文字运动等一系列拼音化运动的风风雨雨冲击，令人庆幸的是，汉字并没有因此而被废除。“存在即合理”，这是哲学上的一种理念。既然汉字现在以“简化和拼音并行”的资格存在，必有其合理的一面。因此，要想了解文字改革的是非得失，首先必须了解文字改革的百年历程。

第一节　百年文字改革的回顾与反思

文字改革的历史，如果往前追溯，三千多年以来，从未间断过汉字的简化。甲骨文中就有许多简体字（参见《甲骨文编》）。战国时期的六国古文是对籀文的简化。秦始皇的“书同文”则是对当时汉字简化的总结，其小篆则是对大篆的简化，秦汉的隶书又是对小篆的简化。唐宋以后，简体字不断增加，不但被手写，而且流传在民间印刷读物中。一些字书也不得不收录许多简体字。如唐颜元孙的《干禄字书》、辽僧行均的

① 鲁迅：《关于新文字——答问》，《鲁迅自编文集·且介亭杂文》，译林出版社2013年版，第137页。

《龙龛手鉴》和清代的《康熙字典》等。可是，汉字的简化由来已久，源远流长。成为汉字发展中无以阻挡的洪流。今存古代简体字专书的有：近人赵㧑叔的《六朝别字记》、刘复和李家瑞的《宋元以来俗字谱》等重要资料，可资参阅。下面，我们就从文字改革两个争论的焦点分别加以评述。

一　关于汉字拼音化运动

汉字拼音化运动，可分作五个时期。

（一）汉字拼音的起源时期

汉字拼音的起源，除了始于国人所创的直音法和反切法之外，还有西洋人为了在中国传教而学习汉语、汉字的需要，用拉丁字母制定的汉语拼音方案，来音译中国的地名、人名和事物之名称。

1583 年，第一个来到中国用拉丁字母创制汉字拼音的西洋人，就是意大利天主教耶稣会传教士利玛窦。他于公元 1605 年（明·万历三十三年）在北京出版了《西字奇迹》一书。这是第一次用拉丁字母拼写汉字读音的方案。内有《信而步海，疑而即沉》等四篇文章。罗常培根据文章中的汉字跟拉丁文对照译文，整理出一个包括 26 个声母和 44 个韵母的汉语拼音方案。

1626 年（明·天启六年），法国耶稣会传教士金尼阁在杭州出版了《西儒耳目资》。这是一部最早用音素字母为汉字注音的字汇，目的是便于西洋人学习汉语和汉字。他的《西儒耳目资》是在利玛窦方案的基础上修改而成的，人称“利金方案”。这一方案问世后的两百年间，由于清政府实行闭关自守的政策，未能施行。

1807 年，英国基督教传教士马礼逊来到中国广州传教。用他自己设计的官话拼音方案拼写汉语，于 1815—1825 年出版了一部中英对照的《中文字典》。他在字典中还附录一种《广州方言的拉丁字母音节表》，这是方言教会罗马字的萌芽。

1840 年，中国在鸦片战争中失败后，“海禁大开”，英国基督教传教士为了对中国进行文化侵略，纷纷来中国传教。创造了吴语、闽南语、闽北语和粤语等方言教会罗马字。

1867 年，英国驻守中国使馆的中文秘书威妥玛用拉丁字母拼写汉语的方法编写出版了一部京音官话课本《语言自迩集》。起初，它是作为使馆人员学习汉语汉字的注音工具，后来由于他的课本接近英文，扩大了用途，成为音译中国地名、人名和事物名称的标准通用拼法。不仅外国人用它，中国对外出版物的汉语译音也用它。直至1977年联合国第三届地名标准化会议，通过了采用《汉语拼音方案》作为中国地名、人名罗马字拼法的国际标准时，威妥玛式拼音才停止使用。

到清光绪年间，中国才开始办理邮政和电报业务。但实权都掌握在另一个被称为“邮政式汉语音译方案”的英国人手里，他们把英文中的中国地名译音作为邮政和电报的书写标准。这些邮政和电报地名，除个别方言拼音（如“厦门”写成Amoy）和习惯写法（如“广州”写成Canton）之外，一般都是官话拼音。

1931—1932年，法国和加拿大的两个天主教的传教士合作制订了《方言际辣体汉字方案》，它是根据《广韵》读音设计的拉丁字母汉语注音方案。试图利用中古声韵比现代汉语多得多的条件，使这一方案在不改变字母的情况下能够读懂各地方言，以此解决方音不同的问题，使之成为“方言际”的汉字拼写方案；同时，又试图对同音汉字采用不同的拼音法式，以解决拼音文字中的同音词的问题。但由于该方案拼写法和读音法的复杂，实用价值不大而失败。

从以上介绍汉字拼音起源来看，不论是中国古代的直音、反切，还是近代西洋人的汉字拼音方法，都不是要取代汉字，只是为汉字注音而已。目的是要解决汉字读音的这个非常实际的问题。但是值得注意的是，这些外来的注音方法在客观上为中国人审视本民族的文字，权衡其优劣，却起到了启蒙、激发的导向作用。由此引发了汉字改革的百年争论。

（二）清末切音字运动时期

清朝末年，国力衰弱，又甲午战败，一些出于爱国的志士、学者开始寻求自强救国之路，认为国家的强弱同文字的难易有关，而汉字繁难阻碍了教育普及和科学发展，阻碍了中国的富强，非改为拼音字不可。“是故今日欲救中国，非教育普及不可；欲教育普及，非有易识之字不可；欲为易识之字，非用拼音之法不可。”[①] 因为汉字是主形的，拼音字是主声的。“主形则字多，字多则识之难；主声则字少，字少则识之易。

① 见劳乃宣《进呈〈简字谱录〉折》，载《清末文字改革文集》，文字改革出版社1958年版，第80页。

彼之字易识，故识字之人多；我之字难识，故识字之人少。识字者多则民智，智则强；识字者少则民愚，愚则弱。强弱之攸分，非以文字之难易为之本哉?”① 试图从文字上寻求振兴国家的出路，积极地研究并推广切音字。虽然他们的观点片面，但是他们在文字改革的理论和实践方面都作出了自己有益的奉献。

1891 年，宋恕在《六斋卑议》中首先提出了“须造切音文字”的倡议和主张。

1892 年，卢戆章（1854—1928）发表了“中国切音新字”厦门方言读本《一目了然初阶》，揭开了中国切音字运动的序幕。这一运动得到了当时“维新变法”的领袖康有为、梁启超和谭嗣同的支持。康有为在其著作中提出“凡文字之先必繁，其变必简”的观点和“以字母取音，以简易之新文字”来书写“中国名物”的构想，并亲自拟订过拼音方案；梁启超为沈学的《盛世元音》写序，介绍切音字运动，赞成创新拼音文字，主张汉字和切音字并存；谭嗣同也在《仁学》中积极提倡拼音文字，提出“尽改象形为谐声”的主张。谐声即指拼音文字。

卢戆章拟制的“切音新字”的字母近似拉丁字母又非拉丁字母，读音和用法也不同。1906 年他重新设计一套汉字笔画式的《中国切音字母》，用以拼写官话和方言。

继卢戆章之后，提出速写符号式方案的有蔡锡勇的《传音快字》(1896)、沈学的《盛世元音》（1896）、力捷三的《闽腔快字》（1896）和《切音官话字书》（1902）、王炳耀的《拼音字谱》（1897）等。

在清末的切音运动时期，最有影响的两个人，一个是切音运动的创始人卢戆章，另一个则是此运动的代表人物王照。

关于卢戆章上文已有所介绍。他认为国家的强弱跟文字的难易有关，而推行切音字则是振兴国家之本。所以他说：“窃谓国之富强，基于格致②；格致之兴，基于男妇老幼皆好学识理。其所以能好学识理者，基于切音为字，则字母与切法习完，凡字能无师自读；基于字话一律，则读于口，遂即达于心；又基于字画简易，则易于习认，亦即易于捉笔，省费十余载之光阴。将此光阴专攻于算数、格致、化学以及种种之实学，

① 劳乃宣：《简字全谱·自序》，载《清末文字改革文集》，第 77 页。

② “格致”：本指“格物致知”。这里指“讲西学之人对物理、化学等自然科学的总称”。

何患国不富强也哉!”又说“中国字或者是当今普天之下之字之至难者”。其观点虽然偏颇片面,但是他们并非主张废除汉字,而是主张“切音字与汉字并行”,通过切音字“可无师自识汉文”。正如劳乃宣所言“中国六书之旨,广大精微,万古不能磨灭。简字(指切音字—引者注)仅足为粗浅之用,其精深之义,仍非用汉字不可。简字之于汉文,但能并行不悖,断不能稍有所妨”①。这种“切音字与汉字并行”的观点是切音字运动中的普遍的观点。

他们还主张借助切音字统一语言。卢氏说:“中国之大,犹如一家,非如向之各守疆界,各操土音之对面而无言也。”“中国之大,过于欧洲。欧洲分为数国,言语不一,各国其国,各子其民,其言语不通,情也。我大清国统一天下,岂容各省言语互异,不相闻问,不相交接?故统一语言,以结团体,乃保全国粹之要件。由切音字书以统一语言,易如反掌。”②

1893 年,卢戆章为了向国人推广切音字,又出版了《一目了然初阶》的节本《新字初阶》。

1898 年,光绪皇帝实行变法维新,奖励新著作新发明。京官林格存向上都察院呈书推荐他的切音字方案,却由于维新失败而未果。他应日本台湾总督之邀,赴台主持总督府学务科。居台三年,受日本假名影响,放弃了变体拉丁字母方案,设计了有 25 个声母、102 个韵母的汉字笔画式的《中国切音字母方案》,用于拼写北京音,兼可拼写泉州、漳州、厦门、福州等地方言。

1905 年,他回到北京,向清政府呈缴《中国切音字母方案》,未准,回厦门在民间推行。途经上海时,将《中国切音字母方案》修改、补充,更名为《北京切音教科书》,并出版了含北京、福州、厦门、泉州、漳州和广东六种切音方案的《中国字母北京切音合订》。因此,卢戆章在汉字改革理论和实践方面都作出了自己的努力和贡献。

王照(1859—1933),也是一个爱国主义者,他因参与“戊戌变法”失败而被通缉,被迫流亡日本避难两年。此间受日本假名字母启发,创制了一种笔画式字母拼音方案《官话合声字母》。1900 年以“芦中穷士”

---

① 见劳乃宣《进呈〈简字谱录〉折》,载《清末文字改革文集》,第 81 页。

② 见卢戆章《颁引切音字数之益》,载《清末文字改革文集》,第 72 页。

笔名发表了这部最早的汉字笔画式双拼方案。在切音字运动中，他的方案推行得最有成效。“各地私相传习，一人旬日而通，一家兼旬而遍，用以读书阅报，抒写议论，莫不欢欣鼓舞，顶礼祷祝。”1901 年又在东京出版，受到留日学生及其家属的欢迎传授。

1902 年吴汝纶访日回国后，大力推行官话字母。1903 年，王照冒着被“奉旨严拿”之险，在北京设立“官话字母义塾”。同年，得到管学大臣张百熙等支持，把“官话”列为当时师范和高等小学的课程。同时，直隶大学堂的学生何凤华等六人联名上书袁世凯，要求“奏明颁行官话字母，设普通国语科，以开民智而救大局”，得到袁世凯的赞同。于 1904 年，命保定蒙养学堂，半日学堂，驻保定各军营，试教官话字母。

1904 年，王照为了能以公开身份推广官话字母，自首入狱三个月，释放后去保定办“拼音官话书报社”，并在保定出版《对兵说话》官话字母一书。

1905 年，他回北京开办“官话字母第一号义塾”。于是这种义塾发展到 24 处之多，数十万人识官话字母。因此，1900—1910 年，编印 6 万余部书籍，成立了数十个推行官话字母的团体，遍及 13 个省。故王照是切音运动中最有影响的代表人物。

劳乃宣（1842—1921），在王照官话字母的基础上补充了方言字母，制订方言方案，统称“合声简字”，主张“以方言为阶梯，以官话为归宿”。

总之，自 1892 年卢戆章发表《一目了然初阶》到 1911 年辛亥革命，这 20 年在文字改革史上被称作“切音字时期”。其代表人物有卢戆章、蔡锡勇、沈学、朱文熊、王照和劳乃宣等人。这 20 年提出的个人方案达 28 种之多。其中推行了几种，而影响最大的是王照的《官话合声字母》。因此，切音字运动是中国拼音文字运动史上一个很重要的阶段。既是我国拼音文字运动的开始，又为我国拼音运动的发展奠定了基础。①

（三）民国初年注音字母运动时期

“注音字母运动”是“切音字运动”的继续。二者不同的是，注音字母已经不是个人的方案了，而是政府领导下制订的集体方案。虽然也是汉字笔画式的，但是，已经不是双拼制而是三拼制了。

---

① 以上见倪海曙《清末汉语拼音运动编年史》，上海人民出版社 1959 年版。

1912 年（民国元年）7 月，当时的教育部通过了“采用注音字母案”。1913 年 2 月 15 日至 5 月 22 日，教育部召开汉字读音统一会，制定注音字母。当时提出了许多方案，主要有偏旁派、符号派、拉丁字母派。各派争论得很激烈，最后通过了鲁迅等人提议采用“注音字母”的方案。这套字母是笔画简单的古文字的楷化写法。如ㄗ（古节字）、ㄘ（古七字）、ㄙ（古私字）等 40 个单字母、22 个结合韵母。这套字母直至 1918 年教育部才予公布。后来对字母顺序和标调方法又作了调整。1930 年，国民政府又下令，改注音字母为“注音符号”。

注音字母不是文字，只给汉字注音，也不像日本的假名，可以夹在汉字中运用。它却是我国第一套法定的拼音字母。1920 年，开始为汉字注音，直至 1958 年 2 月 11 日《汉语拼音方案》正式通过后，才取代了它。因此，它在统一汉字读音、推广国语、普及语言知识等方面，起到了积极的作用。

（四）“五四”时期的国语罗马字运动

“国语罗马字运动”的倡导者的主要观点是要“废除汉字”，实行拼音化文字。这一观点的主要代表者是钱玄同（1887—1939）。他的文字改革观点，集中表现在 1923 年发表在《国语月刊·汉字改革》号上的《汉字革命》一文中，他说：“汉字不革命，则教育绝不能普及，国语决不能统一，国语的文学绝不能充分的发展，全世界人们公有的新道理、新学问、新知识绝不能很便利、很自由地用国语写出……”“汉字的罪恶，如难识、难写，妨碍于教育的普及、知识的传播……最糟的便是它和现代世界文化的格不相入。”把汉字说得一无是处。因此，他断言：“汉字革命，改用拼音，是绝对可能的事。”便极力主张采用世界通用的罗马字（即拉丁字母）作为汉语拼音文字。

钱玄同不但在“理论”上提出汉字革命的道理，而且在实践上，于同年，跟赵元任、黎锦熙一起制定了国语罗马字的拼音法式。1928 年，由南京政府教育部正式公布，作为“国音字母第二式”。但由于这个方案拼写规则太复杂，不便学习掌握；加之社会上广大群众对推行国语罗马字并无兴趣，只是少数学者们奔走呼号，脱离广大群众，未能推行开来。不过，钱氏主张采用国际罗马字（即拉丁字母），反对汉字笔画式的注音字母，对我们现行的《汉语拼音方案》采取“拉丁字母”是有一定影响的。

（五）拉丁化新文字运动时期

1931 年 9 月，在海参崴召开了中国新文字第一次代表大会。吴玉章（1878—1966）参加了大会，并和林伯渠、萧三、王湘宝等被推为新文字起草人。经过几天的大会讨论，通过了《中国汉字拉丁化的原则和规则》。吴玉章等人制定的北方话拉丁化新文字就这样产生了。之后，吴氏积极参加了新文字的推广工作。

从 1933 年起，国内各地成立了许多团体，进行研究讨论。新文字传到上海，受到进步的文化界热烈欢迎。鲁迅（1881—1936）在《门外文谈》答记者问等文章中大力宣传。后来，又传到革命根据地。

1940 年，在延安成立了陕甘宁边区新文字协会。会上，吴玉章说："我们要使愚昧无知的中国人变成过去，我们要扫除文盲，只有用新文字才有可能，汉字是不能担负起这个任务的。"他又举出延安妇联会派来的一个 18 岁的农村不识字的女子周子桂，学习一个月，就能看书写信了，以证明新文字好学易用，比汉字强百倍。

在抗日战争时期，成立了不少地方研究会，组织新文字学习班。由于拉丁化新文字一般不用标调，又可以拼写方言，好学易写，适合当时抗日形势需要，深得群众拥护，为 1958 年《汉语拼音方案》的制定打下了群众基础，积累了经验。

但是，须知："首先否定汉字，认为汉字不如拼音文字的，并不是中国人自己，而是西方的传教士、外交官、军人、商人。他们说汉字不好，才有后来中国人的大骂汉字，生出要革汉字的命"①，主张废除汉字，提出"汉字不灭，中国必亡"等过激的错误言论。

二 关于汉字简化运动

3300 多来，汉字就在简化、繁化、简化中发展的，但是总的发展趋势是由繁趋简的。其中既有成功，也有教训。

（一）历史上的汉字简化（略）

历史上的汉字简化，系指甲骨文、金文、小篆、隶书等时期的汉字简化。由于前面有关章节已经有所涉及或论述，为了避免重复，故这里从略。

① 见何九盈《汉字文化学》，第 5—6 页。

（二）20 世纪 50 年代前的简体字运动

历代都有简体字（即俗字）在民间流行，但主张将简体字作为正统文字来使用者，到清朝末年才有人提出来。

1909 年，陆费逵（1886—1941）在《教育杂志》创刊号上发表《普通教育应当采用俗体字》一文，提出“最便而最易行者，莫如采用俗体”。他认为“此种字笔画简单，易习易记，其便利一也。此种字除公牍考试外，无不用之”，“若采用于普通教育，事顺而易行，其便利二也。余素主张此议，以为有利无害，不惟省学者脑力，添识字之人数，即写字刻字，亦较便也”。这就拉开了 20 世纪简体字运动的序幕，亦即汉字简化运动的开始。同时，一些主张拼音化的汉字改革者也认为，改用拼音文字之前，先减少汉字的笔画，也是“目前最切要的办法”。

于是 1920 年，钱玄同在《新青年》杂志上发表《减省汉字笔画》的提议文章。1922 年，他又在国语统一筹备会第四次大会上提出《减省现行汉字的笔画案》，大力提倡简体字，以简体字为正字规范，归纳出八种构成简体字的方法。于是，简体字运动便逐渐发展起来。

1923 年，胡适在《国语月刊·汉字改革》号的《刊头语》中说：“中国小百姓做了一件惊人的革新事业：就是汉字形体上的大改革，就是‘破体字’的创造与提倡。”他赞扬钱玄同等提出的简化汉字的主张。认为“这虽然不是彻底的改革，但确然是很需要有的一桩过渡的改革”。此外，周作人、周起鹏等人也在《汉字改革》号上发表文章大造简化汉字的舆论与声势。于是许多热衷简化字的运动者从事简体字的收集和研究工作。报纸、杂志和出版部门也陆续发表提倡简体字的文章或出版系统整理简体字的资料和著作。他们于 1927—1934 年，曾在二十多种杂志、十多种报纸上发表文章和出版专书。如 1928 年胡怀琛的《简易说》，1930 年出版了刘复、李家瑞的《宋元以来的俗字谱》，1932 年的《国音常用字汇》收入了宋元以来的习用的简体字，1934 年出版的杜定友的《简体字标准字表》和徐则敏的《500 俗字表》等，形成了简体字运动的高潮。

1935 年春，上海组成手头字推行会。由上海文化界 200 人和 15 个杂志社签名，在《申报》《太白》等报刊发表《手头字缘起》，推行第一批手头字 300 个，使简体字在多种杂志上亮相，在群众中引起很大反响。同年 6 月，钱玄同主编的《简体字表》又称《简体字谱》，收字 2400 个。

同年8月，国民政府教育部批准，公布了其中只有324字的《第一批简体字表》。这就是1935年简体字运动所取得的两项重大成果。但是不到6个月，遭到戴季陶的反对，据说他给蒋介石下跪，"为汉字请命"。于是到1936年2月，国民政府下令"不必推行"而停止，但还是产生了一定的影响，仍然有不少人在进行简体字研究。

在减少汉字量的问题上，洪深做了尝试性研究。他根据汉字所能代表的意义，在同义字和近义字中间选用代表性最强的作为基本汉字。共选定了1100个字，必要时另加250个特别字，其余汉字全部作废。于1935年发表了《1100个基本汉字教学使用法》。因为他选定的基本汉字所能记录的语言有限，而语言中大量的词语无法记录，只好改变说法。如他的基本汉字中没有"妹"字，"妹妹"一词就要改用"女弟"；没有"媳"字，"儿媳妇"就得写成"儿子的老婆"；没有"泥"字，"和泥"就得写成"和土"；等等。这种让语言迁就文字的做法，自然是行不通的。[①] 所以这个尝试是失败的。

1937年抗日战争爆发以后，作为全国范围内的简体字运动却随之停止了。抗日战争时期，解放区却创造了大量的简体字，其油印报刊使用了许多简体字。因此，简体字逐渐流行全国。

（三）20世纪50年代后的汉字简化整理工作

1. 汉字的简化工作

这个时期的汉字简化工作，是由过去的学者提倡、推行；变为政府领导下的有组织地进行整理、简化和推行工作。当时确定的方针和步骤是"约定俗成，稳步前进"。"约定俗成"是指简化工作要在群众习惯的基础上进行简化，尽量采用社会上已经流行的简化字字形以利于人们接受；"稳步前进"是指全部简化工作不是一次完成，而是分期分批进行的。汉字简化主要是围绕减少汉字笔画和减少汉字字数为内容进行的。为此，在组织机构上，1952年7月，首先成立了"中国文字的改革研究委员会"。

1954年12月，又成立了直属国务院领导的"中国文字改革委员会"（简称"文改会"）成为负责研究和推行文字改革的专门机构。

1956年1月，国务院公布了《汉字简化方案》，规定："除翻印古籍

① 高更生等：《汉字知识》，山东教育出版社1982年版，第110—111页。

和有其他特殊原因以外，原来的繁体字应该在印刷上停止使用。”《方案》共收515个简化字和54个简化偏旁。先试用2个月，经过修正再正式推行。自公布之日起分四批陆续推行，到1959年7月推行完了。

为了解决在推行中发现的问题，经国务院批准，1964年5月，文改会在《汉字简化方案》分批推行的基础上，编印了《简化汉字总表》。《总表》是《汉字简化方案》的具体化和完善化。当时《总表》共收2238个简化字，删去了“签、须”两个重现字，故1986年重新发表时又删去“迭、象”二字，增加了“啰”字，实际《总表》共收2235个简化字。总之，可见政府对汉字简化工作是极其重视和谨慎的，积极领导的。

十年“文化大革命”时期，文改会的工作被迫停止，到1972年才恢复工作。1975年5月，文改会便仓促地着手拟订《第二次汉字简化方案（草案）》（简称《二简》），并报请国务院审批。1977年12月20日，全国各报予以公布。《二简》共收字853个，分两个表：第一表收字248个，第二表收字605个，另有简化偏旁61个。1978年3月4日，胡愈之、王力、周有光等23位著名人士以此表存在不少缺点，提出书面意见，要求第五届人大和五届政协的主要文件，不要使用《二简》方案中的简化字。中央及时宣布收回研究修改。到了1986年6月24日，经国务院批准，正式废止。并于同年10月，重新发表经过个别调整后的《简化汉字总表》，作为简化字的规范。

2. 汉字的整理工作

汉字整理的内容包括对字音、字形、字量和字序等的整理，也可以只指对字形的整理。我国汉字整理的历史悠久，远在秦代就已经开始了。秦始皇统一文字，就是我国第一次对汉字的全面整理。历代的字书和韵书也具有整理汉字的性质。1913年经“读音统一会”逐字审订国音，于1919年就出版了《国音字典》。后来，经过对其校订后，改名为《教育部公布教改国音字典》，收字13000多个，于1921年再版。这是20世纪初中国政府第一次正式公布的现行汉字表。1932年5月，当时的教育部又公开了《国音常用字汇》，收9920个正字、1179个异体字、1120个异读字，共收字12219个。这是一部按注音字母的音序排列，并重新规定以北京语音为标准音的文件，从而在字音、字形、字量和字序等各方面建立起初步的规范。但是，这里要讲的是20世纪60年代以后的汉字整理，而且着重介绍字形和字量方面的整理情况。

（1）异体字的整理

异体字的存在，只能在数量上增加学习的负担，毫无积极作用。为了规范汉字，必须对异体字进行整理。所谓整理，就是对异体字作出取舍的规定。取舍的标准则是选出那些使用面广、笔画较少而又便于书写的汉字，作为规范的应用字加以保留；相反的则加以舍弃，停止使用。于是，1955 年 12 月，文化部和文字改革委员会联合发布了《第一批异体字整理表》，列出异体字 810 组，共 1865 字。整理后，淘汰了 1055 字，保留了 810 字。

（2）印刷字的整理

为了避免同字异形的现象在印刷品中出现，1965 年 1 月，文化部和文字改革委员会联合公布了《印刷通用字字形表》，共收通用汉字 6196 个。对过去印刷体和楷书手写体不统一的“真—真、别—别、片—片、叙—敍”等字作了整理，确定了前者为标准的印刷字形，同时废除了通用字中旧的印刷体。现在一般书报、杂志用字都是规范的印刷字体。这就减少了人们阅读、书写的负担和困难。

（3）改换部分生僻地名用字

1955 年 3 月至 1964 年 8 月，经国务院批准，用同音替代的方法，将 35 个县级以上地名中的生僻字改为同音的常用字。如将“鐵骊县”改为“铁力县”，改“和阗县”为“和田县”，改“婺川县”为“务川县”，改“邠县”为“彬县”等。

（4）统一部分计量单位用字

1959 年，国务院发布《统一我国计量用字的命令》，废除了一批计量专用汉字，如“粍、糎、瓩、瓱”等字。1977 年 7 月，文改会和国际标准计量局又公布了《部分计量单位名称统一用字表》，并发出《关于部分计量单位名称统一用字的通知》，淘汰了一些计量单位的旧译名，旧译名中的复音字和生僻字。如瓩（千瓦）、呎（英尺）、吋（英寸）、浬（海里）、唡（英两）、温司（盎司）等。

以上四方面既是对汉字的整理，也是汉字简化工作的一部分。

三　关于“文字改革”的反思

文字改革并非全然出于“汉字落后”，而是与当时的思想政治路线、舆论一律，和文改者对汉字所持片面而偏执的思想观点有关。所谓“汉字落后”，是文改者对汉字认识片面而偏执的思想观点的反映。对汉字的伟大历史功绩及其在中国文化史上不朽的地位缺乏正视和评价。1989 年《汉字文化》创刊号的“创刊词”指出：“汉字落后是长期套搬印欧语文模式得出的结论。”

随着改革开放的深入发展，打破了“舆论一律”的禁锢，进入了多思维反思的新阶段，在汉字问题上出现了一系列鼓舞人心的大事。比如连年召开关于汉字学术问题的一系列会议：1981 年成立了“中国中文信息研究会”，1985 年将“中国文字改革委员会”改名为“国家语言文字工作委员会”，1986 年宣布“汉字仍是国家的法定文字，要长期使用下去”，以至于 2010 年不仅恢复了 51 个已淘汰的异体字的使用，而且采取了灵活的用字政策，允许表外字有条件地使用，等等。

这是当代中国的学者们经过反思，总结了历史的经验教训，批判了前人偏执的思维方式和机械的文字比较方法，通过对汉字科学研究的结果。首先，肯定了汉字的历史功绩。1986 年 12 月，国家语委和语言文字应用研究所在北京召开“汉字问题学术讨论会”，社会语言学家陈原在开幕式上说：“汉字这种书写系统是同汉语这种语言系统相适应而生存和发展的……它（指汉字—引者注）确实为民族团结，为文化积累，为信息传播，为思想交流起过重大作用，有过不可磨灭的功绩。”在当代，汉字对我国重大的经济改革及其迅猛的发展，无不起到促进和“巨大的动力”作用。具体表现在：电子计算机技术的迅速发展并应用于各行各业。从农村到城市的各个部门；从国防到航天一切领域，汉字适应了四个现代化的需要，取得了重大成就。

人们在当今的新形势下，就汉字的特点与性质、功能与价值，进行了重新论证；同拼音文字作了重新比较，对汉字所谓“难学、难认”的问题得出了新的认识，并非文改者所言那样。从多方面肯定了汉字同中国传统文化和现代文化的关系。通过反思肯定了汉字的合理性与汉字的合法地位。

第二节　百年文字改革的成果与失误

世间任何事物都有其两面性，文字改革也不能例外。全盘肯定或完全否定的观点和态度都是不正确的，因为世间的事情是没有十全十美的。对百年文字改革的评价，应持客观的、公正的和实用的观点态度。既应看到文字改革所取得的很大成果，又要正视文字改革中不容忽视的失误及其弊端。固然，汉字应否改革，因为改革已成为既定的现实，就不必赘述了。下面仅就文字改革的成果和失误两方面作一评述。

一　百年文字改革所取得的成果

自清末切音字运动起，至今文字改革将近百年了。总的来说，百年来的文字改革已经取得了很大的成绩，尤其是20世纪50年代以来的文字改革工作的成效更为显著。实现了1958年1月周恩来在《当前文字改革的任务》中提出的“简化汉字，推广普通话，制定并推行《汉语拼音方案》”三大任务的构想和目的。这三方面的成果是有目共睹的。半个世纪以来，简化了2235个汉字，占常用汉字的三分之二；同时，废除了1189个汉字。因此，汉字经过简化和整理，不但减少了笔画，也明显地减少了字量。从而建立了明确的字形规范，使汉字变得易学、易记、易用。这对于普及教育，提高人民群众的文化水平，为全国人民的思想文化交流，以及促进国家建设事业的发展，无不起到了积极作用。

简化字不仅在今天的中青年中间已经深深地扎下了根，成为当今中国大陆普遍应用的字形；而且简化字也影响到海外。中国香港实行“繁简由之”的文字政策；中国台湾却多次研究讨论汉字简化问题，结果于1979年5月4日公布手写的《标准行书范本》。现今的新加坡、马来西亚和泰国，都已经全部采用我国公布的简化汉字；日本使用简化字的时间比我国还早；韩国的《朝鲜日报》于1983年4月26日公布的90个简化字已经在该报使用，并且宣布今后还要陆续分批公布。

汉字简化，在全世界使用汉字的国家或地区已经成为一种不可逆转的趋势。当中国共青团海南省委主办的杂志《现代青年》一律采用繁体字印刷的时候，就遭到新加坡学者韩山元先生的批评。他说：“一本以‘中国青年’为对象的杂志《现代青年》（1992年1月创刊），封面、扉页及广告一律弃简就繁。人们不禁要问：简化字什么时候废除了？”[①] 他尖锐地指出，中国大陆繁体字的回潮是“改革中的保守，开放中的倒

① 周有光：《语文闲读　初编》，生活·读书·新知三联书店2012年版，第370—371页。

退”，是“开历史倒车”。所以，他呼吁：“中国大陆的朋友，拿出一点信心来！”就是一个有力的例证。

《汉语拼音方案》，由于采用了国际通用的“拉丁字母”，彻底地实现了音素化，标音准确，书写方便。60多年来，为汉字注音，学习和推广普通话、各级各类学校的汉语教学、各种字词典的排检和注音、报刊索引、电脑输入和我国同海外在政治、经济、文化各方面的国际交流等，无不提供了一种标准，并发挥了巨大作用。因此，周恩来在《当前文字改革的任务》中赞扬说：“这个方案，比起历史存在过的以及目前还在沿用的各种拉丁字母的拼音方案来，确实更加完善。”

由于这个《方案》自身科学性强，推行使用成功和几十年来有了较广泛的应用。1977年9月7日，联合国在雅典召开的“地名标准化会议”，认为《汉语拼音方案》在语言上是完善的，决议采用汉语拼音方案，作为中国地名罗马字母拼法的国际标准。1979年6月15日，联合国秘书处又发出通知，将《汉语拼音方案》的拼法作为在各种拉丁字母的文字中转写中国人名、地名的国际标准。1982年，国际标准化组织ISO决议，采用汉语拼音作为拼写汉语的国际标准。同年8月1日，又发出ISO—7098号文件《文献工作——中文罗马字母拼写法》，决定将《汉语拼音方案》作为世界文献工作中拼写中国专有名词和词语的国际标准。从此，《汉语拼音方案》就取代了威妥玛式拼法等各种旧的拼法，成为国际标准的汉语拼音方法，广泛地通行世界各国。如今世界上藏书最多的美国国会图书馆，首先采用汉语拼音作为汉字的译音系统。随之，美国各大学图书馆及华语教学也都广泛采用《汉语拼音方案》作为汉字拼写系统。与此同时，欧洲各国的华语教学，英国《大不列颠百科全书》中文部分的索引，也都采用汉语拼音作为拼写的国际标准。现在世界各国文献中的中国专有名词或词语，都将逐步改用汉语拼音来拼写。[①] 因此，汉语拼音不只是中国汉语汉字拼写的标准工具，而且成为世界各国用以拼写汉语的国际标准。

半个多世纪以来，我国在汉字简化和汉语拼音化两方面工作都取得了国内外认可的重大成果，将我国语言文字的现代化推向了一个新的阶段，为今后的语言文字的进一步发展打下了坚实的基础。当我们肯定汉

① 李大遂：《简明实用汉字学》，第218—219页。

字改革成效的一面时，还应看到汉字改革工作中存在的问题。

二　百年文字改革所出现的失误

纵观百年文字改革的历程，存在以下三个问题。

（一）废除汉字的思想观点是错误的

“废除汉字”的观点，从“五四”之后，一直贯穿到20世纪80年代。而最早提出必须废止汉字，走拼音化道路的人就是吴稚晖和钱玄同。

吴氏1908年在巴黎出版的《新世纪》报中说：“今日救支那之第一要策，在废除汉字。”这在当时就遭到章太炎的反驳。章氏在《驳中国用万国转语说》中指出“今者南至马来，北抵蒙古。文字悉以合音成体，彼其文化，岂有优于中国哉！”意思是文化发达与否与文字无必然联系。“且汉字独用形象，不用合音者，虑以有故。原其名言符号，皆以一音成立，故音同义殊者众，若用合音文字，将芒昧不足以为别。”意思是汉字是由汉语单音节特点决定的。

钱玄同在1923年发表的《国语月刊·汉字改革》号上的《汉字革命》一文也集中表达了吴稚晖的这一观点。

30年代的鲁迅对汉字也是采取完全否定的态度。他说：“方块汉字真是愚民的利器”，“汉字也是中国劳苦大众身上的一个结核，病菌都潜伏在里面，倘不首先除去它，结果只有自己死”。[①] 鲁迅甚至在《门外文谈》答记者问中提出“汉字不灭，中国必亡”的耸人听闻的偏激论断。

1940年11月，吴玉章在“陕甘宁边区新文字协会”的成立大会上说：“我们要使愚昧无知的中国人变成过去，我们要扫除文盲，只有用新文字才有可能，汉字是不能担负起这个任务的”，“从长远来看，……迟早有一天要改用拼音文字——这是世界文字发展的客观规律”。

以上几位学者把当时国人的愚昧和中国的落后归罪于汉字，不仅是偏激的，而且是错误的。历史已经证明，汉字没有灭，中国也没有亡。

毛泽东对汉字的态度也是明确的。他指出汉字改革的最终目标和方向，即走拼音化道路，以拼音化取代汉字。1951年，他指示：“文字必须改革，要走世界文字共同的拼音方向。”这说明毛泽东当时的意思就是要

---

① 鲁迅《关于新文字——答问》，《鲁迅自编文集　且介亭杂文》，译林出版社2013年版，第137—138页。

“废除汉字”。而他的话又是一言九鼎的，因为“当时他是党和国家的最高领导人，共产党是执政党，党的意见和政府的政策是一致的”。

汉字要不要废除。笔者想无须多说，历史是最好的见证。百年文字改革的结果是，汉字非但未被废除，反而是汉字和汉语拼音并存并行。

远在85年之前，孙中山先生就告诫我们：“虽今日新学之士，向有创废中国文字之讲，而以作者观之，则中国文字决不当废也。”

1984年，著名语言学家张志公先生在《加紧对汉字多方面深入的研究》中作过结论：“汉字不能废除，也废除不了。目前不能废除，短时间内不能废除，在可想的未来也不能废除。”张先生的话，代表了绝大多数国人的思想愿望，是众望所归，人心所向。

（二）视简化汉字为实现拼音化的步骤是片面的

简化汉字是关系到当时6亿多人口及其后代子孙的百年大计。但是，由于“走拼音化道路”的思想影响，只把简化汉字视为实现拼音化之前的一个步骤，即权宜之计是不正确的。20世纪50年代初，毛泽东就指示：“汉字的拼音化需要做许多准备工作；在实行拼音化之前，必须简化汉字，以利目前的应用，同时积极进行各项准备。”可见，简化汉字的目的只是“以利目前的应用”。在这种具有指令性思想指导下，认为迟早要走拼音化道路。为了加速拼音化的进程，文改工作中就出现了急于求成的情况。如1977年《第二次汉字简化方案》的公布，未等成熟就仓促出台。虽然发现问题收回作废，乱造简化字的不良影响和后果却已经造成了。这就是对汉字改革的长期性、艰巨性认识不足，缺乏长远打算的后果。偏离了汉字简化的正确方向和目的。

（三）对简化汉字认识片面和考虑不周的后果

所谓对简化汉字认识片面是指，不是为了当时的6亿人民大众及其后代子孙，只是“以利目前的应用”；所谓考虑不周是指未能从识字、阅读和书写三个方面去全面考虑，所以汉字简化后产生了一些负面作用。

1. 简化后增加了一批不便分析、不便称说的部件。

繁体的“爲”，按甲骨文可以分解成“手牵象”，繁体的“農”可以说成“曲辰为農”，繁体的“書”可以说成“聿曰为書”等，而简化成“为、农、书”之后，用一句话很难说清楚，不利于辨认和教学。

2. 简化后增加了一些容易混淆的形近字

繁体字“擾和攏”“倉和侖”，分别很明显，简化后“扰和拢”“仓和仑”，形近易混。又如“設”简化成“设”，和“没”易混；“話”简化为“话”和“活”形近易混。如“设有埋伏”和“没有埋伏”意思相反，容易读错或写错。当代的人们（包括大学问者），写起字来，习惯连笔，结果大多是把“氵”和简化后的“讠”旁不分，就是其证。

3. 简化后有些字在应用中则造成理解上的混乱

汉字简化的方式之一是“同音替代”。由此有时也会造成理解上的茫然。如以“制”代替“製”，而胃药“谓尔舒”的“说明”则说有“制酸”的作用，是“制止酸”，还是“製造酸”呢？前者适于胃酸过多的胃病患者，后者则适于缺少胃酸的碱性胃病患者。两种不同胃病患者在选用“谓尔舒”时，就产生了疑虑。如果是“制止胃酸过多”的话，那么缺少胃酸的胃病患者则不可以服用；反之，酸性胃病患者则可以服用。又如繁体字“幹和乾”简化为“干”，那么“不干”，既可指“不干(gàn)”，又可指“不干（gān)”。这就是简化后带来的茫然费解的后果。

4. 有些字繁体时偏旁相同而简化后却不相同

20世纪50年代初，汉字简化工作方针是“约定俗成，稳步前进”。这一方针既符合汉字实际，又适合中国的国情，故取得了简化汉字的顺利推行。到80年代初，由于对简化汉字的认识日趋完善，又提出了“约定俗成，简化合理”的原则。所谓“约定俗成”就是在千百年来民间习用的俗字基础上进行简化；所谓“简化合理”，是指减少罕用的偏旁，尽量使不便称说的偏旁便于称说，不去追求一笔一画的简省，不去一味追求创造形声字。按照这个标准来衡量已简化了的汉字，就存在无规律可循的情况。既不便掌握，又增加了学习、记用的负担。诸如：

从“貝”旁的字都应简化作“贝”。如贞、员、则、狈、厕、侦等，而“買”却简作“买”，“賣”简化作“卖”。把“貝”简化成了“头”字，等于重新学习认识“买、卖”等两个新汉字。

从“單”旁的字都应简化作“单”。如郸、惮、阐、蕲、箪等，而“戰”却简化作“战”。

从“軍”旁的字都应简化作“军”。如诨、郓、挥、辉、晕、荤等，而“運”却简化作“运”。

从“襄”得声的字，“孃”简化作“娘”，“讓”简化作“让”，而“镶、瓤、壤、嚷、攘”等字却未简化。

从“登”得声的字，“燈”简化作“灯”，“證”简化作“证”，

“鄧”简化作“邓”，而“瞪、澄、蹬、磴、镫”等却不简化。

以上各例，可见有些字的偏旁简化尚无规律，不能类推。对于初学者来说难以把握，例中的“买、卖、战、运、让、灯、邓”等简化字偏旁，学习者只能硬记。除了笔画减少之外，简化了它们的繁体，却要新认识一个个生简化字，在字量上等于未减未增，势必要增加初学习者的负担。

凡此种种，证明“约定俗成”和“简化规律”之间，有着不可兼得的矛盾。要克服这一矛盾，只能周密考虑，掌握分寸，寻求新的途径。

5. 有些当予简化的繁体字却未予简化

有些在现代汉语中常用的繁体字，笔画繁多，不便书写；却完全符合当初“采用古简体字”或“改换偏旁”或“保留原字一部分”等简化方式，其50年代却未予一并简化。例如：

貌——皃　　贯——毌　　纸——帋
籍——笈　　嘴——咀　　餐——歺

最后，应该指出的是，“走拼音化道路”的思想观点仍然存在。1984年10月在北京召开的文字改革工作座谈会上，提出关于新时期文字改革工作的方针是：“我国在新的历史条件下，仍要坚持文字必须稳步进行改革的方针，走世界文字共同的拼音方向”。但这并不影响汉字的继续存在和使用。在“今后相当长的时期内”“汉字和汉语拼音方案将会并存并用，相辅相成，共同为现代化建设服务”①。据上述言论说明，最终我国还是要“走拼音化道路”的，只是时期“相当长”罢了。我们认为，这是值得研究和商榷的。因此，直到1986年召开的全国语言文字工作会议，我国都没有再重申走拼音化的道路。

思考与练习（九）

一　简述文字改革经历了哪几个时期。

---

①　见《关于文改工作座谈会情况的报告》，载《推广普通话文件汇编》，文字改革出版社1985年版，第2页。

二　拉开20世纪简体字运动序幕者是谁？其主张是什么？

三　简述钱玄同在文字改革中的主张和贡献。

四　怎样理解汉字简化的“约定俗成，稳步前进”方针的含义？

五　文字改革的三项任务是什么？

六　汉字整理包括哪些方面内容？异体字整理的根据是什么？

七　文字改革的成果是什么？分别举例说明之。

八　文字改革有哪些失误？分别举例说明。

九　简化汉字带来一些什么后果？举例说明。

十　你对“废除汉字”的说法是怎么看的？

十一　你认为我国文字发展方向应该是什么？为什么？

第十章　华文历沧桑　骸骨终长存

——汉字的前途论

徐悲鸿《奔马图》

汉字仍是国家的法定文字，要长期使用下去。

——中国政府

过去，汉字与龟（龟甲）结合，开创了一个辉煌灿烂的东方古代文明；今天，汉字与硅（硅片）结合，使古老的汉字焕发出青春的活力。

——信息工程专家　邱　弛

汉字的信息化，使汉字从苍老变得年轻，从苦难走向辉煌。从而使汉字具有无比光明的未来。

——语言文字专家　林成滔

关于汉字的未来和前途，这是学术界和广大群众一直共同关心的问题。因为它关系到汉字的存亡和朝着什么方向发展的抉择。而今，在新的历史条件下，由于学术氛围比较宽松，国内外学术交流的日益增多，人们对汉字的认识也比较全面而深入了。20多年来，“废除汉字，走拼音化道路”的呼声不那么响亮了。但是，这不等于说学术界的人士已经取得了共识；只能说坚持废除汉字，走拼音化道路观点的人们，在汉字非但没有被废除反而顺利地进入电子计算机的事实面前哑口无言罢了。

关于汉字前途的论争，20世纪50年代以来，一直是坚持走拼音化道路的观点占上风。这种局面一直持续到20世纪80年代中叶。1985年12月，经国务院批准，“中国文字改革委员会”改名为“国家语言文字工作委员会”（简称“国家语委”）。次年又将该会机关刊物《文字改革》更名为《语文建设》，才告结束。从此不再使用“文字改革”这一名称，就是一个力证。

1986年国家教委和国家语委联合召开了全国语言文字工作会议，关于汉字的前途，尽管没有再重申走拼音化的道路，却重申了当年周恩来的“现在还不忙作出结论”。这就表明，汉字的最终走向尚未定论。

到了20世纪90年代，由于我国改革开放的进一步发展并迅速地进入了信息化时代，汉字的前途又一次引起人们的关注。那么，21世纪汉字的发展将会怎样呢？欲知未来，必须先了解过去。

第一节　20世纪汉字面临的危机

从19世纪起，汉字一直处于被指责、被咒骂和被否定的境地，经受了来自国内外的冲击和考验。自西方拼音文字传入中国后，人们将汉字与之对比研究，发现汉字难学。于是一些有识之士误以为当时的中国落后、软弱，国民的愚昧，是因为教育落后，而教育的落后，是因为汉字的繁难。认为汉字难学、难认、难记、难读、难解、难写、难用，一无是处。于是便武断地提出“汉字落后”“废除汉字”“汉字拉丁化”等一系列错误行动的口号，几度形成“废除”、取代汉字的高潮，其规模之大，持续时间之久，动员人力、物力之多，影响之深远，在中国文字学史上都是空前的。当时持必须废除汉字、走拼音化道路观点的人士中，不乏像钱玄同、鲁迅、蔡元培、郭沫若、吴玉章等颇有影响的人士。钱玄同是第一个否定汉字的，他对汉字“罪恶”的声讨，给人以深刻印象。对其赞成的、反对的都有，至今不失为争论的热点。1935 年 12 月，鲁迅、蔡元培和郭沫若等 688 位文化界进步人士联名发表《我们对推行新文字的意见》的文章，表示极力拥护推行拉丁化新文字。在文化斗争和政治斗争非常激烈的 30 年代，鲁迅作为中国文化革命的伟大旗手竟然提出了“汉字不灭，中国必亡”的偏激观点，其影响力是很大的。还有人在国外撰文丑化诋毁汉字是“野蛮文字”。

1951 年，毛泽东明确指示说：“文字必须改革，要走世界共同的拼音方向。”“在实现拼音化以前，必须简化汉字，以利目前的应用。”而 1951 年，美国却研制出世界上第一台电子计算机，既能进行数值计算，又能进行文字信息处理。因此，西方迅速进入了文字信息化的新时代。而当时，汉字是无法输入计算机的，因为第一台计算机是按照拼音文字的思路设计的。这对于汉字来说，是一个严峻的挑战，自然也就加剧了汉字灭亡的危机。正当计算机在西方世界飞速发展的时候，中国的专家学者也预感到未来的世界必将是信息化的电脑时代。

在国外，西方的专家学者对汉字也极尽指斥、贬低之能事。黑格尔早在其《历史哲学》中就说：中国“汉字很不完善”，“他们（指‘中国’——引者注）的文字对科学的发展便是一个大障碍”。1979 年，在一次国际学术会议上，西方专家明目张胆地公然对我国科学家钱伟长教授说：“汉字将影响你们的现代化，因为今后计算机是社会的信息机构，是脑袋，而你们的文字是无法进入计算机的。”并预言：“你们这种文字应该改为拼音文字，只有拼音文字才能救你们。你们的文字进入计算机要靠我们。”[①] 如此轻蔑的口吻、得意的神态、嚣张的气焰，不可一世之相，是可忍，孰不可忍。然而，当时我国改革开放刚刚起步，面对西方电脑技术的迅猛发展和令人目眩的先进物质世界，许多人又盲目地自卑自贱起来，重弹起“汉字落后”的老调。一时间，国人为之悲叹，洋人却为之得意而聒噪，似乎汉字的末日真的要到来了。诚然，在当时的历史条件下，中国人对电脑还是知之甚少。如果汉字不能输入输出电脑，那么就不能适应信息化时代的要求。所以，钱伟长教授就不相信凭中国人的智慧，汉字进入不了计算机。他回国后，到处奔波，组织专家成立

① 见林成滔《字里乾坤》，第 274 页。

了我国第一个“中文信息学会”，专门从事电脑技术研究。

到80年代以后，由于汉字自身的发展及其研究的深入，特别是由于汉字在信息处理技术上的重大突破，国内外人士对汉字有了新的认识。关于这一认识的转变，集中反映在下面两次会议的召开。

1986年5月，在日本东京召开了“汉字文化的历史和将来”的国际学术研讨会，专题讨论汉字的发展与未来前途问题。同年12月，中国社会科学院语言文字应用研究所在北京召开的关于汉字的性质、特点、功能、演变和前景问题的学术讨论会。

通过这两次学术讨论会，使许多与会的专家学者对汉字的特点、功能、价值和前途等重大问题的认识，达到共识。既肯定了汉字是中国人民在长期社会实践中创造、完善起来的文字体系，又指出了汉字和拼音文字都是人类智慧的结晶和人类文明的两座高峰；既肯定了汉字适应记录古今汉语的需要，又认为汉字是不会被废弃的最适用于电脑的文字。[①]这才是对汉字作出的客观的公正评价。

第二节　21世纪汉字光明的前途

现在看来，汉字非但不能被废除，反而前途无限光明。过去，由于受到当时历史条件的限制，文字改革的先驱者们对汉字的认识是主观片面的。只看到汉字繁难的一面，就下结论，这是对汉字的潜在功能缺乏了解的表现。而今由于二十多年来国内学术气氛的自由和活跃，国内外的专家学者们对汉字的认识日益深入，重新审视了汉字并对其作出了评价。

一　历史证明国家的兴衰与汉字的存废无关

过去，文字改革的先驱者们鉴于汉字所谓“难学、难写、难用”而认为“汉字落后”，影响教育的发展，障碍国家的富强，因而提出“废除汉字”的主张。这是只注意到汉字在学、用上的难易，却缺乏实事求是地深入科学分析的主观片面的观点。历史已经证明，一个国家（或地区）的强弱及其所采用某种文字并无必然联系。20世纪80年代，韩国、新加

① 参见李大遂《简明实用汉字学》，北京大学出版社2003年版，第15页。

坡、中国香港和台湾，没有废除汉字，却在经济上一跃而成为世界公认的“亚洲四小龙”。尤其是日本，并未废止汉字，作为第二次世界大战后的战败国，却能够迅速发展成为当今世界上经济强国之一。这些事实是不容置疑的历史力证。

二　汉字自身的优势决定它将永世长存

汉字，在当今世界的各种文字中占有绝对的优势。随着历史的前进，时间的推移，这种优势，将越来越明显。汉字的优势，首先表现在它自身的特点、功能和作用上。我们在第一章中所举述过的“汉字的历史最悠久”“汉字是语素——音节文字”“汉字是当今世界上使用人数最多的文字”“汉字是世界上唯一可以作为艺术品的文字”“汉字的构词能力强”“汉字在书面上占的空间小，但信息存储量大”“汉字视觉分辨率高、阅读速度快、易于认记”“汉字是‘复脑文字’，利于右脑开发”“汉字具有区别同音词的作用”“汉字具有複合构词的功能”“汉字具有超越时间和空间的功能”“汉字具有超方言的作用”“汉字具有抵御外来文化侵略而维护民族团结和国家统一的作用”，等等。这些优势[①]，是当今世界上任何拼音文字所不具有的和无法比拟的。因此，汉字仅凭这些自身的优势理应长存而不衰，任何其他形式的文字是取代不了和无法相比的。

三　汉字是一种有缺点的好文字

对任何一种文字优劣的判断或评价，应该有其客观的科学标准。否则，不但不能达到共识，而且也不能得出正确的结论。有人提出科学评价文字优劣的标准[②]，即：①是否能准确地记录语言；②结构是否简明、合理；③是否好学好、用和便于机械处理和信息处理；④是否具有较久的文化传统。有人还提出“文字的系统性”[③] 的标准。姑且按照这些标准，来衡量汉字，看看汉字的优势情况。

（一）我们认为汉字是能够准确记录古今汉语的文字

汉字是“语素—音节文字”，除了少数语素不止一个音节（如犹豫、

① 见本书第一章汉字的特点及其作用部分。

② 见苏培成《现代汉字学纲要》，第 185 页。

③ 尹斌庸：《不读症与文字制度》，《文字改革》1983 年第 9 期。

逍遥、翡翠、玛瑙等）之外，一个汉字基本上是记录汉语中的一个音节单位语素的。自古至今，汉语都是以单音节语素为主，所以音节之间区别非常明显。汉字又是音形义的统一体，每字一音，以音、形别义，各字之间区别性较强。一个汉字记录一个汉语语素，对应整齐，便于独立使用。因此，汉字以其较强的区别性、滋生能力、构词能力和超时空、超方言，信息量大等特点优势，适应古今汉语的特点而满足记录的需要。

汉语是词汇最丰富的语言。汉字以其形体则可以把大量差别细微的同义语素从范围对象（人与民、皮与肤）、程度轻重（疾与病、饥与饿）、形态质地用途（坐与跪与跽、简与牍、豆与登与笾）、侧重方面（恭与敬、完与备）、褒贬色彩（诛与杀与弑、攻与征与侵与袭与伐）、语法功能（耻与辱、往与适）等区分得一清二楚。同一事物或名称，汉语有不同的称谓，而汉字则能够分别记录以显示不同时代、不同地域和不同身份、地位等。如“妻”就有“细君”、王后、皇后、妃子、夫人、太太、内人、家里、媳妇、娘子、妻室、老婆、爱人、对象、女人、半边天”等称呼。第一人称“我”字，就有“寡人、不谷、朕、敝人、我、吾、予、余、卬、台、俺、咱、言”等说法。这既显示了汉语词汇的丰富性，又显示了汉字记录汉语的准确性。而且汉字还能够将汉语中相当多的同音语素加以区分开来，以显示出各自不同的意义和作用。如 gōng shì，汉字可根据意义的需要写成“公式、公事、攻势、工事、宫室”等。见字知义，区别明显。拼音文字不但做不到如此界限分明，而且一些外语由于其文字一次构词的限制导致词汇贫乏，因而其语言中存在着许多“同形异义”的词。如英语中 cape（披肩）与 cape（海角），cleck（甲板）与 cleck（装饰），bluff（诈骗）与 bluff（绝壁），flight（飞行）与 flight（逃走），meal（膳食）与 meal（粗粉），down（软毛）与 down（丘陵）与 down（向下）等大量同形异义词的存在，势必造成阅读时的滞思、辨别和判断的麻烦和负担。不仅影响阅读速度，而且容易致误。汉字则不然，能为适应汉语语素的发展变化，不断地调整音、义关系，以准确记录汉语的新陈代谢。汉字凭借自己的滋生力和复合构词的功能，在不断淘汰旧字的同时，不断地造出新字以书写新词。如当研究出造原子弹、核武器所需放射性原料时，就造出“钍、钚”等字，发现氢的三种同位素后又造出了氕（piē）、氘（dāo）、氚（chuān）等字；根据韩明安主编的《新语词大词典》（黑龙江人民出版社 1991 年版），从 1945 年抗战胜利后起至 1990 年年末止，共选收新词语 11300 多条。如今几十年已经过去了，其间随着社会经济文化科学的发展，又产生了“力度、层面、负面、平台、理念、长足、势头、峰会、反差、落差、打造、互动、拉动、非典、低碳、给力、失联、传媒、视频、裸照、裸婚、追责、禽流感、集结号、荣辱观、中国梦、正能量、以人为本，反腐倡廉、立党为公、执政为民、招商引资、与时俱进、学术超女、科学发展观”等数千新词，其用既有的汉字就可以负载，没有增加字量。大量新词的产生，不但标志着汉字构词能力强，而且显示出汉字形、音、义关系适应汉语发展的需要而调整并灵活组合以准确记录汉语的能力。

（二）从结构看，汉字是方块平面空间结构文字，结构复杂

虽然，总体上可以分为由笔画直接组合而成的不能切分的独体字和由部件组合而成的可以切分的合体字两类，但是，汉字是具有字理的文字。它的形体是符合“象形、指事、会意、形声”的造字原理结构的。其结构的复杂性，就表现在它的构形单位和结构方式上。

汉字构形的最小单位是笔画。笔画的不同形态叫笔形。笔形有单、复之别。单笔形有一（横）、丨（竖）、丿（撇）、㇏（捺）、丶（点）、㇀（提）六种，复合笔形有𠃍（横折）、㇇（横折撇）、㇆（横折弯钩）等二十六七种，加起来三十多种。掌握这些笔形，远远超过英文字母。为了提高书写汉字效率，便于点画衔接，起笔落笔要有一定顺序。即：先横后竖、先撇后捺、先左后右、先上后下、先外后内、最后封门等，叫笔顺。

汉字中合体字的结构单位是部件。部件由笔画组成，有大有小，可以分解为不同的层级，叫作“一级部件、二级部件……末级部件”等，由大到小，逐层分解到最小的部件为止，但最小的部件也大于笔画。如“解”字，可以分拆为“角、𧢲”两个部件；而“角”也可切分为“⺈、用”两个小的部件；“𧢲”也可以切分为“刀、牛”两个小的部件。再如鲜艳的“艷”字，一级部件为“豐、色”，二级部件“豐”可以切分为“𡴀、豆”，而三级部件“𡴀”可分为“山、丰、丰”；二级部件“色”又可切分为“刀、巴”。直到不能再分解为最小的部件就叫“末级部件”。末级部件多数是能够独立使用的独体字；少数是不能单独使用的，如上例中的“⺈”和“𡴀”。又如可作末级部件的⺈、⺇、⺊、⺮等，所以末级部件跟偏旁并不是等同的概念。据人统计 1979 年版《辞海》所收当今通行的 11834 个汉字中，共可以切分出来 648 个末级部件[①]。

汉字的构形方式，有单部件成形与多部件组合两类，以多部件组合为主。不能切出两个部件的字是独体字，来自象形字和指事字；能够切分为两个或两个以上部件的字是合体字，来自会意字和形声字及转注字，其在汉字中所占比例最大，特别是形声字占 90% 以上。合体字的构形方式，基本有四种类型：左右结构、上下结构、包围结构和穿插结构。其中以“左右结构”构形的汉字为主，约占汉字总数的 67%。如果对部件之间的组合方式进行较细分析，有以下七种：

(1) 左右结构　如相、约、堆、访、较、辞
(2) 左中右结构　如树、衔、班、瓣、随、做
(3) 上下结构　如思、名、类、烈、型、盘
(4) 上中下结构　如器、复、莽、意、葉
(5) 全包围结构　如因、围、国、固、囤
(6) 半包围结构　如风、凶、区、历、匈、岛
(7) 穿插结构　如串、申、秉、夹、中、车

了解与掌握汉字部件的切分，对我们从事语言文字教学和计算机的字形分解与编码等，都有重要意义。

综上所述，不难见出汉字结构的复杂性。不过，汉字结构的复杂又是必然的，因为要把成千上万个汉字从形体上区别开来，必须有多种多样的结构方式和相当数量的结构单位。有了这些差别，才使汉字之间具有界限分明的区别性特点。所以，汉字结构的复杂性既是缺点又是优点。拼音文字实行字母组合方式，结构明确，但区别性差，造成许多形近字和同形异义单词，不便阅读和应用。如英语 payer（付款人）与 payee（收款人）、sound（声音）与 sound（海峡）、wage（工资）与 wage（进行）等单词，只差一个字母或词形相同，容易混误，读错或写错。

（三）从文字的系统性来看，汉字有其较明显的系统性

早在汉代就提出了六书理论，总结出象形、指事、会意、形声的构字规律。这种构字规律自楷书以来，又有了新的发展。这种发展就表现

① 傅永和：《汉字结构及其构成成分的分析和统计》，《中国语文》1985 年第 4 期。

在现代构字的一级部件分为形符、声符和记号三类。这三类的组合，就成为上述七种构字的方式。这七种构字方式是比较系统的，有规律可循的。显示了汉字构形的理据性和系统性。从汉字构形层级来说，也是系统的。由屈指可数的最小构形单位“笔画”，到构成结构单位的“部件”，再由部件构成文字应用单位的每个汉字，无不符合汉字方块的字理原则。其部件分布合理，笔画和部件所占位置和面积都有一定的安排和比例，形成汉字独立而完整的层级系统性。而且汉字的形音统一，一个汉字记录一个语素，二者对应整齐，也显示出记录汉语的系统效能。因此，认为汉字缺乏系统性的观点是不符合汉字实际情况的。

诚然，汉字的表音系统不及拼音文字那样完备。象形字、指事字和会意字本来就没有表音的声符，形声字虽有表音的声符，又由于古今字音的变化，声符提供的读音信息很不可靠，相当一部分形声字的声符丧失了表音作用。如“茸、等、提、路、细、江、猾、悛、隘、梏”等，正因为汉字不如拼音文字跟语音结合得那样紧密。却跟语义结合得密切，所以汉字才具有超越古今、超越地域方言的功能，才能成为最适合永久保存中华五千年历史文化的载体。古今汉字读音虽然差别很大，但是三千多年来汉字的形体基本稳定，其字义变化也不大，如古人读“家”为［꜀ku］，读“华”为［꜀fu］，读“夜”为［iɑ꜄］，读“滑”为［꜂ku］，读“驹”为［꜂kəu］，读“江”为［꜀kɑŋ］等。其字形、字义没大变，古今大致相同。所以具有中等文化的人，就能基本读懂用汉字书写的先秦、两汉的历史文献，从而继承古代文化遗产。拼音文字则无能为力，后代人如果不掌握前世的读音，就不容易看懂其历史的文献。因为拼音文字的拼式与语音联系紧密，语音变了，拼式也要随之变化。另外，汉语从古至今存在着严重的方言上的语音分歧。由于汉字跟语音结合不那么紧密，操不同方言的人可以按照自己方音去读同样的汉字，达到对字义相同的理解。如“多”北京读［tuo］，汉口［to］，上海［tu］、广州［tɔ］，“我”北京话［ʊo］、汉口［ŋo］、上海［ŋu］、广州［ŋɔ］、厦门［ŋ］等。尽管方言读音不同，彼此不能交谈，但可以写成汉字互相交流思想。拼音文字则不然，操一种方言的人就不容易读懂另种方言的拼音文字。所以，汉字可以充当不同方言的交际工具。汉字负载着中华五千年的历史文化，内容极其丰富，价值不可估量。虽然分布地域广阔，方音分歧严重，汉字作为载体却能够极其适应地记录汉语负载的悠久的历史文化，通古今，达四方。因此，汉字具有悠久的文化传统。汉字蕴含的文化特点，也体现出了汉民族的文化传统。

（四）汉字是否好学易用一直是一个颇有争议的问题

论之者说难，辩之者说不难。迄今未能达成共识，恐怕今后仍大有争论下去之势。因为争论的双方，没有一个共同遵守的有说服力的标准，于是各持一端，相持不下。表面上看，汉字笔画繁多，结构复杂，学用不便；拼音文字字母有限，加上有规律的拼写规则，学用方便。但是，这并不等于已掌握应用所需的全部单词，而且它不便记录古代文化遗产，单独一个音节不能表达一个明确的意义，要依靠前后的音节才能了解它的意义。所以，我们认为一种文字好学与否，不能只看读写的难易，还要看这种文字记录其语言的总的需要量，即单字或单词的数量。这是一个极其重要的标准。离开这一标准，不足以说服人。单纯强调汉字读音规律不强，声符表音不准，或系统性不强或多余度如何，就断言汉字难学难用。这是片面的观点，应做出全面的具体分析。从汉字使用的总量来说，字数并不算多，据国家语言文字工作委员会于1988年3月公布的常用字只2500个，加上次常用字1000个，总共是3500个，覆盖率竟达99.48%。如果按使用频率高低的顺序，据统计显示：掌握频率最高的前950字，就能读懂一般文章的90%；掌握前2400字，就可以读懂99%；掌握前3800字，就可以读懂99.9%，覆盖率接近100%了[①]。掌握了这3500多个汉字，就等于掌握了5万多个汉语词条，因为汉字具有复合构词的功能。据说，拼音文字的日常单词用量，是五六千个。试问是掌握3500个汉字容易，还是掌握五六千个单词容易呢？如果按照中国传统教育的“集中识字”法，半年就可以学会5000个汉字。2005年8月1日，新华社报道：

> 陕西残疾农民徐捷发明的“汉字桥”识字法，日前获得国家知识产权局颁发的发明专利证书。这种识字法，可使一个人在半年内认、读、写出5000个以上的汉字。
>
> 20世纪80年代……一天他坐火车去西安。找座位时突然想到，南来北往看似杂乱的人潮，能通过火车座位的安排，迅速有序地在

① 见北京大学现代汉语教研室编《现代汉语》，第173—174页。

车厢座好座位。能否把汉字像火车座位那样编号排列呢？经过九年研究，他终于创造出“汉字桥”识字法。其原理是将同声字母划为一区，同音汉字归为一类，同声旁汉字归为一类。整个识字教材按声母顺序排为500页，每页10个字，由0—9按汉字的形旁顺序排列。每个汉字的代码，就由表声旁的页码数加上表示形旁的序号数组成。学习者可见号码识字。比如“仿”和“访”，按照声母被排在第四页，形旁按照“横、竖、撇、捺、折”的顺序，“仿”在“访”的前面，所以，“仿”的代码是40，“访”的代码是41。

徐捷说，“汉字桥”最大的好处是能够帮助学生在200个课时（大概半年）内，掌握大约5700个汉字的写法，达到初中生的识字量。此外，“汉字桥”将汉字对应成数码，识字过程与汉字输入的学习过程同步进行，方便孩子们使用电脑。

这则识字法足以说明汉字好学，因为200个课时要掌握五六千个拼音文字的外语单词，恐怕是很困难的事。否则，大学外语系就不需要四年制本科了。除了判断汉字优劣的系统性标准、声旁不能类推字音的标准、多余度不宜的标准之外，所提出来的被人们所忽视的却是极为重要的常用字数量的标准。

2006年，中国广播电视出版社出版的《中华字经》，共收字4000个，无一字重复，实验显示：5—6岁儿童用4个月时间可以学完，巩固率竟达74.6%，能认记2984个汉字，这又雄辩地证明了汉字好学易记（详见本书第十二章第一节）。此不赘述。

（五）为了进一步具体说明汉字的好学易用，我们还可以从国内外著名学者的实验来看

为了证明汉字是复脑文字，我们在第一章“汉字的特点”一节中曾引述美国宾夕法尼亚大学心理学系教授劳律所做的学童“不能阅读症”的实验。实验的结果，不但证明汉字是复脑文字，而且说明了汉字作为方块平面空间结构文字，容易在大脑中形成一个完整的音义一体的视觉符号，比起单脑文字英文抽象表音符号更便于认记。

日本著名的教育家石井勋博士，40多年来，一直坚持不懈地进行日本幼儿汉字教育的实验。实验结果表明，“汉字在表达思想和传达信息方面，比假名正确性高，传达速度快。假名和罗马字在阅读上需要时间长，汉字则一目了然"，"三岁的幼儿根本记不住假名，却可以记得其所了解的表示具体事物的汉字。即使是智力发展迟钝的幼儿几乎也不成问题"。所以，石井勋说："汉字比假名易学"，因为"字形复杂的汉字区别性强，容易记住，愈早学习汉字，效果愈佳"。世界著名的日本索尼公司名誉会长井深大说："石井式的汉字教育是拯救今日日本教育的办法之一。"① 其中认为汉字字形复杂容易记住的观点是有道理的，因为一般来说，形异的事物较形似的事物给人的视觉印象要深刻得多。

华东师范大学心理学教授曾性初于 1983 年曾在《汉字好学好用证》中说："我们……从客观的实验证据和信息论、心理学的科学原理出发，论证了方块汉字不是'难学、难认、难记、难读、难解、难写、难用……'，而是比其他几种拼音文字易学、易懂、易解、易写，经济实用，我们……摆的是铁的事实，实验的结果，讲的是信息分析和处理，知觉、学习和记忆的原理。"② 曾文所述，不全无道理，不当抓住一点不计其余。我们认为实验是科学的，其结果是可信的。

由于汉字的历史悠久，从古至今一切文献都是用汉字写的。"如果改换文字，在社会心理和民族感情上就会引起波动。"而且在长期的使用中，汉字在维系民族团结，维护和促进国家统一等方面起到重要作用。因此，中国人民及海外华侨对汉字有着深厚的感情。在他们的心目中深深地扎下了根，使用汉字已经成为他们一种自然的习惯。习惯的势力是不容易改变的，"越是历史悠久的文字习惯势力越大"③。这也是汉字必然存在下去的原因之一。

四　汉字在电脑上的重大突破是决定汉字命运的关键

有人说，汉字要不要改革，最终要看它能不能适应信息处理的要求。这话切中了汉字的要害。即汉字能否输入计算机，计算机能否输出汉字，十分关键。70 年代末期，世界已经进入计算机的信息化时代。由于计算机的应用，世界发生了很大的变化。汉字能否进入计算机，这在文字史上对汉字来说是严峻的挑战和考验。西方专家断言宣称：汉字不能进入

---

①　详见林成涛《字里乾坤》，第 292 页。

②　详见曾性初《汉字好学好用证》，《教育研究》1983 年第 1、2 期。

③　详见苏培成《现代汉字学纲要》，北京大学出版社 1994 年版，第 194 页。

计算机。如果汉字真的不能进入计算机，就将直接影响我国的现代化建设，汉字也就自当要被废除了。

诚然，汉字在机械处理和信息处理上，不如英文等拼音文字。拼音文字只几十个字母，而汉字却有成千上万个，在机械处理时，汉字打字机跟外文打字机比较起来，笨重得很。只能靠专业打字员死记硬背才能操作，无法普及和进入家庭。有人说，我们失掉了一个打字机时代。因此，面临着信息化的新时代，有些人不相信汉字能够进入计算机，提出尽快实行拼音化书写系统；但是聪慧的中国人坚信汉字是可以用于计算机的。钱伟长教授就是这样，他回国后，四处奔走，首先成立了“中文信息学会”，组织专家学者进行“汉字计算机的应用”课题研究。于是在20世纪80年代初，我国取得了计算机汉字输入技术的重大突破。仅国内研究的汉字编码输入计算机方案就达600多种，而且由于汉字本身具有很强的适应性，建立起汉字字形信息存储于计算机的汉字库（即汉字发生器），解决了带有技术性较强的汉字的计算机输入、显示和打印等各种问题。一些专家认为，汉字最适合计算机。

1986年，美国《新闻周刊》发表了题为《古老的文字终于赶上了电脑时代》的专文，文章预言说：“古老的文字和硅世界的奇特的结合，将给亚洲的经济和文化生活结构带来巨大的变化。”① 这话并非过誉之词，已为我国今天的现实所证明：汉字不仅成功地进入了计算机，而且进入了千家万户，实现了办公自动化、信息电脑化。在我国各行各业的经济发展和国防工业的发展上，都起着它的先进科学的巨大作用。

汉字进入计算机的三条途径，分别是：键盘输入、语音识别和文字识别。后两种技术性高，难度大，国内外专家都在研究。1998年5月，我国取得了计算机的“语音识别”的突破性进展，达到了适用目的。2002年，我国又获得了“声数编码”研究的成功。另外，还有“双轨制编码”“混合式的编码法”以及充分利用简码和词汇码来提高输入速度等研究，都取得了很大的成绩和效果。

总之，专家们对电子计算机的研究一直在孜孜不倦地潜心钻研中。

冷僻字无法输入电脑，是计算机应用中的一大难题。但是，“新文字芯片的研制成功”便使其迎刃而解了。据新华社上海2005年4月22日

① 见林成滔《字里乾坤》，第276页。

电：今后使用IT产品时不必再为无法输入生僻汉字而烦恼了。一种以国家汉字标准化为依托的汉字库芯片，最近由上海一家民营高科技企业研制成功。

这种从点阵到曲线全系列汉字库芯片成套产品[①]，自带32位缩减指令系统处理器，快速、平滑地还原汉字字形，并可实现字形大小无级缩放、多种字体自由转换、多种标准汉字代码的自由转换。上海集通数码公司董事长崔巍说："形象地说，有了这个汉字库芯片，你的手机、电子邮件、电子书等在接受汉字信息时，就不会出现乱码，且字形更加完美耐看。"[②]

应该坚信，在对计算机技术日益深入的研究中，甲骨文、金文、篆文等古文字，很快也会进入计算机的。

汉字的信息化，不仅粉碎了洋人的胡言乱语和国人的"汉字落后"论，使我国直接跨入了信息化的新时代，而且赋予了汉字新的生命力。真可谓绝处逢生，越发显示出它的诸多优越性。

五　汉字在电脑输入上的优势

汉字在电脑输入上虽然不及拼音文字简单便捷，但是这并不等于说汉字没有自己的优势和强项。

（一）引导输入法

由于汉语词汇是由单个汉字组成的，所以计算机引导输入法是指形码方案中的词汇码，这种词汇码是利用计算机引导方式输入的。例如，当我们输入一个"中"字之后，按一下语词键，屏幕上就会出现"中国""中型""中性""中华"等双音词，等待我们选择；如果选择"中国"，再按一下词语键，便显示出"中国话""中国人民""中国共产党""中国工农红军"等多音词或词组供你选用。所以，这种方法能充分发挥电脑的作用，减少人脑的负担，提升输入速度，也能够区别同码。

（二）拼音输入法

拼音输入法，是指掌握普通话的人却不会五笔字型而利用汉语拼音

---

① 点阵——把汉字字形变成数字化存储于计算机汉字库内的一种方式，即每个汉字的字形要与汉字库中的代码相对应。

② 转自《烟台晚报》2005年4月22日第6版。

方法进行输入。比如输入“j”和“iao”两个拼音字母之后，屏幕上就显示出1叫、2脚、3交、4角、5教、6较、7缴、8觉、9焦、10胶等音近字，等待选择。假设选用了“3交”，按一下3号键，屏幕上就会出现：1交班、2交办、3交叉、4交叉学科、5交出、6交错、7交代、8交通、9交电、10交费等多音词或词组。使用这种音码输入要比形码方便，速度快。但是不掌握普通话和不会拼音的人不能使用这种输入方法。不认识的字是无法输入的。

（三）手写输入法（即汉字非键盘输入法）

手写输入法是指在汉王手写输入板上用配套的特制笔写汉字输入的方法。当你在“汉王手写输入板”上写上某一个汉字后，屏幕上就会出现：“候选”字、“同音”字、“后联想”字或词组、“前联想”字等。例如写个“教”字，屏幕便显示出：候选：教、泼、馥、毅、敦等形似字，同音：嚼、教、酵、轿、较、叫，后联想：授、程、材、会、练、师、室、委、学、训、育、员、导、务处、唆犯、学楼、学法、导员、导处等，供你选用。这种方法不仅能够弥补引导和拼音法的不足，而且能利用汉字组词的特性充分发挥电脑的联想功能，提升输入的速度。

2010年又研制出“汉王双枪笔”，再次掀起了汉字输入的新风暴：非键盘文字输入；写字、刷字，无须打字（详见“汉字编码”一节）。

2011年又研制出不用打字的“E人E本全手写电脑”，成为中国政商精英出差会议的必备品（详见汉字编码一节）。

2012年，清华大学为中老年人研制出不进学习班、不看书、不求人，在家轻松学会电脑的《易点通》软件，打字、画图、上网、下载、看新闻、玩游戏、查资料、发邮件、发博客、排版、做表格等六十余项内容。

随着汉字输入向着智能化的人机对话方式发展，将来主要是语音输入和手写输入。而人机对话的语音输入，由于汉字本身具有高效的信息功能也会占有优势，电脑更易识别，所以失误率较低。汉字还可以直接输入词或词组，也可以提升输入速度。汉字的这些优势，使用五笔字型输入的专业打字员速度要比等量的拼音文字快。因此，汉字凭借其自身的这些优势亦当长存下去。

第三节　古今中外著名人士的汉字观

这一节的内容本来在前面已经有所引述。这里把它们集中起来，让我们从历时和共时两方面来综述一下古今中外名人对汉字的评价。从中领悟汉字的走向和前途。

一　视汉字为王政、经学服务者

《易传》曰："上古结绳而治，后世圣人易之以书契，百官以治，万民以察。周官外史掌达书名于四方，保氏养国子教以六书，而考文列于三重。盖以其为万事百物之统纪而足以助流政教也。"[①] 这段话说明百官用文字治理政务，万民用文字明察其事，加之"考文"故谓"三重"。所谓"考文"，指"考订文字规范"。

公元100年的《说文解字·叙》云："盖文字者，经艺之本，王政之始，前人所以垂后，后人所以识古。故曰：本立而道生，知天下之至啧而不可乱也。"（啧：音 zé，义为"争辩"。）许慎的话概括了汉代人对文字在古代文化史上的地位和作用的认识："经艺之本"要求经学必须考证文字，因为这是施以王政的基础。"王政之始"导源于天子有权考文。而"垂后""识古"说明文字的超越时间和空间的作用。

这是古人对汉字的看法和评价，着重说明了文字在政治、文化上所起到的重要作用。认为文字是"经传子史"的基础，也是君王治国施政的先决条件和传播与了解文化的重要性。

二　视汉字一无是处而持否定态度者

远在300多年前，就有人以汉字之繁难为由，想用拼音文字取代汉字了。明代方以智在《通雅》中说："字之纷也，即缘通与借耳；若事属一字，字各一义，如远西因事乃合音，因音而成字，不重不共，不尤愈乎。"

19世纪时，卢戆章说："中国字或者是当今普天之下之字至难者"[②]

---

① 见《康熙字典·序》。

② 分别见《清末文字改革论文集》，第2、24页。

田廷俊持有同感地说："文字之繁难，中国冠天下矣。……统计吾华四万万众，识文字者百人中仅得数人，通文义者千人中未见百人，无怪乎愚且贫。"①

清末，马体乾在《谈文字》中说："今六书文字，难于辨、难于记、难于解、难于用、辞难通、音难同、书难音、字难工，特较标音文字之易习、易用者，真不可同日而语矣。"② 马氏从汉字繁难的方面予以否定汉字。甚至有人在国外撰文大骂汉字是"野蛮文字"。但上述言者尚未提出"废除汉字"的主张。

谭嗣同（1865—1898）在《仁学》中说要"尽改象形字为谐声"。他说的"谐声"就是拼音文字。

早在1908年，吴稚晖在巴黎出版的《新世纪》报中，就说："今日救支那之第一要策，在废除汉字。"这是第一个公然提出"废除汉字"的主张者。

钱玄同却在《汉字革命》一文中说："我敢大胆宣言：汉字不革命，则教育绝不能普及，国语绝不能统一，国语的文学绝不能充分地发展，全世界的人们公有的新道理、新学问、新知识绝不能很便利、很自由地用国语写出。何以故？因汉字难识、难记、难写故；因僵死的汉字不足以表示活泼的国语故；因汉字不是表示语音的利器故；因有汉字作梗则新学、新理的原字难以输入于国语故"，又说"汉字的罪恶，如难识、难写、妨碍教育的普及、知识的传播……处处都足以证明这位'老寿星'的不合时宜，过不惯20世纪科学昌明时代的新生活。……最糟的便是它和现代世界文化的格不相入"。所以他得出结论说："汉字革命，改为拼音，是绝对的可能的事。"钱氏的观点，不仅把汉字骂得一无是处，全面否定了汉字在历史上不可磨灭的功绩，而且他是第二个提出"废除汉字"的主张者，只是说得尚未直截了当罢了。他的文改思想跟他所处于"五四"反封建时代分不开，是误把没有阶级性的汉字同封建礼教联系在一起的结果。但是，他的汉字观给人们以深刻的印象和负面影响。

在对待汉字态度的问题上，莫过于20世纪三四十年代的瞿秋白骂得淋漓、无与伦比，和被鲁迅否定得最坚决彻底。瞿氏说："汉字真正是世

① 分别见《清末文字改革论文集》，第2、24页。

② 见《清末文字改革论文集》，第88页。

界上最龌龊、最恶劣、最混蛋的中世纪的茅坑。”① 将汉字贬为茅坑，令国人莫名惊诧，实乃难服。如果汉字是茅坑，用汉字骂汉字者其口和双手岂不被玷污了吗？干吗还要用汉字呢？这不是自轻自贱了吗？鲁迅则在临终前答记者问时提出了“汉字不灭，中国必亡”的论断。他们的“文改思想”充分表现了30年代政治斗争和文化斗争的时代印迹。然而鲁迅先生这一观点是偏激的、错误的。所以北京大学王力教授提出与之针锋相对的“汉字不灭，中国不亡”的正确观点。“把汉字骂得一无是处，是民族的虚无主义，也是过于失信自弃”的表现。

2012年8月，西方又攻击、毁谤汉字，撰文诬称“汉字抑制创造性思维”在其原题：《语言与中国“实用创造力”》中，学者查尔斯滕·塔特洛称汉字影响中国“创造力”。关于这个话题，威廉·C. 汉纳斯是最富煽动性的作家之一，他认为“方块字书写系统，阻碍了一种深层创造力——不过，这种影响并非不可逆转的”，他认为：“学习汉语会促进实用性而不是抽象性的思考，从而削弱深层创造力。”他又说：“西方使用字母系统能够培养早期的分析和抽象思维能力”，因为字母系统驱使学习者“将音节拆分不同的音素，然后将这些音素组合在一起，形成更大的、抽象而灵活的声音单元。但汉字并非如此”。进而，诬称非中国的研发项目，从其来源地“被外包”，“而中国坐享其成”②。使用汉字的中国人的创造力，真的受影响了吗？否。在这里，我仅举一例：“东南大学三年级在读生刘成破解了世界数学难题。”（见《烟台晚报》2003年）试问，世界有70多亿人口，数学家数不胜数，怎么没有解决呢？难道这不是一个了不起的创造吗？至于华罗庚、陈景润等人，都是超世界的数学家，历史上中国有一百多项大发明，英国科技史学家**李约瑟**的学生**坦普尔**盛赞中国是发明的国家，他把中国科技的发明，将之罗列为“一百个‘世界第一’”。难道你们忘了中国的四大发明了吗？所以，汉字并未影响中国人的发明创造力。历史已经证明，汉字记载了中国历史，文化的传承、教育的发展、科学技术的进步、人才的培养、文学艺术的创作等。2013年，我国作家**莫言**不是也获得诺贝尔文学奖了吗？这一切都是凭借汉字而成就的。

---

① 见《瞿秋白文集》第二卷，人民文学出版社1985年版，第690页。

② 见2012年8月22日《参考消息》报。

1940年11月，**吴玉章**在陕甘宁边区新文字协会成立大会上说："我们要使愚昧无知的中国人变成过去，我们要扫除文盲，只有用新文字才有可能，汉字是不能负担起这个任务的。"并举出延安一个18岁的不识字的农村姑娘周子桂在一个月扫盲学习中，就能看书、写信的例子，证明新文字的易学易用，"比汉字强百倍"，充分表明了吴氏言外而意中的"废除汉字"思想。吴氏也在积极地为实现他的"文改思想"而身体力行。尽管汉字拼音化是他的一贯主张，但是他对汉字拼音化后的构想跟他在40年代的认识不尽一致。1956年3月，他又说："从长远来看，从世界各国文字的历史发展来看，我们将来迟早有一天要改用拼音文字——这是世界文字发展的客观规律。""我们主张改革汉字，但是并不主张废除汉字。……即使将来实行拼音文字之后，汉字也还是存在的，还要有人学习，有人使用。"[①] 他说的汉字永远存在，不是指社会全体成员的学习和使用，而是指为了学习研究中国历史和继承古代文化遗产的需要，少数人从事汉字的学习和使用。因为浩如烟海的中国古籍是用汉字写的，是在这个意义上的"永远存在"，"有人学习，有人使用"。情同50年代初汉字简化时全国的印刷厂废掉繁体汉字字模，却保留了北京大学等6所高校印刷厂的繁体铅字一样。

1951年，毛泽东明确指示"文字必须改革，要走世界文字共同的拼音方向"[②]。

三　视汉字同拼音字互补并存者

胡乔木说："汉字持续了几千年，根本不可能完全废除；但是拼音文字是一定要实行的。在很长时间内，很可能是拼音与汉字长期共存，各用其长的局面。"[③] 实质上，最终胡氏也要以拼音文字取代汉字。

1986年，语言学家**吕叔湘**说："第一，无论是汉字还是拼音字，它的优点和缺点分不开，有这么个优点，就不免有那么一个缺点。第二，汉字的优点恰好是拼音字的缺点，汉字的缺点也就是拼音文字的优点。"

---

① 吴玉章《关于汉语拼音方案（草案）》，载《吴玉章文集（上册）》，重庆出版社1987年版，第670页。

② 见《全国文字改革文件汇编》，第14页。

③ 见《把文字改革的火焰继续燃烧下去》，《文字改革》1982年第1期。

“究竟算起总账来哪个合算，各人有各人的算法。”① 这是一种折中主义观点，不可取，各打二十大板，是莫衷一是。

四　视汉字之优异而予肯定者

中国革命的伟大先行者孙中山先生告诫我们：“盖一民族之进化，并能有文字，良非易事；而其文字之势力，能旁及邻族吞减，而入侵之族不特不能同化中华民族，反为中国所同化，则文字之功之为伟矣。虽今日新学之士，向有创废中国文字之讲，而以作者（指他自己——引者按）观之，则中国文字决不当废也。”意思是说，汉字具有抵御外来侵略，维护国家、民族团结统一之功能，故而不当废弃。他又评价汉字之功说：“抑自人类有史以来，能记五千年之事，翔实不间断者，抑唯中国文字之独有。”这是肯定汉字的历史功绩，说明没有汉字就没有中国历史。

早年的**鲁迅**先生在《汉文学史纲》一书中赞扬说，“中国汉字具有三美：意美以感心，一也；音美以感耳，二也；形美以感目，三也”。这里，是对汉字音、形、义的肯定，言与实合。

1953 年 9 月 10 日，台湾“考试院”副院长**罗家伦**说，中国文字必须保存，但欲保存中国文字，则必须简化中国文字，使广大民众易于学习。我们须知，文字是大众达意表情、取得知识和争取生活的工具。所以对简体字的需要，是生活的需要、时代的需要。

1958 年，**周恩来**作“当前文字改革的任务”报告时说：“《汉语拼音方案》是用来为汉字注音和推广普通话的，并不是用来代替汉字的拼音文字的。”“汉字在历史上有过不可磨灭的功绩，在这一点上我们大家的意见都是一致的。……它是向着汉字自己的形体变化呢，还是被拼音文字代替呢？……这个问题我们现在还不忙做出结论。”可见，周氏的文改思想与毛泽东的指令并不相同。周氏是遵循文字的发展规律而持客观态度。

1986 年 12 月，国家语委和语言应用研究所在北京召开汉字问题讨论会，有吕叔湘、周有光、朱德熙等十六位一流语言专家与会，社会语言学家陈原在开幕式上说：“汉字这种书写系统……确实为民族团结、为文

① 吕叔湘《汉字和拼音字母的比较》，载《汉字问题学术研讨会论文集》，语文出版社 1988 年版，第 8、10 页。

化积累、为信息传播、为思想交流起过重大作用，有过不可磨灭的功绩。”陈原给汉字以充分肯定和公允的评价。

香港著名的企业家和学者**安子介**先生精通英、日、法、德、西班牙等多种外语，并跟汉字做了比较研究，认为汉字是“一份宝贵的文化遗产，一定要保存下去”，他说：“汉字的存废，是中华民族的大事，不可不让大家慎重考虑，多方研讨。”“在汉字的发源地，把汉字骂成一无是处，未免过分。”他根据汉字同音字多的特点，指出“汉字拉丁化”，必然造成“愈治愈紊”的恶果。因为“解决不了同音字的问题，就不能准确表义。这就必然造成传达信息、表达概念的严重混乱，也就丧失了作为文字的最基本功能”。何况中国方言复杂，如果实行汉字拉丁化，必然形成“广东文、浙江文、四川文、江苏文等不同文字。而汉字的巨大凝聚力是历史形成的，是中华民族共同创造的5000年的灿烂文化所决定的。‘同文同德，同文同心’这是炎黄子孙的共识”。汉字从古至今，一直是中华民族团结统一的纽带，具有任何力量都不可抗拒和替代的凝聚力。因此，安子介说：“我们靠汉字统一中国。”① 此为至理名言，深刻而全面。

1992年3月12日，在人民大会堂**江泽民**会见香港事务顾问时，盛赞“安子介先生对汉字很有研究”，并说：“中国是靠文字统一的国家，中华文化能够使大家统一起来。”江泽民肯定了安子介的观点。

著名作家**张俊**说：“有的中国人有一口流利的外语，对外国的一切了如指掌，对汉字却不屑一顾。这些‘黄皮白心’的人实际上是无根的飘零人，无以成为世界公民。只有民族的，才是世界的。”

我国现代著名的科学家**钱伟长**教授生前曾经说：“中国文字可能是世界未来的通用文字。”

中国台湾当局领导人**马英九**最近说：“正体字（指繁体字——引者注）全球有五千万人使用，与中国大陆使用简体字人数相差甚远。但台湾的正体字出版的书籍近四万种，远远超过对岸，可谓世界华人出版中心，而正体字可跟历史文化接轨，切勿弃而不用。”

2001年，北京大学著名教授**何九盈**说：“汉字不仅具有各种文字的共同功能，而且具有不同于其他文字的特殊功能。文化功能，就是其特殊

---

① 见林成滔《字里乾坤》（上册），第298—305页。

功能中之一种。"①

以上是国内人士的认可和赞誉，下面再从使用拼音文字的外国专家、学者和有识之士的汉字观来看，或许得到一些有力的旁证。

1993 年，法国前总统**德斯坦**访问中国后，撰文说，"中国的这种统一"，"是由语言加固的，不是因地区而异的口语，而是书面语，即那些在中国到处都绝对一致的著名的汉字"。

世界著名的科技史学家**李约瑟**说："在关于中国地理的概述中，我们将简单地提到各种方言的分布，那时我们将看到，中国文字在中国的文化发展被地理上重重障碍所分割的情况下，成为中国文化统一的一个多么有力的因素。"

印度开国总理**尼赫鲁**说，语言既是团结的因素，又是破坏的因素。印度国内的不团结，语言不同是一个因素。

上举三则语录，见出语言文字，对民族团结和国家统一的重要作用。尤其是汉字更为显而易见。下面我们再引述一些外国的专家学者对汉字的看法。

美国学者**分诺罗萨**（1853—1908）盛赞中国汉字"带有影戏性质"，比之绘画和照相更能"用图达意"，反应时间顺序（自然之连续）②。他举"人、见、马"三字为例说："……此等记号，不独能唤起思想之影像，与音符字有同等之效力，且其唤起之影像，实在更实在，更生动。此三字也，皆有腿者也，皆栩栩欲活者也。吾尝谓此等字之集合，实带有影戏性质，岂妄言哉！夫绘画及照相，虽具体而鲜明，而其所以失真者，以丧失自然之连续也。"

分诺罗萨认为，中国诗歌之所以比西方诗歌独具"影像"优点，是因为汉字的画图性特点及汉字有"隐喻"功能。他说："中国文字，虽其质料奇异，而其超出人目可见之境，而进入不可见之境，所经历程，与古代各国各族所经者，如出一辙焉。此历程如何？隐喻（Metaphor）是已，以有形之影像喻无形之关系是已。"又说："中国文字不独能摄取自然界之诗的实质，另造一隐喻之世界，且以其形象之昭显，保持其原来富于创造力之诗素，其气魄之富，栩栩欲活，远非一切音标文字所及焉

① 见何九盈《汉字文化学》，第 126—130 页。

② 见何九盈《汉字文化学》，第 126—130 页。

……盖凡用音标之文字，其蜕变之迹，自身无从表现，则以其文字中之隐喻无从窥察，不如象形文字一望而知，故其曩时之真意义恒致遗忘，惟在中国文字，则不容尔尔。”这就强调了汉字形体本身“一望而知”的隐喻作用，音标文字则“无从窥察”其隐喻作用。因此，他盛赞汉字是“诗化之文字，有若繁音协奏，叠响震曳，有若铜山东崩而洛神西应、众力辏聚，不期而自然。惟在中文，此诗化之美质，乃臻于极，所以然者，其隐喻昭然可睹也”。说明他认为，汉字的“隐喻昭然可睹”和汉字“能将若干图画之部分併为一字”的结构（即指会意字和形声字——引者注），是汉字“诗化之美质”的来源。因为“中国文字未有不能表达之者也。且中文之表达之也，更活泼，更永久，而迥超乎吾人之所能望于音标语根者焉。此种用象形方法孳演之文字，实为理想之世界文字，姑不论中国文字之能合此资格否也。”[1]

以上是美国学者分诺罗萨在百年之前对汉字的评价和赞誉。何九盈先生说：“汉字的图形性功能、隐喻功能，能激发人的灵感、潜意识、想象力，这些均属直觉思维，非逻辑思维，弦外之音，字外之意，都是逻辑所达不到的。对于诗歌而言，象形字的确是‘理想之世界文字’。”[2]

英国的科技史学家**李约瑟**（1900—1995）在《中国科学技术史》中说：“在作进一步的研究之前，我们应该对中国文字的造字过程作一番探讨，因为没有这些文字，科学观点无法传达交换。……因为这种特殊由‘象意字’所表现出来的科学字汇，它们的起源对于中国的原始科学史的某一方面，一般地具有相当的意义。”他强调了汉字在科学研究上的重要作用和意义。

瑞典汉学家**高本汉**（1889—1978），在1923年发表的《中国语和中国文》中说，中国人为了减少一两年学童识字的功夫，“要采用字母文字”，却要“废弃了中国四千年来的文字，又因此而废弃了中国全部文化的骨干。”“因为中国的文字一经译成了音标文字，就变成了绝对不能了解了”；“第二点，这个大国里，各处地方都能彼此结合，是由于中国的文字，一种书写上的世界语，做了维系工具，假使采用音标文字，这种维系的能力就要摧破了。……历代以来，中国所能保存在政治上的统一，

① 见孙萌麟《苏诺罗萨论中国文字之优点》，《学衡》1926年第26期。

② 见何九盈《汉字文化学》，第132页。

大部分也不得不归功于这种文字的统一势力。”

以上表明高本汉反对中国“采用字母文字”，认为要付出“废弃了中国全部文化的骨干”的代价，指出汉字在维系各地民族团结和保存国家“在政治上的统一”作用。

日本著名学者**山本宪**早在1910年日本的《京畿评论》上发表《息邪》文章，指出“汉字废止论与汉字节减论，皆妄也。中国文字，至便至利；欧美文字，至不便至不利者也。”他针对当时国内外“废除汉字”的主张，肯定了汉字的优越性，并提出“中国文字，他日必遍布于宇内”的带有预见性的观点。其理由是：“盖中国文字之美善，为宇内通用各种文字之冠。……不知文字之极则，在于通达意思，明确无误，简洁而不冗漫，传之千百年之后，仍使读者易于理会。凡此数事，求其无遗憾者，惟中国文字足以当之，他日之遍布于宇内，可断言也。”这是汉字光明的未来和归宿，当代的“汉语热”就是其证。

韩国著名学者**南广祐**说：“汉字语也是国语，占国语词汇的一大半，教学汉字乃是国语教育的捷径”，“汉字语同音异义词众多，使用汉字易于识别”，“汉字教育能够防止国语产生混乱”，所以，“要充分利用汉字具有形、义性质的构词能力和简缩特点的长处”。这是韩国学者对汉字在韩国文化、教育中的重要地位和作用的阐述和评价。

日本著名教育家**石井勋**认为：“汉字较假名易学”，“字形复杂的汉字容易记住”，“愈早学汉字，效果愈佳”。这是日本明治维新以来，在“弃东投西”文化思想指导下认为汉字难学，限制使用汉字的国民教育错误的深刻教训和反省。因为日本语中去掉汉字，语义就会模糊不清。[①]

石井勋还说：“汉字是一种只需要用眼睛看就能思考，即使语言不同也能理解其意思的唯一文字；在不久的将来，汉字可能成为全世界的共同文字。”

2005年，美国芝加哥市长**戴利**也预言说，“我相信将来这个世界将有两大语言，中文和英文。”外国人肯定汉字，我们有些人却极力贬斥、反对，令人质疑不解。

众所周知的著名“五笔字型”的发明者**王永民**说：“爱汉字，就是爱中华文化。”这是爱国的表现。

---

① 见林成滔《字里乾坤》（上册），第300页。

汉字的优势以及它的前途，从上述所举政治家、科学家和有识之士的评论中，不难见出否定的少而肯定的多。特别是外国人的评价，从客观上说明了汉字的优越性。这和20世纪50年代到70年代中外文字学家对汉字的评价恰好相反，那时是肯定的少，否定的多。许多人认为，汉字落后于拼音文字，难认、难写、难记，不能准确地记录现代汉语，迟早要被拼音文字所取代。一些人试图凭借行政手段和政府力量达到最后“废除汉字”的目的。但是，历史的发展证明汉字的发展是有其客观规律的，是不以任何个人的意志为转移的。汉字的发展和应用，已经超出了汉民族的范围，成为整个中华民族同世界各国交流空间的共同工具。所以，中国人民的生活，因为有了汉字而精彩。作为语言的载体，汉字将中华文化和民族感情融而为一，传递给我们及后代子孙。这也是汉字存在和发展的不可抗拒的强大力量。如果说汉字的产生是一个具有划时代意义的里程碑的话，那么，中华文明的承继也只能靠汉字来保存和传承。

总之，古今中外知名人士两种截然不同的汉字观，是值得我们慎思而弃取的。汉字和拼音文字相较，既有一定的缺点，也有拼音文字所不具备的诸多优点。因此，那些把汉字说得一无是处的观点是错误的，是偏见；同样，把汉字说得完美无缺的观点也是偏见，不正确的。

综上所述，我们认为汉字是富有顽强生命力的好文字。作为中国现行的法定文字，今后不但要继续为中华民族服务，而且要为世界各国人民服务，前途无量。当前，我们应该用实事求是的态度，避免片面性，不要意气用事；用科学的方法去深入地研究汉字，使之更加规范化和标准化，为中国的发展和世界的进步，发挥它的更大作用。

关于汉字前途的提法，现在基本是沿用1984年10月，北京文改座谈会关于新时期文字工作方针的提法，即“汉字和汉语拼音并存并用”。这种提法，不够清楚明确。如果是指让汉语拼音和汉字在社会实际应用中具有同等的社会地位是不可能的。因为半个世纪以来，汉语拼音只是用于：①给汉字注音，辅助汉字教育；②推广普通话；③对外汉语教学；④计算机拼音输入；⑤工具书的音序排列和索引；⑥聋哑人的语文教育等，并非用于正式文字。正如刘导生所言：“现行的《汉语拼音方案》不是代替汉字的拼音文字，它是帮助学习汉语、汉字和推广普通话的注音工具，并用于汉字不便使用或不能使用的方面。”[①] 而汉字作为负载汉语的交际工具和信息工具，现在尚未产生不适应的现象。况且国人对汉字有着浓重的感情，感情的力量是强大的。因此，我们认为，以汉字为主，以拼音为辅的格局将世代沿用下去。没有必要将汉字改为拼音文字。

1986 年 1 月，国家教委和国家语委在北京召开全国语言文字工作会议。《会议纪要》指出：“在今后相当长的时期，汉字仍然是国家的法定文字，还要继续发挥作用。”“在今后相当长的时期……”言内之意，值得深思。

1986 年 3 月 15 日，我国政府正式宣布：“汉字要长期使用下去。”进而不仅停止了汉字简化政策，而且考虑到从文字使用方面有利于两岸关系的调整和发展，教育部副部长、国家语言文字工作委员会主任**郝平**在 2009 年年初的工作会议上说，“要注意保护合法使用方言和繁体字的空间。”（据北大胡 × × 教授来信所言）国家语委副主任、教育部语言文字信息管理司司长**李宇明**在作《通用规范汉字表》说明时说，“今后对异体字不再简单地提‘淘汰、废除’。并强调说，‘恢复部分异体字，并采取灵活地用字要求，允许表外字使用等，都是新世纪文字理念的具体表现。’‘但不能类推简化字表以外的字’[②] 因此，为了方便人们用字习惯和需要，把曾被废除但人们仍在大量使用的、禁而不止的 51 个异体字‘释放’出来并恢复使用。”即：

袷、晳、慄、瞋、噘、蹚、仝、氾、邨、吒、飏、昇、並、迳、迺、钜、祕、叚、陞、勣、椏、赀、鑪、脩、砦、堃、喆、椀、甦、淼、犇、殽、頫、溧、缐、勠、劄、賸、麹、彝、谿、氂、褱、驩、龢、甯、杆、勑、菉、絜、蒐。[③]

这就是新的文字政策所采取的第一步骤的结果，是实施 21 世纪文字理念的具体表现。如果从长远的观点来看，随着时代的前进，人们认识的逐

① 刘导生：《新时期的语言文字工作》，载《当代中国的文字改革》，当代中国出版社、香港祖国出版社 2009 年版，第 26 页。

② 见《中国教育报》2009 年 8 月 13 日第 1 版。

③ 这 51 个“被释放”的异体字见《中国教育报》2009 年 8 月 13 日第 1 版。

渐深入与提高，笔者认为汉字的使用，可以过渡到“三位一体”的用字模式，即“识繁用简，辅以拼音”的局面。所谓“识繁”，是指社会上正在从事历史、考古、古代汉语、古代文学、汉语史、古文论、外交等人员以及高校在读的上述专业的大学生、研究生、博士生等，而且这些人所用教材也当用繁体字印刷，这有助于他们将来所从事的工作和研究。至于其他专业和社会人等则不在此例，识繁与否和书刊印刷仍然用简化字。

1991 年由韩国发起成立的“国际汉字研讨会”第八届会议，根据中国香港《开放杂志》报道：2007 年 10 月末，由中国教育部语言文字应用研究所和国家汉语国际推广领导小组办公室联合主办，在北京召开。与会者有国内外文字学家，如北京大学的苏培成、李大遂教授，安徽大学校长黄德宽教授，台湾中国文字协会理事长许学仁先生，以及日本、韩国等专家学者。大会达成共识，首次作出“简体字和繁体字（正体字）共存，将来慢慢趋向于正体字使用”的决议。这个决议，有悖于我国的文字政策，不可行，不能完全恢复繁体字，尽管繁体字适合历史阅读与研究和汉字自身的理据性。

繁体字作为传统文化的载体，是中国文明遗留下来的精髓和瑰宝，博大精深。中国的文化典籍是用繁体汉字写的，只识简化汉字是无法读懂先秦以来的历史文献的，何言继承古代文化遗产？

自 1956 年汉字简化以来，繁体字一直处于被禁止使用的境地，然而许多人仍在写用，比方市面上的牌匾、广告、书名、书法等，禁而不止。不仅下层人如此，就是上层领导人物也这样。他们的题词、批示、书法等都在用，翻开《毛泽东诗词》墨迹，比比皆是繁体字，至于刘少奇、周恩来、邓小平等也习惯用繁体字，江泽民不是因写繁体字被一个小学生指了出来而他表示接受吗？连胡锦涛给人题词，都用繁体字，而不写简化字。最近，网上有胡书记四幅书法作品，其中流传最广泛的是“高瞻远瞩”四个字都是繁体，而且采取“自右而左”的传统横写的方式。还有那些退下来的老革命和各级官员，也都酷爱古文、古诗、京剧、昆曲，玩古董，收藏书画，练写繁体字书法，以示古朴典雅，提升自己的文化品位和人文雅趣。这就是传统文化的魅力。这种自发的习惯的文化趋势和力量是不可抵制和禁止的，只能顺其自然，因势利导；而且有助于抵制当今那些“低俗文化”的蔓延和传播，从而提高和发展我们民族的传统文化的品位。

因为繁体字是具有“字理”的文字，是科学的。每个汉字都饱含着华夏几千年历史的一个侧面，记载了中华民族的发生和繁衍生息等诸方面的社会文化史实，而据简化汉字则无法完全窥探历史文化含义。

再者，20世纪60年代的汉字简化的原因之一，是汉字笔画多，难认、难记、难用，不利于扫盲，不利于普及文化，不便输入计算机，影响我国的信息化。如今实现了汉字信息化，电脑进入了千家万户，所谓繁体字笔画多，难写、难认的缺点，不复存在。据专家说，汉字输入电脑比拼音文字方便、快捷。事实确是如此。

2010年12月26日，国外统计显示：五年内汉语将成为互联网的主宰语言。所谓“汉语”即指用汉字写的书面语。

总之，过去“汉字跟龟甲结合，开创了一个辉煌灿烂的东方古代文明；今天，汉字同硅片结合，使古老的汉字焕发出青春的活力”。汉字的信息化，使汉字从苍老变得年轻，从苦难走向辉煌。从而使汉字具有无比光明的未来。[①]

思考与练习（十）

一　为什么说20世纪是汉字的危机时代？

二　你怎样理解“汉字不灭，中国必亡”的说法？你认为汉字当否废除？

三　为什么说国家的兴衰同文字无关？举例说明。

四　汉字自身有哪些优势？表现在哪些方面？

五　汉字是否能准确地记录汉语？举例说明。

六　举例说明什么是笔画、笔形、笔顺和部件。

七　汉字结构的复杂性表现在哪里？试比较汉字结构与拼音文字结构的优劣。

八　你认为是汉字好学好用呢，还是外文好学好用？

九　结合你的切身体会，汉字在电脑输入上有无优势？

十　怎样看待古今中外人士对汉字的两种态度和两种评价？

十一　谈谈你对汉字前途的看法。

---

① 见林成滔《字里乾坤》（上册），第15页。

第十一章　汉字入电脑　荧屏出神韵

——汉字的信息论

绝大部分汉字具有二元结构的特点，它的意符是信息存储体，它的声符是信息识别体。

——《中国汉字文化大观》

汉字的信息化，使汉语文知识成为最基本的谋生手段和事业的利器。

——信息工程专家　邱　弛

注：左上插画取自金元浦等主编《中国文化概论》，首都师范大学出版社 2003 年版，第 469 页。

第一节　汉字的信息处理

要了解什么是汉字的信息处理，首先，要了解什么是信息。信息，在现当代科学中指事物发出的消息、指令、数据或符号等所含内容。人们通过获得、识别不同信息来区别不同事物，得以认识和改造世界。在一切通信和控制系统中，信息是一种普遍联系的方式，所以，在我们的生活中时刻都离不开信息。

信息传递的凭借物，叫作“媒体”（或载体）。人类传播信息的媒体有三种：①有声语言。②记录有声语言的书写符号系统，即文字。作为信息载体的文字，可以超越时空限制，把信息传到远方，留给后代。③电磁波。电磁波可以把信息一瞬间传遍全球，使人类社会进入传声技术的新时代。

一　什么是汉字信息处理

所谓汉字的信息处理，即指凭借各种机械设备对汉字书写符号系统进行处理的一种科学技术的操作方法。

汉字的信息处理是实现汉字电脑化的关键。电脑，是由早期的电子计算器发展而来的，故又称电子计算机。据说，是德国数学家莱布尼茨（Leibniz. G. W.，1646—1716）1978 年发明的。一说，计算机的奠基者是在普林斯顿大学工作的美籍匈牙利数学家冯·诺依曼。1945 年，世界第一台电子计算机是由美国宾夕法尼亚大学莫尔电工学院制造的。故电脑是人脑创造的，是人脑的延伸和使用。人脑是高度发达的物质，它能通过人的感官获得信息进行各种加工处理，从中提取各种知识和智慧。但是，到了 20 世纪，由于科学技术的空前高速发展，信息量倍增，人脑处理不了这么多信息，便借助于电脑。电脑能够完成许多人脑不能完成的工作。所谓汉字电脑化，就是要把数以万计的汉字和汉语词汇通过信息处理输入电子计算机。

汉字信息处理和中文信息处理不同。汉字信息处理是中文信息处理的先行阶段，即其中的一部分；中文信息处理指的是“用计算机对自然语言的音、形、义等信息进行处理，即对字、词、句、篇章的输入、输出、识别、分析、理解、生成等操作与加工"①。处理的结果，形成了汉字信息处理系统和中文信息处理系统等。汉字信息处理系统是中文信息处理系统中一个关键阶段。没有这个阶段，中文信息处理系统就无从建立。因为处理语言信息，主要是通过文字。用计算机处理汉字，跟处理拼音文字所负载的信息有许多不同，会遇到许多难题。让计算机识别汉字是很困难的。经过电脑专家和语言文字学家的共同努力，我们已经建立了中文信息处理系统。电子计算机能够输入、输出汉字，这是 20 世纪 80 年代我国在电子科学技术上取得的一项重大科研成果。

二　汉字信息处理的意义

实现了汉字信息处理，就是实现了汉字的现代化。汉字现代化与否，就指汉字能否输入计算机，计算机能否输出汉字。因为现代信息化社会的重要标志就是利用电子计算机的技术和设备在我国对汉语言文字信息进行存储、分类、统计、检索、转换、输入、控制等各种处理，使之得到最充分的利用，发挥其最大的效能。如果汉字不能输入计算机，汉字信息就不能用计算机进行处理。如果汉字信息不能用计算机进行处理，那么以汉字信息处理为关键部分的中文书面语言处理系统也就不可能建立。这样，计算机在中文的各种领域的运用也就无从谈起了。相反，由于汉字进入了计算机，实现了汉字信息处理及其技术的发展，我国跃过了文字工作机械化阶段，直接进入了电子化阶段。所以，我们可以利用电子计算机来打字，通信、编辑、排版、进行双语或多语种翻译等，实行办公自动化、中文图书管理工作自动化、中文印刷出版现代化、中文科技情报检索的现代化、生产管理自动化、军事指挥现代化，等等，充分表明汉字信息处理直接关系到我国现代化建设，对我国社会的发展、科学技术的进步具有重大的现实意义和深远的历史意义。

三　怎样进行汉字信息处理

汉字信息处理系统作为研制课题的明确提出是在 20 世纪 70 年代中期，在 80 年代取得成功。汉字信息处理系统一般包括编码、输入、存储、编辑、输出和传输。其中输入是关键和难点之一。汉字进入计算机

---

① 见中华人民共和国国家标准《汉字信息处理 · 词汇 · 基本术语》。

本来有许多方法和途径，一般概括为三种途径。[①]

（1）机器自动识别汉字：计算机通过人们给它配备的“视觉”装置光电字符阅读器，用光电扫描等方法识别汉字，进行输入。

（2）语音识别输入：计算机利用人们给它配备的“听觉器官”即语音识别装置，自动辨别汉语语音，从不同的音节中找出不同的汉字，或从相同的音节中判断出不同的汉字。

（3）汉字编码输入：按一定的编码方法，给汉字编码。借助电脑的输入设备将汉字代码输入计算机。这是目前比较普遍采用的一种输入法。

电子计算机要凭借它的各种专用设备，通过成套的汉字信息处理系统，包括汉字编码法、汉字输入键盘、汉字库和系统软件，汉字显示终端或中外文通用显示器，汉字、图形兼容终端，汉字打印设备等，才能完成汉字信息的输入、存储、输出和传输等全过程。

第二节　汉字编码

汉字编码是指为汉字设计的一种便于输入计算机的代码。即把每个要输入的汉字按笔画、笔形或部件或形、声、韵、调用数字编成代码或字母代码来表示汉字的方法。

由于电子计算机现有的输入键盘与英文打字机键盘完全兼容，因而如何输入非拉丁字母的文字（包括汉字）便成为多年来研究的课题。20余年来，仅国内外研究设计的汉字编码输入方案就约有600种之多，其中通过上机试验并被采用或已经商品化的也多达五六十种。

一　汉字编码的困难

目前，比较广泛采用的就是汉字编码输入法，但是汉字编码进入计算机有许多困难，困难的主要原因有三。

（1）汉字数量庞大：随着社会的发展，新字不断产生，旧字没有消亡，汉字总量不断增加。一般认为，现在汉字已经超过6万个（包括简化字）。《汉语大字典》收字54678个、《中华字海》收字85000个可证。虽然1988年“国家语委”公布确定常用汉字3500个，通用汉字7000个，

① 见《中国大百科全书·语言文字》，中国大百科全书出版社1988年版，第199页。

而新近公布的规范通用字是8300个，但是仍比处理二三十个由字母组成的拼音文字要难得多。

（2）汉字字形复杂：有古体、今体、繁体、简体、正体、异体；而且笔画数量悬殊，少的1画，多者达36画，简化后平均为8.6画。

（3）汉字大量一字多音或一音多字：据《现代汉语词典》统计，除去轻声39个之外，汉语有416个音节，分声调后是1295个。以1万个汉字计算，每个不带声调的音节平均负载超过24个汉字，有的同音同调字多达66个。一字多音现象也很普遍。

二　汉字编码的种类

如上所言，汉字编码法众多，按性质归纳起来，可以分为5种基本类型。

（1）全拼音编码输入法：是按照字音编码输入设计的。绝大多数是以现行的《汉语拼音方案》为基础进行设计的。采用汉语拼音输入法，通过机内软件变换，即通过查机器词表输入汉字。如“拼音—汉字变换法”就属于这种。也就是输入拼音，由计算机自动转变为汉字输出。还有双拼法、紧缩拼音法等多种输入法。这种拼音输入法的优点是不受字形限制，操作简单，容易掌握。只要能够正确拼读普通话语音即可，但不认识的字无法输入，而且还要区分同音字。为了解决同音字问题，要以词定字，屏幕显示选字。

（2）字形分解编码法：这是一种将汉字形体分解成若干笔画或部件进行编码，按一定顺序输入电脑的方法。这种编码法的优点是：着眼于字形，不涉及字的读音，不认识的字也可以编码输入；还可以区分同音字，避免了拼音输入法屏幕选字的程序。缺点是：由于汉字形体复杂，分解的标准难以统一。字形编码法种类很多，如王永民的五笔字型编码法、李金锴的笔形编码法、陈爱文的表形编码法、美国的王安三角编码法等。其中在国内影响最大、使用较广的是王永民的“五笔字型”编码法。

（3）形音结合编码法：即以字形为主、以字音为辅的编码法。这种编码法与字形分解法的不同，是为了克服字形分解法码长、规则复杂的缺点，而在形码上附加一定的字音码。如支秉彝的“见字识码法”，就是这种编码法的代表。先将“韶”分解为“立、日、刀、口”序列，再按这四个字拼音的第一个字母编成：lrdk 序列，即“韶”的编码。

（4）音形结合编码法：与“形音编码法”相反的以字音为主、以字形为辅的编码法。这种编码法是为了免去全拼音编码法同音字多而在屏幕上选字的麻烦，在音码的前面或后面再加上字形码。音码有用现行《汉语拼音方案》或稍加简化的，还有为了缩短码长而把声母和韵母都用单字母或单字键表示的“双拼方案”或“双打方案”。如 F 键盘既表示声母 F，又表韵母 ang，连击两下，便是 Fang（方）字。区分同音字的字形码也多种多样，除了大多数采用偏旁、部首的信息之外，还有采用起笔与末笔或采用语义类别的。

（5）整字编码法：即大键盘输入法。这种编码法是将几千个常用字，按部首或音序或字义联想排列在一个具有三四百个键位的大键盘上。近年来，大多将这些汉字按 x、y 坐标排列在一张大字表上，即通常所谓的“字表法”或“笔触字表法”。每个汉字的代码由它所在字表中的位置决定。比如，位于 X25 行和 Y90 列交叉的字是“国”，当电笔点到字表中的“国”字时，计算机自动将该字的代码 2590 输入电脑。非常用字作盘外字或表外字，另行处理。这种编码法的优点：直观易学，便于操作，没有重码；缺点是输入速度比较慢，需要特制键盘。要想提高速度，就得熟记每个汉字在键盘上或字表上的位置。

现在，“全汉字编码输入与字形输出技术”已经取得重大成果，用 26 个拉丁字母，就可以把收入字典的几万汉字字形进行编码，在计算机中综合汉字总集的编码输入、字形结构数据分类、编码检索和字形产生等功能为一体，具有较先进的水平。①

从上述各种汉字编码方案的介绍中，不难看出，已有的编码，各具优点又各有不足，易学者打不快，打快者难学。此外，还有双轨制编码法、混合式编码法和不同类型方案的兼容编码等就不介绍了。

十多年来，对汉字编码技术的研究，以寻求新的思路为重点，从现行的对字的编码向词的编码发展，尽量运用“人工智能”处理，目的是减少重码、提高输入速度、降低出错率，因此，对汉字编码发展的要求必须坚持以字为基础，以词为主导，以“人工智能”处理为方向。理想的汉字编码应该是：“字码无二义性，易于掌握，便于操作，输入和处理

① 邢福义：《现代汉语》，高等教育出版社 2004 年版，第 42 页。

效率高，存储节省，传输可靠，设备经济、实用，组词能力强。”目前，计算机输入的迫切问题是，以解决和实现“易学”和“快速”并重为核心目标的研究和发展。符合这一目标的计算机新的输入法，已经出现，在此仅举5例，以供选用。

（1）惠邦五行码

2004年10月由浙江惠邦数码科技有限公司荣誉发行的。据称：“不用拼音、不背字根、只用五个数字键。”只看“5分钟”就会打字。即用五个数字键（1、2、3、4、5）跟汉字的五种基本笔画（横、竖、撇、点、折）对应，如表28所示。

表28

[illegible]	[illegible]	[illegible]	[illegible]	[illegible]	[illegible]
[illegible]	一 ㇀	丨 亅	丿	丶 ㇏	[illegible]
[illegible]	1	[illegible]	[illegible]	4	[illegible]

其打字方法是：事先，要购置一个该公司生产的“惠邦五行码”的专用软件，装入电脑；然后，按笔画顺序取所要打之字的前4画和最后1画，就能打出该字来。（最多5个数字，常用字只需2—3个数字即可打出）例如：

学（丶丶丿丶一）44341

会（丿㇏一一丶）34114

打（一丨一一丨）12112

字（丶丶乛乛一）44551

而词语编码，最多只需七个数字：

二字词　前4+前3　例如：

分钟3453311　数码4312132　几何35321

三字词　前4+前2+前1　例如：

高科技4125311　委员会3123253　一会儿1343

四字词 前 4 + 前 1 + 前 1 + 前 1 例如：

德高望重 3321443 十全十美 12314

多字词 前 4 + 前 1 + 前 1…… + 前 1 例如：

中华人民共和国 2512332 中国人民解放军 2512234

惠邦五行码，不仅能让你 5 分钟学会打字，还可以随时调用如下六种强大功能。

①人工智能的运用：打字越打越快，由于产品是对 10 亿语料库进行了过滤整理，具有很强的记忆功能，比如打“我学会打字了”，只要打过一遍，再打这几个字几乎一两笔就排在第一位了。

②与上文关联：根据人们用语的习惯，将要打的字、词排在首位，减少了选择的麻烦，大大提高了打字速度。

③字体大小的选择：根据使用者的习惯，手动调整候选字体大小即可。

④定义字词：常用的地址、公司名称等短语，可作为词组添加。

⑤词语查询方便：记得一个字，就可以查出整个词。比如查询和“春”字相关的词语，打开“词语查询”功能，只需要输入“春”按回车，则所有和“春”相关的词语都出来了。

⑥同音查字：如果遇到不会写的汉字时，可使用该功能进行同音字查询。假如不会写“睿”字，开启“同音查询”功能，打“瑞”字就可以查询“睿”字，因为“睿”和“瑞”是同音字。

惠邦五行码的不同产品版本，具备更多强大的功能，如单字查询、四大名著、数字大写、邮编及区号，姓氏优先、唐诗宋词、繁体字输出、中英文互译，繁简字互转、姓氏来源等。用字、用词频率达两次以上者，输入更快。

总之，惠邦五行码之所以易学、快捷，是因为它是互联网采集过滤整理出最近 10 亿汉字的文字信息语料库，精确分析了 27533 个字（GB18030）的使用频率，从中革命性地萃取覆盖率达 99.89% 的 4269 个字为常用字，极大地优先选字范围；同时，通过分析 55 万条规范汉语常用词汇使用热度，创造性地选取精华用词。通过“人工智能”等多项功能，根据使用者习惯将需要的字排在最前面，从而实现了越打越熟练、越打越顺手、越打越快捷的完美体验，真正成为全世界最简单、易学的中文输入法（已获得国家专利，专利号为：ZL200410093514.2）。

（2）形同意合码

2008年，广西北海市年越古稀的梁传仁发明的“形同意合码中文输入法”（已获国家专利）。特点：“易学、好记、快速”的输入法。“目”字，按一下圆点键即可，因为“目”像圆的眼珠；“口”，按字母“O”；“命”字，键入AOP；“义”字，用逗号键加“X”键即可；“鲁”字，上面像手写字母“D”，下面“日”像“B”，分别按“D”键和“B”键即可，等等。这种“跟着感觉走”是汉字键入法的最新版本。其原理是：将汉字的偏旁、部首和笔画划分成300多个部件，按“形同意会”的原则与字母跟符号键相对应设计而成的。既不用会普通话拼音，也不用背字根，觉得部件像哪个字母或符号，就跟着感觉输入。在收入8700多汉字库中，只有5个重码字，无须使用数字键识别。

梁传仁先生为了无偿提供网上下载使用，精选出415个涵盖所有偏旁、部首和笔画的汉字，编成“简明的练习软件”。只要打几遍这些汉字，就能学会输入了。此法经济、好学。

（3）手写输入法

如今又研制出“汉王双枪笔”（即手写笔和速录笔），于2010年之初，市场上广泛销售，掀起了文字输入的新风暴。写字、刷字、无须键盘打字，易学、快速。“双枪笔”之手写笔，能准确地识别连笔字，输入更准确；文字、数字、英文单词一笔连写，输入更快；只要写得出来，就能认得出，输入更全。“双枪笔”之速录笔，能将书籍、报刊、文件上的有用资料，随手一“刷”，文字就自动进入电脑Word/Excel中，随意编辑引用。一分钟可录入上千字，效率极大提高。

（4）E人E本全手写电脑①

这是2011年研制出来的不用打字的电脑，即不用键盘打字和拼音输入。只要一支3D电磁笔，一个E人E本，就能解决电脑操作、输入等困难，成为我国政、商界人士等出差开会的必需品。其具体的功能、特点如430图所示。

手写输入法方便、快捷，是电脑应用的发展方向。简单、易学、快速。

① 图430，采自2012年《烟台晚报》。

（5）《易点通》打字法

这是2012年清华大学为中老年人学电脑而研制的（详见第九章第二节）。还有2013年上市的中老年用的傻瓜式（吉博士）电脑，含打字、排版、表格、下载、视频、看新闻、查资料、杀毒、系统维护安装等60多种内容的操作软件（8片光盘），可以轻松快速地学会电脑。还有2015年东北师大音像出版社推出的《3天学会电脑》教学软件等类似的打字法。

总之，上述五种新的输入法，充分证明了汉字输入计算机比其他文字来得更方便、简单、快捷。不难见出，汉字在输入功能方面的优越性，不愧为中国伟大的国宝。

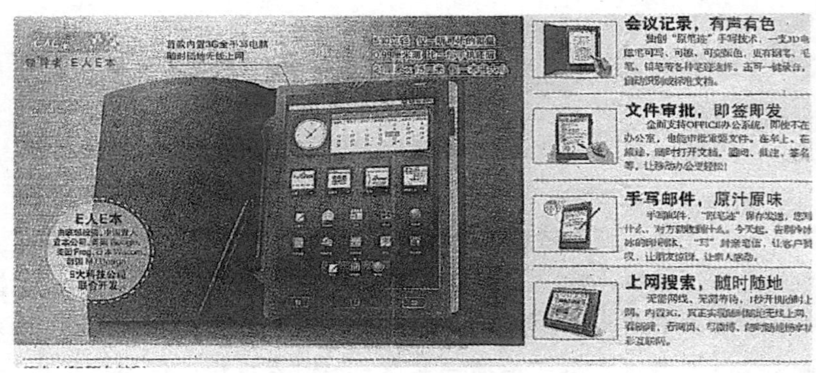

图436

三　汉字编码的定型化与标准化

现有各种编码方案的并存并用，需要通过选优进行规范化。选优工作，就是指编码方案的定型化。这对计算机的普及应用是非常重要的。选优和定型并不是只能选一种或只定一种，而是要照顾到多种用户的需要。目前，“汉语拼音方法”和“五笔字型法”的并存并用，就是其证。但是，前者易学不快，后者虽快难学。怎么办？这就要求有关专家应该改变思路，改善研究手段并进行深入研究，寻求新的路径和进展。上述五种新的输入法，就当属于这种要求范围之内的新途径和新进展。选优的标准，当如上文所言。

至于编码工作中的标准化，是鉴于各种编码的并存并用。为了适应不同的需要，要有一个统一的标准。这个标准，就是1981年国家标准局公布的《信息交换汉字编码字符集基本集》（简称“汉字标准交换码”），分两段，共6763字。“汉字标准交换码”，作为计算机的内部码，为各种输入输出的设计提供了统一的标准，可以使各种系统之间的信息交换具有一致性，从而使信息资源的共享得以保证。用字量超过“基本集”的用户和港台的需要，《信息交换用汉字编码字符集辅助集》可以满足。①

思考与练习（十一）

一　什么是汉字信息处理？什么是中文信息处理？二者是什么关系？

二　汉字信息处理的意义是什么？

三　怎样进行汉字信息处理？

四　汉字信息处理的关键问题是什么？为什么？

五　汉字编码困难的原因有哪些？

六　汉字编码的基本类型有哪些？

七　试举出一种编码方案，说说它的优缺点。

八　“拼音输入法”和“五笔字型输入法”各自的优缺点是什么？如何进行汉字的输入？

九　为什么说“惠邦五行码”“形同意会码”和“手写输入法”和“E人E本全手写电脑”最先进？试比较和归纳出四者的优缺点。

十　你以为最先进的汉字输入法应是什么？

十一　你认为最理想的汉字输入法应该具备些什么条件？

十二　汉字信息处理同现代汉字研究的关系怎么样？学习研究《文字学》的重要性是什么？

① 见《中国大百科全书·语言文字》，第200—201页。

第十二章　学界创新果　斯文便民生

——汉字新成果论

《汉字部首表》的使用规则是：一般应以主部首为主；在某些特别情况下，对本表的使用，可根据需要作变通处理，并须对变通的情况作出具体说明。

——专家课题组

《通用规范汉字表》发布后，社会通用领域的汉字应用以本字表为准。字表以外的字，必要时仍可使用，但宜采用历史通用字形。

——《中国教育报》

注：左下插画取自谭家健《中国文化史概论》476 页。

语言文字的研究是以应用为目的的。从这一目的出发，我国的专家学者们历经数年艰辛孜孜不倦地悉心研究，又先后研制出《中华字经》《汉字部首表》和《通用规范汉字表》。这是我国学术界在新的历史条件下所取得的可喜可贺的汉字研究新的三大成果。其意义和作用，不论是识字速成、普及文化；还是生字查询、工具书编纂，汉字信息处理，汉字排检，汉字教学，维护社会用字规范等，都将具有深远的意义和起着不可低估的作用。这三项成果的研制，不但是参与者的旷世之功，而且是我们中华民族集体智慧的结晶，也是我国语言文字学界三件了不起的大事，应该给予充分肯定和定位，广泛宣传，唤起全社会人们的广泛关注和学用。如果说20世纪60年代的“文改”成果在汉字发展中具有开创性的意义，那么，而今的三大成果将是汉字发展应用史上新的里程碑。为此，本书特辟专章分别予以评介之。

第一节　识字速成的《中华字经》

《中华字经》是教育部语言文字应用研究所“快速识字，提前阅读”课题的一项最新科研成果。它是一种奇妙的识字课本，全书共收4000个汉字，无一字重复，四字一句，分门别类，文情并茂，韵语连篇，平仄对仗，朗朗上口，便于认记。它的问世，一改数十年来语文教学中识字教育的“少、慢、差、费”的现状，突破性地实现了“多、快、好、省”的快速识字教育。据报道，有关公证处公证，5岁儿童4个月学完《中华字经》，巩固率达74.6%，即可认记2984个汉字，提升现有识字速度的15—20倍。被誉为“天下识字第一经”。

一　关于《中华字经》的构思

所谓“汉字难学”，一直是困扰国人的一种偏见，其是因没有发现汉字的潜在功能真谛。21世纪初教育部语言文字应用研究所的专家们承接了国家重大的幼儿识字项目，耗时三年构思了一部奇特而罕见的识字教材——《中华字经》，让儿童几个月就能达到小学毕业生的识字量和阅读水平。这是根据汉字潜在功能和儿童的认知规律，即儿童识字只需“听音、辨形”就可以了，才攻克了举世公认的“汉字难学”的课题。

《中华字经》的作者郭保华，获得天津大学工学硕士学位，现为教育部语言文字应用研究所国家级课题的研究员、香港全球汉语学院首席学术顾问、中华国际汉语研究院院长及其教授。

其著述有《大学生实用心理学》《青年学》《识字百问》《汉语教学的方向》和《国有企业基本结构问题研究》等，而《中华字经》是他耗时三年的一部力作。郭氏从《语文教学大纲》中规定的2500个汉字（小学识字量）、国家汉语水平考试（HSK）大纲规定的常用字表2905个（初中识字量）、国务院公布的常用汉字3500个（高中识字量）和计算机国际字库规定的基本字表3755个汉字中，筛选出4000个常用字，按照天下第一字书《千字文》的“四字一句，字不重用，韵语连篇，涵盖百科”的体例模式编撰而成的。

《中华字经》是用高难度的写作换来高效率学习汉字的我国历史上第一部“韵文式”常用字表，也是第一部吟唱式的识字教材。它用现代汉语的形式和内容再现了千余年来的传统有效的识字方法，彻底解决了世人公认的“汉字难学”的问题，这是中国教育科学研究中一项重大的科研成果。

二　《中华字经》的内容概介

《中华字经》是全国教育科学“十五”规划的立项课题，即“传统文化教育的现代价值研究与创新实践”的科研成果。

《中华字经》是鉴于现代语文教学“重阅读，轻识字”的状况，批判了“看图识字”等错误观念，在继承两千年传统蒙学遗产的基础上，力求达到像天下第一字书《千字文》那样高效识字的目标，推出了韵文识字教学法。根据汉字具有二次构词的功能而创作的超世之作。

《中华字经》的特点，堪称当今世界上最奇妙的识字课本，表现在：（1）在所收4000字中无一重复者，认记了这4000字几乎等于常人常用字的全部；（2）它集“识字、组词、习韵、正音、学知”于一体，为诸多识字方法集大成者；（3）它是我国第一部音乐伴奏的吟唱式教材，学童能在欢快的气氛中唱出4000字来；（4）它是我国历史上唯一的一部按照汉字使用频率编撰的韵文常用字表。据国家标准总局统计汉字字频的结果显示，这个字表覆盖了社会科学和自然科学用字的99.81%，几乎是我们一生中常用的全部汉字。

《中华字经》的创作观点是，识字是首要的，古人有云：“读书首在识字。”学习汉语只能以识字为起点，这是汉字的性质所决定的。解决了识字问题，阅读和写作的问题就会迎刃而解。

《中华字经》的内容囊括：天文、地理、人伦、大道、历史、文化、艺术、文物、品行、建筑、山水、果木、动物、政治、经济、军事、科技、体育、名人、治学、休闲、农耕、调味、妆扮、婚姻、司法、犯罪、仪容、婚嫁、育儿、幼教、养殖、烹饪、花草、生理、疾病，心理、器物、服饰、山野、灾难、诠注、冶炼、语音、动作、地名、化学、姓氏等50类经典知识，

有如一部经典文化知识小百科。诸如“用144个字写出了5000年的朝代更替，用64个字描绘了21种文物和文化遗产，用156个字表达了91种动物，用40个字写出了31种生理器官，用24个字写出24种烹饪方法……收入了中国56个民族的近800个单复姓，比传统的《百家姓》多出近300个姓氏”。正如某些报纸评论说：“一字可指一物品，一词可指一件事，一句可含一典故，一节可述一历史。”这些知识范围，即便是当代大学毕业生也未必能全部都掌握。所以，《中华字经》可以培养孩子“随着年龄的增长，学习一遍有一遍的收获，阅读一遍有一遍的长进，不仅能让孩子学到人生常用的汉字，更能学到门类众多、终身受益的文化知识”。

《中华字经》“是一部按照汉字自身规律编写的系统识字教材。它的教学目标是‘快速识字，提前阅读’；教学原则是‘音形对应，直读成诵’；教学方法是‘建立字序，逐块分割’；教学步骤是‘鲸吞、反刍、迁移、整合’；教学形式是‘动静结合，形式多样’。教学过程中充分发挥汉字的图画特征，培养儿童的观察力、理解力和想象力”①。

《中华字经》的结构体例，全文分四册。

第一册十三课，共248句，992个汉字，讲述了“天文、地理、人伦、历史……”等十三类文化知识。例如：

第一课　天文：

乾坤有序，宇宙无疆，星辰密布，斗柄指航。
昼白夜黑，日明月亮，风驰雪舞，电闪雷响。

① 见《中华字经·简介》，中国广播电视出版社2006年版。

云腾致雨，露结晨霜，虹霓霞辉，雾沉雹降。

…………

第二课　地理：

远古洪荒，海田沧桑，陆地漂移，板块碰撞。

山岳巍峨，湖泊荡漾，植被旷野，岛撒汪洋。

冰川冻土，沙漠沃壤，木丰树森，岩多滩广。

…………

第三课　人伦：

父母爹娘，没齿难忘，兄弟姐妹，危困助帮。

姑姨叔舅，亲戚互访，侄男闺少，哺育茁壮。

夫妻相敬，梦忆糟糠，隔屋邻舍，遇事谦谅。

…………

第二册十三课，共 252 句，1008 个汉字，讲述了“政治、经济、军事、科技……”等十三类文化知识。例如：

第一课　政治：

中华初繁，睡狮渐醒，玖久纪末，千年始零。

宏业昌盛，妙策递迎，左右兼顾，总揽统领。

内取稳进，外交志同，阶梯过度，切忌狠猛。

…………

第二课　经济：

币帛钱钞，攘夺其宗，企财盼利，价值均等。

务工开厂，增富减穷，资产累计，税率加乘。

银行贷款，储蓄倍宠，抵押拆借，循例不停。

…………

第三课　军事：

宿营扎寨，枕戈待旦，岗哨戎诫，执锐披坚。

帅旗挺拔，训士阅演，盘踞较劲，擎帜呼喊。

更迭撤离，御挡阻拦，些许骚扰，伪装遮掩。

…………

第三册十一课，共250句，1000个汉字，讲述了“司法、犯罪、仪容、婚嫁……”等十一类文化知识。例如：

第一课 司法：

狱牢禁卒，司典刑宪，辞讼哭诉，鸣屈伸冤。

敞释矛盾，剖层剥茧，淀滤猖浊，昭划界限。

妨碍侦察，贿赂仕宦，诅咒吓唬，挑衅侮谩。

…………

第二课 犯罪：

妖魔鬼怪，凶煞酷阎，歹徒坏类，狰狞嘴脸。

勒逼豪阔，搜刮卑贱，拐架孩提，坑蒙孕残。

盗匪劫窃，敲诈欺骗，唆使怂恿，横征暴敛。

…………

第三课 仪容：

腔膛脏腑，脾肾髓胆，唇嗓喉咙，颐臆腹胰。

肛胯脐趾，膝颅眶脸，肪瞟冗赘，颧颊骸嵌。

憨傻痴呆，聋哑瘫痪，疙瘩痘疹，脓疮秃癣。

…………

第四册十三课，共250句，1000个汉字，讲述了“心理、器物、服饰、山野……”等十三类文化知识。例如：

第一课 心理：

幼稚早窍，玩耍练习，头脑认念，诀勤简析。

壹贰模仿，叁肆韵底，伍陆描绘，柒捌譬喻。

吟从倡哦，咏夸所悉，背欠熟旧，诵似谱吕。

…………

第二课 器物：

洒扫厅除，擦抹桌椅，墩蹈矩凳，晶莹玻璃。

锯锉凿刨，钝锹锋匕，锹锄镐铲，箩纹簸箕。

…………

第三课 服饰：

鞋袜衬裤，缝纫缀洗，毡垫毯褥，晴晾晒洗。
肮袱褂渍，挽袖濯涤，铺盖篷履，废粕丢弃。
…………

前两册是高频字，故以识字为主，以阅读为辅；后两册以阅读为主，以识字为辅。为了使学童了解这4000个汉字使用频率的不同，《中华字经》课本用6种不同颜色表示频率的区别：红色字表示常用中的频率最高，粉色字为次高频率，以下紫色、褐色、绿色、蓝色等依次类推，“蓝色”字频率最低。同时，还有学童喜闻乐见的游戏光盘、发声学习机、字卡、阅读教材、咏叹调、注释本、教案等供选购的配套资料和教材。

三　《中华字经》的八大优势①

就《中华字经》的课题的级别、内容、范围、公用、特点可以概括为以下八大优势。

第一，《中华字经》被列为国家级科研课题。它是教育部语言文字应用研究所承接的全国教育科学“十五”规划课题的重点研究成果。

第二，《中华字经》是汉语母语教育的教材。它是中国侨联指定的全世界华人学习汉语的首选教材。

第三，《中华字经》具有高效性。经公证处公正，5岁学童4个月学完《中华字经》，巩固率达74.6%，即可掌握2984个汉字，比现行教材的识字速度提高15—20倍。

第四，《中华字经》容易认记。它采取四字为句，字不重复，韵语连篇，朗朗上口，一句不超过4个字，平仄押韵可培养儿童的韵律感，便于认记，这是学习汉字最重要的方法环节。

第五，《中华字经》含有丰富的文化知识。它包括天文、地理、人伦、大道、历史、文化、艺术等50大类文化知识，仅历史典故就达150多个，写出了5000年的朝代更替史等。

第六，《中华字经》极富适用性。它所收的4000汉字，涵盖了教育部、国家语委联合公布的常用字；据国家语委和国家标准总局对1108万字的社会科学和自然科学文章用字统计，《中华字经》选字覆盖报刊文章

① 见《中华字经·简介》，中国广播电视出版社2006年版。

的 99.81%，几乎是全部用字。

第七，《中华字经》拥有突破性。它一改目前识字教育的“少、慢、差、费”的现状，真正达到了“多、快、好、省”，即识字多、记得快、质量好、效率高。

第八，《中华字经》识字方法多样化。它是识字教育方法的集大成者，涵盖了集中识字，分类识字、韵语识字、归类识字、拼音识字、部首识字等诸多识字方法。

四　《中华字经》问世后的国内外反响

《中华字经》于 2006 年 7 月出版之前，首先在全国 29 个省市自治区搞了实验，有 15 万名儿童参加。实验结果表明：“6 岁儿童学 6 个月，能达到六年级的识字量和阅读水平的学童占 90%，识字、阅读水平得到大幅度提高的占 99%。”据报道，北京、上海等地 30 多个教学基地的教学实验也得出了令人震惊的结果：学龄前儿童每天学 1 小时，平均识记 48 个字。北京丰台区南官中心实验小学一年级学生每周学《中华字经》1 小时，不到一学期就能阅读四年级语文课本。上海某小学一年级 26 人，6 课时 40 分钟的课学了 704 个汉字。濮阳市学龄前班 32 人，年均 2 周岁，学《中华字经》前，请该市公证处公正，4 个月后，再公证时，全班级平均识字达 3000 个，常用字的认读率高达 90% 以上。

这些实验结果震撼了教育界。教育部的全国核心期刊《语言文字应用》专门为课题组出版了 25 万字的《幼儿识字教育专辑》。《中国教育报》等国内 100 多家报纸和互联网站报道了《中华字经》“只学一篇韵文，便识天下汉字”的神奇效果，在全国引发了巨大反响。几年时间举国上下，到处神童遍出。一场识字革命在语文教学改革的大潮中独树一帜，异军突起，势不可当。

在海外，《中华字经》也受到广泛的关注。首先，新加坡引进作教材，用 20 课时让学生认识了 1000 个汉字，其《联合早报》和《联合晚报》对这一结果做了长篇报道，最大的华文电视台做了现场直播。2004 年 3 月 17 日，新加坡华文教育委员会主席在国会专门陈述了《中华字经》在华文教育中的作用。我国教育部语用所在新加坡设立了第一所海外华文教育基地。马来西亚教育部副部长带队专程来上海考察《中华字经》的教学效果，并把《中华字经》引进了马来西亚。新西兰前总理詹妮费·西普利女士和马华公会主席拿督黄家定会见了课题组执行组长郭保华教授。英国格林尼治中文学校使用《中华字经》教授取得了显著成效，其中央国际频道做了专题采访。美国、加拿大、英国和澳大利亚等十几个国家的大学和中方洽谈引进《中华字经》识字阅读系统。

总之，《中华字经》编撰的成功，不仅承继了中华两千年以来蒙学文化遗产，掀起了一场语文教学的革命，取得了“快速识字”的惊人效果，而且打破了“汉字难学”的胡言乱语，又一次雄辩地证明了“汉字易学”的正确论断。这是中华民族可喜可贺的一大幸事。尽管网友热议其效果并不如上所述，然仅就能创作出这样一套完美教材亦当点赞。实践是检验真理的唯一标准。

第二节　科学实用的《汉字部首表》

《汉字部首表》是由教育部和国家语言文字工作委员会组织专家课题组，在1983年中国文字改革委员会和国家出版局联合发布的《汉字统一部首表》（草案）的基础上制定的。在制定的过程中，首先是依据《草案》在辞书编纂、汉字标准的制定、计算机信息处理等方面的排序检索中的广泛应用，得到了业界的认可。比如《汉语大字典》、《现代汉语词典》（第5版）、《新华字典》（第10版）、国家图书馆书目检索等部首检字法，经过多年的使用。在这些实践的基础上，充分考虑到辞书编纂的现状和需求，依照现行的语言文字标准，在主部首和附形部首的确立、部首排序、部首表的使用规则等方面，广泛征求了语言文字专家及使用者的意见，对原来的《草案》进行了适当的调整和补充，使其更具科学性和实用性，而形成了新的《汉字部首表》。此表和《GB13000.1字符集汉字部首归部规范》于2009年2月25日正式发布，自5月1日起实施。

一　为什么要重新统一、规范汉字部首

汉字部首是人们经常用来查字的方法之一。又用于工具书编纂、汉字信息处理、图书馆书目排序检索等方面。但汉字历史悠久，数量庞大、字形复杂、所从部首又无固定位置，造成许多字部首难以确认。自东汉许慎首创540部以来，从未正式统一、规范过。但随着汉字的发展演变，部首也发生了变化。其一，由于许氏之540部分得不尽科学合理，如按小

篆形体归部的“更”从攴，“年”从禾，“去”从大，“前”从止，“乏”归正部，所谓“反正为乏”等。其二，分部过多、过细。有些部首虚设，只有部首而无其所部之字，如“凵”（kǎn，张口）部、“凵”（qū，饭器）部、“些”部、“韧”（rèn）部、“久”部、“才部”、“乇（zhé）”部、“彩”部、“易”部、“貓”部、“能”部等皆是，因此，后世字书辞典虽经多次合并，部首数目有所减少，但各自编制部首检字法，分部多少仍然不等。顾野王《玉篇》和司马光《类篇》沿用540部，到辽释行均的《龙龛手鉴》改为242部，此后梅膺祚《字汇》、张自烈《正字通》直至张玉书等《康熙字典》始改为214部，《辞源》分214部，《辞海》分250部，《新华字典》分189部，《现代汉语词典》又分188部，《汉语大字典》和《汉语大词典》则分200部。部首数目不等和不统一，直接影响到读者按部索字，而且同一个字归部也不统一。如同一个“所”字，《辞源》归“户”部，《辞海》则归入“斤”部；“牧”字，《说文》归“攴”部，《辞源》《辞海》和《汉语大字典》都归“牛”部等。有些字本可以归入相关的部首之中，许慎却单独立作部首，如前所举“凵”（kǎn）和“凵”（qū）同形，本应合并却分为两部，“彩”部可归纳“彡”部，等等。还有许多常用汉字，如果没有学过文字学而掌握文字知识的人则无法正确地确定其部首，如：攴部的“更”、彣部的“彦”、止部的“前”、㫃（yǎn）部的“游”、步部的“歲”、申部的“曳”和“臾”、吏部的“事”、辵部的“随”、马部的“腾”等，以及简化字的“为、书、韦、专”等字部首难定。

上述诸情，给教学、辞书编纂和汉字信息处理及检索等使用都带来了一些困难和诸多不便。所以，根据汉字的现状和需求，统一和规范汉字部首，使其科学、实用，是社会发展和文化传承的需要，势在必行。

二 《汉字部首表》的研制及其意义[①]

如前所述，《汉字部首表》是在1983年发布的《汉字统一部首表》（草案）的基础上，广泛征求语言文字专家和社会使用者的意见，充分考虑到辞书编纂的现状和需求，并依照现行的语言文字标准，对主部首和附形部首的确立、部首的排序、部首表的使用规则三方面作了适当的调

① 见《中国教育报》2009年1月12日第1版发布。

整和补充，使新的《汉字部首表》更具有科学性和实用性。这是原《汉字统一部首表》（草案）的发展与完善。

《汉字部首表》的制定有两条原则：（1）尊重传统。以现存的《康熙字典》《辞海》《新华字典》《现代汉语词典》等具有代表性、有影响的辞书的部首为基础和依据，设立部首。主部首没有增加新形体，附形部首根据实际需要作了适当的增设；（2）立足现代，兼顾古今。首先，考虑现行汉字的需要，依据现行汉字的字形确立主部首和处理主、附关系；其次，为适应更大范围汉字楷书字形检索的需要，增设附形部首并允许变通处理。

《汉字部首表》规定了汉字部首：确立主部首 201 个，附形部首 100 个，共 301 个。如果部首有繁、简两体者，一般以简化汉字为主部首，其繁体为附形部首。如“飞”为主部首，“飛”则为附形部首；“马”为主部首，“馬”则为附形部首；“风”为主部首，“風”就为附形部首；“龙”为主部首，“龍”就为附形部首等。同时，《汉字部首表》对所有部首，都按照 GF3002《GB1. 3000. I 字符集汉字笔顺规范》和 GF3003《GB1. 3000. I 字符集汉字字序（笔画序）规范》的规定安排。各主部首的序号编号固定，附形部首的序号与主部首一致。所有附形部首都在主部首后面用括号列出。如果附形部首多出一个时，按笔画顺序依次排列，放在部首表相应的位置，其序号加括号［　］，部首本身加（　）。如“手部”为“80 手（扌龵）”，而附形部首［80］（扌）排在部首表三画的“29 土［29］（士）”和“30 艹（艸）”之间，而［80］（龵）排在部首表四画的“80 手（扌龵）”和“81 气”之间；又如“食部”为“185 食（饣飠）”，附形部首［185］（飠）又排在八画的“176 金（钅）”和“177 鱼（魚）”之间（详见后面附录《汉字部首表》）。

《汉字部首表》不但规定了“汉字部首”，还规定了汉字部首的使用规则。即使用本部首表时，一般应以主部首为主。在某些特殊情况下，可根据需要作变通处理。如在编写大型字典辞书或古汉语字词典时，可根据传统和实际需要，用繁体字部首或变通，从属部首作主部首，例如“風（风）”“艸（艹）”“辵（辶）”等；某些辞书可同时采用主部首及其收字较多的附形部首，如主部首“王”字归入“玉”部，作两部，但序号均为 61 等。总之，部首总数、序号及形体应与本部首表保持一致。因此，这一规范主要适用于工具书的编纂、汉字信息处理及其他领域的汉字排序检索，也可供汉字教学参考。

总而言之，《汉字部首表》及《汉字 GB13000.I 字符集汉字部首归部规范》的制定和出版发行，使汉字部首检字法有了统一的标准。这是贯彻实施《国家通用语言文字法》，促进汉字部首排序检索的统一，推动辞书编纂，汉字信息处理以及汉字教学等，都有重要意义。

当然，其实效如何尚待今后社会实践的检验和证明。须知，学术界对《汉字部首表》的制定，并未达到完全共识，尚有持不同意见者。北京大学著名的某教授就认为，201 部首，不伦不类，只是对 214 部稍加调整。214 部多年无人使用，远不如 250 部科学。这一观点，值得重视和研究。

三　如何使用《汉字部首表》①

首先，《汉字部首表》的使用规则是：一般应以主部首为主；在某些特殊情况下，对本表的使用，可根据需要作变通处理（例已前述），但部首总数、序号和形体，应与本部首表保持一致，并须对变通的情况作出具体说明；在汉字部首排列中，当某些部首之下无所率之字时，一般也应将这些无字部首列出来，以保持部首表的完整。

具体来说，有了《汉字部首表》，还需要了解哪些字归入哪一个部首的问题，亦即要在辞书里查一个字怎样确定它的部首，才能查到。为此，教育部和国家语委课题组还制定了《GB13000.I 字符集汉字部首归部规范》，综合考虑到汉字的历史发展和现实需要，给出了 20902 个汉字的部首归部表，可以参照查找。

汉字归部的原则是按照字形和字义的双重特点来进行操作的。遇到一个汉字，首先从左边和上边看，哪个能部件成为它的部首。如“彬彬有礼”的“彬”字左边是“木”旁，就到“木”部去查；再如“问题”的“问”字，外部是“门”，就不要到“口”部去查了。如果左边和上边都不能成为部首时，就去右边或下边取部首。如“脱颖而出”的“颖”字，就取“页”为部首；“水渠”的“渠”就取“木”做部首。这样取部方便、易学。像“彬”字，传统归“彡”部，“颖”字归“禾”部，

① 见［附录］表 432、表 433，取自《语言文字规范 · 汉字部首表》，语文出版社 2009 年版。

“问”归“口”部等就难学。

如果几个部首叠合，比如“赣江”的“赣”，左边可取“点”，或“横”，或“立”，或“音”为部首时，就取“音”为“赣”字的部首，即到“音”部去查“赣”字。

从字义上来看，文章的“章”，意思是“乐竟为章”，不是“立”“早”组合，而是“音”与“十”组成，故要到“音”部去查“章”字；再如“兵”字不是“丘、八”会意，而是“从廾持斤并力之貌”，“斤”下加一横、一撇、一点，到“斤”部去查，原属于“廾”部。这次部首归部就是要解决很多乱拆汉字的问题。

但是，《汉字部首表》和《GB13000.I字符集汉字部首归部规范》只是推荐性的标准，鼓励社会使用，并不强制推行。不过，这些标准，将为教学和信息教育产品研发人员提供有关汉字知识及规范，但并不要求这些标准硬性地教给学生、为难学生、考学生，因为语言文字不同于其他事物，它涉及社会上的每一个人，不能用这些不变的标准要求所有人，要注意能力的培养。因此，这些标准规范只会给教育者以帮助，不会增加教学难度。

附录：

一　《汉字部首表》（取自语文出版社2009年版）

GF0011—2009

一画

1 一
2 丨(亅)
[2](亅)
3 丿
4 丶
5 乛

二画

6 十
7 厂(⺁)
8 匚
[9](⺊)
[22](刂)
9 卜(⺊)
10 冂(⺆)
[12](亻)
[7](⺁)
11 八(丷)
12 人(亻入)
[12](入)
[22](⺈)
[10](⺆)
13 勹
[16](⺇)
14 儿
15 匕
16 几(⺇)
17 亠
18 冫
[11](丷)
19 冖
[166](讠)
20 凵
21 卩(㔾)
[175](阝左)
[159](阝右)
22 刀(刂⺈)
23 力
24 又
25 厶
26 廴
[21](㔾)

三画

27 干
28 工
29 土(士)
[29](士)
[80](扌)
30 艹(艸)
31 寸
32 廾
33 大
[34](兀)
34 尢(兀尣)
35 弋
36 小(⺌)
[36](⺍)
37 口
38 囗
39 山
40 巾
41 彳
42 彡
[66](犭)
43 夕
44 夂
[185](饣)
45 丬(爿)
46 广
47 门(門)
[77](氵)
[98](忄)
48 宀
49 辶(辵)
50 彐(⺕彑)
[50](⺕)
51 尸
52 己(已巳)
[52](已)
[52](巳)
53 弓
54 子
55 屮(𡳾)
[55](𡳾)
56 女
57 飞(飛)
58 马(馬)
[50](彑)
[148](纟)
59 幺
60 巛

四画

61 王(玉)
62 无(旡)
63 韦(韋)
[123](⺹)
64 木(朩)
[64](朩)
65 支
66 犬(犭)
67 歹(歺)
68 车(⻋車)
[68](⻋)
69 牙
70 戈
[62](旡)
71 比
72 瓦
73 止
74 攴(攵)
[98](⺗)
[75](⺜)
[75](曰)
75 日(⺜曰)
[88](⺝)
76 贝(貝)
77 水(氵氺)
78 见(見)
79 牛(⺧)
80 手(扌龵)
[80](龵)
81 气
82 毛
[79](⺧)
[74](攵)
83 长(镸長)
84 片
85 斤
86 爪(爫)
87 父
[34](尣)
[86](爫)
88 月(⺼)
89 氏
90 欠
91 风(風)
92 殳
93 文

94 方
95 火(灬)
96 斗
[95](灬)
97 户
[100](礻)
98 心(忄⺗)
[145](⺻)
[45](爿)
99 毋(母)

五画

[61](玉)
100 示(礻)
101 甘
102 石
103 龙(龍)
[67](歺)
104 业
[77](氺)
105 目
106 田
107 罒
108 皿
[176](钅)
109 生
110 矢
111 禾
112 白
113 瓜
114 鸟(鳥)
115 疒
116 立
117 穴
[142](衤)
[145](⺻)
[118](⺪)
118 疋(⺪)
119 皮
120 癶
121 矛
[99](母)

六画

122 耒
123 老(耂)
124 耳
125 臣
[126](覀)
126 襾(覀西)
[126](西)
127 而
128 页(頁)
129 至
130 虍(虎)
131 虫
132 肉
133 缶
134 舌
135 竹(⺮)
[135](⺮)
136 臼(臼)
137 自
138 血
139 舟
140 色
141 齐(齊)
142 衣(衤)
143 羊(⺶⺷)
[143](⺶)
[143](⺷)
144 米
145 聿(⺻肀)
146 艮
[30](艸)
147 羽
148 糸(纟糹)
[148](糹)

七画

149 麦(麥)
[83](镸)
150 走
151 赤
[68](車)
152 豆
153 酉
154 辰
155 豕
156 卤(鹵)
[76](貝)
[78](見)
157 里
[158](⻊)
158 足(⻊)
159 邑(阝右)
[136](臼)
160 身
[49](辵)
161 采
162 谷
163 豸
164 龟(龜)
165 角
166 言(讠)
167 辛

八画

168 青
[83](長)
169 卓
170 雨
171 非
172 齿(齒)
[130](虎)
[47](門)
173 黾(黽)
174 隹
175 阜(阝左)
176 金(钅)
[185](飠)
177 鱼(魚)
178 隶

九画

179 革
[128](頁)
180 面
181 韭
182 骨
183 香
184 鬼
185 食(饣飠)
[91](風)
186 音
187 首
[63](韋)
[57](飛)

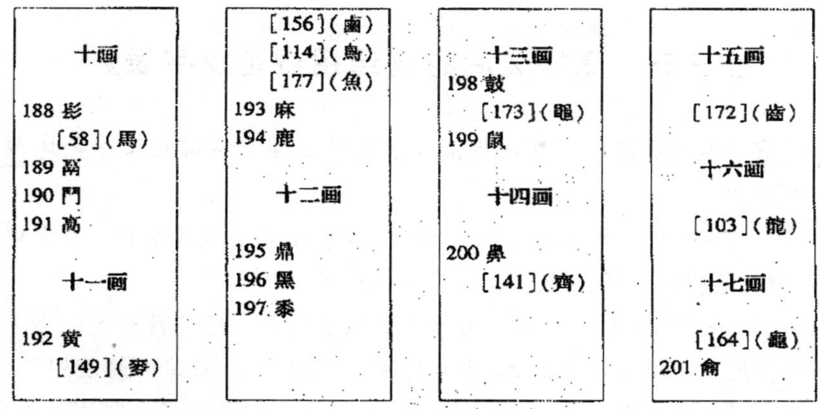

十画

188 髟

[58](馬)

189 鬲

190 鬥

191 高

十一画

192 黄

[149](麥)

[156](鹵)

[114](鳥)

[177](魚)

193 麻

194 鹿

十二画

195 鼎

196 黑

197 黍

十三画

198 鼓

[173](黽)

199 鼠

十四画

200 鼻

[141](齊)

十五画

[172](齒)

十六画

[103](龍)

十七画

[164](龜)

201 龠

二　25组同笔画部首排序情况对照表

GF0011—2009

附录A

（资料性附录）

25组同笔顺部首排序情况对照表

	《汉字统一部首表(草案)》的排序	《汉字部首表》的排序
1	乙(㇀)(乁)(乚)	一(㇕)(㇇)(㇂)(㇗)(㇑)(㇜)(㇛)(㇁)(㇈)(㇆)(㇅)(㇉)(㇄)(乙)(㇌)
2	八人(亼)	八人(亼)
3	勹(⺆)匕儿几(⺇)	(⺆)勹(⺇)儿匕几
4	亠冫	亠冫
5	冖(讠)	冖(讠)
6	凵卩(⻏)	匚卩(⻏)
7	刀力	刀力
8	厶又廴	又厶廴
9	工土(士)(扌)	工土(士)(扌)
10	(兀)尢	尢(兀)
11	口囗	口囗
12	巾山	山巾
13	夊夕	夕夊
14	(⺕)彐	彐(⺕)
15	己弓	己(已)(巳)弓
16	马(纟)(糹)	马(糹)(纟)
17	木	木(朩)
18	比(旡)	(旡)比
19	日(冃)(⺜)(曰)	(⺜)(曰)日(冃)
20	贝水	贝水
21	牛手	牛手
22	毛气	气毛
23	欠风	欠风
24	罒皿	罒皿
25	覀(西)	(西)覀

第三节　宽松灵活的《通用规范汉字表》[①]

所谓“宽松灵活的《通用规范汉字表》”，是指大陆在文字使用政策上有所松动。

（一）2009年年初，教育部副部长、国家语委主任郝平在工作会议上说，“要注意保护合法使用方言和繁体字的空间”。[②]

（二）为了尊重社会习惯，方便人们用字需要，把“曾被废除但人们仍在大量使用、禁而不止的51个异体字‘释放’出来并恢复使用”。如犇、喆、堃、邨、殺、仝、慄、脩……《字表》收了这样一些用于人名、地名等异体字。国家语委副主任、教育部语言文字信息管理司司长李宇明说，今后对异体字不再简单地提出“淘汰、废除”。他强调说，“恢复部分异体字，采取灵活的用字要求，允许表外字有条件使用等，都是新世纪文字理念的具体体现。”但是，“为了维护社会用字稳定，字表原则上不恢复繁体字”，“不类推简化”。

（三）1988年公布的《现代汉语通用字表》收字是7000个，而今《通用规范汉字表》收字是8300个，多出1300个。这在社会用字上较以往宽泛得多。

（四）“《字表》以外的字，必要时仍可使用，但宜采用历史通用字形。”这充分体现了用字的灵活性。

为了帮助大家了解《通用规范汉字表》的制定、原则、内容和意义等情况，以便更好地应用，特从以下四方面介绍之。

一　《通用规范汉字表》的研制经过[③]

“汉字历史悠久，使用人数众多，应用情况复杂，可谓汉字之学渊深如海矣。”研制这样一个社会生活字表，是一项艰巨庞大的科研系统工程。故由教育部、国家语委组织课题组，从2001年起开始研制，历时8年，先后召开学术会、审议会、征求意见会等大型会议80余次，参与讨

① 此节详见《中国教育报》2009年8月13日第1版。

② 据2009年9月北京大学出版社胡双室教授信中所言。

③ 见《中国教育报》2009年8月13日第1版《通用规范汉字表》说明。

论的海内外专家学者3000多人次，前后修改90余稿。可见，《字表》是大家共同锤炼出来的和审慎性。

本字表采取计算机统计技术，从海内外几十个语料库进行海量收集和筛选，共收字8300个，是我国现代记录汉语的通用规范字集，体现着现代通用汉字在字量、字级和字形等方面的规范。根据字的通用程度，字表分为三级：

一级字表收字3500个，是使用频率最高的常用字，以满足基础教育和文化普及层面的用字需要。

二级字表收字3000个，使用频率低于一级字。一级、二级字合起来共6500字，主要满足现代汉语文本印刷出版的用字需要。

三级字表则是一些专门领域，包括姓氏、人名、地名、科学技术术语、中小学语文教材文言文使用的未进入一级、二级字表的较通用的字，共收字1800个，主要满足与大众生活和文化普及密切相关的专门领域的用字需要。

二　《通用规范汉字表》的主要特点

本字表的研制，主要有如下特点。

（一）充分利用语料库资源，采用计算机统计技术

使用和参考的语料主要有：

1. 国家语委“现代汉语平衡语料库”收录1919—2002年的语料，共9100万个汉字，是本字表研制的主要依据。

2. 北京语言大学“现代新闻媒体动态流通语料库”记录2001—2002年15种报刊语料，计3.5亿个汉字。

3. 本字表研制课题组建立的“教育科学总和语料库”收录1951—2003年中小学通用教材及科普读物语料，计404万个汉字。

4. 本字表专家委员会工作组建立的“儿童文学语料库”收录1949年后出版的适合基础教育阅读的各种体裁儿童文学语料，计570万个汉字。

5. 本字表专家委员会工作组建立的“中小学语文教材文言文语料库”收录1949—2007年中小学语文教材中的文言文和普及性文言文语料，计560万个汉字。

6. 同时，还参考了国家语言资源监测与研究中心2005—2008年建立的平面媒体、网络媒体、有声媒体、教育教材等海量语料库及海内外几

十个语料库。

这些语料库提供了现代用字的统计数据，为本字表的研制奠定了科学基础。

（二）继承已有成果，充分发扬民主

课题组系统地收集与字表研制相关的文献资料，梳理出字表必须面对的若干学术问题和社会问题，然后有针对性地召开学术座谈会，广泛深入地听取各领域的意见，并就一些重要问题的处理召开学术审议会，作出了学术决策。这为字表研制提供了学术基础。

（三）广泛征集用字，认真听取了相关部门的建议

向教育、文化、科技、民政、军事、测绘、新闻出版、文物图书、广播影视、信息处理、辞书编纂、医疗卫生、民族宗教等领域，了解用字需求，征集需补入的汉字，得到各部门的大力支持。就字表及其实施等问题，听取了工业和信息化部、国家民委、公安部、民政部、人力资源和社会保障部、文化部、工商总局、国家质检总局、国家新闻出版、广电总局、解放军有关单位、中科院、社科院、国家测绘局、共青团中央、中华全国总工会、全国妇联等部门的意见，为字表的研制及以后的实施提供了社会基础。

（四）以方便人民语言生活为目的，兼顾稳定与创新

随着信息时代的到来，一方面对汉字要求提高标准化程度，方便信息存储、信息管理和信息交换；另一方面要求医学、化学等领域的用字进入大众阅读层面，社会用字有所扩大。为维护社会用字的稳定，不造成大的波动，字表重视跟已有规范标准的继承和衔接，同时又对未规范的进行整合和优化，拓宽通用字的范围，慎重处理了类推简化、异体字等有关问题。

三　《通用规范汉字表》制定的重要意义

为了贯彻《中华人民共和国国家通用语言文字法》，促进国家通用语言文字的规范化、标准化，适应21世纪信息时代语言生活和社会发展的需要，教育部、国家语委组织制定了本字表。亦即为了利国便民，满足社会各界领域应用汉字的需要，方便人们的语言生活，促进国家的经济、文化、教育、国际交流、信息化等事业的发展。具体来说，其重要意义有三。

（一）能更好地贯彻2000年10月颁布的《中华人民共和国国家通用语言文字法》

字表充分体现了该法规规定的“规范汉字”在社会通用层面上的字量、字级和字形规范，使“规范汉字”这一法律概念落到了实处。

（二）能更好地满足21世纪语言生活的需要

21世纪的中国，社会语言生活和社会用字范围都发生了很大变化，文字观念呈现多元化和开放性的特点。尤其信息化的迅速发展，不仅扩大了用字范围，而且要求文字规范和用字标准化。字表合理收取一、二级字，增加三级字，恢复部分异体字，就是为了满足21世纪用字范围和规范理念的需求，促进国家的信息化建设。

（三）整合和优化已有规范，更好地体现了21世纪的文字理念

字表继承了《第一批异体字整理表》（1955）、《印刷通用汉字字形表》（1965）、《简化字总表》（1986）、《现代汉语常用字表》（1988）、《现代汉语通用字表》（1988）等字表的规范原则精神，并根据21世纪的语言生活和文字理念，兼顾汉字应用的科学性和社会性，对已有规范文件进行整合和优化，集分散、规范于一体，增强规范的科学性和使用上的便利。字表保持了通用领域内汉字的系统性，限制类推简化，恢复部分异体字；照顾海峡两岸、香港、澳门的使用情况和国际化的需求，编制了有利于沟通的《繁简汉字对照表》；采取灵活的用字要求，允许表外字有条件使用等，都是21世纪文字理念的具体体现。

四　《通用规范汉字表》制定的重大作用

本字表的研制，涉及的问题多，难度大，具有很强的学术性和社会性。从解决的问题和作用看，可有五个。

第一，将类推简化的范围限定在字表以内，以保持通用层面的系统性和稳定性；在不类推简化的前提下，字表以外的字可以有条件地使用。

第二，为尊重人们用字习惯的需要，字表将《第一批异体字整理表》（1955）中，“喆、淼、堃、昇”等用作人名地名的51个异体字收入表中。对异体字的使用有明确要求，但不再简单地提出“淘汰、废除”。

第三，字表根据《印刷通用汉字字形表》（1965）总结和制定了字形规则，对“琴、巽、亲、茶、瞥、唇”等44个不符合字形规则的宋体字字形作了微调。字形调整的原则是：尊重汉字结构，遵循统一规则，严格控制特例。比如“琴”字左上角“王”最后一横变为“提”“亲、茶、杂”等字底下的“木”，由竖勾改为竖，右下的点改成“捺”。其好处是使表内字的字形保持统一的系统性，也使今后大批汉字字形整理有章可循，避免出现新的字形不统一的现象。但是字表在征求意见中，各界反响很大，社会热议不休。新浪网的网络调查显示：逾九成网友反对整形。因为新规范的写法与原字只是个别笔画略有变化，整体相差不大。“整形”的结果，势必给社会带来昂贵的社会成本；令广大师生担心会给读写习惯带来混乱，给人们语言生活造成不良影响。因此，“整形”要慎行。作为本书笔者，也反对对上列44个汉字进行所谓“微调”和“整形”，认为保持传统写法为好，人们已经习惯。从书法角度说，那样一改，字形并不美观。

第四，为满足现代语言生活的用字需要，字表以大量的统计数据为基础，使字表具有通用性、现代性和规范性。其中“规范性”是字表的本质属性。

第五，字表研制时，充分考虑到社会各领域的用字需要，因此社会各界应该使用表内字。个别情况需要时可以使用表外字，但要选用历史上确曾通用过的字形，不得任意类推简化，造字或改字。为确保字表的有效性，今后根据语言生活的变化，会适时修改字表。

思考与练习（十二）

一　汉字研究新的三项成果是在怎样的历史条件下或思想指导下取得的？

二　这三项成果研制的意义和作用是什么？

三　《中华字经》的特点、作用和意义。

四　制定《汉字部首表》的原因、意义和作用。

五　如何使用《汉字部首表》？

六　为什么说《通用规范汉字表》体现了中国大陆的文字使用政策？表现在哪些方面？

七　《通用规范汉字表》的特点是什么？

八　《通用规范汉字表》制定的意义和作用是什么？

参考文献

1.（东汉）许慎：《说文解字》，中华书局1979年影印版。
2.（清）段玉裁：《说文解字注》，上海古籍出版社1982年版。
3.（清）朱骏声：《说文通训定声》，中华书局影印1984年版。
4.（清）王筠：《说文释例》，中国书店影印1984年版。
5.（清）王筠：《说文句读》，上海古籍书店1983年版。
6.（清）桂馥：《说文解字义证》，齐鲁书社影印1987年版。
7. 丁福保：《说文解字诂林》，上海医学书局1928年版。
8. 陆宗达：《说文解字通论》，北京出版社1981年版。
9. 王世贤：《说文解字导论》，四川电子科技大学出版社1993年版。
10. 蒋善国：《说文解字讲稿》，语文出版社1988年版。
11. 姚孝遂：《许慎与〈说文解字〉》，中华书局1983年版。
12. 臧克和：《说文解字的文化说解》，湖北人民出版社1995年版。
13. 郭沫若：《甲骨文合集》，中华书局1978—1982年版。
14. 彭邦炯：《甲骨文合集补编》，语文出版社1999年版。
15. 胡厚宣：《甲骨文合集释文》，中国社会科学出版社1999年。
16. 郭沫若：《甲骨文字研究》，科学出版社1982年版。
17. 中国社会科学院考古所：《甲骨文编》，中华书局1965年版。
18. 刘钊等：《新甲骨文编》，福建人民出版社2009年版。
19. 李宗焜：《甲骨文字编》，中华书局2012年版。
20. 宋镇豪等：《甲骨文献集成》，四川大学出版社2001年版。
21. 中国社会科学院考古所：《小屯南地甲骨》，中华书局1980—1983年版。
22. 中国社科院考古所：《殷墟花园庄东地甲骨》，云南人民出版社2003年版。

23. 中国科社院考古所：《殷墟小屯村南地甲骨》，云南人民出版社 2012 年版。
24. 曹玮：《周原甲骨文》，世界图书出版公司 2002 年版。
25. 陈梦家：《殷墟卜辞综述》，科学出版社 1956 年版。
26. ［日］岛邦男：《殷墟卜辞综类》，汲古书院 1977 年版。
27. 于省吾：《甲骨文字释林》，中华书局 1979 年版。
28. 于省吾主编：《甲骨文字诂林》（1—4 册），中华书局 1996 年版。
29. 郭沫若：《卜辞通纂》，科学出版社 1983 年版。
30. 朱芳圃：《殷周文字释丛》，中华书局 1962 年版。
31. 李孝定：《甲骨文字集释》，台湾“中央研究院”历史语言研究所 1965 年版。
32. 李圃：《甲骨文选读》，华东师范大学出版社 1981 年版。
33. 李圃：《甲骨文选注》，上海古籍出版社 1989 年版。
34. 李圃：《甲骨文文字学》，学林出版社 1997 年版。
35. 赵诚：《甲骨文简明词典》，中华书局 1988 年版。
36. 徐中舒：《甲骨文字典》，四川辞书出版社 2003 年版。
37. 濮茅左、徐谷甫：《商甲骨文选》，上海书店出版社 1999 年版。
38. 吴浩坤、潘悠：《中国甲骨学史》，上海人民出版社 1985 年版。
39. 王宇信：《甲骨学通论》，中国社会科学出版社 1999 年版。
40. 王宇信、杨升南：《甲骨学一百年》，社会科学文献出版社 1999 年版。
41. 宋镇豪：《百年甲骨文论著目》，语文出版社 1999 年版。
42. 马如森：《殷墟甲骨学》，上海大学出版社 2008 年版。
43. 容庚：《金文编》（增订本），中华书局 2007 年版。
44. 董连池：《新金文编》，作家出版社 2011 年版。
45. 陈斯鹏等：《新见金文字编》，福建人民出版社 2012 年版。
46. 刘雨、卢岩：《近出殷周金文集录》，中华书局 2002 年版。
47. 刘雨、严志斌：《近出殷周金文集录二编》，中华书局 2010 年版。
48. 中国社会科学院考古所：《〈殷周金文集成〉释文》，香港中文大学中国文化研究所 2001 年版。
49. 戴家祥：《金文大字典》（上、中、下），学林出版社 1995 年版。
50. 杨树达：《积微居金文说》，科学出版社 1959 年版，中华书局 1997 年版。

51. 周法高：《金文诂林》，香港中文大学出版社 1974 年版。
52. 罗福颐：《三代吉金文存释文》，文学出版社 1983 年版。
53. 姚孝遂：《商周青铜器铭文选》，文物出版社 1986 年版。
54. 徐中舒：《殷周金文集录》，四川人民出版社 1984 年版。
55. 郭沫若：《两周金文辞大系图录考释》，科学出版社 1957 年版。
56. 张守中：《中山王䜈器文字编》，中华书局 1981 年版。
57. 陈初生：《金文常用字典》，陕西人民出版社 1987 年版。
58. 洪家义：《〈金文选〉注释》，江苏教育出版社 1988 年版。
59. 王宏：《金文选释》，天津古籍书店 1990 年版。
60. 董楚平：《吴越徐舒金文集释》，浙江古籍出版社 1992 年版。
61. 傅嘉仪、张都陵：《金石文字类编》（上、下），上海书画出版社 1995 年版。
62. 袁仲一、刘钰：《秦文字类编》，陕西人民教育出版社 1993 年版。
63. 袁仲一、刘钰：《秦文字通假集释》，陕西人民教育出版社 1999 年版。
64. 徐文镜：《古籀汇编》，商务印书馆 1934 年版。
65. 郭沫若：《石鼓文研究、诅楚文考释》，科学出版社 1982 年版。
66. 任兆麟：《石鼓文集释》（《心斋十种》）。
67. 罗振玉：《石鼓文考释》，上虞罗氏，1916 年刊本。
68. 王美盛：《石鼓文解读》，齐鲁书社 2006 年版。
69. 于省吾：《双剑誃古文杂释》，1940 年 6 月。
70. 商承祚：《说文中之古文考》，上海古籍出版社 1983 年版。
71. 商承祚：《石刻篆文编》，科学出版社 1957 年版，中华书局 1966 年再版。
72. 汤余惠：《战国文字编》，福建人民出版社 2001 年版。
73. 骈宇骞：《银雀山汉字文字编》，文物出版社 2001 年版。
74. 李守奎：《楚文字编》，华东师范大学出版社 2003 年版。
75. 方勇：《秦简牍文字编》，福建人民出版社 2012 年版。
76. 李学勤主编：《清华大学藏战国竹简》（壹—伍），中西书局 2011—2015 年版。
77. 黄锡全：《汉简注释》，武汉大学出版社 1990 年版。
78. 那志良：《玺印通释》，台湾商务印书馆 1970 年版。
79. 罗福颐：《古玺文编》，文物出版社 1981 年版。

80. 罗福颐：《古玺汇编》，文物出版社 1981 年版。
81. 吴幼潜：《封泥汇编》，文物出版社 1981 年版。
82. 孙慰祖：《古封泥集成》，上海书画出版社 1994 年版。
83. 丁福保：《古钱大词典》，上海医学书局 1983 年版。
84. 张颔：《古币文编》，中华书局 1986 年版。
85. 唐石父：《中国古钱币》，上海古籍出版社 2004 年版。
86. 高明：《古陶文汇编》，中华书局 1990 年版。
87. 徐锡台等：《周秦汉瓦当》，文物出版社 1988 年版。
88. 钱君匋等：《瓦当汇编》，上海人民美术出版社 1988 年版。
89. 商承祚：《战国楚竹简汇编》，齐鲁书社 1995 年版。
90. 李正光：《楚汉简帛书典》，湖南美术出版社 1998 年版。
91. 中国科学院简帛研究中心：《简帛研究》（第三辑），广西教育出版社 1998 年版。
92. 李零：《长沙子弹库楚帛书研究》，中华书局 1985 年版。
93. 曾宪通：《长沙楚帛书文字编》，中华书局 1993 年版。
94. 侯燦、杨代欣：《楼兰汉字简纸文书集成》，天地出版社 1999 年版。
95. 李学勤：《湖南战国兵器铭文选释》，载《古文字研究》（十二），中华书局 1985 年版。
96. 徐在国：《兵器铭文考释（七则）》，载《古文字研究》（二十三），中华书局 2000 年版。
97. 容庚：《鸟书考》，《中山大学学报》（哲学社会科学版）1964 年第 1 期。
98. 马国权：《鸟虫书论稿》，载《古文字研究》（十），中华书局 1983 年版。
99. 曹锦炎《鸟虫书通考》，上海书画出版社 1999 年版。
100. 何琳仪：《战国文字通论》，江苏教育出版社 2003 年版。
101. 高明：《古文字类编》，中华书局 1980 年版。
102. 徐中舒：《汉语古文字字形表》，四川人民出版社 1981 年版。
103. 徐中舒：《怎样考释古文字》，文物出版社 1985 年版。
104. 黄锡全：《利用〈汉简〉考释古文字》，载《古文字研究》（十五），中华书局 1986 年版。
105. 黄德宽：《古文字考释方法综论》，载《文物研究》（六），黄山书社

1990 年版。
106. 高亨：《文字形义学概论》，天津人民出版社 1981 年版。
107. 左民安：《细说汉字》，九州出版社 2005 年版。
108. 陈涛、董治国：《学生常用汉字浅释》，天津人民出版社 1981 年版。
109. 费锦昌、张静贤：《汉字字形辨析三百例》，人民教育出版社 1985 年版。
110. 王延林：《常用古文字字典》，上海书画出版社 1987 年版。
111. 李玉洁：《常用汉字形音义》，吉林教育出版社 1990 年版。
112. 邹晓丽：《基本汉字字形释源》，北京出版社 1990 年版。
113. 刘乃叔：《古汉语常用词辨析》，吉林教育出版社 1998 年版。
114. 时学祥、赵伯平主编：《语林趣话》（1—3 册），四川辞书出版社 2002 年版。
115. 骈宇骞：《中华字源》，万卷出版公司 2007 年版。
116. 丁义诚等主编：《全解汉字》，新世界出版社 2009 年版。
117. 马如森：《殷墟甲骨文字典》上海大学出版社 2010 年版。
118. 王美盛：《籀篆字源研究》，齐鲁书社 2009 年版。
119. 蒋善国：《汉字形体学》，文字改革出版社 1959 年版。
120. 梁东汉：《汉字的结构及其流变》，上海教育出版社 1959 年版。
121. 康殷：《文字源流浅说》，荣宝斋出版社 1979 年版。
122. 戴君仁：《中国文字构造论》，台湾中华书局 1979 年版。
123. 傅永和：《汉字的结构》，《语文建设》1991 年第 9 期。
124. 傅永和：《汉字的部件》，《语文建设》1991 年第 12 期。
125. 傅永和：《汉字的笔画》，《语文建设》1992 年第 1 期。
126. 傅永和：《汉字部件出现的结构部位》，《语文字应用》1992 年第 2 期。
127. 张普：《汉字部件分析的方法和理论》，《语文研究》1984 年第 1 期。
128. 陈炜湛：《汉字起源试论》，《中山大学学报》1978 年第 1 期。
129. 裘锡圭：《汉字形成问题的初步探索》，《中国语文》1978 年第 3 期。
130. 孟维智：《汉字起源问题浅论》，《语文研究》1980 年第 1 期。
131. 汪宁生：《从原始记事到文字发明》，《考古学报》1981 年第 1 期。
132. 高明：《论陶符兼谈文字的起源》，《北京大学学报》1984 年第 6 期。
133. 李先登：《试论中国文字之起源》，《天津师范大学学报》1985 年第

4 期。
134. 周有光：《世界字母简史》，上海教育出版社 1990 年版。
135. 牟作武：《中国古代文字的起源》，上海人民出版社 2001 年版。
136. ［苏］B. A. 伊斯特林著、左少兴译：《文字的产生与发展》，北京大学出版社 2002 年版。
137. 王显春：《汉字的起源》，学林出版社 2002 年版。
138. 郑若葵：《解字说文（中国文字的起源）》，四川人民出版社 2004 年版。
139. 蒋善国：《中国文字之原始及其构造》，武汉古籍书店影印 1987 年版。
140. 王祥之：《图解汉字起源》，北京大学出版社 2009 年版。
141. 顾建平：《汉字图解字典》，东方出版中心 2008 年版。
142. 周有光：《文字演变的一般规律》，《中国语文》1957 年第 7 期。
143. 郭沫若：《古代文字之辩证的发展》，《考古》1972 年第 3 期。
144. 裘锡圭：《汉字的性质》，《中国语文》1985 年第 1 期。
145. 杨加柱：《从“结构—功能”看汉字的性质》，《昭通师专学报》1987 年第 2 期。
146. 刘宁生：《关于汉字性质的研究》，《语文导报》1987 年第 6 期。
147. 孙常叙：《孙常叙古文字学论集》，东北师范大学出版社 1998 年版。
148. 唐兰：《中国文字学》，上海古籍出版社 1979 年版。
149. 唐兰：《古文字学导论》，齐鲁书社 1981 年版。
150. 姜亮夫：《古文字学》，浙江人民出版社 1984 年版。
151. 李学勤：《古文字学初阶》，中华书局 1985 年版。
152. 蒋善国：《汉字学》，上海教育出版社 1987 年版。
153. 姜宝昌：《汉字学教程》，山东教育出版社 1987 年版。
154. 裘锡圭：《古文字学概要》，商务印书馆 1988 年版。
155. 王凤阳：《汉字学》，吉林文史出版社 1989 年版。
156. 陈炜湛、唐钰明：《古文字学纲要》，中山大学出版社 2009 年版。
157. 高明：《中国文字学通论》，北京大学出版社 1996 年版。
158. 刘志成：《汉字学》，天地出版社 2001 年版。
159. 李大遂：《简明实用汉字学》，北京大学出版社 2003 年版。
160. 胡朴安：《中国文字学史》，中国书店 1983 年版。

161. 孙钧锡：《中国文字学史》，学苑出版社 1991 年版。
162. 黄德宽、陈秉新：《汉语文字学史》，安徽教育出版社 1991 年版。
163. 姚孝遂：《中国文字学史》，吉林教育出版社 1995 年版。
164. 郭锡良：《汉字知识》，北京出版社 1981 年版。
165. 高更生：《汉字知识》，山东教育出版社 1987 年版。
166. 张静贤：《现代汉字学纲要》，时代出版社 1992 年版。
167. 高家莺、范可育、费锦昌：《现代汉字学》，高等教育出版社 1993 年版。
168. 苏培成：《现代汉字学纲要》，北京大学出版社 1994 年版。
169. 张玉金：《当代中国文字学》，广东教育出版社 2000 年版。
170. 丁西林：《汉字整理与简化》，中华书局 1954 年版。
171. 周有光：《汉字改革概论》，文字改革出版社 1979 年版。
172. 山东师院汉语教研室：《鲁迅论文字改革》，山东人民出版社 1979 年版。
173. 胡明扬：《简化汉字的功过》，《语文建设》1991 年第 1 期。
174. 史有为：《汉字简化的价值评估》，《语文建设》1991 年第 3 期。
175. 王开扬：《汉字优越诸说献疑》，《语文建设》1992 年第 4 期。
176. 张志公：《汉字的特点、使用现状和前景》，《语文建设》1991 年第 3 期。
177. 姚荣松：《中国文字的未来》，海峡交流基金会印行 1992 年版。
178. 周有光：《中国语文的现代化》，上海教育出版社 1986 年版。
179. 陈原主编：《现代汉语定量分析》，上海教育出版社 1989 年版。
180. 曾庆辉：《汉字信息处理系统》，东南大学出版社 1989 年版。
181. 张普：《语文信息处理研究》，北京语言学院出版社 1992 年版。
182. 上海交大汉字编码组、上海拼音文字研究组：《汉字信息字典》，科学出版社 1988 年版。
183. 李公宜、刘如水主编：《汉字信息字典》，科学出版社 1988 年版。
184. 傅永和主编：《汉字属性字典》，语文出版社 1989 年版。
185. 北京图书馆：《汉字属性字典》，书目文献出版社 1988 年版。
186. 王宁：《汉字与文化》，《北京师范大学学报》1991 年第 6 期。
187. 曹先擢：《汉字文化简论》，贵州教育出版社 1994 年版。
188. 刘志成：《汉字与华夏文化》，巴蜀书社 1995 年版。

189. 何九盈等主编：《中国汉字文化大观》，北京大学出版社 1995 年版。
190. 苏新春：《汉字文化引论》，广西教育出版社 1996 年版。
191. 刘志基：《汉字文化综论》，广西教育出版社 1996 年版。
192. 林成滔：《汉字文化趣谈·字里乾坤》，中国档案出版社 1998 年版。
193. 何九盈：《汉字文化学》，辽宁人民出版社 2001 年版。
194. 王继洪：《汉字文化学概论》，学林出版社 2006 年版。
195. 阴法鲁、许树安：《中国古代文化史》，北京大学出版社 1989 年版。
196. 谭家健：《中国文化史概要》，高等教育出版社 1997 年版。
197. 《中国大百科全书·语言文字》，大百科全书出版社 1998 年版。
198. 高明：《高明论著选集》，科学出版社 2001 年版。
199. 唐汉：《汉字的密码》（上、下册），学林出版社 2002 年版。
200. 赵向标等：《图文中国通史》，新疆人民出版社 2002 年版。
201. ［瑞典］林西利：《汉字王国》，山东连环画报出版社 2003 年版。
202. 郭保华：《中华字经》，中国广播电视出版社 2006 年版。
203. 教育部、国家语委课题组：《汉字部首表》，语文出版社 2009 年版。
204. 教育部、国家语委课题组：《通用规范汉字表》，2009 年 2 月 26 日《中国教育报》之《新闻版》。
205. 向光忠：《文字学刍论》，商务印书馆 2012 年版。

再版后记

《文字学通论》于2008年由光明日报出版社出版，历时仅7年，数千册之书已售罄。为了适应社会需要，拓展读者“百科之首”的知识视野，夯实一切学科的文字基础，订正了初版的讹误；又增入了许多新的内容，使之更加充实，臻于完善，更名为《古今文字学通论》（增订本）再版。

本书面世后，得到众多专家学者的关注和好评。著名历史学家、考古学家和古文字学家，北京大学博士生导师高明先生说：“《古今文字学通论》是研究古今汉字发展演变的最新佳作”，“将为学习研究古今文字学的学者提供一部很好的教本，值得推荐”（见高明先生为本书所赐之序）。清华大学博士生导师，著名的史学、文字学家，国际欧亚科学院院士，国务院学位委员会委员，夏商周断代工程首席科学家李学勤先生称：“王世贤教授知见广博，且多有独立见解，善于把古奥复杂的学问原原本本地讲述给读者大众”，“其书具有直观性、简明性、创新性、灵活性和多用性等五大特点”（见李学勤先生所赐之序）。中央广播电视大学原中文系主任朱振家教授说：“该书涉及文字学领域极为广泛，具有学术的综合性，是其一大特色，也是一部学术界迄今难得的文字学论著。”烟台大学副校长江林昌博士后（教授）说：“这是一位老教授总结自己几十年文字学教学科研的精心之作，书中充分体现了文字的完整性、系统性和实用性。……书中吸收了一系列前沿成果，并贯穿自己的学术判断，有许多创新发展。论著考证严谨，学术规范，可为范例。”通化师范学院院长、教授，东北师大兼职博士生导师康学伟博士将其概括为：“《文字学通论》是一部上乘之作……也是一部优秀教材。”笔者在此一并表示由衷感谢。

新版增写许多章节：由初版九章扩至十二章，即新增“古书的用字论”“汉字的书法论”和“汉字新成果论”三章；同时，增入“汉字是中国最伟大的国宝”“了解、弘扬传统文化”“瓦当文字”“文献佐证法”“综合考证法”“结珠法”“编贝法”“讯木法”“刻木法”“积石法”“汉字西来说”“朱襄造字说”“伏羲造字说”“甲骨文的著录”等；文选部分增加“鬼亦得病”“畐受年”两篇；添加汉字与生活、与环境、与服饰、与谷物、与饮食、与居住、与车船、与丧葬等文化内容；新加入97件青铜器的介绍；等等。

知识无涯，学无止境。社会在进步，科学在发展，要求不断提高，本书尚需进一步完善。恳请专家、读者指正。

王世贤

2014年5月于烟台大学寓所醉墨斋